生きる 闘う 学ぶ

関西夜間中学運動50年

『生きる 闘う 学ぶ』編集委員会 編

解放出版社

装丁◉森本良成

生きる 闘う 学ぶ——関西夜間中学運動五〇年●目次

第2部　あゆみ

第3部　闘う

第4部　学ぶ

第7部　証言

資料

略称と表記について

○本書で使用した組織の略称の正式名称は以下のとおりである。

全夜中研	全国夜間中学校研究会
近夜中協	近畿夜間中学校連絡協議会
連合生徒会	近畿夜間中学校生徒会連合会
夜中（やちゅう）	夜間中学／夜間中学校
自主夜中	自主夜間中学
奈夜中協	奈良県夜間中学校連絡協議会
育てる会	夜間中学を育てる会
つくり育てる会	夜間中学をつくり育てる会
東夜中研	東京都夜間中学校研究会
大同教	大阪府同和教育研究協議会
市同教	大阪市同和教育研究協議会
府外教	大阪府外国人教育研究協議会
市外教	大阪市外国人教育研究協議会
日教組	日本教職員組合
大阪教組	大阪府教職員組合
大教組	大阪教職員組合

○朝鮮半島出身者およびその子孫については、一般的には総称としての「在日朝鮮人」を使った。ただし、統計や寄稿文ではそのまま記述し、「在日韓国人」もしくは「在日韓国・朝鮮人」とした。

○編集委員会の文章では敬称を略させていただいた。ただし、引用文、寄稿文、夜間中学生の記述ではそのままにした。

はじめに

夜間中学をめぐるいまの動きに対し、編集委員会の主張を最初に掲げ、「はじめに」とする。

恵まれない人を救済するとして、教育現場が創設した、戦後の「夜間中学」はピーク時、全国で八九校に達し、五二〇八人の生徒が学んでいた。

一九六六年一一月、国は夜間中学開設に反対をし、夜間中学早期廃止勧告を出した。「いわゆる『夜間中学校』については、学校教育法では認められておらず、また、義務教育のたてまえからこれを認めることは適当でないので……なるべく早くこれを廃止するよう指導すること」という、行政管理庁が文部省に出した勧告文だ。

「この勧告は夜間中学への死刑宣告だ」と受け止めた夜間中学卒業生・高野雅夫《たかのまさお》は「何歳になろうが、義務教育を受ける権利は義務教育未修了者にもある。憲法に定められた教育を受ける権利の保障を求める」と訴え、母校の夜間中学生と教員で制作した証言映画『夜間中学生』を持って夜間中学開設運動の全国行脚をおこなった。

五〇年前のきょう（一九六八年一〇月二一日）、彼は大阪に入った。「大阪には義務教育未修了者はいない」とする教育委員会は、夜間中学を必要としないと強弁した。高野雅夫はこれを覆すために、義務教育未修了者を見つけ出すことに力を注ぐ「大阪二一四日の闘い」を実践した。憲法が主張する学習権保障を求める闘いは、市民の運動が広がり、夜間中学開校を実現した。その闘いの結果、新たに設けられた天王寺夜間中学は一九六九年六月五日、八九名の仲間を迎え、入学式をおこなった。来年、二〇一九年で、開校からちょうど五〇年を迎えることになる。

この入学式で、高野雅夫は「大阪での俺の任務は終わった。これからは君たち夜間中学生の任務だ。大阪の夜間中学生の歴史を、いや日本の歴史を創っていってほしい」と語った。バトンは私たちに渡された。

この想いを受け止め、さまざまな取り組みをおこなった。託された想いを受け止め、格闘してきた五〇年であったし、五〇年かかっても実現できていない託された想いでもあったということができる。本書では執筆者にこれらを率直に語り、文字にしていただいた。

夜間中学の役割

夜間中学の授業から述べてみよう。既存の学齢者用の教科書にも部分的に使えるものはある。しかし「学齢者義務教育では分類できない」学習者の実態と真正面に向き合わないと、夜間中学の学習は成立しない。このことをまず確認しておきたい。夜間中学の教員が夜間中学生から学んだことは、学校教育や社会を衝《つ》き、批判的にみる視点がいまの学校教育や社会からは欠落しているということだ。

夜間中学で実践してきた「学び」は、次のようにいうことができる。

・自己否定から自己肯定へと転換を図る学び。
・生き方、人生、生い立ちを学習のなかに登場させる。
・暗記する学びから、わからなければ自分で調べる、その調べ方を学ぶ。まねをする学びを多用する。
・学習者が学ぶ意味を実感できる内容。
・指導要領のいう教科の枠に拘束されない学び。
・教える者、教えられる者の固定化を排し、その立場が変化していく学習と展開を追求する。

そのうえで、夜間中学がもっている役割について次の五点を考えている。

①国に夜間中学に対する舵《かじ》取りの変更を促したものとして、「義務教育」が国民を統治する装置としての機能を果たしてきた側面があること。少子高齢化のなかで義務教育未終了者を有用な労働力とするためや、教育を通した治安対策など、新たな役割を夜間中学に求めているとみるべきでないか。
②義務教育から排除されてきた人たちが夜間中学で訴えていることは、義務教育がもっている暴力性、排除性であり、それが明らかにできる場所である。
③夜間中学で学ぶ人たちが主張する義務教育の暴力性、排除性に対して、既存の制度を乗り越えていく役割が夜間中学にある。そういう存在である。
④排除されてきた人たちとともに格闘する夜間中学とし

て存在していく。

⑤たとえば、積極的に「形式卒業者」を夜間中学に呼び込む実践をおこない、検証を重ねていく。

夜間中学生が「学び」で提起したこと

学齢時、義務教育を保障されなかった人たちの提起する「学習権保障の叫び」と「夜間中学生の学び」は、学校教育の欠落部分をあぶり出し、顕在化させる衝撃力をもっていた。一例をあげると、文科省がいう「学校型教育様式」が「教科書から出発し、成績で序列化し、人と人を引き裂く」ものであるのに対して、夜間中学の学びは「生活の現実から出発し、孤立してきた人と人を結び、仲間をつくる」ものである。

学歴社会の公教育制度が内包する点数学力による競争、管理がもっている諸矛盾から学習者を解放し、「学び」が本来もっている学ぶことの意義を明らかにし、それを検証できる場として、夜間中学生と教員がともに夜間中学の学びを追求してきた五〇年ではなかったろうか。

一方で、夜間中学が公教育制度に入っていくと、さまざまな制約がかかることも明らかになった。入学、卒業、学習内容など、昼の学校教育制度からくる制約である。夜間中学生の実態（年齢、就労経験のある社会人、就学経験の有無もさまざま）はこの制約の範囲を超える様相を示している。

しかしながら、関西夜間中学五〇年のあゆみのなかで、その制度に合わせることを夜間中学生に求め、制度に合わない夜間中学生を結果的に「排除」していくということが繰り返しおこなわれていた実態も明らかになった。

このように、夜間中学生を制度内に押しとどめようとする考えと、制度の諸矛盾を糾《ただ》し、制度を変えていこうとする考えとのぶつかり合いが繰り返し起こっている。押しとどめようとする考えは、教師のほうに多かった。そして、最後は夜間中学から夜間中学生を排除する方向に動いていった事例もあった。教師のなかに、「学校型教育制度」のもつ呪縛から自らを解放する考え方が希薄であったといえる。それほど「学校型教育制度」の影響は大きかった。夜間中学生は、学びを通して教師に変革を求め、告発をし、「学校型教育制度」を乗り越え、共に立ち上がることを求めてきた。これがこの五〇年のあゆみであった。

形式卒業者の告発

これを象徴する出来事として「形式卒業者」の夜間中学入学を認めさせる立ち上がりがある。詳しくは本書に収録した「怒り」で須尭信行《すぎょうのぶゆき》が主張している。学齢時、学校に登校できなくても、卒業証書が発行され、卒業したものと扱われたために、学齢が過ぎたあと、本当の学びを求め、夜間中学入学を希望しても、入学が認められなかった出来事だ。第一七回、第一八回の全国夜間中学校研究大会で、文部省担当者に形式卒業者の入学を認めるように求めてきた。そして「学習したい人には学習の機会を与えるべきでないか」との見解を示させた（一九七一年）。にもかかわらず、時移り、人が変わると、「卒業証書が二枚あるのはおかしい」と「学校型教育制度」が頭をもたげ、入学を認めない方向になり、多くの学習者の入学を断る状態になっていった。こうして「学習者の実態に合わせて制度を変えていく」という夜間中学の哲学が貫徹できない状況が生まれていった。

「教育機会確保法」と「官制の夜間中学」

行政管理庁の「夜間中学早期廃止勧告」から半世紀経《た》った二〇一四年、文科大臣は国会で「各都道府県に一校以上の夜間中学が必要」（二〇一四年五月二一日）と答弁し、二〇一五年、形式卒業者の夜間中学再入学を認める通知（二〇一五年七月三〇日）を出した。そして二〇一六年、「義務教育の段階における普通教育に相当する教育の機会の確保等に関する法律」（「教育機会確保法」二〇一六年一二月一四日公布）を制定した。国は五〇年前とは正反対の方向に舵を切った。

私たち夜間中学関係者は、夜間中学を学校教育法のなかに位置づけることを一九五四年当時から国に要求し、法制化を訴えてきた。その点から、法制化がやっと実現したということができる。

しかし、この「教育機会確保法」は評価できない内容ももっている。①別々に超党派の議員連盟をつくって立法化を議論していた夜間中学の問題とフリースクールの問題を、途中からくっつけて立法化したこと。②文科省は不登校をうみだしている原因を個人の問題とし、義務教育全体に問い返す取り組みを放棄し、「学びたい人は夜間中学へ」としたこと。③その最たる例が、学齢の不登校者も夜間中学に入学できるとしたこと（二〇一六年一一月一八日、衆議院文部科学委員会）。不登校の子どもたちが提起している問題は教育全体で受け止めるべき事柄で、夜間中学に隔離してすむ問題ではない。④新渡日の外国人も夜間中学に入学させ、少子高齢化が進む日本で少しでも役に立つ（税金の納められる）人に育成させるという国の考え方があること。

この法律で、夜間中学をつくる「義務」をすべての自治体に課した。しかし、この法律ができたとしても、ただちに各地に夜間中学が開設されるわけではない。そして「教育機会確保法」が成立したいま、「学校型教育制度」のもつ問題点を問わない「官制の夜間中学」が動き出している。このことは、夜間中学の最大の危機であると考えている。いまこそ、学びを必要とする当事者の名乗り出と開設要求の市民の運動が必要なのだ。

夜間中学開設運動は全国に三五を数える自主夜間中学を開校した。多くのボランティアが手弁当で参加して学びの場を運営しながら、長年にわたって公立化を求めて取り組みを進めている。

大阪人権博物館「夜間中学生」展

昨年（二〇一七年）、大阪人権博物館で特別展「夜間中学生」展が開催された（二〇一七年一〇月一八日〜一二月一六日）。「夜間中学」ではなく、「夜間中学生」である。それは、夜間中学の主役は学習者・夜間中学生だと考えるからである。一九六六年、「夜間中学早期廃止勧告」に対し、夜間中学開設運動にとりくんだのは夜間中学卒業生である。そして開設させた夜間中学で学んだ学習者は、獲得した文字とコトバで「学ぶ」ことの意味や自分史をつづり、社会の矛盾を見抜く目を育て、世界にいる一〇億人の学ぶことのできていない仲間に「学び」を届ける活動をおこなってきている。このことを特別展で示した。

私たちは「五〇年目の夜間中学開設要求全国行脚」を実行している。今度は髙野雅夫ではなく、夜間中学で学んでいる人たちが先頭に立っている。夜間中学先発地は、夜間中学がいまあることの意義を具体的に発信する役割があると考える。

五〇年を前に、夜間中学の実践を積んだ関西の夜間中学から夜間中学生・卒業生一九人、教員・元教員三〇人の原稿を集め、そして五人のジャーナリストの原稿を加えて、「このような夜間中学をつくりましょう」というメッセージを全国に届けたいと考え、できあがったのが本書である。

編集委員会について

最後になったが、編集委員会について述べておく。

大阪で夜間中学開設運動がとりくまれ、天王寺《てんのうじ》夜間中学開設が実現してから五〇年を目前とする二〇一五年四月三〇日、「『夜間中学開設運動開始五〇年、さらにもっと夜間中学を』企画推進準備会」が発足した。

夜間中学の現・元教員、夜間中学卒業生など二四人が参加した。以後、三〇回の推進準備会、四回の企画推進会、二〇回を超える編集委員会をおこなってきている。

夜間中学に関係する私たちがいまとりくめることを議論した。

髙野雅夫、小林晃《こばやしあきら》、八木秀夫《やぎひでお》、神部博之《かんべひろゆき》、飯野正春《いいのまさはる》、一森悦子《いちもりえつこ》、倉橋健三《くらはしけんぞう》、寿《ことぶき》烈子、康友子《カンウジャ》……多くの夜間中学生が活動のなかで仲間を勇気づけ、難局を切り拓いてきた五〇年のあゆみであった。このあゆみに学び、夜間中学をめぐる現状況をふまえ、増設運動への想いを新たにした。

髙野雅夫が東京から持ち込んだ夜間中学関連資料の整理作業を、東大阪《ひがしおおさか》市立長栄《ちょうえい》夜間中学内の「うりそだん」の空き時間を使って、「자립《チャリップ》夜間中学生歴史砦《れきしかん》」と呼ぶ場で週三日おこないながら、さまざまな取り組みをおこなってきた。

その主なものは、学習会「行政管理庁：夜間中学早期廃止勧告五〇年を迎えた今私たちは」（第六八回全国人権・同和教育研究大会一日目の夜間、二〇一六年一一月二六日）、「五〇年目の夜間中学開設要求全国行脚」（二〇一七年夏）、「大阪人権博物館第七二回特別展『夜間中学生』展」などである。

本書に収録した原稿は、各回の企画準備会で参加者が報告し、議論をおこなってきた内容をふまえて執筆したものである。

二〇一八年一〇月一一日

（夜間中学開設運動、大阪到着満五〇年の日）

『生きる 闘う 学ぶ』編集委員会

第1部　夜間中学生の主張

「夜間中学生の主張」編集にあたって

夜間中学の主役は夜間中学生である。夜間中学生が奪い返した文字とコトバで記した文章は多数に上る。関西夜間中学運動五〇年を編集するにあたって、埋もらせてはいけない一五人の関西の夜間中学生の主張を収録した。夜間中学の明日を指し示す主張だと考える。執筆時の誤字、脱字も原文のまま収録した。

（編集委員会）

がっこうにいきたい

十五ねんまえ（二十二のとき）におやに
ぼくじがおぼえたい、がっこうにいきたい、ともだちがほしい、
とおとうさん、おかあさんにいったら
二たりともないてしまった。ぼくもないた。
おとうさん、おかあさんは、がっこうにくやくしょうに、いったが、
こたえは　としがいきすぎ、しょうがいがおもい、せつびがない
この三つのりゆうでことわられましたが
あ［き］らめきれづ
まいとしまいとしはるになると
おとうさん、がっこうにいきたい、
おかあさん、がっこうにつれていってと
おやをこまらせってきた。
いまのぎむきょういくは十六でうちきられている
これはちょうっとお［か］しいんじゃないでしょうか

髙橋栄一《たかはしえいいち》

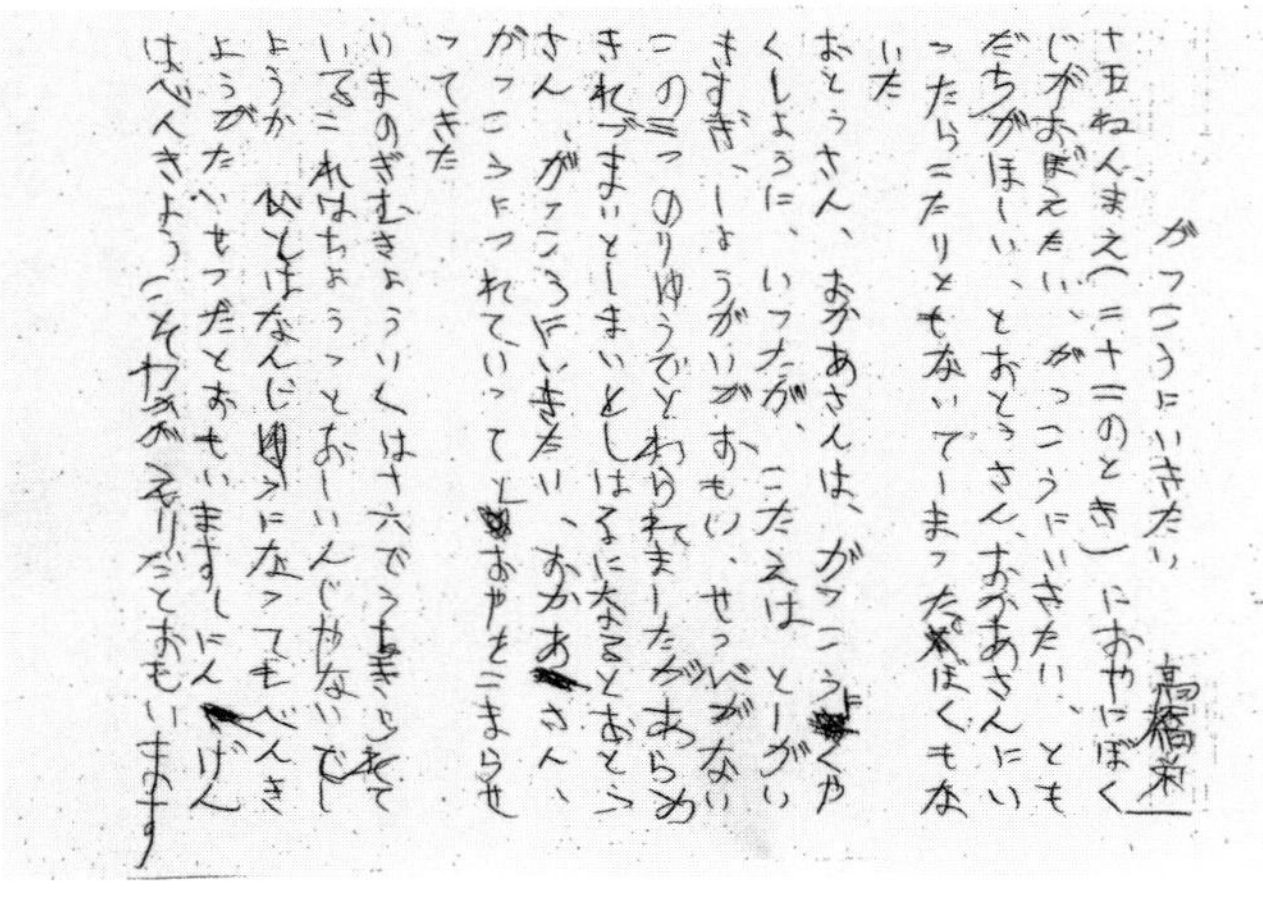
がっこうにいきたい
十五ねんまえ（二十二のとき）におやにぼく　高橋栄一
じがおぼえたい、がっこうにいきたい、とも
だちがほしい、とおとうさん、おかあさんにい
ったら二たりともないてしまったぼくもな
いた
おとうさん、おかあさんは、がっこうくや
くしょうに、いったが、こたえはとしがい
きすぎ、しょうがいがおもい、せつびがない
この三つのりゆうでことわられましたがあらめ
きれづまいとしまいとしはるになるとおとう
さん、がっこうにいきたい、おかあさん、
がっこうにつれていってとおやをこまらせ
ってきた
いまのぎむきょういくは十六でうちきられて
いるこれはちょうっとおしいんじゃないでし
ょうか　ぼくはなんじゅうになってもべんき
ょうがたいせつだとおもいますしにんげん
はべんきょうこそ[illegible]だとおもいます

ひとはなんじゅうになってもべんきょうが　たいせつだとおもいますし
にんげんはべんきょうこそわかがえりだとおもいます。

（一九七一年執筆／大阪市立文の里夜間中学）

障碍者《しょうがいしゃ》が安心して勉強できるように

大西良子《おおにしよしこ》

天王寺《てんのうじ》夜間中学卒業生の大西です。私たち障碍者は就学免除で子どものころ学校に通うことができませんでした。学びたい気持ちを持ちながら、学べなかったのです。年をとってから夜間中学に通うようになって、学校生活の大切さ、学ぶ喜びを実感しました。それだけに、若い頃学べていればと悔しくてなりません。私たちは行政によって非識字の状態に追いやられた被害者です。

私は夜間中学に通う九年間ずっと、大阪府教育委員会や大阪市教育委員会に、障碍者の学ぶ権利を守るための訴えをしてきました。私が学校で勉強するためには介護者が必要です。私の時は自己負担で介護者をつけていましたが、本来は専任の先生がつくはずだと訴えてきました。九年間の訴えが実って特別支援学級が夜間中学にできたのは、残念ながら私が卒業した次の年でしたが、私の後に夜間中学で学ぶ後輩達《たち》にとっては大きな支えになるので、喜んでいます。がんばった甲斐《かい》がありました。障碍を理由に一度学びをあきらめた仲間も、特別支援の先生が来たことで、夜間中学に戻ったといううれしい知らせも聞きました。

しかしまだまだ十分ではありません。学校内では介助してもらえても、通学時の介助はありません。介護法では認められている通学介助も大阪市では認められていないので、彼女が毎日学ぶためには家族に大きな負担がかかってしまいます。
私たち障碍者には義務教育を受ける権利があるはずです。実質的にふたたび就学免除を受けさせられることのないように、まだまだ改善しなくてはならないことが残っています。国連識字の一〇年は今年で終わりますが、学びを奪われた障碍者が一人でもいるうちは、私の戦いは終わりません。夜間中学で学ぶすべての障碍者が安心して勉強できるようになるまで、後輩達と気持ちを一つにして訴え続けていくつもりです。みなさん、がんばりましょう！

（二〇〇二年九月九日、国連識字の一〇年最終年の集い「関西から世界へ　学びは生きる力」意見発表より）

（天王寺夜間中学卒業生）

怒り

形式中卒 オール1の会　大阪市立天王寺中学夜間学級一年三組　須尭信行《すぎょうのぶゆき》　二二才　工員

得体の知れない何かが俺の心を「ズタズタ」に切り裂き俺の人間としての感情のすべてを奪って行ってしまった。そして、俺がふと我に帰ったとき、そのときすでに俺は人を信じることのできない、人を憎むことしか知らない人間に改造されていた。俺をこんな人間にしたのはいったい何だ!?　いったい誰だ！　俺は、それを追求し糾弾する！

俺は筑豊《ちくほう》のある炭鉱で五人兄弟の長男として生まれた。しかし、俺が小学校へ上がるころ炭鉱は閉山し、家にはランドセルを買う金もなかった。だから、入学に必要な学用品などは伯父《おじ》さんが見兼ねて買ってくれた。

しかし、二年生の中ばになるころ伯父さんの買ってくれたランドセルは壊れて使えなくなった。もちろん、もう新しいカバンを買うことなどできなかった。だから、俺はカバンの代わりに、旧軍隊の使っていたと言う古い毛布で母が作ってくれた袋を持って学校へ通った。それから、友達の弁当箱は新しくて中には白いめしが入っていたが、俺の弁当箱は古い大きな、でこぼこの真ん中には梅ぼしの酸で穴の空きそうな「ドカベン」で、その中には外米と大麦でたいた薄黒いめしがはいっていた。友だちは、それらを見て俺をからかった。「いや先公までが」俺はほしかった、新しいカバンが。新しい弁当箱や白いめしが。先生、それでも俺は学校をずる休みなんかしたことは一度もなかったぜ。

そして、五年生になるころ、俺をもう一つの不幸がおそって来た。と言うのは、黒板に書いてある字が、そのころから急に見えなくなったんだ。原因は良く分からないが、たぶん栄養失調による極度の近視だと思う。なぜかと言うとちょうどそのころ姉や弟も同じように目が悪くなったからだ。しかし、姉や弟はすぐに担任の先生の指導でメガネを買ってもらった。でも俺の担任の先公は視力検査の時に、たった一言「メガネを掛けらないかんね」と言っただけだった。その時に俺の視力は、もう〇・一に近かったと思う。俺は姉や弟がメガネを掛けているのを見るとうらやましくて仕方がなかった。しかし俺は父や母に「メガネを買って」とはどうしても言えなかった。俺は知っていたからだ。そのころ、小さな「ヤマ」で働いていた父の給料が「七千円」ほどだったことを。また、母が俺達に、ひもじい思いをさせないために、自分は食べる物も食べずに命をすりへらして働いていた事も。だから、俺には言えなかったんだ！　だが、母は、姉や弟が目が悪くなったのに俺だけ悪くならないのはおかしいと思ったのだろう。「信行はメガネを掛けんでもいいとね？」と俺に尋ねた。その時俺は、とっさに答えた。「俺は千里眼だからメガネなんか掛けんでも龍王山の裏側まで見えるばい」と。先生、あんたたちの目から見れば愚かなことかも知れないが、俺にしてみれば、それでも精一杯親のため兄弟

第18回全夜中研で「怒り」を発表する須尭信行。右より古部美江子、須尭、小林久美子（1971.11.26 天王寺講堂）

のため自分を犠牲にして耐えているつもりだったんだ！ 俺は隣りの席の友達に「あれ何ち書いてあると、その次は？」と聞きながら、友達のノートをのぞきながら勉強した。友達は、からかいながら教えてくれた。先公はそれを見ても知らん顔だった。そうしているうちに中学になったが、授業にはまったくついて行けず、そのために先公が出した問題が答えられずに、気絶するほどぶんなぐられたことも何度かある。ちょうど、それと同じころ俺は自分で働くことを思いつき新聞配達を始めた。自分で金を稼げば母に苦労を掛けずにメガネは買えると思ったからだ。しかし、駄目だった。元々体が弱く病気ばかりしていた俺はすぐに体を壊して、結局、二倍も三倍も苦労を掛けてしまった。

先生、貧乏と言うもんは恐《こわ》いもんだよ、人間のすべてを破壊するから。あんた方はそれを知らないだろう。

やっと見つけた望みも失った俺は、絶望の極限に追い詰められた。あんた方には、この時の俺の気持ちがわかるかい？

俺は憎かった、幸せそうな面をした奴《やつ》らが、できない生徒の気持ちなど無視して廊下に成績順位を貼り出したり、貧乏人の生徒の事など考えずに金のある生徒にだけ授業料を取って補習授業を授けさせたりする先公が。学校が。俺の怒りは爆発した、大音響と共に。俺は学校の窓ガラス数十枚をたたき割り机やいすを次々とたたき壊して行った。そして、何時《いつ》の間にか俺は皆に恐れられるようになっていた。俺をからかった友達が俺を恐れ、俺を畜生のようにぶんなぐったり、ののしったりする以外、見向きもしなかった先公が俺をにらんでる。「ざまあ見あがれだ！」だが俺の怒を低脳デモシカ先公らは、しょうこりもなく暴力で鎮圧しようとした。ど間抜け供が、そんなことで人の教育が出来ると思っているのか！　俺は当然、暴力によって反抗した。目には目を歯には歯をと言うやつだ。「ちくしょう！」俺は低脳先公を道連れに何度も死を考えたこともあった。と言ってもあんた方には理解できないだろうが俺はあの時、一番下の弟（昭和三十九年四月二十六日生まれ現在小学校一年生）が、生まれていなければ間違いなく先公とあの世に行っていただろう。

俺をそこまで追い詰めていたものはいったい何だ！　いったい誰だ！

そうこうしているうちに俺は小学校以下の学力のまま中学を卒業した。なお、俺が小学校へ入学して中学を卒業するまでに先公が家庭訪問に来たのは、わずか二回か三回だったと思う。そして、「メガネを掛けらないかんね」と言ったのは後にも先にも一回きりだった。奴らは何かと言うと俺を非行少年あつかいにはしたが、その原因を調べようとはしなかった。俺が非行少年なら奴らは非行先公だ！　あんな奴らが教育者として現実に存在しているのだから、まったく話しにならない。あんな教育者なら俺にだってできるぜ！

すべての教育関係者よ俺は貴様らに聞く！　「俺はこれでも中学校の課程を終了したと言えるか!?」世の中には俺みたいな、いわゆる形式卒業者は、沢山いるはずだ。その数をもし調べたとするなら、おそらく莫大な数に昇るはずだ！　また、その人達の中には俺と同じように夜間中学に救いを求めている者が沢山いる。だのに、貴様らはなぜそれを暖かく迎えようとしないのだ！　法だと規則だと、ふざけるな！　法が今まで俺達に何をしてくれた。馬鹿も休み休み言え！　このうすら馬鹿め！　だいいち法がその役目を充分に果たしていたなら形式卒業者などは生まれなかったはずだ！　また夜間中学なんてものは必要ないはずだ！　その生まれないはずの形式卒業者が生まれ、必要ないはずの夜間中学が現実に必要なのは一体なぜだ！　俺の、いや、すべての形式卒業者に納得のいくように説明しろ！

俺は憎い、矛盾だらけのこの世のすべてが。ぶっ殺してやりたい、その矛盾を当然のように押し通そうとする人民のすべてを。貴様も！　貴様も！　お前もだ！

俺が東京や大阪の夜間中学の存在を知ったのは今から約二年ほど前、テレビのある番組でその存在を知った。そのころ俺は家の近所にある洋服店へ紳士服仕立の職人として働いていたが、それを知ったその日に俺は東京の夜間中学に行こうと決心し、そのための計画を立て始めた。しかし、それはきわめて困難なことだった。と言うのは、そのころ母は脳出血で倒れ、寝たり起きたりの状態だったし、当時中学三年だった妹の高校進学もどんなことがあっても実現したかったから。しかし、やっぱり勉強したかった。学校へ行きたかった。今の生活をこのまま続けて行ったなら俺は父や母がたどってきた困窮の歴史を再びくり返すだけだ。そう思えたから。

それから半年後、俺は汽車に飛び乗っていた。生まれて初めて乗る汽車だ。『生まれて初めてだぞ！』その時、俺は二十才だった。生まれて二十年間、その困窮の歴史の中では、汽車に乗ることすら許されなかったのだ！　ただ貧しいがゆえに。貴様らには想像もできないだろう。行く先は大阪。俺は母のために東京行きを断念し、大阪の夜間中学をめざしていた。妹の高校進学は俺の血と汗の結晶である貯金をはたくことによって実現は百パーセント可能になった。しかし、母の病気は俺の力ではどうにもならない。だから少しでも近くに居てできるだけ心配を掛けない様にするため東京より近い大阪を選んだ訳だ。しかし、その俺を社会は受け入れてくれなかった。必死で救いを求めてきた俺を世の機械人間どもは受け入れてくれようとはしなかった。法がどうだとか規則がどうだとか言って、卒業証書と言う紙切れを楯《たて》にして。だが俺はあきらめなかった。いや、あきらめる訳には行かなかったのだ。それをあきらめることは俺にとって死に等しいことだったから。奴らは知っているのだろうか、自分達のやっていることが殺人的行為であることを。それが俺に大犯罪を犯させようとしたことを。

俺は最初、府の教育委員会に電話で問い合わせた。しかし形式卒業のことを言うと一ぺんで断られた。「義務教育だからそうゆう人は駄目」とぬかしやがった。ふざけやがって！　もちろん市の教育委員会も同じことだった。電話で駄目なら……、俺はそう思って地図を頼りに府庁を訪ねた。しかし、結果は同じ事だった。それでもあきらめずに、今度はこの天中に電話で問い合わせた。駄目なことはわかっていても何処《どこ》かに、わずかな、隙き間でもあるかも知れないと思ったからだ。しかし、やっぱり駄目だった。だけど、その時、最後に言われた「頑張てね！」という言葉にわずかな可能性を感じ、今度は市役所の教育委員会を訪ねた。しかし、やっぱりそこにいた者は機械人間だった。「ちくしょう！」この時俺の怒が再び大爆発を起こすきざしを見せた。社会とは、まったくかってなものだ。犯罪を犯せば少年法がどうだとか死刑がどうだとか、わめき立てるくせに。そうならないために必死で努力をしている者には、誰も手を貸そうとはしなかった。俺は完全に頭に来た。「よし、もう一度だけやって見よう。しかし、今度も駄目だったら、俺はこの矛盾した社会の俺を受け入れようとしなかった機械人間どもを血祭にあげてやる」奴らが俺の生きる道を奪えば、俺は奴らを殺す。それが、無力な俺に残された、ただ一つの道だ。俺がこの矛盾した社会に対し抗議する方法は、それしかないし、またそれは当然の報復だ！　俺は、その時そう思った。そして俺は最後のすべてを掛けてこの天中を訪ねて来た。いや、訪ねて来たと言っても、すぐに来れた訳ではない。この間三ヶ月俺は何回となく学校の回りを、うろうろと歩き回った。俺のような者でも人を殺すことはいやなんだ！　恐いんだ！　だから……。俺はそこまで追い詰められていたんだぞ！　そんな思いまでしないと入学できなかったんだぞ！　そうしてやっとの思いで入学したんだ。その「ズタズタ」に傷ついた俺を待っていたものは残念なことに、ここでも差別と偏見だった。先生、俺はなぜ夜間中学に来てまで差別を受けなければいけないんだ！　差別はしていないとは言わせないぜ！　俺は許せない。真実の民主教育、真実の解放教育の場であるはずの夜間中学で差別を再生産した教師を、昼間の教育体制を持ち込んだ教師を！　だから俺は言う。卒業証書を楯に俺を抑圧し差別した、もっともけいべつすべき教師に。先生、あんたは、俺が昼の中学でやって来たことを、再びくり返させようてえのか！　あんたはそれでも教師か！　俺は人より頭が良い訳でも、初めからできるわけでもありませんぞ！　そんなことは入学の時に学力テストを受けているからわかっているはずだ！　それを何だ、ちっと答があったからって、「あんたはようできはるよって遠慮してもらえまっか、あんた中学卒業してはりまんの。そんなことで差別しまへんけどな」だと、それだけならまだいい、てめえ俺が答をまちがえた時、何と言った！「は？　なんでそないなりまんねんな」そう言ったはずだ！　答がまちがえば馬鹿にし、合えば合ったで良くできるから卒業しているから遠慮しろと言う。これを差別と言わずして何と言うのか。このほかにも、あげればきりがないほどあるぞ！　てめえは知っているのか、俺が、そのたった一枚の紙切れのためにどれほど苦しんだか。俺はそれのために大犯罪（自分では犯罪だとは思わないが社会一般で言う殺人罪）を犯そうとしたんだぞ！　命まで掛けたんだぞ！　生徒の悩みを知ったら、それを解消してやるのが教師じゃないか。それを貴様は何だ！　生徒の悩みを解消してやるどころか、それを拡大するような無責任な発言をし、その悩みを楯に差別を再生産し、俺を抑圧しようとした。てめえには教育者としての資格などまったくない。「今すぐ夜間中学から出て行け！いや、教師をやめろ！」

それから、国民を守るべき法で俺を殺そうとした教育行政関係者たちよ、貴様達にも言わせてもらう。高校の予備校化された、今の中学校。エリートコースを目差す進学体制の「ひずみ」から生み出された俺たち形式中学卒業者に対する責任はどうするのか⁉　俺たちは現在の教育体制の「いけにえ」になった犠牲者なんだぞ！　てめえたちの責任は隠蔽し、俺たちの夜間中学入学は法的に正式に認める訳には行かないと言うのか。このど阿保め！　そんなことより俺たちを生み出している今の教育体制こそ教育基本法や学校教育法によって、とがめるべきではないのか⁈

中学を卒業していないと、嘘《うそ》をつくことを条件に入学した、すべての形式卒業者たちよ、同胞よ、俺は、お前たちにも言う。今こそ俺たちの立ち上がる時が来た。みんな勇気を出して立ち上がれ、今俺たちが立ち上がらなければ、俺たちの恨みは、俺たちの怒りは、永遠にこの世から葬り去られるぞ！　それでも良いのか、それでもお前たちはくやしくないのか！　それでも嘘をつきながら、こそこそ遠慮しながら学校へ来たほうが良いと言うのか、自分だけいい子になって、入学できないでいる同胞を見捨てるつもりなのか⁉　俺はいやだ！　だからやる。形式卒業者の教育権を勝ち取るために！　それによって、もし、俺が夜間中学に来れなくなったら、その時こそ俺は、この矛盾した社会に対し、すべての教育行政関係者に対し命で持って抗議する！　誰も知っちゃいない。追い詰められた人間の恐るべき狂暴性を。だが俺は知っている。だから叫ぶんだ！　貴様たちには聞こえないのか！　俺の叫びが！　俺の叫びが、俺の怒りが、俺の涙が、貴様たちの血に変わることを忘れるな！

（この作文は、俺が夏休み中かかって書いたものです。この俺の叫びを、俺の怒りを、全国の夜間中学の先生方、ならびに、すべての教育行政関係者の皆さんに聞いていただきたい）

（一九七一年執筆／大阪市立天王寺夜間中学）

夜間中学　夜間中学って何や？

八木秀夫《やぎひでお》

今日　教育の進んでいる日本で　夜間中学はなんでなんであるのや？

このギモンに私たち夜間中学生は夜間中学の卒業生は正しく答える義務があります。

教育に日常的にたずさわっている人々であっても「今日義務教育を受けていない者が日本全国で一四〇万人以上もいる事実を知っておられません」。それは義務教育未修了者自らが自己又は親の責任において教育を受けられなかったと信じ込まされ信じてきました。それがためにいかに不当な扱いや、差別を受けようともそれに反論する文字と言葉（学力）を身につけていないからなのです。

人間の文明が進むにつれて衣服さえ単に外界との暑さ寒さを調節するためだけのものではなく、近代ではデザインで自己を表現しています。

このように私たちにとって文字や言葉は人間が互いに信じあい喜びや悲しみを表現し共同の利益のために共に助け合う元になる文字を持っていないのです。

このことは支配階級が自らの利益を守るために大衆に文字を解放しなかったことから始まり、近代では支配階級はその利益をますます強力に増大させるための資本力として教育（技術としての知識の生産）を推し進めて一時も早く金になる知識の生産に重点をおいて学校教育を行っております。それがために充分に学力がつかないまま　学校教育から放出される生徒が続々と社会に出ております。

皆さんもご存知の通り、学校で差別選別され社会に出て果たしてこのきびしい世の中を無事渡りきることができるでしょうか。新聞などのニュースでさえ日常的にこの形式的に卒業証書のみを手にした多くの仲間の犯罪はそれをはっきりと示しております。人間は人間によって教育を受けます。私たち夜間中学生、卒業生は自らの苦しい経験からも、再び私たちのように、三〇歳や、四〇歳になってやっと夜間中学に来なければならなくなった原因を、自らの体験を通して、自力で学力を身につける必要に、さし迫られております。私たち夜間中学生、卒業生は仲間と共に学び、生きるために仲間とともに学び、生きるための文字と言葉を、共同の作業（勉強会）の場で、身につけるため、今そのことに、全力を尽くしております。

（一九七四年、豊中第八中学で昼間の生徒を相手に講演をおこなった時のプリントから。文中の（）内の注は筆者が入れたもの。以下同じ）

おいたち（一部）

私の記憶が正しければ、一九五一年は私にとって、生々しい生命への印象を受けた年であった。

父は戦後の就職難の時で地方の町では、働く場所さえない時で、単身大阪で働き、時々帰郷する以外あまり顔を会わすことはなかった。父が大阪でどのような仕事を、していたか私は知りません。ある日母は病気であるといって、私の同級生の姉が勤めている町の病院へ入院した。母が妊娠していることは子ども心でもわかっていた。

三人兄弟で四人目までは育てられないことは、私にもはっきりしていた。三日後に私と母は手に紙包みを下げて退院した。その包みの中はもちろん胎児である。そのことは母と別に会話をしなくてもはっきりと私にはわかっていた。ポンプ所の二階を借りていた部屋の板の間に包みをおいた。その夜は私の耳にキイキイという胎児の泣き声が今の私にでもこびりついているような気持になります。次の日に母と私は、この胎児の処置についてて話しました。どちらからともなく、家から二km程離れた途中で汽車道をこえた、山すそにある竹藪《たけやぶ》を切り開いた墓地に埋めることになりました。そこは前にたけのこを掘りにきたことがあるのでよく知っていました。その頃の私は一〇歳か一一歳だったでしょう。山でスコップを手に一気に穴を掘るとあわてて、土の中に包みを入れ、また土を元通りにしました。その時は別に悲しいとも思わずにただ淡々とした気持ちで作業を終えました。このことは私と母以外には知る人もありません。朝早かったので、朝露にぬれたズボンが妙に冷たかった。私たち母子は一刻も早く、この場から離れたかったのです。このことが私の心に残って一六歳で貧しさのため義務教育（中学）さえ卒業できずなんの悲しみさえ考えさえもなく自殺未遂も行った。この頃の私を映しだしてくれるものは（今のように文字を知らない時では）風呂場の鏡だけでした。その時の私は鏡が一番恐ろしいものでした。

生きるための文字とコトバの勉強をつづけます。

一九七四年　初夏

遺稿から

―　詩　―

八木秀夫

左の方の目はかすんで／右目よりも悪し／耳にひびく血の流れる音／づんづんと。

九時をすぎ　消灯の／廊下にひびく他室／患者のセキ込む声。

体を横に倒してこうして／書いている書いている時／こそ生の証《あか》し。

文字は苦しみを和らげてくれる／自分にだけに利く薬剤である。

書きたい、いっぱい書きたい／母のこと、妻のこと、過去のこと／これから先への夢などなど
いっぱい書きたい。

片目で書いた文字／一生懸命　横列を練習した　あの頃。

その努力の訳かどうか／割合いこうした白紙の用紙が私は好きだ／文字や絵が画ける。

たてや横に自由に／書けることはすばらしい／一列の文字に　時を／記すことができる。

書いても書いても終わりが／ない。テーマもない　今　頭に／浮かんだことしか書けない。

酸素吸入をしながら／時がくるのを待つ。／透析時間の長きこと。

あまり心身共につかれ／果ててしまうので／心安らかになろうと／努力はするが　つい／腹立ちが出る
弱い者の己に／どう語りかけるのか／何を？　どう？／語るのか？／又　明日。

一九七九年九月二三日　夜　最期の病室にて

夫の思いで

八木昌子《やぎまさこ》

身体障害者である私を気づかってか、けっして重いものをもたせたことはなかった。

結婚するときから「僕は長生きせんからなあ、覚悟しといてやー」とよく言っていた。

けれど、こんなに早く逝かれるとは思ってもみなかった。

命のないことを悟っていたのでしょう。自分から、みんなを呼んでくれと言いだした。力いっぱい生きたから満足していると言って逝きました。

夜間中学や障害者の運動は思いでのふかいことですが、私には残念だったこともあります。多勢で同居できるような家が欲しいと言っていたが、最後の住居になった千里《せんり》の府営住宅が夫にとって一番ましな所でした。

文章を書くのは速かった。文法的にはおかしいなと思うところはあっても、机に向かうと二枚や三枚はあっというまに書きあげた。写真集でもなんでもよいから自分のものをのこしておきたいと言っておりましたが、今、八木ののこしたものを、なんとかまとめることができたらと思っています。


(大阪市立菅南夜間中学)

夜間中学生　八木秀夫さんを偲ぶ

高木宣明《たかぎのぶあき》

八木さんが亡くなってからもう二年が過ぎた。夜間中学と夜間中学生の自立のために情熱を燃やし続けた。この人の生涯はけっして報いられたものとはいえない。

それはおそらく敗北のれきしをきざむ、一つのドラマではなかったか。十分に生きているとはいいがたい自分たちを省みつつ、「思いのこすことはない」といったというこの人の最期を聞くにつれ、痛ましいような救われたような思いが去来するのを禁じえない。ともあれ、ひとつの時代をふりかえり、めいふくをいのりたいものである。

八木秀夫さん

一九六九年大阪天王寺夜間中学開校の時、二学年に編入学。二九歳。

大阪に夜間中学をつくれと運動していた髙野雅夫《たかのまさお》さん（東京の夜間中学ＯＢ）に、腎臓で入院中の病院をぬけて会いにでかけたのがすべてのはじまりだった。

夜間中学をつくる

次の年、天中（天王寺夜間中学）一期生の倉橋さんの提案で夜間中学を育てる会（教師、生徒、卒業生、市民の会）がつくられた。それに参加した八木さんは、地元東大阪《ひがしおおさか》市に夜間中学をつくるよう運動した。それは東大阪の長栄《ちょうえい》中学（一九七二年開校）となった。八木さんは東大阪責任者としてがんばりつづける。

べんきょう会

八木さんは東京の髙野さんとれんらくをとりあっていたようだ。昼の学校へいけなかった生徒は夜間にいくしかない。だが、その夜間からさえとりのこされる生徒はどこへいけばいいのか。そうした思いがつのり髙野さんは私設の夜間中学をつくり、八木さんはなかまによびかけて日曜べんきょうかいを東大阪市の市民会館ではじめた。（一九七二年夏）

生徒が中心に

こうした中で八木さんたちの思いは、生徒こそが運動の中心にならなければというものではなかったか。ともすれば、生徒は、教師にたよりがちだし、教師はそれをまた当然とし、教師の側のペースで運動もすすめられがちになってしまう。八木さんたちは、これをなんとか逆転させようとしたのではないだろうか。

自立へ

べんきょう会の仲間は「かえる」というグループをつくった。自分たちのことは自分たちで考え、行動していこうとする「劣等生の自立」をめざす運動だった。「かえるつうしん」というミニコミの発行。事務所作り。独自の就職、通学保障の道をモサク。また重度の「障害者」の入学についてなど、かれらのとりくんだことは数多く、全部はかききれない。

東京、広島へ（一九七三年）

筆者は「かえる」には加わらなかったが、八木さんと二度、旅をしたことがある。一回は東京。全国夜間中学校研究会を見るため。このときは菅南《かんなん》夜間中学生徒会のFさんも同行し、東京の学校の給食を見学。また髙野さんのところへもいった。もう一度は広島。広島の学校が廃止されそうだというのを聞き、生徒にあいにでかけた。このときは広島テレビなどに行き廃止反対のキャンペーンをお願いした事を覚えている。

不幸な結末

そうした八木さんたちだが、運動はかならずしも生徒に広がらなかった。時間のよゆうがないこと、力不足は双方にあるとしても、いささか周囲から反発もされたと思う。筆者が知りあった時はすでに八木さんたちは少数派だった。「かえる」の中心メンバーも、沖縄へ帰ったり、意見のちがいなどで数少なくなっていた。そして、あることがキッカケで八木さんが育てる会からはなれることになったのも運動に大きなマイナスになった。

第二ラウンド――敗北

八木さんは、しごとのつごうで住みなれた東大阪をはなれた。それからの八木さんはなおも、新たなべんきょう会をはじめ、豊中《とよなか》市での運動、劣等生の自立へむけ夜間中学への情熱をもやしつづけた。しかし生徒とのつながりをつかみきれないまま運動は敗北におわってしまった。

晩年の八木さんはきっと、うしろがみをひかれる思いだったろう。つかれた精神を、旅や俳句でなぐさめていたようである。——生きのびることも大切なたたかいなんだといいつつ。一九七九年九月二七日、持病だった慢性腎炎が悪化。とつぜん帰らぬ人となってしまった。三九歳だった。コトバあまって意つたわらずという点があって、八木さんはよく理解されなかったこともあるようだ。が、この人の投げかけたものは重いものばかりである。

備忘録《メモ》

一九四〇年九月九日、大阪東成《ひがしなり》大今里《おおいまざと》の長屋に生まれる。

五歳の時空襲にあい、父の出生地、兵庫県豊岡《とよおか》にソカイ。

貧困、小学校にも満足には行かなかった。クツがなく長グツをはき卒業写真をとる。

ソカイから大阪にもどると、いつの間にか中学の籍《せき》が消えていた。

うどん配達で家計を助ける（父の病）

一六歳で『鋼鉄はいかにして鍛えられたか』読む。

数えきれない程の仕事をし、夜間中学へ。一九六九年二九歳だった。

一九七三年六月一〇日、同じ夜間中学生の奥さんと結婚、仲間たちで祝いの式をあげた。


（大阪市立菅南夜間中学卒業生）

ある思いで「夜間中学の八木です」

森本 啓

八木秀夫さんはいつも自己紹介するときそう言った。八木さんのいう「夜間中学」は学校という組織や建物の事をいっているのではない。六・三・三という教育体制から切りすてられ、それによっておかれている最下層——それを夜間中学ということばであらわしていたように思う。

八木さんは天王寺の夜間中学に入学したが卒業はしなかった。とちゅうで授業に出なくなった夜中生や、そこからもやめていってしまった人々とのつながりは逆につよかった。八木さんが布施《ふせ》に住んでいたパンション（アパート）は、夜間中学の登校拒否者（?）や長欠者たちのたまり場のようになっていた。奥さんは、いつもカンズメなどを用意していたと後できいた。私も何度かごちそうになったこともあったが、そのカンパと出しても受けとらなかった。

あのころの生活はそう楽ではなかったようだが……八木さんの背おいに、みんながずいぶん甘えていたように思う。

（ペンペン草編集部）

（ミニミニ通信『ペンペン草』No.4、一九八一年九月二七日より）

ミニミニ通信 ペンペン草 4

1981.9.27

発行.ペンペン草
茨木市双葉町6-15
ファミール双葉41
たかぎ方

夜間中学生《やかんちゅうがくせい》 八木秀夫《やぎひでお》さんを偲《しの》ぶ

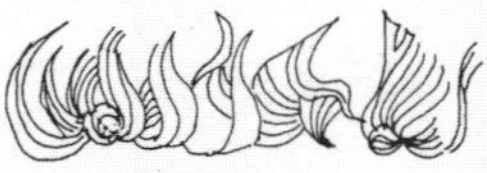

八木さんが亡《な》くなってから、もう2年がすぎた。夜間中学と夜間中学生の自立《じりつ》のために情熱《じょうねつ》をもやしつづけた、この人の生涯《しょうがい》はけっして報《むく》いられたものとはいえない。

それは、おそらく敗北のれきしをきざむ、ひとつのドラマではなかったか。十分に生きているとはいいがたい自分たちを省《かえ》りみつつ、「思いのこすことはない」といったというこの人の最期《さいご》をきくにつれ、痛ましいような救われたような思いが去来《きょらい》するのを禁じえない。ともあれ、ひとつの時代をふりかえり、めいふくをいのりたいものである。

◉八木秀夫さん◉

1969年、大阪天王寺中学(夜間学級)開校のとき、2学年に編入学。29才

大阪に夜間中学をつくれと運動していた高野雅夫さん(東京の夜間中学.OB)に、腎臓で入院中の病院をぬけて会いにでかけたのがすべてのはじまりだった。

◉夜間中学をつくる◉

次の年、天中一期卒業の倉橋さんの提案で夜間中学を育てる会(教師、生徒、卒業生、市民の会)がつくられた。

それに参加した八木さんは、地元、東《ひがし》大阪《おおさか》市に夜間中学をつくるよう運動した。

それは東大阪の長栄中学(1972年開校)となった。――八木さんは育てる会の東大阪責任者としてがんばりつづける。

◉べんきょう会◉

八木さんは東京の高野さんとれんらくをとりあっていたようだ。

昼の学校へいけなかった生徒は夜間にいくしかない。だが、その夜間からさえとりのこされる生徒はどこへいけばいいのか。――そうした思いがつのり高野さんは私設の夜間中学をつくり、八木さんは、なかまによびかけて日曜べんきょう会を東大阪の市民会館ではじめた。(72年夏)

◉生徒が中心に◉

こうした中で八木さん《(たち)》の思いは、生徒こそが運動の中心にならなければ――というものではなかったか。

ともすれば、生徒は、教師《きょうし》にたよりがちだし、教師はそれをまた当然とし、教師の側のペースで運動も、すすめられがちになってしまう。

八木さんたちは、これをなんとか逆転《ぎゃくてん》させようとしたのではないだろうか。

◉自立へ◉

べんきょう会のなかまは「かえる」というグループをつくった。

自分たちのことは自分たちで考え、行動していこうとする「劣等生の自立」をめざす運動だった。

「かえるつうしん」というミニコミの発行。事務所作り。独自の就職、通学保障の道をモサク。また重度の「障害者」の入学についてなど、かれらのとりくんだことは数多く、全部はかききれない。

◉東京．広島へ◉(1973年)

筆者は「かえる」には加わらなかったが八木さんと2度、旅をしたことがある。

1回は東京。全国夜間中学研究会を見るため。この時は菅南中学生徒会のFさんも同行し、東京の学校の給食を見学。また高野さんのところへもいった。

もう1度は広島。広島の学校が廃止《はいし》されそうだというのを聞き、生徒にあいにでかけた。この時は広島テレビなどに行き廃止反対のキャンペーンをおねがいしたことをおぼえている。

◉不幸な結末◉

そうした八木さんだが、運動はかならずしも生徒に広がらなかった。

時間のよゆうがないこと、力不足は双方《そうほう》にあるとしても――いささか周囲から反発もされたと思う。筆者が知りあった時はすでに八木さんたちは少数派だった。

「かえる」の中心メンバーも、沖縄へ帰ったり、意見のちがいなどで数少なくなっていた

そして、あることがキッカケで八木さんが育てる会からはなれることになったのも運動に大きなマイナスになった。

◉オ2ラウンド◉――敗北

八木さんは、しごとのつごうで住みなれた東大阪をはなれた。

それからの八木さんはなおも、新たなべんきょう会をはじめ、豊中市での運動、劣等生の自立へむけ、夜間中学の情熱をもやしつづけた。

しかし生徒とのつながりをつかみきれないまま運動は敗北におわってしまった。

××××××× ×××××××

◉晩年の八木さんはきっと、うしろがみをひかれる思いだったろう。

つかれた精神を、旅や俳句でなぐさめていたようである。――生きのびることも大切なたたかいなんだといいつつ。1979年9月27日、持病だった慢性腎炎が悪化。とつぜん帰らぬ人となってしまった。39才だった。

◉コトバあまって意つたわらずという点があって、八木さんはよく理解されなかったこともあるようだ。が、この人の投げかけたものは重いものばかりである。めいふくをいのる。(高木宣明)

《ある思いで》

「夜間中学の八木です」

八木秀夫さんはいつも自己紹介する時そう言った。八木さんのいう「夜間中学」は、学校という組織《そしき》や建物のことをいっているのではない。6・3・3という教育体制から切りすてられ、それによっておかれている最下層《さいかそう》――それを夜間中学ということばであらわしていたように思う。

八木さんは天王寺の夜間中学に入学したが卒業はしなかった。とちゅうで授業に出なくなったか夜中生や、そこからもやめていってしまった人々とのつながりは逆につよかった。八木さんが布施に住んでいたパンション(アパート)は、夜間中学の登校拒否者(?)や長欠者たちのたまり場のようになっていた。奥さんは、いつもカンズメなどを用意していたと後できいた。私も何度かごちそうになったこともあったが、そのカンパと出してもけっしてうけとらなかった。

あの頃の生活はそう楽ではなかったようだが……八木さんの青おいに、みんながずいぶん甘えていたように思う。

(森木啓)

ミニミニ通信「ペンペン草」No.4(1981.9.27)

私が 夜間中学で 学んだこと

李慶錫《イキョンソク》

生活体験意見発表会参加の生徒の皆さん。こんにちは。私は、二〇〇三年四月に、二才年上の姉と一緒に、太平寺《たいへいじ》夜間中学に入学し　今年で九年目、来年三月に卒業することになっている生徒の李慶錫と言います。私が入学した二〇〇三年といえば、皆さんが小学校に入るか入らないかの年だと思います。一九三四年生まれで、今年七七才になる私が、私の三人の息子や、長男の孫三人も世話になった、同じ太平寺中学校で、何を学んだのか？　今日はこのことを　お話しして、皆さんに　勉強することの　意味を　考える　きっかけにしてもらえればと思います。

私は、日本が朝鮮を植民地にしていた一九四〇年、六才の時　父が徴用で日本に連れてこられ働いていた三《み》菱《つびし》精錬所のある　香川県直島《なおしま》と言うところに　母と姉、弟の四人で来ました。日本の子どもから「朝鮮人、朝鮮人」「朝鮮帰れ」と言われたり、縄をはって通せんぼをされたり、石を投げられたり子ども心に地獄を見る思いをして、私たち姉・妹は、学校へ行くことはありませんでした。

私が日本に来た翌年、七才のころ、私たちがよく遊んだ原っぱに、ある日、青いテントが　ぎっしり立ちました。たくさんの連行されてきた人たちが、朝、会社へ行くとき、腰を縄で縛られ、一メートルおきぐらいに憲兵がひとりずつ付いて見張っていました。とても怖かった光景が、今でも目に焼き付いています。当時は、囚人と思っていた人たちは、皆さんも、歴史の授業で勉強したと思いますが、日本や中国から強制連行されてきた朝鮮人、中国人だったとあとでわかりました。鉄砲の弾などを作らせていたようです。

一九四五年八月一五日、戦争は終わりました。私たち朝鮮人は、自由になったと、皆が　大喜びしていました。あれだけ精錬所で朝鮮人をいじめていた、重役や憲兵隊は、いつの間にかいなくなっていました。けれど、このことの　意味を　私が　はっきりと　わかるようになるのは　六〇年後に夜間中学で勉強してからです。植民地という言葉すら、夜間中学にくるまでは　はっきりとはわからなかったのです。

一九五九年四月、仕事を求めて大阪に来て、朝は五時ぐらいから、翌日の朝二時頃まで本当に寝るひまもなく働いて子ども三人を育ててきました。そんな中、何よりも、苦しく、そしてつらかったのは、自分の名前も書けないことでした。子どもの入学式も、参観日も字の書ける妹に頼むしかなかったのです。けれど、どんなに生活が苦しくても、私の頭の中から、私たち家族が　朝鮮人であると言うことは、片時も　忘れたことはありませんでした。だから、私についてきてくれた息子たちは、どこに出してもはずかしくない朝鮮人です。朝鮮語はぺらぺらしゃべれるわけではありませんが朝鮮人です。今年二六才の孫も、朝鮮人に生まれてよかったと言ってくれているのが私の自慢です。

夜間中学で学んだ文字は、往々にしてすぐ忘れてしまうのですが、夜間中学で習った植民地という言葉も、植民地支配の歴史も、朝鮮の文化も、私の生きてきた七〇年の人生の民族魂に　確かな裏付けを与えてくれたのです。

朝鮮人への　差別が強かった日本社会で、私は　生きていくために、「廣李」「廣畑」、「白谷」「田辺」と通名を使うことで、家を借りたり、仕事も続けることができてきました。けれどいま学校で「慶錫さん」「慶錫さん」と、自分の本名を、友達や先生から呼ばれることを私が心地よく思うのはなぜだと思いますか？　また私は、自分自身でも、たとえば「生徒会長の李慶錫です」と　本名で　自己紹介できる自分を　誇らしく思ったりしています。

　つまり、私が六九才になって太平寺夜間中学に入学し、九年間の学びで得たものは、朝鮮人であるといじめられ、痛めつけられてきた中でも、朝鮮人であることの誇りを絶対に忘れなかった私自身の人生に胸をはったらいいのだと確認できたということです。

　どうかみなさん。学びとは、自分をゆたかに胸張って生きていける支えを心の中にかたちづくることであるとつくづく思います。聞いてくれてありがとうございました。

（二〇一一年執筆／太平寺夜間中学）

夜間中学生の体験発表は学校をこえ、「東大阪子どもたちの集い」の場でもおこなっている

なぜ、祖国を訴えたか

宮島満子《みやじまみつこ》

琴城《きんじょう》分校のみんなと一緒に西宮《にしのみや》勤労会館へ「南京《ナンキン》大虐殺」の映画を見に行きました。初めは、恐ろしい爆弾の音でびっくりしました。そのうち見れば見るほど、自分のことを思い出し涙が流れました。

三才の時、私の家族は中国に渡りました。長野県開拓団として、中国の東北満州東安省《まんしゅうとうあん》（現黒竜江省《こくりゅうこう》）という所でした。そこで妹と弟が生まれ私の家族は一一人になり、一九四五年八月、突然私たちは地獄の苦しみを味わうことになりました。お米や必要な物を馬車につんで、小さい子は親がおんぶして、夜中に逃げました。翌日、飛行機が一日何回も地上すれすれに飛んできて、私たちを銃撃していきました。そんな恐ろしい日々が続き、昼間は森の中に隠れ、暗くなると死体が数えきれないほど、あの映画と同じです。日本の軍隊が、中国人にひどいことをしたから、罪のない私たち日本人が復讐《ふくしゅう》のためにやられたのだと思いました。

当時九才の私は、日本が敗戦で中国に残され一人ぼっちになり「日本の鬼子」だ、鬼子だと、いつもいじめられましたが、私が生き残ってこられたのは、中国の養父母が養ってくださったからです。

一九七二年、日中友好が成立し友好関係も深くなり、一九八五年四月に残留孤児として帰国しました。何十年も期待していた夢が、ようやく実現したのです。仕事は、ホテルの炊事、掃除など、朝六時から一一時まで働きましたが、一日五千円でした。

毎日の疲労が続き、右手がおかしくなり、病院に行っても、言葉ができなくて困りました。ある日、友人から電話があり、私の事情を話したら「三宮《さんのみや》の博愛病院に中国語ができる看護婦さんが二人いるから、そこへいきなさい」と教えてくれました。さっそくそこで治していただきました。三宮から帰りに有馬口《ありまぐち》で乗り換えを聞いても、何を言っているかわからず、三田《さんだ》まで行ったこともありました。

私は日本に来た時、生活用品などお箸一本もなく、すべて零からの出発でした。悲しみや苦しみが多かったのです。

六〇才になって、友達の紹介で夜間中学校に入学することができ、五〇年ぶりに学校生活が始まりました。学校で「宮島さん、戦争で奪われた家族の命は取り戻せないけれど、奪われた文字は絶対に取り戻すのよ」と教えられ、学ぶことへの決心をかためました。一緒に勉強、給食、遠足、文化祭など、何とも言えない楽しさでいっぱいでした。私が今までの人生で夜間中学校と出会ったことは、何物にも変えがたい生きがいとなりました。

同じ開拓団の人と出会い、国家賠償訴訟を知りました。私は、兵庫訴訟の四十八番目の原告となりました。国は「ソ連にやられたから仕方なかった」と言ってるけど、それは許されないと思いました。「帰って来るように言ったが、帰って来なかった」って言われたけど、私たちは、何も知らなかったから。帰りたかったのに、何も知らされなかったのです。それなのに、国は勝手に帰って来なかったというのです。それから、満州に行くのは好きで行ったと言われてますが、好きで行ったわけではない。周りから割り当てがあって、勧められて行った。

家族八人が死んだのに、国は守ってくれず、私たちは見捨てられ無視されました。日本に帰ってきてから、日本人なのに中国人だと言われて。言葉がわからないで困っていたのに、中国に帰れと言われ差別されました。それが悔しくて、私を日本人として認めて欲しいと思って裁判に加わりました。

私は、夜間中学で学んだ文字と言葉で、文章を書き、二〇〇八年二月二二日、大阪高等裁判所で意見陳述をしました。

私は、今とても複雑な気持ちで、この法廷に立っています。私たち中国残留日本人孤児国家賠償請求訴訟兵庫原告団は、これまで団結して、国の責任を認めさせて賠償させるという一つの目的に向かって闘ってきました。

二〇〇六年一二月一日には、やっと日本人だと認めてくれた感動的な神戸地裁判決をもらいました。この大阪高等裁判所でも、神戸判決のような、いえ、もっと素晴らしい勝利を勝ち取りたい。必ず勝ち取ることができる。そう信じて、闘ってきました。でも、結局私が他の残留孤児のみなさんと一緒になって必死に裁判をしてきた目的は達成されないまま、今日、訴訟を取り下げることになってしまいました。

私には、死ぬまでに二つ、どうしてもしたいこと、夢がありました。一つ目の夢は、日本にある宮島家の墓に、戦争で亡くなった私の八人の家族が眠っている場所の土を入れてあげることでした。

私は、戦争によって家族を奪われました。私は、一九三八年三才の時、両親に連れられて、家族一一人で満州に渡りました。それなのに、一九四五年八月からの逃避行で、両親、兄弟が次々に亡くなり、生き残って日本へ帰れたのは私と二人の兄だけでした。そして、今、家族で生き残っているのは私だけです。

どうして、私は、一人取り残されたのか。日本の国が、私たちを満州に送り込み、ソ連軍が攻めてきても、私たちを守らず、置き去りにしたまま、自分たちだけ逃げたからです。戦争さえなければ、日本の軍隊が私たちを置き去りにしなければ、私は、お父さん、お母さんに育てられ、たくさんの兄弟に囲まれて、楽しく生き

宮島満子（神戸地裁勝訴判決10周年記念集会で）

ることができていたはずです。そして、今も、兄弟の何人かは元気でいて、私と楽しく付き合ってくれていたはずです。でも、現実は、生活保護を受け、私一人ぼっちで生きています。こうなったのは、日本の国のせいではないですか。

私の家族は、今も、中国の冷たい土の中です。私は、家族が死んだ場所を全部知っています。だからそこに行って、家族が眠っている場所の土を持って帰り、日本のお墓に入れてあげたい。そう願い続けてきたのです。そして、私が死んだら、今度こそ、あの世で家族と一緒になりたいのです。

私の二つ目の希望は、文化大革命で壊された養父母の墓を中国で建て直し、養父母の墓が永遠に代々残るようにして、お墓参りをしたいということでした。養父母は、敵国日本の子どもである、見ず知らずの私を引き取って育て上げてくれた、命の恩人です。それなのに、私は養父母のお墓も建て直せず、中国に墓参りにも行けないのです。

中国の養父母のおじやおばは、「日本人を育てても、結局は日本に帰ったまま、お墓も建て直しもせず、墓参りすらしない。恩知らずだ」。と私を非難します。そう言われるのが本当に辛《つら》いのです。本当は、お墓を建て直したいし、お墓参りも行きたくて仕方ないのに、生活に余裕がないために行けないのだということを、中国の親戚は知りません。どうして、最低限の恩返しすらできないのでしょうか。私は、養父母に申し訳ない思いで一杯です。このまま、何もできないまま、死んでいくのかと思うと、悔しくて、苦しくてたまりません。

裁判を最後まで闘って勝利できたなら、私のささやかな夢は、実現できたはずでした。国が、私たちに対する責任を認め、充実した支援策を作ったなら、希望は叶《かな》ったはずでした。でも、結局何もできません。今まで通り、恩知らずのまま、寂しく生きていくだけです。

私は、日本が侵略戦争で中国に残してきた罪を、一人置き去りにされ、九歳の時からずっと背負わされ、「小日本鬼子」と言っていじめられ続けてきました。私の一生は、戦争で狂わされました。家族を、私の一生を、全部返してほしい。それができないというのなら、きちんと賠償をして、罪を償ってほしい。生活保護ではなく、国が賠償をしてほしい。しかし日本政府は、私たち残留孤児に対して、今だにきちんとした謝罪すらしていません。神戸の裁判所が、「無慈悲」とまでいって厳しく責任を認めてくれたのに、その責任があいまいなままで、裁判が終わってしまいます。これが、私たちが、命をかけて長い間闘ってきた結果なのでしょうか。

私は、残留孤児裁判を闘う中で、語り部《かたりべ》活動や朗読劇に涙してくださった地域の人たち、温かいマスコミの方々、そして残留孤児を支える会の心優しいみなさんと出会うことができました。ばらばらだった孤児の皆さんとも手を取り合い、励ましあって、共に行動する機会も得ました。私は、この方達に心から感謝しています。私は、これからも、命のある限り、私たち残留孤児の苦難の人生を、そして将来に残された重い課題を語り、訴え続けていく覚悟です。この裁判は終わりますが、私の闘いは続きます。兵庫県の原告団は、みんな、同じ気持ちだと思います。人間として、最低限の希望すら叶えさせてもらえない、冷たい祖国、日本を、私は許すことができません。

（前半は一九九七年、後半は二〇〇八年執筆／兵庫県尼崎市立成良中学校琴城分校）

知った以上は何かしなあかん

下岡純子《しもおかじゅんこ》

小日本鬼子

私は一九六五年中国吉林《きつりん》省南山《なんざん》村で生まれました。四人姉弟の一番上で、妹二人弟一人がいます。

私は自分が日本人だと知りませんでしたが、小学三年生の時クラスのみんなから「小日本！　日本鬼子！」っていじめられたことがありました。うちへ帰って母に「なんで私は小日本っていわれるの」って聞いたら、「お父さんは日本人だから」と言われました。それ以上は聞けなかったし、聞く機会もありませんでした。父は朝早くから夜遅くまで忙しかったから、そんな話をする時間もありませんでした。父は無口です。小さい時から周りの人が日本語を嫌っているのを知っていましたから、日本語を話しませんでした。子どものころは気がつかなかったのですが、父が話す中国語は母の発音と違いましたし、中国語を話すとよく朝鮮人と間違われました。周りに朝鮮族の人が多い村で大きくなったからでしょう。でも、私は小さかったし、父が日本人だと気がつきませんでした。

村の子とはけんかしたけれどそれでおわりです。そのあとも学校へ行きました。妹たちも学校でいじめられたことがありましたが、私は長女なので、妹たちをいじめた同級生に怒りました。それで、小日本や日本鬼子と言われることはなくなりました。

結婚

私は小学校を卒業しましたが、中学校は卒業しませんでした。母の代わりに家のことをしました。父は無口な人で、うまく話ができないので、買物とか結婚式とか葬式とかは私が小さい時からずっと家の代表で行きました。

農業の仕事は忙しいので、下の妹も小学校六年生で一回休学しました。女の子は力仕事があまりできないのですが、私一人では父の力にはなれないので、妹と父と三人で一緒に田畑の仕事を一年ぐらいしていました。だから妹は小学校を卒業していませんでした。父は娘二人をかわいそうに思って、もう一回学校に行かせてくれました。妹は中学校まで行きましたが、私は中学校をあと半年で卒業というところで退学しました。その後二年ぐらいして、十八歳で結婚しました。田舎は男の仕事、重たい仕事が多いから、女の私は父の畑の仕事の手伝いがあまりできないので、同じ村の人と十八歳で結婚しました。旦那の方はきょうだいが多いから、結婚してからも、うちの実家の手伝い、畑の方もなんでも手伝ってくれました。

下岡純子の家族写真（1976年４月 中国で）。父（42歳）、母（31歳）、後列右端が純子（11歳）

日本へ

中国残留孤児を調べて「あなたのお父さんは日本人でしょ。日本へ行きたくない？」と連絡をしてきた人がありました。食費・アパート代を引いて、手取りが七万円。条件は日本の戸籍謄本を持っている人です。「ちょっと考えるわ」と言って、計算してみたらすごく条件がいい。私はその人に連絡して「行きます」と言いました。

父が日本から帰ってから後は何も情報がないし、日本はどんな国かわかりません。いろいろな人から、「女の人が日本へ行ったら、どこかへ売られるかもしれない」、「悪い仕事をさせられるかもしれない」と言われて心配しました。でも、父のふるさとは海が近いと聞いていたので一度は行ってみたいとも思いました。そこで、下の妹に相談しました。下の妹の子どもは三歳でした。

「一緒に行こう。姉妹一緒だと心強いよ。」と誘うと、妹は「行きたいなあ。でも子供小さいし」といいます。妹は外で仕事して、子どもの面倒はお姑《しゅうとめ》さんが見ていました。「一緒に行ったら給料高いよ」と言って、二人して日本に行くことにしました。でも、手続きにお金をいっぱい使いました。お金を払わずに日本へ行くことはできません。

岐阜の縫製工場で働く

一九九四年九月に岐阜の縫製会社に来ました。そこには日本の戸籍を持っている人が五十人ぐらい働いていました。中国の東北地方の残留孤児・残留婦人の子どもとか、息子の嫁とか、孫とかがいました。三年間働いて、そのあと日本に残るか、中国へ帰るかを決めると口約束をしていました。だから、私は、三年間は働かないといけないと思っていました。会社とした約束を守らないといけないと思っていました。でも妹は一年に足りない一九九五年五月ごろ、帰りたいと言い出しました。妹は背が低い。仕事は、一日八時間から十時間ぐらい重いアイロンをかけるので、肩が痛くなって、中国へ帰りたいと言いました。妹は最初、子どもが三歳で小さいから行かないと言っていました。妹の旦那とお姑さんは私と一緒に日本に来ることに反対でした。妹が病気になって、このまま中国に帰ったら、妹や、妹の旦那に悪い。最初は行かないと言っていた妹に、私がいいこと言って勧めて、今、病気になった妹をつれて帰ることは出来ません。どうしようか悩みました。もう少し様子を見ようと思いました。でも、妹は病院へ行って薬をもらっても、だんだんひどくなるし、帰らなあかんと思いました。

岐阜の大垣《おおがき》に南山村から日本に帰ってきている人が住んでいました。その人は二世で、お母さんが日本人です。その人の電話番号を知っていたので、正月に大垣に行ったことがありました。八月のお盆休みにまた行って、妹が病気になって帰りたいと言っているので相談をしました。私は妹に合わせる顔がない、妹に悪いことをしたと言いました。日本に来るとき、手続きするお金をいっぱい借りてきました。田舎の方には貯金がないのです。こっちに来てから借りたお金を毎月返して、一年間働いても、手元にお金は残りませんでした。手取りが七万でも、二ヶ月に一回中国にお金を送るので、手元にお金がありません。帰ることがどうしてもできないので大垣の友達に頼みました。その人は、「女の人でも外へ出たら十二、三万稼ぐ仕事がある。」といいました。私は、来る前に三年間働くという約束をしているから、会社を辞めたら悪いと思いました。妹は中国へ帰ったら、また日本へ来ることが難しい。どうしたらいいか悩みました。その上、会社を辞める時には、また日本人の保証人が必要です。大垣の友達は家族みんな中国の国籍です。保証人は日本の国籍の人でないといけません。二世の大垣の友達のお兄さんは日本の国籍でした。岐阜の白鳥町に住んでいたので、連絡して、保証人になって欲しいとお願いしました。受けてくれました。

縫製会社を辞めるとき、三年経っていないからと、お金を一人一万円はらいました。会社を辞める時友達に三十万円貸してほしいと頼みましたが、会社を辞めたらお金が返って来るかどうかわからないから、誰も貸してくれません。でも、一人の友達が、友達もお金がないから、他の人から借りて私に貸してくれました。

大垣の二世の方の娘が八尾《やお》にいました。大垣の二世の人のお兄さんに保証人になってもらって会社を出ました。会社を出たときは、パスポートも外国人登録証も持っていませんでした。九月九日に八尾に来ても、登録がができません。仕事探して面接を受けても、登録証がいります。「ない?」言葉が分からないけれど、「ない」

はわかります。どうしようかと八尾に住んでいる人に相談して、九月二十三、二十四日の連休に岐阜に戻りました。保証人の一世の方は日本語がわからないから、その娘と一緒に岐阜へ行きました。休日で会社は休みなので、困って警察署に行きました。「道で倒れても、身元を証明する物が何もない、パスポートもないし、外国人登録証もない。もし、こんなこと起こったらどうします」と、警察の人に言いました。「外国人登録証は自分で持っているものでしょ。でも縫製会社が登録証を管理しています。今、その会社を辞めたけれども、もらっていない、これはどうしたらいいですか」と警察の人に聞いて、縫製会社の名前と電話番号を言いました。その会社は障害者をたくさん雇っている会社で、国の役に立つ会社です。何度も会社に電話したけど、休みです。せっかく保証人と一緒に来ているのに、また、大阪の方に戻ったら、次はいつ来れるかわかりません。「今日、何ももらえなかったら、帰らない」というと、警察の方はまた会社の方に連絡してくれました。会社の方は私の話を聞いて、やっと、五時ごろになって、私と妹の外国人登録書を持って来ました。パスポートは後で郵送してくれることになりました。

八尾で働く

九月二十四日に八尾に戻って来て、すぐ登録して、職業安定所へ行って仕事の紙をもらいました。何回面接に行っても、言葉がわからないからと断られました。

一九九五年九月二十七日、紹介された金属の会社を私と妹と日本語の少しわかる人の三人で探しに行きました。途中、別の会社の前で女の人に会いました。「仕事、ある?」そんな日本語で聞きました。女の人は「中国人?」と言いました。あとはわかりません。でも、ゆっくり聞いて字を書いてくれました。「社長は今いない。一時間後に来てくれる?」と言われて、よくわからないが、こんな意味かなと思って「一時間、来る」と中国語で書いたら、わかってくれました。

先に、紹介された会社に行きました。私の顔を見て「社長のお姉さんに似ている。」と言われました。社長のお姉さんは中国から帰ってきた人だそうです。「三人ともオーケー」と言われ、タイムカードもすぐ作ってくれました。すぐ働いてほしいみたいでしたが、十月一日が創立記念日なので、「二日から仕事」と言われました。社長の奥さんはコーヒーも出してくれ、その会社で働くつもりでしたが、「一時間、来る」と約束した会社があるのでそちらも訪ねてみました。

社長が帰ってきて話をしました。その会社は家の解体の会社でした。会社の中で、解体したものを分ける仕事をします。ゴミと、木とか金属とかを分類する仕事です。話が通じないので、隣にある車の解体会社の社長が香港《ホンコン》の人なので通訳してくれました。

「仕事きついですよ。暑いし、仕事は力がいるから、大丈夫かな。」と、社長は心配していました。でもこの会社は昼ごはんもついているし、一時間八百円、八時間六千四百円と聞いて、給料が高い、いいところだと思いました。明日から仕事に来てもいいと言われて、すごくうれしくなりました。

翌日、私と妹と友だちの三人で行きました。一日目は大変な仕事でした。二十五キロの廃油に土を混ぜます。廃油缶をそのまま捨てられないのでハンマーで穴を開けて、廃油をバケツで運んで土に混ぜます。三人でやりました。別の仕事が入ったら、そちらも手伝いました。一日働いて給料をもらって帰りました。とてもしんどい。でも、こんなに給料たくさんもらえるのはこんなしんどい仕事しかないとか言って、二日間働きました。九月の終わりでも、暑かったし、しんどかったので、妹と友だちはここを辞め、十月二日から前に訪ねた会社で働くことにしました。

私はこの解体の会社で働くことにしました。建物を解体して、ゴミと、木とか鉄とかアルミとかを全部分類します。いろんな名前の木とか金属とかは見たらわかるけれど、日本の名前がわかりません。昼ご飯を食べて、社長の奥さんと子どもさんが日本語をいろいろ教えてくれました。

会社ではみんな一緒にご飯を食べます。ご飯を作ってくれる人もいました。ご飯を食べた後は、日本語でいろいろ話をしました。わからない時は書いて教えてくれました。

夫と二人の子どもが日本に

私は、主人と子どもが中国にいて、妹と二人だけで日本に来たと社長の奥さんに話しました。十月の終わりごろ、社長の奥さんが大阪の入国管理局に私を連れて行ってくれました。私の夫と子どもが日本に来る手続きを聞きました。社長は「身元保証人になってあげる」と言いました。社長は私の夫と二人の子どもの保証人になってくれると言いますが、私の妹にも、夫と子ども一人います。社長に「私の主人と子どもだけ来たら、妹はとてもつらいと思うでしょう。妹の子どもは五歳で小さいから、妹はとても会いたがっています。妹たちの保証人にもなって欲しい」と頼みました。社長さんは「それはできない」と答えました。「お願いします。私の妹の子どもと旦那の保証人もしてほしい」ともう一度お願いしました。「ちょっと考える」と言われました。

私はそのときちょっと不思議でした。一家族の保証人になるのはよくても、五人の保証人になるのはなぜだめなのか、よくわかりませんでした。身元保証人になることが日本人にとってどれだけ大変なことなのか、私は知りませんでした。それから、私と社長と奥さんで、何度も話し合いました。わからない時は紙に字を書いて。結局奥さんが社長を説得してくれて、社長は五人の保証人になってくれました。おかげで、一九九六年二月二十八日に、私の夫と二人の子ども、妹の夫と一人の子どもの五人は日本に来ることができました。

夫と子どもは日本に来てすぐに社長の奥さんが市役所に登録に連れて行ってくれました。

三月から娘は小学校五年生に、息子は小学校二年生に入りました。

夜間中学から定時制高校へ

私は一九九五年九月からこの会社で働き、社長の奥さんや子どもさんが日本語を教えてくれました。一九九六年一月には近くに住む友達の紹介で八尾《やお》中学校夜間学級に入りました。国際交流センターにも申し込みました。日曜日にも勉強することができるようになりました。

朝八時から仕事に行って、五時に終わって家へ帰ったら、晩御飯の支度をしてから毎日学校に行きました。先生たちはすごく熱心で、いろいろ教えてくれました。学校の勉強だけじゃなくて、日本に来たばかりでわからないことも教えてくれました。たとえば銀行や病院に行くときに、どうしたらいいか分かりません。だから、学校へ行ったとき聞きたいのですが、それを日本語でうまく言えません。でも、字を書いたら先生たちがわかってくれて、教えてくれました。私は毎日学校に行きました。パンと牛乳もあるし、日本語の勉強ができる。中国では中学校を卒業していないから、こっちで絶対卒業しようと思って、ずっと学校に行きました。一九九九年四月、最初にユンボの免許を取りました。解体の仕事に使うからです。こんな免許までとれたことが、すごくうれしかったです。その年の八月、車の免許も取りました。二〇〇二年九月には介護ヘルパー二級の資格もとりました。帰国者たちがだんだん年を取って、介護が必要になってきていると思ったからです。でも、ずっとヘルパーの仕事にはつきませんでした。子どもたちがだんだん大きくなるとお金が必要になったからです。同じ二〇〇二年十二月には日本語能力テスト二級に合格し、二〇〇五年十二月にはフォークリフトの免許も取りました。夜間中学のおかげで、いろいろ免許がとれました。父母を病院に連れて行くこともでき、子どもを学校に行かせることもできました。

一九九五年に入って、二〇〇四年二月二十八日までこの会社で働きました。

二〇〇四年三月は夜間中学校の卒業です。四月からは定時制高校へ行きます。だから事務所の人と話し合いました。定時制は三日間遅刻したら欠席になります。定時制に行くことに決めたのだから、欠席になったら意味がありません。そこで、朝八時から夕方五時までの仕事を七時から四時までに変えることはできないかと相談しました。私は家族がいるから、仕事が終わって、家に帰ってから食事の用意をしないといけないと言いました。事務所の人から「あんたが仕事の時間を決めることは出来ない」と言われて、「それならやめる。明日から来ない」と言いました。そのとき、社長はいませんでした。社長から「張さん何でやめる?」と電話がありました。「学校は五時三十分から。五時に仕事終わって、直接行っても時間が足らない。別の仕事を探します」と言って、三月一日から行きませんでした。

新しい仕事は九時から四時までの野菜を袋に入れる仕事でした。給料は半分以下。でも自分で決めたから仕方がありません。三月に夜間中学を卒業して、四月に定時制高校に入学して、四年間にたくさん仕事を変わりました。最後は、八尾高校の近くの仕事で、会社が終わったら直接学校に行きました。

二〇〇六年五月ごろ、解体の会社でユンボに乗る人が足りないと聞いて、社長に電話をしました。以前の事務所の人は定年になって、いませんでした。「七時から四時なら、仕事にもどる」と私は言いました。二〇〇六年六月また解体の仕事に戻りました。

中国帰国者の介護を

介護の二級の資格を取ったのは十年前ぐらいです。

その時も解体の会社で働いていて、土曜日と、日曜日に勉強しました。これからは帰国者たちの介護にいろいろ必要あるからと考え、介護の資格を取りました。介護の仕事は給料が安い。老人ホームで一年間働きました。老人ホームの仕事は全部夜勤です。月曜日から金曜日、一年間仕事して、身体の方がアカンなと思ってやめました。身体が悪いと親の面倒も見られなくなります。自分が元気なら親の介護もできます。

そのあと訪問介護の仕事に入りました。帰国者の事業所です。日本人利用者もいたけれど、わたしは帰国者を五、六軒受け持ちました。中国語でいろいろしゃべることもできるし、介護保険の制度も教えてあげました。帰国者の家はみんな子ども達が仕事をしているので、家族を施設へ連れて行くことが出来ません。一年間、こんな様子を見て考えました。

帰国者はずっと家にいたら認知症になる可能性も高いし、朝迎えに行って一日楽しんで遊びとかできたらいいなあと思って、生活相談員をしていた人と一緒に、東大阪《ひがしおおさか》のサランバンというデーサービスを見に行きました。お金を儲《もう》けるための場所ではなくて、帰国者たちの楽しい場所ができたらいいなというのが私の夢でした。

二〇一三年十月一日帰国者のための夕陽紅デーサービスをはじめました。利用者は帰国者と配偶者だけです。不動産をかりて、自分や妹の家にある家具を集めました。弟が車の解体の仕事をしているから、送迎の車も安く分けてもらいました。家族のみんなが応援してくれました。知っている人たちもみんな応援してくれました。だから頑張らなアカンと思って、社長は私の名前で、もう一人は責任者で、お金は半分半分出しました。帰国者の三世の配偶者と仕事を始めましたが、考え方が違い、上手《うま》くいかず、一年で、二〇一四年十月までで辞めました。

やめてから少し休憩して、訪問介護にも入っています。中国帰国者センターの生活相談員と医療通訳の研修を受けて、電話があったら大阪市の方に行きます。今月から老人ホームの仕事も始めました。毎日楽しいけど、帰国者の方の状態を見たら、一人暮らしの人も老人ホームがあったらいいなあと思います。

「中国残留邦人に対する国家賠償裁判」のとき、父は帰国者として原告に名前を連ねたけれど、裁判所へ行くことが出来ませんでした。私は毎回裁判に行って、他の中国帰国者のことを知りました。知った以上は、二世として何かしてあげたい、しなあかんなあと思っています。

（二〇一五年執筆／八尾市立八尾夜間中学）

いかり

髙橋《たかはし》　敏夫《としお》

先生、なぜ俺が西野《にしの》分校の卒業しょうしょうをもらわなかったいみがわかるか。
その前に俺のことをしゃべってみる。

俺は小学校三年生にもうちょうして二カ月ぐらいやすんでしまい、じぎょうがもうついていけなくなり。それに俺はその時、歯ぐきのくさるこつまくえんになり、おもろないじぎょうわさぼってびょういんにいきました。

それにおやじの仕事の為《ため》に俺はてんこうしなくていけなくなり、昭和三五年四月一日にてんこうせいとしてはいった。その時、わかるじぎょうはなにもなくってほんのすこしぐらい「りか」がわかるぐらいでした。そんな俺が中学校へあがるころ。ろくすっぽに字もしらずにいくんだからまちがってもふしぎがない。

俺は中学校へいくっときのちゅういじこうと、もっていく時のことがかいていました。その時俺はプリントにしたじきとひっきどうぐとしたばきとかんじでかいていました。その時俺はかんじがよめなくって「したじき」と「したぎ」のまちがいをしてしまい。その時俺はふろしきに「すりっぱとしたぎ」がはいっていました。俺はその時じがよめなくってふでばこもわすれました。そんな俺が組わけの為にしけんをするさいにやっときづいたのです。その時までなんでしたぎがいるんやろうとおもった。だけどかっこうがわるくってすぐにかくしました。そんな俺が勉強がわかるはずがなくって、中学校へ毎日かよっていたのがおかしくって、その時の先生は俺になにひとつこえをかけてくれませんでした。それも卒業しきまでこえをかけてくれませんでした。テストが０点か、なんでつうしんぼうがオール１なのか、そんなこともきいてくれませんでした。俺は早く学校をでたかった。いやな勉強もしなくていいし、せけんにでたらどないでもなるわとおもっていた。

俺がしゅうしょくするころ、おまえ頭がわるいし、だれもいかないからおまえがいけといわれ、俺はだまってそこでええわといった。そこといったら世界長《せかいちょう》ゴムでした。俺は昭和三九年三月二一日入社しました。そこは白いこながまいちっていました。そんなとこが俺の職場でした。毎日ながぐつのつくる仕事です。そんな会社に三年かんしんぼうしました。だけどその時俺はこんな会社にいってもおなじだとおもってやめました。

あにのしょうかいで電気屋につとめるようになりました。その時初めて俺のむ学をつくづくわかり、せけんのつめたさがみにしみました。自動車のめんきょしょうとりにいって人のばいいじょうひにちがかかり、電気工事士のしけんをとりにいってなかまがうかり、その時のくやしさとゆよりみじめさがしみじみわかった。それにしょうぼうせつびしけんもすべりました。すべるのがとうぜんです。じがよめないんです。算数がしらないんです。そんな時にラジオから夜間中学校のことをしり、とびつくようにはしっていきました。その時もどうりょうにばかにされ、あざわらわれていました。なかまがあの車のローマジをよめといわれってもよめないんです。

「たった一枚のかみがくやしかった」その時いっそうなかったらとおもった。ひきょうかもしれない。しゅうしょくにわやはり昼の中学校の卒業しょうしょうがものをいっています。だからし

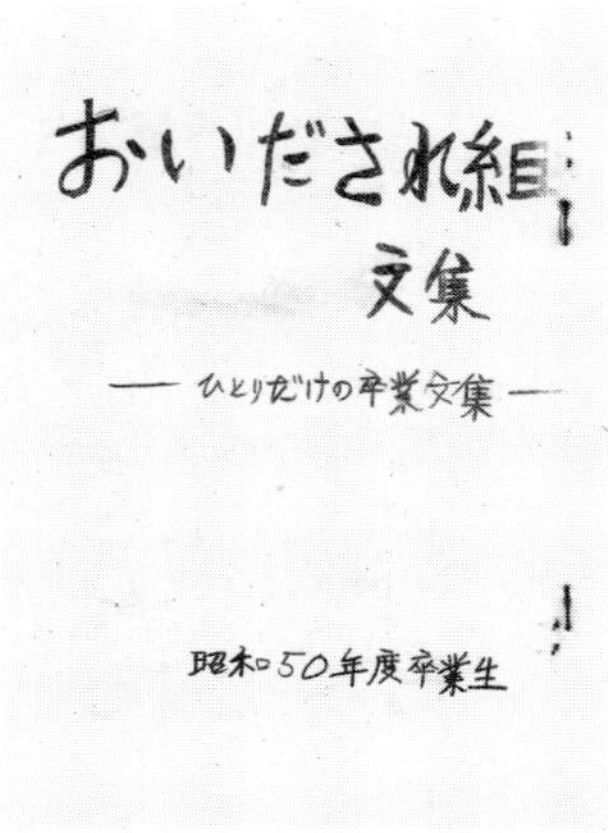

「おいだされ組文集」
表紙（1976年３月）

ゅうしょくわできるけど「なかみ」がないんです。だから電気屋にいってもなかまにばかにされました。とくに現場がある為学校におくれる為俺はけついをした。六年間電気屋をいったところをやめるのです。

俺は先生にどっかいいしゅうしょくさきはないかっと林先生にそうだんをしました。俺はその時まで林先生をしんようしていましたから、そうして上山先生の友だちが金物屋をやっているから、そっちのほうえいったら五時におわらしてくれるといってくれました。俺は学校へいけるならとおもい先生にたのみました。昭和四八年四月一日に多田金物やにいきました。けど学校にわいけるけど足がないんです。前の会社でわ車が足がわりにしっていました。日曜日に市役所のていきうりばにいってみますと、俺がおもっていた三角ていきがうっていました。そして三角ていきわ一ぱんの人でもうってくれませんかといってたのみましたが、これわ学生の為にあるんですといいました。三角ていきのことを学校でいいましたが、林先生がだめだといいました。その時の気もちったら俺はむりをいって学校にいれてもらっている気もちがあってなにもいえなかった。そうして毎日かよっていたがおふくろがブツブツゆんです。給料がやすいのにつかうかねがおおいといって、はやくやめてしまえといって、おふくろが毎日ブツブツといいます。だからバスだいだけうかそうとして、自転車をかいました。だけどやっぱり仕事がしんどい為ながつづきがしませんでした。

そんなある日あたらしいしゅうしょくぐちが俺の耳にはいってきました。そのことを先生いにそうだんをしました。そうしたらそっちのほうがいいといってくれました。あたらしいしゅう職ぐちとは神戸電鉄でした。昭和四八年八月に入社をしました。俺は教習時間がありました。その時作文をかきました。その時俺は夜間中学校のことをかきました。そうして仕事のかんけいでガスのめんきょうをとりにいかなくてわとおもっていましたが俺じしん字がよめないので、ここでおちて又はじをかきたくない気もちがありなんとかとりたいきもちでいっぱいでした。なんとかすべらずにとれました。会社もなれました。

そうして、昭和四九年三月一四日におわかれかいがありました。その時卒業生が一人ずつでてくることばは先生ありがとうございます、のことばしかでてこず、そのとき髙野雅夫《たかのまさお》さんが、ありがとうございますをききにきたんとちがうとその時すごくおこっていました。俺はその時頭からかなづちでどつかれたみたいだ。俺はその時までほんとに俺みたいなやつが学校にいけることがうれしくて先生ありがとうございますですごしていた俺が髙野さんの話しをきって初めてめざめた。俺がなんでありがたいやなんでこんなとしに夜間中学校にこなあかんね。そんなふくざつかした心がも一度あいたい気もちになり、俺はふたたび髙野さんにあいに東京へいくけついをしました。昭和四九年三月三〇日のやこうバスで東京にむかいました。三月三一日の朝東京につきました。その時髙野さんが東京駅へむかえにきてくれました。その時俺のしゅうゆうけんをみて学割になっていないことにきづいてくれました。その時俺は昼まの学校へでているからだめなんですと俺がゆうと、髙野さんが今東京でも大阪でも「けいしき卒業生」にもみぶんしょうめいしょうだしているといってくれました。その時俺は昭和四十八年四月ごろに俺が林先生に三角ていきがほしいといってだめだったといったことを俺はいいました。そうしたらみぶんしょうめいしょうなんか校長がだすんだから、校長にいったらでるときかされって俺はかえりました。

そうして俺は一番に林先生にそうだんをしました。俺は一番しんようしていましたから、そうしてかえってくることばわやっぱり三角ていきの時とおなじ「だめ」ときかされた。なんでだめなんですか東京とか大阪はだしているじゃないですかといったら「きょういくいいんかいとかちぢ」のきょかがいるんですといいました。やっぱりだめかとおもっても一度髙野さんに電話をする。いままでのことをいいました。そうすると校長にいったらだすときかされて俺は、白崎校長に電話をする。

昭和四九年四月二日火曜日夜十時ごろ、髙野さんにきいて、お電話をしたんですが、俺にみぶんしょうめいしょをくださいといいましたら、いちを分校に主任がいますね、その人にいってください、いちをこちらのほうから職員かいぎをするようにいっておきますから、そんなこたえしかかえらずすごくざんねんで、そうして二日ほどして田村主任にいいました。本校の校長先生からきいてくれたとおもいますが、どないなんですか、だしてくれるんですかときいったら又ここでおなじことばしかなく職員かいぎをひらかなくてわいけないのでといい、じゃやっといてくださいといった。俺はやっぱりきになり大阪にいって、けいしき卒業せいのことをききました。やっぱりみぶんしょうめいしょうだしているし、だしているださへんなんかこだわらずにはいれっていいました。

そうして俺はふたたび東京へむかった。昭和四九年五月二九日に東京の夜間中学を見にいって日本語学きゅう、俺のけいしきそつぎょうのことをききにいきました。そうして俺は東京わ西野よりすすんでいるとおもった。そうしてかえってきて又大阪にいったりしてもうどんずまりになり前の西野分校玉本校長にあいにいきました。そうしてその時に、いっぺん湊川《みなとがわ》高校の西田先生とあってみろといってくれました。そうしていままでのことをいってみましたら、今日からでも湊川へこいよといってくれましたがまだ俺は話しのけっちゃくのついてないことをいって、ほんだら、らいねんでもこいといわれて、その時俺でも高校へいけっるとおもいました。俺が一生いけないとおもっていたところがいけるきぼうがもてた。うれしい。そうして俺はとうとうなんぼ話しをしてもいっしょうだとおもい、俺は本校にむかったのです。

昭和四九年六月二一日金曜日雨、俺はかさをさして本校の校長にあいにいきました。そうするといちよう西野で職員かいぎをするようにいっときますといい、そうして今ね校長は、このこくばんをみてください、いそがしくてねといって、そんなこと俺しるもんかとおもった。そうしてほんとうに話しあったのわこの一カ月ぐらいだとおもいますが、だがむせきにんな田村主任だんだんとはなしにつまってくると、おのれのくびがとぶことをしんぱいしやがって、俺をおいだそうとしやがった先生、それに今の寺見主任けいしき卒業生わ、夜間中学校の「ふろく」か、いまだに口からきょういくいいんかいがだめなんですからほんまわだめなんですがいちおここにこられました人わいれますと、ゆうけど、はいったらここの人といっしょのあつかいをする。バカタレが又主任がかわれば又俺みたいになるんや。

昭和四七年二月に入学して、四月ごろけんこうしんだんのレントゲンも、これわね神戸市がやっているので、しょるいを神戸市にださなあかんので、高橋君ちょっとやめといてな、といわれた。その時みんなからふしぎがられ、三角ていき、みぶんしょうめいしょう、この三つを俺にくれなかった。それが俺がいごきだして三カ月かんはしりまわって七月のはじめごろ職員室でよばれて、はいだしますといった「バカたれだまされないぞ」

昭和四六年一一月二六日・二七日てんのうじで第一八回夜間中学全国大会で「けいしきそつぎょうせい」をいれてよいといった。その時の先生わ小林先生、豊永先生、末吉先生。玉本校長がいっていたじゃないですか、それに卒業生の小畑君はけいしきそつぎょう生ではいっていった時は「みぶんしょうめいしょう。ていきのしょうめいしょう」がでていました。それが卒業するとどうじに俺がはいったんですよ。それに末吉先生から田村先生にかわったらもう話しがかわっているのです。こんなむじゅんが西野であったのです。俺はみんなが卒業証がほしいのとおなじく、学生というみぶんをほしょうしたいのです。先生があすからくるなといわれったら俺はあすからこられないのです。俺じしんあの一枚の紙のおかげでせけんにばかにされ、そのあげくに西野でばかにされ、こんなひれつがあるのか、俺があまりにもめくら(原文のまま)だとおもって、又なにもしらなかったら俺じしんそのままおちていくしかなく、いっしょうはいあがれなかったかもしれません。せめて俺みたいな人間をつくってくれるな西野の先生様上山先生、昭和四八年四月から七月の一学きかんのつうしんぼうのかんじがよめません。先生は体育大学をでていらっしゃるでしょう、俺は昼まの中学校をおいだされ、又夜間中学校でおいだされた俺がこんなむつかしいかんじがよめません。字のかたちですこしわかります。俺がうきぼりされているのと、やすんでいるとかいっているとおもいますが、こんなことをしたのわ先生でしょう、ほんとうにその人のたちばにたってかんがえたことあるのですか。

いまからでも俺が五〇日かんなんでやすんだかしってください。

一人のせいとの話しもきけない先生なんてげっきゅうどろぼうじゃないですか。西野はいぜんよりせつびがよくても、先生の中みがかわっていなくてわ、なんぼせつびをよくしてもよくならない。先生わよく日るまの学校のきそくをよくはめるのがそんなことをしてもせいとが、おちこぼれていくばかりですくえないじゃないですか。もっときやすくするのが先生とちがいますか。それにきそくにしばられなくもっときやすくするのが夜間中学校のすがたでしょう。今西野でもけいしき卒業生がつくられていくじゃないですか。先生ありがとうございました。こんな生徒がつくられていくじゃないですか。先生ありがとうございますの上にあぐらをかいっているじゃないですか。俺は勉強もだいじだけど人間として人からかりたことばをただしゃべっているから、ぎこちなく、おかしな話しかたになってしまい、人に心がつうじないじゃないですか。こんなせいとをつくるのは西野の先生じゃないですか。あーこんなことをしたら先生様にわるいからよしてくださいとこんなことばがせいとのなかからでるように、先生がきょういくしているんじゃないですか、ちっちゃくなる人、だまってしまう人、こんな人俺がはらがたつ、先生もっとしゃべれるようにするのがほんとの給料もらいでしょう。先生の給料ぶんだけはたらいてください。わからなかったら、わからないところからしゅっぱつでしょう、先生！

林先生、俺のかいったいかりをよんでどないとろうが俺はいい、だけどもっとそのせいとのたちばになって、なにをいっているぐらいわかってほしかった。俺はくやしいよ、今になって一こともしゃべれずにでていった俺が今ごろしゃべってもおそいかもしれないが、俺のくるしさをもっとしってほしかった。それからかたちじゃなく、なかみでおしえてほしい。

（神戸市立丸山中学西野分校）

おいだされ組文集―ひとりだけの卒業文集―

私ひとりの卒業文集

高橋《たかはし》　尋子《ひろこ》

私は今年四十日あまりの出席日数で西野《にしの》分校夜間中学を卒業する。

私が学校へこなくなったのは勉強がわからなくなったからです。三年前の入学したてのころは一日も休まずがんばってきてたし、何とか勉強もついていけた。

それから一学期の終わりごろから体のぐあいが悪くなり休むようになった。それでもさいしょの一年はなんとかやってきた。

二年目、今の夫である高橋敏夫が昼間の中学校の卒業証書をもっているために西野にいて差別された。私たちはこんな差別をなくしてほしいとうったえた。そうするなかで私たちはこの学校にいられなくなった。事実上いられなくさせられた。

生徒でありながら身分証明書もくれない。学割もない。レントゲンや健康しんだんも受けられない。その他、目にみえないところで自分はここの学生じゃない、というはっきりした差別をされた。敏夫自身もえんりょして学校へこなければならなかった。みんなの中で卒業証書をもっているということで小さくなっていなければならなかった。だれからもどこからもあんたはここの生徒だとはっきりみとめてもらえなかったんだから。

そんななかで私たちは卒業証書をもっていても夜間中学の生徒として認めてほしい、差別なくあつかってほしい、とうったえた。卒業証書をもっていようがいまいが、勉強したいのに変わりない。勉強できなかったのに変わりない。そして今勉強したくてたまらない気持ちにどんな変わりがあるというのか。

彼はこの学校へ来てはじめてかけ算やわり算をおぼえた。それがどんなにうれしかったかわからないという。彼はかけ算の九九やわり算がわからないどころかロクに字がかけないまま昼間の中学を卒業証書という紙一枚でほうりだされた。かけ算やわり算、人間として最低生きていくのに必要な文字やことばを教えないでどうして生きていけというのか。彼は昼間の中学をそうして紙一枚でかってに生きていけ！と放りだされた。はじめっから小学校や中学校へいくことができず、学校から義務教育からはじきだされた、切りすてられた私たちと、紙一枚で放り出された形式卒業者と、どこにどういう違いがあるのか、私はききたい、知りたい。ひとりで生きてゆくことができないという点でまったくいっしょじゃないかと、私はいいたい。けれど私たちのこんなうったえを西野の先生はけっとばした。おまけにうそをつき、だまし、ごまかした。そして彼を、私を、現実にこの学校にいられなくさせた。

だれも出ていけなんていわなかったよ。けれど出ていかなければならないようにしてしまったのは西野の先生あんたらだよ。

形式卒業者はほかの生徒と同じようにみとめられない。学校へ行ってない人と中身はなくても紙一枚もらった人とは同じ生徒としてみとめられない。だから学生証もやれない、学割証明もやれない。それでも

「勉強さしてやってるんだからありがたいと思え、これ以上さわいだらあんたの身があぶないよ」つまりガタガタいったら学校におれなくなるぞとまでおどかしたんだ！

どうして同じにあつかってもらえないのか、学生証がほしい、何よりこの学校の生徒として、みんなと同じに勉強さしてほしいといった。家から職場、学校と三角のバスの定期がいるので、毎日キップを買うのは高くついてこまる。三角定期を買うのには学割の証明書がいる。そのために夜間中学の生徒であることをみとめてほしい。どうしたらみとめてくれるのか。学生証をくれるのか。どうしてくれないのか。どうしたらもらえるのか。だれにいえばいいのか。

これだけのことを私たちは先生にうったえ、たのんだ。私たちはこれだけのことを知りたかっただけなんです。

先生のこたえは、形式卒業者を西野分校の生徒としてみとめられない。だから学生証は出せない。そして林先生はこういったんです。県知事がみとめなければいけない。中学校のきそくにそういう人はだめだとかいてある。その他むつかしいことをいっぱいいったけど、だからこんなむつかしいきそくがあるからみとめるわけにはいかない、といった。

あとでしらべたらそんなことみんなうそだった。

校長先生がいいといったらみとめられるカンタンなことだった。

四九年の七月ごろ一学期間かかってやっと私たちは形式卒業者もほかの生徒と同じとみとめる、差別なくあつかうという答えをもらった。けれど勉強したいというすべての人を、形式の人を入学させることはできない。中には来てもらってはこまるような人もいるので、そういう人は先生が見て選ぶ、という条件がついた。

私たちにはどうしてこんなことをするのかわからない。やめてほしい。勉強したい人はすべて入学させてほしいと、頼んだけどダメでした。

そしてそれは今もつづいている。

私たちはこんなうそつきの先生にいやけがさした。私たちのうったえに何ヵ月も耳をかそうとしなかった先生に。

私たちが何をいってもキソクやたてまえでちっとも、勉強したい、という人の立場に立とうとしてくれない先生に、腹が立ってなさけなかった。だけどいい返すことばもなく、いやになってでていくしかなかった。

その年の秋、四九年の九月に私たちは結婚して、それでもたまには学校へ来てました。だって私たちはことばも何も知らないし、勉強しなけりゃこまるし、ほかに勉強するところもなかったから。

けれど母の交通事故、お祖母ちゃんの死と半年ほど学校のことは忘れていました。そのころからもう私は学校へ行っても勉強はわからなくなっていました。

五〇年の春に敏夫は湊川高校へ行きました。私はも一度西野へ来ました。どうしてもこのままでは勉強も何もかも中とはんぱに終わってしまうと思ったから。

けれどさっぱり勉強はわからない。進み方は前よりはやいし、教え方もちがう。聞いても、聞いてもわからない。とにかく学校へ行ってても勉強は分からない。わからない、というとわかるように教えて、というとそんなことようせん、そないいうならやめよかいわれた。聞いてもわからないし、わからないといってもわかるように教えてくれない。あげくはもうやめよか、とまでいわれた。私にすれば出て行けということと同じことだ。

だから私は学校を出ていくしかありませんでした。学校へは行っても勉強はわからないし、わからなかったらなんでもきなさいというから、わからないといったら、出ていけというのと同じことばをいわれた。私はどうしたらいいのかわからない。

わからない、どうして、なぜ、私は小さいこどものようにこの三つのことばをくり返すしかなかった。勉強してておかしいな、これなんだろうと思うと、どうしてそうなるのと聞く。計算をいくらやってもあわない、先生のいうようにできない。なぜ、なぜ、とくり返すんです。だからこうなるんですよといわれてもまだわからない。どうしてそうなるんだろうと思う。わからないとくり返すんです。私、頭がわるいんでしょうね。ばかなんでしょうね。こんなにものおぼえが悪いんだから。けど、わからないものはわからないとしか、私にはいえない。社会の時間に、今北先生がしゃべってる。あの人早口で社会はとくにむつかしいことばがでてくる。はじめから、おわりまでわからない、の連発だ。そしたら「聞いてたらわかる」という。聞いていたってわからない、そういったら「ほなやめよか、わからへんねやったらやめるでー」といった。そしたらだれかが「うるさいな、わからんものは出ていけ」といった。そういわれたからではないけどなんとなく私はいたたまれなくなって教室をでていきました。なにもいえませんでした。なんにもいえませんでした。

私は五十年の十月ごろ西野分校へ学生証を送り返しました。「おせわになりました。退学します」と書いて。

それからしばらくして私はそれでも勉強するのをあきらめきれず湊川《みなとがわ》高校をたづねました。すぐにでも来なさいといってくれました。でもどうしても卒業証書がいります、といわれて、しかたなく私は高校へ行くこともあきらめました。もうだめだと思いました。そのとき、私の夫が西野へ電話をかけてくれたんです。私の卒業証書を出してほしい、と。そういってから寺見・林・今北の先生方がはじめて私に電話をくれました。学校へ来たら、出席さえしたらあげる。といわれたけど私は行く気はありません。だってわけのわからない授業をお教みたいにきいて一時間イスにすわっている気にはなりませんでした。

それで高校へ行くために卒業証書がほしい。けれど一日だって授業に出るのはイヤ。それで出せないというならいらない。一日だって西野へは行きたくない、だけど高校へ行きたいから卒業証書がほしい。私はこれだけいいました。私にとって勉強がわからなければ学校へ来たってなんの意味もない。ただわからないのではない。私はわかるように教えてほしいといった。そしたら、授業をやめてしまう、教えられないという。どうしてこんな学校へ私が来る気がするもんか。それで一日だって来たくない。だけど勉強はしたい。そして私を勉強させてくれる学校がみつかった。だからその高校へ行くための卒業証書を私は手にいれたかった。

返事をくれるまで三カ月ぐらいかかったと思う。その間に今北先生が家まで来ました。でもただ学校へこい、いいたいことがあったら学校へ来て言えというだけです。こわれたレコードみたいに。私はなにもいうことはない。学校へは行きたくない。卒業証書がほしい。とだけくり返しました。そして五一年の二月のはじめ「あなたが高校へ行きたいというので卒業証書を出します」という。寺見先生のたしかな返事をもらいました。

私の一年間の出席日数は四十日あまり、テストは0点

私は夜間中学西野分校の形式卒業者第一号です。

学校へこれなくなってもほんとうのことがいえないんです。病気だから行けませんと、先生には、みんなそんなふうにいうけど、だけど本当はきても勉強がわからなくてついていけなくて、どうしょうもないからなんです。三十すぎた男の人は私にそういいました。先生に勉強むつかしいのでクラスをかえて下さいといったけど、先生はわかってくれなかった。わからない教室で勉強してその人はとてもはずかしいつらいおもいをさせられた……と私にいったんです。この人が三年たってもまだ学校へこられないのはなぜですか。わたしはどうしたらいいのかわからない。

家庭をもってる女の人はいくらさいしょは理解のあるだんな様でも一カ月、二カ月、一年もたってくると、ばんごはんのときいつもおくさんがいない。こどものことをかまってやれない。そんなふうになって、みんな

学校へこれなくなるんです。女の人は仕事だけしてればいいというわけにはいかない。家のこと……だんなさんのこと……こどものこと……近所のつきあい……いっぱいあっていくら男の人にまけないくらい字をおぼえたくても勉強したくても、口に出していえなくてあきらめて、学校をやめていくんです。どうして女が勉強してはいけないんですか。女は字なんか知らなくてもいいっていうんですか。好きで女に生まれたんじゃない、女だって字を知らなけりゃ生きていけないんです。女に生まれたら、どうして勉強するのをがまんしなくてはいけないんですか。いったいだれにいえばいいんですか。

四三才で身体しょうがい者で学校へ行ってなくて、事ム員ならできるといっても年いきすぎてるからことわられる。いくら仕事はできますといってもこのからだを見たら、やとう人は考えるっていうんです。体こわして入院してたら会社クビになって、仕事なくてやとってくれるとこなくて、そしたら先生「食えなくなったらめんどうみたる」っていったね。先生いい人だね、だけどどうして四三才で身体しょうがい者で学校でてなかったら食うや食わずの来月の室《へや》だいにこまるような生活しなくてはいけないんですか。

私は知りたい。教えて下さい。体わるくて、学校いってなくて、四三才が、この人のせきにんなんですか。教えて下さい。

食えなくなってからめんどうをみるんじゃなくて、どうしたら食べていけるか、どうしたらひとりで生きていけるか。教えて下さい。教えて下さい。

家の目の前に学校があるのに、三年間ろくに勉強しにこられなかった。朝から夜おそくまで、仕事が終わったころ学校も終わってしまう。

三七才で、おくさんとこども三人。ざい日朝鮮人で学校なんか行けなくてこのせきにんはどこにあるの。どうしてこの人、学校へ来れなかったんですか。それなのにどうしてこの人に卒業証書を出すのですか、西野分校の先生。昼間の学校も行けず、夜の学校もまた行けず、今だに文字もことばもロクにしらない……このせきにんはだれにあるのか、どこにあるのか、知りたい。どうして私たちはこんなふうにいつまでも、いつまでも切りすてられていくのか。

私のこと

小さいときから学校の勉強はあまり好きではなかったみたいです。でも国語や絵をかくことや、体そうは好きでした。ところがなぜか小学校の中ごろになると、勉強がおもしろくなくなった。むつかしくてついていけなくなった。今、考えてもどうしてもわからない。ただ授業中おもしろくないから、となりの子と話しをしたりして、当てられるとわかりませんというと、ちゃんと聞いてないからでしょ、とおこられた。それで少しはがんばって先生の話も聞くけれどやっぱりわからない。なんとかしておそるおそる、わからへん……というと、すぐさま　ちゃんと聞いてないからです、といわれる。

通信ぼの点が悪いと、しっかりせなあかんやないかといわれる。テストの点が悪いとなにを勉強しとんのや、授業中しっかり先生の話を聞いてないからやで、とおこられる。とにかくしっかり聞いてたら勉強なんか身につくんや、それを授業中にしゃべったりよそ見してるからわからないんでしょ、といわれる。こういわれると、いい返すことばがない。だけど、授業はおもしろくないし、わからへん、というとおこられるし、じっとしてたら、ほんとうにわからなくなってきた。それでも小学校はなんとかなってきたけれど中学校になると科目もふえるし、一時間ごとに先生は変わるし、教え方は早くなるし、先生はこわい人ばっかり。それでも最初はなんとかがんばって、初めての英語などはハリキッていた。だけどこの先生は西野の今北みたいな人でポンポンいうだけでなにをいってんのか、こっちはなれない中学校できんちょうもしてたけどさっぱりわからなかった。

おまけにすぐぼう力をふるった。生徒をたたいた。私はいっぺんにきらいになった。ついでに英語もいやになってしまった。だけど今でも私は英語にはみれんがある。英語が書けるようになったら外国の人に手紙を出して友達になることが私のゆめだったんだから……

小学校のとき、わかりません、といったらおこられたので、中学校では先生に聞くなんてことは考えもしなかった。ただもう勉強はわからなくて、あてられないかな、とじっとしてた。びくびくしていた。授業中がとてもながかった。一年の終わりになってもＡＢＣもまんぞくに書けなかった。テストなんて、にらんだってどうしたってさかだちしたって名前だけしか書けない。ただ時間だけは机にしがみついていた。勉強はどんどん遅れていった。というよりとりのこされていった。私は当てられても、わかりませんともいわず立っていた。いってもしかたなかったから。それでも授業はどんどん先へ進むし、わからないと一時間でも立たされた。宿題をわすれると（わすれるのではなくて、わからないからはじめっからやってこない）ろうかに立たされた。それがいやでだんだんと学校を休むようになった。自分でも自分なりにいっしょうけんめいわかろうと授業をきいてはいるんだけど、聞くだけでは私の頭にははいらなかったみたいだ。自分でも勉強ができないのがなさけないと思う。立たされるのはいやだったから。だけどちっともよくならない。

だんだんと勉強するのがいやになってきて、学校へ行くのがいやになってきた。そしてとうとう出席日数がたりなくなって、このままじゃ卒業出来ないよといわれて、勉強がいやならしなくていいから出席だけとって帰っていいからとにかく学校へ来なさい、といわれた。「あんたが卒業してくれなかったら先生がこまるんだよ」といわれて、それまではイヤイヤながらも行ったり行かなかったりしてた私だったけどそういわれてからほんとになにかいやになってしまって行かなくなった。

私は先生のために卒業しなくてはいけないのか、と思った。ちっともわかるように勉強を教えてくれないくせに、先生は自分の身があやしくなったら、学校からはやくおい出そうとする。わたしはそのとき十五才だったけど、先生の顔みてたら、そんなふうにしかとれなかった。それでとうとう卒業式にも行かず、卒業したんか、してないか自分でもよくわからないまま、学校をおい出された。私はあまり体がじょうぶではなかったけど、ロクに字もかけない、かけ算やわり算もちょっとあやしい私に出きる仕事といったらしんどい体をつかう仕事しかない。夏はムシブロみたいに風も入らないあつい所で、冬はコンクリートの上でストーブもない冷ぞうこみたいな、そんなマッチ工場や、クツの工場やひどいところでもんくもいえず働いた。人の家でお手伝いもやった。朝七時から夜九時半まで、一日中、家の人に見られながら、いきつくところもなく働いた。だんだん体がよわってきた。ひとなみに工場へ行って一カ月のうち一週間は体がえらくて休んでしまう。私はなんとか机にすわってできるような事ム員の仕事でもできないかと思うけど、学校も行かず勉強もできなかった私には、のぞんだってむりだった。

二〇才のとき神戸《こうべ》に夜間中学というのがあるのを知って、どうしてもいきたいと思った。このままでは親が死んでしまったら、ひとりで食べていくこともできないと思った。なにを勉強したいわけでもなかった。ただせめてもうちょっと勉強して高校ぐらい行って、どっかの会社の事ム員ぐらいになれたら、もう少し体がらくで生活できるだろうと思った。けどその時、私は新聞に書いてあった義務教育未修了者ということばにひっかかった。私は自分では、いろんないきさつから卒業式には行かなかったけど卒業させられている、と思っていたので、これでは、一応かたちだけでも卒業してしまった私は行けないと思ってしまった。そして、二年間あきらめていました。けどどうしてもあきらめきれず、たづねるだけでもと思って手紙を出しました。でもその返事にも未修了者つまり学校へ行ってない人に限る、と書いてあった。ただ一度来なさい、と書いてあったので半年ほどまよって、がまんしきれなくなって神戸へ行きました。そのとき私は姫路《ひめじ》に住んでいたので、初めて行った神戸の町でウロウロしてくらくなってしまってやっと学校をさがしました。学校の近くにゴム会社があるといわれたんですがその会社にはゴムという字が漢字でかいてあったので私には読めず、近くまで来ていながら学校がわかりませんでした。

そのとき、末吉先生に会い、卒業してるのかどうかよくわからない、というとくわしいことは聞かず、すぐに来なさい。神戸で仕事もさがしてあげるといわれて信じられない気持ちでした。こんないい先生もいるんかいな、とまるで神様にでもあったような気持でした。そのとき自分の未来がパァーと開いていくみたいで、うれしくて信じられなかった。

神戸に仕事をみつけてもらい、四八年の二月ごろから学校へ来ました。今までの分をとり返すんだと、一日も休むもんか、とガンバッた。わからないことはわかるまで聞いて下さい、といったので、今まではだまっていて、勉強がわからなくなったので、私はうれしくて、わからないことはなんでも聞いた。それなのに私はちっともわからない。少しも勉強は進まない。私は夜間中学へ来てから、勉強ってなんだろう。私は何のために勉強するんだろうと考えるようになった。

小学校のとき、わかりませんといったらしかられた。中学校のとき、それでだまっていたら、おいてきぼりにされて、しらないまに放り出された。夜間中学へ来て、やっといっしょうけんめいわかりませんといえた。そしたら、とうとうそんな人にはよう教えられない、出ていけといわれた。

私はいったいどうしたらいいのかわからない。どこへ行ったらいいのかわからない。私は今になっても、勉強とは、本当に勉強するってなんなのかわからない。ただ、勉強してないとなんにも知らないと生きていくのがとてもしんどい。生きにくい。

（神戸市立丸山中学西野分校）

近畿夜間中学校生徒会連合会と共に

一森《いちもり》 悦子《えつこ》

私の人生を語るとき、大きな部分を占めるのは生徒会活動です。二〇〇一年、夜間中学に入学して一年目の担任は吉村先生です。何も分からないまま太平寺《たいへいじ》夜間中学の独立記念のお祝いに行きました。独立までの様子を話しておられる生徒さんの迫力に圧倒されました。交代でおにぎりを作って座り込みをしたとか、すごい闘いだったんだなと感心しました。二学期に入り、母の看病のため長い間欠席することになりました。

二年目の担任の先生は渡部先生でした。日本語の時間は、森田先生が髙野雅夫《たかのまさお》さんについての教材で勉強。少しずつ、学校は運動が第一ということが分かってきました。集会がある度出席しました。

三年目、二〇〇三年にはイラク戦争が始まりました。私たちは戦争で苦い経験をしているので、二度と戦争はしてほしくない思いで、自分たちは何ができるかと考え戦争反対の署名活動に取り組むことにしました。ところが夜間中学生が政治活動をすることはいけないと言われました。近畿夜間中学校生徒会連合会（略：連合）役員代表者会の折、「夜間中学生はみんなの税金で一人百万円かかっている。このまま運動を続けていれば、いろんな妨害が起きてくる。署名活動はやめたほうがいい」と言われました。私は思わず、「恩恵で生きているのではない。一生懸命働いて市民としての役割も果たしている。義務教育を受けていれば、その時に百万と言われるのに相当するお金を使ってもらっていたと思う。今義務教育を受けているので、そのお金を使わせてもらっているのだ」というように反論しました。府教委との話し合いでも政治活動はダメだと言われました。府教委の先生が交流に来られたとき、私は個人的に手紙を書き、渡しましたが、その返事もないままです。ある時は大人、ある時は中学生と使い分けられているのが納得できません。

この年、校内の生徒会長という大役を引き受けた私は、毎日毎日心配な日が続きました。その年開設三〇周年という大きな行事があり、忙しい日が続き、先生方の後押しがあって、仲間と一緒に三〇周年を力強くアピール出来たと思います。記念の集いに先立ち、一一月五日エナジーホールで「再会」という演劇を鑑賞しました。軍国主義が拡大したせいで、「治《ハル》さん」（中国残留婦人）の一生は悲惨です。戦争の恐ろしさをあらためて感じました。

髙野雅夫さんと語る会の時、髙野さんに話を聞いてもらいました。長男が私に言ったことは「お母さんが卒業する頃には夜間中学はなくなる方向に向いていくかもしれない。今一生懸命運動しとかないと」と言ってくれます。子どもは私にとってよき理解者です。

年度の終わりの三月の春休みに、「関西夜間中学仲間の集い」が奈良県の榛原《はいばら》でありました。その夜、同じ部屋になった在日韓国朝鮮人の方のお話の中で、日本に来てから今日までの厳しい生き様を聞いて、初めて聞く現実に胸をつまらせました。その時以来、そのお二人とは連合で運動を続ける仲間です。

二〇〇四年、私は連合の副会長になり、会長の天王寺《てんのうじ》夜間中学の柳《リュウ》さん、副会長の長栄《ちょうえい》夜間中学の文《ムン》さんとは、いつも電話で連絡を取り合い、いろいろ話し合っていました。柳さんは生気があってどんどん前へ進んでいかれます。私も負けずに後を追って少しでも連合のあり方を勉強していきたいと思い、よく質問して教わっていました。役員代表者会の時、日韓識字交流の提案が出されました。費用のこと、責任問題などいろいろなことで反対の声があり、結局生徒会の代表ではなく、生徒会有志で行くことになりました。

この年度の終わり、三月に韓国ソウルの南、安養《アニャン》市にある安養市民大学を訪問しました。萬稀《マンフィ》先生ご夫妻が一日中お付き合いくださいました。安養市民大学を支えておられるボランティアの方々が大学生を含め二七七四名もおられることに驚きました。日本と違いビルの一室を借りての勉強、私たちは恵まれていると思いました。

二〇〇五年、夏休みに体調を崩し入院。腎臓透析を受ける寸前ということでしばらく落ち込んでいました。一日塩分五g、タンパク質五〇g、一四〇〇カロリーの食事を作るのに悪戦苦闘。一二月には第五一回全国夜間中学研究大会が大阪の森之宮《もりのみや》のピロティホールで開かれました。体験発表は作文や卒業生の話などがあり、大学の先生の履歴書に学歴欄がなかったらという話を聞いて、胸がつまりました。私自身、学歴がないので履歴書がかけなかった辛《つら》い思い出が残っています。北海道からは、週一回の授業に特急電車で三時間かけて通学されている話を聞き、頭が下がる思いでした。全員が安心して勉強できるように、夜間中学の存在を知ってもらえるよう、運動を続けなければと自分自身に誓っていました。

二〇〇六年、韓国から文解《ムネ》教育の方々をお迎えし、萬稀さんたちと再会を喜びました。図書室と視聴覚室で交流し調理室で料理を作って食べて踊って楽しい時間を過ごしました。

二〇〇七年度の三月、再び日韓識字文解交流に行きました。今まで生徒さんであった方が中間指導者となって活躍されていることに驚きました。学んだら終わりでなくあとに続く方のために力を尽くされているのを見て感動しました。

二〇〇八年四月、橋下《はしもと》知事から大阪府財政再建PT案が発表され、就学援助費、補食給食費が打ち切られることになりました。二〇〇八年度は一〇%カット、二〇〇九年度はゼロということです。義務教育を受けられなかった私がやっとたどり着いた学びの場を奪われることは絶対受け入れられません。五月の連休、韓国を訪問した仲間を含めた五人が集まり、このことについて思いを共有しました。韓国ではみんなが力を合わせて運動することを学んできました。私たちは一丸となって知事に訴えることを考えました。そして、今できることをする必要があるので、役員会を開いて欲しいと、顧問の先生にお願いしました。

五月一八日、天王寺夜間中学で臨時の役員代表者会が開かれました。約一〇〇名の生徒が参加し、のべ四〇名が発言し、知事に手紙を書こう、署名を生徒自身の手で作ろうなど、各学校から多くの意見が出され、決議文が採択されました。早速、連合で府会議員と懇談を続け、六月三日、山崎教育監に署名一万四二四四筆、手紙一三〇枚、要望書、決議文を手交しました。七月と九月には大阪府議会の傍聴などをしました。

六月五日、知事は大阪財政プログラム案を発表。夜間中学についてはPT案のままでした。これでは夜間中学は消滅してしまいます。今後の取り組みを話し合い、連合で街頭署名をすることを決定。大阪市役所前でゼッケンをつけポスターを掲げ、各校工夫を凝らした方法で署名を呼びかけました。同時刻に副会長が署名二四三八筆と手紙を府議会議長室に届けました。次に知事や府会議員に私たち夜間中学生のことをもっとわかってほしいと考えました。

九月七日に、「夜間中学生の声を聞いてぇや、知事」という近畿夜間中学校生徒会連合会の臨時生徒集会を北区民ホールで開きました。五〇〇名余りの参加があり、知事案に対する夜間中学生の熱い思いが訴えられました。知事は欠席でしたが、府会議員各会派の一七名から力強い激励の言葉をもらうことができました。

一二月二日、府から出されたのは、「通学費は半額、但し二年間に限る。その他の就学援助費は各自が住んでいる市町村が負担するもの」という厳しいものでした。そこで一二月役員代表者会では、私たちの学びを奪わないでと、大阪府・夜間中学校設置市・居住市町村に対し、三種類の要望書をもって、要請行動をすることを決めました。年末から三学期にかけて、各校独自に運動をいろいろと展開し私たち夜間中学生は各市の教育委員会を回ったのです。

ところが、今年、二〇〇九年度、四月になったら補食給食がなくなったのです。補食がなくなれば仕事から帰りに駆けつける生徒さんは、お腹《なか》が空《す》いたままの授業は大変です。今度は、補食を中心に各市教委に話し合いに行きましたが、大阪府は「設置市にまかせた」市町村は「夜間中学生は大阪府全体から通っているので大阪府が負担してほしい」と、お互いがそれぞれの責任だと言います。私たちはたらい回しです。もう一度大きな集会を開いて、昨年のように連合役員は頑張って、新しく運動を進めねばなりません。

私は、夜間中学に入学してから髙野雅夫さんと出会い、たった一人でビラをまき、大阪の夜間中学を再生されたことを知りました。髙野雅夫さんは「生徒同士、力を合わせて前に進めば」と、言葉には厳しさの中に夜間中学への思いが込められていました。

また、韓国の萬稀先生と出会い、二〇〇五年二〇〇八年と韓国、安養市民大学や識字学級を訪問、文解教育運動をされている方々と交流しました。生徒さんの学びの場をつくる運動、社会への奉仕、すべてを自らの力でやりとげられておられるバイタリティに圧倒されました。生徒さんの明るい笑顔に元気と勇気をもらい、今運動に励むことができるのも、髙野雅夫さんや萬稀先生のおかげと感謝しています。

現在日本にはまだ、義務教育を受けられなかった方たちが大勢おられます。私たち生徒は、学びの場は自分たちの手で守り、後に続く方のためにも学校をなくしてはなりません。夜間中学は生徒が主人公です。でも、生徒一人では何もできません。仲間が一つになってこそ運動の成果が上がります。私は近畿夜間中学校生徒会連合役員として、この運動に力を注いできました。

カレンダーの裏に花という字を五つ書いて覚え、「九九」は子どもの風呂場での練習を聞きながら覚えていた私が、九年たった今は自分史をこんなに長く書けるようになったことに感無量です。また生徒会活動においてすばらしい仲間に出会えたことも本当によかったと思っています。長男の「お母さんが夜間中学を卒業する頃には、夜間中学はなくなるかもしれない。しっかり運動しておかないと」という言葉が心に残っています。私は今まで「運動」という二文字をしっかり心につないできました。自分としては、一生懸命やってきたので、悔いはありません。

（二〇〇九年執筆／守口市立守口夜間中学）

夜間中学で勉強して本当に良かった

朴《パク》花春《カチュン》

四年ほどまえ、主人が病気で国立大阪病院に入院したときのことです。保険証の生まれ年が、年齢と三年ほどまちがっているのはどうしてかと娘が病院から言われてきました。私は、娘にオモニが自分で病院に話するからといいました。そして自分で病院に行って、『昔から朝鮮では子どもが生まれても、二年も三年もたってから役所に届けることはいつもありました。あなたの国が、一〇〇年前に朝鮮を植民地にしたといって、菅直《かんなお》人《と》総理大臣があやまっている。そんなことしておいて、主人の親もみな死んでしまって歳《とし》が三年ちがうとかいっても、いったいだれに聞いたらよろしんか？』と言ってやりました。病院の人は、『わかりました。もういいです』といって言い分をひっこめました。

やったあ！　わたしは、夜間中学で、そして「うりそだん」で歴史を勉強したから、国立大阪病院とのけんかに勝ちました。みなさん、勉強とはするものですね。つくづくそう思います。

（二〇一五年三月八日　太平寺夜間中学文化祭で／太平寺夜間中学卒業生・うりそだん）

夜間中学での学び――橋下さんに言いたいこと

文在良《ムンヂェリャン》

私が、夜間中学で学んだ最後の年、二〇〇八年、夜間中学は大揺れに揺れた一年でした。知事になったばかりの橋下《はしもと》さんは、大阪府財政再建案で、夜間中学生の就学援助・補食給食の大阪府負担分の廃止を言い出しました。府庁周辺で、淀屋橋《よどやばし》で、京橋《きょうばし》でビラを配り、署名を訴え、府議会議員一七名が各会派から集まってくれた大集会も開催しました。大きな運動の高揚の中、通学費に限って二年間の大阪府補助の延長はあったものの、二〇〇九年から四市七校で補食給食は廃止され、二〇一一年四月から就学援助制度から大阪府の関与はなくなったのでした。

府立高校に進学した二〇〇九年秋、大阪府人権教育研究集会中河内《なかかわち》大会で私は、戦後、貧困の中での済州島《チェジュド》から密航、他人になりすましての人生五〇年に、夜間中学での学びに勇気を得てけりをつけた体験を府下の教職員数千人を前に話す機会がありました。

隠れるような生活を送るうちに、夜間中学と出会ったのでした。入学したはじめは、漢字が書けたらいいとおもっていましたが、学校ではそれ以上に希望を与えてくれました。朝鮮の文化、植民地時代の歴史、創氏改名、自分のルーツを知ること、民族の誇りを持って生きること、両親をはじめとする朝鮮人が受けた差別が何であったのか、本名をなのる意義、夜間中学は私にそういうことを教えてくれました。

本名を名のりたい。本当の自分に戻りたい。いつも気にしている、自分ではない名前。私は、自首する決意をしました。息子と孫を連れて、大阪茨木《いばらき》市の入国管理局へ行きました。「これで、収容され、強制送還されるのでは?」という恐れ。差別され、決して平坦ではなかった日本での様々な出来事が頭によみがえりました。取調室で係官が「どうして自首する気になったのか?」と聞くので、「もう年ですから、いつ死んでも惜しくありません。でも死ぬときぐらいは、自分の本当の名前で死にたいのです。いま夜間中学に通って、なんで朝鮮人が差別され、貧乏で勉強できなかったのかがわかってきて、やっと自分の人生を取りもどしているのです」と言いました。係官は黙ってしまいました。

そんな取り調べが三ヶ月、暗い部屋で両手の指紋をとられ、屈辱で顔色が変わったこともありました。そして最後の日、これまで支えてくれた夜間中学でともに学んだ親友と入管で、待ちに待った本名の〝文在良〟のビザを手にしました。数人の係官が「五十年間ご苦労様でした」と拍手で見送ってくれました。

夜間中学で学んでなかったら、きっと違った人生を歩んでいたことだと思います。子どもや孫の世代にも、日本と朝鮮の歴史を正しく知ることから始めてほしいと思います。私のような悔しい人生でなく、朝鮮人として胸はって生きていくために。

橋下市長には、ぜひ知ってほしい。こんな学びが今日も夜間中学で繰り広げられていることを。そしてユニークな想像力とまなざしで日本と朝鮮の歴史を見つめ、人権の行政を確かなものにしてほしい。

(東大阪市立長栄夜間中学・大阪府立布施高校)

コラム①

戦後夜間中学の嚆矢
大阪市立生野第二中学夕間学級

戦後の夜間中学の嚆矢《こうし》は一九四七年一〇月、大阪市生野《いくの》に誕生した大阪市立生野第二中学校夕間学級だ。戦前の夜間中学は教育法規に明記されているが、戦後の夜間中学の名称はいまの教育法規にはない。

夕間学級を報じる最初の新聞記事は一九四七年一〇月一七日の毎日新聞ではないか。大阪府立中之島《なかのしま》図書館でマイクロフィルムから起こした記事は白黒反転の記事だ。紙面内で、唯一の写真付き記事である。黒板にはひらがなで「はたらくこども」と読み取れる。黒板に向かって三人の子どもが何か書いている。二人はスカート姿である。メガネをかけた教員らしき男性が後ろから見つめているようだ。

記事の見出しは「ローマ字が何より好き　大阪に『働く子供』の学校」とある。記事を紹介する。

働く子供たちの学校――家が貧しく、家計のお手伝いをするためタバコ売りや靴みがき、工員になって働き、学校に通学する時間のない児童たちに何とか勉強の機会をつくり前途に光明を与えようと大阪市立生野第二中学校ではこのほど毎週、月、水両日午後四時から六時まで授業を始めた。

一日の仕事を終えて、仕事着のまま登校する十数名の新制中学一年生たちはローマ字をはじめて習う喜びに胸をときめかし、どの学科より楽しみにしている。黒板の字を手帳に写し取って商売や仕事のかたわらに復習しようと一心に筆を動かし次の授業日を楽しみに夕暮れの校門を家路に急いでいく……

写真は　働く子供の学校　大阪生野第二中学にて

昼間の生野第二中学の入学生は八五〇人に対し、一割の生徒が長欠生で、学校に姿を見せなかった。教員は夏休みを利用して長欠状態の子どもの家を一軒ずつ家庭訪問を行い、実態調査を行った。九月、その親たちと懇談会をもって「夜であったら子どもを通学させることができるという家庭が相当数あることがわかった」。そこで一〇月から週二回の補習授業を始めた。しかし「当時は電力事情が悪く、毎夜のごとく停電するという状態であったので、授業は夕刻行い、われわれはこれを夕間学級と呼んでいた」（担当教員・吉井武千代）という。ここに、子どもたちの実態に合わせ新たな方法・制度を探るという〝夜間中学の哲学〟があると私は考える。

しかし、このように全国に先駆け始まった実践に対して、当時の文部省の意向を受けた大阪市教育委員会は、吉井さんを教育委員会に呼び、出席簿を取り上げ、一九四九年、全国初の夕間学級閉鎖を強行した。

それから一九年後の一九六八年一〇月、東京の夜間中学卒業生・髙野雅夫《たかのまさお》は、義務教育未修了者の学習権保障を掲げ、部落解放運動をはじめ多くの市民運動の参画を得て、夜間中学開設運動をこの大阪で展開し、天王寺《てんのうじ》夜間中学の開校を実現した。

これまで一貫して冷遇視を決め込んだ文科省も「最低一県一校の夜間中学設置」に大きく方針を変更したのは、二〇一四年であった。七〇年近い年月を要したことになる。義務教育を保障されることなく亡くなられた人たちは数知れない。

この写真の子どもは現在、八一歳の年齢だ。どのような人生を歩まれたのだろう。

もうひとつの夕間学級の新聞記事

夕間学級の様子を伝える別の記事を紹介する。掲載紙は「教育タイムス」で、大阪を中心にした近畿《きんき》の教育専門新聞である。開校後間もない夕間学級の様子を次のように報道している。

特別授業実施　長期欠席対策に成果あぐ

（「あぐ」は「あげる」の意味）

【大阪】新制中学の長期欠席者対策が一般の関心をひいている折、大阪市生野第二中学では放課後これら長期欠席者に対する特別授業を行い成果をあげている。同校は長期欠席者七〇名と市内随一で吉井教頭の家庭訪問による実情調査並びに家庭相談の結果九月二九日長期欠席者の保護者会を行い今後の対策として特別授業を実施することに決定した。

即ちこれ等欠席者はほとんど何らかの職業に従事しているので勤務終了後の午後四時より五時半まで毎週月・水曜日を特別授業時間にあてた。教官は校長、教頭と希望教官二名、教授内容は教科書中の重要なものを選びこれに適度にリクリエイションを加えた。

この結果最初の出席者二十数名に達し、生徒も保護者も非常に喜び授業回数の増加の希望が高くなっている。これにつき永原同校校長は次のように語った。

長期欠席者は家庭が皆貧困のため昼間働いているものばかりであるが、彼らの収入は皆月千円以上で多いものは千数百円を得ており、これではとても家庭は離さない。そこで特に吉井教頭に家庭訪問をしてもらって義務教育の事や特別授業の事を説いて回ってもらった。幸い成績も上がりつつあるので今後研究努力したい。

（「教育タイムス」一九四七年一〇月二五日）

長欠者の家々を訪問、実態調査を行い、保護者会で学校の方針を説明し、実施された夕間学級である。七〇人の長欠者のうち二十数人が出席し、子どもたちにも保護者にも受け入れられたことがわかる。

義務教育から切り捨てられ、文字や言葉を奪われ、生活を脅かされてきた人たちの「学びたい」という真剣な訴えに、教師たちが応急的に学ぶ場所を設けたのが夜間中学の始まりである。はじめに過酷な現実があり、それに応えなければという考えが夜間中学という制度を生みだした。

困難さを越えて出席したこの子どもたちにどのような学びを提供するか、教員の創造性が問われているのはもちろんだ。

このようにして生まれた夜間中学は全国で八七校（一九五四年）を数えた。大阪府内では一〇校。大阪市：生野第二中（四七～四九年）、玉津《たまつ》中（四九～五二）、東陽《とうよう》中（四七～四八）、東大阪《ひがしおおさか》市：布施《ふせ》四中（四九～五七）、堺《さかい》市：大浜《おおはま》中（五一～六三）、豊中《とよなか》市：豊中一中（五一～六二）、岸和田《きしわだ》市：光陽《こうよう》中（五四）、春木《はるき》中（五四～五六）、久米田《くめだ》中（五四～五六）、岸城《きしき》中（五三～）。

髙野雅夫が全国行脚で携帯した証言映画「夜間中学生」16ミリフィルム

第2部　あゆみ

夜間中学のあゆみ
大阪を中心にして

編集委員会

一九六九年以降、関西とりわけ大阪の夜間中学は市民の開設運動により生まれた。それまでの夜間中学と決定的に異なるところである。その歩みをふりかえっておきたい。以下、二五の項目で記述するが、年表的な記述ではない。

一　夜間中学早期廃止勧告

夜間中学は一九四七年、戦後の新制中学校発足に遅れること半年にして動き出した。不就学者や長欠者の「救済」を目的にして、現場教職員の自主的で積極的な熱意に支えられて発足した（最初の夜間中学は大阪市立生野《いくの》第二中学の夕間学級。72頁参照）。しかし、文部省の意向により一九四九年、夕間学級は強制的に閉鎖された。

ところが、一九五一年、東京で夜間中学が誕生した。発足にあたって、文部省は五点の理由をあげ、その開設に反対した。

①夜間中学校は学校教育法で認められていない。
②夜間中学校は労働基準法違反に通ずる。
③夜間中学校を認めることは、生活保護法・学校教育法によって課せられている国・地方公共団体及び保護者の学齢生徒が正当な教育を受ける権利を尊重し、保護すべき義務を怠ることを正当づけることになる。
④夜間中学校は生徒の健康を蝕《むしば》む。
⑤夜間中学校では、中学校の各教科にわたって満足な学習ができない。

しかし、国や文部省（現文部科学省）のもくろみに反し、夜間中学は増加の一途をたどった。当時の夜間中学生の特徴は、学齢生徒の占める割合が六九・三％と高く、通学理由の七三・〇％は家庭の貧困によるものであり、生徒は昼間の労働に従事しなければならない家庭環境を強《し》いられていた。そこで、一九五五年九月、文部・厚生・労働の三省は次官通達「義務教育諸学校における不就学および長期欠席児童生徒対策について」を出した。この通達により、教育環境・体制の不備な夜間中学の閉鎖に拍車がかかった。

さらに一九六六年一一月、行政管理庁（現総務省）は文部省に対して、夜間中学校は学校教育法でも認められておらず、義務教育の立場からいっても望ましくないという理由で「夜間中学の廃止」を勧告した。

このころのことを東京の夜間中学卒業生・髙野雅夫《たかのまさお》は『夜間中学生 タカノマサオ』（解放出版社）のなかで次のように述べている。

潰せるものなら潰してみろ。

日本国憲法を始め、全ての人間の法律から切り捨てておきながら、俺たちを裁く時だけ人間の法律を当てはめて裁くのだ。かつて野良犬のように飢えをしのいでいたオレの時もそうだった。行政管理庁のヤツらは、一回も夜間中学に見学にすら来ないで、たった一枚の紙切れで死刑宣告をする。そんなヤツらに殺されてたまるか、今に見ていろっ！

フィルムを担いで日本中を歩いてやるぞと心に決めた。

（五七頁）

夜間中学の卒業生が推進役となって推し進めた夜間中学設置運動によって夜間中学が開設された。この運動を支えた理念は、義務教育未修了の恵まれない人々を救うという慈恵的な考え方ではなく、憲法で規定されている教育の権利を保障するのだという権利思想に裏打ちされたものである。

二 全国行脚・水平社宣言との出会い

髙野雅夫は、母校・東京荒川《あらかわ》九中夜間中学の仲間と制作した証言映画「夜間中学生」と文集『ぼくら夜間中学生』を持って、夜間中学で奪い返した「文字とコトバ」がどこまで武器になるかの闘いだとして、一九六七年九月、全国行脚《あんぎゃ》に出発し、夜間中学開設を求める運動を開始した。

行く先々の歓《よろこ》び、怒り、悲しみを「わらじ通信」と名づけたハガキに記し、毎日欠かさず、母校に送りつづけた。その数、四六一通になるという。

夜間中学開設運動については、髙野雅夫が『자립（チャリップ：自立）』（修羅書房）や前掲『夜間中学生 タカノマサオ』に詳しく書いている。

青森・北海道を経て髙野の全国行脚は岡山にはいった。そこで生まれて初めていわれなき部落差別の厳しい現実を突きつけられ、水平社宣言に出逢《であ》った。髙野は「血の流れが変わった衝撃」と言い、心臓が火を吹き、歯がガタガタして震えが止まらなかったと記している（『水平社宣言と私』解放出版社）。

髙野が全国行脚で持ち歩いているものに、『教育小六法』と辞書がある。卒業記念に荒川九中から送られた辞書で、大阪人権博物館特別展「夜間中学生展」でこの辞書も展示していた。そこには「同情を憎み矛盾に怒れ、一九六四年三月一八日　荒川九中・二部・卒業式の日に」と自筆で記していた。水平社宣言に出会うより三年も前にである。

水平社宣言には「人間を勦《いたわ》るかの如《ごと》き運動は、かへって多くの兄弟を堕落させた事を想《おも》へば……」のくだりがある。同情融和を厳しく戒めた水平社宣言の思想は、髙野の「同情を憎み矛盾に怒れ」と重なる。

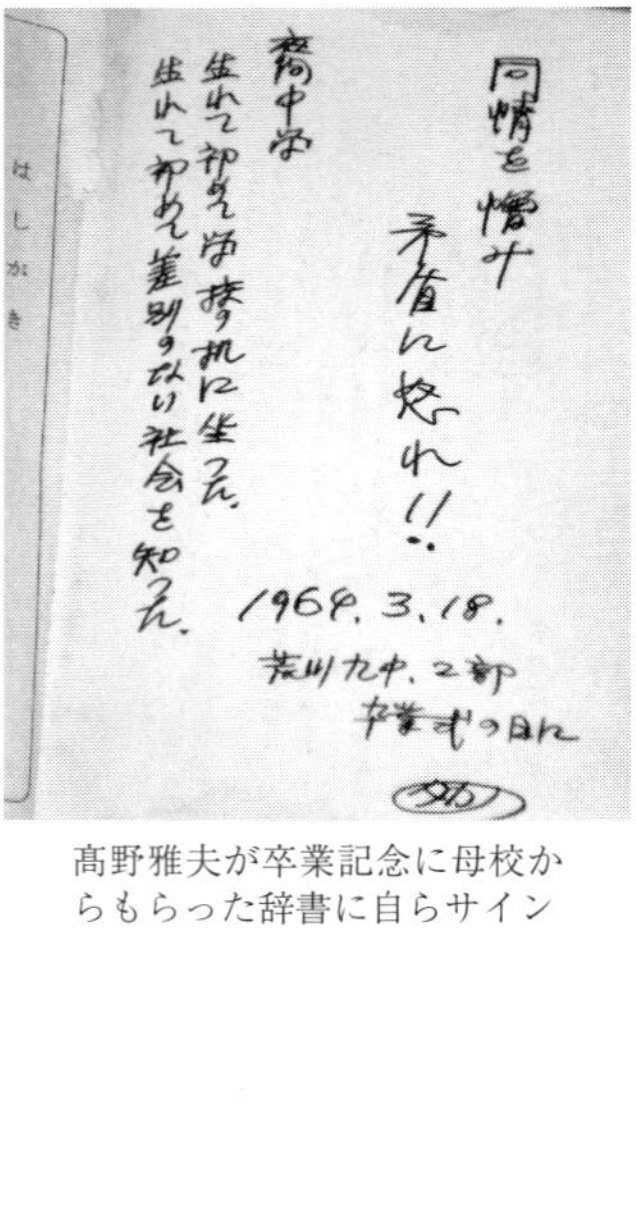

髙野雅夫が卒業記念に母校からもらった辞書に自らサイン

大阪における夜間中学開設要求の市民運動は一九六八年一〇月一一日、髙野が大阪教職員組合（大教組）を訪問したことに始まる。部落解放同盟、各労働組合を巻き込み、開設運動は大阪の教育に大きな衝撃をもたらした。夜間中学開設をめざす思想的支柱は水平社宣言の思想と重なる。

三　大阪での開設運動

大阪の夜間中学開設運動のなかで忘れることのできない出来事がある。運動を支援するマスコミの報道がうまく相乗効果を表した例である。

髙野雅夫が大阪で運動を開始した直後のころ、訪ねた先の教育委員会は「大阪は解放教育をやっているところだ。義務教育未修了者なんかいない」と応対した。高野は募集ビラを配り、義務教育未修了者・「生き証人」を見つけだす取り組みを始めた。

番組を見て電話をしてきた小林晃を西野分校の生徒に紹介する。左から末吉先生、小林、小林の母

一九六八年一一月二三日、桂米朝《かつらべいちょう》司会の「ハイ！土曜日です」（関西テレビ）が夜間中学をテーマに報道した。高野も生出演したが、放送中に四人もの入学希望者から電話がテレビ局にあった。番組終了後、高野はディレクターと電話主の家を訪ねた。話を聞き、当時大阪に唯一残っていた岸和田《きしわだ》の夜間中学を訪問した。しかし入学は実現せず、神戸《こうべ》市立丸山《まるやま》中学西野《にしの》分校に向かった。一行を出迎えた玉本格《たまもといたる》校長は、「われわれは大歓迎ですから明日からでも結構ですよ」とユーモアたっぷりに話したと高野は書いている（『夜間中学生 タカノマサオ』九七頁）。

このことを毎日新聞は一九六八年一二月一四日、八段抜きの記事で報道した。

「越境かまいませんよ、神戸の夜間中学に大阪の四人、尊い熱意拒めぬ、〝映画の訴え〟実結ぶ」

細かくみると、「神戸市立丸山中学西野分校は大阪の夜間中学でしめ出された四人の〝越境入学〟をあたたかく迎え入れてくれた」「越境だが同校では〝教育権は大切な基本的人権、学びたい人は誰でも入学させる〟と門戸を開放」「大阪市教委は一三日〝神戸市に迷惑をかけてすまない。設置を前向きに考えたい〟と……」と記述している。

　このころ、大阪では、越境は差別だ、越境をやめようと教育委員会は運動を展開中であった。これを受けた毎日新聞の「越境かまいませんよ」の記事見出しである。また、運動が実を結び開設した天王寺《てんのうじ》夜間中学は、越境通学していた子どもを居住地の学校にもどした結果、生まれた空き教室での実現であった。

　高野は「天王寺の夜間中学は高野雅夫が創ったとよく言われるが、それは本当は嘘《うそ》なのだ」と言う。夜間中学ができるかできないかわからないときに、勇気をもって名乗り出てくれた八名の仲間・〝生き証人〟の叫びと行動がこの夜間中学を創ったという思いからだ。

　現在、全国で三七の組織が、二七校の自主夜間中学を運営し、夜間中学開設運動を展開している。いまも運動の原点の生き証人が歴史を切り拓《ひら》くことは変わらない。

四　天王寺夜間中学の開校

　大阪の夜間中学開設運動は、大阪府議会では井口正俊《いぐちまさとし》議員（社会党）、大阪市議会では山下博義議員（社会党）の大きな寄与もあり、その開設を実現した。このときのことを高野は「傍聴席で息を殺していた俺たちの心臓がどきんどきんと高鳴り、体の震えが止まらなかった。熱い血潮が、今でも俺たちの想いのなかに日々燃え続けている」と記している（『夜間中学生 タカノマサオ』九八頁）。
　一九六八年一〇月一一日から二一四日。この間、映画「夜間中学生」の上映、六一回。参加者、九四六九人。文集『ぼくら夜間中学生』頒布、三九〇部。こうして一九六九年六月五日、大阪市立天王寺中学校夜間学級が入学式を迎えた。
　天王寺夜間中学以降開設された各地の夜間中学は、大阪の夜間中学開設運動の展開を参考に各地域の市民運動により公立化されたものが多い。その特徴として、
　一点目に高野雅夫の執念
　二点目に学習権の保障を求める、夜間中学開設の理念が明快であったこと
　三点目に義務教育未修了者自らが〝生き証人〟として開設運動に参加し、立ち上がったこと
　四点目に支援・連帯する組織が生まれ、教育委員会の包囲網が形成されたこと
　五点目としてマスコミが開設運動とかみ合った報道をおこなったこと

これらをあげることができる。長い引用になるが、入学式でおこなった髙野のあいさつを紹介する。

> 七年前、二一歳で生まれて初めて夜間中学校に入学し、……そのときの感激はみなさんと同じで泪《なみだ》が止まらなかったことを今でも忘れられない。しかし憲法や教育基本法で全ての人たちに義務教育の権利を保障していることを知ったとき、感激が怒りに変わった。自分だけが卒業したらいいという考えは一二〇万以上の義務教育を終わっていない仲間たちを差別したことになる。なぜならば差別されているのは俺たちだけではないからだ。
>
> ここ大阪の被差別部落や在日朝鮮人、釜ヶ崎《かまがさき》、沖縄スラムなど、もし俺たちがその仲間たちに何もしなかったら、俺たちはその仲間たちを差別したことになるんだ。「おまえは部落や。朝鮮や」と言っただけが差別ではなく、そういう現実を知らないということも差別だし、知っていて、何もしないことこそより大きな差別なんだ。大阪での俺の任務は終わった。これからは君たち夜間中学生の任務だ。
>
> 大阪の夜間中学生の歴史を日本の歴史を創っていってほしい。君たち自身の心と足と手で。日本中に差別に泣く仲間が独りでもいるかぎり、俺はまたてくてくと歩き続けます。俺たちにとって文字やコトバは知識じゃない。生きるためのたたかうための武器なのだ。本当の意味で夜間中学なんか必要としない社会を俺たち自身の力で怒りで創ろうではないか。
>
> （『夜間中学生 タカノマサオ』解放出版社、一一〇頁）

天王寺夜間中学の最初の入学式の日、
入学生を校門で出迎える神部博之

大阪の夜間中学生と教員に託された髙野雅夫の想いである。

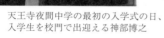

一九九〇年、国際識字年を経て、髙野雅夫は多くの夜間中学現場を訪れ、夜間中学生と教育に警鐘を鳴らしている。「……高度経済成長のささやかなお恵みを受けた夜間中学生たちが、〝文字とコトバ〟を奪われた、〝空気〟を奪われた怒りを再び奪い返されて、〝知識〟を詰めこむことが〈勉強〉だと信じこみ、詰めこませることが〈教育〉だと信じている教師が生まれていた」と。

五　NHK「こんにちは奥さん」
『わたしたちは夜間中学生』

六月五日、天王寺夜間中学が開校し、一学期が終わる七月一四日、この日のNHKテレビ「こんにちは奥さん」（朝八時三〇分〜）は大阪のスタジオで夜間中学生七人と髙野雅夫が出演した生放送の番組であった。

一時間近い番組で、うち後半二〇分は花菱《はなびし》アチャコ（漫才師）の話に時間配分はなっていたが、前半の夜間中学生のインタビューが延び、一〇分弱になったという。予定時間どおり進行できることで定評のある名物司会者の鈴木健二《すずきけんじ》であったが、しかし、このときはできなかった。夜間中学生の話を切り上げ、時間どおり進めようとする鈴木アナの持つマイクが震えているのがよくわかる。出演したどの夜間中学生も、あの鈴木アナをして、途中で切ることのできない感動的な話を展開した。時間が短くなったアチャコも、いやな顔もせず、夜間中学生の話にうなずいていたという。

鈴木アナから最初にマイクを向けられた小西さんは、〝海にはまる〟〝手のひらに書いた文字を握って帰る〟感動的な話をしたあと、鈴木アナがマイクを次に動かそうとした瞬間、次の話を始めた。

——それで言いたいことはね、私、（地下鉄の）切符売ってました。切符買うお客さんはね、奥さん、いっぱいつかえてるときは、すまんけど下へ行って買《こ》うてちょうだい言うたらね、「あの書いとる字が見えん」言うんですよ。んで、「おばちゃんに買うたらね、どこそこ頂戴言うたらすぐ、くれるんよ、下へ行ったらね、私ら字が読めん」ってこう言うねん、歳《とし》いった人は。

——そうですか、そういう方がいらっしゃるわね。

——そんな人のためにもね、やっぱりもう漢字はいらん言うけど、漢字も大事やけど、私らの時代はね、かたかながよう知ってますねん。かたかなとひらがな入れといたほうがね、私らの年代とか、もうちょっと歳のいった学校行かれなかった人はね、切符買えると思いますねん、私。

―― そうですね。

―― 漢字も大事やけど、ひらがなもかたかなも私ね、ひらがなは入ってますよ。かたかなが入ってる駅はありませんわ。

NHK「こんにちは奥さん」のスタジオ写真。前列は８人の夜間中学生・卒業生、後列は左から２人目が花菱アチャコ、４人目が鈴木健二アナ

―― そうですね。

―― そういうことでね、ほんとうにさっき言いましたようにね、もう一〇〇万人以上の人がね、待っているんですよ、ほんとうにいまおっしゃるとおりね。

どちらがインタビューを受けているのか、あの鈴木アナをして向けたマイクを動かすことができない、夜間中学生の力を感じた。

髙野雅夫と七人の夜間中学生の発言が終わり、まとめようとして鈴木アナがマイクを引こうとした瞬間、出演した高仁姚《コインソン》さんは朝鮮に住んでいるオモニに次のように呼びかけた。

「朝鮮の国のおかあさん、言葉がわからず、１・２・３・４の数字も言えず、電話がかけられず、ごめんなさい。いま、夜間中学で勉強しています。そして必ず電話をかけます」

この呼びかけは、「外国人の私たちも、小学校を卒業していなくても、夜間中学で勉強できるんだ」と広がり、入学を促す大きな力となった。

六　「夜間中学を育てる会」

「こんにちは奥さん『わたしたちは夜間中学生』」の番組放送中からＮＨＫに電話が入り、その反響はほんとうに大きかったと担当の福田雅子《ふくだまさこ》ディレクターは言っていた。翌年一九七〇年四月には、大阪市内に二校目の菅南《かんなん》夜間中学が誕生した。

　市民運動によって開校した天王寺夜間中学の第一期の卒業生は一八人であった。卒業生の倉橋健三が、卒業後何度も学校にやってきて、「先生、夜間中学の灯を消したらあかんで！」と次のような取り組みを訴えた。

「先生、夜間中学を卒業してみて、ほんとうに夜間中学のありがたさがわかったんや。いままで職場も臨時雇いの連続やったのが、初めて本雇いになって、ほんまにうれしいねん。卒業して喜びがジーンときたんや。ぼくと同じ境遇の人たちがたくさんいると思うが、そんな人にもこの喜びを味わってもらいたいんや。だから、夜間中学を必要とする人が一人もいなくなるまで、夜間中学の灯を消したらあかんのんや。それで『夜間中学を守る会』をつくってほしいのや」

　この訴えは、第一回同窓会で取り組みが決議され、名前も「夜間中学を育てる会」に決まり、一九七〇年九月、「現在の義務教育の不合理をただし、義務教育未修了者に完全な義務教育を受ける権利を保障するため、種々の活動を行う」ことを目的として、活動を開始した。

　生徒募集活動と夜間中学増設運動、そして夜間中学の教育条件整備充実の三本柱で活動を続けてきた。各市の市民運動と連帯した取り組みは、一九七二年四月の堺《さかい》市殿馬場《とのばば》中学、八尾《やお》市八尾中学、東大阪《ひがしおおさか》市長栄《ちょうえい》中学の開校、さらに一九七三年四月の大阪市文《ふみ》の里《さと》中学、守口《もりぐち》市第三中学、一九七五年四月の豊中《とよなか》市第四中学、そして一九七六年一〇月の大阪市昭《しょう》和《わ》中学の開校へと結実した。

　また、大阪市・大阪府と交渉をもち、それを議員が仲介し、当時の大阪教職員組合・大阪市教職員組合が支援するというかたちで運動が進められた。無償の補食給食、通学費の支給開始、募集ポスターの作成、教員の増員など、大きな成果を収めることができた。

　組織の名称を「大阪の夜間中学を育てる会」にするか、「大阪」をつけないかで議論になったが、「大阪だけに限るものでなく、広く全国的な組織にしなければ、この会

夜間中学を育てる会の創立準備会で話す倉橋健三
（1970年６月14日 天王寺夜間中学）

の意義はない。このようなことは夢ではあるが、少なくとも、育てる会の組織形態として、各都道府県にひとつ以上の支部を設け、支部単位に活動ができないか」と発足当初は構想があった。

しかし、残念なことに、ニュース一二九号を最後に、一九八九年、活動を休止した。後日、二〇〇〇年六月、夜間中学卒業生が中心になって「夜間中学を育てる会」の再開を試みたが、実現しなかった。

韓国京畿道安養《アニャン》市の市民大学（識字教室）では、識字学級で学んだ卒業生が識字教室の講師になり、教室ではその先生の学習がいちばん人気があるという。奪い返した文字とコトバで社会活動をする。このことは夜間中学運動の目標の大きな柱である。夜間中学で学び、卒業後も社会活動に参加する。「夜間中学を育てる会」の活動再開は急がれる。

七　NHKラジオ「二五年目の教室」

NHKの解説委員を務め、京都の世界人権問題研究センターの主任研究員であった福田雅子が中心となって制作した夜間中学の番組がもうひとつある。一九七一年度芸術祭参加作品で優秀賞を受賞したラジオドキュメンタリー「二五年目の教室」（一九七一年五月三日放送）だ。学齢時、生活のため中途退学し、二五年ぶりに夜間中学

ものだ。で学びはじめた一人の夜間中学生の教室の様子を伝える

福田は、大阪市立天王寺夜間中学に身重な体で録音機を持って通い、一年を超える長期取材で完成した。どんな内容？　思いは募るばかりであった。

第五一回全国夜間中学校研究大会（二〇〇三年）で記念講演を福田さんにお願いしたときに、思い切って「二五年目の教室」のことを尋ねてみた。そのとき、テープの存在は聞けなかったが、取材で教室に入ると、夜間中学生が福田さんの体を気遣い、各自がおこなった安産の方法を教えてくれたことなど、夜間中学生の優しさと教室の雰囲気、そして番組の内容を克明に語られた。次にお邪魔したとき、膨大な資料のなかから探しだした番組台本と「重要」と書かれた封筒が応接の机にあった。なかには〝幻のテープ〟が入っていた。

こんな経緯で、記念講演で「二五年目の教室」の終わりの部分を聞くことができた。福田さんの三〇歳代初めの作品である。その構成はさすがである。

視覚を通さなくても、スピーカーから流れる音から、いろいろ場面を思い描き、登場者の表情まで映画を見ているように感じられ、印象深かった。夜間中学生の息遣いと小さな声を見逃さず、一年間の夜間中学の学びを収録し、組み立てられていた。「ラジオ深夜便」で「二五年目の教室」の電波が飛ばないものだろうか。

八　夜間中学の歴史に残る「革命的大会」
第一八回全国夜間中学校研究大会

大阪で初めての全国夜間中学校研究大会は、一九七一年一一月二六日・二七日に開催された第一八回大会である。夜間中学関係者だけでなく、昼の学校の教員も多数参加し、五〇〇人を超えたという。各社テレビ、新聞の取材も入り、内容も夜間中学の歴史に残る大会であった。

この大会は資料集のみで、大会報告書は毎回発行されているのに、この第一八回大会は発行されていない。唯一、夜間中学卒業生・髙野雅夫著『자립（チャリップ）』に八六ページにわたって収録されている全体会記録があるのみである。

二七日朝刊の新聞報道は写真入り七段の扱いで、各社記事見出しは次のようなものだった。

壇上占拠し文部省追及　入学断られた若者ら「形式卒業生に門開け」（朝日）

生徒、演壇占拠し混乱　〝形式卒業〟対策迫り　文部

省・教委へ追及の矢（毎日）
夜間中学生の不満爆発　激しく先生糾弾「恋人も離れる」体験発表（読売）
二七日の夕刊は
最終日も批判と追及　夜間中学研〝形式卒業〟問題で（毎日）
改善努力を約束　夜間中学研究大会「形式卒」で文部省（朝日）

また、雑誌『解放教育』一九七二年二月号には「第一八回全国夜間中学校研究大会―解放教育との接点を求めて―」と題する編集部の報告が掲載されている。そこでは、事実をよく伝えているとして、次のような朝日新聞の記事を引用している。

午後三時からの全体会議で、韓国などから引き揚げてきた人たちを対象に東京で開設された日本語学級の生徒が飛び入りで発言、たどたどしい日本語で「ことばがわからないからいいたいこともいえない。ぼくたちの悩みをわかってほしい」と訴えた。だが発言の途中で司会者が「このへんでやめてほしい」と打ち切ろうとしたため、会場内にいた「オール一の会」などのゼッケンをつけた若いグループが壇上にかけあがって体験を話し出した。このハプニングに会場は騒然。ヤジや怒号の中で「貧乏だったため眼鏡《めがね》が買えなかった。中学校にいくまでがんばったが、勉強についていけなくなった。だが先公（教師）は知らぬ顔。卒業証書を出した。大阪に出てきてもう一度勉強したいと思って夜間中学にきたが、教育委員会も学校も卒業証書があるから入学させないという。頼み回ってやっと聴講を許されたが、夜間中学内でまた差別。どうしてくれるんだ」と教育行政や教師を鋭い口調で告発。来賓席にいた中島文部省初中局中等教育課長補佐や田中大阪市教委指導主事をひっぱり出して答弁を求めた。これに対し中島課長補佐は「卒業証書があっても学習の意欲がある人には機会を与えるべきだ」と答えたが「制度的に入学を認めるのか」という質問には「検討中だ」と繰り返すばかり。結局、二七日、再度追及すると宣言して約二時間後演壇を降りた。

『자립（チャリップ）』には、大会全体会のやり取りが

第18回夜間中学校研究大会。左より古部美江子、髙野雅夫、前嶋鉄雄、一人おいて須尭信行（1971.11.26 天王寺夜間中学講堂）

テープ起こしされ、細かく収録されている。

形式卒業者の入学の問題、学齢者の入学の問題、入学時期の問題が夜間中学生の提起と追及により進んでいくありさまが克明に記されている。

「……俺たちは現在教育体制の〝いけにえ〟になったんだ。〝いけにえ〟になった犠牲者なんだぞ！　てめえたちの責任は隠蔽し、俺たちの夜間中学入学は法的に正式に認めるわけにはいかないというのか。中学を卒業していないと嘘をつくことを条件に入学した、すべての形式卒業者たちよ！　同胞よ！　俺はお前たちにも言う。今こそ俺たちの、俺たちの立ち上がるときが来た、みな勇気を出して、立ち上がれ！」（須尭信行）

発表を終え、文部省、教育委員会に形式卒業者の夜間中学入学を認めるか、形式卒業者をつくっている責任を認めるよう鋭く迫った。

出席していた中島文部省課長補佐の「（形式卒業者のあることは）学校にも、家庭自身にも、あるいは自分の側にも原因がある」という発言に対し、夜間中学生は「自分の側とは何か」と尋ね、中島課長補佐は「生徒ということ」と答えた。夜間中学生「生徒に責任があるて、おしゃるんですか？」、中島課長補佐「只今《ただいま》の発言は取り消させていただきます」、夜間中学生「生徒には責任がないということですね」と展開していく。

二日目の全体会で、東京荒川九中の夜間中学教員・塚原雄太は「新聞には乱入したとか書いてあるが、乱入したんではない。やむにやまれず、叫ぼうとしたんだ」「先生たちの小手先のどうしたら文部省とうまく一緒にやれるかというような雰囲気を生徒が感じ取って、俺たちはここで言わなかったらどうなるのかと、やむにやまれぬところもある」と、教師が本音で話し合うことの大切さを述べた。

そして、夜間中学生の鋭い主張に、文部省、教育委員会、教員は論破されていった様子が記録されている。

教員「生徒のようにパッと言いにくいのでね」

夜間中学生「なんで言いにくいんですか? 首になるんですか?」

夜間中学生「(先生は) どちら側につくか? どちら側の人間か?」

教員「(教員は) 生徒側につく」

教員「夜間中学は義務教育未修了者を対象にしていたと考えていた。ところが、学力がなくて形式卒業者を夜間中学の中に包含するかどうか、夜間中学が決定的に転換を迫られている。形式卒業者までも夜間中学に入れていく国の方針があるのかどうか?」

中島課長補佐「昨年の段階では形式卒業者は(夜間中学に)受け入れられないと公式的な発言をしていましたが、(今年は)学習したい人には学習の機会を与えるべきではないか」

包丁大阪府教育委員会係長「学習の機会を作るわけですから、(夜間中学を)作らなければならない」

中島課長補佐「各都道府県にも(夜間中学と形式卒業者の)話をし、私どもも積極的にこれを国の予算等で持つべきとこは持つよう努力いたします」

あいまいさを残し、のちにいろんな解釈を生み出す原因にもなる教員の詰めと比べ、一分の妥協も認めない、完璧な迫り方である。それまで、研究大会では運営に直接、夜間中学生が訴える事例はほとんどなかった。主役は夜間中学生だと言いながら、夜間中学の運営は夜間中学生抜きで決められることが多かった。時間の経過とともに、何もなかったように進められていく、そんな大会運営に疑問を呈し、北海道と九州筑豊《ちくほう》出身の夜間中学生が大阪で形式卒業者の夜間中学入学について、その解決と回答を求める主張をおこなった。夜間中学の歴史に残る「革命的」な大会となった。

大会は昼食抜きに午後三時三〇分、大会宣言を採択して閉幕した。

九　形式卒業者の入学

この第一八回大会を経て、形式卒業者の夜間中学入学についてどのように変わったのかを見ておこう。

大会から二年後、一九七三年に開校した守口夜間中学の募集にあたって、次のような報道記事がある。

「〝勉強やり直し組〟は締め出し／卒業した人だめ／おカタい『形式』守口の夜間中学／府教委『あんまり』と批判／四月に開校」との見出しで、次のように書いている。

守口市に四月から夜間中学が開設される。ところが、入学できるのは中学校の卒業証書を持っていない人だけ。中学の学力が不十分なままで形式的に卒業証書を渡され、いわば〝厄介払い〟の形で追い出された人たちが、もう一度中学校教育を受け直したくても「それは受け付けません」と同市教委。「卒業証書が欲しい人のために開校するのです」という。「形式」ばかり重んずるこの役所的説明に府教委さえも、「あまりにシャクシ定規すぎる」と批判的である。

（「朝日新聞」一九七三年二月一日）

このように府教委は一八回大会の議論をふまえ、形式卒業者の入学に肯定の姿勢を明確にしている。それにひきかえ、大会に参加していなかったと思われる守口市教育委員会担当者は入学に否定的であった。

守口に夜間中学開設運動を進めてきた守口市教職員組合は、「夜間中学門広げよ」と、条件撤回を中心とする四点の申し入れを教育委員会におこない、交渉をおこなった。

結果、守口市教育委員会は「これらの条件を一応全面的に撤回し、入学に条件をつけないこととした」と入学制限の撤回を表明した（「朝日新聞」一九七三年三月三〇日）。

これが形式卒業者の夜間中学入学について、入学希望者、夜間中学生、教員、学校長、教育委員会、文部省とのやり取りの経緯である。担当者の〝常識〟で判断すれば、当初の守口市教育委員会の判断になる。そもそもその〝常識〟が間違っているのである。

まず、「義務教育の未修了の人たちが存在するはずがない」という常識をはじめとして、「夜間中学を設けると、昼の生徒が夜間中学に流入して、六・三制が混乱する」という発想から入学時期、就業年限、そして形式卒業生の存在することまで、教育関係者自らの〝常識〟を疑うことから始めることだ。

そして、夜間中学生の主張に謙虚に耳を傾け、その実現を図る。この大原則を夜間中学の教員はかたくなに追求していく。そのことから明日の夜間中学の道が開けることを第一八回全国夜間中学校研究大会の夜間中学生の提起は示している。

第一八回大会のあと、一九七四年ごろ、全国の夜間中学では一五〇名以上の「形式的卒業の扱いを受けた」人たちが学んでいた（二〇回大会資料集）。

ところが、九〇年代に入ると、文科省は「ふたたび中学校に入学というかたちはとることができません」と回答するようになり、これを受け、夜間中学現場では入学が断られるようになっていった。

夜間中学卒業生・髙野雅夫は、形式卒業生の夜間中学入学について、「一八回の全国夜間中学校研究大会で、**夜間中学生の力で解決済みだ。なのに、夜間中学の先生方は文部省や教育委員会から押し返されてきている。成果をきっちり伝えていかなければ**」と話していた。

二〇一五年七月三〇日、文科省は都道府県と政令指定都市の教育長あてに「義務教育修了者が中学校夜間学級への再入学を希望した場合の対応に関する考え方について」とする通知文書を示した。「各夜間中学の収容能力に応じて、**積極的に入学を認めることが望ましいこと**」と**第一八回大会の確認を四四年後、文書で通知したことになる**。この間、入学を断られた人たちの学習権を奪ってきたという認識は文科省にはあるのか否か、尋ねたい。

一〇　府外居住者の夜間中学入学を排除

一九七六年一〇月、大阪市立昭和夜間中学開設を最後に、大阪では一〇校の夜間中学で一九九〇年まで推移した。この間、何事もなかったということではない。夜間中学は運動によってつくられた学校である。運動が停滞すれば、教育行政からは真っ先に目をつけられるのが夜間中学であることは、この間の歴史が証明している。

大阪府と大阪市の教育委員会が作成した、一九六九年の募集案内には「大阪府内に居住または勤務するもの」と明記していた。一九七五年一二月、府教育委員会は他府県居住者の夜間中学入学を認めず、夜間中学から排除する方針を打ち出した。この排除方針について行政担当者は、昼の中学では居住地による校区があり、他市から、まして他府県から通学していることはありえないからと言うだろう。**昼の学校のみを考えると、そのことは〝常識〟かもしれない。しかし、夜間中学生の学ぶ実態から考えると、このことは〝常識〟ではない。**「大阪での開設運動」の項でも書いたように、大阪府在住の生徒四人の神戸の夜間中学への〝越境入学〟を受け入れた一九六八年一二月の神戸市の扱いを、大阪府教育委員会はどう考えていたのだろう。

もっともこの入学条件の変更が、兵庫県尼崎《あまがさき》市における琴城《きんじょう》分校（夜間中学）の開設、奈良における「夜間中学を作る会」の発足と自主夜間中学「うどん学校」の開校、そして奈良市立春日《かすが》夜間中学の開校につながっていった。

一九八六年、大阪府教育委員会は「会計検査院による義務教育諸学校の適正化という大掛かりな監査」がおこなわれることを理由に、夜間中学の九学級削減を一方的に打ち出してきた。この学級数削減の方針に対し、近畿夜間中学校生徒会連合会が立ち上がり、教員組織との取り組みの結果、四学級減にとどめさせることができた。

しかし、「夜間中学の運動がマンネリ化し、安住化により夜間中学現場に危機感を消失させ、社会や行政の変化に対し夜間中学現場の対応の鈍さ」（第二三回全国夜間中学校研究大会記録誌）が明らかになった。「中学校だから中学校らしく」の考えにもとづき、昼の学校と同じ教育課程を夜間中学にもあてはめ、実施させようとするもので、夜間中学生の実態を無視し、学習意欲をそぐものであることも明らかになった。

これを契機に、近畿夜間中学校生徒会連合会の夜間中学生が府の教育委員会と直接話し合うことができるようになった。当初「いくら成人だとはいえ、義務教育で学んでいる生徒と教育行政が話しあうルールはない」と府教委は抵抗した。

石原忠一《いしはらただかず》府議をはじめ、当時の社会党府会議員団は、夜間中学に対する府民の理解が少ない状況のなかで、夜間中学生の声に謙虚に耳を傾け、行政運営をすることの大切さを府教委に説明した。その結果、話し合いが実現し、今日まで続いている。

二　大阪府内の夜間中学増設運動

国際識字年の取り組みが始まった一九八九年は労働運動が大きく動いた年でもあった。日本共産党を支持する人たちが日教組を脱退した。大阪では「大阪における日教組運動を継承、推進する」との決意のもと、大阪府教職員組合（大阪教組）大会が一一月二二日におこなわれ、堂々の歩みが始まった。

「夜間中学考える会」*で議論を重ね、一二月一日、大阪教組に「夜間中学専門部」の設置と府教委への要求書づくりにとりくむことを要請した。

＊府内の夜間中学教員、約二〇人が自主的に集まり、夜間中学の諸課題について議論を重ねた。一九八八年から一九九四年にかけ四〇回ほど開催した。

課題山積の組合運動にもかかわらず、機関紙「大阪教組ニュース」は毎号、夜間中学の記事を掲載、情宣活動をおこなった。専門部設置は保留になったが、要求書はただちに作成し、一二月二二日には府教委と事前折衝を設定した。

一九九〇年、国際識字年を迎え、夜間中学運動も大きく前進した。大阪教組は近畿夜間中学校連絡協議会とともに国際識字年推進大阪連絡会に参加、府内における識字活動、夜間中学開設運動を教職員組合の立場から積極的に展開した。高知《こうち》市で開かれた日教組第七二回定期大会で、大阪教組はこの間の取り組みをふまえ、夜間中学について「夜間中学校を学校教育法のなかに位置づける取り組みをすすめ、夜間中学校の教育条件整備に取り組みます」という修正案を提出した。日教組運動方針に明記させることができた。

国際識字年推進大阪連絡会は五月二三日から二八日まで、大阪北浜《きたはま》の三越《みつこし》デパートで国際識字年記念展を開催。七月一五日、識字活動に参加している仲間が集まり、体験、生い立ち、学ぶ想いを語り合う「あつまろう　よみかきのなかま」が開催された。夜間中学生も積極的に参加し、学ぶ姿を作文につづり、パネル写真、映像で登場し、元気になっていった。

夜間中学増設運動は、夜間中学が未設置地域、大阪府内の三島《みしま》、南河内《みなみかわち》、そして、東成《ひがしなり》・生野、東大阪市地域にもう一校の夜間中学を開設する取り組みを進めていった。一九九一年一月一九日には夜間中学校増設を求める大阪教組決起集会が開催され、日教組から渡久山《とくやま》副委員長が出席、連帯のあいさつをおこなった。一月二四日には夜間中学現場を労働組合組織「連合大阪」に公開し、参加者に夜間中学増設をアピールした。

二月一五日、大阪府南河内自主夜間中学が、羽曳野《はびきの》市で開校した。大阪教組は「夜間中学の増設を求める」署名活動を展開し、三月一九日、府教委に手交した。

国際識字年推進大阪連絡会は一〇月二九日、大阪市と交渉をおこなった。夜間中学の増設要求に対し、大阪市は次のような回答をおこなった。

「大阪市には四校の中学校に夜間学級を二七学級開設している。昼間の勤務関係から、また市内全域から考えて通学に便利なターミナル近辺の学校ということで設置されています」

しかし、大阪市の夜間中学は、越境根絶の取り組みによって生まれた〝空き教室〟に開設したものであり、大阪市のこの回答は明らかな事実誤認で、私たちは回答文の書き直しを求めた。このことを境に、増設に向け、状況は大きく動いた。

一九九二年三月、生野東成自主夜間中学校が公立化をめざし活動を開始した。近畿夜間中学校連絡協議会事務局は次のようなメッセージを送った。

四四年ぶり生野に夜間中学再生!!
大阪大空襲記念の日に
—つぎは公立夜間中学校の実現を—

夜間中学校発祥の地はこの生野である。隣の勝山《かつやま》中学においてである。「生野第二中学校（現勝山中学校）の第一回入学生は八五〇名であったが、そのうちの一割が長欠生で、学校に姿を見せなかった。当時本校は女生徒のみの学校であったから、校区も六小学校区にまたがる広い地域であった。その広大な校区に散在する長欠生の家庭を、夏休みを利用して一軒ずつ訪ねた。その調査をふまえて九月になってその親たちとの懇談会をもったところ、夜であったら子どもを通学させることができるという家庭が相当多数あることがわかったので、一〇月より週二回補習授業を開始することにした。ただし当時は電力事情が悪く、毎夜のごとく停電するという状態であったので授業は夕刻行い、われわれはこれを夕間学級と呼んでいた」（夕間学級担当者　吉井武千代）。しかし、全国初の夜間中学校を文部省は大阪市教育委員会を指導し、出席簿を取り上げ、廃止させてしまったという。時に一九五〇年七月二〇日。

大阪市内夜間中学生の四六％（四〇四人）が生野・東成出身。なのに、夜間中学校を設置しないとは……許せん！

自主夜間中学校開校式に参加してくださったみなさん　なんとしても自主夜間中学の取り組みを成功させ、公立夜間中学校を開設させ、義務教育の完全保障（補償）を実現させましょう。ともに頑張りましょう。

生野・東成の中心、聖和《せいわ》社会館で識字展をおこない、夜間中学の劇の上演活動を大阪市教職員組合、全逓の労働組合の仲間と展開、生野の街中で近畿夜間中学校生徒会が各戸ビラ配布活動を展開。小さな波が重ね合わさり、大きな波動になり、生野・東成の街で共鳴を起こした自主夜間中学の誕生であった。

二　一九九四年二月二二日合意

国際識字年の取り組み推進の大きな流れを受け、大阪府内での夜間中学増設運動は大きく前進した。南河内（一九九一年二月一五日）、生野・東成（一九九二年三月一三日）、吹田《すいた》（一九九三年一〇月一日）で自主夜間中学校の開校と行政交渉が始まった。

まず、近畿夜間中学校連絡協議会に識字年推進と、増設推進を主な任務とする専門委員会が発足、上記三カ所の自主夜間中学校の活動、近畿夜間中学校生徒会連合会の集会、署名活動、大阪駅などでの夜間中学生募集活動を背景に部落解放推進大阪府民共闘会議（解放共闘）、国際識字年推進大阪連絡会への積極的な取り組み要請をおこなった。

その結果、大阪府教職員組合（大阪教組）は活動方針のなかに夜間中学増設運動を中心とする取り組みを明記した。また、国際識字年推進大阪連絡会の「識字一〇カ年計画」にも夜間中学増設が明記され、大阪府、大阪市との行政交渉をもつなど、大きな取り組みを展開した。

このように、夜間中学運動も大きく前進した。夜間中学考える会が会議の検討内容をまとめ、大阪教組が報告書『夜間中学の増設をめざして』（一九九二年五月）を発行した。

ところが、一九九三年八月、大阪府教育委員会（府教委）は、夜間中学を設置している各市教育委員会の合意で、「在籍年数は最長六年とする」「入学時期は四月」「識字目的の人は入学を認めない」など、夜間中学の現状を大きく変える「七項目」を打ち出し、その実行を現場に迫った。このことを知った解放共闘はこれを「凍結」させ、「夜間中学増設のための制度的整備」について折衝・協議・交渉をおこなった。

　府教委は一九九三年一一月、解放共闘の交渉で、「地域的偏りがあり、通学に不便をかけている」と述べ、夜間中学増設の方途を探る姿勢を見せた。

　一九九四年二月二二日、生野・東成、吹田、南河内での夜間中学増設、東大阪市太平寺《たいへいじ》分教室（長栄夜間中学）の独立校化について、関係市教委が設置を決めれば府教委として前向きに対応するという内容の「合意可能な回答」を引き出したとして、四項目の夜間中学校「運営についての基本的考え方（基準）」と六項目の「指導事項」に大阪教組も合意した。別に「この基準と指導事項は夜間学級を充実させるものである」などを記した七項目の「解放共闘・大阪教組と府教委との確認」をおこなった。

「昭和をつぶすな！」決起集会

　この確認を受け、大阪市内での夜間中学増設運動は、「教育面での戦後補償」がもっとも必要とされる地域である東成・生野区に一九九七年四月、東生野夜間中学開校を実現した。ところが、同時に大阪市教育委員会は、東生野開校に伴う「生徒移動による在籍数推移や中学校教育充実の観点から」、接近してあった昭和夜間中学を文の里夜間中学に統合する方針を明らかにした。

　この間、増設運動を自らの課題として取り組みをすすめてきた連合生徒会は、この回答が明らかになると、ただちに「学校が増えることは望んでも、減ることは絶対許すことはできない」として、「昭和夜間中学廃校」反対の取り組みに立ち上がった。

一三　「いやなら〈国に〉帰ったらいいやん」
許せない差別発言

「いやなら〈国に〉帰ったらいいやん」

許せない差別発言を夜間中学の授業中に夜間中学の教員がおこなっていたことが明らかになった。一九九四年一〇月一五日、大阪市立菅南夜間中学の日本語の時間の出来事だ。教材「よへいさんと鶴」を扱った授業のなかで、本音でつきあうことの大切さを強調、このあとのやりとりでこの発言が教員から出た。

「先生、その考え方、間違っていますよ。私ら植民地にされて無理やり連れてこられたんですよ」「帰れと言われても行くとこあらへん。むちゃや」と反論した。

授業のあと、「ここまで言われて黙ってたらあかん」と、授業に参加した夜間中学生は生徒会に報告し、生徒集会を開き、教員に説明を求めた。教員は発言の真意を誤解しているとして謝罪しなかった。

夜間中学生は授業をボイコットして抗議行動をおこなった。いくつかの新聞報道がある。

〈歴史認識に欠けた発言　在日生徒ら教師に反発　北区の夜間中学〉

北区にある市立菅南中学校の夜間学級で、女性教諭(53)が在日韓国・朝鮮人生徒のいる教室で授業中に「(朝鮮人は国へ)帰ったらいい」「(日本にいるのは)居心地がいいから」との趣旨の発言をしていたことが、民族教育推進協議会など四団体でつくる「菅南中学校夜間学級問題を考える会」の調べで分かった。生徒たちは「歴史認識に欠けた民族差別発言」だと反発している。

同会によると、一〇月一五日の授業中に、教諭が「差別、差別と言われるのが嫌だったら、帰ったらええやんか」「居心地がいいからおるんやろ」などと発言したという。生徒によると教室にいた六人のうち五人が韓国・朝鮮人で、抗議したところ教諭と言い争いになったという。

学校側の調査では、教諭の発言は「こんな国は耐えがたいと思ったら、(私だったら)さっさと逃げ出す」「日本にいるということは、ほかの国にいるより住みやすいからではないか」というもので「帰ったらいい」という言葉はなかったとしているが、池村校長は「そう取られても仕方がない。歴史認識に欠けており、教師としてあるまじき発言だ」としている。

学校と市教委は詳しい事実関係の調査や教諭への指導を始めているが、同会によると、教諭がその後も教壇に立ち続けていることに反発して授業を欠席する生徒もいるという。

在日一世の生徒は「在日韓国・朝鮮人の生徒が多い夜間中学で、教師がこんな発言をするのは絶対に許せない」と話している。


（「朝日新聞」一九九四年一一月一九日）


菅南夜間中学生徒会から報告を受け、近畿夜間中学校生徒会連合会はさらに内容を明らかにするため、「菅南中学校夜間学級問題を考える会」を結成、抗議集会（一一月二七日）を開いた。考える会はこの発言について「許しがたい民族差別意識や偏見、史実の歪曲《わいきょく》に満ちた発言。日本社会の差別排外主義のなかで苦渋と辛酸を味わわねばならなかった一世のハルモニが文字を取り戻すためやっとたどり着いた夜間中学での教員によるこの発言は、その存在や歴史を全否定する犯罪的行為だ」と批判、大阪市教委と学校側に事実確認会の設定を要望した。

近畿夜間中学校連絡協議会は一一月二九日、「菅南夜中問題について」と題する見解を出している。

菅南夜中問題について

一九九四・一一・二九

近畿夜間中学校連絡協議会

一〇月一五日菅南夜中N教諭が在日朝鮮人生徒に対して許しがたい、差別発言をおこなった件について菅南夜中では、事実確認、研修会の実施、今後どのように克服していくか、方針確立に向けてとりくみが進められています。

この差別発言は、とりわけ学校という場で授業中に起きた点について、きわめて問題であるといわざるを得ません。

本来、民族差別について、指導する立場にある者が在日朝鮮人生徒に対して耐えがたい苦痛を与える発言をしたことは許しがたいことであり、責任の重大さが問われるべきです。

この問題は夜中に学ぶ在日朝鮮人の生徒だけでなく、在日朝鮮人全体、民族に対する暴言、冒瀆《ぼうとく》である。単にN教諭の問題にとどまらず夜間中学校教職員全体、夜間中学そのものを問われる問題でもあります。
一、この問題の背景には過去の日本と朝鮮の歴史を大衆の側に立って正しく受け止めるという視点が欠落していたことが明らかです。私たちはこうした点についての研修を積み重ねていく必要があります。
二、一九六九年天王寺夜中が開設されて、二五年余りの歴史があります。運動によって設立され発展してきたのも事実です。しかし、一九七六年昭和夜中の開設を最後に増設はなく、運動の低迷を余儀なくされ夜間中学そのものが軽視されてきたのも否めない事実であり、今回の問題の遠因といえます。

私たちは、この問題の重要性を真摯に受け止め問題解決に向け総力を結集してとりくみを強化し、生徒さんに「あってよかった」「学んでよかった」と誇れる夜間中学創りに努め、一日も早い信頼回復をはからねばなりません。

一二月四日、開催された事実確認会に近畿夜間中学校生徒会連合会などから五〇〇人が参加、事実確認をおこない、「納得いく謝罪と反省まで『教壇に立たせない』」「菅南夜間中学の生徒たちが納得いくかたちできちっと事実確認する」ことで学校、市教委とも合意した。

夜間中学生は、この確認会のあと開かれた集会「夜間中学開設二五年、さらに増設を——髙野雅夫さん人権賞と出版を祝って」に参加した。

一四　夜間中学開設二五年記念の集い

一九九三年一一月三日、髙野雅夫著『夜間中学生 タカノマサオ　武器になる文字とコトバを』が解放出版社から出版された。

一九九〇年九月、「国際識字年・識字を学ぶ集い」で敗者復活戦のリングに登り、夜間中学生に語りはじめた髙野は、その半生記を原稿用紙四〇〇枚分の文字でザラ紙やチラシ裏に書きあげた。

そのころの夜間中学の教員や夜間中学生は、髙野の講演を直接聞いたり、講演記録を収録・編集した『遺書 さわやかに野垂れ死にたい』（自費出版）を通して髙野の人となりを想像していた。夜間中学の教員や夜間中学生は『夜間中学生 タカノマサオ』を購入し、何度も読み返した。髙野の「タネの思想」=「内→外→内」、「こやしの思想」=「外→内→外」から、夜間中学の歩みとその存在意義について、教員であれば自らの実践について、夜間中学生は生徒会活動について、多くの提起を受けた。

そのなかでも、私たちの心をとらえて離さない次のような記述がある。

「その陰では高度経済成長のささやかなお恵みを受けた夜間中学生たちが、『文字とコトバ』を奪われた、『空気』を奪われた怒りを再び奪い返されて、『知識』を詰めこむことが〈勉強〉だと信じこみ、詰めこませることが〈教育〉だと信じている教師が生まれていたのです」(二二四頁)

深い洞察にもとづく、重要な提起であると考える。

髙野雅夫は一九九三年度東京弁護士会人権賞を受賞した。

この賞は、東京弁護士会および民間の個人、グループ、団体の優れた人権擁護活動を表彰し、基本的人権の定着・発展に寄与すること、在野の人権活動に光をあて、これらの人々を励まし、よりいっそう人権活動が活発になることをめざして一九八六年にもうけられた。

夜間中学開設二五年と人権賞受賞、そして『夜間中学生 タカノマサオ』の出版を記念して、夜間中学生、関係者の参加を呼びかけ、実行委員会を立ち上げて、集会を企画した。当初、髙野雅夫が常日ごろ〝夜間中学生歴史館(証言館)〟にと提起している天王寺夜間中学の講堂を会場に開催を追求したが、校舎建て替えのため実現せず、二番目に開校した菅南夜間中学の講堂で一九九四年一二月四日、開催した。

開設にむけ大きな力を発揮した関係者、公立・自主夜間中学生、一般市民あわせて約五〇〇人の大きな集会になった。壇上には長栄の夜間中学生が書いた「夜間中学開設二五年、さらに増設を、高野雅夫さん人権賞と出版を祝って」の文字が、会場内には各夜間中学の幟旗《のぼりばた》、共同作品、そして髙野雅夫が開設運動で使用した鞄《かばん》、地下足袋、ヤッケ、ゼッケン、ポスター、ビラが展示され、集会は始まった。

呼びかけ人を代表して玉本格・元神戸丸山中学校長、田渕直《すなお》・大阪府教職員組合執行委員長のあいさつのあと、全員の拍手にむかえられ、髙野は登壇した。「夜間中学開設二五年、さらに増設を。今日の集会を次の出発点にしよう」と参加者に訴え、話を結んだ。

そのあと、あいさつにたった五島庸一《よういち》は、大阪教職員組合教文部長だった当時の一九六八年一〇月、教職員組合を訪ねた高野を応援したときの様子を語った。声帯を取り、話すことも不自由であるにもかかわらず、胃を動かし、それこそ腹の底からの声でおこなわれた感動的なあいさつだった。紹介する。

乾杯に先立ち、ひとつの思い出を語ることをお許し願います。

　それは夜間中学の運動の開始にあたり、私が高野君からきびしい糾弾を受けたということであります。

　大阪にやってきた彼から、まずその訴えを聞いたのは当時大教組で教文を担当していた私でした。その頃私たちは大変遅まきながら部落解放の課題に取り組み始めており、そのことからも奪われた教育権を夜間中学という形で取り戻すことの重要性は大筋理解していたわけであります。しかし、実際に夜間中学などできるのか、どう運動化するのか、確信が持てません。大切なこととは思いながら、具体的な構想も立てず、もちろん運動も起こさず時間が経《た》っていったのです。

　そのことを知った彼は激怒しました。

夜間中学開設25年記念の集いで五島庸一(左)と持永保（1994.12.4 菅南夜間中学講堂）

何万、何十万の人間が空気を必要とするように教育を必要なものとして求めているのに、口では、民主教育だ、人権だなどとわかったことを言いながら、実際には何もしない。これは一体どういうことかとなじり、叱りつけたのです。
　彼の怒りと反論はもとより、一切の言い逃れも許さぬ厳しいものでした。目の前にいるのは彼一人なのですが、私には無数の教育を奪われた人たちの怨念が彼の口を借りて糾弾しているように思われました。
　彼の追及と叱責は怠惰で弱気な私を大きく変えました。彼の言葉のひとつひとつが私の中の日和見《ひよりみ》や迷いをはらいのけ勇気を与えました。自分が間違っていたことを悟った以上は行動に移るより途《みち》はありません。その日から私にとっての夜間中学の運動はスタートしたわけです。そして出来たのが天王寺の夜間中学です。細かなことは一切省略しますが、運動は多くの人に引き継がれ府内一円に広まりました。
　いま、当時を振り返り、彼の糾弾が運動の具体的な第一歩となったことをしみじみと思い起こしています。本日はたくさんの夜間中学関係者がお集まりいただいておりますが、あれから二十数年、今なお夜間中学の必要性、重要性は変わっておりません。皆様方のご努力、ご健闘に心から期待申し上げ、最後になりましたが、高野君がますます元気で、人間の尊厳のためにいっそう活躍されることを祈念してみなさんと共に乾杯させていただきたいと存じます。

この日は日曜日にもかかわらず、近畿の夜間中学生も多数参加した。人と人がつながり、大きな力となり、夜間中学増設運動が展開していった、夜間中学の歴史を確認できる意義深い集会であった。

一五　卒業後の学びの場

一九九四年二月二二日、納得ができるまで学びたいという夜間中学生の願いにもかかわらず、「解放共闘・大阪教組と大阪府教育委員会との確認合意」により、夜間中学の学習年限が最長九年となった。経過措置として、一九九七年三月に在籍九年を超える夜間中学生は卒業することになった。

同時に、教育条件・指導体制の一層の充実、国際化・生涯学習社会にふさわしい条件整備、夜間中学卒業後の学びの場の充実など、早急に解決すべき課題が明らかになった。

当然、教育行政も考えるであろうが、私たち夜間中学からも、卒業後の学びについて具体案を提示し、その実現をめざそうとの確認のもと、一九九六年六月、近畿夜間中学校連絡協議会は「学びの場創造プロジェクト」を立ち上げ、研究・立案作業に入った。

プロジェクトは、末本誠《すえもとまこと》・神戸大学教授から問題提起も受け、大阪市教育委員会、大阪府教育委員会とも協議を進めてまとめた「これから学級」（卒業後の学びの場）構想を提起した。

（一）目的

①義務教育を終えたとはいえ、さらに学びたいという人たちに、「社会的弱者」に視点を置いた学びの場の創造を行い、成人基礎教育のひとつとして、その機能の検証を行う。

②（略）

③学んでいる人たちの自主性・自発性を支援する姿勢で、学んでいる人たちの共生を実現していく。

④この場を、地域社会に開かれた場として「学校こそ公民館」を実現する。
（二）対象
夜間中学を卒業し、さらに学びたいが、定時制高校で学習が継続できない人。
（三）活動内容
①夜間中学の学習を継続し発展した内容で、とりわけ、自らの社会的立場の確認を高めるもの。
②社会的な必要課題（平和・人権・環境・開発・福祉・消費者）教育を実践する。
③自発学習を促進し、参加者の「一人一芸」に学ぶ取り組み。
④変化に富んだ学習形態、内容（実習・実技・社会見学・野外学習・スポーツ）を試みる。
⑤たとえば、夜間中学卒業生や家族が一日講師となる。それを公開講座とし、一般市民にも開放する。
（四）期間（略）
（五）開講日・時間
①火・水・木・金の週四回
②昼であれば（一五時～一六時三〇分）四五分で二コマ。夜であれば（一七時四〇分～一九時）四五分で二コマ。
（六）場所
夜間中学に併設（中学校の教室の有効利用）
（七）指導助言者（略）
（八）運営委員会（指導助言者・受講者・社会教育主事により構成）を設置。

この「学びの場創造プロジェクト」の提起にもとづき、各夜間中学は取り組みを開始した。
守口夜間中学の取り組みを見てみよう。守口夜間中学生徒会も役員会、学級討議、生徒集会を重ね、次の行動を提起した。

今、私たちの夜間中学は大きな問題にぶつかっています。「四項目」がそれです〔四項目については96頁参照〕。修業年限を決めたもので、来年（一九九七年）からは実施される上、今年九年以上学校に在籍するものは、学力にかかわらず卒業させられてしまいます。府教委が出したこの「四項目」には教育条件をよくするなどが約束されたそうです。しかし、現状は何一つよくなっていません。府教委との話し合いなどは、近夜中全体の取り組みとして連合生徒会でやっていくとして、守口夜間中学の生徒会としても黙っていられないと思い、独自の運動として市教委と話し合いの場を持ちたいと思います。
　私たちが本気になって話し合うのなら、先生方も協力してくださるそうです。このまま黙っていては何一つ良くはならず、府教委の勝手な言い分ばかりが通ることになるでしょう。みなさんはこんな現状をどう思われますか？　修業年限、教育条件、指導体制……何も言わずに黙っていて良いのか。守口として何ができるのか？　このまま来年、卒業できますか？　また卒業後の学びの場はあるのか？　教育委員会のほうへ、校長先生にお願いして、行こうかと思うのですが……

　市教委のほうへみんなでお願いに行きましょう。役員のほうも頑張ります。もちろん先生方の力をお借りせんことには、わかりませんので、無理を言ってでも先生方にもお願いします。校長先生にも市教委との話し合いの場を持ってもらえるように、お願いせんとあかんと思っています。

生徒会の取り組みを中心に学校長、守口市教職員組合の協力により、守口市教育委員会は開設を決定した。一九九七年四月、卒業後の学びの場、守口市成人基礎学習講座（あけぼの教室）が開講した。
　すでに東大阪市長栄夜間中学で開講していた「うりそだん」（私たちの書堂、一九九四年四月一三日開校）、岩井《いわい》好《よし》子《こ》が中心となって始まった「麦豆《むぎまめ》教室」（一九八六年四月一三日開校）も趣旨として重なる部分がある。また、大阪市内や豊中市で「読み書き教室」が開設されるなど、広がった。

一六　太平寺分教室独立運動

二〇〇一年四月一日、東大阪市立太平寺夜間中学が、大阪では一一校目、全国では三五校目の公立夜間中学校として分教室から八年を経てスタートした。この経緯について見ておく。（二〇〇一年一二月、第四七回全夜中研大会特別報告より）
　一九七〇年代半ばから急増した在日朝鮮人の入学が引きつづいた結果、東大阪市長栄夜間中学の在籍数は全国の夜間中学のなかでも最高に達し、一九九二年には長栄中学において、昼と夜の生徒数が逆転することになった。

東大阪市の教育委員会は一九九三年一月、市の西南部に長栄夜間中学の分教室を開設し、場所は太平寺中学校

太平寺分教室独立化要求集会（東大阪市教育委員会庁舎前）

に置くという〝一時凌《しの》ぎ〟の方法で対応してきた。

長栄夜間中学の出した結論は、市の教育委員会の提案が分教室というかたちにしろ、その開設を受け入れ、長栄夜間中学太平寺分教室から太平寺夜間中学への独立校化を追求することであった。

一九九三年四月、太平寺中学校に一二一人が長栄夜間中学から移動し、新たに入学した五八名と合わせて一七九人で太平寺分教室としてスタートした。

しかし、長期間、空き教室としてあったところを急ごしらえで夜間用にしたため、分教室の教育条件は劣悪で、教員の増員はなく、養護教員と教頭は長栄夜間中学と兼任であった。

増設への願いを「間借り」に値切ろうとする行政に、長栄夜間中学からの「独立」を要求する運動は、太平寺分教室が出発したその日から生徒会の取り組みとして開始された。

一九九三年九月、太平寺・長栄両生徒会は直接、市の教育委員会に要請活動をおこない、一〇月初めには、市教育委員会庁舎前で座り込みによる要請活動を展開した。さらに、地域の理解を得るため、太平寺中学校周辺の市民から六〇〇〇人の署名を集め、「オープンスクール」

「夜間中学校フェスタ」を開くなど、取り組みをすすめた。

近畿夜間中学校生徒会連合会も太平寺の独立校化を夜間中学校全体の課題としてとらえ、署名活動、はがき、カードによる要請などを主に、大阪府教育委員会に対しとりくんだ。

にもかかわらず、事態は進展せず、一九九五年一〇月、独立校化は遠のいているとの判断のもと、両生徒会は「独立校化が実現するまで卒業はしない」と、卒業拒否の決意表明を教育委員会に提出した。学校も、夜間中学生の主張を理解し、同趣旨の要望をおこなった。

卒業拒否をした彼らは、一九九九年三月、長栄・太平寺の合同卒業式で太平寺分教室の独立校化への思いを熱く語り、卒業していった。そして、卒業後も運動を継続し、かかわっていく体制として同窓会を発足させた。

二〇〇一年三月二二日、太平寺分教室の夜間中学生を前に、市教委は、二〇〇一年四月の開校を明言した。これが太平寺夜間中学独立校化の主な経緯である。

独立校化運動は八年間、終始、生徒会が牽引《けんいん》してきた。長栄夜間中学および太平寺分教室の教師集団は、運動を主体的に担うことができなかったとして、「夜間中学生の反差別への思いを深く受け止めた上で、その意思と行動を正当に評価することができず、差別を許さない基本的な立場に立ちきって、それらを夜間中学校での『学び』と結びつける努力が足りませんでした」をはじめとする四点の反省をあげている。

そして一方で、独立校化の運動を学校として積み重ねてきた成果として、夜間中学の学びの目的を明らかにし、それにもとづくカリキュラムを編成できたこと、二つめに、地域、昼の学校、他の運動体に対する働きかけをおこなったことをあげている。(『第四七回全国夜間中学研究大会記録誌』一一二頁)

何よりも、この取り組みを通して、夜間中学生が悔しさを怒りに、屈辱を誇りに変えていくことを経験した。このことこそ、夜間中学で獲得すべき「学力」の貴重なひとつであった。「学びは運動、運動は学び」を実践できた取り組みであった。

一七　日韓識字文解交流

『タカノマサオ2　夜間中学から朝鮮半島へ』(解放出版社、一九九九年一二月)のなかで髙野雅夫は、「……世界に誇る、経済・教育大国の神話が崩れ、戦後民主主義が殺された現在《いま》……21世紀に向けて、夜間中学生の原点から、夜間中学のルネサンスと、教育体制の、ひいては日本のルネサンスを想《ゆめ》みたい」として、四点の課題を提起している。そのひとつが「俺たちが学んだ、韓国の『オモニハッキョ』を原点に、学ぶ場を奪われた仲間たちと共に、韓・日の『識字』交流から、夜間中学の開設を訴えたい」である。

大阪で夜間中学増設の市民運動が実を結び、夜間中学が再生した。その夜間中学が相次いで開設三〇年を迎えるのを前にして、関係者の間で「夜間中学の歩みを振り返り、明日の夜間中学を考えよう」との気運が高まり、いろんな機会に論議されるようになった（二〇〇〇年ごろ）。とりわけ夜間中学で追求してきた学びの中身の検証も大きな課題であった。

母国から離され、日本での生活を余儀なくされた在日朝鮮人が夜間中学で獲得した文字とコトバで故郷を訪れ、故郷の人たちと再会する。「五〇年ぶりに訪れた母国、識字の仲間との出会い」。こんな取り組みが、開設三〇年を迎えるこの時期に実現できないだろうか。そんな議論を重ねていた。

一年ほど時間が経過したころ、『夜間中学生 タカノマサオ』の韓国語訳の出版を果たし、帰国した髙野雅夫から「ソウル市内や近郊で活動している識字学級と交流しませんか?」との連絡があった。私たちも同じことを考えていたとはいえ、連絡を受けたときは、正直、躊躇《ちゅうちょ》した。はじめての取り組みでもあり、自信はなかった。しかし、十分時間をかけ準備すべきであろうが、動きながら考えていけばよいと考え、参加の意向を髙野に伝えた。

こんな経緯で、天王寺、長栄、太平寺、守口の各夜間中学生、卒業生、教員、市民、総勢四〇名で、二〇〇二年七月の訪問が実現した。

ソウル近郊、京畿道安養市、安養市民大学の識字教室訪問では、夜間中学生も授業に参加した。交流会では、識字学級（安養市民大学）で学んだ学生が卒業後、識字学級の指導者になって活動しているという報告があった。また、次のような質問が市民大学から夜間中学生にあった。「夜間中学生のみなさんは、学習して、どんな社会活動に参加されていますか?」。夜間中学生は「義務教育を受けてない、学校にこれていない仲間のために募集活動を、そして夜間中学校をつくる活動をしました」

と答えた。通訳が終わった瞬間、市民大学から大きな拍手が起こり、共感を呼んだ。

『識字』に関する日韓合同セミナー」(一九九二年一月二八日)で夜間中学を訪問された韓国成人識字基礎教育協会の黄宗《ファンジョンゴン》建名誉会長とも安養市民大学で再会することができた。

多くの成果と課題をもって帰国した私たちを待っていたのは、その日の新聞記事であった。掲載された写真は、朝日新聞ソウル支局で小菅支局長に渡した写真で、夜間中学生のオモニ、ハルモニの元気な笑顔がカラーで印刷されていた。

学ぶ笑み

大阪の夜間中学で読み書きを学んでいる在日韓国朝鮮人と日本人のお年寄りら約三〇人が、韓国・ソウル近郊のアニャン市の識字教室を訪れた。どちらの生徒も先の大戦や朝鮮戦争のあおりで就学を断念した世代だ。読み書きができないために味わった苦渋を吐露し、学ぶ喜びを語り合った。

訪韓したのは守口市立第三中学校と東大阪市立長栄中学校の夜間学級の生徒や、卒業生らで作る自主学習グループ「ウリソダン(寺子屋)」などのメンバー、教諭たち。夜間中学出身で創設運動に取り組む髙野雅夫さん(62)=東京都在住=が「情報交換を」と橋渡しし、アニャン市の市民団体が運営する「オモニハッキョ」(母親教室)が受け入れた。

オモニハッキョは韓国全土に約三〇〇あるといわれ、アニャン市の教室には四〇~七〇代のハルモニ(おばあちゃん)やオモニ(お母さん)ら約四五〇人が通う。二四日から二七日までの予定で韓国を訪れた一行は、机を並べて一緒に授業を受けた。

守口第三中学の夜間学級に通う尹泰周(79)さんは「漢字は難しくて、すぐ忘れてしまうが、母国で頑張っている仲間の姿を見て励みになった」。同学級で学んで九年になる主婦(66)も「授業のレベルが高く、卒業した人が教室の先生になる場合もあると聞いて感激した」と話した。

韓国側からは、「日本と違って、公立の夜間中学がないために資金繰りが苦しい」などの実態が報告された。交流会に参加した韓国識字教育協会の黄宗建名誉会長は「日本のハルモニらが自ら署名を集めて行政側にかけ合い、夜間中学開設にこぎつけた体験談は、こちらのハルモニにも刺激になった。韓国でも公立化運動を盛り上げたい」と意欲を燃やしていた。

（「朝日新聞」二〇〇二年七月二七日夕刊）

日韓識字文解交流で安養市民大学を訪問。玄関で一緒に記念撮影（2005年３月）

「夜間中学生のみなさんは、学習して、どんな社会活動に参加されていますか？」

市民大学のこの質問に、参加した私たちは大きな衝撃を受けた。帰国し、報告をまとめるなかで、それが夜間中学にないもの、欠落している部分としてだんだんはっきりしてきた。この問いかけは、二〇〇八年から起こる就学援助、補食給食の闘いを通して、夜間中学生の背中を押す大きな力になっていった。

二〇〇六年一〇月一三日、夜間中学は韓国で文解《ムネ》（識字）教育運動を実践している展開教員、学生、運営者、一九人の訪問を受け、交流をおこなった。

一八　高野雅夫の「公開質問状」が提起していること

二〇〇六年五月二五日、第五二回全国夜間中学校研究大会の事務局に届けられた高野雅夫の公開質問状は、本文一三ページ、資料番号一〜三〇、質問項目一七からなり、同時に、全国夜間中学校研究会五〇年の歴史と〝夜間中学生の生命線〟を総括し、未来への展望を切り拓くために〝公開討論会〟の開催を求める申し入れである。

高野雅夫の「公開質問状」

公開質問のあて先は、第五二回全国夜間中学校研究大会事務局・全国夜間中学校研究会・近畿夜間中学校連絡協議会・東京都夜間中学校研究会・全国の夜間中学生と卒業生のみなさんの五者あてになっている。

質問内容を記すと、（［　］内は質問先）

一、第五〇回全国夜間中学校研究大会について［五〇回大会実行委員会］

二、近畿夜間中学校・生徒会連合会による「自衛隊イラク派遣の中止を求める署名」活動中止について［生徒会顧問会の教員・近畿夜間中学校連絡協議会・近畿の夜間中学生徒会］

三、『不思議な力　夜間中学』大阪守口三中編集委員会の発行禁止について［守口夜間中学の教員及び編集委員会・守口夜間中学生ほか三氏］

四、「自衛隊イラク派遣の中止を求める署名」活動中止と「守口三中・生徒会活動の記録」の削除に対する〝近畿夜間中学校連絡協議会〟の見解は？［近畿夜間中学校連絡協議会］

五、「関東夜間中学連合会」の解散について［都夜中研の六氏］

六、〝第四〇回全夜中研大会記録誌〟の増刷拒否［文責なき反論を出した人］

七、田中國男君への〝人権侵害〟［都夜中研の二氏］

八、第四三回全夜中研大会（一九九七年、於大阪）要望書から〝自主夜中〟の文言削除の件［都夜中研・起草委員ほか］

九、東京の夜間中学（八校）を何十年も渡り歩く教師たちによる弊害!!［東京の夜間中学該当教員］

一〇、東京の夜間中学（八校）を一〇年以上連続して渡り歩く教師たちの情報公開を!!［都夜中研］

一一、尼崎・琴城分校の写真集『夜間中学の在日外国人』を届けに、東京・小松川《こまつがわ》二中夜間訪問。副校長「高野さん、職員室で商売しないでください!!」と拒否［副校長・当日職員室にいて無言のまま黙殺した教員たち］

一二、第一八回全国夜間中学校研究大会の総括について（一九七一年一一月二六・二七日、於大阪）［全国夜間中学校研究会］

一三、「全夜中研大会」は土・日にすべきだ!!［全夜中研」

一四、神戸・丸山中学西野分校と兵庫中学北分校は「夜間中学生の生徒会」をつくらせないと聞くが、事実ですか？「近夜中協」へ不参加の理由は？［全国夜間中学校研究会・近畿夜間中学校連絡協議会］

一五、横浜の夜間中学五校の専任不在についての取り組み――「全夜中研」と「都夜中研」の見解［全夜中研と都夜中研］

一六、北九州（城南《じょうなん》中・穴生《あのお》中）、関西（吹田・南河内）、関東（東京・江東《こうとう》、千葉・松戸《まつど》、埼玉・川口《かわぐち》）など、公立化運動に対する全夜中研の公式見解は?!［全夜中研］

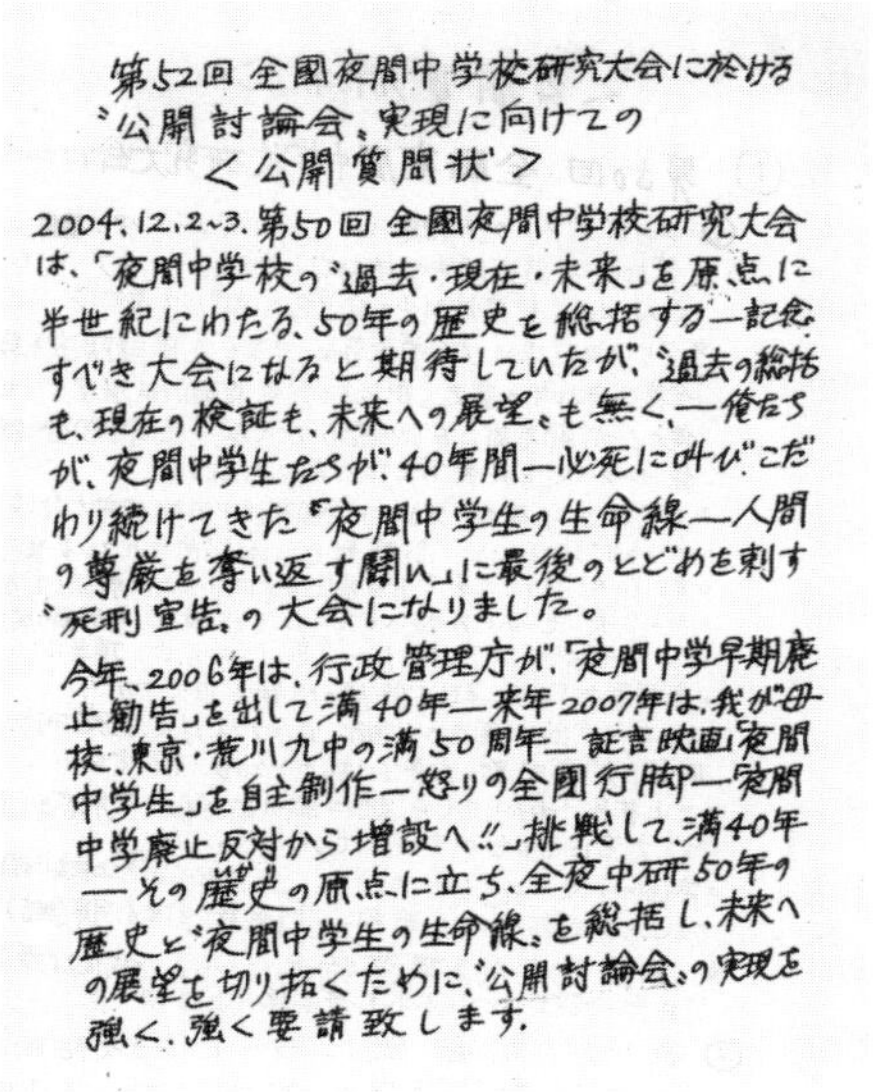
第52回 全國夜間中学校研究大会に於ける
〝公開討論会〟実現に向けての
＜公開質問状＞
2004、12、2～3、第50回 全國夜間中学校研究大会は、「夜間中学校の〝過去・現在・未来〟を原点に半世紀にわたる、50年の歴史を総括する―記念すべき大会になると期待していたが、〝過去の総括も、現在の検証も、未来への展望〟も無く、―俺たちが、夜間中学生たちが、40年間―必死に叫びこだわり続けてきた『夜間中学生の生命線―人間の尊厳を奪い返す闘い』に最後のとどめを刺す〝死刑宣告〟の大会になりました。
今年、2006年は、行政管理庁が、「夜間中学早期廃止勧告」を出して満40年―来年2007年は、我が母校、東京・荒川九中の満50周年―証言映画「夜間中学生」を自主制作―怒りの全国行脚―「夜間中学廃止反対から増設へ!!」挑戦して、満40年―その歴史の原点に立ち、全夜中研50年の歴史と〝夜間中学生の生命線〟を総括し、未来への展望を切り拓くために、〝公開討論会〟の実現を強く、強く要請致します。

高野雅夫の公開質問状の前文

一七、国連識字の一〇年（二〇〇三年～二〇一二年）と韓・日文解（識字）教育交流会に対する取り組みについての公式見解!!［全国夜間中学校研究会・近畿夜間中学校連絡協議会・東京都夜間中学校研究会］

髙野の人生を賭けた四〇年の夜間中学活動のなかで、とりわけ、公立夜間中学の教員が犯した夜間中学生の尊厳を踏みにじる、夜間中学の根幹にかかわる行為に対する厳しい問いかけだということができる。

一点目として、夜間中学の生命線・人間の尊厳を奪い返す闘いの場で、その尊厳を踏みにじる行為が夜間中学の教員によってなされている。二点目として、夜間中学の教員によって夜間中学生間に分断が持ち込まれ、夜間中学の生命線が教員により破壊されている。そして三点目として、「知識」を詰めこませることが〈教育〉だと信じている教師が生まれていたという指摘である。

夜間中学生のもつ力を奪い去り、既存の学校教育のなかに封じ込め、夜間中学の生命線を冒瀆している夜間中学教員への重要な問いかけだということができる。

私たちはこの問いかけを次のように確認するべきだと考える。

一、昼の学校にあるＰＴＡは夜間中学では夜間中学生自身であり、夜間中学卒業生、夜間中学に想いをもった市民である。ＰＴＡが学校現場に対し、考えを述べるのは当然である。それを受けとめ、真摯に答えていくことは私たちがとるべき姿勢である。にもかかわらず、手続きやさまざまな理由をつけ、夜間中学生たちの声を無視をしつづけ、排除することは夜間中学の自殺行為である。

二、昼の学校と夜間中学の相違点は、年齢、体力、発達段階、通学地域、就労経験など、多岐にわたり存在する。にもかかわらず、昼の学校に適用されている教育法規を夜間中学にもそのまま適用し運用することは、してはいけない。柔軟性が求められるところである。この質問をその観点で受け止めなければいけない。

三、髙野の提起を体制外からの提起としてはいけない。夜間中学は教育行政とは異なる。夜間中学現場を預かる私たちは、夜間中学を現行教育制度のなかに位置づかせ、開設運動をしてきた所以《ゆえん》に想いを馳《は》せ、この提起を実現するために、いかに腐心するかが問われている。

四、とくに夜間中学の生徒会活動については、生徒会－生徒会顧問－夜間中学教員－管理職－教育委員会と横に並ぶ関係であり、これらが縦に並ぶ関係ではない。一八歳以下の子どもに適用される「子どもの権利条約」にも一二条で「意見表明権」がうたわれている。夜間中学生の人生からくるさまざまな意見表明や行動提起については尊重しなければならない。

五、（略）

一九　「学びは運動、運動は学び」

夜間中学の学びは〝運動〟である。学びと運動と分けることはできない。最近、あらためてその想いを強くしている。

二〇〇三年一二月、日本政府が、「人道支援」だと強弁し、イラクに自衛隊を送ると決めたとき、夜間中学生は、いま声を出さないといつあげるんだと、次のように主張した。

「私たちはもとはといえば、戦争が原因で学齢時、義務教育を保障されなかった者がほとんどです。私たち夜間中学生と同じ人生を歩む子どもたちをつくり出すどんな戦争にも反対です。にもかかわらず、平和憲法を持ったこの日本が、イラクに日本の自衛隊を派遣するのを黙って見ておくことはできない」と、派遣反対の取り組みを決めた。

このとき、「学校でとりくみをすすめることは教育の政治的中立を侵すことになる。敢《あ》えてやるなら、校長として生徒会活動に協力できない」などと、ある夜間中学の当時の校長は、近畿夜間中学校生徒会代表者会で発言した。

これに対し、夜間中学生は「私たちは恩恵で夜間中学に学んでいません」「学齢時、戦争で受けられなかった学びをこの年になっていま、受けているんです」「私たちが黙っていること自体、政治的に中立でなく、政治活動である。そして、自衛隊の派遣は日本の憲法第九条にも違反だ」などと主張した。

しかし、当日冒頭、代表顧問から生徒会代表者会で教員の発言は禁止されていたとはいえ、同席していた夜間中学教員はその校長の発言に反論し、止めることはできなかった。結果、生徒会のとりくみは継続して議論することとなった。が、夜間中学生に失望を与え、夜間中学のさまざまな活動に大きな影響を及ぼすことになったと考えている。

世界的な教育学者であり、識字運動の実践者であったパウロ・フレイレは、成人の識字をどう進めるかに関して「識字を教える人は政治的にまったく中立の立場に立つことはありえない」と述べている。このことはいまも印象深く思い出される。

「世界を認識する、現実を知るというときに、中立的な立場や中立的な姿勢は存在しない。世界を知るということは、その人が意識するか、しないかにかかわらず、裏に政治の問題、イデオロギーの問題が隠されている」「文字の読み書きをすることと世界や現実を認識することを二つに分けてはいけない」とも言っている（『おおさかとの対話　パウロ・フレイレ氏大阪訪問報告』国際識字年推進大阪連絡会発行、一三頁）。

パウロ・フレイレは識字について、民衆のなかに入り、生活のなかの課題を「食物」「スラム」「雨」などのコトバとして対話を通じて引き出すことによって生活自身を読みとり、書き綴《つづ》り、現実世界を変えようとする「意識化」だと、著書で述べている。

私たちは、これらの反省に立ち、二〇〇五年、戦争に反対し、平和を求める夜間中学生の主張を全国の公立・自主夜間中学から集め、第五一回全国夜間中学校研究大会実行委員会の編集で、『夜間中学生――一三三人からのメッセージ』（東方出版）として公刊した。

右傾化を強める日本の教育に対し、夜間中学はいま、夜間中学の存在意義を実践でもって主張するその役割がますます問われている。

私たち全国夜間中学校研究会の教員は、髙野雅夫の一七項目の公開質問に現在もまだ回答していない。公開質問を真正面で受け止め、議論を深め、答えていくべきだと考える。その作業は、夜間中学の明日を切り拓く取り組みにつながると考える。

二〇　大阪の闘いが全国に、そして夜間中学の法制化へ

経済の急激な悪化により、失業者が増大している。また、年収二〇〇万円以下の労働者は一〇〇〇万人を超え、生活保護基準以下で暮らすワーキングプアも増加している。二〇〇九年三月末におこなわれた大阪府立定時制高校（府内一五校）の生徒募集（二次）で、定員総数五七一人に対して二〇〇〇人近く出願がオーバーするという、異常な事態が起きた。

不況の進行と定時制高校の統廃合による学校減が大きな原因だ。家庭の所得の違いによって、子どもたちの学力や進路などに影響が出ることが懸念される。この格差社会の進行を、ある夜間中学生は「私の子どものころとそっくりだ。私たちと同じ、義務教育を受けることのできなかった人たちをふたたびつくりだしている」と語った。

自治体がおこなう就学援助制度は、国による補助金廃止や地方財政の悪化などの影響により、就学援助の対象となるための所得要件を厳しくしたり、援助金額を引き下げるなどの事態が進行している。

夜間中学では、さまざまな事情により学齢期に義務教育を受ける権利を奪われた人たちが学んでいるが、現行法では学齢を超えた生徒には就学援助制度が適用されていないため、経済的理由により就学が困難となるケースが多くなっている。教育の機会均等と学びを保障する就学援助制度の充実が急がれる。

義務教育の就学援助制度は、国と設置自治体が負担するとなっている。夜間中学も義務教育だから、国と設置

者である市区町村が負担すべきもの、それを国に代わって府が負担するのはおかしいし、すべきでない。これが橋下《はしもと》大阪府知事（当時）の主張である。国に対し大阪府は、国が負担するよう文書で申し入れた（二〇〇八年）。文科省担当者は門前払いでなく、受けとめ、検討する姿勢であったと、府教委担当者は夜間中学生に説明していた。

夜間中学生の就学援助、補食給食の大阪府負担継続を求める夜間中学生の闘いを支援し、日教組は「教育の機会均等と学びを保障するための就学・修学保障制度の充実を強く求める」署名活動を全国的にとりくんだ。六〇万七四八六筆の署名を文科大臣と国会に提出した。二〇〇九年六月、参議院に「就学・修学保障制度の充実に関する請願」をおこなった。

これより先、民主党は参議院に「学校教育の環境の整備の推進による教育の振興に関する法律（案）」を提出した（二〇〇九年三月二五日）。

この法案は、「学校教育の環境の整備に関し、基本方針を定め、並びに国及び地方公共団体の責務を明らかにするとともに、学校教育環境整備指針等を策定し、学校教育に関連する予算の確保及び充実の目標を定めること等を通じてその着実な達成を図ることにより、学校教育の環境の整備を推進し、もって教育の振興に資することを目的とする」（第一条）が、その第三条（学校教育の環境の整備の基本方針）に「七、学習する機会が失われた者がその希望するときに再び学習する機会が与えられるようにすること」と、夜間中学開設の法的根拠となる規定を置いていた。

この法案は、参議院は通過したが、衆議院の解散で、その国会では成立を見なかった。しかし、ぜひとも立法化を実現したい法案だった。

「夜間中学」「夜間学級」を法体系に位置づける取り組みは、全国夜間中学研究会も発足当初から議論をおこなってきた。一九五五年当時の学校教育法に即していえば、ひとつとして、第二五条「経済的理由によって、就学困難と認められる学齢児童又は学齢生徒の保護者に対しては、市町村は、必要な援助を与えなければならない」の一部を「学齢児童又は学齢生徒並びにその保護者に対しては」と訂正することの提案である。二つめとして、第七五条「小学校、中学校及び高等学校には、次の各号の一に該当する児童及び生徒のために、特殊学級を置くことができる」として列記されている一号から七号に「八、経済的理由による就学困難並びに嫌学等を原因として著しく進学の遅滞をみるおそれがある者」という八号を追項する提案だ。

これを「中学校夜間学級の法的措置に関する陳情書」としてまとめ、全国中学校夜間部教育研究協議会（全国夜間中学校研究会の前身の名称）名で関係各方面に立法化を訴えていった。一九五四年一一月のことだ。

その後、二〇一六年一二月、議員立法により成立した「義務教育の段階における普通教育に相当する教育の機会の確保等に関する法律」（教育機会確保法）への流れと夜間中学運動の課題については、別の項でふれる。

「教育機会確保法」の成立後、文科省は夜間中学生の就学援助の予算化を二度、概算要求として提出したが、財務省に認めさせることができていない。

この流れを見てもわかるように、就学援助、補食給食の予算化は容易ではない。就学援助、補食給食に大阪府は補助をおこなわず、夜間中学生の居住している市町村にそれを肩代わりさせるという大阪府の決定は、居住市によりバラバラの援助制度となるなど、さまざまな問題を生んでいる。国に制度を確立させるまでは補助をおこなう。これが大阪府のとるべき方法ではないのか。「不安、心配だ」「安心して学べる学校でない」。多くの夜間中学生の言葉だ。

夜間中学生は、制度改善にむけ、団結を固め、ねばり強い取り組みを展開中だ。

二　国連識字の一〇年最終年の集い
関西から世界へ！学びは生きる力

大阪市生野区民センターに四〇〇人を超える識字の仲間、夜間中学生、識字関係者が集まった。国連識字の一〇年最終年を迎え、あらためて学習者の想い、願いを関西から世界へ届ける集いである。二〇一二年九月九日のことだ。戦後の夜間中学として「夕間学級」（72頁参照）が開設された大阪市立生野第二中学（現・勝山中学）は会場のすぐ隣だ。

舞台から会場上部に張り渡されたリボン、メッセージ。学習者がさまざまな思いをリボンに書き、一本一本結びつなぎながら、三〇メートルの長いリボンにした。その長いリボンが十数本、張り渡されている。国連本部までつながっていくリボンでもある。舞台には「国連識字の一〇年最終年の集い―関西から世界へ！学びは生きる力―」。夜間中学生が書いた文字だと一目でわかる。個性あふれる文字が目を引く。
午後二時、会場に大きな太鼓の音が響いた。
「エンヤラヤ、エンヤラヤ。識字へ、夜中へいらっしゃい。ホントの自分を取り戻す。失くしたものが見つけられる。エンヤラヤ、エンヤラヤ……」

国連識字の10年最終年の集い。ユネスコに届けるリボンメッセージが会場天井に飾られている（2012.9.9 大阪市生野区民センター）

参加者の拍手に迎えられ、六〇人を超える学習者が入場、会場を練り歩いた。そのあと舞台に上がり、学習者の気持ちを書いた言葉を読み上げた。

「知らないことは知らないと言い、恥ずかしくなった」「まぶしかった文字が、体の中でひかっている」

会場からは想いを共有する参加者からの拍手が響いた。

基調提案では、世界で文字のよみかきに困っている成人、八億を半分にしようと始まった国連識字の一〇年の取り組みは目標にほど遠く、いまなお七億人を超える人が非識字状態にある。国内的には仲間を増やす広報活動の大切さ、国連識字の一〇年後の継続した取り組みと世界的プログラムの重要性が提起された。一方、夜間中学に対する就学援助、補食給食の府補助廃止、識字学習の場を奪っていく大阪府・市の施策に厳しい批判と提起があった。

このあと、六人の学習者から意見発表があった。「書いた自分の文字が涙で読めない」と、詰まりながらも堂々と意見発表をおこなった夜間中学生に、ひときわ大きな拍手が送られた。識字で学び、部落解放運動に参加、社会的活動の大切さも語られた。日韓識字文解交流に参加した夜間中学生は、日本の起こした戦争で学びを奪われた人たちが、いまも文解教室で学んでいることなどを報告した。

さらに、会場から一一人の参加者がマイクを握った。

「就学援助、補食給食復活の闘いを通して多くの人と出会い、勉強しています」

「和歌山には公立の夜間中学がありません。公立の夜間中学を創るためとりくんでいます」

「夜間中学は私の希望、まだこれていない人たちに必要だ」

「日本から祖国に帰り、済州島《チェジュド》四・三事件に遭遇した。平和な社会にして、学びを続けていきたい」

「舞台の手書きの集会文字に温かみを感じる。差別は人をバラバラにする。識字生の学びを通していのちを大切にする、温かい社会にしていきたい」

「日本の夜間中学は、世界に誇るべき教育制度です。日本以外にはありません。就学援助、補食給食復活の闘いをしています。あとからくる人たちのために、夜間中学生、識字、日本語教室で学ぶ私たちは力を合わせて闘いましょう」

「夜間中学卒業生の会は就学援助、補食給食復活の闘いを、夜間中学を卒業後も続けています。韓国文解教室では、卒業生が教室の先生となって活動しておられます」

「識字教室で、親子で学びました。学ぶ姿を見て育った子どもは、いま、学校の先生となってがんばってくれています」

「九〇歳のハルモニは夜間中学で学び、自分を取り戻した。この一〇年間の成果と課題を明らかにし、〝歴史の証人〟として訴えていく役割が私たちにはある」

「しょうがいをもった人も安心して学べるようにがんばりましょう」


これら意見発表には、中国語の通訳があり、共通理解が深まった。

関西から世界へ、学習者の想いを政府、国連、ユネスコ（国連教育科学文化機関）へも届けていくことを確認して、この日の集会を終えた。

この集会を取材したNHKの報道では、参加者の真剣なまなざしと会場にあふれる〝熱と光〟が映し出されていた。

二〇一二年一一月二日、金夏子《キムハジャ》さん（太平寺夜間中学）をはじめ、六人の代表団がパリのユネスコ本部を訪問した。イラパブルリ（識字・ノンフォーマル教育課）課長に会い、日本の識字の状況を説明、もう一度、「国連識字の一〇年」のような国際的な取り組みの推進が必要であることを訴えた。学習者を代表して、金夏子さんは次の

ユネスコに識字のとりくみを要請。右より森実、イラパブルリ、一人おいて、金夏子（パリ・ユネスコ本部 2012.11.2）

ように話した。

「太平寺夜間中学校の金夏子です。集会でみなさんの要望をリボンメッセージにして、わたしが代表して届けにきました。わたしの親は、戦前に韓国から日本にきました。家は貧しくて、わたしは学校にも行けず、ずっと悔しい思いをして日本でくらしてきました。しかし、この年になって夜間中学に行くようになり、文字を覚えられるようになりました。いままでは小さくなってくらしていたけど、夜間中学に行って文字を覚えて人間が大きくなったような気がします。また、九・九集会後にわたしは姉と話していて、姉が近くの病院に替わろうにも、問診票が書けなくて替われないと聞き、身近なところにも読み書きに困っている人がいたことを思い出しました。日本には、文字の読み書きができない人がまだまだたくさんいるので、これからも識字や夜間中学を応援してほしい。今年で国連の取り組みを終えず、続けてほしい」

イラパブルリさんの質問に答え、金さんは「貧しいながら小さいころに学校には少し行きましたが、義務教育は修了していません。わたしは六八歳になってから夜間中学で字を学ぶようになりましたが、それまで字は書けませんでした。学校は今年で三年目ですが、まだまだもっと勉強しなくちゃ！と思っています。問診票は、夜間中学に行き自分で書けるようになりました。いままでは娘に書いてもらっていたけど、夜間中学に行ってからは自分の問診票は自分で書けるようになりました」と語った。

二二　国会議員一一人、大阪の夜間中学に

二〇一四年七月一七日、守口夜間中学に、義務教育などの学習機会充実をめざして設立された超党派の「夜間中学等義務教育拡充議員連盟」の、衆参国会議員一一人の訪問があった。* 夜間中学の授業参観のあと、夜間中学生との交流があったが、その場は、参加者が組み立てていく「夜間中学の学び」の授業であった感がする。あるときは夜間中学生が先生、次の瞬間は国会議員が先生になって、豊かな学びの空間が形成されていた。

三人の夜間中学生が体験発表をおこなった。

「一九四五年八月一五日、私が一七歳のとき、戦争が終わりました。私は韓国のソウルで電話の交換手をしていました。その仕事場から、『万歳！万歳！』と叫ぶたくさんの人の声が聞こえました」

「赤紙一枚で人の生死や、生き方までも決めてしまう戦争を私は憎みます。私は生前の父に会いたかった」

「母は残留日本人婦人です。一九五〇年代終わりから三年間、自然災害が続き、食糧難のあとは文化大革命がおこりました。学生は学校に行ったらすぐに大きな字でポスターを書いたりして、正式な勉強はまったくありませんでした」

このように夜間中学にたどり着くまでの自分史を発表した。

発表に応えて、馳浩《はせひろし》・議員連盟会長は次のように感想を述べた。

「ここにいるのは、文部科学委員会に所属する国会議員です。夜間中学があまりにも日陰の扱いになっていることに怒りを覚える」「税金を使って安心して学んでいけるよう法を整えたい」「みなさんの発表を聞いてびっくりした。本人の責任ではなく、学ぶ機会を奪われたこと、強く受け止めました。こんな機会をつくっていただいたこと、お礼申し上げます」

その年の四月に入学した一〇代の夜間中学生は、「ポスターで夜間中学があることを知りました」と話したあと、自分の生い立ちと重なり合う仲間の発表に胸いっぱ

守口夜間中学を訪れ、夜間中学生と話し合う国会議員（2014.7.17）

いになり、声にならなかった。さらに八人の夜間中学生が獲得した文字とコトバで「学ぶことの意味」「学んでどう変わったか」について意見を述べた。

「全国には自分と同じ人生を歩んだ人がいっぱいいる。私の故郷・福岡県には公立の夜間中学はない。夜間中学は私たちから次の力を引き出す不思議な力がある。すべての都道府県に夜間中学ができるよう、おねがいします」

これらの意見を受け、国会議員は一人ひとり意見を述べた。

「今日あらためてお教えいただいた。夜間中学開設運動を展開した髙野雅夫さんともお話しさせていただいている。憲法で書かれたすべての人の学ぶ権利が保障されるよう、九州にも公立夜間中学ができるようがんばります」

＊参加した国会議員は、赤枝恒雄《あかえだつねお》（自民）・伊佐進一《いさしんいち》（公明）・遠藤敬《えんどうたかし》（維新）・神本美恵子《かみもとみえこ》（民主）・河野正美《かわのまさみ》（維新）・国《くに》重徹《しげとおる》（公明）・鈴木望《すずきのぞむ》（維新）・馳浩（自民・会長）・宮本岳《みやもとたけ》志《し》（共産）・吉川元《よしかわはじめ》（社民）・笠浩史《りゅうひろふみ》（民主・事務局長）。また、出席できなかった議員の秘書の参加も何人かあった。

二三　文部科学省への手紙

第六〇回全国夜間中学校研究大会が二〇一四年一一月二七日・二八日、東京都大田区で開催された。関西からは、各夜間中学から出席する教職員以外に一六人の夜間中学生がこの大会に参加した。学習者の立場から体験発表をし、交流会に参加するためである。同時に、東京に行った機会に「最低一県一校の夜間中学の開設」を進める方針を明らかにしている文部科学省を訪れ、学習者の立場から夜間中学生の声を直接届けようと話し合い、大会に参加した。

当日、研究大会に参加していた文部科学省の担当者に面談し、次のような手紙を渡した。

夜間中学生の願い

私たち夜間中学生は、戦争、植民地支配、差別、貧困、障がいによる就学免除など、様々な事情により義務教育を受けることができなかったことはよく知っていただいていると思います。二〇一四年七月一七日、国会議員一一名の方々が大阪に来られ、大阪の夜間中学の学びを見ていただきました。

そして私たちが願っている夜間中学とは、どんなものかを伝えました。文部科学省の方々にも新しくできる夜間中学に私たちの思いを反映させていただきたいです。よろしくお願いいたします。

私たちが願う夜間中学

〈修業年限〉

小学校にも行けなくて夜間中学で初めて鉛筆を持ち、《あいうえお》から勉強する仲間や、高齢者、帰国者や新渡日の生徒がいます。

若い生徒と違い高齢の夜間中学生はなかなか覚えることができません。すぐ忘れてしまいます。繰り返し、積み上げていって学んだことをゆっくりと自分のものにしていきます。私たちは、本当は納得できるまで学びたいという気持ちをもっていますが、現在の修業年限が短くなることがないようにしてください。

〈就学援助・補食給食〉

法制化をうまく利用して、昼の中学校と同様に就学援助制度や補食給食の整備を国が主導で行ってください。

〈増設〉

未設置のところに、今私たちが学んでいるような夜間中学ができることを望んでいます。ただ、既存の夜間中学校が減らされることが、絶対ないようにしてください。また大阪では南河内や三島地域に公立の夜間中学をつくってほしいと永年訴えてきました。今度の法律を活かして、必要な所に増設してください。

二〇一四年一一月二七日

大阪府守口市立第三中学校夜間学級生徒一同

二四 「NHK関西熱視線」

二〇一四年一〇月二四日、夜間中学を扱った番組「NHK関西熱視線」（総合テレビ、金曜日、午後七時三〇分～七時五五分）が放送された。大阪放送局制作の番組で、関西地域にしか電波が飛ばない。この日のタイトルは「変わる夜間中学～〝学びの場〟は増やせるのか～」。

いま（二〇一四年）、夜間中学に関して一〇年間の動きが一年に圧縮されたかのようなそんな感じがする大きな動きが起こっている。夜間中学生や関係者の地道な取り組みがつながりを生みだしたのだ。学齢時、義務教育を保障されなかった人たちに義務教育を保障する場として歴史を重ねてきた夜間中学である。ここにきて、新たに日本に住むようになった外国人、不登校の子どもたちの学びの場として、さらに実質的に義務教育を保障されなかった人たち（形式卒業者）の学びの場所として、国会内に超党派の夜間中学等義務教育拡充議員連盟が発足し、夜間中学現場を視察するなど、動きが進み、文科省も検討を始めた。

TBSラジオは夜間中学を全国に広めるための取り組みを報じ（二〇一四年七月一二日）、毎日新聞は社説で「夜間中学　まず『一県一校』実現を」を掲載した（二〇一四年一〇月七日）。そしてNHKテレビの放送である。

NHKは番組案内で次のように紹介している。

「戦後の混乱や貧困などで、義務教育を受けられなかった人たちのために作られた『夜間中学』。今年夏、国が全国の夜間中学の数を増やすことを検討し始め、その役割は大きく見直されている。結婚を機に日本にやってきた外国人や、不登校の子どもたちの受け皿として期待が高まっているのだ。最近では、複雑な家庭事情から小学校も卒業できなかった一〇代の若者が学びにきている。大きく様変わりする夜間中学。その現場を見つめる」

関東と大阪の夜間中学現場を取材し、新たに日本で生活するようになった外国人や不登校の子どもが夜間中学で学ぶ姿、夜間中学生同士が支え合う姿と教員の取り組みを紹介し、見城慶和《けんじょうよしかず》・元夜間中学教員がスタジオでコメントをする内容で放送された。

限られた期間で夜間中学を取材し、登場する人たちと人間関係をつくりながら、夜間中学生一人ひとりの異なった人生のなかから、どの方を、どんな内容でクローズアップするかを構想し、番組を編み上げていく。そんなことが伝わってくる組み立てであった。

夜間中学の場がもっている力のなかで夜間中学生同士が人間関係をつくりながら、毎日の学びをしていること、その手立てを教員がとりながら教師集団が共有化を図り、夜間中学生同士の学びが深まり、豊かな学びが生まれていることも再確認することができた。

限られた放送時間内にすべてにふれることは無理であることは承知しているが、この続編をＮＨＫにお願いしたい。

夜間中学生は義務教育の保障を求めているのだが、夜間中学で展開されているのはそれだけではない。そのことを扱ってほしい。夜間中学の多くは、教育行政が自ら開設しようとして生まれたのではなく、夜間中学生や卒業生の運動が教育行政を突き動かし、市民の運動によって開設された学びの場であること、「夜間中学がいまあることの意義」「日本の教育全体に果たしている役割」「夜間中学生は義務教育の保障を求めているだけでなく、夜間中学生がいまの教育に対し、主張と行動をしていること」「その矜持《きょうじ》」………。

こんなところに焦点を当てた続編を期待したい。

二五　リバティおおさか特別展「夜間中学生」

リバティおおさか（大阪人権博物館）の第七二回特別展「夜間中学生」が二〇一七年一〇月一八日から一二月一六日にかけて開催された。私たち編集委員会も協力することができた。「夜間中学を中心テーマに博物館のようなところで特別展が実現できたら」との永年の夢が実現できたいま、取り組みのまとめをおこない、次への課題を明らかにしておきたい。

なお、展示の概要は冊子『夜間中学生　学ぶたびくやしく学ぶたびうれしく』、また『第七二回特別展夜間中学生展映像記録』（자립《チャリップ》夜間中学生歴史砦発行）に詳しく収録している。

●特別展入場者

まず期間中の参加者は小学校（九団体）三六二人、中学校（一〇）四八六人、高校五一〇人、大学（一九）五五人、夜間中学生（一〇）八二人、自主夜間中学（一三）二三人、夜間中学卒業生（八）四八人、夜間中学元教員（二四）三八人、夜間中学教員（一一）四六人、教員八八人、教員研修（六）二六六人、研修（三五）一一九六人、韓国など外国から（六）一六人、一般三四人、マスコミ（六）八人、合計三二五八人。

主な内訳は卒業生＝天王寺・菅南・守口・長栄・太平寺・八尾・畝傍・天理、自主夜間中学＝仙台・福島・川口・松戸・吉野・南河内・穴生《あのう》・城南・福岡・麦豆、行政＝大阪府・高知市・高知県、大学＝関西外大・奈良教育大・金城・宇都宮・専修・大阪・畿央・大阪市立・関西・神戸学院・京都（院生）・東北、マスコミ＝大阪日日新聞・ハフポスト・毎日新聞・NHK・フリー。

特別展室の入り口でインジケーターで計測したわけではないが、博物館への見学申し込み、スタッフが聞き取りをしたり面談をした人たち、提出されたアンケートをもとに算出した人数である。

●特別展でめざしたこと

来館者に記入・提出いただいたアンケートをもとに、どのように見ていただいたかは、二五回にわたって「夜間中学その日その日」（http://journalistworld0.wixsite.com/mysite）で報告をおこなっている。

私たちは、企画展で追求したいこととして、次の六点を考えた。

①夜間中学がいまあることの意味、夜間中学が果たす役割を明らかにする。
②全国で展開されている、夜間中学を開設する取り組みに寄与する。
③「夜間中学開設運動開始五〇年、さらにもっと夜間中学を」の取り組みの一環とする。
④関西の夜間中学は、市民の運動で夜間中学を開設させてきたあゆみがある。
⑤したがって、「夜間中学生が主役」を前面に、元気になる企画と取り組みである。
⑥夜間中学の学び＝「奪い返す文字や言葉は明日からの

生活の知恵や武器となるもので、地域を変え、社会を変えていく力となる学び」「学びは運動につながり、運動は学びを育てる」を明らかにする。

会期を終えて数日後、校外学習で訪れた人権博物館で夜間中学生展にであった子どもたちの見学後の様子を伝える連絡が私たちにあった。「学校の朝鮮語学級に参加し始めた子どもがいたり、学期末の親との懇談でリバティ見学のあと、子どもの様子が変わったという親が何人もいたなど、担任の先生たちがびっくりするほど、五年生の取り組みが前進した」とのこと。子どもたちが書いた感想文を届けるという連絡があった。

映像記録も完成させ、関係者に見ていただきたいと考えている。すべてが達成できたとは思っていないが、展示物を前にしたこれら来館者との語らいと出逢《であ》いは、次の夜間中学のあゆみを切り拓《ひら》くコヤシとなると考えている。日本から、東アジアへ、そして世界へと広がる一歩であった。

●必然がある出逢い

大阪人権博物館の特別展「夜間中学生」の来館者との出逢いは、スタッフの私たちと来館者の時間・空間の次元が重なり合ったとき、生まれる。所用があって遅れて博物館に着いたとき、貴重な出逢いができなかった来館者がいたはずだ。

特別展が終わったいま、出逢いが次の展開につながりはじめている。

夜間中学のあゆみをみても、「出逢い」がキーワードであるように思う。桂米朝《かつらべいちょう》司会の関西テレビ「ハイ！土曜日です」で夜間中学を取り上げようと考えたテレビ局、それに出演した髙野雅夫。偶然その番組を見た小林晃は、ただちにテレビ局に「私も夜間中学で勉強したい」と電話をかける。それを受けた川村ディレクターと髙野は、ただちに小林の家に直行。そして神戸の丸山中学西野分校への通学が実現する。

この事実を毎日新聞の伊藤光彦記者は「越境かまいません」という記事にして、痛烈に大阪府、大阪市を批判。この記事は大阪に夜間中学開設を導く力を発揮した。その伊藤記者も、大阪・千日前《せんにちまえ》の取材を終え、社に戻ろうとしたとき、心斎橋《しんさいばし》筋でビラを配っている髙野と出逢ったという。

ＮＨＫの福田雅子ディレクターも、撮影機材を抱え、タクシー待ちをしていたとき、髙野に出逢っている。彼女が「婦人学級」「こんにちは奥さん」「二五年目の教

特別展に訪れた東大阪市立柏田小学校の５年生（2017.12.14）

室」など、夜間中学開設に力を発揮する番組を制作したのも、この出逢いがきっかけであった。
出逢いを単なる出逢いに終わらせず、次の展開につなげていく。そんな力を湧き上がらせた夜間中学のあゆみは、こんなさまざまな出逢いによって編み上げられたといってもいいのではないか。

●子どもたちの感想文

校外学習で訪れた大阪人権博物館で夜間中学に出逢った小学五年生の子どもたちから感想文が届いた。これからどんな展開になるのだろう。いくつか紹介する。

「本当に、今まで、がんばって夜間中学をなくしてほしくなかったんだと思います、あと、文字のかけない人がいるから、その人のぶんまで、文字を大切にしていきたい。そして、文字をおしえられるようなひとになりたいです」

「昔の服やはがきがあったから、いつまでもそれがのこってるとなると、昔のことも、家族でもう一回いって、何時間でも見ていいようなものでした」

「そこがなくなりそうになりながらも、自分の思いをぶつけられるというのは、とてもすばらしいと思いました。『書きたい』という願い、『読みたい』という思い、そこにかざられているのはそんな温かい思いでいっぱいで、これからもがんばってほしいと思いました」

「夜間中学校が必要な人がいるのにつぶされてきていたから、髙野さんが、反対して、もっとつくろうという運動をしたのが一番心に残りました。いまたくさんの人が夜間中学生になっているので、髙野さんはすごいなと思いました。えいがもつくったと聞いてびっくりしました」

「『夜間中学校を増やそう』とうったえつづけた髙野さんの気持ちが、着ていた衣類、約四六〇まいのはがきで感じられました。実さい増えているので、髙野さんは、すごく良いことをしたと思います。小さいときからこうやって学べているのは、幸せなことなんだなぁと思いました」

「夜間中学校をつくった人に会えてよかったです。ずっとリバティ大阪があってほしいです。『なんで夜間中学校があるんやろう？』と思ったときにリバティ大阪にいくと分かるからずっとあってほしいです」

二六　夜間中学の「生命線」

あゆみを終えるにあたって、「夜間中学の生命線」について述べる。辞書をみると、生命線について、「生きるか死ぬか、物事が成り立つか成り立たないかの分かれ目で、絶対に守らなければならない地点や限界」（広辞苑《こうじえん》）とある。

二〇〇二年、五〇回全国夜間中学校研究大会で記念講演をおこなった山田洋次《やまだようじ》監督に夜間中学卒業生・髙野雅夫は、講演のあとの質疑で「夜間中学の生命線は一言でいったら何だと思いますか?」と質問した。「簡単に答えると間違ってしまうかも、自信もない。お聞きしたい」と山田さん。「今年で夜間中学を卒業して四〇年になりますけど、過去も現在も未来も夜間中学の生命線は人間の尊厳を奪い返す闘いだと思います」と髙野は応じていた。そして、その生命線がいまの夜間中学ではズタズタにされていると語った。

二〇〇三年、五一回全国夜間中学校研究大会では、分

科会で参加者が考える「夜間中学の生命線」を言葉にして、明日の夜間中学を考える論議をお願いした。いくつかを紹介する。

「夜間中学が何よりも夜間中学生の要求に耳を傾け、夜間中学生の歩んできた道に教訓を見いだし、そこからすべての学習活動が出発するという意味で『生徒会』だと考える」

夜間中学生による夜間中学生募集活動（大阪駅前）

「夜間中学を学校教育法にいう学校で見ている文科省と地方行政、それと現場の感覚が同じやったらダメだ。（義務教育未修了者の）人権をどう保障するか、そこに立ちきるか、立ちきらないかという問題だ」

「夜間中学の生命線、それは運動」

「昼の学校の運営システムやカリキュラムの流用を克服し、夜間中学生のやり取りから教科の学習を創造していく、まさに教科書のない自主編成による学習である。こんなことができるところ、これが夜間中学の生命線だ」

学齢の子どもだけを想定した教科書、学校観の呪縛を解き放ち、創造性を高め、にんげんの学びと向き合える公立の学校・夜間中学。私たち夜間中学関係者の力量が試される場である。

夜間中学運動についても述べておく。

ひとつに、夜間中学運動の主体はいうまでもなく夜間中学生と教員である。当事者の立ち上がりが重要だ。教員が代わりをしてはいけない。生徒会連合会がとりくんだ、就学援助、補食給食の闘いがそのことを証明した。

「代理戦争はあかん」ということを。運動が学びの中身を問い、生み出された学びが次の闘いの舞台を回していった。「代理戦争」は付け焼き刃だ。

二つに、昼の義務教育は学習者が一人でもいれば、学びの場は再開される。夜間中学はそうはいかない。学習者が少なくなれば、潰されてしまう。そんな歴史をもっている。夜間中学生は自らも学びながら、義務教育未修了者に夜間中学を届ける取り組みをおこなっている。街頭でゼッケンをつけ、ビラを配り、募集活動をおこなっている。奪い返した文字とコトバで、テレビやラジオに出演し、語りかけることも重要だ。新聞の投書欄に投稿することもおこなっている。「一枚のビラのおかげで入学できた」（夜間中学いろは）。あのとき、駅前で受け取った一枚のビラが、夜間中学入学のきっかけであった。このように語る夜間中学生は多い。学齢の子どもたちが募集活動をしている例はおそらくないであろう。

三つめに、夜間中学の学びの中身づくりが重要であること。昼のカリキュラムの流用を排し、夜間中学の学びを確立することが求められている。「趣味と教養の学び」を脱して、自立した個人として社会参加できる力の獲得が重要ではないか。韓国の文解運動から夜間中学は指摘を受けた。「みなさんは、獲得した文字とコトバでどんな社会活動をされていますか？」と。

四つめに、運動の力に依《よ》ってしか、夜間中学はその場所も、中身もつくれないということだ。でなければ、権利としての学校ではなく、恩恵としての学校でしかないものになるということを、私たちはしっかりとこころに刻んでおきたいと思う。

夜間中学生の「学び」が教育と社会を変える！　そんな夜間中学を追求しようではないか。

コラム②

大阪府知事、天王寺を訪ねる

「知事、夜間中学に来て、私たちが毎日どんな想いで学んでいるか、直接見てください。私たちの話を聞いてください」

二〇〇八年、橋下《はしもと》大阪府知事（当時）が夜間中学への就学援助、補食給食の府補助を見直す方針を明らかにしたとき、夜間中学生は知事に手紙を書き、このように訴えた。しかし、橋下知事は訪問することなく、二〇一〇年以降、府補助は廃止されたままだ。夜間中学の学習環境は格段に悪化した。近畿《きんき》夜間中学校生徒会連合会は府補助継続を求め、今年度も署名活動を展開中だ。

夜間中学のあゆみのなかで、夜間中学を訪れ、夜間中学生の声に耳を傾けた大阪府知事がいたことを私たちは知っている。一九七一年六月二一日、天王寺《てんのうじ》夜間中学を訪問した黒田了一《くろだりょういち》知事だ。その様子を伝える新聞記事がある。

天王寺中学校に二一日夜、黒田知事が初めてやってきた。「実情を見、率直な意見を聞きたい」とこの日の訪問となった。（中略）教室を見回った黒田さんは生徒といっしょに給食のパンをほおばった。「このパン給食も

黒田知事（左）、天王寺夜間中学を訪問（1971.6.21）

無償にしてもらうまで、ずいぶん長い間かかったんですよ」と、白井重行校長が説明。

午後七時半から全校生徒が講堂に集まり、黒田さんと対話。憲法学者の黒田さんは「能力に応じてひとしく教育を受ける権利があるのに、社会的、家庭的事情で教育を受けられない人が現実にたくさんいる。働きながら、家庭をもちながら学ぶ皆さんはまだ幸せだが、府としてはもっと積極的に教育の機会を与えるよう努力します」とあいさつした。

これに対して三〇代から五〇代の労働者や女性が次々に立って訴えた。「黒田さん。私は一年生ですが、最初入学を希望したら満員だと断られた。やっと入れたが、入りたくても入れない人がたくさんいます。もっと夜間中学を建ててください」「先生たちの仕事ぶりを見てると本当にきついのです。忙しすぎるから私たちも十分納得いくまで教えてもらえない。教員の定数をふやしてほしい」「いっしょに入学した多くの仲間が脱落していった。学校へ行くと残業ができなくなるためです。私たちの勉強には生活がかかっているんです。生活のために脱落する人のないよう奨学金を出してくれませんか」「近くに夜間中学がないためかなり遠くから通う生徒も多い、交通費を出してくれたら」……切実な訴えが続出した。

約三〇分。じっと耳を傾け、熱心にメモをとっていた黒田さん。最後に「いちいちごもっともな意見。でも一挙に解決はできないので少しでも解決するようにがんばります」と約束。生徒たちに〝宿題〟を課せられて帰っていった。

（「朝日新聞」一九七一年六月二二日）

この記事の見出しは「奨学金・交通費……」「切実な訴え続出」「黒田知事夜間中学（天王寺校）を訪問」。写真も掲載され、「夜間中学校で勉強ぶりをみる黒田知事」と説明がある。

黒田知事が持ち返った〝宿題〟は次年度、一九七二年四月、夜間中学の就学援助制度として実現した。負担できないとする国に代わり、大阪府が負担し、設置市と共同で行うとする制度である。大阪の誇るべき制度であった。約四〇年後、この制度の廃止を決めたのは、あの橋下知事だ。

いま夜間中学生は胸を張って、いまの社会で夜間中学が存在することの意義を夜間中学の活動のなかで体現している。知事をはじめ行政担当者は、黒田知事に学び、夜間中学現場を訪れるべきだ。夜間中学生の活動に支援を送るべきだ。

第3部　闘う

近畿夜間中学校生徒会連合会の活動

編集委員会

一　はじめに

一九六九年六月、天王寺《てんのうじ》夜間中学が開校、引き続き増設運動が展開し、府内各地に夜間中学が開校した。各夜間中学には生徒会が結成され、夜間中学運動を担う組織として、夜間中学生自らが運営する組織として活動を始めた。

生徒会が増えていき、夜間中学はひとつと考える生徒会組織の設立に向け、一九七三年一二月二三日、府内八校の生徒会が参加、準備会が発足した。古本正盈《まさみつ》（菅南《かんなん》夜間中学生）の熱意が大きかった。古本は各校に呼びかけに回り、生徒会の必要性を説いた。

「このような会議はぜひ必要だ」「開かれるのが遅すぎたのでは?」「毎月一回、各校持ち回りで話し合い、組織づくりを進めよう」「機関誌も出そう」

第一回準備会で出てきた各夜間中学生徒会の意見だ。各校持ち回りで準備会を開いた。夜間中学生の実態に合った学習を求めること、生徒募集活動、完全給食の要求署名、基礎学級について、さらにしょうがい者の立場からの訴え、連合運動会の内容など、交流、協議をおこない、兵庫、京都の夜間中学生徒会の出席を求め、会則など組織づくりを進めた。

このように二年近くの準備期間をへて、一九七五年一〇月二六日、近畿《きんき》夜間中学校生徒会連合会は菅南夜間中学で結成総会を開き、発足した。

生徒会連合会の活動内容は前期総会、後期総会、毎月の代表者会議をはじめ新入生歓迎会、連合運動会、作品展の行事など。代表者会議では全国夜間中学校研究大会への参加、夜間中学増設運動、卒業・修業年限延長、募集活動について議論し、活動をおこなっている。

　増設・学級増など夜間中学の全体の課題は「夜間中学を育てる会」が中心になってとりくんだ。開設された学校を夜間中学らしくするための、学習内容、卒業基準、修業年限の課題は、生徒会連合会が代表者会で論議をおこなった。

　一九八〇年代後半に「夜間中学を育てる会」が活動の停滞を迎えると、生徒会連合会がその役割も担い、一九八九年二月三日、大阪府教育委員会と話し合いを始めた。

　発足時、大阪の夜間中学に加え、神戸《こうべ》の夜間中学の参加もあったが、現在、大阪、奈良、兵庫の夜間中学一五校が参加し、活動をおこなっている。

　新入生歓迎会、運動会、そして作品展の三大行事に加え、各夜間中学から提起されるさまざまな取り組みについて、役員代表者会で議論をおこない、生徒会連合会全体の取り組みとして進めてきた。時系列ではないが、近年の活動について述べる。

二　総会・新入生歓迎会

「どう考えても納得がいかないことがある。（府教委は）夜間中学の修業年限は九年だといいながら、就学援助は六年間だという。なぜなのか？　高槻《たかつき》からバス、電車を乗り継いで通っている仲間がいる。安心して学べるよう、九年間の就学援助の復活を実現するため、とりくんでいきましょう」

　二〇一三年五月一二日、あましんアルカイックホール（兵庫県尼崎《あまがさき》市）で開催された近畿夜間中学校生徒会連合会総会での夜間中学生の発言だ。

　近畿一五校から四九六人が参加した総会では、生徒会長が次のようにあいさつをおこない、さらなる団結を訴えた。

「大阪府の補助金がなくなってから就学援助については居住地により内容もさまざまです。また、補食給食については、多くの市で廃止されたままです。これは、働きながら通学する夜間中学生にとっては、健康上見過ごすことができない問題です。私たちはこれに対して運動を積み重ねてきました。みんな、ようやくたどり着いた夜間中学で必死に学んでいます。これからも夜間中学生が安心して学べるように、大阪府の教育委員会に私たちの想《おも》いを訴えていきたいです。そのためにも、みなさん、いくら状況が厳しくても団結してがんばりましょう」

二〇一三年の活動方針を受け、一二人の夜間中学生が意見を述べた。

大阪市教育委員会との話し合いのなかで夜間中学担当者が「（弁当は）コンビニで買えるではないか」と夜間中学生の実態を理解していない発言をおこなった。この担当者の発言を怒りを込めて紹介した。そして署名活動を継続しようと訴えた。

七〇歳以上の大阪市民におこなわれている〝無料パス〟が有料化されると、夜間中学に通えなくなる問題がある。

最初ドキドキしながらくぐった夜間中学の校門だが、「七年たったいま、友だちもでき、前向きに生きている自分に気がついた」「仲間を増やすため、春休み中も募集活動をおこなった」。

「昼は家族の生活のため働き、たどり着いた夜間中学では（補食給食が）ない。訴えた私たちに教育委員会は『欲しいんだったらコンビニに行きなさい』と言った。抗議した私たちに、教育委員会は申し訳なかったと校長先生を通して謝った」

「東大阪《ひがしおおさか》の仲間の粘り強い取り組みで、東大阪市で七年目以降の就学援助が実現したが、住んでいる門真《かどま》市にも実現するようがんばっていきたい」

「二〇一六年使用開始でエレベーターの設置を約束させた。（この取り組みであらためて思ったことは）夜間中学の存在の大切なことを粘り強く訴えていくことだ」

「御所《ごせ》市（奈良県）の夜間中学生支援制度（202頁参照）変更を求め、集めた署名二七七五筆を市長に直接手交し、改善を訴えた」

続いて全体で二五〇人の新入生を迎え、新入生歓迎集会がおこなわれた。

「（私たちは）子どものころ学校に行けなくて、とてもつらい思いをしてきた。でもみなさん、これからは一人ではありません。ここに集まっている夜間中学生が仲間です」

生徒会長は歓迎のあいさつをおこなった。

歓迎行事のあと、各夜間中学の新入生が舞台に上がり発表をおこなった。

「三八年前の一九七五年四月一五日、七人の仲間を迎え、夜間中学が始まった。『夕やみ迫る坂道を　ペダルふみふみ校門へ　あいさつかわす声軽く　老いも若きもつどいあう　我ら夜間中学生』」

この豊中《とよなか》夜間中学学級歌を参加者も一緒になって歌っ

た。
「私たちの先輩、高野雅夫《たかのまさお》さんの言葉『武器になる文字とコトバを！』」を横断幕にして舞台に上がり、「私たちがいま、夜間中学で学ぶ意味を考えよう」。また「一〇〇％本名を使い、ちがいを豊かさに変え、民族を大切にしよう」と訴える夜間中学もあった。

新入生歓迎会（1996年 天王寺中学）

「就学援助を九年間に延長させた」「就学援助の学用品費を復活させた」「所得証明をとるため、仕事を休む必要がなくなった」「私たちの運動と団結の力で今年から実現させた」

一人一文字ずつ書き、作成した横断幕をもって太平寺《たいへいじ》夜間中学は発表をおこなった。

夜間中学に集う仲間の発表に共感し、連帯の拍手を送る夜間中学生の姿があった。いま、夜間中学で学ぶ意味を考えることができた歓迎集会となった。

三　大阪府教育委員会と語る会

近畿夜間中学校生徒会連合会は、二〇〇九年七月一二日、大阪府教育委員会夜間中学担当者の出席を求め、話し合いをおこなっている。その様子を報告する。

二〇〇九年七月一二日、太平寺夜間中学（東大阪市）講堂で大阪府教育委員会との話し合いがおこなわれた。夜間中学生と教員合わせて一三六人が参加した。

夜間中学生の主張は、①学齢時、就学猶予・免除の扱いを受けた人たちの夜間中学での学習条件の改善、②就学援助制度の確立、③補食給食の再開の三点だ。一五人の夜間中学生の意見発表を受け、府教委からの回答、さらに一〇人の夜間中学生がマイクを握り、七人の府教委担当者に熱のこもった夜間中学生の主張をおこなった。

「戦争による貧困が原因で、私たちは義務教育を受けることができなかった。いまの社会の様子を見ていると、格差が進行し、あのころとよく似てきた」と述べ、「夜間中学がいかに大切な学びの場であるか」を主張した。

「小さいときなくしたものを取り戻すため、夜間中学に入学した。府はいままでどおり変わらないと言っておられましたが、六年間、通学距離六キロメートルの制限が付いていた。これでは、私は通学できなくなる。人生で二回悲しい思いをすることになる」

「就学援助は市によって異なり、条件の低いほうにあわされていく。一学期が終わるこの時期になっても、返事がこない。毎日、喜びどころか、悲しい思いで、学校生活を送っている」

「これまでの給食の時間は、食事を用意できる人、できない人、弁当を用意しても食べることができず、気まずい学校生活の時間になってしまった」

「橋下《はしもと》知事は地方分権、地方自治を声高に言っているが、夜間中学に対する府の対応はどこが地方分権か、怒りがこみ上げてくる」

これに答えた府の教育委員会の説明は、夜間中学生の真摯《しんし》な問いかけに論理破綻をきたした回答との印象は否めない。

「府のプログラム案が出て、補食給食が困難になった。府・市の役割分担から各市教育委員会に継続をお願いした」

「府が補助をなくしたので、（夜間中学設置市に）強く補食給食の継続を求めることができなかった」

「去年、この場で夜間中学生のみなさんから『学びを二回奪うのか』との発言があった。奪ってはいけないと一年間がんばってきた。しかし、府でやめたものを各市にお願いするのは、むずかしいことでした」

「まず、すべての市で制度をつくってもらうことに力を注いだ。次の課題は各市の就学援助のばらつきをなくすことだ」

教育の論理では越えがたい制度の変更、それに伴う繕いと対応に追われてきたことは、府教委担当者のこれらの発言で明らかだ。

　橋下知事も「夜間中学の就学援助、これはもうほんとうに必要な援助だと思うんですが」と二〇〇八年九月議会で答えたように、知事にも逡巡《しゅんじゅん》があった。しかし、その次元で止まってはいけない。毎年、一〇〇名を超える行政担当者が、各夜間中学を訪問し、夜間中学生と向きあい、課題解決に努めているというのなら、行政内で夜間中学生の側に立ち切って、知事を説得する役割が担当者にはあるはずだ。

　夜間中学生は、橋下知事の夜間中学訪問と、夜間中学生との話し合いを強く要請した。そして補食給食の即時実施と就学援助制度の改悪を許さない署名活動を近畿夜間中学校生徒会連合会は組織をあげてとりくむ。

四　役員代表者会

「（全夜中研大会で）横浜《よこはま》の話（夜間中学の統廃合）を聞いたばかり、今日は大阪・天王寺」「絶対認められない」「絶対つぶしてはならない」「こんな無責任な文書、突っ返すべきだ」「弱いものを助けるのが行政でしょ！　その行政が弱い者いじめをする！　許せない！」「要望書を出そう」「私たちの力を合わせて要望をしていこう」「早くやろう。ぐずぐずしていたらあかん」（夜間中学生の発言）

　二〇一三年一二月一五日、大阪府岸和田《きしわだ》市立岸城《きしき》夜間中学で開催された近畿夜間中学校生徒会連合会役員代表者会に参加した夜間中学生と教員合わせて九三人は、「天王寺夜間中学がなくなる」という驚くべき報告を耳にした。

　天王寺夜間中学の報告は、「二年後までに耐震工事ができないなら校舎は使えない」「学校がなくなる」と、一二月九日突然、校長先生から話があったとの内容だ。この報告を受け、天王寺から参加した一五人の夜間中学生は一人ひとり発言、参加者に訴えた。

「閉校するともとれるあいまいな文書だ」「落ち着いて勉強も手につかない」「興奮して、眠ることもできない」「悔しい、やっと入学できた夜間中学だ」「頭がよすぎると時々おかしなことを考える」「大阪に初めてできた夜間中学だ。交通が便利で入学者も多い」「絶対認められない」「みなさんの力を貸してください」

　この訴えを受け、各校の夜間中学生は意見を述べた。「この文書にはなくすとはいっさい書いていない。どうしたら続けられるか、力を合わせてとりくんでいこう」「行政は義務教育の大切さを認識していない」「何のための憲法か？　憲法を守れ、二六条（教育を受ける権利、教育の義務）を守れと訴えていこう」「義務教育を何と考えているのか、乱暴な文書だ」……発言は続いた。

この日、会議に駆けつけた卒業生も発言した。「天王寺は大阪で初めてできた夜間中学だ、怒りを覚える。力を合わせて継続させていこう。夜間中学にこれていない人がたくさんいる。そこに夜間中学を知らせていく取り組みも力を入れないと。生徒会連合会全員でとりくんでいくことは大変な仕事だ。しかしやらないといかんことだ。がんばりましょう」と、団結し、とりくむことが重要であると訴えた。

近畿夜間中学校生徒会連合会は、天王寺夜間中学生徒会と力を合わせ、天王寺夜間中学で続けて学べるよう、さまざまな取り組みをおこなっていくことを決定した。

資料1

＊役員代表者会で配られた、大阪市教育委員会が天王寺夜間中学に届けた文書。宛名は大阪市立天王寺中学校夜間学級に入学を希望されるみなさまと在籍される生徒のみなさまへの二者、作成者は大阪市教育委員会。日付は平成二五年一二月。文書のタイトルは「大阪市立天王寺中学校夜間学級について」。

本市では、様々な事由により義務教育未修了のまま義務教育年齢を超えている方で、進学や就職または資格取得のために中学校教育を希望する方に、中学校教育を行うことを目的として中学校夜間学級を設置しており、現在、天王寺中学校、天満《てんま》中学校、文《ふみ》の里《さと》中学校、東生野《ひがしいくの》中学校に夜間学級を設置しています。しかしながら、ここ数年、本市の夜間学級において生徒数が減少し続け、天王寺中学校夜間学級でも一〇年前に比べると三分の一以下になっております。また、天王寺中学校夜間学級で使用している校舎は、昭和三〇年代に建設されたものであり、国の法令により平成二七年度末に耐震工事期限を迎え、そのままでは校舎を使用することができなくなります。したがいまして、天王寺中学校夜間学級に入学を希望される皆様や在籍される生徒の皆様で、平成二八年度以降も中学校夜間学級での学習を希望される場合は、学習場所が変更になる可能性がありますので、ご理解いただきますようお願いいたします。〈お問い合わせ先〉大阪市教育委員会事務局指導部　中学校教育担当

資料2

夜間学級：天王寺、生徒数減り閉鎖　大阪市教委が検討　一五年度末　（「毎日新聞」二〇一三年一二月二六日、大阪夕刊）

大阪市立四中学校で実施されている夜間学級のうち、市教委

が天王寺中学校（天王寺区）で実施する夜間学級の一五年度末での閉鎖を検討していることが分かった。老朽化した校舎の耐震補強が必要だが、生徒の減少で来年度予算案への工事費計上を見送る方針。市教委には市民団体などから夜間学級継続を求める要望が届いている。

同校の夜間学級は一九六九年に市内で最初の夜間中学として開校。市教委によると、生徒数は一〇～八〇歳代の八二人で平均年齢は五〇代後半。生徒はこの一〇年間で三分の一に減った。

夜間学級の校舎は、昼間に中学生が学ぶ校舎とは別の鉄筋コンクリート三階建て。昭和三〇年代に建てられた。市教委は一五年度末までに市立学校の耐震補強を終える計画だが、約二〇〇〇万～三〇〇〇万円とみられる校舎の耐震工事費の予算計上を見送る方針だ。

市内の夜間学級は他に天満（北区）、文の里（阿倍野《あべの》区）、東生野（生野区）の三中学校。市教委は天王寺中の生徒に三校に通ってもらうことも検討している。【山下貴史】

五　学習会

二〇〇七年一一月一一日、豊中夜間中学で近畿夜間中学校生徒会連合会の学習会が開催された。「夜間中学開設運動に学ぶ」のテーマで、「夜間中学を育てる会」の倉橋健三《くらはしけんぞう》・初代代表、河野明《こうのあきら》・初代事務局長、豊嶋《とよしま》登《のぼる》・二代事務局長を迎えての学習会である。大阪、奈良、兵庫の各夜間中学から夜間中学生一〇九名の参加があった。

倉橋健三は、「三四歳で天王寺夜間中学に入学した第一期生です。ここまで夜間中学がこれたこと、育てていただいたこと、感謝いたします」「〝人生なんでも教師〟が私のモットーです。夜間中学で学び、それまでの不満足な人生から、何か社会に貢献しよう、積極的に生きようと、私は人生観が変わった」「夜間中学の卒業資格を活《い》かし生活してきた。七一歳になる現在もボランティア活動をしています」と、聞き入る夜間中学生にエールを送った。

続いてマイクを握った豊嶋は、「活発に議論されていた役員代表者会を見せていただいて、夜間中学がますます発展しているとの印象をもった」と述べ、給食が必要であることを当時の中畦《なかあぜ》大阪府教育長に訴えたこと、「育てる会」に結集して、学習条件の充実を要求する運動にとりくみ、夜間中学に就学援助制度を創設させたこと、そして、夜間中学の増設運動にとりくんだことをふりかえり、夜間中学は夜間中学生や卒業生が運動をしつづけないと、ほっておいたら、なくなってしまう存在だ

生徒会連合会学習会（1995年）

と語った。

　豊嶋は夜間中学卒業後、定時制高校、夜間の大学で学び、天王寺・文の里・昭和《しょうわ》の各夜間中学の教員でもあった。

　夜間中学教員であった河野は天王寺夜間中学で三年、文の里で三年半、そして昭和の夜間中学で五年半、教員であった。

　一九七〇年から一九八二年まで「育てる会」の事務局長を務めた河野は、一九七〇年六月、天王寺夜間中学第一回同窓会の席上、卒業生から発議がされたと「育てる会」の発足の経緯を語り、「育てる会」がとりくんだ近畿の夜間中学開設運動の展開を話した。

　就学猶予・免除の扱いを受け、体にしょうがいのある人たちの入学についての質問に対し、河野は、一九七〇年代当時も入学希望があったが、断っていた。文の里夜間中学で受け入れに努力し、実現したと答えた。

　参加した夜間中学生から発言が続いた。

「夜間中学に入学して半年になる。私たちは何のために学ぶのか。学んだら、まだ夜間中学を知らない人たちのために、社会に恩返しをするのが道だ。生徒一人ひとりがそんな思いをもつよう、先生方、学ばせてほしい。在校生は生徒会に結集して活発に活動し、卒業生は応援していく取り組みが重要だ」

「先輩たちの努力のお陰で、私たちも恵まれた環境で学習ができている。いまの私たちがもっとがんばらなければと思うが、危機感を感じている。入学した七年前は一二教室あったが、現在六教室。四月になるとまた教室が減るのではと、四月になるたび心配している。生徒会の役員が毎年開かれる同窓会に出席し、先輩の話を聞くようにしている。夜間中学を育てる会のことをもう一度、考えないといけない。そんな思いで今日の学習会がもたれた」

「夜間中学に学んで五年半のとき、校長の面接があった。卒業したらとの話であった。夜間中学には勇気と熱のない人は学んでいない。こんな読み書きの力で卒業できないと断り、先生たちに支えられ、いまも学んでいる」

このように参加した夜間中学生から発言がつながっていった。

今後の「育てる会」の展開をどうするのかとの夜間中学生の質問に対し、「卒業生も参加し、新しい育てる会をみなさんと団結してつくっていこう」「在校生、卒業生が活動できる場を先生方と相談してつくっていきたい」との参加者の意見があいついだ。

夜間中学生は仲間である。団結の大切さを再確認できた意義ある学習会となった。

六　「夜間中学教育」対府教委交渉

師走《しわす》に入ったその日、部落解放大阪府民共闘会議（解放共闘）主催で、二〇一四年度「夜間中学」の課題別交渉がおこなわれた。府内の夜間中学から夜間中学生、教員、日教組に結集する組合員ら六〇人が結集した。先日、東京で開催された第六〇回全夜中研大会に参加した夜間中学生の姿もある。

国レベルで「夜間中学増設で支援拡充＝全都道府県に一校を（夜間中学法制化）」へ踏み出す大きな変化が起こるなかで、就学援助・補食給食・就学年限・入学・進路など、府内の夜間中学の課題の解決をどのように図るかを迫る課題別交渉となった。各課題に夜間中学生六人が問題提起と質問をおこない、府担当者の回答を求め、意見交換をおこなうかたちで交渉が進められた。

夜間中学生「高齢の夜間中学生が多い大阪の夜間中学では最長九年間、学べているが、法律ができると、昼の中学のように運営されないか？〝法制化〟について府教委はどのように考えるか？」

府教委「国の動きに（府は）夜間中学に（国の）就学援助制度ができることなどを注目し、期待している。一方、心配なこともある。昼の中学をモデルとした夜間中学にされないかだ。しかし、いま何も見えてきていない。みなさんと同じ心配をしている。情報の収集に努めている」

夜間中学生「在籍期間は九年としているのに、就学援助は六年間としているのはおかしい。安心して学べるようにするべきではないのか？」

府教委「（一九七一年から）就学援助の補助をおこなって

きたが、橋下知事のとき（二〇〇八年）、府と市町村の役割分担の観点から見直しをおこなった。居住市町村に切れ目なく就学援助をやってもらうのが第一と考え、府でやっていた制度をお願いして回った」

これは従前と同様の回答であった。

学齢を過ぎた夜間中学生には、国の就学援助制度は適用されない。広域の行政区から通う夜間中学生に対し、府と設置市が負担しあって実施されてきた大阪の誇るべき夜間中学就学援助制度であった。法制化が進み、国の制度が確立されるまで、府は従前の制度に戻すよう強く訴えた。

夜間中学生「直接職場から駆けつける仲間が多い。補食給食は夜間中学生の健康上からも大切だ。せめて補食給食の復活を要求する」

府教委「必要性は十分認識している。各夜間中学を訪問させていただいて、同じ思いをもっている。府と市の役割分担で、当時、学校に通うことのほうが優先順位が高いことだったので、給食はなくなった。状況が変われば、真っ先に手を挙げていきたい」

このように矛盾した回答であった。

府は、府立の定時制高校には、給食を補助する制度を一方でもちながら、設置市以外から通う夜間中学生が多くいる「実質府立」の夜間中学に対しては、補食給食の補助を廃止した。また、参加者から「府は府立の中高一貫校をつくろうとしているが、ここの給食はどうするのだ」と発言があった。制度のはざまにある夜間中学に対し、夜間中学生がいま学校教育に果たしている役割に想《おも》いを馳《は》せ、担当者は知恵を絞らなければならない。「状況が変われば……」の引けた姿勢では、ますます後退するばかりだ。

新たに日本で暮らすようになった一五歳前後の子どもの昼の中学への編入学についての発言もあった。一五歳を超えているから夜間中学へと安易な指導がおこなわれている現実に対してだ。

かつては府教委からこれらの子どもたちに対して日本語指導、通訳派遣事業などをおこない、受け入れ態勢をとっていた。ところが、いまは府はこの梯子《はしご》を外し、各教育現場任せになっていることが背景にある。このことで、ある市の教育委員会を訪ねると、「年六〇〇万円の予算を組んで、この取り組みをおこなってきたが、府からは何の支援もない」と昼の中学への編入を認めなかった理由をあげた。

夜間中学現場は、行政に要求するだけでなく、自分たちでできるさまざまな創意工夫をおこなっていることにもふれ、担当者に行政責任を果たすよう強く訴え、この日の交渉を終えた。

解放共闘は大阪府の交渉団体のひとつである。夜間中学の具体的な課題を解決するため、夜間中学生は学習者の立場で積極的に発言をおこなっている。回答内容によっては再交渉ももたれるが、知事の意向が強く働き、夜間中学生の主張に容易には応じない府の回答が続いている。団結を基本に、粘り強い取り組みが重要だ。

七　連合作品展

近畿夜間中学校の作品展が二〇一二年二月一二日、大阪市立栄《さかえ》小学校を会場に開かれた。今回で三六回を迎えた。大阪、兵庫、奈良の各夜間中学から鑑賞に訪れた夜間中学生は約五〇〇人。どれも力作ぞろいだ。鑑賞しながら、作品の前でつくり方を熱心に聞いている姿が印象的だ。

3・11東京電力福島原発事故について学習がおこなわれたのだろう、原発事故に関する作品が多くあった。「原発事故は罪つくり」「福島原発の建物はきれいです。でも、そのなかには人食いがいます」「原発は秘密だらけ」「昔はでん気の玉一つを二けんでわけていました」。そんな習字があった。

震災直後、近畿夜間中学校生徒会連合会は募金活動をとりくんだ。集まった義援金の一部を福島自主夜間中学へ送った。そのことがきっかけで、絵手紙のやりとりから訪問が始まった。

「学校は私たちの人生です」「学校はたのしいところです」「学校は心のオアシスです」「学校へ行くと勇気がでる」「学校はふるさとです」。こんな色紙が並んでいる。

午前一〇時から夜間中学生の生徒集会が開かれた。来賓であいさつをおこなった大阪府教育委員会の担当者が就学援助、補食給食の大阪府補助を廃止したことに一言もふれなかったのとは対照的に、夜間中学生の意見発表では大阪府の姿勢を厳しく問い質《ただ》す意見が続いた。

「安心して学べる夜間中学にしていこう」

「補食給食もないのに、給食の時間が苦痛だ」

「夜間中学の創設の心を大切に、夜間中学を守っていこう」

「教育委員会交渉を重ね、一泊学習の一部負担を行政に認めさせた」

「（夜間中学の補助事業について、事業仕分けがおこなわれたが、仕分け委員会の結論は）補食給食は就学の支援として必要であるであった」

「六年目以降の就学援助について努力すると、ある居住市の教育長が答えた」

「補食給食の居住市負担をある市はすると答えている」

「決してあきらめることなくとりくめば、道は開ける。団結してとりくんでいきましょう」

「今年度も終わりに近づきました。私たち生徒会は、一月に北河内《きたかわち》六市の各教育委員会を訪れ、夜間中学への理解を求め、また、その必要性を訴えてきました。しかし、状況は変わりません。遅々として進まないというのが、偽らざる感想です。なかには、今年度、府が通学費を切ったため、新たに就学援助の要綱をつくることで精いっぱい、いまの就学援助を死守するだけで精いっぱいという市もあり、来年はどうなるかわからないということでした。やはり、どこも財政難です。いまの大阪府、大阪市は、若者ばかりに目がいき、私たち夜間中学生のことを考えて動くほどの柔軟性はもっていません。大阪府内の各市は、言うまでもないでしょう。しかし、昨年一二月の全夜中研での浅野《あさの》（慎一《しんいち》）先生（神戸大学）の講演は、私たちにどんな影響を及ぼすのかわからないけれど、夜間中学の意義を考える、応援団としてのお話だったと思います。嘆いてばかりではいけないのだと強く感じました。二〇一二年は『国連識字の一〇年』の最終年です。夜間中学を必要とする人がいるかぎり、私たちは、力をあわせて踏ん張り、世の中に広く知らしめていかなければなりません。継続は力なり！　これからもさらに団結し、この学びの場を守っていきましょう！」

「永年の私たちの希望であった、昼の中学校の子どもたちとの交流が実現する」

「御所市・大和高田《やまとたかだ》市の教育委員会と粘り強く話し合いをおこなっている」

「文字に支えられて生きる希望。このように作品を書いた。私はこの三月、卒業します。夜間中学は私の母校」

　このように意見発表をおこない、夜間中学で学ぶ意義を確認した。

夜間中学生の悩みを持ち寄り、意見を闘わせ、夜間中学生徒会としての取り組み、行動を決めていく近畿夜間中学校生徒会連合会の役割は重要だ。夜間中学生は無欠席で通学できる人は少ない。通院であったり、家族の看護、子育て、就労、家事をこなしながら学ぶ人たちである。安心して学べる条件、環境づくりは重要だ。一人の悩みやつぶやきを大きな声に、各夜間中学生徒会の取り組みをへて近畿夜間中学校生徒会連合会全体の取り組みに組み立てていく、その成果はすぐには実現しない。夜間学級のなかに支援学級をつくることの要求が実現したのは、声をあげた人が卒業後であった。

近畿夜間中学校連合作品展（岸城夜間中学）

　指導する人（教師）と指導を受ける人（生徒）。生徒会活動も教師の指導下での取り組みで、それを逸脱することは認められないし、責任をもてないとする考えの人たちも教員のなかにはある。第三部「『義務教育の保障』は私たちの手で」で記述したように、自衛隊のイラク派遣反対の取り組みのときに、この考えは顕在化した。その議論の過程でこの考えは克服できたと思ったが、時移り、人かわりで、また生まれている現実がある。

　夜間中学の生徒会活動については、生徒会－生徒会顧問－夜間中学教員－管理職－教育委員会と横に並ぶ関係であり、これらが縦に並ぶ関係ではない。一八歳以下の子どもに適用される「子どもの権利条約」にも一二条で「意見表明権」がうたわれている。夜間中学生の人生からくるさまざまな意見表明や行動提起については尊重しなければならない。

　夜間中学の生命線は、責任ある自治の精神をもった生徒会活動である。

就学援助・補食給食復活の闘い

編集委員会

はじめに

大阪の夜間中学のあゆみで、近畿《きんき》夜間中学校生徒会連合会が全力でとりくんだ就学援助・補食給食の闘いについてふれておきたい。学習者はこの実践を通して「夜間中学で学ぶことの意味」を一人ひとりが自分に問い返し、「学びは運動につながり、運動が学びを育てる」ことを確認することができた。それは「奪い返す文字やコトバは明日からの生活を勝ち取る知恵や武器となるもので、地域を変え、社会を変えていく力となる学び」の実践であった。このことを報告する。

近畿夜間中学校生徒会連合会の活動ごとに「アリ通信」が発行され、各夜間中学生徒会は読み合わせをおこない、とりくみを共有し、闘いをつないでいった。以下、その「アリ通信」を加筆・編集した。

一　夜間中学の就学援助制度

二〇〇八年二月に就任した橋下《はしもと》徹《とおる》大阪府知事は、府債残高五兆円、年間約一〇〇〇億円の財源不足を示し、大阪府の財政改革をおこなうと表明。七月までの暫定予算を決め、本格予算は八月以降におこなうとして府改革プロジェクトチーム（ＰＴ）を発足させた。

四月一一日、ＰＴは今年度一一〇〇億円の支出減、「三五人学級の廃止」などのＰＴ案を発表した。このなかに夜間中学の就学援助制度、補食給食の府補助金、そして識字教室の交流や識字運動推進体制を担っている「おおさか識字・日本語センター」の府負担分を予算化しないなどが含まれていた。

財政再建の美名のもと、誇るべき〝人権黒字県〟として大阪が長年築き上げてきたセーフティーネット部分を蹴散らすPT案を、私たちは断じて認めることはできない。

夜間中学の就学援助制度は、夜間中学生、卒業生、市民の運動によってこの大阪で創設された制度である。一九六九年、大阪市の天王寺《てんのうじ》夜間中学、岸和田《きしわだ》市の岸城《きしき》夜間中学が開校、翌年、大阪市菅南《かんなん》（現・天満《てんま》）夜間中学が開校した。

希望に燃えて入学したものの、学業と仕事の両立はむずかしく、休む夜間中学生も多く出てきた。とりわけ、一度行きたい！といっていた修学旅行も、費用も高く、会社を休んで参加しなければならないとの理由から不参加を表明する夜間中学生が多数あった。

どうすれば、参加できるか。「やっぱり、修学旅行には参加したい」。この一人のつぶやきを大きな声、とりくみに当時の夜間中学生、教員は組み立てていった。それを、夜間中学生、卒業生、教職員、一般市民で組織された「夜間中学を育てる会」に問題提起、要求運動を展開した。

学齢児童生徒の就学援助制度は、学用品・通学・修学旅行の費用を国と設置市区町村が二分の一ずつ負担する制度である。文部省は「夜間中学には国が負担の就学援助制度はない」「就学奨励に関する国の援助対象はあくまでも一五歳までの学齢の児童生徒」と回答し、その姿勢を崩さなかった。

「夜間中学生は学齢時に受けることのできなかった学習権を学齢を過ぎたいま、行使しているんだ」「学習権は一五歳を過ぎたらなくなるんですか」「留保していた権利をいま行使しているんですよ」「学齢時、受けることができなかったのはだれの責任ですか」……夜間中学生は国のかたくなな姿勢を論破していった。

一方、「夜間中学を育てる会」は、大阪府にも夜間中学の教育条件の改善を要求してとりくみを展開した。

昼の学校とは大きく異なる状況下、夜間中学生の広域からの通学などを考慮し、国負担分を大阪府が負担するという決断をおこなった。一九七二年二月一六日、現行の夜間中学就学援助制度を決定した。

橋下知事が二〇〇八年三月府議会に提出した予算案は、七月までの暫定予算で、就学援助、補食給食が〝ゼロ〟であることが明らかになった。以来、このことは夜間中学の根幹を揺るがす暴挙ととらえ、夜間中学生、教職員は二〇〇七年と同様の実施を求め、とりくみを始めた。

苦しい家計をやりくりして、学ぶ喜びをよりどころに、遠路広域から夜間中学に通学している。三八歳（知事の年齢）をはるかに超えた高齢者が多くを占める。

私たちは、義務教育の完全保障を求めて、学齢を超えた年齢でいま学んでいる。一方で夜間中学は、昼の子どもたち、その保護者、高校生、大学生、社会人、そして多くの学校の先生たちに夜間中学の学校公開をおこない、夜間中学生は学びを、自分史を、日本の現代史の生き証人として、語りかけている。この観点から夜間中学の存在意義は大きく、評価が進んでいるところである。

二〇〇五年九月、守口《もりぐち》市教職員組合と大阪府教職員組合は、夜間中学の就学援助制度の改善を文部科学省に働きかけるよう、大阪府教育委員会に申し入れをおこなっていた。

ＰＴ案は、夜間中学生をはじめ関係者に丁寧な説明をおこなうこともせず、変更をおこなおうとしている。だまって梯子《はしご》を外すにひとしい行為ではないだろうか。財政再建の美名のもと、セーフティーネット部分を蹴散らしてもいいものだろうか。再考を強く求める。

二　緊急役員代表者会

二〇〇八年五月一八日（日曜日）、大阪市立天王寺夜間中学講堂に夜間中学生、教員一一〇人が集まった。そうだ、第一八回全国夜間中学校研究大会全体会（一九七一年一一月二六日〜二七日）の再現である。近畿夜間中学校生徒会連合会の役員有志が集会を呼びかけ、この日の緊急役員代表者会となった。集まった夜間中学生は意見を述べ合った。発言者は四〇人を超えた。

「石油、穀物値上げのなかで就学援助、給食費の打ち切り。それこそ私たちに死ね、ということ、私たちのＰＴ案をつくってがんばらないとあかん」

「腹が立つよりあきれ返る。私たちへの援助金は微々たるもの、関空《かんくう》（関西空港）に関連してつくった大阪府の建物を十分の一で売る。ゼネコンを儲《もう》けさしているだけのもの。夜間中学生は心をひとつにして、がんばりましょう」

「教育は基本。義務教育を受けれなくて、どんな苦労をしてきたか。教育は削減すべきでない」

「削減されると学べなくなる夜間中学生が出る。生徒数が減る。先生の数が減る。学校が減る。絶対認めることはできない」

「天王寺夜間中学はまもなく四〇年を迎える。四〇年前に髙野雅夫《たかのまさお》さんの運動によって生まれ、一一校になった。運動によってできた学校だ。生徒会は休むことなく、行政に向かっていこう。学校を守っていく団結が大切だ」

「夜間中学は与えられたものでない、先輩たちがつくった学校だ。私たちが先頭に立っていく」

「小・中・高校と私たちは交流をおこなってきた。交流した昼の子どもたちから、自分たちもがんばるという手紙をもらった。夜間中学生は社会に貢献している」

「私は戦争のため孤児になった。日本に帰ってきて、夜間中学に入り二年目だ。日本語がわからず、さびしい毎日の生活です。その夜間中学を大阪の知事がなくそうとしている」

「私のように、昼の学校に通えなかった若者の学ぶ夜間中学は大切です」

「この大阪府によって民族の学校がつぶされ、学校に行けなかった在日朝鮮人が、いま夜間中学で学んでいる」

「私たちはこれまで働いてきて、納税の義務は果たしてきた。しかし義務教育を受ける権利は保障されてこなかった」

発言は続いていった。

集会呼びかけ人が起草した署名趣意書により署名活動をおこなうことを確認した。また、六月一日に開かれる近畿夜間中学校生徒会連合会の新入生歓迎会・総会で採択する決議案も確認した。

夜間中学生の手によって、夜間中学生の意思は確認でき、行動提起を決定した。夜間中学の歴史に残る第一八回全国夜間中学校研究大会を髣髴《ほうふつ》とさせた。

主役は夜間中学生。元気がわきあがってくる集会であった。闘いはこれから!!

三　淀屋橋街頭活動

二〇〇八年六月二七日、近畿夜間中学校生徒会連合会は「夜間中学　就学援助　削減反対！」の街頭署名活動をおこなった。大阪市役所前に午前一〇時半、夜間中学の学び、就学援助の存続を訴える思い思いの手製のゼッケンを身につけた夜間中学生が結集しはじめた。

午前一一時、市役所横のケヤキ並木で、はじめの会を開き、署名活動を開始した。報道各社のテレビカメラが夜間中学生を追っかけている。淀屋橋《よどやばし》の橋の上に並んで夜間中学生は、署名板を持つ係、署名の趣旨を訴えるビラを配る係、夜間中学の活動を紹介するビジュアルポスターを持つ係、「夜間中学生募集！」の幟旗《のぼりばた》を持つ係、それぞれが道行く人に声をかけている。

「私たちは大阪の夜間中学生です。一五歳までに義務教育を受けることができませんでした。この年になって、いま、夜間中学で学んでいます。日本が起こしたあの戦争が原因です。奪われた学びをいま、奪い返していま す」

「私たちはこの年になるまで、働き、税金を納め、義務を果たしてきました。しかし、学習権は保障されていません。いま、この学習権を行使しています」

「通行中のみなさん！　夜間中学は全国に三五校、この大阪に一一校、あります。人権を大切に、憲法を大切にしてきたこの大阪が誇るべきことだと思います。この一一校はすべて、市民の運動によってつくられた公立の学校です」

「憲法を守る役割をもった弁護士出身の橋下知事は、夜間中学をつぶそうとする予算案を府議会に提案しています」

「これまで大阪府は就学援助の五〇％負担をおこなってきました。この負担がなくなると、七〇％の夜間中学生が学校に通えなくなります」

「知事は市町村が負担すべきといっています。私は夜間中学のない摂津《せっつ》市から、大阪市立の夜間中学に行っています。府の就学援助があるから通えましたが、なくなると通えなくなります」

「東大阪《ひがしおおさか》市立の夜間中学であると同時に大阪府立の夜間中学でなくてはならないのです」

このように道行く人に、夜間中学生は自らの主張をマイクを持って語っていった。

橋下知事の改革案を支持する世論が八〇％を超え、厳しい反応を予想しておこなった署名活動であった。しかし、反応は意外であった。御堂筋《みどうすじ》を走る車から「がんばれ！」と声がかかる。手製のビジュアルポスターを見ながら話を聴く人、道行く人は足を止め、「やるんだったらとことんやれよ」「あんな知事を選ぶからや！」「あんな知事と思わんかった」「弱者の味方やと思っていた」と語り、署名に応じた。

就学援助削減反対の街頭署名活動（2008.6.27 大阪・淀屋橋）

この四月、夜間中学に入学、初めて街頭に立つ夜間中学生が声を出しはじめた。

「署名お願いします」「この大阪には夜間中学があることも知らない人がまだ、たくさんいます」「夜間中学は大切な学校です」「夜間中学は必要な学校です。なくしてはいけません」「近くに義務教育を受けることができなかった方はいませんか？　ご紹介ください」

声がつながっていく。

七三歳になった中国残留孤児である夜間中学生は、道行く人に丁寧に頭を下げ、ビラを手渡している。彼は次のような中国語で書いた決意文を届け、この署名活動に参加した。

決意書（訳文）

大阪の夜間中学生　団結せよ！　制度の不道理を紊《ただ》す闘いが開始された。

言論とペンの力で、われわれの学習する権利を奪い返し、われわれの人権を奪い返すために。

われわれは戦争が原因で、学習する機会を失った。

われわれは夜間中学の灯火を守るため、決意した。

われわれは完全勝利するまで闘いを止めない。

団結は力、団結は鉄、団結は鋼。

民主主義に反する制度に私たちは立ち上がった。

夜間中学への援助費をすべて認めさせるまで、闘いを続ける。


赤信号でバスが止まると、目と目が合った車内の乗客はこちらを見ている。昼時の通行人も増えてきた。

「署名用紙、余っていませんか」

夜間中学生の動きも活発さを増してきた。

この日、同じ時間帯で大阪府議会議長に面談、署名を手交、議長あての夜間中学生の手紙を渡し、要請行動をおこなってきた夜間中学生が淀屋橋に到着した。

予定の一時間はまたたくまに過ぎた。活動のまとめと報告会が開かれた。街頭署名活動に参加した夜間中学生一一〇人、獲得署名数七九〇筆。


テレビカメラに向かって、インタビューに応じる夜間中学生。記者の質問に答えている顔は輝いていた。私たちの主張は間違っていない。夜間中学生は自信を共有した。まさに〝ピンチをチャンス〟にする活動となった。

四　大阪府議会を傍聴

「ほんとうにいろんなことが体験できます」

大阪府議会に傍聴に行くため、集合場所の天満橋駅に向かう電車のなかで、傍聴に参加する夜間中学生が語った言葉である。

知事や議長あてに手紙を書いたこと、街頭署名に立って、マイクを持って訴えたこと、府会議員の事務所を訪問、夜間中学の説明と、学ぶ思いを語ったこと。長い時間、耳を傾け聞いていただいた議員さんにお礼のはがきを書いたこと。そして、この日の傍聴である。「どれも、夜間中学に来なければできなかったことばかりです」と語った。

三月、暫定予算のなかに夜間中学関連予算がゼロであることがわかり、夜間中学生徒会として活動を開始してから、ひとりの思いを、クラスで議論を重ね、夜間中学の声に、そして近畿夜間中学校生徒会連合会全体の声にしていった。この活動を通して、夜間中学生徒会は夜間中学教員を乗り越え、夜間中学生一人ひとりもほんとうに強くなっていった。

二〇〇八年七月八日、降りしきる雨のなか、この日の府議会本会議傍聴に参加した夜間中学生、教員は五校、三八人。手続きを済ませ、傍聴席に着いた。会場は一二〇人を超え、満席であった。

午後一時、一般質問が始まった。最初に質問に立った奴井《ぬい》議員（自民）は「大阪の中学校夜間学級の現状とこれまで府がおこなってきた支援について」教育長に質問。続いて知事に「中学校夜間学級就学援助費の廃止について」再考を迫った。

橋下知事は次のように答えた。

「中学校夜間学級の就学援助については、国は中学校夜間学級を義務教育の二部授業として決めている。私自身も義務教育を修了できなかった人の教育を保障すべきことは認識しております。府がおこなってきた就学援助は本来、国と市町村がおこなうべきものであり、本府の制度は全国的にも例を見ない制度となっている。今回きわめて苦しい財政状況にあることから、財政再建プログラム案を作成した。本事業については市町村との役割分担の観点から二一年度から廃止したものであり、ご理解いただきたい。やはり府の役割というものに非常にこだわっておりまして、これから、国、都道府県、市町村、分権と集権というなかで、大阪府は広域行政体に集約・特化すべきものだと思っている。今回の補助削減というものについては非常に辛《つら》いところではあるが、広域行政体という、この大阪府の実情を市町村にこの権限と責任をお任せしたいと思う」

昼の義務教育と同様に国と市町村が分担すべきだと述べ、六月五日の知事案から踏み込んだ答弁だと見たが、知事がそう考えるなら、国に対しその道筋をつけ、実現したあと、府の分担を外すというのがほんとうの責任者ではないか。「（補助削減に）非常に辛いところ」だと述べてはいるが、議場内から「夜間中学潰しではないか」との声が上がった。

夜間中学の現場、夜間中学生の実情を知らないからそのような答弁になる。こう考えた質問者は「（夜間中学を）一度見に行ってください。ほんとうに生徒のみなさんたちは、がんばって勉強されております。この状況を見て、判断いただきたい」と発言、質問を終えた。

この日は小沢《おざわ》議員（社民）も「夜間中学校の補助は続けるべき」と質問、知事に答弁を求めた。しかし、奴井議員へのものと同様の答弁であった。

議場を出て、まとめの集会で夜間中学生は「私も抗議の声を上げたかった」「知事は紙に書いたものを読むだけで、自分の考えをもっと述べないとあかん」と感想を述べた。「夜間中学生の闘いは今後も続くが、団結を大切に、がんばろう」と近畿夜間中学校生徒会連合会会長は締めくくった。

九日も民主党から夜間中学で質問がある。夜間中学生は傍聴に参加する。

五　「夜間中学生の想いを聞いてえや、知事」

近畿夜間中学校生徒会連合会臨時総会が二〇〇八年九月七日、大阪市北区民センターで開催された。早朝より駆けつけた夜間中学生、教員によって、会場準備が始まった。六〇〇を超える椅子を運び込み、並べていく。舞台は色とりどりの各夜間中学の垂れ幕で飾られ、四〇分ほどで準備が整った。いつもなら冗談や笑い声で進む作業も、夜間中学生の口は堅く閉じられたままであった。

就学援助、補食給食の大阪府負担を二〇〇八年度一〇%マイナス、二〇〇九年度ゼロとする知事案に対し、五月以降、近畿夜間中学校生徒会連合会は、知事への手紙、街頭署名活動、府議会議長への手紙、府会議員の訪問、要請活動、議会傍聴活動と、考え得るさまざまなとりくみをおこなってきた。しかし、七月二三日、臨時府議会で今年度は一〇%マイナスを決定した。

知事と、七月臨時府議会で議会質問をおこなった各府会議員に招待状を送り、総会参加を案内した。知事の参加は実現しなかったが、自民、民主、公明、社民各政党より一七人の議員の参加があった。

開会時刻の一〇時にはほぼ満席、臨時総会は一森《いちもり》副会長の司会で始まった。まずあいさつにたった李光燮《リグァンソブ》生徒会長は、府会議員に七月府議会のとりくみへの感謝を述べたあと、次のように集会の趣旨を語った。

「四〇年前、たった一人で街頭に立ち、ビラを配り、開設運動をおこなった髙野雅夫さんによって、大阪に夜間中学が開設された」「いま、その夜間中学で学んでいる私たちは、先輩に負けないように運動に立ち上がっている」「学齢時、義務教育を受けることができなかった私たちにも、学ぶ権利がある」「新聞やテレビの向こうにいる多くの人たちに、そして橋下知事に、私たちの学ぶ思いや考えを聞いていただいて、判断していただきたい」

意見交流では、引き揚げ帰国者・在日朝鮮人・被差別部落出身者・戦争体験者・しょうがい者・未就学者など八人が壇上から意見を述べた。さらに会場から八人の夜間中学生らが意見発表をおこなった。

「戦中戦後、何十年と辛い思いをし、生きてきた。あの戦争がなかったら、違った人生を歩んでいたことでしょう」。七〇歳で夜間中学に入学した。「知事が、夜間中学の灯を消そうとしている。私たちこそ学ぶ権利があります。私たちの学ぶ思いを知事に直接聞いてほしかったのに、残念です。府会議員のみなさん、府議会で議論して、私たちの願いを実現してください」

夜間中学生緊急集会（2008.9.7 大阪市北区民ホール）

「北河内《きたかわち》には守口に夜間中学が一校あるだけです。枚方《ひらかた》から守口に通っています。就学援助がなくなると夜間中学に通えません」「夜間中学は、中国帰国者にとって日本で生活を始める重要な場所になっています」

夜間中学にくるまでの人生を語り、学ぶ思いを語っていった。就学猶予・免除の扱いを受けた、しょうがいをもった夜間中学生からも主張が続いた。

近畿夜間中学校生徒会連合会は、来年度予算での就学援助費、補食給食費の廃止を許さず、財源が確保されるよう最後まで行動していく集会決議の採択をおこなった。

参加した各党府会議員は「学ぶことは光であり、誇りであるのはまったく同感です」「夜間中学を守るのは議会の責任である」「議会のなかで知事に制度の継続を求めていく」「学んでおられる夜間中学生のみなさんに迷惑をかけることは絶対ない。がんばりましょう」

力強い決意表明が続いた。

夜間中学卒業生のたった一人の立ち上がりが、大阪に夜間中学の開設を実現した。四〇年たったいま、近畿の夜間中学生はスクラムを組んで、大きなうねりを引き起こし、知事包囲網を実現したといえる。

髙野さんからのメッセージが届いた。

「大阪での闘いは、夜間中学生たちの、本当の力が、試されている――問われている闘いです。なぜ、夜間中学が必要なのか？　ピンチは——チャンスです」

六　いざ、夜間中学生、行動に立ち上がろう！

近畿夜間中学校生徒会連合会役員代表者会が開催された。二〇一〇年一二月一九日、兵庫県尼崎《あまがさき》市立成良《せいりょう》中学琴城《きんじょう》分校に約一〇〇人が集まった。

一一月二一日の学習会・決起集会で髙野雅夫さんから提起があった就学援助・補食給食の闘いについて、各夜間中学生徒会の論議を集約、具体的行動を決めることが大きな議題であった。

各夜間中学から髙野さんの提起に応える発言が続いた。いくつか紹介する。

「髙野さんの話に勇気づけられた。自分たちができることは何か、近畿夜間中学校生徒会連合会としてとりくみましょう。すぐに行動しよう。基金もつくろう」

「大阪府に対し、私たちは行動していきましょう。府庁で、ビラをまきましょう、行けない人は手紙を書きましょう」

「府庁へ毎日行こう」

「夜間中学は自分たちで守る。行動していかないと守れない」

「髙野さんの話はよくわかった。小さなアリも、団結して闘えばきっとゴジラを倒せる。みんなでやりましょう」

「府担当者の、あの署名の受け取り方は何だ。情けない。私たちはあの署名を返してもらって、直接、知事に渡したい」

「遠いところをきてくれて、髙野さんはいいアイデアをくれた。今度がんばるのは私たちだ」

「夜間中学ができて四〇年。髙野さんの運動があったから、いま私たちが学べている」

「ここでやいやい言うていても、何にもならない。ここにおる人だけでも、行動していったらよい。みんな駆けつけてくれる」

「テレビ局にきてもろて、写してもろて、きちっと放送してもろたらええ」

「ゼッケン着けて、議員控え室を訪ね、訴えよう」

「私らが行動すると、夜間中学の先生に迷惑がかかるんですか？」

「橋下知事のやり方は弱い者いじめだ。日本人として恥ずかしい」

「みんなの意見は出そろった。これを受けてどうするか、具体的に先生たち、いま判断してください」

このような圧倒的な意見に押され、各夜間中学顧問は別室で協議、「二〇一〇年は一二月二二日、二四日、府庁で夜間中学生による統一行動をおこなう。続けて一月も行動をおこない、府庁を訪れる人たちに、私たち夜間中学生の想いを訴えていく」ことを確認した。

この日、夜間中学卒業生三人が会議に参加、「髙野さんの提起を受けた、みなさんの熱い想いに圧倒された。私たちも応援する。行動に立ち上がりましょう」「熱い想いを聞いて、安心した。がんばりましょう」とエールを送った。

夜間中学卒業生の会より、二〇一一年一月三〇日、髙野さんを招いて心ゆくまで話し合う集会を開くこと、また、二〇一一年三月、日韓文解《ムネ》識字交流を実施し、韓国済州島《チェジュド》を訪問することの連絡があった。

冒頭、署名手交後さらに五七三二筆が追加され、合計五万五九〇二筆になったことの報告があった。

参加した夜間中学生の白熱した議論と夜間中学生の紅顔が印象に残る、この日の役員代表者会であった。

七　夜間中学生、アリ行動

クリスマスの飾りが目につくだけで、師走《しわす》とは思えない雰囲気の府庁周辺であった。夜間中学の就学援助と補食給食の大阪府支援の継続を求め、夜間中学生の考えを大阪府に伝え、当局に再考を求める行動は一二月二四日が二回目である。各校夜間中学生が書いた第二弾、三弾のビラが作成され、持ち込まれた。この日の参加者は五八人。新たに兵庫県の夜間中学生、そして卒業生も加わった。

近畿夜間中学校生徒会連合会副会長による「団結がんばろう！」のあと、府庁舎内へ代表団を送り出した。国にも夜間中学生の想いと行動を届けようと、各政党大阪府本部にも代表を送り出した。

各校夜間中学生はゼッケンを着け、府庁周辺で街頭に立ち、ビラ配布活動をおこなった。

「マイクを持って訴えたい」、リレートークをしようという声が起こってきた。さっそく

「私は大阪の夜間中学生です。府民のみなさん、就学援助が打ち切られ、学べなくなった仲間が生まれていま

す。これまでどおり大阪府は支援を続けるよう、要求し行動しています。橋下知事さんに考え直すよう訴えています」

「大阪府がおこなってきた府の夜間中学就学援助制度は大阪が世界に誇れる制度です」

「夜間中学で獲得した文字とコトバで書いた私たちの主張をぜひ読んでください」

とマイクをつないでいった。

「向こうでビラもらいました。がんばってや！」「デモしなはれ！」

街の反応はこうなのかもしれない。激励の声が飛ぶ。ビラを配り終え、夜間中学生は集結。まとめの会を開いた。

府会議員団控え室を訪問した夜間中学生が報告を始めた。

「気持ちよく、受け取っていただいた。私たちの想いを伝えてきました」「ひとつの会派がもひとつ反応がよくなかった」「初めての府庁。ここが私たちをいじめているところか。あったかい暖房で、ちょっと始末して、まわしてくれたらええのに」

民主党大阪府本部を訪問した夜間中学生は「国会でも私たちの行動を取り上げ、就学援助、補食給食のことを考えてくださいと話してきた」と報告。

卒業生は「在学していたとき、しゃべる内容はあらかじめ考えて、マイクを持っていたが、突然、マイクがまわってきて、十分話せませんでした。みなさんがんばっていきましょう」とエールを送った。

「応援のためにきたのではありません。私自身のためにきました」と語った兵庫県の夜間中学生に大きな拍手が起こった。

二〇一一年一月早々の三次行動での再開と再会を期して、夜間中学生はもう一度「団結がんばろう！」を発声し、散会した。

八　「とことん語ろう、髙野先輩と」

夜間中学卒業生の会が主催した集会「とことん語ろう、髙野先輩と」は、六〇人を超す参加と夜間中学生、卒業生、そして髙野雅夫さんの熱い語りで時間の過ぎるのも忘れ、討論が展開された。

この日、二〇一一年一月三〇日、会場周辺は大阪国際女子マラソンでごった返していた。一〇分遅れで始まった集会であったが、途中休憩ももったいないなく、五時ぎりぎりまで三時間半を超える時間、次々発言が続いた。

話された内容は以下の七点にまとめることができる。

①夜間中学に通い学ぶこと。②学ぶことと、勉強はどう違うか。③大阪の夜間中学がどうして生まれたか。④夜間中学生徒会、生徒会連合会の大切なこと。⑤多くの夜間中学生が結集する生徒会連合会にどうすればできるか。⑥夜間中学卒業生のとりくみの大切さ。⑦髙野さんの悔しい気持ち。

夜間中学の学びは、「知ること、学ぶこと、奪い返すことがある。しかしみんなの学びは、学びどまりではないか。次に奪い返すことに挑戦しないと」。赤ちゃん、ゴンチ、ハラボジが髙野さんの歴史にある三つの顔である。「三人の想いと一緒に恨みを晴らす」と話した。

これを受け、参加した夜間中学生や卒業生は次のように意見を述べた。

「東京からきた髙野さんが夜間中学校をつくってくれた。そこで私たちは学んでいる。そしていまの私をつくってくれた」「入学して三年になるが、夜間中学がどうしてつくられたか、聞いたこともなかった。髙野さんの話が聞けると聞いて、ぜひ参加したいと思い、きました」「国がつくってくれたものと思っていた。髙野さんのことを知って、たいへん感動した。これから私たちは受け継いでいく。こんな機会をつくってくれてありがとう」

「私は夜間中学に入学して、学校で文字、生徒会で社会を学んだ」「生徒会はみんなで後ろから押して、前から引っ張る」「はじめは何もわからなかった。生徒会に入り、行事に参加して少しずつわかってきた。運動を絶やしたらあかん、次に引き継いでいかないと。はじめは大阪も夜間中学は三年だった。生徒会で声を出し、運動をして、四年、五年、そして九年になった」

「入学した人たちに、当たり前で当たり前でない学校が夜間中学だと伝え、学ぶ気持ちを大切に、道理に合わないことはおかしいと、とりくんできた。このとりくみを大切にすることが大切だ」「行動することが大切だ。基金づくり、夜間中学を知らせる掲示板づくりを実行しています」

髙野さんは次のように語った。

「一月二八日、大阪府庁で行動する夜間中学生の活動に参加した。四三年ぶりの府庁前、体が震えた。悔しい思いだ。体がいくらあっても足りない。四三年前も、そうであった。大阪で運動しながら、（統廃合の嵐が吹き荒れる）名古屋《なごや》に京都に飛んで、行動をおこなった。国連識字の一〇年が中間年も過ぎ、あと二年間を残すのみのこの時期、なんで大阪に俺たちはいるのか？　東アジアの識字の問題にとりくまねばならないのに」「今年、大阪で開かれる全夜中研大会は、大阪の就学援助・補食給食の闘い。奈良で起こっている夜間中学に対する攻撃。そして、国連識字の一〇年のとりくみが今日的なテーマだ」「夜間中学運動に卒業生の活動は重要だ。夜間中学生の活動をバックアップする力にならなくてはいけない」「韓国の文解教室は卒業生も加わって識字運動をおこなっている」「卒業記念に学校からもらった辞書と教育小六法を持って市役所や府庁に行っていた。みんながとりくんでいる問題は金の問題だが、金の問題ではない。自分たちと大阪府とどちらに道理があるかということだ」「いまいる闘いを、一冊のノートでつないでいくことが大切だ」「夜間中学生は自分でも信じられない力をもっている。それが信じられるかということだ」

話は尽きることなくつながっていった。

就学援助・補食給食の闘いのもっている意味、夜間中学生同士の仲間の大切さを確かめ合うことができた、近畿夜間中学の歴史に残るとりくみとなった。

この日、毎日新聞（二〇一一年一月三一日報道）とNHK「クローズアップ現代」から取材があった。

九　夜間中学生、大阪府・綛山副知事と面談

二〇一一年二月三日(木)、一一時少し前、綛山《かせやま》副知事が部屋に入ってきた。

副知事側は、府教委の小中学校課長と首席指導主事も同席、計五人。夜間中学側は、生徒代表四人と教員が面談に臨み、夜間中学生の思いを伝えた。

まず、これまでの夜間中学生の府議会各会派への願いに応えて、この場の労を取ってくれた梯《かけはし》議員（民主）から、現在の夜間中学の状況が説明され、そのあと、夜間中学生が発言を始めた。

近畿夜間中学校生徒会連合会副会長「私たちは、とても不安です。大阪府は、就学援助・補食給食から絶対絶対絶対、絶〜対、手を引かないようにお願いします」

守口夜間中学生徒会長「副知事が教育長のとき、守口にきて、『夜間中学をなくしたらいけない。学ぶ姿に感

動した』と言ってくれました。いま、補食給食がなくなったので、みんなでつくった『学ぶたびくやしく学ぶたびうれしく』を（副知事に渡す）普及したり、自己負

生徒会によるアリ行動（2011.2.3 府庁舎玄関）

担したりしながら、月・水・金と小さいパンと牛乳を食べています。大阪府も復活に向けて、よろしくお願いします」

車椅子で参加した天王寺夜間中学生「私は、しょうがいが理由で学校に行けませんでした。いま、やっと夜間中学で学んでいます。就学援助が切られたら、学びつづけられません。また、去年、大阪府へ夜間中学に支援学級をつくってほしいと要望しましたが、叶《かな》えられませんでした。私は、二四時間支援が必要です。よろしくお願いします」

太平寺《たいへいじ》夜間中学生「小さいころは、朝鮮人だということで差別され、勉強できませんでした。いま、夜間中学で勉強できてうれしい。名前と住所を書けるようになりました。ほんと、うれしいです。なのに、いままで出ていたものが、橋下知事になってから、こんなことになって。橋下知事は、厳しい方なんですか？ 太平寺では給食は出ていますが、就学援助はぐっと減りました。やっていけません」

緊張しながらも、それぞれが話し終えた。

綛山副知事「守口に行ったときに、みなさんが学ばれている姿を見て感動したのはほんとうです。なくしては

いけないと思っています。ただ、二〇〇八年から、いままでやってきたものを仕分けしています。夜間中学に関しては、国と各市町村にと考えた。国がすること、府が

近畿夜間中学校生徒会要請行動（大阪府庁玄関横 2011.2.3）

すること、市町村がすることをはっきりさせようということです」

話が終わるのが待ちきれないといった夜間中学生からは、「学校にこれなくなる人がでてきてるんです。居住市に対して、大阪府はちゃんと言ってください」「手を離さないで」「私たちは給食があるけど、ないところもある。なんとかして」と身を乗り出しての言葉が続く。

そして、夜間中学生の「この年で、暑い日も一生懸命、署名を集めました。橋下知事は見てくれてるんやろかと思います」という言葉で、持参した五八五一筆（総計五万六〇二一筆）の署名を紹介し、ぜひ知事に渡してほしいとお願いした。

「わかりました」「大阪府としては、これからも引き続き各市町村に話をしていきます」と、綛山副知事は答え、部屋を後にした。

面談後の報告会では、各会派へのお礼とさらなる支援をお願いしてきた夜間中学生からも元気になる話が出た。会派回りに同行していた髙野雅夫さんからも力強いエールが送られた。

最後に、「これからもがんばろう！」と気持ちをひとつにして、行動を終えた。

一〇　大阪府議会教育常任委員会の議論と知事答弁

恐ろしい画面が次々映し出されている。福島原発の放射性物質放出の可能性を伝えるニュース。福島原発から半径一〇キロの避難を決めたと報道が流れている。押し寄せる津波に飲み込まれる家や車、そのなかにある「いのち」はまだ映し出されていない。人間の技術で自然は制御できると豪語し、押し寄せる地震と津波に睨《にら》みをきかせていた、象徴的な福島原発の原子炉建屋《たてや》。自然は恐ろしいのだ。刻々と伝えられる死者の数と被害状況。

地震が発生、福島第一の原発事故が起こったこの日（二〇一一年三月一一日）、午前一〇時から二月府議会教育常任委員会が開催。知事質問がおこなわれ、夜間中学についで梯府会議員（民主党）が取り上げた。

梯府議「市町村立の夜間中学であるが、広域から通ってきている状態で、実態は府立の夜間中学だ」。一九六九年、夜間中学開設にあたり、府内広域から通ってきている実態のなかで、関係者間で府立定時制高校付属夜間学級として開設しようとした経緯もあったことにふれ、「就学援助、補食給食についてあらためて見直す考えはないか」と質問をおこなった。

橋下知事「これは悩ましい問題で、やろうと思えばできる（金額だ）」「ただ、高校に併設するなど、私もいろいろ調べてみたが、教育内容から現状（市町村立）に落ち着いた経緯がある」「出してあげるのがいちばん楽で、いろいろと批判を受けることもない」「しかし、ここにこそ地方自治が問われている。このことこそ都市間連携でできる典型的な例で、私はこれにこだわる」

知事は、悩ましい問題、やろうと思えばできると、揺らいでいることをこのような言葉で表現しながら、後半では、府が関与することなく、市町村間で連携してできると、その態度を崩さなかった。

梯府議「設立の経緯をおさえ、制度のあり方を考えるべきではないか。ところで、（夜間中学生が届けた）五万五〇〇〇の署名を知事は見たのか」

知事「報告を受け、全部ではないが一部は見た。思いを書いた手紙とかを読んだ」

梯府議「すぐに変えるということはできないかもしれないが、あらためて五万五〇〇〇の署名の重みを受け止め、どうすべきか再考してほしい」と主張、発言を終えた。

この日、就学援助、補食給食の府負担継続を求めて行動していた殿馬場《とのばば》夜間中学の生徒会も委員会傍聴に参加した。

日韓識字文解交流をおこなっている韓国から、メールが届いた。

「日本消息を聞いてたいへん驚きました。みなさんご無事でしょうか？　東京にいらっしゃる高野雅夫先生はどうでしょうか？　韓国は口蹄疫《こうていえき》で、アフリカは民主化で全世界が病んでいます。切ない現実です。……」

おわりに

「就学援助制度は、学齢を超えた夜間中学生には適用されない。国と市町村が負担する制度だ。大阪府ではない」というのが橋下知事の主張だ。それまでは、夜間中学を設置した行政以外の住民にも開かれた夜間中学であるために、就学援助を大阪府も負担するとして運営されてきたもので、大阪が誇るべき制度であった。

「教育機会確保法」が施行された現在、文科省は都道府県立の夜間中学もあり得ると方針を変えた。二〇一五年八月にもおこなったが、二〇一七年八月、夜間中学生の就学援助に相当する予算化を文科省は概算要求で提出した。二度とも財務省との折衝で実現していない。市町村の垣根を取っ払い、都道府県の枠を越え、近くの夜間中学への入学を実現するために、国や都道府県の役割は避けれない。

近畿夜間中学校生徒会連合会のこの闘いは、これから学ぶ夜間中学生の学習環境・条件の充実を考えたとき、とても大切だ。「先輩の闘いの成果で私たちはいま学べている。私たちは、後輩のために闘いつづける。勝利の日まで、闘いは続く」。夜間中学生は力を込めてこう語る。

二〇一八年の現在、先輩から後輩へ引き継がれ、とりくんでいる。

「夜間中学を育てる会」の活動

豊嶋 登　天王寺夜間中学第一期卒業生／公立中学校教員／とよしま・のぼる

三歳のとき、腰椎カリエスを発症した私は幼少期は入退院を繰り返していた。その後も通院を続けていたが、二〇歳のとき、入院手術で完治した。七歳のとき、一年遅れて小学校に入学したが、四三日間通学しただけでまた入院となり、それっきり学校とは縁がなくなってしまった。病気が完治して成人した私は自分の学歴皆無がとても不安であった。いくら自学をしても自分の言動に自信がもてず、劣等心にさいなまれていた。

私が二四歳のとき、天王寺《てんのうじ》夜間中学ができた。私は応募した。

はじめは八九人の生徒がいた。私はこの天王寺中学にあった「中学校通信教育」で学んでいたことがあったので三年生に編入となった。

三年生は一八人いた。私は学校で学べることがうれしかった。六月に開校してから三月に卒業するまで一日も休まず通った。学校で学べることがうれしかったのは他の生徒も同じであった。

一年たって卒業した私は、定時制高校に進学した。その後、公立大学のⅡ部に進んだ。合わせて一〇年間、夜間ばかりで学習したことになる。

夜間中学を卒業した年に仲間たちと「夜間中学を育てる会」を結成した。「育てる会」は発足以来、生徒募集活動を精力的におこない、夜間中学の増設に力を入れた。高学歴社会といわれる世の中で、義務教育を終えていない人たちは、学びの場を求めていた。

夜間中学の存在意義を訴える「育てる会」の活動はその人たちに対して行動のきっかけをつくった。それが、八尾《やお》市、東大阪《ひがしおおさか》市、堺《さかい》市と次々と夜間中学が開設されていくことにつながった。また、大阪府が他府県居住者の入学を閉め出したことをきっかけに、奈良に「夜間中学を作る会」が創設され、奈良市、橿原《かしはら》市、天理《てんり》市と夜間中学がつくられていった。これらの夜間中学開設の動きに「夜間中学を育てる会」の活動が大きく影響を与えた。

「育てる会」は増設運動とともに、集まってきた夜間中学生の学習環境の改善充実にも力を入れた。就学援助金の支給や給食の実施など、さまざまなことにとりくみ、一定の成果を上げることができた。行政に要求を出し交渉するなかで学習環境の向上をなしとげることができた。

大阪府が学級数の削減を出してきたとき、交渉によって当初の九学級減を四学級減に押しとどめさせることができた。「夜間中学を育てる会」はまさにその名のとおり、夜間中学を大きく育て、あるときには守ってきた。「夜間中学を育てる会」は大阪、奈良の夜間中学の発展に大きな役割を果たしてきたと思っている。

教育はまさに生きていくための武器である。その武器を奪われている人たちの存在を知らしめ、その人たちの教育の場をつくろうというのが「夜間中学を育てる会」の活動である。二〇一九年、天王寺夜間中学開設五〇年を迎えるが、まだまだその使命は終わっていない。

「夜間中学を育てる会」の歩みをまとめておく。

一　天王寺夜間中学の開設

一九六九年六月に天王寺夜間中学が開設された。本来、四月から始まる予定であったが、大阪市教育委員会の汚職事件のために二カ月遅れて六月の開校となった。

一九六九年六月五日、髙野雅夫《たかのまさお》さんは入学式のあいさつのなかで入学生に対して次のように語った。

「……大阪での俺の任務は終わった。これからは君たち夜間中学生の任務だ。大阪の夜間中学生の歴史を日本の歴史を創っていってほしい。君たち自身の心と足と手で。日本中に差別に泣く仲間が独りでもいるかぎり、俺はまたてくてくと歩き続けます。俺たちにとって文字やコトバは知識じゃない。生きるためのたたかうための武器なのだ。本当の意味で夜間中学なんか必要としない社会を俺たち自身の力で怒りで創ろうではないか」

私たち天王寺夜間中学の第一期生は一八人。年齢は一〇代から五〇代までいろいろであった。病気で学齢時に学校に行けなかった人、戦後のどさくさのなかで学校に行けなかった人、戦前は義務教育が六年間だったので、中学に行けなかった人など、さまざまな理由で天王寺夜間中学に入学してきた。みんな勉強できることがとてもうれしかった。職業も自営業から公務員、専業主婦など、実にさまざまであった。

卒業した仲間は、「私たちは天王寺夜間中学開設のおかげで中学を卒業することができたけれど、中学を卒業していない人たちがまだ全国には一二〇万人もいる。この人たちのために何かできることがあるのではないか」と考えた。そこで、夜間中学をもっと多くの人々に知ってもらうことが必要ではないか、ということになった。現在の夜間中学生を応援することと、もっともっと夜間中学をつくり、義務教育未修了者がいなくなるまで、夜間中学の灯をともしつづけていく運動をしていこう、ということになった。

1970 10/15 245
大阪 市教組

義務教育未修者の教育権保障を

「夜間中学を育てる会」発足

義務教育未修者 府下に五万人

プレハブ教室をなくせ 過密地域に長期計画を

教師自らの課題として

女子寮の建設 シャワーも つけさせる 住宅小委員会 交渉

「夜間中学を育てる会」の発足を報じる大阪市教組ニュース（1970.10.15）

卒業生の一人、倉橋健三《くらはしけんぞう》は卒業後、たびたび学校を訪れて先生たちに、「先生、卒業してみて、ほんとうに夜間中学のありがたさがわかったんや。いままで職場も臨時雇いの連続やったのが、初めて本雇いになって非常にうれしいねん。卒業して喜びがじーんときたんや。社会にはぼくと同じ境遇の人たちがたくさんいると思うが、そんな人にもこの喜びを味わってもらいたいのや。だから、夜間中学を必要とする人が一人もいなくなるまで夜間中学の灯を消したらあかんのんや。それで夜間中学を守る会をつくってほしいのや」と訴えた。

そして卒業生、先生方、市民の人などに「夜間中学校を守る会」の結成を呼びかけた。

二　育てる会の発足まで

一九七〇年六月一四日、第一回同窓会の席で「夜間中学を守る会」をつくろうという提案がなされた。議論の結果、名称も「夜間中学を育てる会」として発足することが確認された。

議論された内容を二、三紹介すると、「夜間中学が存在すること自体、義務教育が完全に遂行されていないという告発であり、完全なる義務教育をやってもらわなければ困るという警鐘である。だから将来、夜間中学が存在しなくてもよい社会の実現を期待し、本会がそのための努力を積み重ねる」、「本会は大阪だけに限るものではない。広く全国的な組織にしていかなければこの会の意義はない。全国の人たちにこの会の会員になってもらい協力をしてもらってこそ意義がある」などの議論をへて「夜間中学を育てる会」に決定した。

代表に倉橋健三さん、事務局員に河野《こうの》明《あきら》先生、岩井《いわい》好子《よしこ》先生を選んだ。

三　「夜間中学を育てる会」の目的

育てる会の目的は、「現在の義務教育の不合理をただし、義務教育未修了者に完全な義務教育を受ける権利を保障するため、種々の活動を行うものである」とした。

四　育てる会の活動

結成してまずはじめにとりくんだのは、現在の夜間中学生の学習環境をよくするための取り組みであった。そのひとつが「就学援助金の支給」であった。ほとんどの夜間中学生は昼間働いており、夜、学校にくるまで働いている。もし学校にこなければ残業ができる。夜間中学に通うようになって残業が減り、収入が減った人が多かった。また、交通費もかかる。府会議員の仲介で府教委との交渉を何回も重ねた。その結果、就学援助金、通学費用の補助、補食給食の実施など、いろいろなことを実現させた。

夜間中学生の募集活動を会の重点活動にして、ポスターやビラを作成し、街頭で配るなどの活動をおこなった。年度末には夜間中学生の募集活動をおこなった。あちこちの駅前で「夜間中学生募集」のビラをまいた。

また、入会勧誘の活動を通し、会員による夜間中学の存在、夜間中学問題の正しい認識を広める活動もおこなった。

五　夜間中学の啓発活動

夜間中学への認識を高めてもらうために、夜間中学を育てる会の記録冊子『キケ人や』の発行をした。ＮＨＫの福田雅子《ふくだまさこ》さんが精魂込めてつくられた、ＮＨＫのテレビ番組『こんにちは奥さん・わたしたちは夜間中学生』の一六ミリフィルムへのプリントや髙野さんたちがつくった映画『夜間中学生』の上映会も各地でおこなった。

六　府教委、市教委との交渉

これらの活動を背景にして、夜間中学の増設運動にも力を入れてとりくんだ。大阪府、大阪市、府内各市に対し陳情や要望活動をおこなっていった。それと同時に、夜間中学生の就学条件や教育環境の改善を要求する陳情、要望活動もおこなった。その成果として、一九七二年四月に東大阪市、八尾市、堺市に夜間中学を開設することができた。また、開設は決定しても、開設する夜間中学の教育環境の条件、設備がどのようにされるのかも大事なことなので、精力的に要望活動を展開していった。

七　行政からの援助金が実現

大阪府、大阪市より「夜間中学を育てる会」に援助金の支給が始まった。

また、無償の補食給食や通学費の支給開始、教員の増員などの成果を上げた。

八　課題

発足後、二年目ごろにはいくつかの課題も出てきた。

それは

①会の財政を安定させること。

②組織の拡大をはかること。

③「夜間中学を育てる会」の自主性・中立性を堅持すること。

九　生徒募集活動と夜間中学増設運動

夜間中学生の募集をして夜間中学をつくることと、夜間中学生の教育条件整備充実の二本柱で活動を続けてきた「夜間中学を育てる会」の活動は、一九七三年四月の「文の里《ふみさと》夜間中学」「守口《もりぐち》夜間中学」の開校、さらに、一九七五年四月の「豊中《とよなか》夜間中学」、一九七六年一〇月の「昭和《しょうわ》夜間中学」の開校へと結実した。

「夜間中学を育てる会」は大阪市・大阪府との団体交渉をもち、それを議員が仲介し、当時の大阪教職員組合(大教組)・大阪市教職員組合が支援をするというかたちで運動が進められて、大きな成果を収めることができた。

一〇　行政の政策転換と他府県居住者の締め出し

一九七六年一〇月の昭和夜間中学の開設を最後に、新規開設にストップがかけられた。オイルショックによる日本経済の停滞のなかで、地方自治体に財政難が押しよせた。行政は、夜間中学の見直しをおこなってきた。大阪府は、夜間中学の新設はしないとの方針を固め、一九八一年、夜間中学に専任の教頭配置を強行した。これは現場の管理強化をねらったものであった。そこでおこなわれたことは、夜間中学生の在籍調査、出席率の調査であった。出席率が悪いことを理由に、大幅な学級数の削減の提示をおこなってきた。さらに、一九七六年度の生徒募集要項から他府県居住者の入学は認めないことを明記して、他府県居住者の入学拒否をおこなった。この他府県入学者締め出しがきっかけとなり、奈良に自主夜間中学「うどん学校」が生まれて、のちの春日《かすが》夜間中学になった。

一一　修業年限三年・強制卒業問題

一九八五年には、尼崎《あまがさき》の夜間中学修業年限三年・強制卒業問題が起こった。これには、夜間中学生の義務教育完全保障の立場から「夜間中学を育てる会」は府県の枠を越え積極的に行動をおこなった。

一二　府教委の「学級削減」方針

一九八六年一一月、大阪府教育委員会は九学級もの「学級削減」を打ち出してきた。「夜間中学を育てる会」は、ただちに交渉をおこない、生徒会、近畿《きんき》夜間中学校連絡協議会大阪部会、当時の大教組とも連帯しながら取り組みをおこなった。学級数の削減を止めることはできなかったが、九学級減から四減にとどめさせることができた。府教委は四学級減を強行した。

一三　行政との最後の交渉

一九八七年一〇月二六日、大阪府教育委員会と交渉をもった。要求項目は、削減の四学級の復元、小学校課程の設置、一五人学級の実施、日本語学級の設置、就学援助制度の充実、完全給食、独立校並みの予算措置、などだったが、府教委は財政難を理由に要求を拒みつづけた。この交渉を最後に、大阪府との交渉は現在までおこなわれていない。

一四　育てる会の活動停止

一九八九年三月、「夜間中学を育てる会」の役員五名が、井口正俊《いぐちまさとし》会長に役員辞退を申しでた。役員辞退の理由は「高齢化と健康上の問題」によるものであった。

夜間中学生が主役の夜間中学を創ろう

黎明期の大阪の夜間中学生の活動

平野和美　元大阪府八尾市立八尾夜間中学教員／ひらの・かずみ

「かえるつうしん」

「かえるつうしん」№4〜15に再会した。すでに手元からなくなって久しいが、高野《たかの》雅夫《まさお》が東京で保管していた資料が夜間中学生歴史砦《とりで》に整備され、そのなかに「かえるつうしん」というファイルがあった。

この通信を読んでいると、懐かしい名前とともに、その当時の学習会に集まっていた夜間中学生たちの顔や活動する様子がよみがえってきた。

「かえるつうしん」は一九七二年四月三〇日から始まった「夜間中学を育てる会　東大阪《ひがしおおさか》・八尾《やお》」の集まりに参加していた夜間中学生たちが発行した通信の名前である。

「かえるつうしん」を発行していた一人、八木秀夫《やぎひでお》は天王寺《てんのうじ》夜間中学生であった。「かえるつうしん」の№1〜3のどれかに、なぜ「かえる」なのかが掲載されていたように思う。当時の八尾中学校は田んぼに囲まれており、夜になるとゲロゲロ、ゲコゲコ、しきりにカエルが鳴いていた。「ぼくら、河内《かわち》の夜間中学生はかえるみたいなもんや。必死に鳴いても、跳びはねても、先生や役所の人は素知らぬ顔や。それでも、ぴょんぴょん跳ねつづけ、鳴きつづけるんや」というような、自虐的なユーモアから通信の名前がつけられたように思う。

高野雅夫、八木秀夫との出会い

私は一九七二年四月、開校した八尾夜間中学の教員になった。八木秀夫に初めて出会ったのは一九七二年の四月二〇日である。高野雅夫、須尭信行《すぎょうのぶゆき》、八木秀夫、天王寺夜間中学教員の河野明《こうのあきら》の四人が、四月に開設された三校のひとつである八尾夜間中学の見学をかね、「夜間中学を育てる会」（以下「育てる会」と略）への参加を呼びかけるために訪問したときのことである。八尾夜間中学生全員が話を聞いた。

髙野雅夫は、行政管理庁から夜間中学廃止勧告が出されたとき、「夜間中学生」という映画をつくり、全国行脚して廃止勧告反対を訴えつづけるなかで、大阪にも義務教育未修了者はいるはずだと、生き証人を探し出し、天王寺夜間中学の開設を働きかけた人だと紹介をされた。

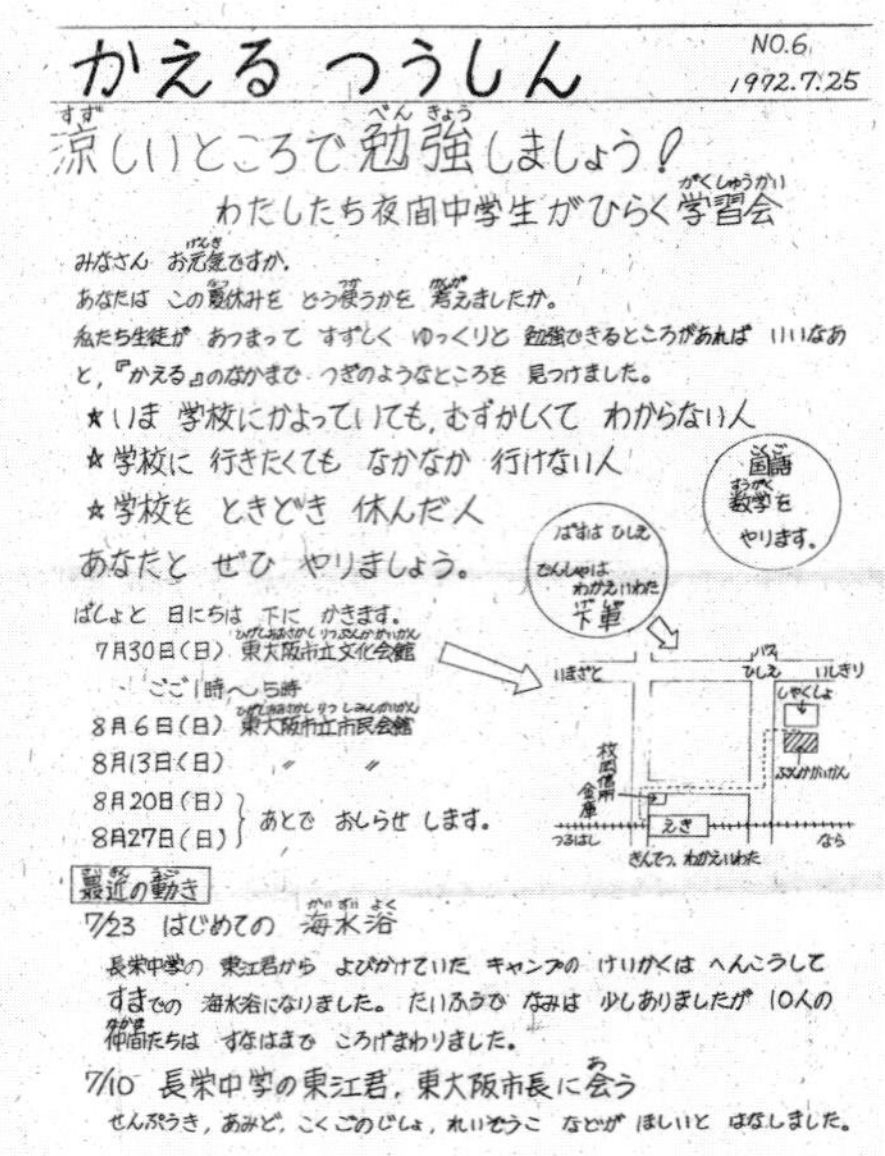
かえる つうしん　NO.6　1972.7.25

涼《すず》しいところで勉強《べんきょう》しましょう！

わたしたち夜間中学生がひらく学習会《がくしゅうかい》

みなさん お元気《げんき》ですか.
あなたは この夏休みを どう使うかを 考えましたか。
私たち生徒が あつまって すずしく ゆっくりと 勉強できるところがあれば いいなあと,『かえる』のなかまで つぎのようなところを 見つけました。
★いま 学校にかよっていても, むずかしくて わからない人
☆学校に 行きたくても なかなか 行けない人
☆学校を ときどき 休んだ人
あなたと ぜひ やりましょう。

国語《こくご》 数学《すうがく》を やります。

ばしょと 日にちは 下に かきます。
7月30日（日） 東大阪市立文化会館
ごご1時〜5時
8月6日（日） 東大阪市立市民会館
8月13日（日） 〃 〃
8月20日（日）
8月27日（日） あとで おしらせ します。

最近の動き
7/23 はじめての 海水浴《かいすいよく》
長栄中学の 東江君から よびかけていた キャンプの けいかくは へんこうして すまでの 海水浴になりました。 たいふうで なみは 少しありましたが 10人の 仲間たちは すなはまで ころげまわりました。
7/10 長栄中学の東江君, 東大阪市長に会《あ》う
せんぷうき, あみど, こくごのじしょ, れいぞうこ などが ほしいと はなしました。

「かえるつうしん」No.6（1972年７月発行）

「教育権は生存権である」「文字と言葉を奪われた人間は空気を奪われているに等しい」「文字と言葉は知識じゃない。生きるための、闘うための武器なのだ」と話した。テレビで髙野を見たという生徒は目の前に本人がいることに感激していた。

須尭信行は「昼間の差別が夜間中学にもある。形式中卒のことを訴えると、先生を困らせるなと止める生徒がいる」と、全国夜間中学研究大会で形式中卒生が夜間中学で正式に学べるようにせよと文部省に迫り、入学を認められたのに、いまだ天王寺夜間中学では正式入学が認められていない実態を話した。八尾夜間中学に在籍していた形式中卒生には、先輩の闘いによって夜間中学で学ぶことができていることが伝わった。

八木秀夫や河野先生の話から、八尾夜間中学は「育てる会」顧問の井口正俊《いぐちまさとし》府会議員が八尾市に働きかけてできたことや、同じ一九七二年の四月に開校した東大阪の長栄《ちょうえい》夜間中学は「育てる会」の八木秀夫が、堺《さかい》の殿馬《とのば》場《ば》夜間中学は倉橋健三《くらはしけんぞう》（天王寺夜間中学第一期卒業生）がそれぞれの市に請願書を提出してできたものであり、運動なくして夜間中学の開設はないことを知った。そのためか、ほとんどの生徒が「育てる会」の必要性を理解し、

積極的に入会した。

四人を囲んで話が始まった。昼間の八尾中学を卒業したという生徒は、障害者として差別を受け、就職できなかった悩みを、乳飲み子《ちのご》を抱えて学ぶ生徒は、「まわりに迷惑かけているが、この子が大きくなるまでにどうしても学びたい」と話した。「学校を出た人には、文字を知らないために差別されてきたものの気持ちはわからない」と話す生徒もいた。入学後一〇日ほどたっていたが、生徒から初めて聞く話が続いた。このように生徒の生い立ちや想いを引き出せるような授業をやりたいと思った。貴重な時間だった。

夜間中学を育てる会　東大阪・八尾

四月三〇日に東大阪市民会館で開かれた「夜間中学を育てる会」の集まりに、八尾夜間中学から数人の生徒が参加した。長栄、天王寺、菅南《かんなん》の夜間中学の生徒もそれぞれ数人ずつ参加しており、この場での出会いから、「育てる会」東大阪・八尾の集まりが定期的にもたれるようになり、それを「かえるつうしん」がつなぐ働きをもつようになった。

天王寺夜間中学からは、長欠生をなくすために土曜日一時間の補習授業を始めるという報告を聞き、菅南夜間中学の生徒からは、「育てる会」について話し合いたいが授業中を理由に阻まれているという訴えがあった。八木秀夫は「夜間中学で何を学ぶのか。夜間中学でほんとうに必要なのは教科書中心の授業なのか」と問いかけ、「昼の学校から締め出されたものが、昼の勉強と同じことをしてどうするのか。昼の教育の矛盾を昼に返していくために、夜間中学はあるのとちがうのか」という話に私は衝撃を受け、この言葉が強く心に残った。

以後、日曜日ごとに八尾や東大阪にある公民館を使って、勉強会を続けることになった。勉強会のなかで、五月一五日の沖縄返還の日に八尾夜間中学が休みになることが話題に上った。八尾市は五月一五日を全学校園で休業日とするとしていたが、八木秀夫から「夜間中学を休みにするのはおかしい。沖縄では屈辱の日と言われているのに、なぜ、祝日にするのか」と提起を受けた。結局、八尾夜間中学はこの日を自主登校日とした。

当日、自主登校した生徒たちは、長栄夜間中学生で沖縄出身の東江正秀《あがりえまさひで》を講師として、沖縄の歴史を学んだ。また、東江が受けてきた差別についても知った。さらに、当日参加していた天王寺夜間中学の神部博之は、神戸《こうべ》の夜間中学生の裁判について話した。「中学も満足に出ていない者、母子寮育ちの者にたいして、世間の目は冷たい。差別的だ。この裁判を通して、そんなことをはっきりさせたい」と話した。

この浜田裁判については、後日、勉強会で神部からさらに詳しい取り組みを聞いた。第三回公判（六月一四日）から国選弁護人を私選に切り替え、新たに証人申請をし、神部自身も証人として夜間中学生の置かれている実態を明らかにしたいということであった。

この裁判については一九七二年六月二三日の朝日新聞の記事が詳しいので、紹介する。

〈社会的矛盾を〝告発〟

貧困と差別が生んだ父親監禁事件の公判〉

「親のエゴイズムで子が犠牲になるのは仕方のないことなのか」と問いかけ、さる一月三一日、別居中の実父と義弟を刃物でおどし、長時間監禁してつかまった浜田博嗣君(24)。「中学にも満足に行けなかった」という貧困と差別が生んだこの犯罪は、連続射殺犯永山則夫の場合にも似て、同じような立場の若者の心を捕えた。

彼らはいま「浜田裁判の真実の勝利をめざす百人の行動委員会」をつくり、事件の背景となった社会的矛盾を告発する輪を広げている。

〈若者の心とらえる　真実の裁判をめざす百人の行動委

寛刑のお願いではない　被告の気持ち物語る落書き〉

浜田被告は神戸地裁で開かれた第二回公判で「父が死んだ者だけでなく、生き別れで母子寮に入る者もいる。こういう人たちにも立って（親の責任を追及する行動に立ち上がって）もらおうと思った」と長時間監禁の動機を語った。親に対する彼の気持ちは自宅押入れの床にびっしり書かれた落書きが物語っている。「馬鹿な親のお陰で餓鬼《がき》どもはこの世の地獄」「豚」「おやじは（後妻の）持参金に目がくらんで俺達《おれたち》兄弟を捨てた」……

〈父の再婚でぐれて退学〉

「行動委」代表の神部博之さん(28)は「ぼくも六歳のとき、じゃまだからと養子に出され、父を殺したいほど憎んだ。浜田君のやったことは、手段は間違っていたと思うが、内心では拍手を送りたい」という。

浜田被告の両親は彼が小学校に上がる前に離婚、一時父に育てられたが、父がその後再婚し、彼は母と母子寮にはいった。新聞配達などをしながら、中学へ進んだが、火薬遊びで右手指を失ってから夜間中

浜田裁判にかけつけた夜間中学生。左より八木秀夫、一人おいて小林晃、岩井好子、須尭信行、高野雅夫（1972年４月 神戸地裁）

学（神戸市立丸山中学校西野分校）に移った。その後いったんは高校へ進んだが、ぐれて退学。復学は認められなかった。「私は正式に中学を卒業せず就職しましたし、身体障害者でありますので、就職のことは考えませんでした」（法廷陳述）。

〈山電事件で調べられる〉

同じ夜間中学生である神部さんはいう「中学も満足に出てないもの、母子寮育ちの子、つまり貧困に対する世間の目は冷たい。差別的だ。浜田君は山電爆破事件に関係あるのではないかと調べられたことがあるが、これがいい例だ」

〈やりかねぬと警察の偏見〉

昭和四二年、山陽電鉄で爆破事件があったあと、警察は火薬マニアを徹底的に調べた。その中に高校生の浜田被告もいた。「火薬遊びくらい、男の子ならだれでもする。それなのに浜田君は三度も調べられ、今度の事件でつかまると、本件そっちのけでまた、取り調べを受けた。夜間中学出身で母子家庭なら社会をひがんでいるからやりかねない、という偏見が警察にあったからだ」と神部さんは指摘する。浜田被告も獄中からの手紙で「まさに彼等（警察）にとっ

ては渡りに舟だった」と書いている。

〈保釈とるのが当面の課題〉

浜田被告は第一回公判で公訴事実のすべてを認めたが、身元引受人がはっきりしない、などの理由で百日余の拘留が続いている。行動委では「浜田裁判を、単に親子の断絶ととらえ、寛刑をお願いするものにしてはならない。社会的差別を明らかにし、真の勝利を勝ちとろう」とさきごろ国選弁護士を私選に代えた。一日一回、しかも網越しの五分か十分の面会では、必ずしも両者の間に意思の疎通があるとはいえない。このため当面は「浜田君の保釈をとるのが課題だ」という。

その後、この裁判は七月一八日には判決が出た。懲役二年、執行猶予三年であった。神部博之はじめ夜間中学生の想いとは違って、浜田被告と十分意思疎通がはかれないままの早い結審であった。

かえるの勉強会

四月三〇日をきっかけに始まった勉強会では、授業でわからないことをお互いに教えあった。しかし、一方で「ここで、夜間中学の下請けしてて、どうするんや。わからんことがあったら、学校で先生にきいたらいい。勉強わかるもん中心に授業が進む夜間中学はおかしいと思う。ここでは、ほんとうに学びたいことは何か考えたい」という意見が出された。

「自分たちが主役の夜間中学にするために、生徒会をつくりたい。そのために、どんな会則をつくったらいいか、みんなで話し合いたい」と話したのは菅南夜間中学の生徒だった。「せっかく夜間中学に入ったのに、仕事があり、毎日行かれへん。自分と同じように夜間中学からはじき出されそうな人、おると思う。そんな人の声、聞いてみたい」と話したのは、天王寺夜間中学に入学はしたが、飲食店に勤めているので学校に行けないと悩んでいた神部博之だった。

勉強会のたびに、さまざまな意見が出された。そのなかから、何を取り上げるかを話し合い、勉強会の中身が決まっていった。生徒会の会則づくりは、昼間の中学校の生徒会や定時制高校の生徒会などから会則を集めてきて回し読みし、夜間中学にふさわしい生徒会について、継続的に話し合った。

信貴山口駅《しぎさんぐち》で起こったことを考えよう！

「かえるつうしん」No.4（一九七二年六月三〇日）

六月二七日お昼前に、山本駅方面からおりてきた八尾中学校夜間学級の新井さん（五五歳）が、駅の改札員に定期券を取り上げられ、しばらく待たされたのち、身分証明書を見せてから、やっと五五歳のおばちゃん生徒であることが認められました。このことは私たち育てる会のメンバー（会員）や、各学校の生徒会が積極的に社会の人々に私たちの通っている学校があること。私たちが毎日この電車やバスで通っていることを伝えることが、まだまだ不十分であることの現れであると思われます。

育てる会東大阪・八尾として責任ある行動をとるために、さっそく、六月二九日朝、信貴山口駅助役に会い、定期券を取り上げた駅員さんに、パンフレット「キケ人や！」を使って、具体的に夜間中学についての認識を持ってもらうよう要求してきました。

（八木秀夫）

事件が起こってからの、反応の速さに驚かされる。八木秀夫は新井さんから直接訴えを聞き、二日後に抗議に出かけ、夜間中学が大阪府内に六校あることや、そこでは義務教育未修了の大人の生徒が学んでいること、通学定期券を使って学校に通っていることなどを、「育てる会」が発行した冊子『キケ人や！』を使って伝え、夜間中学の啓発活動をおこなってきたのだ。

この事件をきっかけに、もっと夜間中学のことを知ってもらおうと、勉強会の始まる前や終わってから、布施《ふせ》や八尾駅前で夜間中学生募集のビラ配りをすることも始まった。

また、生徒手帳に夜間中学のことをきちんと書いて、身分証明書になるようにしてはどうかと、意見が出された。夜間中学はどのようにしてできたのか、だれが学んでいるのか、夜間中学の必要性を生徒自身がまとめようと試みるものであり、生徒会の会則づくりと同じように大切な勉強であった。

夜間中学や「育てる会」が学校にきている人を中心にして進められ、夜間中学から長欠生が生まれている。そこで「午後学級をつくろう」と呼びかけをすることになり、実態調査のために、各学校へ「かえるつうしん」を配りに行くことになった。

午後学級をつくろう！

「かえるつうしん」No.7（一九七二年八月七日）

全国に一四〇万人もの義務教育未修了者。大阪だけでも五万人の人たちが、教育からとりのこされてきました。「大阪にも夜間中学をつくろう」と長いあいだ訴えてうったえてまわった、東京荒川九中卒業生の髙野雅夫さんや大阪府議会で質問した井口議員の力。そして学びたいという私たちの強いねがい。

大阪に夜間中学ができたのが一九六九年六月です。三年たって卒業した人もあり、今では府下に六校でき、六五〇人の生徒が学んでいます。

せっかく入学を決心したのに六五〇人の中にも、いろいろな事情で学校へ行くことがむずかしい人がまだまだたくさんおられます。また、今通っている人でも、昼間ならば安心して学べる人もおられます。その方々の『教育を受ける権利』を保障するため、午後学級をひらくことを大阪府に要求します。一日も早く午後学級を実現させましょう。午後学級ならば通える人たちのことを知るために各学校で調査します。あなたのお友達や知り合いの方で、昼間ならば学校へ行きたいと思っている人があるかもしれませんので知らせてあげてください。この調査について皆さんのご協力をお願いします。二枚目のちょうさひょうにかいてください。

〆切は九月一〇日です。

八木秀夫の除名問題

近鉄電車・信貴山口駅への夜間中学啓発の働きかけや、沖縄返還の日の八尾夜間中学での〝沖縄学習〟などの提起は、夜間中学の主役は夜間中学生であることを明らかにした重要な指摘であり、夜間中学生に対する無理解や差別には夜間中学教職員が敏感に対応し、夜間中学生と共に立ち上がらなければならないと示唆するものであった。夜間中学生の動きから私たち教職員は多くを学ぶことができた。

夜間中学生募集を会の重点活動として夜間中学を増設し、増設した夜間中学が、生徒が主役の学校になるよう就学条件や教育環境を整えていく。さらに、夜間中学や夜間中学生の実態を広く伝える啓発活動を担うという「育てる会」の重要性をあらためて認識した矢先に、近鉄電車への抗議や八尾夜間中学での沖縄討論は夜間中学を「育てる会」とはまったく関係のない動きであるという、「育てる会」の八木秀夫に対する除名通知なるものを知った。勝手に「育てる会」を名乗る八木秀夫を「育てる会」から除名し、「キケ人や！」を使用した代金を請求するという通知が八月二五日に八木秀夫に送られてきたというのである。まさに青天の霹靂《へきれき》だった。

「育てる会」の会員である夜間中学生や教員に諮《はか》られることもなく、また、何が問題であるのかの本人への事前の指摘もなく、「育てる会」の会員として熱心に活動していた夜間中学生に突然『除名』を迫る「育てる会」の強権的な対応に、怒りより、あきれて言葉を失う状態であった。

「夜間中学を育てる会」は、その目的が義務教育の不合理をただし、義務教育未修了者に完全な義務教育を受ける権利を保障するための種々の活動をおこなうことであると述べている。一口一〇〇〇円の会費で会員が能動的に目的達成のために活動してほしいと述べているのに、なぜ、八木秀夫は除名なのか。学習会でも話し合ったが、「あきれて、ものがいえんわ」「間違ったこととしてないねんから、ほっといたらいい」という声がほとんどであった。除名処分の撤回を求めるなり、このような処分をする「育てる会」への抗議なりを広く展開すべきであったのかもしれない。夜間中学生たちにはその力はこの時点で十分にあったのだから。しかし、自分たちにはこんなことにかかわっているより、いまやるべきことがあるという考えが強かったように思う。

その後、八木秀夫たち夜間中学生は、あるべき夜間中学の姿、あるべき「育てる会」の姿を問いつづけていくことになる。

その最初の行動は九月三日に開かれた大阪進路保障研究集会であった。第五分科会では、「夜間中学における教育権を保障するとりくみ」と題して「夜間中学を育てる会」から報告が予定されていた。しかし、当日参加した八木、神部、東江たち夜間中学生は、「育てる会」事務局が各学校教員には参加を要請したが、夜間中学生への呼びかけがなかったことをとらえ、生徒を抜きにした「育てる会」の報告は認められないと批判した。

さらに、九月一五日には、大同教（大阪府同和教育研究協議会）、市同教（大阪市同和教育研究協議会）など九月三日の主催者と話し合いをもった。髙野雅夫、須尭信《すぎようのぶ》行《ゆき》をはじめ二〇名をこえる夜間中学生が参加した。その場では、九月三日の総括を求めるとともに、八木秀夫の「育てる会」除名についてや守口の夜間中学新設についても報告された。

　多くの参加者からは各夜間中学の様子が話された。「できる人中心に授業が進められている」「きめ細かい指導をしてほしい」「質問すると、先生、つつくなとまわりから言われる」「先生は電話はするが、家庭訪問はしない。生徒がどんな生活しているのかわかっているのか」「一緒に入った人が、たくさん休んでいる。一緒に卒業したい」「出席簿に名前がないと、給食のパンでも、もめる」「あとで圧力がかかってくるから言いたいことが言えない」など、夜間中学がかかえるさまざまな問題が出された。「三年のあいだに、天王寺をつくった当時の生徒が消えていった。先生がくる（配置される）まで、大阪の夜間中学生はどうするつもりなのか」、髙野雅夫が指摘した。「先生にやってもらうのを待たんと、自分たちの力でやろう」、八木秀夫はこう大阪の仲間によびかけた。

　こうした討論集会は毎月続けられ、一九七三年一月七日には部落解放同盟、大同教、市同教による、前年九月の総括集会ももたれ、「育てる会」のあり方が話し合われた。夜間中学生抜きに「育てる会」はないことが確認された。

誇りをもって活動を始めた夜間中学生

　この時期はまさしく、大阪の夜間中学の黎明《れいめい》期であった。「育てる会」東大阪・八尾＝かえるの学習会に参加する生徒は、長栄、八尾にとどまらず、天王寺、菅南、岸城《きしき》に広がっていた。在校生も、卒業生もいた。みんな一様に、髙野雅夫が天王寺夜間中学の入学式で言った「大阪での俺の任務は終わった。これからは君たち夜間中学生の仕事だ。大阪の夜間中学の歴史を、いや日本の歴史を創っていってほしい」と託された想いに、それぞれが応えようとしていたように思う。また、第一八回全国夜間中学校研究大会に参加し、闘うことによって形式中卒生の夜間中学入学を可能にすることができたことを目の当たりにしたからかもしれない。

　須尭信行、八木秀夫、神部博之、安田春夫《やすだはるお》（安春夫《アンチュンブ》）、東《あがり》江《え》正秀《まさひで》などなど、枚挙にいとまがないほどの夜間中学生が、自分の想いを自筆のビラにまとめ、それぞれが、学校で、学習会で、集会で配り、それぞれに活動を始めたのがこの時期だった。さらに、その夜間中学生の姿を見て、新たに活動を起こす生徒もいた。級友を誘って学習会に参加する生徒もいた。ある夜間中学生はふらりと東京の永山則《ながやまのり》夫《お》の私設夜間中学［一九七二年、〝連続射殺魔〟永山則夫をふたたび生み出さないために夜間中学生OBらが参加し、東京・足立区に開いた］に出かけ、帰ってくるやいなや「『かえる』という名前では、何をしているグループかわからん」と舌鋒鋭く、八木や神部に迫っていった。

夜間中学生は顔と名前を明らかにし、奪われた文字と言葉を奪い返そうとしていた。夜間中学生であることに誇りをもって動いているように感じられた。しかし、教員は夜間中学生のその姿から学ぶことができなかった。「お前と高野は違う」と生徒を分断し、夜間中学生が夜も寝ずに書いたビラを見て、「だれに教えてもろた」と、他の生徒の前で辱めた。

天王寺夜間中学で生徒たちの学習の支援に入っていた「はだしの教師」（学生ボランティアたち）が教室に入ることを拒まれるようになったのも同じころであった。

夜間中学生が、もっとも伝えたかった夜間中学の仲間に、学校で意見を伝えることやビラを見せることができなくなっていった。「先生を困らせるな」「授業のじゃまをするな」と拒絶され、傷ついていった。天王寺夜間中学を休んでいた須尭信行は一月二九日、近畿夜間中学校連絡協議会の定例会に参加？した。参加ではなく、傍聴だったのではないかと思う。前回とは違い、激しいやり取りはなく、きまりごとのようにそうなったと思う。＊

「長欠の生き証人として発言したい。生徒は先生に合わせて気に入られることを言っている。ほんとうの気持ちを言ったとき、先生はどんな態度をとったのか。夜間中学で何も問題がおこらないとしたらおかしい。夜間中学は問題を教師と生徒の共同作業で解決していくところだ」と述べ、夜間中学から去っていった。追い出されてしまったというべきだろう。

＊一九七二年六月一五日に近畿夜間中学校連絡協議会の定例会が開かれた。会に夜間中学生が出席したが、その参加を認めるかどうかで最初から紛糾し、傍聴者としてなら許可をするという物々しいやりとりがあった。初めてその場に出席した私はその緊張したやり取りに強い違和感を感じた。

さらに、会議が始まると、近夜中は運動をしていく組織ではなく、夜間中学相互の連絡を緊密にはかる連絡協議会として発足しているという確認がおこなわれたり、「育てる会」と協議会の関係はどうかという質問が出されるなど、会員のなかに「運動」に対するアレルギーのようなものがあるのではないかと思われた。とくに、前年大阪で開かれた第一八回全国夜間中学校研究大会の評価が大きく影響しているのではないかと推察された。この定例会はこの全夜中研大会から半年後に開かれている。

夜間中学にきて、一緒に授業を受け、給食を食べ、楽しそうに夜間中学生と談笑していた八木秀夫は、夜間中学で出会うことが少なくなっていた。かえるの勉強会や集会など、さまざまな取り組みが重なり忙しかったことや、「高橋栄一さんの夜間中学入学を進める会」の取り組みが始まっていたこともあってのことであったとは思うが、「育てる会」除名という烙印《らくいん》を彼一人に背負わせ、何もとりくめなかった非力と責任を痛感している。

＊

「かえるつうしん」との久々の出逢《であ》いに誘われるように、おぼつかない記憶をたどって一九七二年度の一年間に限って夜間中学生との出会いを追った。八尾をはじめ堺、東大阪に三校の夜間中学が開設され、夜間中学の教員として赴任した一年目であった。前年におこなわれた夜間中学の歴史に残る第一八回全国夜間中学研究大会やその後の日教組教研などの記事に誘われて夜間中学の教員になった私は、この第一八回全国夜間中学研究大会で北海道の古部美江子《ふるべみえこ》や九州筑豊《ちくほう》出身の須尭信行のおこなった身を切る訴えは文部省からさえ「学習したい人には学習の機会をあたえるべきではないか」という回答を引き出したのだから、夜間中学生と日々過ごし、夜間中学生の想いに向き合うことの多い夜間中学の教師には当然思いは届き、形式中卒生の夜間中学入学は勝ち取られたものと思っていた。新設の八尾夜間中学には形式中卒生が正式に入学していたし（八尾市教育委員会がそれを認めていた）、ほかの夜間中学もそうに違いないと思っていた。しかし、その後の夜間中学の様子を見聞きすると、第一八回全国夜間中学校研究大会での生徒の闘いが受け継がれてこなかったのではないかと思わざるをえない（86～91頁参照）。

残念ながらこの拙文では、大阪の夜間中学の黎明期に出会い、私を教員として育ててくれた夜間中学生の想いや活躍を伝えることはできていないが、若くして亡くなった八木秀夫や神部博之、沖縄へ帰っていった東江正秀、就職闘争の最中に日本ではなく朝鮮民主主義人民共和国の建設に役立つことを選び帰国した安春夫などなど、夜間中学の主役たらんと活動した夜間中学生の顔や名前を思い浮かべ、彼らを大阪の夜間中学の歴史から葬り去ってはならないという思いで寄稿した。

南河内自主夜間中学の取り組み

人と出会い、世界と出会い、私と出会う

今木誠造　南河内自主夜間中学事務局長／いまき・せいぞう

一九九〇年「国際識字年」の五月、大阪の公立夜間中学・大阪府教職員組合（本部と地元の南河内《みなみかわち》・松原《まつばら》の日教組支部）・部落解放同盟（富田林《とんだばやし》・向野《むかいの》・松原支部）の代表が集まり、話し合いが始まった。

ここでの一定の結論は、①日本人の義務教育未修了者や在日外国人向けの日本語の「学びの場」として自主夜間中学を開設する、②ここを拠点に南河内地域（富田林・藤井寺《ふじいでら》・羽曳野《はびきの》・松原各市の近鉄《きんてつ》南大阪線沿線）に公立の夜間中学をつくってほしいという学習者の要求を運動化していく——であった。

そして「夜間中学校をつくる会」は出発した。一〇月、天王寺《てんのうじ》夜間中学の見学会（参加者二〇人）、一一月には藤井寺市内のスーパーで「パネル展」と飯野靖子《いいのやすこ》さん、岩井好子《いわいよしこ》さんの講演会（参加者二一〇人）を開催した。

一方で「学びの場（教室）」捜しにあたった。近鉄電車・恵我之荘《えがのしょう》駅近辺の英会話教室が金曜日が空いていることがわかり、知人の紹介で無料で借りることができた。そこで、開校日を一九九一年二月一五日とし、一月末から計五〇〇〇枚のビラ配布を七駅で開始した。

開校日、学習者は現れるはずだと、自分たちに言い聞かせていたが、正直、ほんとうに心配であった。七人の学習者が参加し、南河内自主夜間中学がスタートした。

しかし、教室があまりにも狭く、やむをえず、駅から二分の羽曳野市立集会所の使用許可を申請し、四月から移転した。集会所の使用料は、最初の六カ月は有料、その後は無料となった。

一枚のビラで人生が変わった

七人の学習者の一人、Aさんの文章を紹介する。

一九九一年二月の初め、勤めの帰りに恵我之荘駅の改札口を出たところで雨の中、ビラを配っているのに出会った。いつものビラと思い、手に持ったまま踏切を渡った。そこでまたビラを配っていた。……（略）……ビラに目をやると夜間中学のことがでていた。夜間中学のビラをもらうのは初めてだった。すぐにもどってビラを配っていた女の人にたずねた。「いつから始めるのですか?」「だれでも行けますか?」とたずねたら、それにやさしく答えてくれた。夜間中学で勉強するのが長い間の夢だったのでわくわくして宙にういている感じだった。ビラのことは自分一人でだれにも話さず、開校式の二月一五日には一人で行った。雨がすごく降っていたが、はじめの日が大事だと思い時間に遅れないように行った。いろいろ話しあって先生が決まった。希望を聞かれ、日本語の読み書きと英語と算数が習いたいと言った。

次の二三日の金曜日から勉強が始まった。もううれしくて夢中だった。小学三年生の二学期で病気のため学校へ行けなくなったので、小学校三年生の教科書からはじまった。……（略）……ローマ字、英語はＡＢＣから、算数はかけ算と割り算を一から始めた。覚えが悪くてなかなか頭の中に入らない。一週間たつと忘れる。でも、先生が根気よく教えて下さるので休まず行き、算数もおもしろくて宿題を出してもらってやった。自分でわかる所はどんどんページを進めた。毎日が楽しく年を忘れて学生の気分を味わっている。

一人暮らしで働かないと食べて行けないので昼間の学校へは行けないし、もし昼間行けたら恥をしのんで近くの小学校へ入れてもらって勉強したいとつねづね思っていた。字を覚えたいという気持ちは年をとるにつれてだんだん強くなってきた。体が弱いので、手に職をつけた方がよいと言われていたがなにをするにしても字が書けないということが頭の中にあって、一歩も二歩も後ずさりしてしまう。仕事も後から入ってきた人に字が書けないばかりに、さきを越されたり、職種も賃金の安いのをしょう知で受けなければならない事もあった。字が書けない事を人に知られたくないので、今まで氷の上を歩いているような思いをたくさんした。おかげさまでこのごろは夜間中学へ行っていることを人に話せるよう

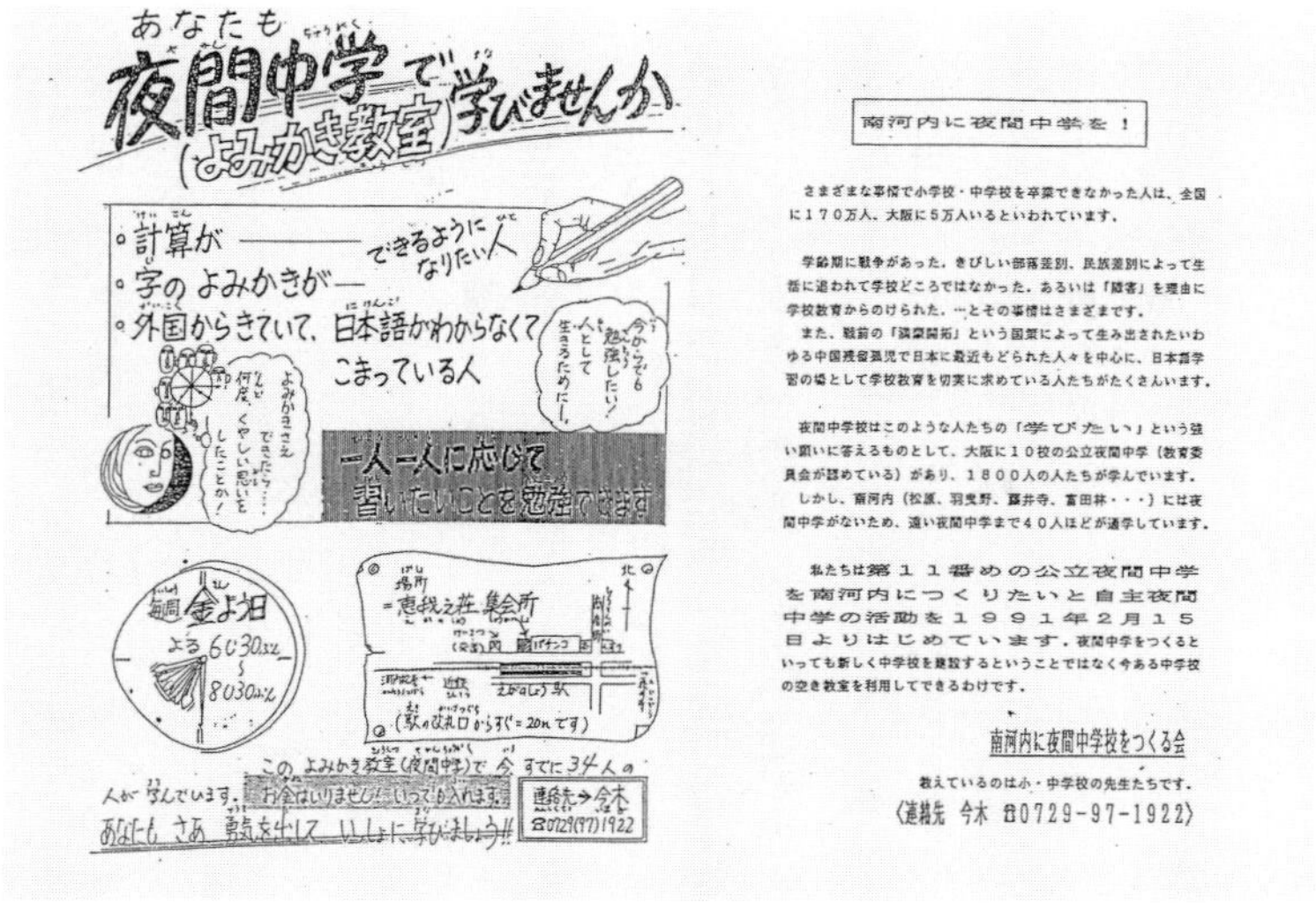

南河内に夜間中学を！

さまざまな事情で小学校・中学校を卒業できなかった人は、全国に１７０万人、大阪に５万人いるといわれています。

学齢期に戦争があった、きびしい部落差別、民族差別によって生活に追われて学校どころではなかった、あるいは「障害」を理由に学校教育からのけられた、…とその事情はさまざまです。

また、戦前の「満蒙開拓」という国策によって生み出されたいわゆる中国残留孤児で日本に最近もどられた人々を中心に、日本語学習の場として学校教育を切実に求めている人たちがたくさんいます。

夜間中学校はこのような人たちの「学びたい」という強い願いに答えるものとして、大阪に１０校の公立夜間中学（教育委員会が認めている）があり、１８００人の人たちが学んでいます。

しかし、南河内（松原、羽曳野、藤井寺、富田林・・・）には夜間中学がないため、遠い夜間中学まで４０人ほどが通学しています。

私たちは第１１番めの公立夜間中学を南河内につくりたいと自主夜間中学の活動を１９９１年２月１５日よりはじめています。夜間中学をつくるといっても新しく中学校を建設するということではなく今ある中学校の空き教室を利用してできるわけです。

南河内に夜間中学校をつくる会

教えているのは小・中学校の先生たちです。

〈連絡先　今木　☎0729-97-1922〉

夜間中学生募集ビラ「南河内に夜間中学を！」（1991年３月）

になり、現在通っている職業訓練学校でも勉強中に今まで書けなかった字がスーと書けたときは良かったなあと思い、製図の時アルファベットで前はＦ（フロント）後ろはＢ（バック）など出た時はうれしくて、自主夜間中学に感謝する思いだった。やはり文字は生きて行く上で大切な役割をしているとつくづく思う。今は何とか中学生の学力がつくまで夜間中学へ行きたいと思っている。学校の卒業証書は一枚も持っていないので一枚はほしい。もし早くとれたら高校へもと、ちらっと思ったりする。……（略）……

Ａさんがこの文章を書いたのは一九九三年九月。自主夜間中学校に五年間在学。その後、九六年四月、公立の天王寺夜間中学に入学。ここで五年間学び、府立天王寺高校定時制を卒業した。Ａさんはいまでも年に一〜二回は自主夜間中学へ顔を出す。「受けとったビラ一枚で私の人生が変わってしまった」とうれしそうに語っているのが印象的だ。

日本語をわかりたい

二回目のビラ五〇〇〇枚は、五月末から、文化住宅やアパート、府営団地を重点に配布した。すぐに反応があった。中国の人たちが参加するようになった。

Bさんが九三年九月に記した文章を紹介する。Bさんは二一歳で中国に渡って三カ月後、日本の敗戦に直面。そのまま中国に残り、中国人の夫とのあいだに五人の子どもが生まれ、家族総勢一六人が日本に帰国した。

私は、中国残留婦人の一員、元大阪市の開拓団の一員として渡満しました。敗戦後早や四八年、顧みれば、ついこの間のように思われます。私の脳裏にさまざまな事柄が刻み込まれておりますが、特に思い出すのは満州開拓団のことです。ソ連軍の突然の侵攻により筆舌に表わせぬあの悲惨な逃避行を忘れることはできません。……（略）……私たちの収容所は哈爾浜《ハルビン》の元日本人の花園小学校でした。零下三〇何度という寒い冬でもコンクリートの上でむしろを敷いて着のみ着のまま寝てきた私です。当時収容所では満州チブスが流行し、医者も薬もなく、ただ死を待つより仕方がありませんでした。毎日、寝ても起きても祖国日本に帰りたくて仕方がありませんでした私です。

念願がようやくかなって、祖国の土を踏んだ私です。そして一年半後に中国に残してきた家族全員を日本に呼ぶことができまして大喜びですが、第一に困ったのは日本語ができない事です。それから間もなく子どもたちは南河内自主夜間中学で勉強するようになりました。毎週金曜日一回ですが、各先生がたは熱心にやさしく親切に「あいうえお」から始まって色々な単語を教えて下さいました。子どもたちの話では週に一回は何か物足りないと言っております。いつごろになったら公立夜間中学になるのかなあと言っております。日本人の子どもでありながら日本語が話せないのがかわいそうではありませんか。

……（略）……

夜間中学に来ていなかったら

結婚して日本に住むようになったCさんの文章を紹介する。

六年前、私は台湾から日本に来て結婚をしました。日本語は単語を少し知っているだけでした。日常会話もあいさつぐらいで、人とも話しもしませんでした。夫ともあまり話しませんでした。わからない時は漢字を書きました。自分の気持ちが相手に伝わらないのでストレスがたまって毎日イライラしていました。そんな時、郵便ポストに夜間中学の案内書が入っていました。「どんな勉強をするのかな」「外国の人でもいいのかな」と思いました。夫に相談しました。夫は「日本で一生生活するのだから、勉強しておいた方がいい」とゆるしてくれました。

二年間、一週間二時間の勉強をしているとテレビや新聞などがわかるようになってきました。せんせいと子どもの事や日本の生活を色々と話をするのは楽しい事です。言葉がわかってきたので、気持ちに余裕ができて、楽しい毎日がおくれます。夜間中学に来ていなかったら、どんな毎日を送っていることでしょう。もしかしたら、台湾に帰っていたかもしれません。……（略）……

夜間中学生を通して

南河内自主夜間中学は丸二七年が過ぎ、二八年目を迎えた。この間の概要や気づいたことを書いておく。（文中に示した統計数値は二〇〇三年時点のもの）

①学習時間は一八時三〇分～二〇時三〇分。年末年始、八月、祝日は休み。学習形態はスタッフ一人に学習者一人（最大二人）の個別学習。

②入学してきた学習者は三一八人（女性が圧倒的に多い）。住所別では羽曳野・松原・藤井寺・富田林・大阪市）。延べ参加人数は一万一〇〇〇人を超えている（毎回の参加者は多いときで二〇～二五人、少ないときは四～六人）。母親と一緒についてくる幼児・小学生・中学生の参加は延べ三〇〇〇人を超える。入学者三一八人の内訳（国籍・地域別）は多い順に、中国（残留婦人／孤児関係・国際結婚）、日本（病気・障害・貧困など）、台湾（国際結婚）、日系ブラジル（でかせぎ）、韓国・朝鮮、フィリピン（国際結婚）、インドネシア・タイ・ボリビア・ニュージーランド・ロシアなど。

③労働現場での過酷な実態がよく見えた。「労災として認めない」「二カ月分の賃金が払われていない状態で倒産」「インドネシアの青年、三年間の技能実習制度で来日、零細企業に勤務、一年目は月給六万円、二、三年目で一〇万円」「設備が劣悪なメッキ工場（硝酸、塩酸が飛び散って小さな火傷《やけど》は日常的）で働いていた中国人が怒ってやめて、あとに日系ブラジル人が働い

ている」
④夫の無理解のひどさに心を痛めたことがたびたびある。典型的な事例を紹介すると、「おれは町内会の役員をしているんだ。そんなとこへ行くのは『私はアホです。勉強できません』ということを証明しに行くようなもんや！　やめとけ！　許さん」と主人にボロクソに言われたので、来週からもう行けません、と涙声で電話がかかってきた。

ボランティアとカンパで運営

南河内自主夜間中学のスタッフは交通費や手当ゼロのボランティアである。いままで参画したボランティアは延べ一万二〇〇〇人になる。小・中・高校の教員に加え、中学生・女子高校生・大学生・ＯＬ・主婦・退職サラリーマン・自営農業の方など。自主夜間中学発足初期、公立夜間中学教員の支援もあり、たいへんありがたかった。

現在、参加している六人の昼の中学生は、生徒会の役員や社会科クラブをやり、母親と一緒に参加する幼児、小学生の面倒をみている。府立高校に通う四人の高校生は中学生の面倒をみている。

教材やノートなどは「つくる会」の各団体や羽曳野ロータリークラブ・教え子・友人らの熱いカンパで賄い、無料で続けることができている。二年間にわたって、文化庁の補助事業「親子日本語教室」に羽曳野市生涯学習課が申請し、補助金を受け取ることができた。

自主夜間中学のスローガン「人と出会い、世界と出会い、私と出会う」を目標に、今後もゆっくり、ゆったりと学習者と学びつづけていきたい。

奈良の夜間中学運動

米田哲夫　元奈良県夜間中学連絡協議会代表／よねだ・てつお

うどん学校

奈良県で夜間中学運動が始まったのは一九七六年である。当時、奈良県内に夜間中学はなく、大阪の夜間中学に通う十数人の人がいた。ところが、大阪府教育委員会は他府県居住者の生徒は認めないという方針を打ち出し、奈良県の夜間中学生は学びの場を失うことになった。当時、奈良県からの生徒が在籍していた大阪市立天《てん》王寺《のうじ》夜間中学の教員で、奈良市内に住んでいた岩井好子《いわいよしこ》は、「それならば」と奈良に夜間中学をつくることを思い立った。

奈良に夜間中学をつくることを決意した岩井が、まず相談をかけたのは奈良総評だった。奈良総評は、日本最大のナショナルセンター日本労働組合総評議会（総評）傘下の組織で、県内最大の労働組合の連合組織であり、自治労・教組・水道・全電通・全逓・国労などの官公労や電機労連・合化労連・私鉄・金属などの民間労組を組織していた。奈良県労働会館に事務局を置き、阪本《さかもと》寿治《としはる》議長、戸毛光雄事務局長で、社会党奈良県本部、部落解放同盟奈良県連合会とともに奈良県内の革新陣営の一翼を担う一定の政治力をもつ組織であった。そこでどのような話し合いがおこなわれたかはわからないが、その後の奈良総評の動きから想像すると、岩井の相談は奈良県内での公立夜中の設置と、当面、奈良市内での自主夜中の創設への協力要請であり、その依頼に阪本・戸毛は全面的な協力を約束したと思われる。奈良総評はまず自主夜中を開設する場所として、奈良県私立学校教職員組合協議会（奈私協）傘下で総評加盟の労働組合がある正強学園（現・奈良大付属高校）が近鉄西大寺《さいだいじ》駅至近という交通の便から、正強学園労働組合の笠井康弘《かさいやすひろ》委員長に依頼した。笠井は理事長・校長、育友会のOKを取り付け、「夜間中学に全面協力します」と回答した。提供された場所は同窓会所有の正強会館で、一階が食堂、二階が会議室になっていて、この会議室が夜間中学の教室になった。

教室使用料・光熱費すべて無料、学校の事務用品も使い放題という自主夜中にとってはまことに使いやすい施設であった。水曜日は正強高校の職員会議があるため、月・火・木・金の週四日、午後六時から九時まで夜間中学の勉強がおこなわれることになった。

奈良に夜間中学をつくる会

公立夜中の設立をめざし、自主夜中を運営する主体としての「奈良に夜間中学をつくる会」の結成集会が一九七六年六月一三日、春日野荘で開かれた。代表に日中友好協会の老田誠一《おいだせいいち》、事務局長に岩井、会計に大阪府立桃谷高校教員の小畑増幸《おばたますゆき》、事務局員には社会党県会議員の田辺和夫《たなべかずお》、奈良市会議員の市原《いちはら》みちえ、奈良県同和教育研究会事務局の白須義和《しらすよしかず》、部落解放同盟県連青年部長の辻本正教《つじもとまさのり》らが就任した。当時の奈良の革新陣営が総結集した観がある体制だった。事務所・連絡場所として提供されたのは衆議院議員の八木一男《やぎかずお》事務所だった。

九月七日、奈良夜間中学の入学式がおこなわれ、二六歳から五一歳までの生徒一二人が入学した。教えるスタッフは、月曜・火曜・木曜・金曜それぞれの日に五～六人のグループが担当した。多くは奈良・大阪・京都の小・中・高・大学の教員だった。月曜日のスタッフには大阪市立大学落研の前川弘行《まえかわひろゆき》（現・落語家・露《つゆ》の新治《しんじ》）もいた。それ以外に、正強高校の教員が毎回参加した。補食は当初パンと牛乳であったが、正強高校のスタッフが一階の食堂の人と話をして、うどんを原価で提供してもらうようになった。調理は森田仁司《もりたひとし》・中野幾芳《なかのいくよし》らの正強高校教員が担当した。このことから奈良夜間中学は「うどん学校」と呼ばれるようになった。家主の正強高校の西田末一《にしだすえかず》校長が時々顔を見せて、「何か不自由なことはありませんか?」と声をかけてくれることが何より心強かった。夜間中学生は日に日に増えていき、創立一カ月後には二〇人を超えた。

公立化運動

「つくる会」は、当初から公立夜中の設置のために動いた。具体的には奈良市立のいずれかの中学校に夜間学級を設置せよという要求である。そのため、公立夜間中学の必要性を啓発するビラ配りや街頭署名活動もし、県・市教委との交渉も繰り返しおこなった。また、県議会で田辺、市議会では市原が質問、要求した。これに対する県教委（当時、池田武夫《いけだたけお》教育長）の対応は、あくまで「学齢を超過している人には社会教育で」というものだった。市教委の回答は県教委の模様眺めで、「現在検討中」だった。団体交渉では「社会教育で」という行政側に対して、義務教育の保障、卒業証書、大阪での実績、行事や友人関係を通した幅広い人格形成、教科学習など、さまざまな観点から「社会教育ではダメだ」と論破した。このような運動のなかで、奈良市教委はついに公立夜中の設置を決め、交通の便などから市立春日《かすが》中学校に夜間学級を置くことになった。奈良県ではじめての公立夜間中学の誕生だった。公立化された春日中学校夜間学級には、うどん学校にかかわった白須をはじめ三人の教員が転勤して、自主夜中の精神を引き継ぐことになった。

公立化を成し遂げ、うどん学校を閉鎖した「つくる会」は、公立夜間中学の教育活動を支援するべく「奈良に夜間中学をつくり育てる会」と改称して、その後も春日夜中にかかわりつづけることになる。このように市民団体である「つくる会」が自主夜中を運営し、公立化のための行政交渉をはじめさまざまな活動を展開し、公立化後も「育てる会」として夜間中学運動を担い、教育活動を支援するというかたちは、その後の奈良県の夜間中学運動に踏襲され、奈良県の夜間中学運動の原型をつくったといえる。

なお、公立化によって京都南部からうどん学校に通えなくなった夜間中学生の学ぶ場をつくろうと、宇治《うじ》方面の労働組合関係者によってつくられたのが京都山城《やましろ》自主夜間中学である。

天理の夜間中学

●発端

天理《てんり》の夜間中学運動は、奈良市立春日中学校夜間学級ができた一九七八年の八月に、社会党国会議員であった森義視《もりよしみ》の一周忌追悼の場で、岩井好子が稲垣秀樹《いながきひでき》に「天理にも夜間中学をつくってくれませんか」と言ったことが発端になった。岩井の依頼の背景には、大阪の夜間中学を締め出された夜間中学生のなかに天理から通っている人がいたこと、「うどん学校」に天理から通っている人がいたことがあった。当時、稲垣は天理高校の教員で、天理学園教組の書記長で、奈私協の議長であった。奈私協の執行委員会などの会議はほぼ正強学園でおこなわれていて、「うどん学校」のことはよく話題になっていた。また、正強学園や帝塚山学園の多くの奈私協組合員がうどん学校にかかわっていた。稲垣は「うどん学校」とのかかわりについて「奈良まで通うのは大変なので、天理にできたら手伝います」と言っていたのが「運の尽き（笑）」（稲垣談）になった。

●天理に夜間中学をつくる会

稲垣は天理高校の教職員に協力をよびかけた。それにいち早く応じたのは、同じく天理高校の社会科教員であった今村利夫《いまむらとしお》と福西清三《ふくにしせいぞう》であった。この三人が天理自主夜間中学の約二年間、その運営の中心を担うことになる。天理高校の教員を中心に二〇～三〇人の協力者が現れ、この年の一二月、「天理に夜間中学をつくる会」が天理中学校で結成された。会長には市原文雄《いちはらふみお》、事務局長は稲垣が就任した。市原は、天理市在住で、当時、奈良県高等学校教職員組合（奈良高教組）の書記長であり、全県レベルの組織の書記長として日ごろ県教委を交渉相手にしているという立場は、その後の天理市教委との交渉に優位に作用した。市原はのちに県会議員・天理市長を歴任することになる。

●自主夜間中学

「つくる会」は、「うどん学校」に次ぐ奈良県で二番目の自主夜中を設立した。一九七九年三月、天理市立祝《しゅく》徳《とく》公民館で天理自主夜中は開校した。稲垣は当時の奈良総評傘下の地区労である天理市労働組合協議会（天理市労協）の議長でもあった。天理市労協には教組・自治労・電通・全逓・国労などの労組が加盟していて、毎年、天理市当局に要求書を提出し、文書回答を受け取るという関係があった。この要求書に夜間中学設立の要求が盛り込まれた。天理市は「つくる会」の趣旨を了解し、天理市立祝徳公民館を週二回、火曜と木曜の午後六時から九時まで冷暖房費も含めて無償で提供した。これには、尾崎喜代房《おざききよふさ》市長の意向が強く働いたと思われる。

スタッフは、天理高校を中心に中学の教員・天理大学生などで、補食はスタッフの今村の知り合いの中華料理店主からラーメンの材料を格安で提供してもらい、公民館の調理室で調理した。出汁《だし》も提供してもらったため、味は中華料理店と変わらず好評だった。夜間中学生は毎回ほぼ四〜五人で、スタッフと一対一の勉強がおこなわれた。高齢の日本人女性が中心で、在日コリアンや三〇歳代の男性もいた。教材は主に市教委から提供された小学校の国語の教科書を使った。学習内容は漢字の読み書きが中心で、一部英語の勉強をする人もいた。このように、場所代、補食代、教材費などの費用がほとんど無償で提供されたため、自主夜中の運営資金は年会費一〇〇〇円の「つくる会」の財源で十分まかなえた。

●公立化運動

天理に公立夜中を設置せよという要求は、当初からの方針であった。自主夜中の展開はその行政への実績を示すための説得材料であった。行政への公立夜中設置要求の論理は、「義務教育はすべての人に保障されなければならない。しかるに、さまざまな事情で義務教育を保障されなかった人がいる。学齢期を過ぎていても、すべての人に義務教育を保障することは教育行政の責任である」という原則論だった。「つくる会」だけでなく、天理市労協の要求項目のなかに自主夜中の公立化要求が盛り込まれたことも、公立化実現への大きな力になった。

天理の公立化運動は非常にスムーズに推移した。天理市・天理市教委は公立化要求をほとんどそのまま受け入れた。奈良市が公立夜中をすでに設立していたこともあり、公立化要求は市教委としても想定内であったようだ。これには、尾崎喜代房市長の姿勢が強く反映されていたと思われる。自主夜中設立からわずか二年の一九八一年、天理市立福住《ふくすみ》中学校夜間学級が開校した。奈良県で二番目の公立夜間中学である。場所は旧天理市立三島《みしま》小学校の跡地であった。開校式で尾崎市長は天理の夜間中学を「日本一の夜間中学にしたい」とあいさつした。自主夜中を運営し、公立化を実現させる原動力になった「天理に夜間中学をつくる会」は「天理の夜間中学をつくり育てる会」と改称し、天理の夜間中学の教育条件整備を主な目標として天理夜中を支援する活動を続けることになる。以後、一九八七年に行政の措置により天理市立北《きた》中学校夜間学級と改称、場所も「つくる会」のかねてからの要求である「独立校舎の建設」を一部実現させるかたちで、一九八八年四月、校舎が現在の丹波市《たんばいち》小学校内に移転した。

全国に公立化を要求しつつ自主夜中を営々と続ける団体が北海道から沖縄まで多数存在する。なかには四〇年を超える運動も珍しくはないなかで、「つくる会」結成以来約二年で公立夜中の設置を実現したのは全国最短ではないかと思われる。

橿原の夜間中学

●橿原自主夜中の誕生

一九八一年に天理に公立夜間中学が誕生してから約六年間、奈良県内の夜間中学は奈良市・天理市の県北部に二つ存在するという状況が続いた。一九八七年、この状況を変える動きが起こった。橿原《かしはら》に自主夜中が誕生したのである。

当時、県内の高校教員を中心にした「奈良・在日朝鮮人教育を考える会」（以下、「考える会」）が県内で活発に活動していた。一九八七年三月、「考える会」が主催したセミナーの二次会の席で、参加していたひとりの在日のオモニが「私は子どものころ、体が弱くて学校へ行けなかった。いま、夜間中学で勉強したいけれど、天理や奈良は遠くて通えない。橿原にあったらいいのに」と発言した。この発言はその場で重要な提起と受け止められ、論議の結果、橿原市在住の「考える会」の会員が中心になってとりくむことになった。「考える会」の代表は吉《よし》川弘《かわひろむ》で、県立高校の教員であり、のちに橿原自主夜中が公立化してできた橿原市立畝傍《うねび》中学校夜間学級に転勤し、長期間、畝傍夜中運営の中心を担うことになる。この二次会に参加していた橿原市在住の「考える会」の会員は一原正人《いちはらまさひと》のみであった。三月下旬、一原は橿原市民で「考える会」の会員である米田哲夫《よねだてつお》に相談し、一原・米田の二人が橿原自主夜中の開校にむけて動き出すことになる。筆者・米田が夜間中学にかかわるようになるのは、このときからである。それまでは、奈良・天理で知り合いの人たちが夜間中学運動にかかわっていたにもかかわらず、夜間中学については無知・無関心であった。

それからの一原の動きは早かった。春日夜中・天理夜中の支援を得て、準備会を開き、夜間中学増設運動関西交流会（津《つ》市）に参加、橿原市教組、奈良高教組、奈同教、高同教、解放同盟県連、日中友好協会などへ協力要請、橿原市教委・奈良県教委へ「あいさつ」、教室確保のため、近鉄橿原神宮前《じんぐうまえ》駅中央改札から徒歩一分のところにある奈良県民生会館に目をつけ、その持ち主である奈良県社会福祉協議会への借用の申し入れと使用料の減免要請、記者会見、ビラ配り、夜間中学生候補の人の自宅七軒訪問、「橿原夜中通信」の発行など、自主夜中開校に必要なことを次々とこなしていった。筆者・米田は、それについていっただけである。

五月三〇日、「橿原に夜間中学をつくる会」結成総会を県立橿原公苑《こうえん》会議室でおこなった。連帯あいさつに春日夜中・天理夜中・高教組・市教組・奈同教・解放同盟・「考える会」代表が立ち、岩井好子が記念講演をおこなった。代表に中納光夫《なかのうみつお》、事務局長に一原、事務局員に浦谷康夫《うらたにやすお》、田中満夫《たなかみつお》、松吉正道《まつよしまさみち》、米田らが就任した。そして六月一日、橿原自主夜中の開校式を教室になる奈良県民生会館二階和室でおこなった。以後、毎週月・金曜日の週二回、民生会館での勉強が続くことになる。当初、夜間中学生一一人、スタッフ五三人だった。

一一人の夜間中学生のなかには、部落差別のために中学校に一週間しか行けず、靴の丁稚奉公《でっちぼうこう》に行ったきり、仕事、結婚、子育てで四〇代になるまで勉強をしたいと思いつづけていた人、重度の脳性まひ障害のため就学免除になり、いっさい学校に行っていない三〇代の女性、植民地支配によって朝鮮での生活が奪われた両親に連れられて、一歳にならないとき、玄界灘《げんかいなだ》を渡り、その後、親の仕事で日本各地を転々とし、いっさい学校へ行っていない人を含め在日コリアン女性三人、中国残留婦人の連れ合いと家族、福岡筑豊《ちくほう》の炭鉱で幼少から働き、父の召集で学校へ行けなかった女性など、まさに日本近代史の負の生き証人といえる人たちであった。

スタッフは、県内の高校教員を中心に、小中学校の教員、主婦、会社員、高校生など多様であった。勉強は、あり余るスタッフを夜間中学生一人につき月曜の担当者と金曜の担当者に配分、連絡ノートでどんな勉強をしたかを記録・連絡した。補食は近鉄橿原神宮前駅構内の「ロンドン」で毎回パンを購入、橿原ニュータウンの主婦が自前で毎回コーヒー・紅茶・お茶などをポットに入れて持ってきてくれた。民生会館二階の和室に机を二つくっつけて島を五個つくり、夜間中学生とスタッフが数組ついて、そろったところから勉強を始めた。七時半ごろ、一原の合図で休憩・補食になり、また八時ごろから九時まで勉強した。当初一一人だった夜間中学生は徐々に増え、一年後には二〇人を超えた。

勉強内容もさまざまで、まず担当スタッフと生徒がじっくり話して、何ができるようになりたいかを聞くことから始める。「日本語が話せるようになりたい」「年賀状の返事を書きたい」「スーパーのチラシがわかるようになりたい」「量りの目盛を正確に読めるようになりたい」「自分の住所・名前を書きたい」……。なんというささやかな願い。中学の教科書などとんでもない。昼の学校のように何十人の生徒に一斉授業などとんでもない。担当スタッフは、まずその願いに応えるために教材を探し、つくる。

当然のことながら勉強は熱を帯びる。一原が休憩の合図をしてもなかなか休憩に入らない。教える側も、日ごろ、学校の騒がしい教室で二〇分叱って三〇分授業させてもらって疲れている若い教員が、一言も聞き漏らさないというように聞いてくれ、質問をしてくれ、「昼の仕事で疲れてはるのに、大変ですね。ありがとうございます」とまで言ってもらえる。教師冥利に尽きる。昼の仕事の疲れを忘れる。

補食のパンと飲み物を配るのは、駅でビラを見て来て、いつの間にか居ついてしまった制服姿の数人の女子高生である。とにかく、橿原自主夜中は集う人、だれにとっても楽しいところだった。

●公立化運動

「自主夜中がいつまでも続けばいいのに」という思いはあったが、公立化要求は、当初からの方針だった。当初、橿原市教委は「義務教育未修了者への対応は市教育行政の課題」と言っていたが、三浦太郎《みうらたろう》市長が議会で「①橿原に夜間中学対象者はいない。②希望者には通学費を出すから奈良へ通ってほしい。③夜間中学は中高年の手習い事だ。④ボランティアで始めたことを市の責任と言うのは筋違いだ」と発言したことを境に、市教委の態度は変わった。市長のことばを楯に公立化を拒否するようになる。

自主夜中で市長がこんなことを言っていることを知ると、みんな怒った。そして、「市長に手紙を書こう」ということになり、勉強の時間を割いて「拝啓、橿原市長殿」という手紙を夜間中学生が書き、できるごとに市長あてに送った。「私はいっさい学校へ行っていない。私は橿原市民だ。私の存在を市長は認めないのか」という内容だった。夜間中学生を含めた「つくる会」の交渉で、市長発言を事実をもって批判し、服部昭次《はっとりしょうじ》教育長は「市長を説得する」と発言するようになった。

橿原自主夜中の公立化に決定的な影響を与えたのは、

一九九〇年の国際識字年にあわせて結成された国際識字年推進奈良県実行委員会（以下、「県実行委員会」）である。「県実行委員会」は部落解放同盟県連に事務局を置き、奈良県・奈良県教委もオブザーバーとして参加し、県内二四団体が加盟する大きな団体で、三月一〇日に結成総会がおこなわれた。その「県実行委員会」の最初の運動目標が橿原自主夜中の公立化ということになった。七月一〇日、「県実行委員会」と橿原市教育委員会との交渉の席上、服部教育長が来年度中に公立化すると言明し、具体的なことは「つくる会」と相談すると表明した。八月二六日に浜松《はままつ》でおこなわれた夜間中学増設運動全国交流集会（以下、全国交流集会）に橿原から一三人が参加、公立化にむけてさまざまな貴重な助言を受ける。

一〇月・一二月・一月と「つくる会」は市教委交渉を重ね、公立夜間中学の概略が示された。教員定数の関係でもっとも夜間に教員配当が多くなる畝傍中学校に夜間学級を置く。場所は交通の便を考慮して畝傍北小学校の体育倉庫を改修して充てる。学級数は一年、二・三年、障害者学級の三学級とする。教員は五人と市単費の事務職員一人とする。理解のある教員を配置するため「つくる会」と相談する――などの点が確認された。スタッフに公立夜中に転勤する人を募集したところ、「つくる会」代表の中納、事務局員の田中、自主夜中スタッフの瀬《せ》谷《たに》優《まさる》の三人が名乗りをあげ、公立畝傍夜中の教員として入ることになった。

●「橿原に夜間中学をつくり育てる会」

一九九一年三月三〇日、「つくる会」総会を五八人の参加で開き、奈良・天理の例に倣《なら》って公立夜中開設後も公立夜中の教育活動を支援する「橿原に夜間中学をつくり育てる会」（以下、「橿原・育てる会」）と改称して存続することとした。

総会では、東浦久治《ひがしうらひさはる》・国際識字年推進奈良県実行委員会代表、広瀬《ひろせ》信和《のぶかず》・橿原市教組委員長、福西満《ふくにしみつる》・部落解放同盟大久保支部代表からあいさつ、橿原市・服部教育長からのメッセージが紹介された。「つくる会」の中納が夜中教員になったため、「橿原・育てる会」代表には自主夜中スタッフの吉田《よしだ》ちあき、事務局長は引き続き一原、会計に浦谷、事務局員に石野《いしの》・原野《はらの》・桝井《ますい》・米田・堀《ほり》・平沼《ひらぬま》・中川《なかがわ》・早川《はやかわ》が就任した。当面の「育てる会」の活動として三人の車椅子生徒をローテーションを組んで毎日送迎すること、自主夜中の一対一授業を再現する金曜日のオープンスクールに参加することなどが確認された。また、参加した天理夜中の鬼塚《おにづか》、京都山城自主夜中の武村《たけむら》、尼崎《あまがさき》夜間中学を育てる会の石打《いしうち》、南河《みなみかわ》内《ち》自主夜中の今木《いまき》、近畿夜間中学校連絡協議会の白井《しらい》、全国交流集会の川瀬《かわせ》俊治《しゅんじ》からそれぞれあいさつがあった。以後、「育てる会」は畝傍夜中と連携しつつ、時には批判しつつ、畝傍夜中の教育活動を支援していくことになる。

橿原市立畝傍中学校夜間学級の開校式は四月二〇日、畝傍北小学校内の体育倉庫が改修された教室でおこなわれた。県教委・市教委・国際識字年県実行委員会の東浦ら約二〇〇人が出席、夜間中学生は、自主夜中から入学することになった四一人の一期生が紹介された。県内で三つ目、全国で三五校目、六年ぶりの公立夜間中学の誕生だった。

●橿原市立畝傍中学校夜間学級

畝傍夜中は中納のリーダーシップもあって、公立学校としては「学習指導要領が許す範囲で」相当風変わりな学校になった。毎週金曜日のオープンスクールで「育てる会」の会員が授業に参加して、可能なかぎり一対一の自主夜中の学習形態を再現する、三人の車椅子の夜間中学生に計五〇人の送迎スタッフがかかわり授業にも入る、毎週水曜日の三・四限を「なかまの時間」として、さまざまな人権学習の時間とする、教科の時間と同様に自主学習を時間割に組み込み、夜間中学生がそれぞれ、したい勉強をすることなどである。自主夜中のよさを可能なかぎり公立夜中に引き継ごうとすることのあらわれである。

●その後の畝傍夜中

一九九一年に夜間中学生四一人で出発した畝傍夜中は、年々生徒数が増加していった。九四年には八〇人を超え、九六年には一〇〇人、九九年には一五〇人に近づいた。この背景には、一九九一年に出入国管理法が改正され、外国人の在留資格としてこれまで認めてこなかった単純労働を日系人に限って認めるようになったことがある。これによって日系ブラジル人やペルー人などの南米からの渡日、中国からの渡日が飛躍的に増加し、奈良県もその例外ではなかった。畝傍夜中に限らず県内の夜中すべてで同様の現象が起こった。学級数も、当初三学級で出発した畝傍夜中は翌年には「普通」学級二年生と障害児学級が一つずつ増えて五学級になり、九三年には障害児学級が三学級になり、九六年には二学年が二学級になって全部で七学級にまでなった。それに伴い教員の数も増えていった。自主学習の教室は椅子と机でいっぱいになり、隣の人と腕が触れ、車椅子が通れない状況になった。

●行政による学ぶ権利の「値切り」との闘い

できて間もない校舎の増改築を「育てる会」は要求した。当初、三学級四〇人程度の規模を想定してつくられた校舎に、七学級一五〇人の夜間中学生が在籍しているという状況は橿原市教委も無視できなかった。しかし、市教委は「入学者はどんどん増加しているが、卒業生をほとんど出していない。これでは、どの程度の規模の校舎をつくればいいかわからない。夜間中学生の卒業について一定の決まりをつくるべきである」と言ってきた。「育てる会」と夜中教員は一致して「夜間中学生に必要な学びの期間を数字で切ることはできない」との原則論で対抗した。

しかし、市教委は二〇〇〇年、「畝傍中学校夜間学級教育検討委員会」（以下、「検討委」）を設置。委員長には、外国人教育などに造詣の深い奈良教育大学教授の田淵《たぶち》五《い》十生《そお》が就任し、「橿原・育てる会」の要求で夜中現場教員代表として吉川弘が検討委員に入ることになった。二〇〇一年五月、第一回「検討委」が開催された。橿原の「検討委」の行方は県内の夜間中学関係者の注目するところとなった。というのも、奈良県内の夜間中学には在籍年数の上限を数字で決めているところはなかったからである。これは全国の夜中で奈良県の三つの夜中だけであった。当初、「検討委」の事務局の市教委学校教育課は他府県を参考に在籍年数三～四年の案を出したことが議事録の情報公開請求で知られると、「育てる会」や県内の各夜中から抗議・批判が寄せられた。吉川は、検討委員会のなかで「小学校へも一日も行っていない人に三～四年で中学卒業の学力をつけることは不可能」との論理で対抗した。さまざまな抵抗のなかで難航し、結局、「検討委」は四年後の二〇〇四年に在籍年数一二年とする答申を出した。

これを受けて橿原市教委は五月二五日、「在籍年数は原則として一二年を限度とする」という項目を中心とする「今後の橿原市立畝傍中学校夜間学級の運営方針」を制定した。そして、すでに在籍一二年を超えている夜間中学生については一～二年の猶予期間を設けるということになり、二年後に「一二年条項」が適用されて「不本意」卒業生を出すことになる。「育てる会」は、意に反して卒業を余儀なくされた卒業生が学ぶための社会教育の場を保障せよと市教委に要求したが実現せず、毎週土曜日の午前中に卒業生の学ぶ場として夜中退職教員を主なスタッフとする「ひびき」を開設し、今日まで続いている。

このことをきっかけに、行政からの夜間中学生の学ぶ権利の「値切り」があいつぐようになる。設置市（奈良市・天理市・橿原市）以外から通学する夜間中学生の物件費・通学費・補食費・校外活動費はいったん設置市が立て替え、年度末に夜間中学生の居住市町村に請求することになるが、この支払いをめぐって、居住市町村が渋るということが起こってきた。御所《ごせ》市をはじめ主に畝傍夜中に通う夜間中学生の居住市町村で在籍年数や費用を削減する動きが広がっていった。このことをめぐって「育てる会」や教員が行政に説得に回ったりしたが、御所から通っていた六人の夜間中学生が除籍になるなど、学ぶ権利の侵害が起こり、現在まで続いている。

三つの自主夜中

一九九六年、畝傍夜中に吉野《よしの》郡黒滝《くろたき》村から通う夜間中学生がいた。中国残留婦人の子どもで、車での通学だったが、自宅から峠を二つ越え、片道一時間以上かかった。気候のいいときはいいが、雨や冬になると、夜九時に勉強を終わっての帰途は危険であった。そのことが奈良県夜間中学連絡協議会（以下、「奈夜中協」。設立経緯は後述）事務局会議で話題になり、奈良県南部の吉野に夜間中学をつくるために動こうということになった。自主夜中ができれば、ほかにも勉強したいという人が必ず現れるという確信があった。当時の「奈夜中協」代表は天理「育てる会」の福西であった。福西は、公立夜中が、行政からの予算削減や入学資格の制限の強化などに対する防戦に追われている状況から、攻勢に出るべきだ、そのためには新たな夜中の増設運動を始めるべきだと言った。

このことをきっかけに、奈良県内の夜間中学「空白地域」に自主夜中をつくる運動が始まった。字数の都合でその詳細は記述できないが、一九九六年に県南部の交通の要衝である大淀町《おおよどちょう》に吉野自主夜間中学が開校した。「吉野に夜間中学をつくる会」が運営し、大淀町教育委員会から大淀町中央公民館の一室を無償で提供されている。一九九八年には県西部の王寺町《おうじちょう》に西和自主夜間中学が開校した。同様に「西和に夜間中学をつくる会」が運営し、王寺町から王寺町中央公民館を無償で提供された（現在は王寺町地域交流センターへ移転）。さらに、二〇〇一年には県東部の宇陀《うだ》郡榛原町《はいばらちょう》（現・宇陀市）に宇陀自主夜間中学が開校した。ここも同様に「宇陀に夜間中学をつくる会」が運営し、榛原町（現・宇陀市）から桧《ひの》牧《まき》集会所（現在は宇陀市総合センターへ移転）を無償提供された。

こうして、奈良県内には三つの公立夜中と三つの自主夜中があることになった。三つの自主夜中は、「奈夜中協」が県内の夜間中学空白地域を埋めるべく意識的、計画的につくっていったといえ、奈良の夜間中学運動の成果である。これによって、奈良県内の最南部の十津川《とつかわ》村などに住む人々を除いて奈良県民の九〇％以上の人が、車であれば片道一時間以内でいずれかの夜間中学に通える体制ができたといえる。

「奈夜中協」

畝傍夜中ができたことをきっかけに、一九九一年、県内の三つの公立夜中が互いに連絡をとり、必要に応じて共同行動をとるために三つの夜中、三つの「育てる会」で奈良県夜間中学連絡協議会を結成した。その後、自主夜中が加盟し、現在は三つの公立夜中、三つの自主夜中、三つの「育てる会」、三つの「つくる会」の一二者で構成している。活動内容は、年一回の総会と原則一二の組織の代表者からなる月一回の事務局会議、県内各地での夜間中学生募集と啓発のビラ配布、テーマを決めての全体研修会、年一度の奈良県夜間中学研究集会の開催、さらに各「育てる会」が市教委に「要求書」を提出し話し合いをもっているのと並行して、「奈夜中協」として奈良県教委に「夜間中学教育の充実のための要求書」を提出して、夜間中学生や「つくる会」「育てる会」、夜中スタッフが参加する年二回の県教委交渉などをおこなっている。ほかにも教材部会、養護教員部会をもって密な連絡に努めている。

奈良の夜間中学の課題

筆者は現在、健康上の理由から夜間中学運動にかかわっていないので、傍観者的に夜中の課題を書くことは控えるべきであると思うが、そのことを前提に奈良の夜間中学について気になっていることをいくつかあげる。

一点は、夜間中学生数の減少が続いていることである。「奈夜中協」が各ターミナルで生徒募集のビラ配りをするが、かつて、そのビラには奈良県には六つの夜間中学があって、全部で約五〇〇人の生徒が勉強していると書いてあった。その後、三五〇人と書き換えた。毎年、「奈夜中協」は六つの夜間中学に在籍する生徒の年齢別、国籍別、居住市町村別の数を調べて研究集会の資料に掲載しているが、二〇一八年の資料によると二〇〇人に満たない。この二〇年間で大幅な減少である。とくに公立夜中でその傾向は著しい。いろいろな要因が考えられるが、要は今後どんな見通しをもっていくかである。「夜間中学の役割はほとんど終わっている」（前御所市教育長談）のではないことだけは確かである。

二点目は、初志の継続の問題である。三つの自主夜間中学の現在の運営の中心人物は創立当初の事情を知る人であるが、公立夜中の現在の教員・夜間中学生は当然のことながら、退職・転勤・卒業などの事情で、創立時の人は一人もいない。奈良の三つの公立夜中はすべて自主夜中が公立化して生まれた。自主夜中の創設と運営、公立化運動、公立化後の学校づくりなど、どの時期をとってもそれを担った人には、夜間中学生の学ぶ権利を保障し守るという熱い思いがあった。はたして、今日の公立夜中に、とりわけ教員にその思いが引き継がれているか。新任で、また昼の学校から転勤してきた教員に夜間中学を理解させるには目的意識的な取り組みが必要であるし、県内の公立夜間中学ではそれがおこなわれてきた。しかし、その営みがいったん途切れると、先年、畝傍夜中で起こった「三五日間の授業ボイコット」［次節の布川順子「生徒が学校の見張り番」参照］の原因となった、夜間中学の何たるかをまったく知らず、知ろうともしない「ベテラン」教員とそれを容認しているまわりの教員のようなことが起こる。夜間中学生が正面からこれと闘い、「育てる会」が全面支援して解決したことが救いである。

三点目は、二〇一六年に成立した「教育機会確保法」と文科省の夜間中学政策の変化の影響である。これによって、公立化を求めて営々と自主夜中を展開してきた全国の夜中運動のなかまの願いがいま叶《かな》おうとしていることは、無条件にいいことである。よりよい公立夜間中学ができることを願うばかりである。すでに三つの公立夜中をもつ奈良には増設という意味では当面かかわりがないが、既卒者の入学の問題は重要である。これまで、長期欠席者などの入学を卒業生名簿に名前が記載されているという理由で断ってきたが、既卒者の入学が行政上認められるようになると、生徒数の減少に歯止めがかかるかもしれない。また、今日の不登校のまま卒業した人の入学が認められるようになると、それに対応するため夜間中学は大きく様相を変えることになる。一方、この機会に、夜間中学生の学ぶ権利を行政が制限してくることも考えられる。いずれにしろ、現場の運動次第ということになる。

毎週土曜日に行われている卒業生の学習会「ひびき」（畝傍夜間中学）

最後に、筆者が宇陀自主夜中で出会ったひとりの夜間中学生を紹介する。彼は、担任の教員に連れられて夜中へきた。不登校中の中学二年生である。大人しいというより、何かに怯《おび》えているように見えた。日がたつにつれ、スタッフの教員と話すようになり、笑顔を取り戻していった。勉強にも意欲的で、理解力がすぐれていた。週一回であるが、英語・数学……と、目に見えてめきめき学力をつけていった。はじめは奈良高校通信制に在籍しレポートを出すため夜中で勉強している兄と同様、通信制に進学するように決めていたが、三年の後半には少しずつ学校へも行けるようになった。スタッフが地元の高校を受験するよう勧め、担任も同意して全日制の榛原高校を受験、見事合格した。高校入学後は人が変わったように一日も休まず、柔道部をはじめ三つの部活動で活躍、成績も常にクラスのトップで、時々うれしそうに夜中へ報告にきた。卒業後、調理師学校へ進学し、現在、県内のレストランで調理師として働いている。自主夜中にきていちばんよかったことは「自分に社会性がついたことだ」と言っている。夜間中学が人の人生を変えた一例である。

夜間中学の大切な意義は、読み書きや日本語ができるようになることだけでなく、そのことを通して、世間に遠慮して生きていた人が、自分に自信と誇りをもって生きるように変わっていくということである。日々そんな営みが展開されているところが、奈良県内に六つもあることはすごいことなのだと思う。

この文の作成にあたって、うどん学校のスタッフであった近池《ちかいけ》日出《ひで》男《お》氏、森田仁司氏、天理自主夜中の稲垣秀樹氏、吉野自主夜中の北山《きたやま》健《たけし》氏、西和自主夜中の山本《やまもと》直子《なおこ》氏に依頼し、各氏とも快く応じていただいて、聞き取りができた。各氏にあつく感謝申し上げる。

かかわった多くの人の固有名詞が登場するが、故人もあり、多くはご本人の了解を得ていない。失礼があれば、お許しいただきたい。

（文中、個人名の敬称は略させていただいた）

＊この文章は、「多文化共生フォーラム奈良」発行の『ミア・コーロ』第三号・第四号に掲載された筆者筆「奈良の夜間中学運動　昨日・今日・明日」を一部加筆・要約したものである。とくに、奈良県内の夜間中学運動のなかでたいへん大きな役割を果たしている吉野・西和・宇陀の三つの自主夜中については、やむをえず、ほとんど削除した。この部分については、『ミア・コーロ』第四号をごらんいただきたい。

参考文献

『うどん学校』岩井好子編、盛書房
『復刻　橿原夜中通信　橿原自主夜間中学の四年間』橿原に夜間中学をつくり育てる会
『奈良の夜間中学とは？』奈良県夜間中学連絡協議会

生徒が学校の見張り番
三五日間のストライキ（授業ボイコット）を振り返って

布川順子　畝傍夜間中学生徒会長／ふかわ・じゅんこ

増田　今日は二〇一八年七月二〇日㈮、奈良県橿原《かしはら》市立畝傍《うねび》中学校夜間学級（以下、畝傍夜間中学）で生徒会長の布川順子さんから、二〇一六年から二〇一七年にまたがった三五日間のストライキ（授業ボイコット）について夜間中学生の立場としての話を聞きます。インタビュアーは橿原に夜間中学をつくり育てる会（以下、育てる会）の事務局長・増田《ますだ》洋子《ようこ》です。

ストライキの原因

増田　最初に、三五日間のストライキ（二〇一六年一二月一五日〜二〇一七年一月一八日）を決行されましたが、そもそもストライキに入った直接の原因とその当時の畝傍夜間中学の様子・状況を話してください。

布川　わかりました。私がこの学校にきたときから学校の雰囲気はよくなかったです。先生たちのなかでも差別的なところがあって、先生同士が話をしているときに声が大きくなったり、ひそひそ声になったりするようなことがありました。ずっと流れを見ていると、ある一人の先生（S先生）の態度・様子がおかしいことに気づきました。そのことに対して何人かの先生と話をしましたが、だんだんS先生の態度はひどくなっていきました。

　授業でも生徒さんの意見はまったく聞かないで、自分の思ったことだけをしたがる、仕事のできない先生でした。私が学校にきて職員室をのぞいたら、たいてい居眠りしていましたから。

　授業中にS先生が突然大きな声で、Y先生を怒鳴りつけるということがありました。私は帰るときにS先生に「さっきはなんで怒鳴ったんですか?」と聞くと、「いや、ぼくは悪くない。布川さんが悪いです!」って言わはったので、やっぱり私に言うたんやと思いました。その日、希望していた本（毎年、生徒の要望で図書を購入。S先生とY先生が担当）のことで、Y先生に頼んだことが原因でした。楽しみにしていた本が届いていることをほかの先生から聞いて、Y先生も「きてるよ」と言わはった。でもS先生は「知らん」て言わはって……何かおかしいなと思いましたが、早く読みたかったので、「早く見せてよ」とY先生に頼んでいました。「本、きたんですよね。明日は見せてくださいね」と言ったら、Y先生が「はい、わかりました」と言わはったすぐあと、隣に座っていたS先生がY先生に対して「この本はな、整理して、書いて……しないと見せられへんのんじゃ！　わかったか！　わかったか！」と怒鳴ったんです。

　いま考えたら、「なんで俺に言わずにY先生（一年目の講師）なんかに言うんや！」って思って腹を立てたんじゃないかなと思います。Y先生を一人の人間として見てなかったから。ほんとうにしょっちゅうY先生に怒鳴って、怒ってましたからね。

　このとき、こんな先生のいる学校では勉強は無理やな、学校に行くのは怖いなと思って、次の日からストライキに入りました。私にとって畝傍夜間中学はほんとうに大事な学校なんです。行政の取り扱いの間違いで入学が遅れてしまって、長い間かかってやっと辿《たど》り着いた学校ですから。

増田　S先生がストライキに入った直接の原因だったんですね？

布川　そうです。実際に怖かったからね。学校に入ったらすぐ職員室があって、なかが見えますからね。O教頭先生はしょっちゅう泣いてたし、若い先生たちは怯えてたし、張本人のS先生はいびきかいて寝てるし。教室に入ってもしょっちゅう寝てましたわ。

増田　ほかに原因はなかったんですか？　O教頭先生のこととかおっしゃってましたが？

布川　S先生がほかの先生たちにもきつく当たってましたが、O教頭先生をとくにいじめてました。上から目線で机たたいて、「きさまらー！　お前らー！」とかしょっちゅうやってたから、O教頭先生はしょっちゅう泣いてはりましたね。

　その年は、生徒会長が病気で「休学」されて、私（副会長）が代わりをすることになったので、毎日勉強が始まる前に早くから学校にきて、生徒会のことをしていました。すると、いろんなことが見えるし、聞こえるわけです。

ストライキへの突入と呼びかけ

増田　なるほど。布川さんは昼間にS先生とほかの先生方のぶつかりを見てはりましたが、布川さん以外の生徒さんとS先生が直接ぶつかることはなかったんですか？

布川　ぶつかることはなかったですが、「休学」に入る生徒さんが多かったです。S先生担当の生徒さんはほとんどこなくなりました。ほかの生徒さんもどんどん「休学」に入りましたね。少しでも日本語のわかる人や雰囲気を察する人はやめていきました。

増田　それはS先生のことが原因でしたか？

布川　学校が暗いし、雰囲気がおかしくなったからだと思います。だっておもしろくないですもん。そして、残った生徒さんのなかで学校にくる日数の多い人とか、日本語の通じる人に話して、「何とかしたいねん」と呼びかけて、いっしょにストライキに参加してもらいました。

増田　口頭で呼びかけたんですか？

布川　最初はそうでしたが、学校を休んでいるので、ほかの生徒さんたちと話ができないから、家のパソコンで協力を呼びかける文章を作って、ファックスで学校に送って、遠藤さんをはじめほかの生徒さんにも配ってもらいました。

増田　どの先生に配ってもらったんですか？

布川　教頭先生です。生徒会のI先生が協力的じゃなかったので、O教頭先生に電話で頼みました。

増田　最初、布川さん一人でストライキに入ってから、文章で呼びかけて仲間を増やしていかれたんですね？

布川　そうです。電話できるところには電話して、会いに行ける人には会いに行って、説明しました。学校に体験入学したばかりの西島さんも「こんな先生ではあかんわ」と言って、ストライキに参加してくれました。一人、二人と増えて、七人になりました。

増田　結局、共感して参加してくれたのは、出席の多い人、日本語のわかる人だったと思いますが、日本語のわかりにくい生徒さんに説明するのは苦労されたと思うんですが、どのようにされましたか？

布川　そうですね。実際に私から説明するのは無理だったので、それぞれの担当の先生に協力を頼んで、学校にこられている生徒さんには全員了解をとることができたと思います。

増田　ストライキに参加できなくても、ストライキをしている事情についてはわかってもらえたということですか？

布川　はい、わかってもらえました。

増田　ほかの夜間中学（以下、夜中）からだったと思いますが、布川さんががんばっていることはよくわかるが、実際にこういう問題が起こると、「そうだ、そうだ」という生徒さんもいる代わりに「絶対、先生が正しい、生徒が悪い、あんたが言うてるのはおかしい」という生徒さんも出てくる。大阪の菅南《かんなん》夜間中学のときもそうだった（97頁参照）、気をつけたほうがいいというようなアドバイスがあったと思いますが、実際に畝傍でそのようなことを実感することはありましたか？

布川　畝傍ではなかったです。ただ、ほかの学校の生徒会の顧問の先生たちは、そういうアドバイスをたくさんくれました。でも、「私はどんな形を使っても学校に行きたいねん。この学校に行くためにいまやってんねん」と言い切りました。「もしこれで退学になることがあっても、それはそれで本望です」と。

増田　ほかの夜中の生徒さんからの反発や反感などはなかったですか？

布川　少しありましたね。近畿夜間中学校（以下、近夜中）生徒会連合会の代表者会で最初に説明したとき、「先生がそんなことをするわけない」と先生をかばう生徒さんが何人かいました。先生たちは昔の例を出して、いまでもそれを引きずっているよとか、アドバイスしてくれましたけど、私としては、昔といまでは時代も違うと思うし、何よりも「自分たちの学校は自分たちで守らなあかん」という気持ちがすごくあったので、「私が何を言われても私が指さされるのはかまへんけど、畝傍夜間中学そのものがおかしくなるのは絶対ダメ」と言いました。何度か畝傍夜間中学の実態を伝えていくなかで、生徒さんからの反論は出なくなったし、「その先生がおかしい」「夜中を守らなあかん」という声が広がったと思うので、私はやってよかったと思うんですよ。

教頭先生と校長先生の対応

増田　なるほどね。ところで、私たち育てる会は、S先生が原因でそこまでの問題になってることをぜんぜん知らなかったわけですよ。当時（二〇一六年度一学期）の育てる会は、大和高田市《やまとたかだ》から八八歳の西田さんと中国籍の王さん個人に対して通学費と補食費の請求書が個人に届き、田原本町《たわらもとちょう》ではペルー人やフィリピン人が外国籍を理由に入学を拒否された問題に対して、弁護士にも入ってもらって直接交渉をガンガンやっていました。現役の生徒さん・卒業生といっしょに記者会見を開いたりもしましたよね。昼の中学生の子どもの問題もありましたし、先生方もいっしょに毎日この問題にとりくんでもらっていると思っていました。六月一七日に畝傍夜間中学で両市町の問題解決・全面勝利の報告集会を開いたときは、内橋弁護士が「長い弁護士生活のなかでも、行政が全面的にこちらの要求をのむとは初めての経験だ」と言って、私たち育てる会・生徒さん・卒業生・先生方みんないっしょになって喜び合いましたよね。

そのお祝いムードに包まれている最中に、私たち育てる会は、布川さんから「O教頭先生から深刻な手紙をもらった」と相談をもちかけられて、初めてS先生の問題を知ったわけです。さしつかえなければ、そのときの手紙の内容を教えてもらえますか?

布川　O教頭先生の言動がおかしいと思った時点で、その手紙を持ってるのが腹立って、破って捨てたので、いまはないです。記憶のなかにあるのは、「布川さんは優しい。布川さんがいるから学校にこれる」。いま考えたら気持ち悪いけど、「私はこの夜間中学を守るために一生懸命してます。ですけど、S先生がほんとうに怖くて話ができない。それに対してほかの先生たちも何にも助けてくれない。この職員室のなかでは自分一人だけだ。私は布川さんが一番の友だちだと思って、いろんな話をしています。いつも話を聞いてくれてありがとうございます」みたいな内容が上手な文章で書いてありました。私は「そうやったんや」と、S先生に腹が立ったので、ほかの先生たちに「女の人が泣いてんねん。なんで泣かすねん！　同僚やろ」って怒ったことがありました。

増田　先生たちの反応はどうでしたか?

布川　えっ?　何の話?　みたいな人もいたし、「実際に感じてます。わかってます。でも、私たちが言うとその分だけS先生から返ってくるので、怖くて言えないです」という先生もいたし、「知ってるけど言いたくないです」という先生もいました。その後、ほかの先生が授業中にS先生に泣かされることがありました。そのことで先生同士がもめて言い合いになって……それを見て、私は嫌になって「こんなおかしな学校やってられるか！」と言って帰ったこともありました。その明くる日、もめていた一人のK先生が「ほんとうにしてはいけないことをしてしまった」と謝ってくれて、それ以後はそんなことはなくなりましたが、ほんとうにいろんなことがありましたわ。

増田　そのもめ事があったのはいつごろですか？　そのとき校長先生には相談されましたか？

布川　秋ごろだったと思います。何度か昼の学校に行ったり、夜中にきてもらって、校長先生に訴えましたが、「わかりました。調べます」と言うたけど、返事もなく、すっきりいかなかったですね。あのとき校長先生がちゃんと話を聞いて前向きにとりくんでくれていれば、あそこまで大きな問題にはならなかったと思います。いまは違いますよ。ちゃんと話を聞いてくれてますけど。S先生は校長先生の仲のいい同僚だったみたいで、ずっとかばってました。そしてI先生はS先生が抱き込んでいました。

増田　一二月、解決にむけて全職員・全生徒で話し合いをもったことがありましたね。授業時間が終わっても生徒さんたちみんな最後まで残って、いろんな人が意見を言ってくれてましたよね。

布川　はい、そうです。冬休みに入る前の終業式の前日に、生徒さんたちみんなに呼びかけて、たくさん参加してくれました。でも、S先生はこなかったし、O教頭先生は泣くし、ぜんぜん話になりませんでした。校長先生は立場もあり、私たちにどう接したらいいのかわからなかったのかもしれませんが、S先生をかばうだけで何も解決しませんでした。

そのまま冬休みになって、O教頭先生を通じて校長先生から私に話し合いの申し入れがありました。「行きます」と返事しましたが、向こうは校長先生、S先生、O教頭先生の三人で、こちらは私一人でくるようにとのことだったので、「そんな仲のいい先生たちを相手に私一人で何ができるんですか？　無理です！」「これは二人だけの問題じゃなくて、学校全体の問題だから全員が集まって話し合いをするべきだ」と伝えると、返事はなく、話し合いができないまま日が過ぎていきました。

話し合いをへて

増田　そして三学期始業式の前日（一月一八日）の話し合いになるんですね？

布川　私は「三学期から学校に行きたいから、全員集めて話し合いをしてください」と頼んだんです。それで一七日の話し合いになったんです。

増田　あのときはS先生以外の先生全員と布川さんと中元《なかもと》さん、西田さんの生徒さん三人の話し合いで、私たち育てる会も平沼代表と私が入りました。四時間を超える長い話し合いで、結局、校長先生は最後までS先生をかばって、「とにかく信じてくださいよ。頼みますわ」みたいな曖昧な話で、代表なんかは何回も怒って席を立ってましたよね。それでも布川さんが「よし、わかった」と言ったとき、私たちは「なんやねん！」とか言ってましたが、実は二人とも感心してたんですよ。布川さんが本気で解決するために話し合いに臨んだのはさすがだと思いました。これ以上状況を悪くしないで、校長のほんの小さな、ささいな回答で解決の方向にもっていこうと、最初から思ってはったんですか？　ほんとうのところはどうだったんですか？

布川　その日の話し合いで解決しないと、三学期から学校に行けない。私は学校に行きたいから、とにかく解決したいと思ってました。それが本音ですわ。たとえ校長先生が万分の一の解決のひとつだけでも出してくれたら、私はそれに乗るつもりでした。だけど、最後までずっと話の返事がなかったから、「あかん、もう帰ろう」とも思ったんですけど、最後の最後に校長先生が「実は、ここでは言えないけど、考えてます」と真剣な顔で、覚悟のある発言をしてくれたので、私は信じることにしました。これは本気やな、と。それで、私は「わかりました」と返事して、ストライキを終えることにしました。ただ、そこまで行くにはね、やっぱり平沼さんの行動ですわ。増田先生の話もぜんぶ最後に生きてきたなと思いました。平沼さんは、しょっちゅう駆け引きしてましたやんか。なだめたり、上げたり下げたり、怒ったり、何べんも駆け引きしてましたやんか。それで校長も「もう逃げられへん、決意せざるをえん」と思ったんかな。最初は増田先生にも女を見下げたような言い方してはりましたやんか。でも最終的には、それではあかんと思わはったんかな、と思います。それに冬休み中に平沼さんといっしょに橿原市教育長にも会いに行きましたしね。文章に書いて持っていって、話した内容をほかの職員がメモをとって記録してくれてました。

私は、ただ「もう学校に行きたい！」という思いばっかりでしたが、解決にむけて、平沼さんがいろんな話をしてくれはって、そのなかで、解決への道ができたんかなあと思います。私一人の力では不可能でした。育てる会、卒業生、夜中の先生たち、生徒さん、ぜんぶの力で解決した。それが夜中本来の姿やと思うんですよね。

増田　冬休み中もずっとこのことでいろんな活動をしてはりましたよね。

布川　はい、冬休み中もほぼ毎日学校にきて、何人かの先生と話したり、署名活動を計画してその文章を作ったり、県や市、国会議員に要望書を作って出したりしてました。生徒会の顧問のI先生が署名を作るのに協力できないというから、私が「顧問、首やー」と言いましたが、それでも近夜中の顧問者会にきていたので、みんなから「帰れー」とか言われて帰るということもありました。その前の生徒会の代表者会には髙野さんもきていて、私の言うてることに「夜間中学生がSOSを発してんのに、あんたら何してんねん」て言うてくれました。その後、いっしょに活動している先生と三人で畝傍夜間中学まで応援にきてくれたことも大きな力になりました。

畝傍夜中は変わったか

増田　三学期に入り、畝傍夜中は変わりましたか？　S先生はこなくなったんですね。

布川　はい、S先生は三学期いっぱい病気で休んで、そのまま本校にかわったので、私は一度も会っていません。

　ほかの先生たちの意識レベルが高まったと思います。それまでは先生の立場で物を言うてたことも多かったし、慣れに任せ、その場に任せてというのも多かったと思いますが、それ以来、ちゃんと生徒さんと向き合えるようになった。生徒さんのために何か自分たちでものを考えてくれるようにもなりました。ですが、全員がそうかというと、そうじゃない先生もいてはりました。S先生が卵を残していかはったので。しかし、学校の雰囲気はだいぶよくなりましたが、三学期の髙野さんとの「本根《（ママ）》の話し合い」のときにも言うたように、先生たちが先生の批判のし合いをするんですわ。先生の愚痴を生徒さんに言うんですわ。私にしょっちゅう言うんですよ。そんなことを生徒さんに言うと、生徒さんはその先生のことをそんなふうにしか見ないじゃないですか。それがわかってない先生もいます。それもあって、話し合いのときに「先生たちがほんとうに悪い」と言ったつもりなんです。その私の言葉をO教頭先生は理解して、明くる日に泣いて私に謝りはりましたわ。ところが、もう一人の先生は何も感じてませんね、経験が少ないからかな。

増田　O教頭先生は何を謝りはったんですか？

布川　ずっと教頭先生をかばっていた私の気持ちもわからず、「何でもかんでも布川さんに相談した」ことに対して謝ってたと思うんですよね。でも、そんなことを何も謝ってほしくもないし、するべきことをすればいいと思うんですが、決定的にO教頭先生がおかしいとわかったのは、三月末で辞めるまで、若い先生たちが泣いていたり、「辞めたい」と言っているのを聞いていると、O教頭先生がみんなを辞めさせてる、ということがわかったんです。二人の若い先生に「こんな学校みたいなん、あかんで。もう辞めや」と言ってました。ほかにもそれまでにいろいろな噂《うわさ》は聞いていましたが、信じたくなくて、聞き流してきたことが、実はほんとうだったとわかって、その先生たちに申し訳ないことをしたと思いました。そして畝傍でも文章を作って「私が間違っていました。ごめんなさい」と謝りました。

増田　誰に何を謝ったんですか？

布川　私がO教頭先生をずっとかばってきたことに対して、間違いだったと畝傍の先生たちに文章を配って謝ったんです。前にいた先生にも謝りました。校長先生にもきてもらって話をして、市教委に要望書を持っていったときにも「うちの学校の問題」としてO教頭先生のことを訴えました。そしてO教頭先生が四月に異動になったので、よかったと思いました。

増田　今年（二〇一八年）の二月から三月の間に、O教頭先生が悪かったとわからはったんですか？

布川　そうです。S先生も悪かったけど、後ろでO教頭先生が自作自演したのが多かったとわかったんですよ。教頭が自分の地位を守るために私は利用されたと思いました。そのショックがすごく大きくて、そのストレスから熱が出て、寝込んで、どないかなると思いました。それ以来、O教頭先生は私の顔も見ないし、私にものも言わなくなりました。私の態度を見て感じたと思います。職員室から出てこないで、ずっとパソコンを打ってはるようでしたね。怖いぐらい顔を出さはらへんかったからね。

いま思えば、いちばん悪かったのはO教頭先生だと思います。頭がいいから、地位を上り詰めるために、前の教頭先生や校長先生に上手して、いろんな人を利用してきたなと思いました。それに私まで利用されたんだと。O教頭先生のほんとうの姿を見て、感じて、やっとわかったんです。こんな情けない話ないですよ。ほんとうにしんどかった。そのストレスで、病気になって、救急車で入院しました。病院の先生に大きなストレスが原因だと言われました。だけど、それを見破れなかったのは私自身の責任だと思っています。涙に弱かったと思います。
　その後、K先生が私の気持ちを受け止めてくれて、これ以上放っておくとまた問題が大きくなると思って、それまでの事情を教えてくれました。私が苦しむと思って話せなかったと言って謝ってくれました。

奈良県橿原市立畝傍夜間中学30年史記念授業（第3回）2018.2.14

増田　S先生がこなくなって、布川さんは「やっと安心・安全な学校になった」と宣言して喜んではりましたが、どうも顔が暗いからおかしいなと思っていましたが、実は陰でそんなことがあったんですね。

布川　そうです。楽しい反面、O教頭が裏ではおかしいことをしてはったんです。それが三〇周年の髙野さんとの話し合いのときにいちばん決定的になりましたね。そのときにほんとうの自分の気持ちを吐き出したから、ほかの人にも伝わったし、わかってくれたかなと思います。先生も、言葉のわかる生徒さんもわかってくれたと思います。

増田　昨年度は、三〇周年の記念授業として育てる会が三回の学習会をいろんな内容で用意しましたが、最後に髙野さんとの話し合いをしてよかったんですね。

布川　よかったんです。髙野さんの「生徒たちと本根の対話をしたい」という呼びかけがいちばん生かされたと思います。本根で言わないとダメ、ウソは言えないし、言いたくないなと思った。それがいちばんよかったですわ。
　そして畝傍夜間中学が明るい本来の姿になったのは、先生たちが新しくなった本年度からですね。O先生が畝傍夜間中学にきて五年（四年目に教頭になって）、六年目にやっと嵐が去っていきました。いまはほとんど問題なく過ごしていますが、生徒が夜中の見張り番ですので、しっかりがんばります！

「義務教育の保障」は私たちの手で

夜間中学の生徒会＝近畿夜間中学校生徒会連合会

編集委員会

近畿の夜間中学校生徒会のうち一五校の生徒会で、活動組織として「近畿夜間中学校生徒会連合会」（以下「生徒会連合会」または「連合会」と略す）がつくられている。組織としては各夜間中学生徒会の集合体であるが、実態としては生徒会連合会の活動方針のもと、各校生徒会が活動を分担して担っているといったほうがいいだろう。生徒会連合会の総会で討議了承された活動方針のもと、毎月、各校生徒会の代表者が集まる「代表者会議」で具体的な活動内容が話し合われ、実行に移されていく。活動の内容を一言でいえば「義務教育の保障は私たちの手で」といえるだろう。幅広い年齢や生活、生い立ちをもつ夜間中学生の生徒会として、一般の中学校や高校の生徒会とは大きく異なる特質をもっている。

近畿夜間中学校生徒会連合会の誕生

戦後開設されていた夜間中学が消えてから久しい大阪の地に、髙野雅夫《たかのまさお》を先陣とした運動によって夜間中学が再開され、一九六九年の大阪市立天王寺《てんのうじ》夜間中学の開校、岸和田《きしわだ》市立岸城《きしき》夜間中学の公認を嚆矢《こうし》として次々と開設されていった。それに伴い、各夜間中学では当然のように生徒会が発足していく。一九七一年、学校どうし協力しあう組織として「近畿夜間中学校連絡協議会」（以下「近夜中協」と略す）が組織され、その歩みに合わせるかのように、生徒会どうし協力しあう組織をつくろうという声が、夜間中学生のあいだから上がった。賛同した大阪の夜間中学の生徒会を中心として、一九七五年、「近畿夜間中学校生徒会連合会」が組織され、その後増設された学校の生徒会も参加し、大阪にとどまらず、奈良県や兵庫県尼崎《あまがさき》市に開設された夜間中学の生徒会へも拡大していった。

初期のころは、夜間中学自体が開設されたばかりとあって、一般的な中学校の生徒会同様に教師の指導のもとでの学習の場的な面が強い、いわばふつうの生徒会であった。それが大きく変わっていったのは、夜間中学の増設運動の一端を担っていた「夜間中学を育てる会」の活動が停滞するとともに、生徒会連合会がおのずと運動を引き継ぐことになっていったからである。

ふたたび開設された夜間中学が、「義務教育の保障」としてどういった内容の学習をしていくのかを、夜間中学生と教員たちがともに模索し確立していくのに伴い、生徒会連合会の活動も、夜間中学の必要性を社会へ伝えること、増設や生徒募集、修業年限や入学資格・就学援助制度など教育環境の改善といった「義務教育の保障は私たちの手で」という目標のもとでの活動＝運動へとなっていったのである。同時に、運動体として、教員の手を離れ、夜間中学生たちの自主・自立・自治の組織に必然的にならざるをえなくなっていった。そうした夜間中学の生徒会として独自の特質をもってきた生徒会連合会は、既存の中学校制度のもとで管理を強めようとする大阪府教育委員会による修業年限設定などへの闘い、減学級など教育条件の改悪反対、差別状況に置かれていた「太平寺《たいへいじ》夜間中学校の独立」への闘いなどの運動を遂行することによって、夜間中学を「義務教育を保障する」学校へと確立していく。しかし、それは、学校や教育委員会とのあいだに課題を抱えることにもなるのであった。

自主・自立・自治の生徒会

生徒会連合会が自主・自立・自治の運営をおこない、運動体的な面をもちはじめ、従来の学校の教育活動の一部として位置づけられ指導される生徒会の形態と大きく変化すると、各夜間中学生徒会や生徒会連合会と学校との関係が問われだした。

夜間中学を「義務教育を保障する」学校へと確立していく闘いは、教育行政と対峙《たいじ》していくことになり、運動の過程で、必然的に学校や教育委員会へ要望を出し、それに対する話し合い（交渉）の場をもつことになる。それは従来の生徒会や生徒会指導から逸脱するという反発の声が上がりはじめたのである。生徒会顧問の立場も問われる。

「ほとんどが大人の夜間中学生である。その夜間中学生が、学齢期に奪われた自らの義務教育を受ける権利を完全保障させるために、なかまとともに立ち上がって組織をつくり運動していくことは当然なことであり、夜間中学の生徒会活動としてはもっとも重要なことであり、夜間中学の教育内容としても何ら問題はない」ととらえ、「顧問は、総会や代表者会議などの会場準備や引率、印刷物の用意など、自主・自立・自治の生徒会活動を遂行していくうえで夜間中学生どうしが論議できる機会を設定したりする（教育環境の設定）程度にとどめておくべきである」という意見が一方にある。

他方、あくまでも「学校の指導のもとという範囲内での教育の場である」ととらえ、「活動（学習）内容は教員が適切な指導をしなければならない。逸脱しそうな運動については、顧問は助言・指導しなければならない」という意見がある。

管理職のなかには、「自主・自治の独立した運動体というなら、学校などに頼らず、顧問の引率などは出張扱いを求めないで自主参加にすればいいし、会議も学校外の施設を使ってやればいいではないか」という意見を出す人まで現れる始末だ。それに同調する顧問も少なくない。そうした議論は生徒会連合会の顧問会はもちろん、教員の組織である近夜中協でも、大きな論議となっていった。そんななかで二〇〇三年度の生徒会連合会の活動が始まった。二〇〇三年度の活動、なかでも「自衛隊のイラクへの派遣を慎重に考えていただく要望書」署名をめぐっての論議を見ていくなかで「夜間中学の生徒会とは？」を考える。

「自衛隊のイラクへの派遣を慎重に」署名運動

二〇〇三年一二月一四日(日)の生徒会連合会役員・代表者会議で、「自衛隊が紛争国であるイラクへ派遣されようとしている。私たち戦争を体験した世代として、二度と戦争によって人が殺され、人を殺すようになっていくことは黙って見過ごせない。そうした声を上げたいが、どうだろうか」という提案がされた。戦争を体験した世代は、夜間中学生のなかで大きな割合を占めていた。そうした夜間中学生にとって、戦争は、義務教育を受ける機会を奪った直接の原因であり、暗い青春時代を送らされ、近しい人の命を奪った二度と身近なものとしたくない体験である。その足音がふたたび聞こえてくるとしたら、戦争体験者として居ても立ってもいられない心情は、当然のことであり、代表者会議に出席していた各校生徒会の代表の多くが共感した。会議ではごく自然に「生徒会連合会として意思を示そう」となり、「各校へ持ち帰り、次回代表者会議までに、具体的な意思表明の方法を考えてくる」ことになった。

二〇〇四年一月九日(金)の生徒会顧問会では、意思表明の方法が各校生徒会で論議されているようすが報告された。いくつかの生徒会からは「署名をおこなってはという意見が出ている」という報告があり、具体的な文案まで考えていると、その時点での原案を示す生徒会もあった。それに対し、「国会で論争になっていることだから慎重に」という意見や、「反対署名となれば政治活動となる。公立中学校の生徒会がそんなことをしていいのか」と行動そのものに反対する意見も出た。意思表明したいという思いは、戦争体験者として、「戦争によって生み出される自分たちのような教育を奪われる人々を二度とつくってはならない」という思いであって、「党派的な国会での論争の一方に加担するとかといった次元のものではない」。なぜそうした思いをとらえられないのかという批判を含めた厳しい意見も出た。「生徒会連合会全体が、意思一致できにくいものを進めることはできない」という意見もあったが、これについては、「一致できないから活動できないと安易にしてしまうのは危険である。意見が対立しても話し合いを深め、前に進められる道を探るべきである」という意見が出された。

また今回の署名問題以前に、管理職から生徒会のありように意見が出され、連合会の活動をおこなうのが困難になっているという実情を報告する生徒会もあった。「生徒会の活動とはいえ、教師が顧問をしている以上、教師は署名を生徒におろすことはできない」「生徒会独自の活動であるなら、各生徒会にすべて任せ、教師はかかわらない」などの意見が出され、「生徒会はだれのものか」という論議の再燃の様相である。

ただ、慎重論や反対意見が出され、夜間中学生の思いの意思表明が、政治活動と誤解されてとらえられるのではないかという危惧については重要なので、慎重に進めていくということを確認のうえで、意思表明の方法を役員・代表者会議の話し合いに任せることになった。

二〇〇四年一月一一日(日) 役員・代表者会議で、「私たちの思いを国へ届けよう」と署名活動をすることが決まり、いくつか出された具体的な文案をもとに生徒会連合会の案をつくることになった。「思い」を届けるということから、署名を集めるときに決して押し付けにならないよう、丁寧な説明をして賛同を得られる範囲で無理はしないことも確認された。

一月一三日(火)　署名については、夜間中学生の思いをそのままに、顧問会での「政治活動と誤解されないように」という意見をふまえて、誤解を受けそうな意見や言葉については避けて作成され、各校へ署名案が送られた。

この署名案に対する異見がこなかったので、こののち「自衛隊のイラクへの派遣を慎重に」署名（「イラク署名」）運動が、開始されることになる。

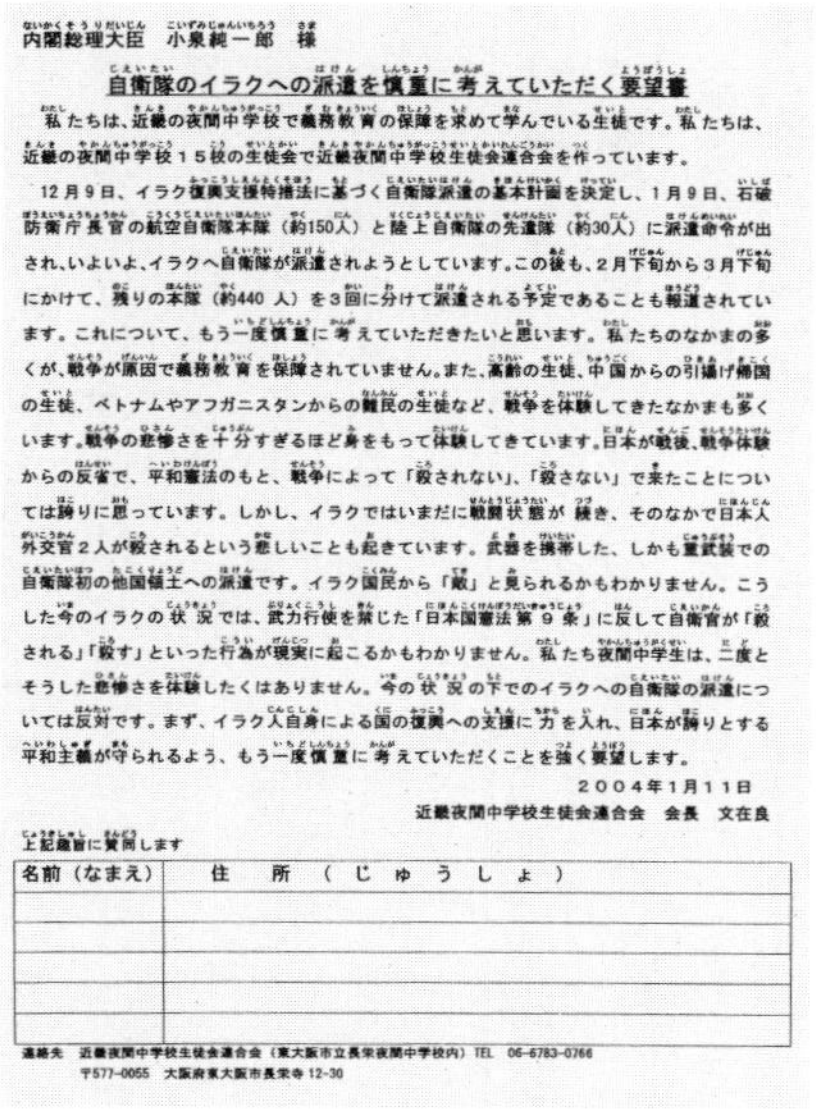
内閣総理大臣《ないかくそうりだいじん》　小泉純一郎《こいずみじゅんいちろう》　様《さま》

自衛隊《じえいたい》のイラクへの派遣《はけん》を慎重《しんちょう》に考《かんが》えていただく要望書《ようぼうしょ》

私《わたし》たちは、近畿《きんき》の夜間中学校《やかんちゅうがっこう》で義務教育《ぎむきょういく》の保障《ほしょう》を求《もと》めて学《まな》んでいる生徒《せいと》です。私《わたし》たちは、近畿《きんき》の夜間中学校《やかんちゅうがっこう》１５校《こう》の生徒会《せいとかい》で近畿夜間中学校生徒会連合会《きんきやかんちゅうがっこうせいとかいれんごうかい》を作《つく》っています。

12月9日、イラク復興支援特措法《ふっこうしえんとくそほう》に基《もと》づく自衛隊派遣《じえいたいはけん》の基本計画《きほんけいかく》を決定《けってい》し、1月9日、石破《いしば》防衛庁長官《ぼうえいちょうちょうかん》の航空自衛隊本隊《こうくうじえいたいほんたい》（約《やく》150人《にん》）と陸上自衛隊《りくじょうじえいたい》の先遣隊《せんけんたい》（約《やく》30人《にん》）に派遣命令《はけんめいれい》が出され、いよいよ、イラクへ自衛隊《じえいたい》が派遣《はけん》されようとしています。この後《あと》も、２月下旬《げじゅん》から３月下旬《げじゅん》にかけて、残《のこ》りの本隊《ほんたい》（約《やく》440 人）を３回《かい》に分《わ》けて派遣《はけん》される予定《よてい》であることも報道《ほうどう》されています。これについて、もう一度慎重《いちどしんちょう》に考《かんが》えていただきたいと思《おも》います。私《わたし》たちのなかまの多《おお》くが、戦争《せんそう》が原因《げんいん》で義務教育《ぎむきょういく》を保障《ほしょう》されていません。また、高齢《こうれい》の生徒《せいと》、中国《ちゅうごく》からの引揚《ひきあ》げ帰国《きこく》の生徒《せいと》、ベトナムやアフガニスタンからの難民《なんみん》の生徒《せいと》など、戦争《せんそう》を体験《たいけん》してきたなかまも多《おお》くいます。戦争《せんそう》の悲惨《ひさん》さを十分《じゅうぶん》すぎるほど身《み》をもって体験《たいけん》してきています。日本《にほん》が戦後《せんご》、戦争体験《せんそうたいけん》からの反省《はんせい》で、平和憲法《へいわけんぽう》のもと、戦争《せんそう》によって「殺《ころ》されない」、「殺《ころ》さない」で来たことについては誇《ほこ》りに思《おも》っています。しかし、イラクではいまだに戦闘状態《せんとうじょうたい》が続《つづ》き、そのなかで日本人《にほんじん》外交官《がいこうかん》２人が殺《ころ》されるという悲《かな》しいことも起《お》きています。武器《ぶき》を携帯《けいたい》した、しかも重武装《じゅうぶそう》での自衛隊初《じえいたいはつ》の他国領土《たこくりょうど》への派遣《はけん》です。イラク国民《こくみん》から「敵《てき》」と見《み》られるかもわかりません。こうした今《いま》のイラクの状況《じょうきょう》では、武力行使《ぶりょくこうし》を禁《きん》じた「日本国憲法第９条《にほんこくけんぽうだいきゅうじょう》」に反《はん》して自衛官《じえいかん》が「殺《ころ》される」「殺《ころ》す」といった行為《こうい》が現実《げんじつ》に起《お》こるかもわかりません。私《わたし》たち夜間中学生《やかんちゅうがくせい》は、二度《にど》とそうした悲惨《ひさん》さを体験《たいけん》したくはありません。今《いま》の状況《じょうきょう》の下《もと》でのイラクへの自衛隊《じえいたい》の派遣《はけん》については反対《はんたい》です。まず、イラク人自身《じんじしん》による国《くに》の復興《ふっこう》への支援《しえん》に力《ちから》を入《い》れ、日本《にほん》が誇《ほこ》りとする平和主義《へいわしゅぎ》が守《まも》られるよう、もう一度慎重《いちどしんちょう》に考《かんが》えていただくことを強《つよ》く要望《ようぼう》します。

２００４年１月１１日

近畿夜間中学校生徒会連合会　会長　文在良

上記趣旨《じょうきしゅし》に賛同《さんどう》します

名前（なまえ）	住　所（じゅうしょ）

連絡先　近畿夜間中学校生徒会連合会（東大阪市立長栄夜間中学校内）TEL　06-6783-0766
〒577-0055　大阪府東大阪市長栄寺 12-30

イラクへの自衛隊派遣を慎重に考えるよう、夜間中学生の想いを込めた署名用紙

近夜中のT会長（長栄《ちょうえい》夜間中学校長）には、「定時制高校削減反対署名」では府教委との窓口になってもらったので、今回の署名活動についても、署名用紙とともに報告した。同会長は「近夜中の会長という立場では、何か言えば差し障りがあるので、報告を受けるだけにしておく」という立場を示した。

各校では、署名が送られてくると、さっそく署名活動が始まった。

しかし、長栄夜間中学生徒会では、「戦争体験者の思いを訴えていることは同じ世代としてわかる。でも、自衛隊の派遣は、イラクの人々の生活を助けに行くのであって、署名には賛成できない」という声が、与党を支持している団体に所属している人たちから少なからず上がった。ふだん意見を言うことの少ない人が、強硬に反対を唱えもした。

署名の趣旨はそうした国会での賛成反対の論議とは違うと役員が説明しても、わかってもらえなかったのである。他校でも、同じような反対が起きているという声もあり、署名活動そのものをどうするかで、論議した生徒会もあった。

一月二〇日(火)　匿名の府会議員から、府教委、東大阪《ひがしおおさか》市、守口《もりぐち》市各教育委員会、長栄・太平寺・守口夜中の校長あてに投書（怪文書）が届く。

大阪府議を名乗る怪文書

一月二一日(水)　長栄夜間中学では、近夜中会長でもあるT校長から生徒会顧問が呼ばれた。

「派遣を慎重にという趣旨はわかるが、『自衛隊派遣反対』という言葉が使われていると、いまの時期、外部からつつかれるかもわからない。教育基本法八条2項を知っているか」と聞かれた。また「イラク署名」が決まるまでの経緯と教師のかかわりについて詳しく質《ただ》された。「署名に連絡先として『長栄』と載っているからには、校長が知らないというわけにはいかない。校名が載っていないなら、うちの生徒会が署名を出すことについては、一言『考えてほしい』で済むが、載っているので生徒会連合会として考えてもらわなければならない」

「経緯を説明したように、教師がさせているわけではないので、教師が勝手にどうするか決められない。最終的には、二回の代表者会議を通じて、生徒が話し合って進めてきているので、どうするかは、生徒に戻さなければならない」

「それでは、連合会の役員さんに、話をさせてもらう機会をつくってもらえないか」

生徒会顧問とT校長との問答である。

その数日後、投書が府教委へきていることを知った顧問は、T校長にそのいきさつを聞きにいく。

T校長は、投書は「府教委だけでなく、長栄夜間中学校校長あてとしてもきているので、別に隠すこともない」とそれを示した。

その内容は、顧問会議で話し合った意思表明の進め方に対する顧問会としての考え方について、府会議員を騙《かた》ってまでも、何としてでも阻止しようとするものであり、顧問会で自分の意見が受け入れられなかったことを正当化するために、一部の顧問が生徒会連合会を牛耳《ぎゅうじ》り、政治活動に利用しているという個人攻撃である。顧問会や役員代表者会に参加しているか、参加している人から詳しい話を聞いた人しか書けない内容である。ここしばらく論争が続き、夜間中学校生徒会の認識にやっと一定の方向性が合意されてきた状況に我慢ならず、反対の意思を押し通したかったのであろうと推察されるのである。

「イラク署名」への妨害

一月二七日(火)　署名集約。約二〇〇〇筆の署名が集まったのである。しかし、二校は署名活動そのものができなかった。何校かは、成り行きによっては引き揚げるというのを条件に、集約した。なかには、生徒会としては署名活動にとりくまないが、生徒会連合会の活動なので、署名用紙を校舎の入り口に置いておき、個人で署名するというかたちにした生徒会もあった。

二月一二日(木)　T校長と連合生徒会会長、代表顧問との話し合いがおこなわれた。

T校長の発言である。

「夜間学級をもつ校長会のまとめ役という立場で話をさせてもらう。署名活動について問題になっている。このことで、校長会を開いた。私としては、生徒さんたちの思いは十分理解しているつもりだ。大人であるし、自主的に署名活動をすることについては、何も言うつもりはない。しかし、連絡先として学校の名前が出てくると、先生たちの指導が問題になってくる。教育基本法で、先生は政治活動をしてはならないとなっている。署名活動が政治活動として、先生たちが処分を受けるかもしれない。校長として、先生が処分されるようなことをほってはおけない。生徒会の思いはわかるが、今回の署名活動は、やめてほしい。校長会では、署名を引き揚げさせるという校長さんが多かったし、生徒会連合会として、あくまで署名を送るなら、うちの生徒会は、連合会を脱退させるという校長先生までいる。私としては、分裂は避けたいので、私が、校長会のまとめ役として、署名活動を中止してほしいとお願いすることにした。それで説明させてもらう機会をつくってもらいたいので集まってもらった」

連合会会長も、「署名活動は影響が大きいので、会長として、私から中止にしようと提案するつもりだ。先生たちが、私たちの思いを何とかしようとがんばってくれているのはうれしいが、先生たちに迷惑をかけるわけにはいかない。せっかく署名集めをしてもらったが、生徒どうし、先生と生徒会とがいがみあって、板挟みになっている役員さんや、顧問の先生が困っているということも聞こえてくる。無理をして混乱させるよりは、私から、いったん取りやめるようお願いする」と強い決意を述べた。

T校長は、「生徒会連合会の会長として全体のことを考えやなあかんつらい立場にいてるやろけど、私が悪者になるので、私から言う。会長さんから提案するのは、止めはせんけど、任せてほしい」とその場を引き取った。

二月二二日(日) 臨時（緊急）役員・代表者会議が長栄夜間中学で開かれた。

出席したT校長の発言の趣旨は次のようなものである。

一　国論を二分しているイラクへの自衛隊派遣に反対するのは政治活動だ。公立の中学校が政治活動するのは、教育基本法八条2項、教師の政治活動を禁じている法律に違反する。

二　これが明るみに出ると文部科学省が調査に入ってくる。だれが文章をつくり、どのパソコンを使ってどこで印刷したか、紙はどこの費用から出たものかまで調べられる。そのうえ、マスコミの餌食になって大変なことになる。

三　さらに、夜間中学の生徒の出席の実態、修業年限、先生の勤務実態などすべて明らかにされて、いまの状況が守れなくなる。夜中の危機を招く。そのうえ、生徒会連合会の行事のために大阪市教委や大阪府教委の協力で大きな会場を借りてもらっているが、いっさい協力が得られなくなって、お金をみなさんが集めて工面しなければ、会場も借りられない。今日のような会議も、学校でできなくなる。

以上、三つの理由から、署名を政府あてに送ることを、ぜひ、やめてほしい。

その後、質疑応答が続いた。（生＝夜中生、校＝T校長、顧＝顧問）

生　法律違反ということを知らなかった。戦争を体験した私たちは、純粋な気持ちでやった。

校　公立の中学校というのは、税金で成り立っているのだから。

生　これまで、生徒会連合会でやってきた運動、最近では、定時制高校廃止反対とか、二年前の石原《いしはら》都知事発言への抗議とか、あれは政治的活動ではなかったのか。あのとき、何か言われたのか。

顧　何も言われなかった。

顧　校長は、長栄の顧問にいつ伝えたのか。

校　投書がきた翌一月二一日。

生　集めた二〇〇〇名の人の署名は消すことはできない。

私たちの運動は恥じることはない。しかし、校長がそう言われるのなら、この署名をした人の意思をいかす方法を考えてくれないか。

校　市教委や府教委に伝えることはできる。この場で私に任せるという結論が出るのなら考えたい。

生　長栄の顧問に怒っているのか。生徒会連合会に怒っているのか。

校　両方。宮崎の高校生が五〇〇〇人の署名を集めたことに小泉《こいずみ》首相が意見を述べたニュースで、学校に右翼の街宣車が連日押し寄せているそうだ。私は昼の校長でもあるから、そんなことになったら生徒が勉強できなくなる。この時期、非常にデリケートな問題だ。

生　行事ができなくなると言われたが、それは圧力をかけていると聞こえた。税金を使った学校と言われたが、私たちは、これまで税金も払ってきた。義務教育を受けられなかったから、夜間中学校で取り戻す権利がある。

顧　署名活動をしなかった学校に迷惑をかけると言われたが、しなかった学校として、連合会にすまないと思う。喜んでしなかったわけではないことを一言ことわっておきたい。

生　校長の話を聞いていると、生徒会連合会は、今後いっさいの運動ができなくなるのではという不安をもった。どんな運動だったらいいのか。

（校長退席）

T校長の発言は、高圧的で、威圧的な態度に終始し、管理職としてそういう面が本音としてあったにしても、これまでいろんな機会で話をしてきたが、意見が対立することがあっても、このような態度を見せることはなかった。発言の内容についても、そこまで言うかと、まるで別人である。生徒会連合会会長の立場を気遣い、言わなければならないところは言わせてもらうが、対立する意見でも説得し、妥協できるところはできるだけ探っていきたいと謙虚な姿勢であったのは、それは口先だけではないと見られていただけに、あぜんとするばかりであった。夜間中学生に怒りより、恐怖をいだかせるようなものであった。

校長退席後の話し合いのなかでは、それぞれの学校の校長の指示にもとづくなどの理由で、この日に署名を引き揚げると決めてきていた生徒会が多くあることが明らかになった。さらに、その署名を引き揚げた学校が「たとえ数校分でも生徒会連合会として署名を送られると、加盟している生徒会として署名活動に参加していると見られる恐れがあるので、結果によっては脱退を検討することになる」と、校長の指示を理由に、連合会としての署名の扱いを問題にしたのである。

生徒会連合会会長の苦悩

ここでふれておかなければならないのは、二二日の臨時（緊急）役員・代表者会議で、「イラク署名」の中止を提案すると主張していた生徒会連合会会長の思いについてである。

生徒会連合会会長には「定時制高校削減反対」署名のときと違って、生徒間でも考えの違いがあり、そのうえ、先生（学校）からの指導との対立があり、こうした混乱のなかでは、一致した運動にならない。無理をすれば、生徒会連合会が分裂してしまうかもわからないという危機感があった。

また、自分たちの思いを通すと、先生たちが処分されたり、たいへんな迷惑をかけるのではないかとの気遣いもあったのである。

T校長の暴言には憤慨していたが、自ら中止を呼びかけるという姿勢は変わらなかった。顧問の「先生たちの問題は先生たちで解決するので、遠慮することはない。自分たちがやろうとしていることが正しいことなのかどうかで考えていったらいい」との説得も聞き入れることはなかった。いままでの会長の発言や行動からすれば、今回は明らかに違うものであった。

その理由は、ずいぶんのちに明らかになる。

「イラク署名」がマスコミに取り上げられ、騒ぎになることによって、夜間中学で学ぶ多くの朝鮮人生徒が、「日本の学校に学ばせてもらっているのに、朝鮮人が、国に何をえらそうなことを言っているんだ。そんなに日本政府のやり方が気に入らないんだったら朝鮮に帰ればいいではないか」と責められるんではないか、そのことによって、夜間中学で学びづらくなっていくのではないかと強く懸念したからというのだ。

そんな思いを先生に洩《も》らせば、当然、そうした差別とはともに闘っていかなければならないと言われるのに決まっている。しかし、差別の厳しさは、体験してきたものにしかわからない。日本の社会のなかで朝鮮人がどのような立場に置かれ、差別的な扱いを受けていても、我慢して、気を使わなければ、日本の社会で生活を続けていけない。先生たちは理解をしてくれてはいるだろうが、切実さまではわからない。署名運動を無理するより、朝鮮人生徒の立場を守ることのほうが大事だとの思いがあったのだ。

なぜ「イラク署名」は中止に追い込まれたのか

こうして「自衛隊のイラクへの派遣を慎重に」署名（「イラク署名」）運動は、政府に署名を送り、夜間中学生の思いを届けるという目的を達することができずに終わった。生徒会連合会および各校生徒会は「義務教育の保障は私たちの手で」のもとに運動を積み上げてきた。そうしたなかで「定時制高校削減反対署名」など、数々の署名運動についてもとりくんできた。「イラク署名」も、そうして積み上げてきた署名活動のひとつである。しかし、この「イラク署名」にかぎっては中止に追い込まれたのである。

なぜか?

T校長の考えや行動によるところが大きい。しかしそれだけではない。それよりは、生徒会連合会や各夜間中学生徒会が手探りで、夜間中学生と教員がともに模索して積み上げてきた活動とそのありようについて、ここにいたって、論争になってきたからではないかと考えられるのである。「夜間中学の生徒会とは?」をめぐってである。

二月一二日(木)のT校長と生徒会連合会会長、代表顧問との話し合いを思い出してほしい。

T校長は「校長会のまとめ役という立場で話をさせてもらう。生徒会の思いはわかるが、今回の署名活動はやめてほしい」と生徒会長を説諭した。それに対して会長は「先生たちに迷惑をかけるわけにはいかない。せっかく署名集めをしてもらったが、いったん取りやめる」と応じた。T校長は、「生徒会連合会会長として全体のことを考えやなあかんつらい立場にいてるやろけど、私が悪者になるので、私から言う。会長さんから提案するのは、止めはせんけど、任せてほしい」とその場を引き取ったのである。生徒会連合会会長の立場を慮《おもんぱか》ってのT校長の言葉と解されていた、この「私が悪者になる」というのは、会長の立場を慮ってのものではなく、T校長がひとり悪人を引き受けることによって、その後ろに隠れた連中がいるということであったのだ。T校長の臨時（緊急）役員・代表者会議での予想外の、威圧的、高圧的な暴言、態度が図らずもそれを示している。

まず、第一は、夜間中学の校長（管理職）たちである。T校長は、この（「イラク署名」）問題について大阪府会議員を騙る投書が府教委へ送られて以降、教員も参加する近夜中協の会長という立場ではなく、校長会（実際は大阪府内の夜間中学校）のまとめ役という立場を押し通した。そのことによって、結局、校長会で、または互いに電話で連絡を取りあうなかで、何が話し合われたかはまったくわからなくなったのである。もちろん、各校の校長一人ひとりが何を考えていたかは、知る由もない。「イラク署名」に対する考え方にとどまらず、根本的な問題、「夜間中学をどうとらえているのか」＝「夜間中学の生徒会をどうとらえているのか」を、校長も含めた議論のなかで出させなければならなかったのであるが、「悪人」を演じたT校長の後ろに各夜間中学の校長たちは隠れてしまったのである。

各校生徒会の署名を引き揚げさせたのも、たとえ、自校の生徒会の署名が入ってなくても、連合会として署名を出すことになったら、自校の生徒会を連合会から脱退させると脅したのも、各校の校長たちだった。校長、教頭のなかには、「イラク署名」問題が起こる前から、自主・自立・自治をめざす生徒会に対し、妨げるような指導をしていた人たちも少なからずいた。また、T校長が近夜中協の会長という立場ではなく、校長会のまとめ役としたのも、論議を教員も入れた公のものとしないで秘密裏におこないたかったからだと思われる。

第二に、その校長たちに隠れようとした人たちがいた。数年前から、夜間中学の教育内容が模索しながらも確立してきたのに伴って、「夜間中学の生徒会」のありようについても、一定の方向性のもとに論議できるところまで進んできていたのに対し、敗北を決め込み、対立する自論を主張しないでおきながら、自校では、連合会で決まった方針と真逆の指導をしたり、その最たるものである府教委へ投書（怪文書）を送りつけるような、論議の裏で暗躍する教員も少なからずいたのである。そういう人たちは、この「イラク署名」では、虎の威を借る狐《きつね》のごとく、自らの意思で指導しておきながら、校長からの指導を前面に押し出し、責任回避に走った。

第三は、T校長が前面に立って丸く収めようとしたことから、府および各市の教育委員会の姿勢がすべて闇のなかに隠されてしまったのである。

しかしT校長の出席がなく、発言がなかったにしても、臨時（緊急）役員・代表者会議での結論は、変わらなかったであろう。各生徒会の結論は、会議が始まる前に決まっていたところがほとんどであったのだから。府内の夜間中学の生徒会では、東大阪と守口の夜間中学生徒会以外は、署名を引き揚げていったのである。

T校長が悪者になることによって、本来なされるべき、「各校生徒会の結論がなぜそうなってしまったのか」の討議がすり替わってしまい、生徒会役員と顧問、ひいては、夜間中学生と教員が向き合うせっかくの機会が失われてしまった。「校長からの指導」が水戸黄門《みとこうもん》の印籠のごとく利用されたのである。

「義務教育の保障は私たちの手で」

「イラク署名」をやめさせるために使われた「教育基本法第八条2（項）」に注目したい。これを正面から論議することによって、「夜間中学の生徒会とは？」の姿が見えてくるのではないかと思うからである。

第八条（政治教育）　良識ある公民たるに必要な政治的教養は、教育上これを尊重しなければならない。

2　法律に定める学校は、特定の政党を支持し、又はこれに反対するための政治教育その他政治的活動をしてはならない。

（二〇〇六年改正後は第一四条となり、文言は一部変わっているが、ほぼそのまま引き継がれている。）

T校長はイラン署名をやめさせる根拠として、第八条2項を示した。しかし、2項に言及する前に、当然、1項に注目すべきであろう。

夜間中学生は、この1項でうたわれている、日本の多文化共生社会の一員として生活していくための力を学んでいる。そしてその多くは成人として、（参政権のあるなしにかかわらず）社会（政治）に参加する権利をもち、また実際に行使している人たちなのである。未成年の子どもたちのように、準備段階ではない。日々考え、発言・行動すること、日々の生活そのものが、そのまま社会参加であり、政治参加なのである。将来社会に出たらということではない。今日は、明日は、と迫られているのだ。

今日の差別社会、そのもとでの生きづらさ、生活のしにくさを変えて、「どのような社会にしていくのか」を考え、また「変えていく力をつけていく」のが夜間中学の学びである。学びの内容は、指導要領など既存の教育活動のなかには見いだすことはできない。夜間中学生の日々の生活、生い立ち、将来への人生設計と、夜間中学生自身が向き合うなかで見えてくるものなのだ。そうした学びを得るために、「義務教育の保障は私たちの手で」と、夜間中学生は自らの立場と責務を自覚するのである。

「夜間中学の生徒会」は、この自覚を行動として具現する生徒の生徒による生徒のための組織なのである。学齢生徒の生徒会とは、まったく違った組織である。

「生徒会」の活動があってこそ、「夜間中学」の学びが見えてくるといっても過言ではない。だとするなら、必然的に、2項についても、「生徒会」の活動はその趣旨に沿ったものであり、何ら問題になるはずがない。

夜間中学生で、思想をもたず、政治にかかわらずに生活できる人などいない。夜間中学生＝生活者なのだ。労働組合や宗教教団、政党など多種多様な団体に所属している。朝鮮人生徒なら、総連や民団といった民族団体にも所属している。そうした実態を無視し、判断や選択がまだまだむずかしい子もいる学齢の生徒と同じでなければならないとするのは、夜間中学を否定するに等しいといわねばならない。一人ひとり個性に合わせた思想をもった夜間中学生が集まって、合意をめざしてひとつの方向を見いだそうとしているのだ。これが、なぜ、2項に抵触するとされるのであろうか。ましてや、投書（怪文書）に書かれていたように、一部の顧問がある特定の政党の主義主張で煽動《せんどう》するなどありえないことである。できるわけがない。

二〇〇三年度は、「夜間中学とは？」「夜間中学の生徒会とは？」が、生徒会連合会でも、近夜中協でも論議された年であった。そうしたなかで、「イラク署名」が中止に追い込まれたのである。夜間中学生が、教員、管理職（校長、教頭）、教育委員会と向き合って論議し、「夜間中学の学び」や「夜間中学の生徒会はどのような力をつけるのか」を見いだすせっかくのチャンスだったはずであるが。

その後も、学校管理下の「生徒会」と自主・自立・自治の「生徒会」との論争は、きちんとした論議をされないままに併存していくことになってしまった。それは、「夜間中学での学び」そのものがあいまいなままであることと軌を一にしている。

近年では、新渡日生徒の在籍比率の高まりによって、日本語がままならないことを理由に、「義務教育の保障を私たちの手で」とする夜間中学生の存在すら見えにくくなってきている。いまこそ、「イラク署名」が中止に追い込まれたできごとに伴う論議に立ち戻る必要があるのではないだろうか。そうでなければ、「夜間中学」も、「夜間中学の生徒会」も過去のものとなっていってしまうであろう。

口惜《くや》しさをバネに、このとりくみの経験は、二〇〇八年、近畿夜間中学校生徒会連合会が、就学援助、補食給食の府負担を止めると提案した橋下《はしもと》大阪府知事（当時）へ、その撤回を求めて結集して立ち上がった、近畿夜間中学校生徒会連合会活動に活《い》かされていった。

兵庫県内の夜間中学の活動

石打謹也　元尼崎市立成良中学校琴城分校教員／いしうち・きんや

一九四九年二月、神戸《こうべ》市立駒ヶ林《こまがばやし》中学校で戦後初の公立夜間中学が誕生した。その後、阪神《はんしん》間、姫路《ひめじ》、淡路《あわじ》島《しま》など兵庫県内で二八校が開設された。戦後の混乱による子どもの不就学、長欠生に対する善意的な対策としてだった。

一九五六年には、経済白書が「もはや戦後ではない」と宣言。世の中が高度経済成長期を迎えるなか、全国に九〇校近くあった夜間中学は二〇校まで減少する。兵庫県の夜間中学も次々と廃止され、六〇年代後半以降は、神戸市立丸山《まるやま》中学校西野《にしの》分校が、県内で唯一の夜間中学となった。

一九六八年一〇月、髙野雅夫《たかのまさお》が一六ミリフィルムの証言映画「夜間中学生」を持って大阪に入り、夜間中学開設運動を開始する。同年一一月、第一五回全国夜間中学校研究大会が神戸市で開催。関西テレビの桂米朝《かつらべいちょう》司会の「ハイ！土曜日です」が、夜間中学をテーマにした座談会を企画、放映した。この番組を見た視聴者が「私も夜間中学で勉強したい」とテレビ局に電話をかけてきた。大阪府内に通える夜間中学はなく、大阪市内から地下鉄に乗り国鉄の電車へと乗り換えながら、一時間半かけて西野分校に通うことになった。このことを一二月一四日付「毎日新聞」は「越境かまいませんよ　神戸の夜間中学に大阪の四人　尊い熱意拒めぬ　〝映画の訴え〟実結ぶ」という見出しの記事で載せた。大阪では、部落解放運動の広がりのなかで「越境は差別です。越境をなくしましょう」と越境をなくす一大運動に当時の教育委員会はとりくんでいた。これに痛烈な批判を込めた見出しだった。この記事の最後には「神戸市に迷惑をかけてはすまない。設置を前向きに考えたい」という大阪市教委が髙野雅夫に語ったコメントが掲載されている。

七六年四月、神戸市立兵庫《ひょうご》中学校北《きた》分校と尼崎《あまがさき》市立城内《じょうない》中学校琴城《きんじょう》分校の二校が開設される。ここでは、琴城分校開設に尼崎市議・県議として深くかかわった上《かみ》江洲久《えすひさし》の証言を『琴城分校同窓会一〇周年記念誌』（一九八九年）より引用する。

大阪市からの訪問者

一九七四年春四～五月頃のことでした。大阪市立天王寺中学校校長で近畿夜間中学校連絡会会長の白井重行先生、大阪市教委指導主事（夜間学級担当）の岩崎司先生、天王寺夜間学級教師の金城実先生（沖縄出身）が、尼崎市議会に私を訪ねてこられたのが、琴城分校開設のきっかけとなりました。

先生方の来意は、尼崎市に夜間中学校を開設してほしい、ということでした。大阪市では、六九年天王寺中学に夜間学級を開設して以来、相次いで六校の夜間中学を新設したが、専用できる空き教室のある中学校が前提となるため、市内だけの設置では受け入れが困難な状況となったので、周辺都市からの通学者は、周辺都市で施設を設けて対応してほしいという内容でした。さらには当時、第一次オイルショックで自治体が財政難に見まわれていたことも一因になったようです。大阪市教委では交通の利便を考慮し、主としてターミナル近隣に夜間中学を設置したため市外、府外の周辺都市からの入学者も多く七五年度在籍生徒の中に、阪神間各市からの通学者が三〇名に達する状況で、さらに増加する傾向にある、とのことでした。白井重行（現在退職）、岩崎司（現大阪市北区北陵中学校長）両先生は、このままでは市外や特に多い阪神間からの通学者は切り離され、或いは入学締め出しに発展しかねないことを憂慮し、以上のような大阪市の実状を説明のうえ、阪神間からの通学者の半数が居住する尼崎市に、夜間中学を開設してほしいとの、切々たる要請でありました。

県会議員に転じた上江洲氏は、七五年秋の定例県議会で大阪市立菅南《かんなん》夜中に尼崎から一五人、川西《かわにし》、西宮《にしのみや》、伊《い》丹《たみ》、芦屋《あしや》の各市から計二三人。豊中《とよなか》市の夜間中学へ尼崎、伊丹からそれぞれ一人が通学している事実をあげ、夜間中学開設を訴えた。

小笠原県教委教育長の答弁は簡潔明快そのものでした。「尼崎ほか開設を希望する市町があれば、県教委としても教員配置等の措置をいたしたい」というものでした。県教育長の確固とした態度表明をうけて、尼崎市教委は設置に向けて準備を整え、七六年四月に夜間中学校開設の運びに至ったのであります。ところが開設準備の過程には、思わぬ障害が待ち受けていました。市教委が当初併設を予定した小田地区内の某中学校の、教職員組合分会と育友会から、強硬な反対が起こったのです。「中学生が非行化する傾向の中で、成人の多い夜間中学の併設は吸い殻の放置等で、昼間の生徒の非行を誘発する」というものでした。結局、当時城内地区にあった市立教育研究所に開設されたが、畳敷きの教室はかつての寺子屋を彷彿とさせるものでした。教育研究所での仮住まいは一年間で幕を閉じ、七七年四月に城内小学校の空き教室に移転し現在に至りました。

（『同窓会一〇周年記念誌』）

神戸市でも増設の動きが進行する

一九七五年九月、県内で唯一の夜間中学だった神戸市立丸山中学校西野分校の坂本邦夫校長は、神戸市教委に対して「夜間中学校の増設に関する要望書」を提出。このころ西野分校の在籍者は一〇〇名を超え、三教室での授業に対して、施設、設備は不十分であり、年々増加する生徒を全員受け入れるのは困難であるとし、「神戸市立の夜間中学校を西野分校以外に一校以上設立されたい」と訴えた。「開設を希望する市町があれば、県教委としても教員配置等の措置をする」という県教育長の答弁を追い風にして、琴城分校と同じ一九七六年四月に、神戸市立兵庫中学校北分校が開設された。

生みの親であっても、育ての親ではない

開校後、浮かび上がってきた琴城分校の問題点を、卒業生の熊見安子は次のように記している。

「地元の市民・教員等による設置運動」ぬきで、夜

尼崎市立城内中学校琴城分校（写真・宗景正）

間中学が設置された尼崎のようなケースは他に例がないでしょう。尼崎の夜間中学設置が、当時いかに市民・教師たちにとって突然の降ってわいたような事件であったかは、一九七五年末の「夜間中学開設反対運動」事件で明らかです。尼崎では、琴城分校開校までに市民運動の経過がなかったため、せっかく開校した分校を支える情熱的ムードが、市民・教育関係者の中に見あたりませんでした。分校は誕生しましたが、育ての親がいないという、生みっぱなしの状態で、今日に至ったのです。昼間の学校では、少なくともその学校のＰＴＡだけは、その学校をいつも見まもってくれています。しかし琴城分校は開設以来、市民・教育関係者から無関心の状態に捨ておかれました。だれにも見まもられていない、見捨てられている組織に、怠惰や退廃の感情が忍び込むのに時間はかかりません。この様にして出来た学校で私自身一生徒として学んでみて、教師たちは尼崎は尼崎、大阪は大阪、といった考えで、募集活動もあまり力を入れませんでした。仮に生徒がこなくとも、教師の職は保証されていますから、のんきそのものです。情熱がみられません。その日一日が無事に終わればよいという教師が多いのです。

（『ザ・夜間中学』開窓社より）

生徒が主役の夜間中学を

八四年末、生徒の有志が「分校の教師の多くが無気力で、このままでは生徒の向学心に大きな支障が出る」と学校側に申し入れた。八五年八月、大阪の「夜間中学を育てる会」の支援を受けるなか、琴城分校の卒業生、在校生、尼崎市内の小・中学校教員らが中心となって「尼崎・夜間中学を育てる会」を結成、生徒が主役となる夜間中学の実現にむけ、活動を開始した。「育てる会」は、

・教員の年齢構成の適正化
・小学校教育の経験教員の配置
・国語科担当教員の重点配置
・養護教諭の配置
・職場のリーダーとして行動し、夜間中学に骨を埋める決意を持つ教頭の配置

などを要望し、市教委と話し合いを重ねるが、状況は停滞したままだった。

八五年八月末、全国の公立夜中、自主夜中の生徒、スタッフが集う「第四回夜間中学増設運動全国交流集会」では、「夜間中学生の学習についての生の声をよく聞いて、現在の琴城分校の実態を理解してください」というアピールが採択された。

三年間で卒業させないで

授業内容の充実要望とともに、三年間たったら卒業というやり方に対しても生徒の声が上がる。三年目を迎える生徒四人全員が、「卒業証書より、世の中で生きるための学力が欲しい。もう少し勉強を教えてくださ い」「せめて新聞が読め、手紙がかけるようになるまで学びたい」と訴えた。この訴えに対して「育てる会」と市教委の話し合いでは、卒業認定は校長の権限と言う市教委に「校長が留年を認めたらいいのですね」と問うと、「いや、その場合は適切に指導助言させていただく」という返答を繰り返した。市教委は「琴城分校は文部省の認可を受け、学校教育法の枠内にあり、中学校の修業年限三年の適用を受ける。授業日数の半数以上の出席があれば卒業させることになっている。制度や法律を変えることはできない。聴講生としてなら受け入れる。待遇はこれまでと同じように扱う」とし、一方的に卒業の決定を告げた。

主役不在の卒業式

八六年三月、早い時期から教員に「もっと勉強したい」「卒業の延長」を訴えてきた卒業対象の生徒四人全員は、卒業式をボイコットした。校長は卒業生不在のまま名前を読みあげ、卒業認定を宣言するという異例の式になった。テレビ、新聞は「主役抜きで卒業式」「夜間中学生が卒業拒否」と報道し、世間に夜間中学の存在を広めることとなった。「夜間中学を育てる会」は、話し合いのなかで市教委のいう聴講制度は原則として昼間に限られており、昼働いている人の出席は困難であり、勉強意欲のある人たちには、留年や再入学の道を開いてほしいと要望した。

公立夜間中学があるのに自主夜中とは

八七年五月、「育てる会」は「尼崎自主夜間中学」を障害者ボランティア団体が開くクレヨンハウスの二階を借りて、毎週月曜・木曜日の二回でスタートさせた。公立の夜間中学開設を求めて運動する全国の自主夜間中学のなかにあって、強制卒業させられた人の緊急避難先として尼崎自主夜中は、公立のあとで自主夜中スタートという異色の性格をもつことになった。市教委の「聴講生は昼間にきて勉強」は、生徒の実情に合わないということで、在校生と一緒に琴城分校で授業を受けることになった。聴講の期間の一年間は、「教育相談」を加えて二年間に延長された。

九四年二月、まだまだ勉強を琴城分校で続けたいという聴講生の声を受け、生徒会が修業年限延長を求める要請書をつくって、校長との話し合いを続けた。これに対し里見一郎校長は、「卒業生の聴講、相談は二年間という制限枠を外し、本人の学習意欲にまかせる。在校生の三年間についても、本人の学習意欲を尊重して、弾力的に広げていく」と生徒に伝えた。生徒一人ひとりの意志を聞いて、本人が納得できる卒業の実現をめざす取り組みが始まった。

九五年一月、阪神淡路大震災により琴城分校は二年間、市立城内高校（定時制）に間借りすることになる。神戸市立丸山中学西野分校は校舎が倒壊し、水木《みずき》小学校に移転、さらに隣の須磨《すま》区の太田《おおた》中学校に移転し、同校での新校舎工事を経て現在にいたっている。震災以後、全国夜間中学校研究大会は九九年度の第四五回、〇九年度の第五五回と神戸市で開催された。

県内全域から通える夜間中学を

三分校共通の課題のひとつは、設置市以外の生徒の受け入れである。琴城分校生徒会は、篠山《ささやま》市から片道二時間かけて琴城分校に通う一人の生徒とともに、一六年九月、篠山市教育長あてに、生徒への就学援助制度と篠山市への夜間中学校設置の要望書を出した。これに対し、篠山市教委は「就学援助制度は小中学校の児童生徒の保護者を対象にし、夜間中学生は対象になっていない。今後、制度の創設に向け調査研究を進める。夜間中学校の現状や今後のあり方を考えた場合、市立での対応には限界があり、兵庫県全域を対象とした施設として位置づける必要があると思うので、市としては、現時点で設置する意向はない」と回答している。

同年一二月、教育機会確保法が成立し、県教委の果たすべき役割がクローズアップされるようになった。神戸市は、一九年度から従来の「市内在住」に加え、「市内在勤」まで入学要件を緩和することを決めた。県教委は、夜間中学設置市および周辺の自治体の担当者を集め、意見交換会をもつようになってきている。

都府県の境を超えて、通いやすい夜間中学に通学することはできないか。入学者の住んでいる自治体になんらかの財政負担を求めるだけでよいのか。県立の夜間中学の設置にむけて、文科省は教員配置への財政助成の道を開いたが、さらに夜間中学生への就学援助制度も創設すべきではないか。課題は多いが、県内四校目の公立夜間中学開設にむけ、増設運動をよりいっそう積み上げていきたい。

阪神淡路大震災で全壊した神戸市立丸山中学西野分校校舎にかけていた電気時計、地震発生時刻で止まっている

コラム③

天王寺「夜間中学生の像」

各夜間中学には、夜間中学生が知恵と力と技を結集してつくりあげた共同作品がある。その作品がどのようにして生まれたのか、構成詩であれば、その詩はどのようにしてできあがったのかを考えることは、夜間中学の学びのひとつとして重要ではないだろうか。

夜間中学生が油粘土と格闘してつくりあげた共同作品が、天王寺《てんのうじ》と文《ふみ》の里《さと》の二校の夜間中学にある。どちらも、沖縄で活躍中の彫刻家・金城実《きんじょうみのる》さんが夜間中学の教員としておられたとき、美術の授業のなかでできあがった作品だ。

夜間中学生の像（1974年 天王寺夜間中学）

「仕事で疲れた体にムチ打って勉強を続ける苦しさ。やめていった仲間のことなど。口では言えない夜間中学生の本当の姿をわかってほしい。そのためにはぼくたちの像をつくろう。それもみんなで」

天王寺夜間中学で美術の授業の終わったあと、金城実先生を囲んで話し合っているとき、「だれとはなしに話が持ち上がった」。

夜間中学の廊下のすみで、さっそく制作が始まった。はじめはクラスの最年長者をモデルにしたが、「仲間全員を象徴するものに」という意見が出たため、途中から抽象的な若者の像に変更したという。モデルは力仕事できたえた二年生の野極達二さん(31)だ。このとき野極さんは、朝九時から午後四時まで職業訓練所に通い、午後五時から九時まで夜間中学、終わると深夜二時までボウリング場で働くという毎日であった。

週三時間の美術の時間に作業を進めていった。

「粘土をこね、のばして、丸め、肉付けをする。目のふちを深くえぐり平らにしたナイフをまぶたに押しつけるとくっきりした二重まぶたになった。耳たぶはフォークでえぐり、柄で丸みをつけた。できあがったねんど像は石膏《せっこう》を流して型をとり合成樹脂を流し込む……。

台座の基礎や枠組みをつくったのは、三年生の大工の北《きた》村《むら》七《し》五三《め》男《お》さん(39)。みんなでブロックを重ね、碑文をはめた。台座の上に据えられた像は高さ約一メートル。両手に持った本をくい入るように見つめる夜間中学生の姿だ。肩の筋肉はりゅうりゅうと盛り上がりたくましさを、きっと開いた目は意志の強さを表現している。」

二九五人の天王寺夜間中学生が一年かけて制作をつづけた「夜間中学生の像」が完成。一九七四年二月二七日夜、校内の〝木魂《こだま》の森〟で除幕式がおこなわれた。「一年がかりの労作だけに、夜間中学生の喜びはひとしお。同夜は家族も招き、給食のコッペパンもアンパンに格上げ、ささやかなお祝い」をおこなった。

このことを伝える報道記事がある。見出しは「苦しくとも励まし学ぼう… 『夜間中学生の像』完成　天王寺中校庭で今夜除幕式」(『朝日新聞』一九七四年二月二七日)。「完成した像を囲んで喜ぶ夜間中学生たち」と説明がついた写真も掲載している。

この記事では、夜間中学生の出席状況を次のように伝えている。「府教委によると府下の夜間中学は、二年前の三校から八校と増えた。が、長期欠席を続ける生徒が目立つという。同中でもこの像の完成を知らずに長期欠席を続ける仲間が多い」と。

野極さんは「いったん手がけた以上、何としても完成させたいという気持ちでした。みんなもよくがんばった。でもなんとか学べるぼくらはまだ幸せなのかもしれない」。

金城実さんは「ひとつのことを、みんなでなしとげるなかで、育っていった〝仲間意識〟が、ひとりでも長欠者を減らし、新しい仲間を増やすことになれば」と話されていた。

いま、天王寺夜間中学の校庭の南東隅で、夜間中学生や昼の中学生の活動の姿を見つめる「夜間中学生の像」は、四〇年前の夜間中学生のこんな思いのこもった共同作品である。

夜間中学生の像の下には共同作品制作に参加した夜間中学生の文字が刻まれている。自由・平等・希望の文字が読める

第4部　学ぶ

東大阪の夜間中学の取り組み

独立運動・「うりそだん」「さらんばん」のハルモニたち

髙野雅夫　夜間中学卒業生／たかの・まさお
林 二郎　大阪府東大阪市立太平寺夜間中学教員／はやし・じろう
藤井和子　大阪府東大阪市立太平寺夜間中学教員／ふじい・かずこ
鄭貴美　さらんばん代表／チョン・キミ
和久野哲治　元大阪府東大阪市立長栄夜間中学教員／わくの・てつはる
韓一茂　元大阪市立天王寺夜間中学教員／ハン・イルム
司会　**白井善吾**　大阪府守口市立守口夜間中学教員／しらい・ぜんご
（発言者の肩書は当時）

大阪府東大阪市《ひがしおおさか》には長栄《ちょうえい》夜間中学と太平寺《たいへいじ》（現・布《ふ》施《せ》）夜間中学という二校の夜間中学がある。夜間中学を育てる会や市民の開設運動の結果、一九七二年に長栄夜間中学が開校した。また、八年間に及ぶ長栄夜間中学太平寺分教室独立運動を経て、二〇〇一年に太平寺夜間中学の開設が実現した。

長栄夜間中学は、在日朝鮮人が多く住む大阪市生野《いくの》区、東成《ひがしなり》区に隣接し、大阪市や東大阪市内から多くの在日朝鮮人が通う夜間中学としてその歩みを始めた。

昼の学校から一九七四年に長栄夜間中学に転勤したある教員は、始業式のあと、ホームルームで自己紹介をしたときの出来事を次のように語っている。一人の生徒が通名で自分の名前を紹介した。担任はそれが聞き取れず、何度も聞き返すこととなった。聞き返す担任に抗議するかのように「ユンドンスニやぁー」と本名で叫んだ。夜間中学初日の、この衝撃的な出来事は「在日朝鮮人生徒は日本名より本名を名乗るほうが自然であると確信をもつ契機となった」と語っている。その後、この教員は

「在日朝鮮人の生徒は本名で呼びます」と宣言し、実行した。

この出来事は、長栄夜間中学の在日朝鮮人教育が確立していく第一歩であった。そのために朝鮮語の学習を企画し、校内研修で週一回、一年間続けたという。教科名「国語」の呼称は「日本語」にし、外国語の授業は英語に限らず「朝鮮語」も開講するなど、学習者の在籍実態に合わせ、夜間中学の教材作成をとりくみ、カリキュラムを創造していった。一方、夜間中学生の卒業問題（修業年限問題）、夜間中学の増設運動へと取り組みを展開していった。

この実践は「ゆりかごから墓場まで」ではないが、夜間中学の教室から出発し、卒業後のコミュニティとして在日朝鮮人の学ぶ場の開設を行政に要求して、「うりそだん」（日本語で「私たちの書堂」）を実現した（一九九四年）。その核となった在日朝鮮人一世の女性・オモニ（朝鮮語で「お母さん」）の夜間中学生たちに学びつつ、それにふさわしいオモニたちの居場所として街かどデイハウス「あんばん」（日本語で「居間」）やデイサービス事業の「さらんばん」（日本語で「客間」）を開始し、日本中どこにもない在日朝鮮人のコミュニティへと取り組みを展開してきた。

二〇一二年七月二一日、守口《もりぐち》夜間中学でおこなわれた連続講座「髙野さんと語る会」（第七回）で、東大阪におけるこれらの取り組み全体について林二郎さん・藤井和子さん（太平寺夜間中学）、鄭貴美さん（さらんばん代表）の三人から報告を受け、議論をおこなった。その記録である。議論は長時間に及んだが、その要点の記載となった。

（編集委員会）

白井　「髙野雅夫と語る会」第七回、きょうのテーマは「東大阪の夜間中学の取り組み」を取り上げます。林二郎「太平寺夜間中学独立運動」、藤井和子「東大阪の夜間中学のカリキュラムづくり」、鄭貴美「東大阪で生きる一世たちとの出会い―うりそだん、さらんばんのハルモニたち―」という内容で、三人から報告をいただきます。髙野さんのあいさつを受けて、報告に入っていきたいと思います。

夜間中学生が主人公となった自立宣言

髙野　みなさん、こんにちは。東京の夜間中学卒業生、髙野雅夫です。きょうはいちばん期待していた一日だと思います。ということは、一九七〇年、天王寺《てんのうじ》夜間中学卒業第一期生の倉橋健三《くらはしけんぞう》が、自分たちが学んで卒業するだけではなくて、大阪はもちろん関西にいっぱい仲間たちがいるから、夜間中学をもっとつくろうと呼びかけて始まった「夜間中学を育てる会」と、そのあとの第一八回全国夜間中学校研究大会、さらにきょうの主なテーマになっている太平寺の独立、この三つの歴史が、夜間中学が、生徒が主人公となって果たした自立宣言だと思っています。

そういう意味で、きょうのテーマは、いまビデオ(MBSテレビ『太平寺分教室独立校化の闘い』)で見ていただいたように、いまの生徒、先生たちを含めて、太平寺の独立の意味がほとんど伝わっていないし、正確さはもちろんのこと、そういう事実すら知らない生徒や先生たちがいっぱいいらっしゃると思うんで、これを機会に、これをここだけの話で終わらせないで、いまのビデオも含め、近畿夜間中学全体の先生や生徒たちにぜひ伝えていただきたいというお願いを込めて、きょうはよろしくお願いします。それとあと、討論のなかで、おれたちのほうからも聞きたいことがいっぱいあるんで、ぜひよろしくお願いします。

白井 林さん、お願いします。

報告1

太平寺夜間中学独立運動

林二郎

私のほうから「太平寺夜間中学独立運動」を報告します。この独立運動と密接につながるカリキュラムづくりにとりくみました。その話を藤井さんから。深くつながる「うりそだん」という在日朝鮮人の卒業後の学びの場が一九九四年四月に発足しました。それについては鄭貴美さんが報告します。

●独立化運動をいま振り返る意味・カリキュラム見直し

いま、その一五年、二〇年前の、この独立運動を振り返る意味がどこにあるのか、ということなんですが、太平寺、長栄夜間中学は月に一回、合同研修をもって、教育内容の確認をしたり、合同の行事の取り組みの確認をしたりというようなことをやっています。今年度は、一九九七年にできて九九年に改訂したカリキュラムの見直しを、今年一年かけてやるということで、四月からとりくんでいます。独立運動のもつ意味を振り返ることは、この私たち自身のカリキュラムの見直し作業を豊かなものにしていくということで、意味をもつと思っています。この前提で「太平寺夜間中学の独立運動」を振り返ります。

●正規の時間割のなかで朝鮮語授業を開始

東大阪の長栄夜間中学では七〇年代から、時間割本体に教科として「朝鮮語」を位置づけて（その当時はカリキュラムというかたちではっきりと確立してたわけじゃありませんが）、日本人教員の私たちも教材を準備して、朝鮮語の勉強を生徒とともにしていきました。正規の授業開始前に（課外に）クラブとしてではなく、本来の一時間目、二時間目などの勉強のなかで、朝鮮人の生徒は朝鮮人として朝鮮語の学習を開始しました。日本人がいる場合は、それを選択として、別の英語か何かをすればいいわけです。しかし、語学となりますと、専門的な知識がいりますから、朝鮮語の時間講師を依頼するか、教員の定数に空きができたら、うまくいけば朝鮮人の常勤講師を呼べるわけです。また、それを他の教科にも広げていくことができます。

修業年限を事実上撤廃して（制度上は、入学許可は教育委員会だが、卒業の認定は学校長）、長く勉強できたということに加えて、朝鮮人生徒には当たり前のこととして朝鮮人としての学習をするという教育内容のこともあって、東大阪市内西南部やそれに隣接する大阪市生野区から長栄夜間中学に朝鮮人がたくさん入学しはじめたと思うんですね。

四〇〇人を超える生徒の半数は生野区在住の朝鮮人生徒で、通学距離があまり変わらない天王寺ではなくて、なぜ長栄に向かったのかということは、太平寺夜間中学独立運動を振り返るなかで、夜間中学のあり方を問い直す意味においてひとつのポイントだと思っています。

●「国際識字年」を契機にスタート

一九九〇年にスタートした「国際識字年」を契機に東大阪市では「国際識字年推進東大阪連絡会」が、識字学級や夜間中学、中国人の学習の場「曙光《しゅがん》」などの識字の現場と、部落解放同盟や教職員組合などの運動体とで組織され、要求活動や交流行事・識字展などの活動にとりくみはじめました。

この「連絡会」の対市要求で、長栄夜間中学の生徒の多くが居住する市内西南部（大阪市生野区と隣接）への夜間中学増設要求が取り上げられます。その要求への回答として一九九三年四月から市立太平寺中学の空き教室に、長栄夜間中学の太平寺分教室として夜間中学が開設されます。長栄夜間中学からの生徒一〇〇人と新入生八〇人とでのスタートでした。

いまから思えば、なぜ太平寺夜間中学として開校できなかったのかを、何よりも当事者の生徒たちがいちばん敏感に感じとったのではないかと思います。

長栄夜間中学の太平寺分教室開設後の四月から九月にかけて、毎日二〜三人の生徒が順番に市教委を訪ね、太平寺分教室の独立校化を働きかける行動を展開します。一〇月に入って一週間、朝から市教委庁舎前での授業開始時間までの座り込みや、それに続く最終日の一五〇人規模での対市教委交渉は、第二の「阪神教育闘争」（日本の敗戦後、植民地支配から解放された在日朝鮮人により各地につくられた民族学校に対し、GHQが発出した「民族学校閉鎖令」に対しての闘い）かとも語り継がれることになるほど、在日朝鮮人による夜間中学増設運動は高揚の様相を呈します。

九四年二月、大阪府教委の方針として夜間中学の修業年限最長九年が示され、無理やり卒業させられることのなかった東大阪の夜間中学（守口や八尾《やお》なども同じ）が最長九年で卒業と決められ、そのときの長栄夜間中学（分教室も含んだ）の卒業式の様子は、式翌日の朝のNHKニュースでも報道されるほど、象徴的な卒業式となりました。

太平寺夜間中学の独立を待たず「無理やり」卒業となった生徒たちを母体とする「うりそだん」の発足は、この卒業式翌月の四月一三日です（詳細はあとで鄭貴美さんから報告）。その後、対市教委交渉での独立校化の約束を裏切られたとして一九九五年から四年間の卒業拒否なども経て、分教室のままでは朝鮮人としての誇りが許さないとする粘り強い運動の結果、二〇〇一年に太平寺夜間中学としての開校が実現するまでに、八年を必要としました。このことは、校区が在日朝鮮人の多住地域であったことをも一因とする一部日本人住民の排外的な声を市教委が抑えることができなかったことや、夜間中学に対する無理解を示しています（その後、二〇一五年の太平寺中学校と俊徳《しゅんとく》中学校の合併に際して、合併に太平寺中学校の夜間学級を含めるべきでないと一部住民が主張し紛糾したことも、一五年前の独立校化によってすべての問題が解決したわけではなかったことを示している)。

●朝鮮人の本名使用をすべての識字活動の基本へ

被差別部落の識字学級だけでなく、市役所がやっている読み書き教室といった一般的な識字教室にも、夜間中学の卒業生が行くわけです。三年ほど前の卒業生で、通名で市教委主催の識字教室（読み書き教室）に行っている生徒が、われわれとの取り組みのなかで、本名で行かなあかんのかな、という気になって、主催者側の市役所の人に「やっぱり、私、本名で行ったほうがええんですか？」と聞いた。市役所の人は「いやいや、とくに本名でということはありませんよ。どっちでもいいですよ。あなたの気の済むような、そういうかたちでいいんですよ」と言った。

対東大阪市教育委員会交渉（1993.10.7 東大阪市労働会館ホール）

このことを、一週間か二週間前ですが、教育委員会の社会教育部長に抗議して、「いったいどういう取り組みが現場でおこなわれているのか、認識はあるのか。市役所はいったい何をせなあかんのか。どう思っているのか」と質《ただ》した。

これは、社会教育部の責任者が一昨日でしたか、みなさんの前で、本名に切り替えて本名の名札にし、名簿も本名にするように読み書き教室を改めると回答しました。

●外国人の新しい在留管理制度への問題提起

先週の二〇一二年七月九日から、外国人登録法がなくなり、住民基本台帳法に一本化されましたけれども、ご存じのように、大阪市は仮住民票を全家庭に書留で送りました。この仮住民票で「この名前の漢字はどういう読み方をするんですか?」と一軒一軒尋ねました。堺市《さかい》も同じようにしたみたいですが、府内のほとんどの市町村は、読み方を尋ねるようなことまではしていません。

太平寺夜中では「これはチャンスだから、ちゃんと母語読みで市役所に返送しようね」という取り組みをやってきました。

この新しい在留管理制度では、非正規滞在の外国人がパージされて、住民票には載せてもらえません。行政サービスなどが受けられなくなる恐れが生じます。いままでやったら、在留資格欄に「在留資格なし」と書いた外国人登録証にもとづいて行政サービスを受けてたわけですけれども……。

それから、中国では簡体字で書かれる人名を日本の漢字で住民票に書かれたら「私の名前のような気がせえへん」言うて、堺の殿馬場《とのばば》夜間中学では、中国人の生徒から声があがっているわけです。

そういう新しい在留管理制度にかかわって生起した諸問題を、国はほとんど市町村に丸投げしています。ですから、「それなら国は市町村での対応に縛りをかけるな」という意見書を国に出すことを求める動きを、いま東大阪市ではやっています。そんなこんなの問題を、独立校化を振り返ることで意義づけていくことが必要になってくると思います。

●生野・東成への夜間中学増設運動と東大阪

東大阪での分教室増設と、生野東成自主夜間中学の取り組みがあって、最後は一九九七年に東生野夜間中学が増設されました。国際識字年が一九九〇年にスタートした当初、東大阪からぼくらが大阪市教組の車を借りて生野区内に出かけていって、生徒募集の宣伝をして回ったことも思い出します。その後、生野東成自主夜中の運動が盛り上がり、東生野夜間中学の開設が実現した。

一方、東大阪は東大阪で増設する意味があると、東大阪で二校目の夜間中学増設運動がとりくまれます。東大阪には、「長栄中学校夜間学級」という看板、「太平寺分教室」という看板、独立してからの「太平寺中学校夜間学級」という看板、これら三つの看板があるんですね。いまでも自分の学校の歴史を振り返る際の教材として、看板の学習をしています。

●九三年秋、独立運動のピーク

九三年四月、長栄夜間中学分教室が開校して、その年の秋に独立運動が山場を迎えました。ご存じのように、一〇月三日から一週間、座り込みをして、最後の金曜日、一五〇人ぐらいの規模で交渉をして、「大阪府に独立の届け出を出せ」と押し込んだ。ところが、その座り込みをめぐって、長栄と太平寺の生徒会のなかに独立運動に対する温度差が生じ、長栄の生徒会長選挙に独立運動へのスタンスの違う二人の生徒が対立して立候補することでそれが表面化するなど、軋轢《あつれき》が生じました。教員間にも亀裂ができ、それに乗じて、自分の学校の取り組みを偏向教育だとして自分の学校に投書をするようなことまで起こりました。このような、朝鮮人生徒間に分断を持ち込み、煽《あお》るような卑劣な教員の行動もありましたが、粘り強い取り組みでそれも克服しました。

九四年に「うりそだん」が発足して、卒業拒否とかいろんな取り組みが、そのあと七年間続くことになります。とりわけ、近畿夜間中学校生徒会連合会が太平寺分教室の独立を連合生徒会自身の課題にしたのは、生徒に対するすごい励みになったと思います。

●運動の停滞をこじあけたもの

独立化の運動はその後、困難な道を歩みます。「これは、このままにっちもさっちも動かへんのかな」と思ったりした時期もありました。しかし、この膠着《こうちゃく》状態をこじ開けたのは、九三年の、いちばん運動が盛り上がったときの座り込みでした。結局、これが六、七年たって、効き目を発揮し、教育委員会をゆさぶり、これがきっかけになって、二〇〇一年の独立になっていったということです。

白井　ありがとうございました。続いて藤井さん、お願いします。

報告2　東大阪の夜間中学のカリキュラムづくり

藤井和子

●カリキュラム作成にいたった理由

カリキュラムをつくった時期というのが、一回目が九七年で、そのあとすぐに一度改訂されています。それが九九年です。

当初、七二年に長栄夜間中学が設立された当時は、ちょうど解放教育が始まって間もない時期で、私自身もこのとき（七一年）に就職してるんですけれども、在日朝鮮人教育や障害児教育、とくに普通学級に障害をもった生徒たちを入れるということで、私たちも、大阪府立第十養護学校かな、設立反対運動をやっていたりしました。私自身は意岐部《おきべ》中学という被差別部落を含む学校に養護教諭として勤務したんですけれども、地域から「解放教育をしてほしい」という願いが学校にバンバン届けられている時期ということもあって、解放教育をきちっとする学校教育を進めていこうという時代でした。そういうなかで長栄夜間中学も開校していったということです。

開校後、二〇年の取り組みを経て、長栄夜間中学の生徒数が昼間の生徒数を上回る状況となり、国際識字年の取り組みを契機にした運動とが重なった結果、九三年に東大阪市立太平寺中学校のなかに長栄夜間中学の分教室がつくられたことに端を発して、太平寺分教室の独立運動が大きく盛り上がりました。その時期の運動の高揚とカリキュラムづくりがどう関係したのか、それが大切な意味をもつことを、今年の校内研修で長栄夜間中学の中心にいた先生から学びました。

カリキュラムの作成にいたる理由というのが非常にポイントになるわけです。その当時、私の学校で語りぐさになっている話があるんですが、太平寺の分教室ができたとき、夜間中学生のレントゲン検診があって、「長栄夜間中学の分教室やから、検診の電源は（二キロも離れた）長栄から引いてこい」と太平寺中の昼の管理職からいやがらせで言われたという話や、太平寺の昼間の生徒が太平寺の夜間中学の生徒たちと接触しないように通用門の位置を決めたとか、その当時、学校のなかでも差別が横行していたような状況でした。

教職員内部の問題としても、教師もいろいろ入れ替わりますので、昼間の教育そのものの価値観を夜間中学にもってきて、たとえばテストをやってみたりとか、「遅刻してくるのは何でや」とか「欠席してんのは何でや」とか、生活背景を無視して生徒たちを追いやる動きが生まれてきました。これはまずいということで、カリキュラムの策定が課題となったということです。

夜間中学にたどりつくまでに、生活者として社会のなかで苦労しながらも立派に働き、家庭生活を営み、子どもを育ててきた。そんな力をもっている生徒たちが必要としている学習とは何かと、カリキュラムづくりが始まったのだと学びました。

また、より本質的な問題としては、「太平寺分教室の生徒会に引き回されて、独立を求める運動ばかりで勉強がおろそかになっている」と、運動に距離をおこうとする生徒が現れ、長栄夜間中学の生徒会に亀裂が入ります。具体的には長栄の生徒会会長選挙で、その亀裂を反映した生徒が立候補し、会長候補に二人が出る対立選挙になったりしたのです。私が今年度の校内研修で、九七年・九九年カリキュラムがなぜ必要とされたのかを学んだことの核心は、まさにこの点をどうとらえ、学校の課題にしたのかということでした。つまり、夜間中学での学びと、太平寺分教室の独立のための運動とを対立させ、それによって学びの仲間が分断されることに自分たち自身で気づき、そうしたとらえ方を拒否する自立した主体たる夜間中学生、ひいては在日朝鮮人になるためのカリキュラムづくりが必要だったのだという観点です。

●三つの学習の目標

生徒たちが太平寺分教室独立にあたっての思いを文章化することを学びの目標に入れ、その続きに私たちは、夜間中学生の実態をふまえて三つの学習の目標を掲げました。ひとつは「自分史の創造」、二つめは「社会的立場の認識」、三つめが「アイデンティティの確立」ということです。

ひとつめの「自分史の創造」では、独立当時、朝鮮人の生徒たちが叫んでいた言葉のなかに「親が学校行かしてくれへんかったんは、親が悪いとずっと思っていた。だけども、それはそうではなくて、行かせたくても行かせられなかったんだ」というものがあります。このように、夜間中学での学びを通して社会が見えてきました。

生徒たちは、自分が生きてきた生活環境のなかで差別されてきたことが見えてきた。太平寺夜間中学には文集『おとなの中学生』があるんですけれども、それに自分史を書いていった。それを使って、生徒交流をやったり、生活体験作文発表会へ参加したり、東大阪国際交流フェスティバルでアピールするとか、いろんな発信する場所を見つけて、もちろん対市・対府交渉でもそうなんですけれども、「自分史の創造」が自分たちの思いを発信する大きな武器となっています。

二つめの「社会的立場の認識」では、自分の置かれている立場、たとえば女性であることによって、とくに在日朝鮮人の生徒たちは社会と切り離されて、家庭のなかに閉じ込められ――もちろん働いてはる人もいるんですが――、学びたくても学べなかったというような状況もあります。それを認識していくとともに、その問題性も自分のものとして獲得していくような作業を追求することです。

三つめの「アイデンティティの確立」では、いまでも生徒たちが交流やいろんなところで「勉強できなかったら私みたいになる」「私みたいになりなや」って言うときがあります。「それは間違いやろ」って、最近やっと私は生徒たちに言えるような状態になったんですけれども、いままで女性として、また在日朝鮮人として、文字を知らなくても、自分や家族を守り、家庭を支え、仕事をし、立派にやってこられました。このことに誇りをもち、自分を大事にしながら生きていってほしいということです。「性」をどう「生」に転換していくのかを学びの根幹に据えることで、自分のアイデンティティを確立してほしい（「『性』をどう『生』に転換していくのか」＝朝鮮では儒教の精神が根強く、女性であるがゆえに教育から遠ざけられ、家庭内の世話をせざるをえなかった状況があった。夜間中学での学びのなかで、自分らしさを貫き、自分の尊厳が大切にされる生き方にどう転換するかということを、報告者はこう表現した）。

具体的に、この三つの目標にしたがって、学びの内容をつくっていきました。私たちの学校は、「国語」「数学」「理科」「社会」というかたちでは教科はされていません。「表現」「歴史」「現代社会」「民族と文化」「生活」の五教科と、あと「美術」「音楽」があります。一人一教科の専任教師ではなくて、一人が複数の教科を担当します。いろんな免許の者がいろんな教科をもっていて、私自身は養護教諭ですが、はじめて学校にきたときは「美術」の時間をもっていましたし、いまは「生活」の時間をもっています。そんなかたちで、だれもが専門ではないから、ある意味、いろんなもののとらえ方ができるのかなと思います。多くの教師がタッグを組みながら、太平寺夜間中学の教科をつくっていくということです。

それぞれの教科には、「表現」は「自らの立場を表現する力を育てる」、「歴史」は「歴史認識を深める」、「現代社会」は「現代社会の諸問題を通して自らの人権の在り方を考える」、「民族と文化」は「民族と文化を再認識する」、「生活」は「生活を守り、豊かにする」という目標があって、長栄と太平寺の両校の教科担当は、月一回の教科についての会議で、どんな内容を扱っていくか、共通理解を図っています。これを全教科でもちながら、すすめています。

いまは九〇％前後を中国人の生徒が占めています。朝鮮人の生徒も数％いて、そのほかにブラジル、ペルーからの生徒がいるという状況です。在籍数も太平寺で七〇人というように、だんだんと小規模になってきています。このようななかで、それぞれの生徒がかかえているさまざまな問題が明らかになると、いままで独立運動をたたかってきた先輩たちの姿に学びながら、生徒会活動ともつながり、問題を解決していっています。

●生徒会活動を通した実践

これは中国人の生徒ですが、銀行に行ったら日本語が書けない。「日本語が書けない者は口座をつくってもらわなくてもいい」と言われたという出来事がありました。それを全体学活で取り上げ、みんなで考えました。そして、抗議の声を上げるということで、市教委にも連絡しておいて、その銀行と話し合いをしました。最後には銀行が謝罪にきて、「外国人の方がこられたら、案内の者が丁寧に対応していく」ということで、銀行の態度を一変させる取り組みをおこないました。

また、通学中の中国人の夜間中学生が何度も何度も職務質問を受けるという出来事が続きました。布施警察が夜間中学のそばにあったということもあったかもしれませんが、電信柱の陰に隠れていて、中国語で大きな声でしゃべりながら帰宅する生徒を呼び止めて、「外国人登録証、持ってるんか?」と職務質問を受けました。ちょうど、中国人の生徒と在日朝鮮人の生徒がどんなかたちで一緒に運動を進めていったらいいのかなって考えてたときでしたので、「あっ、これや」と思いました。

朝鮮人の生徒は「私らも、前はいっぱいそんなことで警察に引っ張られたり、呼び止められて嫌な思いをした。私らの思いと同じや」ということになって、その年に布施警察に長栄・太平寺の両生徒会が行って、顔写真入りの生徒証を提示したら夜間中学生だということを認識して、職務質問で深く追及しないようにしてもらうというようなことにとりくみました。その結果、朝鮮人生徒と中国人生徒が団結して運動ができる生徒会活動になりました。

●職場では

学校ではそんなことがあったんですけれども、一方、職場では生徒たちがどういう状況に追いやられていたかと言いますと、象徴的な話ですが、ある生徒が上司の靴に油をこぼすという失敗をした。日本語がわからないので怒っている意味がわからず、汚れを拭き取り、地べたに頭をこすりつけ、ひたすら謝ることしかできなかった。それでも許してもらえず、悔しい思いをした。また違う生徒は、班長さんかなんかに意地悪されて、みんながもらえるパンをその人だけはもらえなかった。こんなふうに、多くの生徒たちは、学校以外の生活でも非常に厳しい毎日を送っていました。

いま、中国人をはじめ多くの生徒は、いじめられたときには「何が言いたいんですか」って言い返せるところまできています。それから本名の問題にしても、母国語に近い名前でやってほしいと窓口で言うとか、朝鮮人生徒では老人パスを本名にするなど、夜間中学の学びをそれぞれふだんの生活で実行しています。

●「奮い立つ」という新たな目標

これらは、とりもなおさず、このカリキュラムづくりをベースにした生徒たちの立ち上がりだと思います。いまカリキュラムの改訂が長栄と太平寺でおこなわれていますが、いままでのカリキュラムを根幹に置きながら、三つの目標「自分史の創造」「社会的立場の認識」「アイデンティティの確立」のほかに、実はもうひとつ入れたいものがあったんやと、カリキュラムづくりの中心になった先生が校内研修で言っていました。それは何かというと「奮い立つ」ということだったそうです。

私が太平寺にきたとき、生徒会活動がすごく活発で、教職員以上に力をもっていることを知って、それが太平寺夜間中学の独立と深くかかわっていることを痛切に感じました。太平寺夜間中学の独立は、夜間中学生が生徒会に結集し、座り込みを含むさまざまな取り組みで、まさに生徒たちの力で長栄夜間中学分教室からの独立を実現させた。まさしく「奮い立つ」であったわけです。この四つめの「奮い立つ」っていう言葉を、今年度、二〇一二年度のカリキュラムの見直し・改訂に追加挿入できたらと考えています。

白井　続けて鄭貴美さん、「東大阪で生きる一世たちとの出会い―うりそだん、さらんばんのハルモニたち―」をお願いします。

報告3
東大阪で生きる一世たちとの出会い
うりそだん、さらんばんのハルモニたち

鄭貴美

●一世との生活のなかからできあがってきた

ご存じのように、夜間中学を卒業された一世たちが、卒業後のコミュニティということで「うりそだん」を立ち上げて、来年（二〇一三年）で二〇年です。私たちが「うりそだん」で一世と向き合っていくなかで、必然的に「さらんばん」や「あんばん」という施設ができてきました。当初はまだ一世たちはお元気で、自分で自転車に乗ったり、電車に乗ったりして活動できたので、それでも昼間の活動の場所を保障しようということで、大阪府の「街かどデイハウス」事業を利用して自立高齢者の施設「あんばん」を一一年前に立ち上げました。「街かどデイハウス」の活動をしながら、いよいよ自転車に乗っていた人が乗れなくなった、電車に乗っていた人が乗れなくなった、歩けなくなったということで、一世と生活していくなかで、必然的に介護保険のデイサービス事業に七年前に参入したという経過をたどっています。

●医療現場と介護現場の違い

現在、私たちがかかわっている一世の六割、七割が介護保険制度を利用されていますので、そこから入って「うりそだん」との関係にさかのぼっていけたらと思っています。

まず、みなさん、介護保険がどんなものか、おそらくご存じないだろうと思います。私は医療現場に二〇年、働いてきました。優秀な看護師は、「何号室のだれだれさん」と言ってわからなくても、その病名を言うと、「あっ、あの人ね」ってわかります。医療現場は、その人そのものと向き合うというよりも、その人の病気と向き合うことを求められるんですね。わかりやすいように、極端な例をあげましたが、これに対して介護現場はそうではなくて、どんな病気をもっておられるかよりも、その人がどこで生まれて、どんな家族がいてて、何を食べて、というその人そのものの歴史がわからないと、かかわれません。これが医療現場と介護現場の違いです。それで私は、過去の同僚に「介護ってどんなん」って聞かれると、医療現場は病気と向き合うところで、介護現場

はその人の生活と向き合うところ、と言っています。

そういう意味では「さらんばん」は、私たちがさかのぼって一〇年、二〇年かけて「うりそだん」から一世の生活を見てきたなかでできた介護保険施設ですから、本来あるべき姿の事業が展開できてるのかなと考えています。周辺にいてはる利用者さんを集めてきて介護をするのではなくて、一〇年、二〇年かけてこの人には何が必要かをずっと手探りしてきて、たどり着いたのがいまの介護現場かなって思っています。

●家族とのかかわり

私は長く小児科にいましたが、小児科のドクターはいつも「小児科はいっぺんに二人診《み》なあかん、子どもとお母ちゃん。お母ちゃんを納得させないと、治療ってなかなか進まない」と言っていました。そのことをいつも思い出します。高齢者とかかわって、「うりそだん」や、たぶん先生方の夜間中学の活動もそうだと思いますが、家族がどれだけ理解してはるかで、活動の中身が変わってくるんじゃないかなと思っています。私たちは、高齢者というくくりに入る一世たちとかかわろうと思ったら、家族と出会って、家族の意識を変えていかないと、本来めざしているところには進まれないなあと、この一〇年、二〇年に感じているところです。

みなさんと私が違うところは、その家族というのは私と同じように在日だということです。多くの二世、三世、四世たちは、ようやく一世から離れて、登録証を持った一世がもう家庭にいないことで、隠そうと思えば自分のルーツを隠せる。もちろん「帰化」をした家庭も多いです。そういう意味では、せっかくやっと一世から離れて自分たちを隠すことができるのに、「またかよ」というふうな家族も多かったです。「一世と、お父ちゃん、お母ちゃんと、どうかかわってるねん」と問い詰めることはなかなかできないですけど、尋ねると、「もう、ほっといてほしい」と。

わかりやすい例でいうと、私たちが年賀状や暑中見舞いを送ると、家族から怒りの電話がかかってきます、必ず本名で送りますから。「もう、勘弁してくれ」って怒られることもありました。健康保険証って、だいたい通名です。いくら夜間中学や「うりそだん」で本名使ってはっても、保険証って、まあ七～八割、通名じゃないですかねえ。大概の施設や病院はその保険証どおりの呼称を使いますが、私たちはそんなんいっさい無視して、全員、本名で呼びます。だから、電話やおうちに送り迎えに行ったときとかに、ついつい本名を言ったら、家族が「お母さんは、病院行ったら福田みよ子さんって呼ばれてんねんから、福田みよ子さんと呼んでくれ。でないと、認知症の問題もあって混乱するから」って。まあ、言い訳だと思うんですけど、そんなことで怒られることもほんとうによくあります。それでもめげない。

なんでめげないかって言ったら、ハルモニ（おばあさん）たちがそのことを納得しているから。ハルモニたちは、残念ながら、自分自身は解放できたけど、家族まではなかなかできないんですよ。その葛藤のなかで私らと出会って、ここでは家族にも言われへんかったことでも言えるという安心感があるのかなあって思います。だからといって私たちは、「それでいいねん」ではなくて、一歩でも前進できるように、あの手この手を使って、家族とのかかわりを模索してきました。

「うりそだん」開講式

●高齢の一世と出会う意味

「そだん」「さらんばん」「あんばん」にかかわる職員は、結婚で過去、帰化をした人も数人いますが、全員、在日にルーツをもっています。私たちが高齢者の一世と出会うことは、自分たちの文化に出会うことそのものだと思っています。私たちは日本の学校を卒業していて、日本の人と同じような知識しかないわけですからね。

もうひとつは、夜間中学や「そだん」に行っている一世でさえ、自分の子どもたちに自分の歴史や民族の歴史を語る余裕がなかったんです。職員は、私たちのような普通の親をもった人たちですから、学校で学んだ以外の民族なんて知りません。そういう意味では、一世に出会うことは、とりわけ夜間中学を卒業された一世に出会うことは、自分たち自身の文化を知り、生活や歴史を知っていくことになります。この二〇年の間、いまもそのことを日々感じているところです。

もうひとつ、私たちがなぜこの介護や自立高齢者の制度にこだわるかというと、一世たちが、高齢による認知症や脳血管障害などで母語に戻る、第一言語に戻るケースがとても多いと思うからです。これはもちろん、朝鮮人だけの問題ではなくて、外国で暮らす日本の人たちも同じです。私たちを取り巻く一世たちは、夜間中学を卒業した一世たちも、極端な人でしたら六割、七割が朝鮮語になっている人もいらっしゃいます。お元気で、認知症の問題がなくても、「ここがかゆい」「ここが腹が立つ」「ここがたまらん」と言うときは、やっぱり朝鮮語なんですね。そういう意味では、言葉を知ることは私たちには非常に大きなことだと思っています。だれでも明日はわが身です。夜間中学の生徒さんたちが年老いていくということは、みなさんも私たちも同じ経過をたどっていくということです。

もうひとつは、言葉が通じるか通じないかによって、その人が同じ七〇年、八〇年を生きたとしても、自分自身を解放した時間をどれだけ過ごせるかが違ってくるということで、「言葉の壁は命の壁だ」と表現しています。

在日高齢者の介護や生活の問題を話すときに、私たちは在日の高齢者を「ハルモニ」と表現していますね。なぜ「ハラボジ（おじいさん）」と言わないのか。これは、私よりもみなさんのほうがよくご存じで、私たち朝鮮人の歴史的な背景から、いくら家が貧しくても、弟やお兄ちゃんは学校へ行くけど、姉ちゃんや妹は学校へ行けないという現実があったからです。夜間中学に通われたみなさんからは、一〇人が一〇人、同じ悔しさをお聞きしたことがあります。

●なぜ「そだん」から「さらんばん」にたどり着いたのか

一一年前、最初に私たちが立ち上げた「さらんばん」は、「街かどデイハウス」、自立高齢者の事業でした。私たちはなぜ「そだん」から「さらんばん」にたどり着いたのでしょうか。

東大阪の夜間中学と出会った私たちは、夜間中学とは、文字を学びながら、日本社会で生きてきた自分史を知り、自分を解放するところだととらえています。そして「そだん」は、学校のカリキュラムにとらわれずに、夜間中学で知った自分史を、今度は語っていく場所だととらえています。

「うりそだん」の講師、イ・ヂョンヂャさんが生活英語を実践しています。英語ではなくて、生活英語です。社会には横文字が氾濫していて、高齢者やからといって新聞やテレビが何言うてるかわからなくてもいいわけはないので、基本的にテレビや新聞に出てくる横文字を知っていただこうということです。

きっかけはこんなことでした。ハルモニたちがお元気なころは、よく韓国に行かれました。自分で飛行機の切符を買って、「B－45」とか書いてある座席を探すわけですが、ローマ字が読めないので、もう記号を当てはめて席を探してたっていうことを知りました。じゃあ、最低限、自分の行動ぐらい自分の力でできるように、生活英語を保障しようかとなりました。たとえば、パスポートなんかぜんぶローマ字で書いてあるから、アルファベットで自分の名前が書ければいいなあと。私たちは、「そだん」であれ「さらんばん」であれ、ハルモニたちが施設のなかで安全に守られることが目標ではなく、施設から自分の力で社会に出ることを目標としています。飛行機に自分で乗れるんやったら、自分で乗ったらいいし、パスポートを自分で切り替えられるんやったら、そのほうがいいですから、自分の生活に必要な英語をやろうということで、五年くらい前からこの「生活英語」という言葉を使うようになりました。

「うりそだん」のよいところは、何をやってもいいところです。二〇人いてはったら二〇人にとって必要なことであれば、カリキュラムなんて毎日できあがるわけです。そのためには、この人たちと何を話して何を引き出すかという私たちの創造力が問われるわけですけれども、きちっと一緒に生活をすれば、何が必要かはおのずと見えてくるので、カリキュラムは日々変わっていきます。これは極端な表現ですけど、でも、この人たちの要求から変わってきたということです。

●戦争や差別体験を発信する

そういう経過をたどりながら、私たちは「さらんばん」や「あんばん」という施設を立ち上げました。そこでどんなことをしているかというと、もちろん一般的な介護もありますが、いまもお話ししたように、せっかく夜間中学で文字を学んで自分史を学んで、自分の力で生きる力を得たんだから、それを発信する場所がいるんですね。もちろん、夜間中学でも昼の中学生や小学生との交流があって、発信されているでしょうが、そのためには夜間中学に属していないといけない。また、発信する場所を最後まで保障しようと思ったら「うりそだん」では送迎もできないということで、さまざまな事業が展開されてきました。

ハルモニたちはふだんどんな生活をされてるかという と、日本社会で自分自身が果たす役割を模索しています。もちろん、おいしいもん食べて遊んで、少しでも健康を維持しながらですけれども。私はいつも「死ぬ直前まで、自分で自分の生き方、日本社会での生き方を探っていってほしい」とハルモニたちにはお話しします。

それは、具体的には戦争や差別体験を大人や子どもに語り継ぐことです。それから、在日史の証言者として、日本社会だけではなく、韓国国内の同胞や在外同胞たちにも語れる人になってほしいと思います。

実際、私たちの施設には、年に何度も韓国からライフヒストリーの研究者がこられて、在日一世たちの聴き取りをされています。もちろん韓国人だけじゃなく、作家の川田文子《かわたふみこ》さんが何度も「さらんばん」にこられて、一世の聴き取りをして、『世界』(岩波書店)に先々月から連載されています。そういう雑誌にも、私たちがめざしてたことが半年くらい連載されると聞いています。

こうして、私たちはハルモニたちの存在を社会に発信していく、ハルモニたちがその力を自分で得ていく、私たちはハルモニたちが発信する場所を提供する。この二人三脚でこの一〇年、二〇年間やってきました。日本や韓国だけでなく、六年前には在米韓国人の教授が半年間、大阪に住んで、毎日ハルモニたちの取材をして、アメリカで本を出されました。

私たちは、その場所を確保して、ハルモニたち自身の言葉で一世の存在をあらゆる社会に発信していくことをめざしてきました。しかし、高齢者と向き合ってきて、ハルモニたちが責任感で役割だけを果たすというのは非常にしんどいことで、同時に、穏やかな時間を過ごしてもらって、自分自身をゆるやかにでも解放してもらうという二面性が必要だと思っています。ゆとりある穏やかな時間があるからこそ、子どもや孫には語り継がれなかった言葉を、私たち二世、三世に残していってくれているのではないかなと思っています。

●日常的に家族に対してどのようにアプローチするか

この活動のなかで、いままで何人かの高齢者が亡くなられましたが、亡くなられてはじめて家族と出会ったというケースがあります。それまでハルモニたち自身は、「さらんばん、あんばんに行って、あいさつのひとつでもしてよ」って言うんですけれど、家族はなかなかその重要性がわからないから、何年も過ぎて、お通夜やお葬式ではじめて家族と出会うんですね。

私は必ず家族に、ハルモニがどんな生き方をされてきたか、どんな言葉を私たちに伝えてくれたかをお話しします。そしたら、ほんとうにみなさん、同じように驚きはるんですよ、「うちのお母ちゃんがそんなに立派やったなんて」って言うてね。数年前からは夜間中学の先生に何度も協力していただいて、ハルモニが夜間中学時代に出された作文を個人の文集にして家族に渡したり、お通夜の席で配ったりしています。それも私たちの大きな役割やなあと思っています。それを見た家族たちは、自分の親が自分の知らないところでどんなふうに生きてきたかに遭遇して、感動しはります。亡くなってはじめて自分の親の偉大さをわかるんです。

それはそれでドラマチックやけど、そんなドラマチックなことでええんかなあと思うようになりました。「どうせやったら、生きているあいだにお母ちゃんがどれだけ立派か知れよ」と思うので。私たちはその反省から、最初に話したように、どんなに嫌われても怒られても、「あんたのお母ちゃんが何を言って、どんなことをしてきたか」を家族に知ってもらう努力をめげずに続けています。

たぶん先生方も、家族に対してどのようなアプローチするのが一番かと日々模索されていると思いますが、私たちは、生きるか死ぬかというところでかかわりをしているので、その役割はより大きいかなと思っています。

●奪われたもの、あきらめてきたものを探す

あと、私たちの活動の原点は、奪われたもの、あきらめてきたものを探すことです。ハルモニたちと話をすると、それがたくさん見えてきます。あんなことしたかったけど、こんなとこ行きたかったけど、あれ欲しかったけどと、ハルモニたちがあきらめてきたことを探すのが私たちの役割だと思っています。

ハルモニたちは、日本に渡ってきて、朝鮮人であるが

ゆえに、女であるがゆえに、貧しいがゆえに多くのことをあきらめてきた。そのあきらめてきたことを探して、ひとつでも二つでも実現することによって、ハルモニたちが安心して生きて、死んでいけると思っています。文字を書き、自分史を知り、発信するなかから、あきらめて奪われてきたものをひとつずつ取り戻していくことで、ようやく最後に朝鮮人として生きることにつながるんじゃないかなと思っています。

もうひとつ、これは私の個人的な思いですが、それが民族や祖国につながってほしいんですね。若い三世、四世たちが祖国離れ、民族離れしてる状況のなかで、まずは一世たちが祖国や民族につながらないと、若い世代に説得力がありません。そういう意味では、私はあえてハルモニたちにいつも民族や祖国につながることを求めています。

●選挙で投票する行為をハルモニたちと味わいたかった

今年から私たち在外韓国人が韓国の国政選挙に限り投票できるようになりました。二月に国会議員選挙があって、この一一月には大統領選挙に行きます。別に私ら、韓国の国会議員を選びたいわけでもない、まあ大統領は選びたいかなと思いますけれども。そんなことが目的ではなくて、これも大きく奪われてきたものなんです。一人の大人として政治にかかわること。選挙はそのうちのひとつで、非常にわかりやすいものだと思います。

息子が日本人と結婚して、その日本人のつれあいと一緒に住んでいますが、はじめて選挙に行くときのハガキを見ました。日本に五四年間住んでいて、生まれてはじめて「選挙に行くときにはこんな案内がくるんや」って、息子と二人でまじまじと見てました。

日本人だったら、二〇歳になったらそのハガキはだれにでもきます。ところが、深く政治とかかわって、政治に多くのものを求めている私たちには送られてこない。そういう屈辱を、私は五四年間ですけど、ハルモニたちは九〇年間、味わってきたわけじゃないですか。そういう意味では、選挙は、一人の大人として自分自身を、それこそさっき言われた「奮い立たせる」行為のひとつだと思います。別に国会議員なんか、私もだれがだれかよくわからへんけど、選挙に一票投じたという行為をハルモニたちと一緒に味わいたかったんです。

非常にややこしいパスポートの切り替えをして、もう一回申請したりとか、複雑でしたけれども、無事に七、八人のハルモニたち、最高齢は九六歳のハルモニと、二回に分けて領事館に行って投票しました。ハルモニたちはどこか解放的な表情でした。みなさんご存じのパク・ユンギョンさんは、次のように表現しました。「ようやく自分は、一人の大人として自分の一票が、日本ではないけれども、逆にかえって自分の国の政治に作用するんや。ええことした」。これを聞いて、ひと安心したところです。

一世、とりわけ生きる力を得た人たちの、その力を表現するための取り組みが、私たちの役割かなと思います。まだまだたくさんお話ししたいことがありますが、時間が限られていますので、報告は以上とさせていただきます。

討論

白井　東大阪の取り組みを取材した徐阿貴《ソアキ》著『在日朝鮮人女性による「下位の対抗的な公共圏」の形成』（御茶の水書房）があります。それに収録されている「夜間中学あふれる生徒　昼間を上回る四〇〇人　東大阪長栄中」の新聞記事は、きょうもご参加いただいている今西富幸《いまにしとみゆき》さん執筆の記事です。この記事をきっかけに大きく運動が展開していきました。

この連続講座、いままでは髙野さんと私たちが対話をしていくというスタイルでの流れだったんですけれども、きょうは髙野さんはわれわれと一緒に議論をおこなっていきます。最初に話がありましたけれども、夜間中学卒業生が大阪の夜間中学をつくっていった。そして「コヤシの思想」を実践するということで、今度は夜間中学生が自分たちの学ぶ場をつくっていった、独立化していった。そのつくった当事者はもう卒業していかれたということだけども、卒業したあとも、「うりそだん」「さらんばん」「あんばん」にかかわり、さらに自分というものを確かめていくといういまの報告につながっていくわけです。鄭貴美さんの話は、夜間中学運動における世代間の相互作用から生み出された「うりそだん」「さらんばん」の実践ではないかと受け取りました。

そのきっかけが夜間中学の独立校化・開設でした。そこから、一世の人たちといまの鄭貴美さんに代表されるような人たちとの相互作用が生まれ、それが太いものになっていっていると思います。それは時系列的にも裏づけられるんではないかなと思っています。

「必然」が「必然」を生む

高野　ぼくは、その相互関係っていうのは「歴史の必然」だと思う。そういう必然をオモニ、ハルモニたちはもっていたし、それを受け止め、受け継ぐのも鄭貴美さんたちの必然なんだ。それがある意味、夜間中学から「うりそだん」「さらんばん」「あんばん」と、完璧なまでに展開した。

　昔は、萬稀《マンフィ》さんたちと「あんばん」に泊めてもらったりしたんだけれど、ここ何年間かは「うりそだん」に行きたくない。なぜかというと、あそこへ行って、ハルモニたちのすごさを見ると、悔しいんですよ。この前、林さんたちから「話にきてくれ」と電話いただいたんだけど、その前に一回、内輪の会に行ったときに、あそこのハルモニが「ここまで二〇年かかったんだよ」って。その言葉の重さっていうか、すごさっていうか、そこに感動するんだけど、「じゃあ、おれらはいったいこの二〇年間、何やってたんだ」って、悔しいんです。

　そういう「必然」が「必然」を生んでいったというのが、二一世紀のいまの最大のテーマだと思っているんですよ。

　そういう意味で、生まれながらにしてというか、ハルモニの存在そのものが必然をもっていて、それを受け止める教師と鄭貴美さんたちの世代がいた。たとえば、関東とかほかでいくらそれをやろうと思っても、逆立ちしてもできない。しかし、いま夜間中学の生徒の多くは、長栄と太平寺を含めて、中国からの帰国者や中国人の生徒に変わってきている。そんな夜間中学の現実のなかで、太平寺の独立を勝ち取ってきた財産や歴史が、新たな歴史を切り拓いていく武器になるかどうかが試される正念場を迎えていると思うんです。

　だからこそ、きょうの報告はすごい。いみじくも「奪い返す」って言われたのはぴったりなんです。できなかったことを奪い返す。

　これを戦争孤児のおれたちに当てはめると、まず「名前」、それと「学校」、「母校」って言ってもいいけど、そして「家族」です。これらは辛うじて奪い返したけど、おれたちがこれから一〇〇年、一〇〇〇年生きても絶対に奪い返せないものがある。それは、初恋であり、唄であり、祖国なんですよ。だから、ハルモニに出会って、いつもある意味では悔しいし、ある意味ではジェラシーも感じている。とくに憎らしいのは「アリラン」っていう支えの歌があるじゃないですか。

萬稀さんと文解《ムネ》交流してて、必ず最後に「雅夫氏、なんか唄、歌え」って。だけど、歌う唄がないんですよ。萬稀さんたちになかなか言葉が通じないことがあって、理解してもらえないんだけど、恥ずかしがって歌わないって思われて、怒られたりするんだけど、歌う唄がないんですよ。たとえば敗戦後、あとからわかったんだけど、「鐘の鳴る丘」とか「リンゴの唄」とか、そういう唄がいっぱいあったけど、まったく記憶にないんです。

一九六六年の三月一八日、夜間中学を卒業してるでしょ。一九六四年は東京オリンピックなのに、東京に住んでいながら、その記憶がまったくない。だから、奪われてるってことは、ただ単に文字が書けないだけじゃなく、唄まで奪われ、初恋まで奪われ、祖国まで奪われてるんです。だから、奪い返すということがぴったりなんですよ。そういう必然をもっている。だけど、いくら当事者がもっていても、それを受け止めて社会に発信する、そういう受け皿がなければ。

「街かどデイハウス」を始めたきっかけ

鄭　十数年前、「街かどデイハウス」を始めたきっかけは、私、介護保険の勉強してたので、「そだん」の授業で介護保険の勉強会をしたんです。そしたら、パク・インソクさんが「ようわかった。結局、うちらは歳いっても、自分のことは自分でやれ、いうことか。年金もあらへんし、あれもない、これもない。結局、何でも日本人と同じようにはさせられへん」と一言、ポーンと言いはったんです。九九年でした。

いまは昼間にしていますけど、その当時、「そだん」はまだ夜の時間でした。私はふと「昼間、日本のおじいちゃん、おばあちゃんたちは近くの憩いの家に行ったりしてるけど、ハルモニたちはどうしてるんかなあ」って聞いたんです。すると、二時、三時から時計とにらめっこして、「そだん」に行く準備をしてるわけです。ある人は銭湯で二時間、三時間ねばって、友だち探して、しゃべる人見つける、とかね。せっかく夜間中学でいろんな力を得たのに、何やってんのかと思いました。ハルモニたちの力は夜間中学や「そだん」でしか表現でけへんのかってね。ほとんどの人が、昼間は家のなかに閉じこもってたんです。それを聞いたのがきっかけでした。

それやったら、昼間に集まれる場所がいるなあと思ったんです。とりあえず場所をつくったらなんとかなるかなあと思って、「さらんばん」を開設するやいなや、開設の日に一〇〇人以上がきて、入りきらへんから戸を外して、道ばたにゴザ敷いて、開所式をしました。華やかなオープニングで、両夜間中学からたくさんお客さんがこられたというのもあったんですけど、私はそれだけかなあってずっと思ってました。日本の社会って、ほんとうに驚くぐらい在日一世に対して興味と関心をもってるんですよ。たくさんの人がくるんです。びっくりしました。最初は静かにこの場所をつくって、ハルモニたちの力を引き出せたらと考えていましたが、やりながらどんどん目標が変わっていったし、目標が高くなっていった。

ちっちゃなボロボロの、二〇坪のあの場所を確保したとたん、それはそれはいろんな人が、のぞきに、ボランティアをしにくるんですよ。私は「日本社会も捨てたもんじゃないなあ」と思ったし、ハルモニたちがいみじくも「あんたら、こんなばあちゃんに会いに、何しにくるん?」って言いはった。だから私は、ハルモニたち、私たちにもまだまだ日本社会に果たせる役割があるなあって思いました。そういう場所を確保したから、わかったこともたくさんありました。そういう拠点をもつというのが大きなことだったんかなって思いました。

夜間中学のカリキュラム

白井　報告についてもうひとつ確かめたいんですけど、夜間中学の分教室の独立校化運動を支えたのは、東大阪のカリキュラムづくりが高めた夜間中学生の力だった。こういう言い方をしたらどうですか。

和久野　そのとおりだと思います。

白井　それで、夜間中学という学校教育のなかで、昼の学校に合わせていくような流れに明確に対峙《たいじ》するカリキュラムや学びを進めようとするとき、いちばん抵抗をしてくるのが管理職であり、ひょっとしたら同じ教員同士かもしれませんね。新たに夜間中学に転勤してきた教員のなかに、昼の教育にどっぷりつかって、夜間中学でも昼の焼き直しをすることしか頭にない人たちが多数いらっしゃる。そんな公立の夜間中学の場で、運動の視点も入れ、さらに権力に抗うような取り組みをしていき、そのもとになる学びを創造するということになると、ずいぶん抵抗があり、それができるかっていうのが、この前から議論になってます。しかし、それはやらなあかんことで、それを夜間中学の常識にせなあかんという言い方をしてるんですが、どうですか?

和久野　当然、九八年にこれを論議したとき、夜間中学の新しいカリキュラムの各自の案を教師全員が出しました。そして議論をしました。そのなかには生活管理みたいなこととか、それこそ昼の焼き直しとか、力をつけることは奪われた力を返すことになるんやとかというような話もあったり、当然、管理職も加わったりもしたけれども、議論してるなかで、当時の教員は、落ち着くところはもうここしかないということになった。

韓　大阪市内の教員は、きょうはぼくしかいない。驚いたんは、天王寺夜間中学に転勤したときに、カリキュラムがないんです。近夜中協の理科部会に最初に行ったときに「白井先生、何したらいいんですか」と聞きました。教科書なんか使う気はなかったから、いろいろ聞きながら、先輩たちの教材をもらったり、「こんなことやってたんや。あんなことやってたんや」と学んでいきました。さっきの報告で言うてくれたとおり、夜間中学にはこういうことを教えるという大きなテーマがないんですよ。たぶんいまだにありません、ぼくの知っている天王寺夜中は。生徒にはこれだけの力をつけよう、卒業するまでにこれだけのことを学んでもらおう、夜中生はこれを学ばなあかんねんという理念も何もないです。だから、小学校二年生、三年生のドリルをコピーして、何回もその書き取りをするという指導を普通におこなっている現状があります。

　東大阪でつくられたカリキュラムは、いろいろ意見はあると思うんですけど、それをつくっていくステップがあったはずで、それができてしまえば、新しくそこへ転勤してきた教員にも伝えられるわけですよね。

カリキュラムがあることの意味

林　今度、太平寺の金夏子《キムハジャ》さんが連合生徒会の生徒会長で、副会長にキム・「ヒロコ」さんがなった。日韓文解交流で済州道《チェジュド》に行ったときには、キム・フィジャという本名で参加していたのに、どうして本名で連合生徒会の役員をしないのかと、今年の最初の役員会で金喜子《キムフィジャ》さんにだいぶ話をした。韓さんが天王寺から転勤したので、四月になって別の天王寺の先生に電話すると、その先生は「それなりにとりくんだけど、林さん、もうキム・ヒロコで精いっぱいやわあ」って。どうしてそうなるのか。

　ぼくに言わせたら金喜子さんは、うちの金夏子さんに「あんた、会長やり」言うぐらい押しの強い実行力のある人や。今度でも東京へ一人でも自費ででも行く人や。それに比べて金夏子さんは、そんなに実行力はまだなくて、人の後ろについていくような人やった。そやけど、名前について、さっきの健康保険証が通名であることが多いとしても、学校ではあくまで本名で呼んでいくというように、食らいついてでも離せへんっていう姿勢でしつこう迫っていったら、金夏子さんがだんだん変わってきた。「実は娘にこう言われた」とか、「実は娘は民族学級に行っていたから」とか、「私は朝鮮市場のど真ん中で育ったけど、つぶされる前の民族学校に行ったように思う」とか。何を勉強してもらわなあかんのかがカリキュラムとしてははっきりあるために、これでもかというぐらいとりくんだ。それがあって生徒に信頼されると思う。

　太平寺夜間中学の葉《イェ》先生は、このカリキュラムを忠実に実践されている。ほんまに日本人の私でも日本語の文法をしっかり理解しないと、ついていかれへん。ある先生は、よく使われている「やさしい日本語」の例文を「何月何日は、新入生歓迎会があります」という例文にぜんぶ置き換えて、休日の学校行事への参加を促すように授業を進めていたのに対して、葉先生の場合は母語である中国語の伝達力があるということも含めて、実に多数の中国の生徒を行事に参加させている。

　「うりそだん」の開講式は、必ず現役の生徒と一緒におこないます。普通の日は二時半から四時まで勉強するねんけど、開講式だけは六時半に「うりそだん」の生徒もきてもらう。きょう、みなさんに渡してるようなものも含めて勉強したら、中国人の生徒がどんだけ「うりそだん」のハルモニたちに舌を巻くか。感想文に「ハルモニたちのあの勢いはすごい」と書いていた。カリキュラムがあるのとないのとの違いとは、そういうことやと思う。

韓　林さんの言うとおりで、教師に「何をするか」ということがないから、独立運動が学びであるということも、大阪市内の学校ではなかなか受け入れられるとは思わへんねんけど、「少なくともカリキュラムはいるんちゃうの」ということがひとつの突破口かなという気はしますね。現在、夜間中学にいてないぼくが言うても、あんまり詮《せん》ない話やけど。でも、「夜間中学生に何を教えるのか」ということなしに、何でもやれるからと、小学二年生のドリルをそのままコピーして生徒に配って授業しているのには、耐えがたいものがある。せめて「小学校二年生書き取り」という文字ぐらい消せよってぼくは思うねんけど。

自分たちでカリキュラムが創造できる場

髙野　そのとき、こういうふうに考えられませんか？日本の公教育のなかで、文科省の指導要領にいっさい縛られないで、自分たちで独立にカリキュラムをつくれる立場にいるのは、日本でおれたちしかいない、というふうに。夜間中学でしかできないでしょ。他の公立学校で東大阪みたいなカリキュラムをつくったら、文科省から必ず指導がきて、つぶされるでしょ。

韓　現実にはいま逆に向いているんですよ。「ここは中学校だから、こうしなくちゃいけない、ああしなくちゃいけない」という意見が通っています。

だから、カリキュラムの話をしたところで、いま通るとは思わないけど、「夜間中学だからできる」じゃなくて、「夜間中学だからしなくていい」というほうが強いような気がぼくはする。だから、絶望しているような言い方をすると、カリキュラムというものがあれば、新しくきた先生もそれが夜間中学のスタイルだと思えるんじゃないか。

髙野　だけど、歴史を切り拓く人というのは、前例がないところからやるから歴史を切り拓くわけで、長栄だって太平寺だって最初からあったわけじゃないんだから。

韓　わかります、だから、そういう気持ちがあればね。

髙野　だから、日本で唯一、カリキュラムをつくれる立場になったし、これを給料もらってやれるって……。

韓　もし、夜間中学にもう一度、入れてくれれば、もう一回提案したいですね。

髙野　ぜひまた夜間中学に戻ってください。

林　ぼくは開校五年目ぐらいの七六年から長栄に勤めているけど、開設直後の年は日本人のほうが多かったけど、次の年は逆転して、朝鮮人が九〇％を超えるほど多くなった。いま、いわゆる朝鮮人教育のための教育条件整備の運動の結果、昼の子どもに朝鮮人教育をやるため、大阪市なら三〇〇〇万円、東大阪なら一〇〇〇万円を超える市単費の人件費が付いている。けれど、それを夜間中学で活用するというのは、悪くはないにしても、ちょっと話が違うと思う。いきなりカリキュラムと言っても、話はすぐには進まんやろうから、たとえば、朝鮮人の先生を常勤講師なりで呼んで「朝鮮語」という教科をつくりませんかというような提案をするべきやと思う。まずは「朝鮮語」という教科を「英語」と選択にして、というところからこじ開けていかなあかんと思う。

白井　ここで議論されていることが、夜間中学のなかの常識になるようにするためには、どうしたらよいか。近夜中協なんかが作戦練って展開していってもらわならんと思います。まずそれが常識になるような場をつくっていくことが問われている。近夜中協でいえば教材作成委員会がその役割を果たしていたんです。夜間中学で使う『にっぽんご』という教材集が二〇冊以上できています。それをつくるのに、この教材はどういう教材観をもって提案するんだということから始まって、夜間中学生の実態をベースにいろいろ議論するわけやけど、そういう教材がつくられていった過程もしっかり押さえていってほしい。そこでされてきた議論は、どんなカリキュラムをつくるかという議論だと思います。そういうことを分厚くしていってもらいたい。ここにいる人たちが多数になるような取り組みが大切だと思います。

突破口を集団的につくりだしていく

白井　そのあたりにふれて、徐阿貴さんが次のようなことを言っています。夜間中学卒業生が夜間中学開設運動を展開し、実現させた天王寺、岸城《きしき》の夜間中学、そしてもうひとつ、太平寺夜間中学の独立運動がある。この運動は第二の阪神教育闘争と位置づける。夜間中学独立運動と同時に、在日朝鮮人女性による下位の対抗的な公共圏を築き上げる取り組みであったと分析している。具体的にはこういう言葉です。

「マイノリティ社会運動としての夜間中学増設運動は部落解放運動との関わりにおいて、日本国家の権利主体としての国民概念を問い直す階級的資格を得た。夜間中学増設運動とは、マイノリティが学歴や識字力を高めることで、主流社会への同化を容易にすることが目的ではなく、獲得した文字と言葉で主流社会への対抗的な言説を生み出すことに重点を置く。太平寺夜間中学独立運動は関西におけるさまざまなマイノリティ社会運動、特に民族運動としての夜間中学増設運動の流れを引き継いでいる。市民運動が蓄積してきた理論、人的及び組織的資源にある程度依拠しつつ、在日朝鮮人女性による歴史的体験と生活状況に根ざした要求を行った点で、独自の視点を持つ運動となっている。」

こういう書き方をされているんですけど、私は太平寺の独立運動についてそんなふうな押さえ方はしていなかった。

言葉として第二の阪神教育闘争という言い方をしていましたけど、もう一度、ここをしっかり押さえて、これからの夜間中学運動を進めていくカギを見つけ出すことが、この場で問われているんかなと思いますね。

林　ぼくの意識では、東大阪市西南部にもう一校、夜間中学校の増設をという要求に対し、九三年に分教室が、そんなに力を入れることもなく、スーとできたんです。ところが、生徒たちは、太平寺夜間中学ではなくて長栄夜間中学の太平寺分教室であったところに、非常に問題点を感じ、毎日のように独立のための運動です。勉強じゃなくて市教委へ行く。きょうはこの三人、明日はこの三人っていうふうに手分けして、ずっと続いて、夏休みを超えて、座り込みまで行くんですね。やることをやって、年開けて、九四年の二月、独立の届け出を市の教育委員会は府に出した。それですぐ答えが出たわけではないですけどね。詳しくは述べませんが、八年かかって二〇〇一年に独立することになったのは、九三年に座り込みまでいったそのエネルギーですよ。「総連や民団まで一緒になって座り込んだらどないするねん」って言って、いわば脅かしたわけや。九三年に座り込んだオモニたちの熱気が、七年も八年もかかって功を奏したと見えますが、根っこのところはカリキュラムやと思います。カリキュラムとか地道なものが最終的には功を奏したんだと思いますよ。

髙野　理屈でいえば、そうなんだけど、鄭貴美さんが言ったように、やっぱり「奪い返す」ということが原点ですよ。そういう必然をもったから歴史を切り拓いたわけでしょ。連続講座の一回目で言ったように、「東大阪だからできたんだ。大阪市内だったらできないだろう」と、必ずそういうパターンに陥るわけです。

だけど、いまは、必然をもったオモニたちが多数を占めていた時代と逆転しているわけじゃないですか。東京なんか、大阪よりももっと早かったわけでしょう。必然がまったく違うとぼくは思っている。オモニたちが奪い返す必然が、イコール中国からの帰国者の必然になるかっていうことですよ。なるか、ならないか、そこが分かれ目だと思う。だから、「東大阪にしかできなかったんだ。われわれにはできない」ってことを覆すために、長栄とか太平寺が、いま圧倒的に多数を占めている中国の帰国者に対してどういうカリキュラムを組むのか。それによって夜間中学生の未来は決まっていくとぼくは思っているんですよ。歴史の先をいった東大阪の宿命として、任務として。

林　まずは教材の選定、そして、さっき近夜中協の『にっぽんご』作成委員会の話も出ましたけど、どういう教材をつくるのか。夜間中学のそれぞれの教師が、朝鮮人の生徒、中国人の生徒に対する教育活動のどこに力点を置いていくのかに自信と確信をもてば、突破口を切り拓くカリキュラムに最後は行き着くような気がする。突破口を開いていくことを、どのように集団的につくりだしていくかということが課題なんだと思います。

藤井　太平寺も、次々に人が替わってきています。カリキュラムがなんぼあっても、これをやる人が学校の目標をわかってへんかったら、ズタズタでした。やれてる人がいない状態でした。カリキュラムに関しては、長栄と合同で教材研を月一ぐらいでやりますが、それ以外にも、「生活」であるとか「民族」であるとか、その先生が怒るかなと思うぐらい、「この教材、おかしいやないか」という議論をやってきています。

　私が思うのは、自分がどんな教育をするのかをしっかりもって、それをお互いに批判し合わなかったらあかんのとちがうかなということです。

髙野　それはおれたちももっている危機感だ……。

藤井　それが合っていたら、人って少しずつ変わるし、仲間も増える。生徒会の言い方と同じやけど、やっぱり仲間ができていくと思うんですよ。

＊

白井　この話はずっと続けるということで、時間がきました。きょうはよい話が展開されているんですけど、次回にこの続きをやらせていただきたいと思います。

連続講座「髙野さんと語る会」（第七回）二〇一二年七月二一日、守口夜間中学

（記録＝洪浩秀《ホンホス》・渡辺幸二《わたなべこうじ》・加納広子《かのうひろこ》）

夜間中学生の学びと夜間中学文化

福島俊弘　天理の夜間中学元教員／ふくしま・としひろ

一　はじめに

義務教育を保障されてこなかった大人の人のための中学校、「夜間中学」における文化とは何かを考えてみる。

文字社会であり、情報あふれる日本社会のなかにあって文字の読み書きに不自由だという事実は、きわめて困難な事態が本人に覆いかぶさっているといってよい。本人の責任で学校へ行けなかったのではなく、戦争や貧困、差別などの政治的社会的理不尽が原因となった不就学・未修了である。

仕事保障、子育て、近所づきあいなど、すべての社会生活、家庭生活の上にのしかかっている不合理な現実を、教育の部分で取り除くべく営まれているのが夜間中学だ。さらには、そういった社会を改善するための意識づくりも学びのなかで大事なことであると考えている。同時に、文字やコトバで苦労した人たちの多くに、話し言葉を鋭く聞き取る能力をもつ人がいることを忘れてはならない。人が発する言葉の深い意味をもその表情やニュアンスから見ぬく勘は優れたものがある。また、野菜などを栽培するなかでの旧暦の暮らしや自然にいだかれたなかで暮らすことの大切さを、出会った人たちに教えてもらうことになった。

ここでは、天理《てんり》の夜間中学における文化祭での取り組みにおいて書かれた作文を中心にして、夜間中学生の歴史や日本社会の姿を見つめなおそうとした。つまり、「非識字者」の目に日本社会がどう映っているのかを読みとりたいと思う。文化祭では食文化や衣文化、遊びなどをテーマにして、差別や貧困の状況が色濃く出た生徒作文も提起してきた。また、韓国の識字運動である文解《ムネ》教育運動との交流からも学んできた。

夜間中学の教員は、児童生徒の教育を想定した教員免許を所持するだけで「大人」の人たちの教育現場に従事している。「夜間中学教員免許」を持っているわけではないのだ。大人の人のための義務教育は複雑多様であるので、授業方法を日々模索検討しているのが現状だ。また、中学といっても、鉛筆を持ったことのない人もいるので、その内容は小学校教育の部分も多く含まれている。苦闘しながらも、夜間中学生の人生にじっくり耳を傾けることから始まる夜間中学教員の仕事は、魅力多い仕事でもある。

二 文化を考える

普通は明るい場所から暗い場所にあるものは見えない。しかし、暗い場所から明るい場所にあるものは比較的容易に見える。明るい場所にいても、見方によっては暗い場所のものが見えてくる場合がある。自分の場所を暗くするなどして暗い場所を見ようとする想像力を大きくすることで、互いの距離は縮まると考える。

夜間中学生の暮らしや考え方・夜間中学での学びの姿を、二〇〇四年の文化祭で発表された共同作品「心をひらけてくれた」という詩で見ておく。

深い霧の中を　生きてきた／白いのが紙で　黒いのが墨やと思っていた／子どもに字を聞かれた時　胸が痛かった／字が分からへんから　何でも人に頼んできた／小そうなって　みんなの後ろに隠れていた／字を書けへんのが何でか言えんかった／／夜間中学に来て　初めて本名で呼んでもろた／思ったことを　自分の言葉で書けるようになった／長年の苦しみがぬけてきたような気がする／歴史を習って　何で学べなかったのか分かった／見えなかったものが少し見えてきた／世の中の話を聞いて自分が大きくなった／人前でしゃべれるようになった／夜間中学は私の心をひらけてくれた／／人生の喜びや悲しみを　一つ一つ書いていきたい／いろんな人の姿を見て　自分の生き方にしてみたい／自分の言葉で歴史をしゃべりたい／学んだ文字でのしかかるものをはね返していきたい／自分の生きていく道を探し続けたい

夜間中学の文化はほとんど考えられてこなかった。識字運動での取り組みの成果を除くと、文字に残される機会が少なかったからともいえる。ここでは、主に二〇〇〇年代の天理の夜間中学文化祭を通して考えることにする。

天理の夜間中学の玄関

三　文化祭の展示作文から

天理の夜間中学では、一九九六年から文化祭を始めた。それまでも小さな作品展などを開催していたが、文化祭として位置づけて広く市民にも公開してきた。講演や公演、生徒劇やパネルディスカッションなどで夜間中学生のことや歴史、文化を市民に発信してきた。文化祭の展示作文を中心に紹介しよう。

二〇〇四年、第八回のテーマは、遊びと夜間中学『子もりしながらままごとしてた』。それは「遊べなかった夜間中学生」

このときの「開催にあたって」に次のように記した。

今年のテーマは「遊び」です。天理の夜間中学生の国籍は八カ国にのぼります。「遊び」はそれぞれの国や地域でちがいがあります。また、ちがいだけでなく共通点も見つけることもできます。「遊び」の国などによる独自性と共通点を展示などで紹介したいと考えています。もう一つ、このテーマで今回催す意味があります。それは、「遊べなかった夜間中学生」ということです。夜間中学生が子どもであったころ、とりわけ現在六〇歳以上の人の場合、戦争のため、子どもも仕事をしていました。また、差別のため遊べなかった例もあります。「遊び」と縁遠かった夜間中学生が、時間や場所、物を工夫して遊んでいた様子も感じ取っていただければ、と考えています。

子どものころのあそび

朴苾榮《パクピルリョン》さん

一九三二年生まれ　在日朝鮮人一世

わたしは八人きょうだいの一ばん上だったので、おとうとやいもうとの子もりをしてあそばせるのが、わたしの子どものころのあそびです。小石でお手玉をしたり、われた茶わんやお皿をひろってきて、すなや石でごはんやおかずのかわりにして、ままごとしたり……。

秋になって、いねかりをするとき、田んぼにつれていってもらいました。いねかりのすんだ田んぼで、きょうだいや友だちと走り回ったり、小さなあながあったら、それをほじくってタニシをとりました。タニシはおかずにしました。大きなからは、そこにどろをつめて団子のようにして、ままごともしました。

二〇〇五年、第九回のテーマは『もういちど花をさかせてくれるところ』。記念講演は『夜間中学で学びたい』石川一雄さん

ぼうせき工場で

崔云順《チゥエウンスン》さん

一九二三年生まれ　在日朝鮮人一世

私は一九二三年に朝鮮で生まれました。私がちいさい時に、アボジ（お父さん）が亡くなったので、一二才で日本に来ました。日本のおじさんの家で子もりをしました。日本に来たらその日から地ごくでした。親がないのがどんだけ苦労があるのか、だれにもわかりません。子どもをおんぶして外に出たら、日本の子に「お前は朝鮮や。」とゆわれて、ぼうでつついたり、毎日いじめられました。

一三才でぼうせきに働きにいきました。朝の四時半に起こされて、五時半から糸まきの仕事をしました。はじめ、日本語がわからないので、日本の姉ちゃんが手をひっぱっていってくれました。私は一日一三時間働いて、どれいのようにつかわれて、月二回しか休みがなかったのでびっくりしました。

かんとくさんは、親のいない私にとても親切にしてくれましたけど、かんとくさんのいないとこで日本の子に、「お前だけあんばいしてもろて。」とゆわれて、糸まきのしんを後ろからなげられました。毎日いじめられるので、朝鮮の子みんなで、きたないふとんの中でよく泣きました。私が日本に来て泣いた涙をためたら、ちいさい池にいっぱいになると思います。

　あの当時、日本の工場はあほほどもうけていたけど、私らはただみたいな給料で働かされていたように思います。何の保障もなかったので、こけてけがをしたけど医者にも行けなかったので、未《いま》だにこういしょうに苦しんでいます。

二〇〇六年、第一〇回のテーマは『夜間中学の輪を広げよう』で、韓国から文解教育協議会の一九名が来日参加

　韓国の文解教育協議会のキム・ジェスクさんの講演を聞いた嚴英子さんは返事を書いた。

みんなの笑顔に見とれました

嚴英子《オムヨンヂャ》さん

一九四八年生まれ　韓国

私は、韓国のいなかで大きくなりました。お父さんお母さんは、「女の子は勉強しなくてもよい。」と、いつも言いました。男は大学まで行かせました。

　私は日本に来て、何もしらないで、朝から夜まで仕事をしながら生活しました。その時は休みがなかったから、子どもが大きくなったら子どもに勉強を教えてもらおうと思いました。子どもが中学生になって、私に「お母さん、勉強を教えてあげる」と言いました。わたしは、夜一一時三〇分まで仕事をしていました。でも、子どもがその時間までおきて、待っていてくれました。テープレコーダーに自分が小学校で勉強した事を入れて、私の帰るのを待っていました。私は、その時は当たり前のように思っていました。今になってみると、子どもに悪いと思っています。

　私は夜間中学で学び、息子にひらがなで手紙を書いて送ったら、息子から返事の手紙が来ました。「お母さんに手紙をもらうとは、夢にも思いませんでした。お母さん、もっと学んで、また手紙を下さい」と書いてありました。私は、息子のことばを胸の内に大切にしまいました。その後、息子が「お母さんは、自分が生まれて何一つ証書をもらった事がないから、車の免許をとりなさい」と言いました。私は、夜間中学で学んで車の免許を

韓日文解（識字）交流

とりました。

一〇月一五日、天理の夜間中学の文化祭に韓国の文解教育の人たちが来られました。生徒から先生になったキムジェスクさんの作文発表を聞きながら、私と同じ人がいると思い、びっくりしました。私の胸が風船のようにふくれ上がり、胸がばくはつした気持ちで、涙が止まりませんでした。アトラクションの時、ジェスクさんに私から話しました。「キムジェスクさんの息子さんは、私の息子と同じだと思う」と言いました。私が泣いたら、ジェスクさんが「泣かないで」と言いながら、自分も泣いていました。

私は、キムジェスクさんと出会って、胸の中に大きな夢をふくらませようと思う気持ちになりました。私の今までの胸の苦しみが少し明るい方へむいて、軽くなった気持ちになりました。キムジェスクさんは、死ぬ思いで学んだ文字だから、人の何倍も辛《つら》い気持ちがわかる人だと思います。自分が死ぬ思いで学んだ文字を人に教えることがすばらしいと思いました。キムジェスクさんは、自分が生徒の気持ちもわかるし、先生の気持ちもわかると思います。キムジェスクさんに学ぶ生徒は、自分の心にあることを、みんな先生に話できると思いました。

私がもしも韓国に帰ったら、キムジェスクさんに教えてほしいと思います。私は、日本のひらがなは少しわかるけれど、自分の国のハングルはわかりません。わたしは、この文章を書きながら、自分自身が情けないと思いました。何を書いても頭には何もうかばないで、目に涙がたまってしまいました。部屋の中で一番大きな声で泣きました。その後、ベランダに出てとなりの人にあったとき、私は顔を上げることができませんでした。

でも、私は笑顔で生きることを決めました。これも、みんな夜間中学があったからです。キムジェスクさんとわたしがで会うことができたことを大切にして、私の胸の内に大切にしまっておこうと決めました。

一〇月一五日の文化祭は、とってもよい時間をすごしました。韓国の文解教育の人は、みんなよい人でした。人々を見ると、みんなの顔は楽しそうに見えました。私は、みんなの笑顔に見とれてしまいました。話をするときは、みんな目で愛を伝える人たちでした。

私は思いました。人と話をする時、目を見て話をする人は心がやさしいと思いました。私もこんど、キムジェスクさんと会う時は、目で愛を伝えたいと思いました。また会う日を楽しみにしています。

二〇〇七年、第一一回のテーマは『夜間中学の輪を広げよう』。記念講演は『オモニの歩いた道』姜尚中《カンサンジュン》さんで、作文のテーマは「衣」文化

チマでもんぺをつくりました

朴尚任《パクサンニム》さん

一九一九年生まれ　在日朝鮮人一世

私は小さいころは親のおかげで、りゅうこうにあわせていろいろな色のチマチョゴリをきました。けっこうぜいたくにしていました。

日本にせんそうがはじまった時、私はもう大きくなっていて、けっこんしました。そして私の主人が一人で日本へ行って四年たってから、としは二一才の時、主人から、しょうめいしょを送ってくれたから、一人で日本に来ました。その時は日本はアメリカとせんそうのさいちゅうでした。

そのとうじは、男性はさぎょうふくとせびろがありましたが、女性は、ほとんど着物でした。私たちは新しょたいで、着物なんか買えませんでした。自分の国で作ってもって来たチマチョゴリをなん年か着ていました。洗う時、夏のチマチョゴリと冬のチマはほどかなくて、ま

る洗いできますけれど、冬のチョゴリはわた入りだから、ほどかなくちゃ洗うことはできません。ほどいて洗ったら、ぬうことができませんでした。なぜかといえば、チョゴリのきじはいろいろありまして、綿だったら洗ってしわをのばしやすいけれど、じんけんやじゅん毛のサージやモスリン、絹はしわをのばす道具がないからぬうことができませんでした。こてとかアイロン、それに火がいるのに火ばちがありません。そんなぜいたくなものは買えませんでした。朝鮮にいた時、私の母は、じみな人だったから、りゅうこうのかたちにチマチョゴリをぬうと、なまいきだといっておこりました。だから日本に行ったら自分のすきなようにぬって着ようと思ってたのに、道具がないので洗ったらもとのきじになりませんから、もったいないやら、ものすごいざんねんでした。

その時は、せんそう中で、くうしゅうけいほうがなってぼうくうごうに走る時、着物はじゃまになるからといって女はみんなもんぺをつくってはくようにとめいれいが出ていました。私はもんぺをつくるたんものを買うお金なんてありませんでした。チマの長いのはもんぺ一まいでできましたけど、短いチマはもんぺ一まいもできませんでした。私はチマでもんぺを作ってはきましたけれど、チョゴリは、ほどいたってなんにもなりませんでした。ようふくもできませんでした。

せんそうなんか、だれでもいやですけど、大きらいです。せんそうの時、苦労したことを考えると、思い出したくもないです。

四　夜間中学文化から見えてくるすてきなもの

夜間中学生のもつ柔軟な工夫力、すてきな表現力や抜群の記憶力には目を見張るものがある。これらも、夜間中学の場で文字となって表現されてきたものである。次の三点を紹介する。

①心こもる年賀状

あけましておめでとうございます。Aさんの会社の仕事がはげしいので体を気をつけてくださいね。Aさんが教室に入ると私の心が温かい気持ちがしますのでなるべくきてくださいね。

あけましておめでとうございます。Bさんも毎日病院へかよっていますけど、元気になって、今年もがんばって学校へ行きましょうね。

あけましておめでとうございます。Cさんはお正月は店や車の仕事がいそがしやろうけど体に気をつけてくださいね。今年も元気にがんばって学校へ行きましょうね。

あけましておめでとうございます。Dさんは学校へみんな（と）いっしょに、行くのが大好きやけど、夫の病気のために行くことができませんので大きな気持ちで看病して下さいね。夫の病気がよくなったらまた、行きましょうね。

あけましておめでとうございます。E先生は昼の学校の仕事がつかれますのに夜間中学校に来て、私たちの勉強を教えてくれますので本当にありがとうございます。またおねがいしますね。

〈卞《ピョン》点《チォム》秀《ス》さん〉

②生活のなかの工夫

私は魚市場で働く時、字を読み書きできませんから、車の色を見て覚えておいて、車をまちがえないように気をつけました。まちごうたら大へんやから気をつけました。

〈卞点秀さん〉

③輝く表現

学校へ行く日は、おしゃれの気分で、五時ころになると、かばんをぶらさげて駅にむかって走るときの気持ちは、なにか新しい出発でもするような気持ちで学校へむかって行く。電車の中でもえるような夕やけを見ながら、いつまでこの道がつづくだろうかな、と思いつつ、友人たちと学校の道をいそぎます。

〈鄭《チォン》真《チン》任《ニム》さん〉

五　夜間中学の文化とは

夜間中学生は、文字の読み書きに不自由を感じながら生活してきた。九九・九％の識字率の文字社会といわれる日本社会は、〇・一％の人たちにはとても厳しい生活を強いる社会である。文字社会から疎外されがちな人たちは、小さくなって生きてきた。大多数の識字者には見えない文化が存在している。想像しにくい文化であるかもしれない。

文字文化から少し離された文化では、耳や目から入る情報が重要なものになり、メモや記録などといった文字にたよることができない。そのため、当然のことながら行動が消極的になってしまったりしている。心をとぎすませて、耳をすませて聞き取ろうとする文化であり、頭はフル回転していたに違いないのである。母語以外の言葉であればなおのこと、その度合いは高くなるのは自然のことだ。こういうことから類推しても、「非識字者」の生活は、おのずと五感、とりわけ目や耳を駆使することで保たれているといえそうだ。

約束の時間に対しては、早め早めに行動を開始する人が多く見られる。急な問題が起こったときの対応に時間がかかってしまうことを意識のなかに含んでいるのかもしれない。また、物事に誠実、地道に応対する人が多いように感じる。これらは、文字から遠ざけられていることとの関連は否定できないように思う。

自分の考えをあまりもたない、もっていても少ししか主張しないという人もいる。ことさら自己の主張をしないで、その時々の場面場面を切り抜けようとする姿勢が見られる人がいる。この状況は変えていく必要がある。夜間中学文化はそのことも追求していく場所でありたい。つまり、社会に対して問題を提起していく内容をもつものでなければならない。たとえば、図書館・病院、そして市役所に対しては、わかる文章・言葉を選び、見やすく読みやすくする、ルビをふる、などの提起をしていきたい。夜間中学や夜間中学生の存在が社会を撃ち、歴史の事実を訴えていることに日本社会が気づく関係性をつくっていきたい。しかし、ほとんど気づいていないのが現実だから、気づいてもらえる取り組みが私たちに課せられてもいる。

夜間中学生は、自然や付き合いの「勘」から得た情報を体に覚えこませている。「太陽がどこそこの位置になったら夕飯の用意をする」であるとか、「この季節はどこそこに行けばこの山菜が採れる」といったこと。また、「あそこのおじさんとはこんな具合に接するとよい」や「この実はそのまま食べると毒だが、灰汁《あく》をぬくと食べられる」「この葉っぱは、乾燥させて保存しておけば、冬にご飯をくるんで食べられる」など、「生きる」「生活する」に直結した知恵をもって暮らしてきた。こういった類《たぐい》のものはたくさん見受けられる。生きる知恵を豊富にもっているのである。

畑仕事をしている夜間中学生も少なからずいるが、家庭訪問ではなく、畑訪問をすることがある。その畑の様子からたくさんのことが見えてくるものだ。植えてある野菜や花の種類のことはもちろん、畑のある土地の使い方や隣の畑の人との関係性も見えることがある。

このように夜間中学生の文化は、自然と切り離せない文化ともいえるだろう。とりわけ、年を重ねた人たちが生活してきた時代は、そうであった。小さくても土地を工夫して確保し、野菜を育てて食卓にあげた。夜間中学生は、近世以前の人間が営みを続けてきた自然界とのよき関係性を、農業へのまなざしを通して伝えてくれているといえる。したがって、夜間中学生の学びに農を取り入れることは、学習に対する抵抗感が少なく、きわめて有効に働くはずである。実際、野菜などを育てる過程で過去の生活を振り返ることができるし、農具の機能面の話題にも適用できる。できた作物を使って料理したり食べることで記憶の糸を手繰りやすくなることもある。そんななかで、「若い綿の実をこそっと食べて、オモニに叱られた」や「朝鮮かぼちゃの若い葉を蒸してご飯を包んで食べた」の言葉が出てきたり、収穫した麦の穂を棒でたたいたときには、『オンヘヤー』の仕事歌が口ずさまれる。目の前の畑で展開されるこうした記憶の呼び起こしは、夜間中学の特長的な取り組みのひとつといえよう。

私が出会った夜間中学生のなかには、人一倍の勇気と行動力で奈良県から鉄道で大阪や神戸《こうべ》まで商売に出かけていった人もいる。初回、知人に連れられていくときに乗換駅の状況などを頭にたたき込んでおき、次から一人で行くとき、駅の階段の位置や見える風景の記憶を手繰り寄せる。左右を注意深く見ながら、神経をとがらせながら先に進む、気を抜けない時間が過ぎていったことだろう。いつも何事にも力のかぎりやりぬく姿勢は多くの人の話からうかがえる。

また、厳しい生活のなかにあっても、より苦しい人に対して温かな視線を向ける人も多い。震災にあった人たちや朝鮮学校への支援、夜間中学生同士の連帯行動などもよくおこなわれていた。実際に、阪神淡路《はんしんあわじ》の地震のときは神戸の夜間中学生の支援をし、東北の地震のあとは福島の自主夜間中学の人たちとのつながりもつくってきた。生き方のスタイルとして私たちが学びたいものである。

六　おわりに

パソコンが広く一般家庭にも普及してからは文字入力が簡易にできるようになり、手書きの書類や手紙を書くことが少なくなってきている。かつて「活字」文化は、新聞や書物などに代表されるある種の権威とともにあったように思う。活字の権威が小さくなってきているということ自体はある意味歓迎できることだが、一方で手書きのよさや有効性が失われていることは残念な気持ちにさせる。これは一般社会に限ったことではなく、夜間中学のなかにおいてもそんな傾向になってきているようだ。

手書きの文化は書く人の個性が垣間《かいま》見られ、自分を表現する手段としても有効である。話し言葉の世界に住んできた人たちにとっては、手書きの文化こそ、これまでの暮らしを表現する手段にふさわしいはずである。パソコン学習を否定するわけではないが、夜間中学生は手書きを基本とした学びを残していくべきだろう。

文化祭でも手書きが中心の展示や掲示を心がけてきた。また、参加者に持って帰ってもらう、手づくりの小さな「おみやげ」を用意してきた。これら夜間中学生の言葉を書いたカレンダーや栞《しおり》などは、参加者に好評をえてきたものである。

夜間中学の営みは、手づくりの教材づくりや活動を中心になされてきた。それは、生徒である学習者の多様な実態に寄り添う学習環境を用意することを大切にしてきたからである。そして、その手づくり教材は手書きのプリントをつくることが基本であった。一人ひとり違う、背負ってきた歴史や文化を教員が丁寧に聞き取り、願いを受け取って教材化する方法が最善であることを、生徒さんに教えられたからである。

夜間中学生の生活歴はたいへん困難なものに映っている。おおむねそうであるに違いないのだが、当の本人は意外なほどその状態を「自然」に受け入れて、黙々とこなしながら生活してきたのかもしれない。そしてまた、夜間中学生はふだん一人ひとりが離れて生活しているので、「文化」としてはほとんど明確にされていない。しかし、夜間中学の取り組みのなかで立ち上がってきた記憶の蓋を開けることで、個人個人のばらばらであったものをまとめる。そうすることで、現代社会が覆い隠してしまっている「非識字者」が暮らしていくための訴えと夜間中学生がもっている魅力的な姿が、形となって見えてくることであろう。

しかし、そのことで、夜間中学生の権利が奪われてきたことの責任が不問にされたり放置されている実態を是としているわけではないことはいうまでもない。

（この原稿は、二〇〇八年、日本教職員組合教育研究全国集会第一九分科会「情報化社会と教育・文化活動」に報告したレポートをもとに修正加筆したものである。）

存在意義の確認・検証の場
守口夜間中学「公開と交流」

『夜間中学で「まなぶ」』編集委員会（大阪府守口市立夜間中学内）

大阪府の守口《もりぐち》夜間中学は、積極的に夜間中学の学びを公開している。交流によって、昼の子どもたちや教員は、夜間中学生の「学ぶ姿」を受け止め、新たな認識をいだく。夜間中学生は、自らを語ることによって自己解放・相互理解につなげ、自分たちの学びの確認ができる。また夜間中学の存在意義を発信する場ともなっている。

折々の報告の抜粋でその様子を伝える。

一　昼の子どもたちに夜間中学の学びはどう映ったか

守口夜間中学は守口市立第三中学校の二年生五三人の訪問を受けた。いつも顔を合わせて、あいさつをしている同じ学校の昼の子どもたちである。

午後五時四〇分から、昼の子どもたちが分かれて夜間中学の授業を体験するプログラムである。

訪問後に昼の子どもたちから届けられた手紙から、ひとりの手紙全文を紹介する。読みやすく、大きく書かれた文章である。

二月一三日はありがとうございました。夜間中学生の皆様はすごいと思いました。何がすごいかというと、

1、勉強熱心でよくがんばるところ。

2、自分たちで勉強を楽しくさせるところ。

3、先生に教えてもらったことを理解し、次はそれを生かすこと。

この三点だと思います。

勉強中、分らない方がいた時、小さい声でヒントを教えてあげたりしてお互い協力していたと思います。いろんな事を教えてあげたり、教えてもらいました。なぜか夜間中学で勉強した時、とても楽しかったです。体験中

にも話しましたが、僕の年齢と同じ時、皆様はたいへんだったと思います。戦争というもので、充分に義務教育が受けられなかった人たちや朝鮮や中国から日本に強制連行された人、いろいろな人たちがいました。でも、皆様は過去に受けられなかった義務教育である学校へ行き、勉強しなければならないことを、現にこうして学校で楽しく勉強しています。それに、学校へ行くことが天国だと思ったことは一度もありません。僕は大の勉強嫌いですが、皆様は楽しく勉強を受けていました。だから、僕も勉強を嫌がらず、学習できるありがたさを持ってがんばっていけたらいいなと思います。

二　高校生の場合

人権総合学習のフィールドとして大阪府立寝屋川《ねやがわ》高校二年生三〇人の訪問があった。高校生は体験した夜間中学の学びを次のように語った。

「数学の学習に参加した。ひとつの考え方だけでなく、いろんな考え方が出てきた。すごい」「自分のための勉強が、いつのころからか、やらされている態度に変わってしまっていることに、気づかされた」「数学は嫌いだが、こんな考え方をすれば楽しくなる。そんな学び方を教えていただいた」「もう一回家でやるといって、写されていた。この熱心さ、自分はいつの間にか忘れてしまっていた」「一つ前の世界のこと、戦争が薄れてしまっていること、苦労してきた方たちが身近に感じられた」「金髪、勉強嫌いの人たちの学校だと思っていた。横に座って、言葉は通じないところは、筆談で行った。学習態度の熱心さに、最初の思い込みが恥ずかしくなった」

引率の教員も「横で見ていて、(高校生の)ふだんの高校で見る顔つきと違っていることにショックを受けた。私自身も学ぶところが多くありました。学びの原点に気づかされた。今後に生かしていきます」と語った。

高校から感想文が届いた。長い引用になるが、ある高校生の感想文を紹介する。

心に残ったこと・体験して考えたこと

今回の体験は、正直、本当にたくさんの衝撃を受けました。最初に夜間中学生の皆さんが現れたとき、まず驚いたのが、見た目はその辺りを歩いている、ごく普通のお年寄りと何ら変わらなかったことです。でも、みなさんの心の中には外見からはわからない、辛《つら》く苦しい過去

がありました。（中略）

　その後、それぞれ、数名ずつ各教室に分かれ、夜間中学生と一緒に授業を受けました。私は数学の授業に参加しました。今日の課題は「1/2＋1/3＝　」の問題を解けるようになることでした。

　私は七〇歳過ぎの在日朝鮮人のおじいさんの隣に座りました。おじいさんは鉛筆を貸して下さいました。その鉛筆を見ると、私たちのように鉛筆けずりでけずった鉛筆でなく、おじいさんがご自分でけずられたもので、それをしわだらけの手で一生懸命握り、私に「よろしくお願いします。教えて下さいね」とおっしゃいます。

　私は理解してもらえるように、がんばろうと思いました。しかし、おじいさんは自分自身で必死に考え、「これはこうなるんでしょうね。でも、約分できるかな」と初めてあたる問題にあきらめることがありません。

　その時、先生が「この問題は、この前までやった問題より少し難しくなっているので、同じようには解けません。普通ならここで、〝もう無理だ〟と投げ出してしまいます。でもみなさんには今までの経験があるんです。その経験を生かしてやってみましょう」と言ったのです。

　それが私には夜間中学生にではなく、私たちに言われたような気がしました。私自身、考えないと解けない問題をすぐあきらめてしまう傾向があります。でも夜間中学生のみなさんは、まだ習っていない問題を自分たちの

府立寝屋川高校生と交流（2008.11.19）

力で解こうとしているのです。

〝解く〟ことそのものでなく、解答に行き着くまでのプロセスこそが〝学ぶ〟ことなのだと改めて感じました。その勉強に対する姿勢こそ、見ていて、私が教えているのでなく、今まさに、たくさんのことを私が教えてもらっているんだと思いました。

学べることが、学校へ行けることがあたりまえじゃない、字を書き、計算ができることが当然じゃないんだと、気づくことができました。今の私たちの恵まれた環境は、こうした戦争の下敷きとなり社会に苦しめられた人々の歴史の上に成り立っていることを、忘れてはならないと思いました。

授業が終わり、再び全体交流会をして今日の感想を述べあいました。その時、一緒に授業を受けたおじいさんが手を上げて感想を言ってくださいました。「隣に座って教えてくれるから、わかりやすかった。先生には聞けないことも聞けたしね。また来て教えて欲しい」。

嬉《うれ》しくて、涙を必死でこらえなければならないほどでした。私の方がずっと多くのことを教えてもらったのに、それでも感謝してもらえたことが本当に嬉しかったです。

先にも書いたとおり、夜間中学生の多くはごく普通のお年寄りに見えます。でもそれは私がそういった人たち（残留孤児の人や在日韓国朝鮮人の人）を一種の特別な人や別の世界の人のように感じていたからこそ、驚いたのだと思います。つまりこういった考えが、意識はしていなくても、差別や偏見につながるのでしょう。これに気づき、少しショックで、恥ずかしい思いです。

世の中にはいろいろな人が、長い歴史を通じて生活しているということを、もっと認識しなければならないと思います。戦後六〇年が経《た》ち、戦争やそれに伴う迫害などの歴史は確実に風化しつつあります。でもそれによって、心に傷を受けた人々が今もなお、社会で暮らしています。その事実を知り、忘れずにいる義務があると私は思います。今、私たちにできることは、この恵まれた環境で少しでも多くのことを学び、正確さに欠けるかもしれないけれど、風化しつつある歴史を後代に伝えて、心の豊かな人が多い社会をつくっていくことだと思います。夜間中学のみなさんに負けないよう、私も努力していこうと思います。今日は本当に忘れられない一日になりました。

三　夜間中学生の訪問交流

学年の取り組みとして夜間中学生と出会わせたい、しかし訪問するには生徒数が多すぎる、といった場合に、夜間中学生が相手校を訪問することもある。まず、希望者中心に三〇人ほどが夜間中学にきて体験、それを学年に報告し共有したあと、夜間中学生が訪れ、一度限りではない交流となる。

●大阪府大東市立住道中学校の取り組み

「三年生の先輩が、守口夜間中学の体験をよく話をしていました。どんなところだろう、知ってみたいと思っていました。今日体験することができました。あったかいところでした。学校に帰って、クラスのみんなに報告します。一九日、学校にきてください。交流、楽しみにしています」

こんな言葉を残して帰っていった大東《だいとう》市立住道《すみのどう》中学二年生の〝夜間中学探検隊〟二七人。学年だよりが届き、その後の取り組みの様子がわかった。夜間中学を訪問した交流の様子、感想、考えたことを次のような文章にまとめ、報告の学年集会を開いた。

夜間中学に行っている人たちは、戦争の影響を受けた人が多く、大変な経験をしている人たちばかりでした……勉強しないといけない時期、したい時期にできなかった夜間中学生のみなさんは、俺らよりずっとずっと努力をしていて本気で勉強していると思いました。ほんまの中学生のように楽しんでいました。俺は夜間中学に行って本当によかったと思います。中国人の生徒さんが俺に教えてくれた中国語は難しかったけど、それと同じように日本語を難しく感じているはずなのに、真剣に逃げることもなく頑張っていた夜間中学生のみなさんは、本当にすごいと思います。これから勉強が大事になってくる自分たちも、本気で努力していかないと思いました。

守口夜間中学校は自分が想像していたのと全然違いました。廊下にはたくさん掲示物がありました。掲示物を見るだけでも、生徒さんが学校を楽しんでいる姿や必死になって作品を作っている姿が浮かんできて「すごいなぁ」って純粋に思いました。最初、すごく不安で、仲良くできるかなぁとか、自分が言った言葉で相手がいやな思いをしないかとか、顔がちゃんと笑えているかとか、本当にとても心配でした。でも、生徒さんたちみんなが優しくて、みーんな常に笑顔で、少しの時間お話しさせていただくだけでも、自分も自然に笑顔がでてきて、帰るときには自分まで常に笑顔みたいになりました。いくときはすごく不安だった気持ちが、帰るときにはすごく幸せな気持ちに変わりました。

こんな報告会を受けて、守口夜間中学生一〇人が住道中学を訪れた。

交流会は体育館で行われた。扉が開くと、正面舞台上から舞台下まで雛壇《ひなだん》のように一八八人の中学生が整列している。夜間中学生が着席すると、歓迎のあいさつがあり、『少年の日は今』の合唱が始まった。体育館に若々しく力強い歌声が響き渡る。記念撮影のあと、中学生の司会でプログラムが進んでいく。

その日、作文を読んだ三人のうちのひとり、在日朝鮮人生徒は、初めて自分の思いを人前で語った。

一九三六年大阪市生まれ。父が仕事のため慶尚南道《キョンサンナムド》から先に日本に来ていた。朝鮮人として差別を受けた幼い頃、家庭の事情もあって学校に行けなかった。日本に住むために字が読めないことをさらけ出し、必死になって外国人登録の手続きをする自分って何だろう……

作文の最後は

私は、人生の終盤に夜間中学と出会い、子どもの時に学べなかったことを必死で取り戻す勉強で、小さい時になくしたものを自分の手元に引き寄せています。夜間中学というせっかく手に入れた宝、ご褒美《ほうび》をもう一度手放したくない。幼い時に学校に行けなくて、また、夜間中学に行けなくなるなんて二度も悲しい思いをしたくない。その思いが、就学援助を取り戻す闘いの運動で、発言をする原動力になりました。（略）

京阪《けいはん》電車の土居《どい》駅から学校の門までの道は、私には〈よろこびの道〉です。だから、足がサッサと運びます。夜間中学での学びは、私のよろこびであり、私が生きている証《あかし》です。

と結ばれている。

この夜間中学生は、一八八人の歌声を聞いた瞬間、「先生、私、きてよかった」とつぶやいた。質問コーナーでは、「夜間中学で学んだ文字とコトバで、自分の思っていることを書けるようになったことがいちばんうれしい」とも話していた。

四　島根県の修学旅行生たちとのつながり

●島根県益田市立小野中学校との交流

二〇一〇年八月の初め、守口夜間中学に一通の手紙が届いた。島根県益田《ますだ》市の小野《おの》中学校の先生からである。初めて守口夜間中学に子どもたちを引率してこられた先生だ。その子どもたちと夜間中学生が、四年経ったいまも年賀状や暑中見舞いのやりとりをしているという。そのことは子どもたちの親がこの先生に話したことからわかった。手紙には次のように書いてあった。

「……親にはいつも反抗的であまり話もしないのに、きちんと返事を出していること、このようなよい出会いをさせてもらったことを感謝していると（親御さんは）一気に話して帰られました」「当時二年生だった子どもたちは高校三年生です」「きちんと、当たり前のように返事を書いている生徒も素敵だし、誇りに思いますが、何よりもそのような出会い方をさせていただいた夜間中学生の方々に本当に感謝しています……」

二〇一〇年九月一七日、この手紙をいただいた小野中学校から一六人の生徒の訪問があった。夜間中学の授業を体験し、夜間中学生と交流するためだ。修学旅行のプログラムに訪問交流を組み入れ、実践を続けられている。

全国同和教育研究大会（二〇〇四年一一月二六日）が大阪で開催されたとき、守口夜間中学は夜の特別分科会として学校公開をおこない、全国から二〇〇人を超える参加があったが、このとき、島根県のある参加者が島根の地に帰って、ぜひ子どもたちに夜間中学を訪問させ、夜間中学生に出会わせたいと相談し、二〇〇六年九月にこの取り組みは始まった。二〇一〇年で五年目を迎える。

この日は大阪府教育委員会や近隣の教育委員会からも二二人が来校され、夜間中学の学びや島根の中学生との交流、授業の様子を参観していただいた。

一六人の中学生は、夜間中学生の横に座り、夜間中学の授業を体験したあと、対面するかたちで全体交流をおこない、全員が授業の感想を述べた。

「みんなが積極的ですごい」「楽しかった」「初めは緊張したけど、（隣の夜間中学生が）話しかけてくれて、自然と授業に参加できた」「いつもとはちがう授業の体験ができた」

夜間中学生徒会長が次のようなあいさつをおこない、交流会をまとめた。

「修学旅行でみなさんの学校からお越しいただいて、交流は五年目を迎えました。みなさんの先輩と一緒に勉強してきました。島根県に親しみを感じます。私たちはみなさんから若さをもらって、これからもがんばります。気を付けてお帰りください」

会場を出ていく子どもたちを夜間中学生は笑顔で送り出し、次の授業に分かれていった。

この行事には、一人ひとりの子どもたちの発言に拍手を送っている、中西正人・大阪府教育長（当時）の姿があった。守口夜間中学が出版した『学ぶたびくやしく学ぶたびうれしく』（解放出版社）を読んでたいへん感動し、ぜひ守口夜間中学を訪問したいと日程調整をして参観が実現したと話されていたという。

●島根県仁多郡奥出雲町立横田中学校との交流

東日本大震災後の二〇一一年九月、島根県仁多《にた》郡の奥《おく》出雲町《いずもちょう》立横田《よこた》中学校の二年生六四人、職員合わせて七一人との交流があった。

ある日本語クラスでは、震災の津波で家族や家を失った少女が、母が好きだった曲を海に向かってトランペットで吹いている姿を写した新聞掲載写真を教材にした。その写真から見えるもの、目には見えないが感じるもの（音・におい・気持ち）などを、島根の中学生と夜間中学生が班ごとに話し合い、島根の中学生が紙に書いて発表し、少女の心の変化と自分たちの生活を照らし合わせながら考えていった。そのなかで、少女が亡くなった母に向けて吹いた曲「負けないで」を、島根の中学生が夜間中学生の前に立って歌うという予想外の出来事が起こり、感激して涙する夜間中学生もいた。島根の中学生も「ここで一緒に授業をしてたら、なんだか歌ってしまった」と言っていた。

島根の引率の先生が「教室に透明な空気が流れていて、子どもたち、夜間中学生が美しい。いつも学校で見る子どもたちとは違う姿を夜間中学で引き出してもらい、この事実をどう言葉にしていいか、まだ自分のなかで整理がつかない」と言っておられた。

各クラスの授業終了後は、全体で集合しての交流。パワーポイントでの奥出雲の自然や横田中学の学校説明のなかで、全員が立ち上がり、後ろ手に組み、『我ら横中生』を発表してくれた。お腹の底から力いっぱい張り上げる声と熱気が会場全体を包み、まっすぐな気持ちから溢《あふ》れ出る若いエネルギーに胸が熱くなった。そんな夜間中学生の感想があった。

守口市立寺方小学校６年生と交流

五　守口市内の小学生とともに学ぶ

●守口市立寺方小学校の人権総合学習

二〇一一年一一月、守口市内の寺方《てらかた》小学校の六年生六六人が訪れ、夜間中学生の横に座り、夜間中学の授業を体験した。夜間中学訪問をひとつの柱にした人権総合学習の組み立てだ。訪問を終えた小学生は、横に座り、いっしょに学習した夜間中学生に、感想を年賀状に書いて送ってきた。冬休み明け、はがきを手にした夜間中学生は返事を書いた。

二〇一二年一月、この小学校で校内研が企画され、授業を見せていただいた。夜間中学生の構成詩を参考に、自分たちの構成詩をつくってみようと意図した授業である。短冊には、自分たちの学びと、夜間中学で体験した学びを比較して、子どもたちなりに表現した短文がつづられている。

作業の進め方の説明を受けた小学生は、友だちの短冊の説明を聞きながら推敲《すいこう》を重ね、自分たちの構成詩を練り上げていった。夜間中学訪問から二カ月が経過するが、子どもたちのモチベーションは高く、卒業を目前に、中学校生活の決意を短文に書いていると、担任の先生は説明しておられた。

　夜間中学の卒業式がおこなわれた三月一四日、子どもたちが作った詩集を携え、二人の先生が卒業式に参加された。子どもたちの思いの詰まった一六篇の手書きの詩が印刷されていた。

夜間中学生が教えてくれたこと

勉強している人は、おじいちゃん、おばあちゃんでした。
みんなが笑顔になれる場所です。
うれしくて、楽しい学校だと思わせてくれた。
授業を生徒さんたちが　えらぶ所。
積極的に話しかけてくれたのがうれしかった。
字がきれかった。
グラフで一緒にわかりあえたこと
頑張って勉強するのがすごいと思った。
笑顔で勉強していたこと
あきらめずチャレンジすること
全てすごいと思った。

夜間中学校の
生徒さんのようなあきらめない気持ち、
やさしい気持ちをもてるような人間になりたいと思う。

　最後の「人間になりたいと思う」は他の文字より倍の大きさの文字でつづられている。

●戦争中の体験を聞いた大阪府守口市立春日小学校

　夜間中学がある守口市立第三中学校は、二〇一六年四月、二校の小学校と中学校が一緒になって、九年制の学校として新しく発足する。夜間中学を擁《よう》した九年制の学校はおそらく全国初であろう。ハード・ソフト面からどんな学校にするか、地域住民、学校、行政でいま協議が進められている。

　その小学校のひとつ、春日《かすが》小学校から夜間中学生に、戦時下の子ども時代の話を聞かせていただけないかと申し出があった。

　夜間中学生は授業で子どものころの出来事を語りあい、鉛筆を持ち、小学六年生に語りかける文章ができあがった。その発表を二〇一二年一一月、六年生全員が夜間中学にきて聞くということになった。

「疎開、空襲警報、ラジオ放送、松根油《しょうこんゆ》、炭焼き、赤《あか》紙《がみ》、わら人形、闇市《やみいち》……」。夜間中学生が語ったこれらの言葉を子どもたちはどのように受け取ったのだろう。

夜間中学生の語る声を、一言も聞き漏らすまいと、真剣に聞いていた。

「ぼくのおじいちゃんは、一八歳で戦争に行く途中、戦争が終わりました。おじいちゃんがなくなっていたら、ぼくは生まれていません」「空襲のとき、逃げ込むところがなかったらどうしますか？」「テレビで物を盗んでいる場面がありましたが、そんなことがあったんですか？」

小学生から出てきた質問に答えたあと、夜間中学生は次のように話した。

「小学一年生のとき、父親に赤紙がきて戦争に行った。赤紙の意味がわかりますか。『お国のために死んできます。ありがとうございます』と言って戦争に行きました。こんな悲惨なことはありません。みなさんで話し合ってください。みなさんは来年、三中に入ってくれるみなさんです。同じ校門を使って学びます。『こんにちは』『こんばんは』とあいさつがしたい、話がしたいです。来年四月を待っています」

いまの学校現場は、教員も含め、戦後生まれの年代の人間ばかりになっている。子どもたちの家庭でも、語れる肉親はほんとうに数少なくなってきた。夜間中学生がその役割を担っている。今回の行事はそのことを証明した。

六　僧侶研修生との交流続く

京都の西本願寺伝道院で学ばれているお坊さん四八人の来校があった。北は北海道、南は鹿児島と、全国各地からこられたお坊さんたちで、夜間中学を全国に広げることにも役立っている。どこからこられましたかと尋ね、故郷が同じ夜間中学生を紹介することもある。日本語が十分に理解できない人と、どのようにして意思疎通を図るか？　一方、夜間中学生も、どのようにして隣に座った人に自分の考えを伝えるか、双方の展開を確かめながら、ゆっくり時間をとった。夜間中学生、訪問者、教員にとって重要な学習の機会となった。将来、布教使として活動されるとき、この交流の経験のもつ意義は大きいと考えている。この日一度きりの訪問だけでなく、守口夜間中学の教員が、事前、事後と伝道院で講義をおこない、定着を図っている。

ほどなくして分厚い感想が届いた。いくつか紹介する。

夜間中学で学ぶ皆さんは、私の目にとても眩《まぶ》しくうつりました。その眩しさというのは、純粋に何かを学ぶことができる喜び。諦《あきら》めていたはずの場に居場所が与えられている喜びから現れ出る眩しさ。それは直接お会いすることができたからこそ感じられたものであり、文字や言葉では決して伝わってこないであろう眩しさではないか、と感じました。人の言葉のもつ温《ぬく》もりというかライブ感の重要性を学びました。

夜間中学生が〝学校に来ると心が裸になれる、学校へきて教室のドアを開けるとホッとする〟とおっしゃった。

文字がわからないから文字を習うということだけでなく、失った権利や自尊心を取り戻すために義務教育を受けている。そのことがどんなに大事なのかを知らされた。そして「学ぶ」ということが、どんなにありがたいことなのかを教えられた。

この学校のおかげで、社会の中に自分の居場所がある喜び、人間としての尊厳を手に入れることができる。

この学校は今の社会で忘れてしまった大切なことを問うているのではないかと感じた。

競争社会の中、画一的な授業を展開して、ついて来られるものは是とされ、それについて来られなければ非とされ落とされていく、日本の教育の現状が厳然とある。けれども夜間中学では「教育とは何であるのか」という原点を改めて示していただいたように感じた。

ある夜間中学生は、夜間中学にくるまでは、否定的にしか見えなかった肉親の生きざまを、そうだったのか、そんな意味があったのかと肯定的に受け止めることができるようになったことを「自分を許すことができた」と文章に書いている。夜間中学で学ぶ意義のひとつはこのような考えができるようになることだ。そんな教材、学びが大切だと思う。訪問者との交流のなかで、夜間中学がもっている大きな財産を確認することができた。

七　学校の先生方とも交流

全国、大阪府、各市の人権教育研究協議会の研究集会では、学校公開と夜間中学生との交流がおこなわれた。また、いくつかの小中学校の校内研修として、学校あげて先生方がこられることがある。若い先生たちが夜間中学生と授業をするという取り組みもあった。最後に守口初任者研修を取り上げておく。

二〇一三年六月一九日、この春から守口市立の学校に勤務を始めた先生約五〇人の夜間中学訪問があった。この取り組みは今年で一四年になる。午後四時、いつもより早く登校した一六人の夜間中学生が緊張した顔で入室、来校者と対面した。まず、三人の夜間中学生が意見発表をおこなった。

在日朝鮮人の金さんは夜間中学にたどり着く自分史を語った。「『これからはお母さんのしたいことをすればいいよ』と言われて、夜間中学に入学した」。共同作品『夜間中学あいうえお歌』に入っている「好きなことやってみたらと　娘の声」で自分の発表を終えた。

タカシさんは自分史と父のことを語った。夜間中学の学びを通して、父の人生を見つめ、父に対する見方が変わっていったことを語りかける発表であった。「赤紙一枚で、人の生死や、生き方までも決めてしまう戦争を憎みます。私は、生前の父に会いたかった」と発表をまとめた。

中国残留婦人二世の叶《かのう》さんは、中国の生活、引き揚げ帰国をして夜間中学にたどり着くまでの一二年間の生活を話した。「仕事をしてきたので、話すことは少しできますが、書くことはむずかしいです。あわてず勉強を続けていきます」

この発表を聞いていた先生方から手があがった。

「みなさんの発表を聞いて、子どもも大人も関係なく、学ぶ喜びを感じる学校が大切だと受け取った。そんな学校をぜひ実現したい」「これまで学びは身近にあるものと思っていた。ほんとうに学びたいのに学べなかった。私の知らない世界に衝撃を受けた」

「昨年も一緒に授業を受けました。学びを大切にされているところだと思いました。学ぶことは楽しいことなんだと子どもたちに伝えていきたいと考えています」

「言葉を教えている、教え込んでいるんではという指摘にドキッとしました。発表された文章を昼の子どもたちにも伝えたい。紹介してもいいですか」(拍手)「勉強が好きでない子どもに夜間中学生のみなさんはどう言葉かけするか、教えてください」

夜間中学生もマイクを持って考えを述べた。

「私は間接的な戦争の被害者だ。勉強したいこの思いをいま実現している。学んだことを家族に伝えている。戦争はいけない」「楽しく学んで、学びを大切にしていってと子どもたちに伝えてください」「子どもたちに教えようとされているんではないでしょうか。先生方も子どもたちと一緒に勉強して学んでいくことが大切ではないでしょうか」「自分を取り戻す。私が存在することを確かめたい、そのために私は学んでいます」

夜間中学生は重要な指摘をした。

その後、分厚い手紙が届いた。二〇一三年六月一九日、来校があった守口市内の先生方からの感想文だ。全部で五〇枚。ルビが打ってあるものも七通、ひらがなだけで書かれたものもある。

もうすぐ期末試験です。生徒は何点取れるか気にしています。「あいつには負けたくないな」そんな言葉も聞かれます。楽しいはずの学びの場、そんな学びの場が、競争の場所になり、なんだかみんな疲れているみたいです。夜間中学校の皆さんはいきいきしているように見えます。他人と比べることなく、自分が学びたいから学ぶ。学びたいことを学ぶこの中学校に、楽しい学びの場があるように思います。

私は中学校で社会科を教えています。そして今、第二次世界大戦について授業をしているところです。ついテストのことや入試のことばかり意識して授業をしてしまい、生徒たちに社会を通して学んでほしいことを教えることができていないことが、みなさんの話を聞いていてわかり、恥ずかしい気持ちでいっぱいです。そして私自身がいろいろなことに無知だということもわかりました。私自身が〝学ぶ〟ことをおろそかにしていると思いました。

「せんせいがたは　おしえようとしているのではないか」「まなぶことで　わたしたちは　わたしたちをとりもどそうとしている」という二つのことばがとくに　じ

ぶんのなかに　のこっています。じぶんが　きょうしということで「おしえなければ」というきもちを　ずっとつよくもっていましたが「ともにまなんでいく」というおもいやしせいを　これからはじぶんのなかにもち　せいとせっしていきたいとおもいます。

今日ここに来る前、先輩の教員に夜間中学を訪れることを伝えると「教師にとって大事なものをたくさん学べるはずだ。しっかりと勉強してこい」と背中を押されてきました。

勉強を嫌がる子はもしかしたら、自分がそんな授業しかできていなかったのではないかとも思っています。明日からは、子どもたちに学びたいと思ってもらえるよう、学ぶ楽しさを大事にした授業をしていきたいです。

今日は、貴重なお話をありがとうございました！　その中でとても心に響いた言葉があります。それは「夜間中学では先生たちは〝一緒に学ぶ〟ということをしている。決して〝教えよう〟という気持ちではないんです」という言葉です。私はその言葉にハッとさせられました。

教室で何かトラブルが起こったときに「どうやったら上《う》手《ま》く子どもたちに教えることができるだろう？」ということを考えていました。しかし、そうではなくて、子どもたちと一緒に解決の方法を探すという姿勢が大切なのだと思いました。

（この原稿は、守口夜間中学が発行した開設四〇周年記念誌『夜間中学で「まなぶ」』二〇一二年、より一部転載している。）

韓国・安養市民大学を訪問した夜間中学生（2002年7月）

在日朝鮮人教育と夜間中学

東大阪市の夜間中学ではじめた在日朝鮮人生徒の学びが昼の学校での在日朝鮮人教育の広がりへ

林 二郎　元大阪府東大阪市立長栄夜間中学・太平寺夜間中学教員／はやし・じろう

解放後の在日朝鮮人の民族教育

一九四五年、解放直後の東大阪市《ひがしおおさか》での在日朝鮮人の民族教育は、市内いくつもの地域にできていた国語《クゴ》講習所をたばね、翌年、七〇〇人をこえる生徒を擁した布施《ふせ》小学校が開校された。ほかに二〇〇人、一〇〇人の学校を合わせ、一九四九年の朝鮮学校閉鎖令発令時（二回目）には三校で一〇〇〇人を超えていた。一九四八年の四《サ》・二《イ》四《サ》阪神《はんしん》教育闘争で警察官の発砲により犠牲者になった金太一《キムテイル》少年は布施市からの参加者であった。

その後、閉鎖された民族学校が再建され、朝鮮人側の取り組みがすすめられる一方、阪神教育闘争時の赤間《あかま》大阪府知事との「覚書」により府内に設置された民族学級のひとつである太平寺《たいへいじ》小学校の民族学級で取り組みが続けられた。六〇年代になって、部落解放教育を経験した教員による在日朝鮮人生徒在籍多数校での本名宣言の取り組みなど、いわゆる在日朝鮮人教育がすすめられた。大阪市内二校に続き、一九七二年、堺市《さかい》・八尾市《やお》とともに東大阪市に夜間中学が開設され、朝鮮人生徒が学びはじめた。八〇年代に入り、阪神教育闘争時の太平寺小学校の民族講師が退職したあと、大阪府教育委員会によって補充されないなか、市費によって民族講師が継続配置となった。近隣四小中学校への民族学級の設置（一九八〇年）、市の教育委員会による在日朝鮮人教育指針の策定（一九八二年）へと続く。

在日外国人園児・児童・生徒に関する教育指針
（主として在日韓国・朝鮮人園児・児童・生徒）

私たちのさまざまな取り組みの結果、一九八二年、東大阪市教育委員会は次のような在日朝鮮人教育指針を明らかにした。

本市には、多数の韓国・朝鮮人が在住している。これは、戦前・戦中を通しての幾多の政治的圧力により、日本国内に居住を強いてきたことによるものである。また、本市の学校園には、多数の韓国・朝鮮人園児・児童・生徒が在籍しているが、これらは、わが国が長期にわたって同化教育をすすめてきたことによるものであり、この事実の持つ意味を行政としてきびしくうけとめ、本市の教育課題としてとりくまねばならない。

古代から朝鮮で発達した文化や技術は、わが国の文化形成とその発展に多大の影響を与えた。本来善隣友好の関係にあったにもかかわらず、特に近代になってわが国が植民地政策や同化政策をすすめたことにより、韓国・朝鮮人に対する民族的偏見や差別は、今なお社会に根強く存在している。

現在までの歴史的経緯をふまえ、また、韓国・朝鮮人の願いを正しくうけとめながら、本市の学校園に在籍する韓国・朝鮮人園児・児童・生徒が民族的自覚と誇りを持つことができるような教育を積極的に推進して、民族的偏見や差別をなくしていかなければならない。

本市においては、学校園重点目標に「全学校園において人間の尊厳という考えにたち、在日外国人の人権を尊重し差別や偏見をなくすよう、教育活動全体の中でその実現につとめること」をめざして、韓国・朝鮮人園児・児童・生徒の教育の保障につとめてきたが、なお次の点について積極的にとりくむことが必要である。

一、韓国・朝鮮人園児・児童・生徒の人権を尊重する教育を推進するために

○民族的偏見や差別の実態をただしく把握し、それを排除するための科学的認識を育て、民主的で国際的感覚の豊かな人間を育成する。

○韓国・朝鮮人園児・児童・生徒が民族的自覚や誇りを高めることができるよう、学校園の教育活動全般の場で指導を行う。

○正しい民族理解を促すとともに、国際的視野に立った友好の資質・態度を育成する。

○民族的偏見や差別をなくし、民族的自覚や誇りを

高めることができるよう集団づくりをすすめ、連帯感をもつ園児・児童・生徒を育成する。

二、韓国・朝鮮人園児・児童・生徒の進路を保障するために

○進学・就職上の差別をなくすよう関係機関との連携を密にし、韓国・朝鮮人園児・児童・生徒が将来の進路について展望がもてるよう、適切な指導を行う。

三、韓国・朝鮮人園児・児童・生徒に関する積極的な教育を実現するために

○全学校園において、すべての教科・領域で教育計画を立案し実施できるように努める。

○韓国・朝鮮人に対して正しい理解と認識をふかめるため、わが国における韓国・朝鮮人の立場や長年にわたる歴史的関係・文化を把握し、計画的・系統的な研修の実現を図りながら、教育実践の中でその成果をあげるようつとめる。

○全市民の正しい認識と理解の実現のため、学校教育と社会教育との連携をはかるようつとめ、総合的に推進していくことを期する。

「朝鮮文化に親しむ東大阪子どもの集い」スタート

在日朝鮮人教育をすすめる教育指針が策定された翌年、東大阪市教職員組合と東大阪市同和教育研究会に教育委員会が加わった実行委員会主催で朝鮮文化の発表会が企画された。

一九八三年一一月一四日、一五〇〇人規模で市民会館大ホールで第一回「朝鮮文化に親しむ東大阪子どもの集い」が開催された。

小学校三校・一二〇人、中学校四校・四三人、(市立)高校一校二六人の八校一八九人の舞台での熱演は、それだけで会場を埋め尽くした保護者を含めた一五〇〇人の観客を魅了した。しかし、それにも増して長栄《ちょうえい》夜間中学のハルモニたち四〇人の色鮮やかなチマチョゴリでの、「美空《みそら》ひばりが立った」晴れの舞台への登場は、緞帳《どんちょう》が上がるだけで会場をどよめかせ、夜間中学で初めて鉛筆をにぎりしめ書いた、朝鮮人として生きてきた苦難の体験をとつとつと読み上げる作文の朗読に会場は静まり返り、トラジ・アリランの熱唱、四〇人のハルモニたちがところ狭しと繰り広げるオケチュムの迫力に、朝鮮人と

日本人の子どもたちは圧倒された。活字や映像ではなく、舞台のハルモニたちのもつ重みとその存在感への共感が会場にひろがった。

「堂々と生きている、生きていける」と僕たちに訴えているかのように思え、胸が熱くなりました

実行委員会に届けられた参加者の感想を紹介する。

私は、朝鮮人であったことを、今、ほこりに思う。舞台で踊っている人たちは、ドキドキしていると思う。見ている人たちにも伝わってくる。私はいつかやってみたい。

（小学生）

「シージャ」
ピッと　体を　かたくした。
チャングを　うつ
ドーンタ　ドンタタタ　ドーンタタ　クンタ
ドーンタ　ドンタタタ　ドーンタタ　クンタ
ドーンタ　ドンタタタ　ドーンタタ　クンタ
手が　ふるえている
ノンアの　れつが　すすむ
音が　会場に　ひびく……
ボァーン
音を　止め　足を止めた
ハァ　ハァとみんなの息
パジの　中に　あせが　ながれた

（中学生）

夜間中学の人たちも良かったです。言語の違いにも負けず、たくましく生きていく人たちの姿と心に打たれました。最後に全員で踊っている姿には、「私たちは堂々と生きている、生きていける」と僕たちに訴えているかのように思え、胸が熱くなりました。

（中学生）

わたしは、つどいを見ながら、いつも感じることは、日本には、たくさんのかんこく人がいることです。

ひごろ学校では、自分がかんこく人として、いしきしたことはないけど、「つどい」を見たりするたびに、かんこく人であることを考えるようになりました。

「つどい」に出て、いっしょうけんめいに歌ったり、おどったりする友だちも、みんな自分がかんこく人であることを、ほこりに思っていることを感じさせられました。

（小学二年生）

「朝鮮文化に親しむ東大阪子どもの集い」の広がり

この「朝鮮文化に親しむ東大阪子どもの集い」（以下「集い」と略）は、スタートして三年目から、現場主導で、会場である市民会館に集まるに先立って近隣の学校のグラウンドに出演校が集まって、民族衣装で商店街などを会場までパレードするというかたちで地域社会に登場した。また、「集い」への出演参加校が増え、取り組みが日常化するにともない、それまで朝鮮人多数在籍校と同和教育推進校の七校にのみ民族学級設置の予算が限られていたが、八回目の「集い」の一九九〇年から一五校で予算化され、それ以降もさらに年々設置校拡大が続き、東大阪市のこの分野での予算総額は、単価アップなども含め一〇〇〇万円を超えた。また「集い」の会場は、市民会館の大ホールでは参加希望者を受け入れきれないことから、国体などが開かれる東大阪市中央体育館に移し、その参加規模は三〇〇〇人を超えている。二〇一八年には、第三六回の「集い」が開催された。

市民や子どもたちへの夜間中学生のアピール

夜間中学生からのアピールは、子どもたちに対してだけではない。一九九六年から一一月三日に布施・三ノ瀬《さんのせ》公園を会場に、韓国民団布施支部や朝鮮総連東大阪三支部を含む実行委員会が主催する東大阪国際交流フェスティバル（二〇一八年で二三回目を迎える）は、午前一〇時から午後三時まで屋外に野外ステージを設置し、のべ一万人近くが集まる。このイベントでも第一回から夜間中学生が模擬店の出店、舞台での作文朗読や歌・民族舞踊を披露してきた。

次は、二〇一二年の東大阪市中学生「生活体験作文発表会」で、夜間中学生が発表した作文である。

夜間中学で本名について考え始めた私

太平寺夜間中学　**金夏子**

私の名前は「金夏子」と言います。

夜間中学に入学して二年目の、昨年（二〇一一年）の七月のある日、私の長女が薬局の薬の販売員の資格をとる都合で卒業した府立高校へ卒業証明書をもらうため、問い合わせたときのできごとです。四六才になる長女は電話に出た高校の先生に「〈金幸枝《キムヘンヂ》〉さんですね」と言われたそうです。日本名で高校生活を送りふだん本名を使うことのほぼない娘ですがごく自然に「私です」と返事できたとのこと。それも小さい頃、生野《いくの》区の小路《しょうじ》小学校の民族学級に通っていたおかげです。逆に七〇才に近い母親の私が思わず娘に向かって「そう！　あんたそんでキム・ヘンジいうのん？」と二～三回くり返し言ってしまいました。新しい資格と仕事に挑戦する娘の本名を自分でくり返し、何か娘が成長したような気がしました。

第11回朝鮮文化に親しむ東大阪子どもの集いのパレード（1993.10.27）

　私は近畿夜間中学校生徒会連合会の副会長をしていたこともあり、堺市役所での大阪府教育委員会との話し合いに参加しました。私が四六才になる長女からこの子の本名を教えてもらったという、笑うに笑えない体験を先生からその場で教育委員会の人に発言するように言われました。少し迷いましたが自分で文章を書き加えたりもして思い切って発言しました。

　私たちの国が日本の植民地支配から解放《ヘバン》、解放となったとき、ちゃんとした民族教育が行われていればこんな笑うに笑えない親子の会話があり得たのかと、私は最後の方で自然と大きな声になっていました。府教委の人に、今、夜間中学のことを本気でしっかり取り組んでほしいことを言ったつもりです。

　私は、ちょうど一週間前の一〇月三一日に、関西空港からフランスのパリにあるユネスコ本部に、私のような文字の読み書きに大人になっても不自由している問題に取り組む「国連識字の一〇年」が今年（二〇一二年）で一〇年を終えるが、さらに継続した取り組みをすすめるようにアピールに行ってきて、おととい大阪に帰ってきたばかりです。

　このことが毎日新聞に写真入りで大きく取り上げられ、長女の息子で高校三年の孫が、母親に「なぜおばあちゃんの名前が金夏子と新聞に書いてあるのか」と親に質問したのだそうです。娘は、私だけでなく死んだおじいちゃんも韓国人だし、母親の自分も、父親も日本国籍になってはいるが、もともと韓国人だと、孫に説明したのだそうです。大学受験で頭がいっぱいだった孫は、私の新聞記事がきっかけで、韓国にルーツがある自分自身に出会いずいぶん驚いているとともに、私がユネスコ本部にまでアピールにいくことを「すごい」と言っているとの娘の報告でした。

　今度、孫に会ったら私がユネスコ本部にチマチョゴリ姿で堂々と登場し、世界に八億人いるとされる非識字者の問題を訴えてきたことを、私の口からじかに、言ってやろうと思っています。孫が自分のルーツが朝鮮であることに誇りをもって向き合い、さらに成長していってくれることを心から願っています。みなさんも自分の人生の基本を決してゆるがすことのないための学習を積み重ねてください。

東大阪市の在日朝鮮人教育の牽引車《けんいんしゃ》の役割を果たした夜間中学で学んだ在日朝鮮人一世たち

　二〇一八年秋、三六回目を数えた「朝鮮文化に親しむ東大阪子どもの集い」を一貫して引っ張ってきたのは、一九七二年に東大阪市に開校された夜間中学で学びはじめた在日朝鮮人一世のハルモニたちである。開校して一三年目に開始された「集い」で、場内のどよめきとともに緞帳が上がった舞台に現れたチマチョゴリの在日朝鮮人の夜間中学生の存在は、日本人の子どもたちの目を見開かせ、在日朝鮮人の子どもたちを心の底から励まし、その後のこの取り組みの広がりと深まりをつくりだした。

　八年間の空白を経て一九八九年に太平寺小学校に大阪府予算による民族講師が復活して配置されたのは、大阪府によるその認知ともいえる。大阪市内二校に続いて大阪府内三地域に開設された夜間中学のひとつである東大阪市立長栄夜間中学の、東大阪市の教育の歩みに刻んだ大きな役割は消えることはないだろう。

日韓識字文解交流に学んだこと

韓一茂　大阪府東大阪市立長栄夜間中学教員／ハン・イルム

日本語でいう識字教育は、韓国では文解《ムネ》教育という。文字を理解するという意味はもちろんだが、それにとどまらず、文字を知らぬがゆえに知りえなかった文化を理解し、文化的に疎外されてきた状態から、自分たちを解放するという意味をこめて、「文解」教育と呼ぶのだそうだ。これこそがまさに夜間中学の学びであろうと思う。もちろん日本語の識字教育という言葉にも、字を識《し》る以上の意味があることは承知しているが、学びを奪われてきた夜間中学生にとって、「文解教育」という言葉ほど、ピッタリとくる言葉はないように思う。

二〇〇二年から始まった日韓識字文解交流であるが、二〇〇五年に夜間中学に赴任した私は、二〇〇二年に始まった初期の交流*にはかかわっていない。赴任した年の全国夜間中学校研究大会で報告された日韓識字文解交流ではじめて知った。すぐにも参加したいと思ったのだが、近畿《きんき》夜間中学校生徒会連合会としては、前回の交流時に、組織としてとりくむことに意見がまとまらなかった。そのため、次回の交流がなかなか前向きな話し合いにならなかった。組織的な交流にはさらに時間をかけとりくむこととして、有志の教員と夜間中学生が声をあげて実行委員会を立ち上げ、参加メンバーを各校で募るかたちで日韓交流をおこなうことになった。参加するはずが、なぜか言いだしっぺとして事務局を担うことになってしまった。

有志による訪問であるので、参加費用はすべて自己負担である。自己責任での訪問であり、何の保障もないので旅行保険を各自がかけることになる。交流のため、パッケージツアーの何倍もの金額になる。決して裕福ではない夜間中学生にとって経済的な負担は大きい。それでも参加することを決めた生徒には、きてよかったと思える交流旅行になるよう準備を進めた。

①メインはもちろん文解学習者との交流

②せっかく韓国へ行くのだから夜間中学生が学べる観光も

③生徒の希望になるべく応えるように事前学習会をもって

＊二〇〇二年〜二〇〇七年の交流については本書の「関西の夜間中学のあゆみ」の一七「日韓識字文解交流」（106頁）を参照。

二〇〇八年　日韓識字文解交流（ソウル）

五校　三八人参加

一日目　南山公園　安重根《アンジュングン》記念館見学

二日目　DMZ《ディーエムゼット》見学　大長今《テチャングム》テーマパーク見学

三日目　安養《アニャン》市民大学での学習体験

三〜四日目　マリスタ教育館での一泊交流

安重根義士《ウィサ》記念館、DMZ（非武装地帯）は、前回の交流で行っていないので、夜間中学生が日本と朝鮮半島のつながりを考えるために、見学することになった。DMZ見学時にパスポートチェックに乗り込んできた若い兵士の腰の銃を見て「戦争は終わっていないんや」と感じる声が聞かれ、自由の橋で共和国に帰国したまま音信不通になった身内を思い泣き崩れる生徒の姿を見て、大

日韓識字文解交流（2008年 ソウル・マリスタ教育館）

いに感じるところはあったと思う。一方で現地で漏らした在日の生徒の「複雑や……」というため息、DMZでガイドの説明を苦虫をかみつぶした顔で聞く朝鮮籍の生徒の表情、日本人生徒はとくに声としては出なかったものの、どう受け止めただろうかという不安、さまざまな背景をもつ生徒それぞれが違うとらえ方をしただろうし、溝を深めたかな、という気持ちも正直、心をかすめた。

しかし、最終日の交流のなかで、その疑念と不安は解消した。生活背景、社会背景のまったく違う日韓の生徒が「学びを求める」ただ一点の共通点で、言葉の壁を越えてわかりあえる。別れの際には、感極まって抱き合って涙を流す。その姿を見て、韓国側の用意してくれたプログラムのすばらしさもあったが、それ以上に夜間中学生、文解教育の生徒たちのたくましさ、懐の深さに感心してしまった。私たちの杞憂《きゆう》はその瞬間に吹き飛ばされていた。

二〇一一年　日韓識字文解交流（済州島《チェジュド》）

一一校　三〇人参加

一日目　関空からソウル経由で済州国際空港へ

二日目　同旅平生学校《トンニョピョンセンハッキョ》での交流

三日目　四《サ》・三《サム》記念公園　万丈窟《マンジャングク》　城山日出峰《ソンサンイルチョルボン》見学

四日目　済州国際空港からソウル経由で関空へ

済州島でと、萬稀《マンフィ》ソンセンニム（元韓国文解・成人基礎教育協議会代表）にリクエストをし、これまで私たちとの交流のなかった同旅平生学校を紹介していただいたものの、不安の種は尽きなかった。

安養市民大学のイメージがあったせいか、失礼ながら済州島という地方に、あんな立派な校舎の大規模な学校があるとは夢にも思っていなかった。事前に送っていただいた計画では二〇人程度の生徒が参加と聞いていたので、全生徒がそのくらいの人数と勝手に思い込んでいた。しかし、一時間以上飛行機の到着が遅れたにもかかわらず空港での盛大な出迎え、翌日も一〇〇人近い先生方や学習者に拍手で迎えていただいて、完全にノックアウトされた。日本の夜間中学生との交流に対する同旅平生学校のみなさんの並々ならぬ期待と責任感を感じた。と同時に、最初の不安とは真逆の、事前学習も不十分できてしまったことに対する反省と後悔にとらえられた。

救ってくれたのは参加した夜間中学生の積極性だった。授業見学では初級コースに参加した。「これ、韓国語もハングルもわからない人には、何もわからんやん！」と冷や汗をかいたのだが、「先生が情熱的や」「意味わからんけど、なんかたのしそうやな」との生徒の声を聴いて、また自らの不明を恥じるばかり。髙野雅夫《たかのまさお》の「夜間中学生を見くびるな」の声が聞こえてくるような気がした。昼食交流でも全部ではなかったが、日本語のできる生徒さんに話しかけたり、たどたどしい韓国語で話しかけたりする姿があちこちで見られた。文化交流では率先して踊り出す金喜子《キムフィジャ》さんが、温かい交流のムードをつくってくれた。

四・三記念公園では「こんな観光地があるのは知らなかった」の声にすぐさま「『観光』地ではないです！」と切り返すガイドの玄《ヒョン》さんに胸を突かれた教師、生徒も多かった。

極論すれば「出会いがあれば、それで成功！」なんじゃないかな、と思うことになった済州島での交流であった。

二〇一四年　日韓識字文解交流（釜山《プサン》）

七校　三二人参加

一日目　釜山鎮市場《プサンジンシジャン》見学　指導者交流
二日目　竜頭山公園《ヨンドサンコンウォン》　釜山倭城　見学
三日目　国際市場　チャガルチ市場　散策
四日目　慶州《キョンジュ》観光（仏国寺《ブルグクサ》　石窟庵《ソックラム》　伝馬塚《チョンマチョン》見学）
盛芝文化院《ソンヂムナウォン》にて交流

はじめて萬稀ソンセンニム（先生）のいない交流となったのだが、いままでいかに萬稀ソンセンニムに頼っていたかが明らかとなった。〇八年のソウルでの交流はもちろんのこと、前回一一年の済州島、同旅平生学校での交流でも、事前に何度も現地に足を運び、交流の意義や、日本側の意図を伝えてくださった萬稀ソンセンニムの下準備があったからこそ、スムーズに交流がもてていたことがイヤというほどよくわかった。メールのやりとりで事前打ち合わせをしていたのだが、こちらの思いが十分伝わっていなかったことを、生徒交流の前に指導者同士が打ち合わせをして、思い知った。あたりまえのことではあるが、やはり事前に一度、現地に伺って話をしておくべきだったと反省した。

そんなわけで、交流プログラムもこれまでのように練りあげられたものでなく、簡単なものであったが、意外に生徒には好評であった。わずかな時間ではあるが、膝をつき合わせての生徒同士の交流ができたことが大きかったようだ。いくつかのグループに分かれ、言葉のわからないなかまのために生徒自身が通訳を務め、昼食後のわずかな時間であったが話し合えた。セレモニーよりも直接の対話が心に残るのであろう。やはり「出会いがあれば、それで成功！」であった。

　また、近畿夜間中学連絡協議会の事務局長と識字日本語連絡会の事務局長の参加があり、組織的に交流がもてるよう話し合いがもたれた。〇八年からの課題の解決かと喜んだのだが、その後、交流が五年間途絶えていることを考えると、はたしてよかったのだろうか、とも懸念する現在である。

　思えば日韓識字文解交流は、日本の夜間中学の父ともいえる髙野雅夫と韓国文解教育の産みの母である萬稀ソンセンニムの出会いから始まった。髙野が自分を人として生まれ変わらせてくれた恩人である東京・山谷《さんや》のハラボジの故郷である韓国に留学し、この国にも文字を知らなかった自分のなかまがいるという確信をもって、安養市民大学にたどり着いたのは、髙野の言い方を借りれば「歴史の必然」であったのだろう。萬稀ソンセンニムの文解教育の思想は、髙野の言う「武器になる文字とコトバを」に通じるものである。二人の出会いが、日本の夜間中学生と、韓国の文解学習者の出会いのきっかけとなり、日韓でそれぞれ大きな運動をつくっていくことになった。韓国では全国文解教育連絡協議会の結成と平生《ピョンセン》教育法（生涯教育法）の制定。日本では生徒会連合会の運動の活性化、とりわけ橋下徹《はしもととおる》知事とのたたかいにつながっていった。

日韓識字文解交流の成果

交流の成果をまとめておく。

一　出会い

「出会いは夢」。育った国も文化も違う夜間中学生と文解学習者たちが出会うことこそが最大の成果である。言葉も通じず、コミュニケーションに不自由する生徒が多いのに、文字を奪われたという共通の体験が言葉を越えた共感を呼ぶ。日本から参加した夜間中学生が、「同じや。私の生い立ちとまったく同じや」と言うのを何度聞いたことか。国や地域、時代は違っても、同じなかまがいること、同じように学んでいることが何よりの励みになるのであろう。十分聞けていないが、韓国の文解学習者にとっても同じであろう。

また日本側からの参加者には、在日の生徒が多い。意外なほど韓国では在日の生活や生きてきた歴史は知られていない。一一年の交流に参加した在日二世の生徒が生い立ちを語った「二つの鎧《よろい》*」の発表によってはじめて戦後の在日同胞の苦労を知った方もおられるだろう。

文字を奪われたなかまがいることを知っているのと、実際にその目で見て、体で感じることは大きく違う。日韓双方にとってふれ合うことの意義は大きい。

*二つの鎧　在日朝鮮人であることを隠す通名の鎧と、学歴がないことを隠す鎧を着て生きてきたが、夜間中学に入学して、その鎧を脱ぎ捨てることができたという発表。

二　学び

文字を奪われてきた夜間中学生のなかには、違う国へ旅行することなど考えたこともない生徒もいる。母国でありながら、今回はじめて故郷の地を踏んだ生徒もいる。彼女らにとっては、パスポートを取ること、再入国許可の申請、出入国の手続き、すべてがはじめての経験で生きた学習の場となったことだろう。〇八年の交流で帰国時に税関の申請書を紛失して書かされた夜間中学生が「ちゃんと書けたで」とうれしそうに出てきた顔が、文字を取り戻した誇りと喜びに満ちていたことを思い出す。

また、一一年は済州島での交流だったので、四・三事件についての学習をした。在日、とくに済州島出身の夜間中学生にとっては、多くの肉親を失った生々しい記憶の残る事件でありながら、これまで語ることもはばかられる事件であった。韓国国内の情勢の変化でオープンになり、いまでは記念公園や資料館もできている。資料館で「体が竦《すく》む」と言った夜間中学生。多くは語らなかったが、それぞれに感じたものはあったのだろう。

日本人や中国からの帰国者にとっては、はじめて知る事件であったが、同じ民族による虐殺の悲惨さ、その凄《せい》惨《さん》さに震えるとともに、「悪いのは戦争やで」という言葉で、米ソの対立が生んだ悲劇という本質や、ひいては日本の侵略責任まで突いている。夜間中学生ならではの感性だろう。

三　運動

二〇〇六年の日韓識字文解交流では、夜間中学生が安養市民大学を見学した。そこで、自分たちの学び舎《や》を守るためバザーにとりくんだり、卒業生が新たに指導者として参加している姿を目の当たりにし、恵まれた日本の環境のなかで自分たちができることとして、生徒会連合会の活動に積極的に参加しようとの思いをもった。韓国側では逆に公立の夜間中学校がある日本を見て、平生教育法の制定にむけての運動がおこった。それぞれ、自分たちのいる環境とは違う世界との出会いが、新たな運動の方向をつくっていったのが大きな成果であろう。

　二〇〇八年の日韓交流に参加した夜間中学生が、生徒会連合会の運動をさらに強力に展開するため、自ら呼びかけ人となって、橋下知事との闘いをつくりだしていったこともこの延長線上にある。彼らの呼びかけは、日本全国からの五万を超える署名を集め、あの橋下知事に改革案の見直しを検討させるにいたった。そのときのメンバーはほとんどが卒業してしまったが、「卒業生の会」として夜間中学のために何かできることはないかと定期的な集まりをもっている。

　二〇一一年の交流に参加した生徒は、これまで本名を名乗ることに否定的だったが、参加者の「二つの鎧」の発表を聞き、旅行中に「自分自身のヨロイに気づいた。でもまだ脱ぐ勇気がない」と語った。その後、生徒会で本名を名乗り、生徒会連合会の生徒会長として活躍することになる。

　天王寺《てんのうじ》夜間中学の同窓会の役員は、多くが日韓交流の参加者であり、橋下知事との闘いの経験者だが、五〇周年を前に、月一回の役員会を開き、学校にさまざまな申し入れをおこなっている。その原動力のひとつが「あなたは学んでどんな社会活動をしていますか」という、文解学習者からの問いかけであることは間違いない。

○各次交流では報告書を出版している。

『日韓識字交流元年』二〇〇三年、宇多出版企画

『奪い返した文字とコトバが新たな世界を創造する』二〇〇四年、宇多出版企画

『出会いと夢』二〇〇八年、二〇〇八 日韓識字文解交流実行委員会発行

『学びの熱き想いは国境を越えて』二〇一一年、二〇一一 日韓識字文解交流実行委員会発行

『さらなる広がりと充実を』二〇一四年、二〇一四 日韓識字文解交流実行委員会発行

アフガニスタン難民の生徒と夜間中学

林 二郎　元大阪府東大阪市立長栄夜間中学・太平寺夜間中学教員／はやし・じろう

沖森さんは、入管にもこんな人がいるんだと思うくらい、中国人の小さい子どもに入管職員の労働組合の名前の入った風船をあげてくれたり、在留資格の問題に飛び回っていた弁護士にも一目置かれている存在であった。

アフガニスタン難民のホダダットさんは、イスラム過激派のタリバンに兄を殺され、本人も命をねらわれ、一九九八年九月、一人で来日し、一一月に、六〇日の在留期限を一日か二日超えての難民申請となったため、二年後に却下となった。そして、難民不認定の異議申し立ても二〇〇二年に却下され、強制送還命令がだされ、茨木の入管収容になったとき、自殺を図り、自殺未遂になった体験がある。

そのとき、沖森さんの世話になったに違いない。友人か支援者から沖森さんの死を知らされた彼は、お葬式か自宅への弔問に行ったことを、夜間中学の教室でクラス

世話になった入管職員の死を教室で伝えようとした生徒

板書をしているあいだにクラスメートのだれに言うともなく話しはじめたホダダットさんの話し声に、ふとチョークを持つ手を止めた。

「もう一回、いまの人の名前を言ってみて」

「＊＊オキメリさん」

二〜三回やりとりを繰り返して思った。私の知っている沖森さんのことだ。

東大阪市立長栄夜間中学に転勤してくる前の中学校で、中国からの生徒が大阪入管から出頭を求められ、何回も当時茨木《いばらき》市にあった西日本入国管理センターに付き添いなどで出入りしているとき、顔見知りになった職員の沖森さんのことだと確信した。

「えっ。沖森さんが亡くなったん？」

メートや教師に話しかけたのだ。

彼の夜間中学入学に前後して、大阪地裁は難民に該当するとして、不認定処分は取り消したが、退去強制処分は適法としたので、この部分は大阪高裁に控訴して裁判が続いているころの出来事だった。

アフガニスタンの二女の難病を治療する支援の輪

ホダダットさんの法的地位の確保への法廷活動を中心とするカトリック系の団体の支援とは別に、アフガニスタンの隣国パキスタンに難民として暮らす妻や子どもたち四人、とりわけあごの骨が壊死《えし》していく難病にかかり高度治療が急がれる彼の二女のことについて、夜間中学の教師へ相談があった。

これがきっかけとなり、治療費基金の創設とカンパ活動が東大阪《ひがしおおさか》国際共生ネットワークの取り組みとして始まった。

日本からパキスタン、アフガニスタンで医療活動・社会活動にとりくんでいる「ペシャワール会」の中村哲医師の診断と大都市カラチの病院での治療が急がれるとの助言を得て、二男との連絡のもと、診療支援がとりくまれた。

裁判闘争を通じて支援するカトリック系の団体との摩擦も、沖森さんの一件を通じて相互理解することができ、二〇〇七年、難民該当の判決の確定を得た。そして、翌二〇〇八年三月、定住者としての在留資格を勝ち取ることができた。大阪市内の一人暮らしの部屋から、東大阪市内のカトリック教会の緊急避難のための『街かどデイハウス「あんばん」』（朝鮮語で「くつろぎの部屋」の意）の二階に引っ越すことになった。

『街かどデイハウス「あんばん」』は、夜間中学の実践から誕生した学びの場「うりそだん」、そして、在日朝鮮人のデイサービス事業として始められた施設である。『街かどデイハウス「あんばん」』に家族五人を呼び寄せた生活の準備をすすめた。

パキスタンから五人の家族の呼び寄せ

来日してから一〇年を経て在留資格を得たホダダットさんの奔走で、二〇〇九年七月、妻子五人が来日し、一一年ぶりに家族六人での生活が東大阪市で始まった。九月から妻、二男、長女が夜間中学に入学、二女と三男は市立中学へ通うことになった。

とくにアフガニスタンで学校に行ったことのない妻の、

夜間中学での学習への興味と取り組みは教師も圧倒される熱意と努力であった。

ホダダットさんの労災事故

家族六人での生活が始まって間もないころだった。ホダダットさんが、筆者が転勤していた太平寺《たいへいじ》夜間中学の職員室に飛び込んできて、壁に貼ってあった東大阪市の地図をいきなり見て、労働基準局の場所を探しはじめた。よく聞くと、食料品の工場で働きはじめたが、労災事故にあってしまった。会社が手続きをやってくれた労災の給付が打ち切られようとしているので、学校の近くの労働基準局の場所を探して、問い合わせに行くのだという。

日本語の問題もあるので付き添っていった。基準局では、事故があった事業所へホダダットさんたちを派遣している日系ブラジル人の派遣会社の所在地が宝塚《たからづか》市で、労働基準局の管轄としては尼崎《あまがさき》の基準局になるのだという。結局、関西労働者安全センターという労災などの労働者を支援するセンターにあいだに入ってもらい、派遣会社との交渉で、けがが完治するまでの休業補償の延長を認めさせることができた。

家族はその後、二女の阪大病院での診察治療の付き添い、三男の通っている中学校での「いじめ」への対応など、夜間中学とのかかわりが続き、長女は帰国して結婚し、二男が国際奨学金に合格し、東京の大学(のちに大学院)へ進学と、日本とアフガニスタンをまたぐ一家の歩みは続いている。

新渡日の人たちの夜間中学での学び

夜間中学に入学した新渡日の夜間中学生たちの夜間中学での学びは、日本語の獲得・保障だけでは決してない。それだけでは、夜間中学の役割を果たしたことにはならない。以上、アフガニスタン難民のホダダットさんのケースを見てきたが、ここで明らかになっているように、夜間中学の実践は教室だけではない。夜間中学生の法的地位の確保、家族の置かれているさまざまな状況へのアプローチと理解、可能な範囲での支援、そんな役割が果たせる総合的な学習環境の充実の課題は、これからも避けて通ることはできない。

新しい夜間中学を求めて

安野勝美
大阪府東大阪市立長栄夜間中学教員／あんの・かつみ

一　フィリピン人生徒の夜間中学への入学

二〇一六年四月、大阪府東大阪《ひがしおおさか》市立長栄《ちょうえい》夜間中学に五人のフィリピン人が入学した。彼・彼女らの多くは、介護施設で働いている。同年九月以降、いまもフィリピン人の入学は続いている。

入学した人たちの家族の背景を知っていただくために、時を少しさかのぼってみたい。

●フィリピンルーツの子どもたちと母親たち

二〇一四年七月一三日二二時一三分、携帯にメールが送られてきた。文章はなく、添付されていたのは新聞記事を写真で撮っただけのものであった。

メールに添付されていた新聞記事は「フィリピン人採用時　採用会社が誓約書」。「介護会社『寿寿《じゅじゅ》』（東大阪）が採用時、死亡時の会社の免責や休日取得等の勤務条件問題に、厚生労働省が乗り出した」というものである。

送信者は、ＪＦＣ《ジェイエフシー》＊（ジャパニーズ・フィリピーノ・チルドレン）である。彼女とは二〇一四年五月に二度会っていた。その四年前にも……。

＊ＪＦＣ　日本とフィリピン、二つの国の親のあいだに生まれた子どもたちのこと。

二〇一〇年、彼女は「ＡＫＥＢＯＮＯ《アケボノ》＊＊」の一員として来日した。「ＡＫＥＢＯＮＯ」とは、日本人の父親探しのため、ミュージカル劇団を結成して、日本各地を回っているグループである。私がその受け入れのお手伝いをしていたときに会ったのが最初だ。

＊＊「ＡＫＥＢＯＮＯ」の親組織は「ＤＡＷＮ」という。一時期「夫婦関係」にあった日本人男性との関係がなくなり、生活が厳しくなったフィリピン女性の支援をおこなっている団体。

その団体を知ったのは、大阪府在日外国人教育研究協議会が一九九八年にフィリピンをスタディーツアーで訪れたときである。その年の秋に父親探しの取り組みが始まり、私は大阪での公演受け入れの手伝いを始めた。団体の目的は、父親を捜し当て、子どもが成人するまでのあいだ、学校生活などの援助の約束を得ることであった。一緒に日本で住むことや日本在住が目的ではない。しかし、二〇一一年ごろから、父親探しで来日したことのある子どもたちを大阪周辺で見かけたことがあるという話が私の耳にも入っていて、気にはなっていた。

●東大阪での居場所づくり

私にメールを送ってきた彼女は、実はこの新聞記事に登場した東大阪市内の介護施設「寿寿」で働いていたのだ。彼女を含めてここで働いていたフィリピン人の女性たちは、「寿寿」に対する裁判をたたかっていたが、二〇一四年夏、その現状をカトリック教会大阪本部に訴え、支援を依頼した。彼女たちは、「定住者」という在留資格で「寿寿」で働いていたが、裁判を前後して、同業他社や他の職に移っていた。彼女たちのなかで、日本人の夫と同居していたり、音信がある人は限られている。

教会は迅速に対応され、その支援の一環として、フィリピン人女性たちの家族の心情も鑑《かんが》み、リフレッシュする意味でも、郊外への遠足を実施した。そのなかで、彼女たちが子どもらの状況への不安を語り、子どもたちの日本語習得、教科学習への支援の要望があった。

カトリック教会の関係者から協力を求められた私は、東大阪市内にあるカトリック枚岡《ひらおか》教会の一室を借りて夏休みの宿題から取り組みを始めた。子どもたちの通う学校は、二つの小中学校に集中している。対象としては二〇人弱である。カトリック教会関係のボランティア以外には、私の知り合いを中心に協力いただいた。

毎週一回、定期的に勉強会を実施するようにしたが、すべての子どもたちが積極的に参加したわけではない。活動を続け、子どもたちの思いをひとつずつ聞き取っていくなか、その不安や寄る辺のなさから、参加する気持ちが高まらないのであろうことが感じられた。

九月以降は東大阪市の公民館で部屋を借りたが、待っているだけというのも辛《つら》いものである。「幸か不幸か」ほとんどの子どもは、ひとつのマンションに暮らす。「寿寿」のほうで斡旋《あっせん》したマンションである。対象の子どもたちの部屋のドアをたたいて回る。不在のところも多い。そのなかで何人かの子どもたちが、定期的に参加するようになった。その年、一〇月一九日に大阪市内のキリスト教会で開催された『国際協力の日』のイベントと、一一月三日開催の地元・東大阪の国際交流フェスティバルに出演した。一二月には、夏休みの宿題学習会で貸していただいた枚岡カトリック教会でのダンス披露もおこなった。

●同じルーツをもつ先輩の「力」

子どもたちにダンスを指導してくれたのは、ある大阪府立高校を卒業し大学に通っているフィリピンルーツの子どもたちであった。彼女らもその子どもたちと境遇は同じである。父親は日本人。

大学生三人が参加して、金曜日、ダンス中心の活動を始めた。学習会には参加していない子どもも金曜日にはくるようになる。大学生がきてから、部屋に飛び交うタガログ語でにぎやかになった。子どもたちは「元気」である。ダンスの練習に一生懸命というのではない。だけど、同じフィリピン人の先輩が、大学生という存在が、子どもたちに自分の将来を思い描くときの選択肢を増やしているのであろう。日本人ボランティアが何をどう言っても伝わらないことが、子どもたちに伝わっているのかもしれないと思う。

年が明け、ダンスがなくなって、教室にこなくなった子どもたちもいる。そして、中学三年生の六人には入試が迫っていた。やっと、子どもたちも入試のことが気にはなりだしたようであるが、学習にまっしぐらというのではない。日本の学校制度を含む日本社会での自分の将来が見えないのである。また、母親と意見が合わない生徒にとっては、そのことが学習に身が入らない原因にもなっている。

●全員、何とか高校へ入学

二〇一五年三月二日（月）午後二時、入試合否発表、三校にボランティアが分担して見に行った。六人のうち、合格は三人である。携帯の向こうで「おめでとう」の声。不合格は三人、大きな泣き声が聞こえる。終わりではない。

三月の受験で、不合格の三人も高校入学を果たした。最後に、ボランティアとしてきていた女子大学生に、小中学生らを見ていて思ったことなどを聞いた。

●日本で生活する外国ルーツの思い

最初にきたときの第一印象は、言葉遣いがきつい、表情・態度が攻撃的、自分勝手な行動など、いいイメージはなかったという。それが、毎週の学習会、とくにダンスの練習などを続けるなかで、少しずつ子どもたちの雰囲気が変わっていった。

彼女は、「私も中学時代にこんな集まりがあれば、よかったのに」とも言った。フィリピンにルーツのある（日本にもあるのだが）子どもたちの将来が心配だ。この教室の子どもたちの多くは、フィリピンに帰りたがっている、という。同時に、高校のこと、その先の就職や大学、その先どちらで暮らすのか、大きな不安をもっているという。一方で、そんな悩みも年齢とともに変わるかなとも……。

大学生は自分のことと重ねて言っているようだった。その大学生もまた、自分の将来を描けなくて悩んでいる。そんな悩みを、ボランティアのメンバーにも打ち明けてくる。彼女もまた、ＪＦＣの一人であった。

●長栄夜間中学への入学

二〇一五年秋、私は母親の一人から「日本語を教えてほしい」と頼まれた。そこで近くの公民館で学習会を始めた。三カ月、何人かの人が、仕事で参加できない日もありながら、がんばった。

三人が日本語能力試験、合格の通知に、「続けてやってほしい」との依頼。私の予定もあって、なんかいい方法はないかと考えた結論は、東大阪ということで、夜間中学をすすめた。幸いにも布施《ふせ》駅にも近い。希望者全員、入学をすることになった。

そのついでか、そこで働くことなど考えていなかった私が、夜間中学の教員となった。入学したフィリピンの人たちは、登校できる方は多くない。人手が少ない介護施設関係者が多く、仕事は忙しいという。生命に直結する仕事であればこそ、日本語と日本文化の知識を増やしてほしいとも思うのだが。

二　私の夜間中学との出会い

順序が後先になったが、私と夜間中学の出会いを述べておく。一九七一年三月、私は高校を卒業し、四月から、昼は家庭裁判所に勤務しながら、夜は夜間大学に通った。大学で、「ふくろう祭」という大学祭事務局に入部した。各自自分で考えた企画を担当する。私は、「夜学ぶ人たちが集まって話し合う場」と決めた。

幸いにも在阪の他の夜間大学との連絡もあり、滑り出しは好調であった。また、同級生を含め在籍している学生のなかには、定時制高校出身者もいたので、彼らに声をかけると、後輩たちや卒業した高校の先生にも頼んでやるよ、ということであった。

●天王寺夜間中学を訪問

ここまでは順調であったが、ほかにないだろうかと思案しているときに、新聞やテレビで夜間中学のことが話題となることがあった。取り上げられている学校のひとつが天王寺《てんのうじ》夜間中学であった。勤務場所と大学の中間にあったので、訪問させていただこうと電話をすると、相談にきていただいてもいいですよ、ということであった。日程を調整して、仕事帰り、夜間大学へ行く前にお邪魔した。

天王寺夜間中学に着いて、職員室か応接室にでも通されると思っていたのだが、案内されたのは、校務員室（宿直室？）であった。なんとなく不安を感じていると、お話を聞いていただいた「主任さん」も、こちらの質問には、誠実に答えてくれているのはわかるのだが、なんとなくこちらを警戒しているような感じであった。

そのなかで覚えている事柄のひとつが、生徒さんは「中学校」ということをとても気にしますので、実際に使っている教材が小学校のものであっても、表紙などを切り取って、中学校用のものであるように装丁を変更しているという苦心談であった。

そして、本題の大学祭の企画への参加についてであるが、これは、おことわりされた。その「主任さん」が言われたのは、「夜間中学生は、夜間中学生であることを知られるのを嫌がります。公的な場への出席はだれも受けてくれないでしょう。だから、生徒さんに声をかけることはできません」ということであった。

職員室はおろか、教室にも案内してもらえなかった理由がわかったような気がする。とにかく、私が生徒さんらに直接声をかけるようなことはできず、夜間中学生の方に大学祭にきていただく計画はこれで消えてしまった。

●「追っかけ」

さて、大学祭での取り組みはあきらめることになったのだが、夜間中学のことについての関心は高まっていった。引き続きマスコミで夜間中学が記事になっていたなかに、「第一八回全国夜間中学校研究大会」が天王寺中学校で開催されるという記事を見て、一一月二六日、参加した。大会当日の顛末《てんまつ》については、髙野雅夫《たかのまさお》編著『자《チャ》립《リップ》』に詳しい。

髙野雅夫さんや夜間中学生らが、総会の舞台を占拠《せんきょ》して、司会の人が「オロオロ」していた記憶がある。何人かの夜間中学生が、力強く発表していたのも印象的であった。

私は、参加者席の三列目ぐらいにいたと思う。翌日、新聞を見ると、大会の記事と写真が載っていた。その写真の方向は、私が見ていたものとほぼ同じである。そういえば、私のすぐ後ろの席にいた人が写真を何枚も撮っていた。記者さんであったのだろう。

新聞記事を見て、その大会に重大な意味があるんだと認識したのが、夜間中学へのこだわりにつながっていると思う。

大会当日、会場で何枚かのチラシを受け取った。その集まりやイベントには、可能なかぎり参加した。その場所の多くには、髙野さんの姿があったので、「追っかけ」状態であったというのが正直なところか。七一年から七二年前半ぐらいは、いくつかの集会には参加したが、個別の夜間中学に訪ねていくということはなかった。二〇一八年九月現在勤務している「東大阪市立長栄夜間中学」も、開設が一九七二年四月一日であるが、記憶には「長栄」の語彙はないので、私は大阪市内の集会に参加していたぐらいであろう。

私が教員になったのは一九八二年四月である。それまでの一〇年近く、夜間中学のことは、気にはなっていたが、直接的な関係は多くはない。

●「大阪市立菅南夜間中学」のこと

一九七五年秋ごろ、ある雑誌に「大阪市立菅南《かんなん》夜間中学」のことが載っていた。内容は、南米ペルーから帰国した日系の方々が入学してきているが、日本語ができず、学習に支障があるなか、スペイン語の話せる方を求めているというような記事であった。

私は一九七三年から一九七五年にかけて、バックパッカーとして、太平洋の周囲を二年近く放浪していたので、少しではあるがスペイン語ができた。「お手伝いさせていただけますか」と連絡したのであるが、「何とかなっています」ということであった。

●大同教の事務員として働きはじめて

このあと一二月から、「大阪府同和教育研究協議会」(現「大阪府人権教育研究協議会」)で事務員として働くことになったので、忙しくなったということもあり、夜間中学のことは遠のいた。

そんなとき、「大同教」の事務局のあった「部落解放研究教育センター」四階の廊下を挟んで「大阪市同和教育研究協議会」の事務局があった。何かの折に、夜間中学のことを話題にしたら、市同教に事務局メンバーとしておられたのが持永保先生だった。以前、大阪教職員組合で夜間中学の担当をしていたという。一〇年前以上のことを、懐かしそうに語っておられた。

●稲富進先生との出会い

その何年かのち、教員採用試験をめざす学生たちの学習会（外国人教育がテーマ）の第一回の講師が、天王寺夜間中学の稲富進《いなとみすすむ》先生であった。講義が終わったあと、稲富先生と話したなかで、天王寺夜間中学であったエピソードを話すと、「主任さん」の名前を聞かれた。「〇〇さんです」と言うと、何も言わず頷《うなず》かれていた。

●教員として赴任した学校で

一九八二年四月、私は泉佐野《いずみさの》市の中学校で教諭として働きはじめた。

一九九一年、入管法の改正で、泉佐野市の小中学校にも、ニューカマーの外国人家族の子どもたちが編入学してきた。一九九四年、「泉佐野市在日外国人教育研究会」が結成された。在日朝鮮人教育を広げることと、日本語指導が必要な生徒の編入学についての各地の情報を集めて、市教委などとの協議に参加し、当該校に資料や教材などを届けることが多くなった。

その後、転勤した三校目で、教科の授業とともに日本語指導の担当も引き受けることとなった。ブラジルとペルー出身の子どもたちである。ペルーの生徒の母親は、岸和田《きしわだ》市の岸城《きしき》夜間中学に通っていて、夜間中学の文化祭などの行事のときには、その母親にも誘われて参加した。そう言えば、最初に赴任した一校目の「同和教育推進校」の校区にある被差別部落に住んでおられる方のなかに、岸城夜間中学に通学している方がおられたことを思い出した。どこにいても、どこへ行っても、「夜間中学」がついてくるようである。

三　新しい夜間中学をみんなで考えよう

夜間中学の存在を知って四七年、そこで働きはじめて二年六カ月が経《た》つ（二〇一八年九月現在）。

二〇一三年の退職まで、学校教育の「中」や「周辺」にいながら、いつも「夜間中学」は頭のなかにあったが、夜間中学で働くことは考えなかった。正直、現場での仕事に追いかけられて、それをどうこなしていくのかで精いっぱいであった。時に、マスコミで夜間中学のことが取り上げられても、その記事や報道は、実際の一面でしかないという気持ちが強かった。といって、夜間中学が「不要」だと思ったことはない。

昼の学校が意識的・無意識的に見ようとも、考えようともしなかったこと、「放置」して「忘れてしまったこと」を一つひとつ拾いながら、何とかしようとしてきたのが夜間中学の現実だろうと思う。夜間中学は付属品でも、例外でもない。昼の中学校と夜間中学は裏表だったと思う。

●「教育機会確保法」制定

二〇一六年一二月一四日、「義務教育の段階における普通教育に相当する教育の機会の確保等に関する法律」（教育機会確保法）が公布された。とにかく、「夜間中学」が法的に認められたのである。

「やっと」というか、「ようやく」というか、個人的には遅きに失していると思う。

ただし、「夜間中学」のことが認められたということ以上に、私は、文部科学省が戦後進めてきた教育のマイナスというか「放置してきたこと」を少しずつでも解決していこうと、「謝罪」の意味も込めて制定された法律ではないかというように考える。それを利用しない手はないというのが正直なところである。夜間中学で、一人でも二人でも、「生きていく力」がついていくならばいいのではないかと思う。

●夜間中学の歩みをさらに進めていこう

戦後直後、学校に通えない、通ってこない子どもたちの状況を見て、現場の教職員が夜間に始めたのがその始まりだといわれる、夜間中学。当時、その子どもの背景などは問題としなかっただろうと思う。その精神が脈々と続いてきた、また続けようとした一群の人々の思いと知恵と努力の結晶が夜間中学でなかったか。その思いをこれからも受け継ぎたいとも思う。

時の流れのなかで、夜間中学に学ぶ生徒たちの背景はさまざまに変化してきている。それは、学校というものがその社会や地域の反映であることから逃れられないことからも明らかであろう。何にも増して「状況」から守られなければならないという「子どもの教育の権利」とはいえ、夜間中学ではその「忘れられがちな」現実に直面することが多いのである。

夜間中学は、それが必要な人にとって「駆け込み寺」だと思う。「駆け込み寺」にやってくる人を、入り口で追い払うことはできない。といって、すべてを受け入れることなど不可能であるし、そんな条件など、現状の夜間中学にはない。また、夜間中学のあるべき姿でもないだろう。

　だけど、「庇・ひさし」を伸ばして、話を聞いて一緒に考えること、しばらくの「雨宿り」や「日除《ひよ》け」の場にしてもいいのではないか、と思う。しかるべき、本来その任務にあたる行政機関などにつなぐこともできると思う。その支援されることの少ない人たちの生活の一部でも変えていけたらと思う。「確保法」の求めていることは、単に「正式な」中学卒業資格を授与する以上に、生きていくための「力」をつけることだろう。

「庇・ひさし」の奥には、これまでの夜間中学が大切にしてきた精神・位置づけをもとに入学してきた人たちの学びのクラス・場があり、その周辺にさまざまな課題や夢をもった人々が学び集う場としての夜間中学を考えていきたい。

　各地につくられていく夜間中学や、がんばっている自主夜間中学とともに、新しい夜間中学を考えつくっていくことが、これまで以上に求められている。

　最後に、現在夜間中学にニューカマーの生徒が増えてくるとともに、「日本語学校」と重ねて話題とされることがある。日本語の読み書きにさほど苦労を感じない方でも、この社会で生きていくことに困難をかかえていることを見れば、日本語学校であるとかないとかいう論議は問題の中心ではないだろう。

　夜間中学の求めてきたものは、「生きていくための文字とコトバ」だと思う。単なる読み書き能力ではないはずだ。

夜間中学生募集ポスター（夜間中学生からデザインを募集し、近畿夜間中学校生徒会連合会が制作）

夜間中学での中国人生徒の学び

葉 映蘭
大阪府東大阪市立長栄夜間中学教員／イエ・インラン

私がはじめて夜間中学校で学んでいる中国人生徒に出会ったのは、二〇〇三年四月に東大阪《ひがしおおさか》市立太平寺《たいへいじ》夜間中学（現布施《ふせ》夜間中学）に時間講師として勤務したときである。その後、二〇〇五年から四年間、八尾《やお》市立八尾夜間中学、二〇一〇年から五年間、太平寺夜間中学の常勤講師と、二〇一六年から現在にいたるまでの長栄《ちょうえい》夜間中学の時間講師との年数を合わせれば、約一五年間、夜間中学で学んでいる中国人生徒にかかわってきた。この一五年間の経験にもとづいて、中国人生徒にとって夜間中学はどんな存在であるのか、夜間中学での学びがどんな影響をもたらしたのか、一人の中国人講師の立場から自分の意見をまとめた。

一　中国人生徒にとっての夜間中学とは

（一）同胞に出会える場所

多くの中国人生徒は、夜間中学を多様化しつつある同胞に出会える場所だと思っている。二〇〇三年ごろ、在籍していた中国人生徒の大多数は、五〇代の中国帰国者二世で、あとは少数の七〇代前後の残留孤児・婦人の中国帰国生徒であった。帰国者関係のほかには家族滞在（外国人が扶養する配偶者・子）や日本人の配偶者の中国人生徒も少数在籍していた。二〇〇五年から二〇一四年まで、残留孤児・婦人の中国人生徒が高齢や病気のためどんどん減り、二世、三世の中国帰国者関係の生徒のほか、日本人と結婚した配偶者や家族滞在の中国人生徒が顕著に増えた。それから、「技能実習生」、「経営・管理」（日本で投資する企業などの経営者・管理者）、中国で政治迫害を受けたため、特別居住を認められた「定住者」、「企業内転勤」などの在留資格で渡日した中国人生徒もいる。

中国人生徒の生徒層は多様化しつつあるが、同胞であることは変わらないので、みんな夜間中学で出会い、中国語で歓談したり、励まし合ったり、さまざまな情報を交換したりすることができるので、多くの中国人生徒は、夜間中学を日ごろ日本社会で受けているダメージや孤独感から解放される大切な場所だと思っている。

（二）希望をもたせてくれる場所

中国人生徒もほかの外国人生徒と同様に、夜間中学は自分たちに希望をもたせてくれる場所だと思っている。

中国人生徒に夜間中学で学びたい最大の理由を尋ねると、最初はみんな日本語がわかるようになりたいためだと答える。しかし、夜間中学での学びを経て、それぞれの生徒は、「中学校教育を修了したい」「日本の高等学校に入学したい」「自分の生活に役に立てたい・自立したい」「職業資格を取得したい」などの目標を見つけるようになり、それから、夜間中学の先輩たちを見て、「私もがんばれば夢が実現できる」と、より勇気をもつようになった中国人生徒が多くなってきた。

ここでいくつかの事例を紹介する。

①「中学校教育を修了したい」生徒の事例

Xさんは中国の農村の出身で、中国で小学校に入学したが、学習環境が整っていない教室は暗く、弱視の彼は黒板の字がほとんど見えなかったが、学校も先生も彼のために問題を解決しようとしなかったため、やむをえず学校をやめた。日本にきてから夜間中学に入学することができ、現在「中学校教育を修了したい」という目標をもち、一生懸命夜間中学で学んでいる。

②「日本の高等学校に入学したい」生徒の事例

Zさんは親の都合で渡日したが、学齢を超過していたため、昼の中学校に編入できず、自分の将来に対して失望している状態のとき、夜間中学の存在を近所に住んでいる中国人から聞き、入学した。彼女は日本の高校へ進学するという夢を叶《かな》え、現在、日本の社会で活躍している。私は夜間中学でこのような中国人生徒に何人も出会った。彼ら・彼女たちは夜間中学に入学できたことで、日本の高校へ進学する夢を叶え、それぞれの努力で日本の大学へ進学し、さまざまな業界で活躍している。もし、夜間中学が存在していなければ、彼ら・彼女たちの運命はどうなっていたであろうか。

③「自分の生活に役立てたい・自立したい」生徒の事例

Bさんは日本にきてから、対外的なことはすべて子どもたちに頼っていた。夜間中学に入学してから、さまざまな学びを通して自立の大切さを知り、ある日、一人で役所へ行って住民票を申請することができた。その日、登校してきた彼女はとてもうれしそうにそのことを私に話してくれた。彼女のそのときの顔はいまも忘れられない。

④「職業資格を取得したい」生徒の事例

Dさんは夜間中学での学びを通じて、自信を取り戻し、卒業してから、中国帰国者の一・二世向けの介護施設をつくる夢を実現するために、ヘルパー二級（現介護職員初任者研修）の資格を取った。その後、同じ資格をもっている中国人生徒と介護の仕事を二年間経験してから、中国帰国者向けのデイサービスセンターをつくりあげた。彼女たちは大変な苦労を乗り越え、ここまでやってこれた。その堅い意志と行動力に頭が下がる思いだ。

二 「表現」と「民族・文化」の教科学習の成果

夜間中学での学びが中国人生徒にもたらした影響について述べる前に、東大阪市の二つの夜間中学でおこなわれている「表現」と「民族・文化」の二つの学習を紹介しておきたい。

この二つの学習は、長栄夜間中学と太平寺夜間中学（現布施夜間中学）両校の教職員が外国人生徒に、日本の社会で「ルーツを大切に・民族を誇りに」しながら、胸を張って暮らしていく「生きる力」を理解し、そして実践できるようになるという「夜間中学での学びは生きる力」の目標を伝えるために考えられた新しいカリキュラムの二つの大切な学習である。

新しいカリキュラムのなかで、「表現」の学習に関しては、①自己の確認、②自己の確立、③自己の変革という三本の柱を定め、第二言語としての「日本語」を学習しながら、自己表現の力を身につけ、自己の「再認識」から自分に対する「自信」をもつようになり、新しい自分へ変革していく勇気を生み出すという学習目標を掲げている。つまり、単に日本語を習得するだけではなく、

「表現」の授業を通して、外国人生徒が日本の社会で暮らしていく「生きる力」を生み出すことができるという、とても重要な意義があると思った。

「民族・文化」の学習に関しては、各民族の伝統文化を学びながら、いまも暮らしのなかに生きている民族と文化の共通点や相違点を学び、互いの民族の文化を尊重し、継承する態度を育み、誇りにつなげるというねらいにもとづき、次の学習内容になっている。

①民族名についての学習（主な内容→各民族での名前の付け方や特徴を知りながら、民族名をできるだけ正確に呼び合うことを確認し、日本社会へ広げていく態度を育む）

②各民族の年中行事についての学習（主な内容→各民族の年中行事を自らが紹介し、それぞれの伝統行事を再認識する）

③各民族の民衆の芸能や芸術・昔話・民話・民画などについての学習（主な内容→各民族の民衆の芸能や芸術・昔話・民話・民画などを調べ、民衆の思いや願いを知る）

④日本での暮らしのなかで各自の民族文化を継承し、誇りにつなげる学習（主な内容→具体的に実現していく自らの考えを発表する）

ここで、中国人生徒たちが「表現」と「民族・文化」の学習を通して、どのような変化が見られたのか、事例をあげながら述べる。

Zさんの事例

Zさんはいつも区役所から自分あてのはがきや手紙に書かれている自分の名前が日本語読みになっていることに、とても違和感を感じていた。「民族・文化」の授業で「本名」について学習したあと、区役所に行って中国語読みに訂正してほしい意思を伝え、その日から自分の名前がちゃんと中国語読みとなっていることに、Zさんはたいへん喜んでいる。

Sさん・Hさんの事例

職場で中国人であるため、よく日本人の同僚にいじめられて挫《くじ》けていた。「表現」の授業で差別について学習したあと、勇気を出して相手に「もういじめないでください」と伝えて以来、本人たちはもういじめで悩むことがなくなった。

Xさん・Zさんの事例

二人は中国帰国者一世と二世の配偶者であるが、その関係で中国にいたとき、かなり苦労してきたため、いつも自分の過去にふれることを拒んでいた。「表現」の授業で「自分のルーツを大切に」について学習したあと、

Xさんは通称の日本名をやめて、中国名を使用するようになり、Zさんははじめて文集のなかで自分史を発表することができた。

Sさんの事例

中国帰国者一世で、中国では日本人の子どもであるため、教育を受けることができず、中国語の読み書きができなかった。そのためにSさんはいつも自分に劣等感をもっている。でも、「民族・文化」の授業での「ふるさとの紹介」の学習時、クラスメイトが次々と自分のふるさとを紹介しているのを見た彼女は、勇気を振り絞り、はじめてみんなの前で生き生きと発表することができた。

前述の事例は一部ではあるが、中国人生徒は「表現」と「民族・文化」の二つの学びを通して、自分たちのルーツを大切にする意識が高まり、自分に対する誇りと自信をもつようになったといえると実感した。

三　現状における問題点および提案

次に、夜間中学での中国人生徒の学びに関する二つの現状について、個人的な考えと提案を述べる。

現状（一）中国人生徒を含め、生徒会のさまざまな取り組みに対する疎外感について

在日朝鮮人生徒に比べ、中国人生徒の参加意欲はあまり高くない。これは主な原因が二つあると思う。

①日本語がむずかしく、活動の意義がわかりにくいため、自分の意見をうまく伝えられない。

②生徒層の多様化により、夜間中学への帰属感が薄い？

私が太平寺夜間中学で中国人クラスの担任をしたとき、中国人生徒の参加意欲を高めるために、さまざまな場面で夜間中学の歴史や生徒会活動に参加する意義などを中国語で伝えた。そのうち、理解した生徒が増え、夜間中学生としての意識に変化が見られるようになり、積極的に参加する中国人生徒が増えた。

それから、数年前から夜間中学の生徒会全体会などの行事のとき、生徒会側が在籍の大多数を占めている中国人生徒のために、中国語による通訳や翻訳を始め、近年、同時通訳が聞けるFMトランスミッターや単局受信器を設置したお陰で、中国人の生徒たちは行事に関する話がよくわかり、そして、いままでの疎外感がなくなったという感想を話す生徒が多くいる。

この二つの経験を通して、外国人生徒が夜間中学の歴史や生徒会活動に参加する意義を母国語を介して理解すれば、夜間中学生としての意識が変わり、生徒会の取り組みに参加する意欲も高めることが可能になると思った。

同時通訳が聞けるＦＭトランスミッターや単局受信器設置の拡大は、予算と人材の確保などの難点があるので、前述の①と②の現状を改善する手立ては、夜間中学校の歴史や生徒会関係の行事活動の参加意義に関する各言語の翻訳教材を早急に作成することだと思う。

現状（二）高校へ進学希望だが、学齢超過した中国人生徒の学びについて

近年、日本の高校へ進学したいが、学齢超過した一〇代の中国人生徒が増えている。しかし、彼ら・彼女たちは夜間中学で日本語の習得ができるが、昼の中学校で学習している教科内容を習得することができないため、受験にむけての学習は、いつも熱心な教員たちが補充学習をおこない、登校日以外の日までサポートするケースが多いようだ。

私が八尾夜間中学に勤務していたとき、入学してきた学齢超過の中国人生徒に対する受験向けの補充学習は、教員全員が交替で分担し、私は作文指導を担当し、英語と数学で理解しにくい日本語の通訳もおこなった。

彼女は受験勉強のために、いつも早めに登校していた。勉強する場所から昼の生徒たちが教室で勉強している様子が見えて、私に何度も学齢超過のため昼の学級で勉強できなかったことを悔しがって涙を流した。そのとき、私は彼女に昼の学級で同年代の生徒と一緒に学習する体験をさせてあげたい一心で、職員会議で昼の三年生の学級で英語と数学の授業のみ、二週間の体験授業をさせていただきたいと大胆に提案した。

夜間中学で前例がなかったこの提案は、実現するために昼の学級の協力を必要とするさまざまな難点があったにもかかわらず、当時の夜間中学の管理職をはじめ、全教員の力強いバックアップと、昼の三年生の教員や外国人教育担当の理解と協力のお陰で、彼女が昼の学級で学習する体験を実現することができた。

体験学習期間中、彼女が授業の内容を理解できるように、私も入り込みの形でサポートをした。結果、この思い切った授業体験は彼女と昼の学級の生徒たちに、学習や交流の面で思った以上にたいへんよい結果をもたらした。彼女が高校に入学したあと、当時一緒に勉強した昼の学級の生徒と同じクラスになり、いろいろ助けてもら

ったお陰で、彼女は日本での高校生活を順調にスタートすることができた。

もうひとつの事例では、昼の学級に在籍していた別の中国人生徒は、小学校のときから親の都合で日本と中国の間を行ったり来たりしていたために、中国語も日本語も理解し切れないため、家族以外の人に心を開いて交流することができなかった。高校への受験に失敗して途方に暮れてしまったとき、夜間中学に在籍していた彼女の祖父母が彼女を夜間中学で学び直させたいと相談にきたことがあったが、当時、形式卒業生の受け入れはまだ認められていなかったことと、私が他校へ異動したことで、何もしてあげられなかった。その後、夜間中学の行事で彼女の祖父母に出会い、彼女は体験入学者として夜間中学で勉強し直しながら自信を取り戻し、だんだん明るくなってきていることを教えてもらった。

現在、各夜間中学に学齢超過した外国人生徒の入学が増えつつあり、かかわっている教員たちも全力でさまざまな学習支援をしている。夜間中学での学びは学齢超過の彼ら・彼女たちに希望を与え、新しい道を切り開くことができ、夜間中学のとても大切な役割を担っている。

今後、前述の二つの例から見ても、昼の学級と夜間中学との体験学習ができる取り組みの必要性があると感じる。ぜひ各夜間中学で積極的にとりくんでいただきたい。

以上、一人の中国人講師の立場から、夜間中学での中国人生徒の学びについて個人的な意見および提案を述べた。

四　おわりに

最後に、太平寺夜間中学で聞いた西尾先生の講演のなかに、「生徒にとって誇りをもって勉強できる学校をつくろう」という言葉があり、私はこれにたいへん感銘を受けた。学校をつくることができない私は、夜間中学にかかわっている一人として、西尾先生の「誇りをもって勉強できる学校」を「誇りをもって勉強できる授業」に変え、自分の授業づくりの目標にし、夜間中学で学んでいる中国帰国者・渡日の生徒たちに、夜間中学での学びこそ、自分たちのルーツに誇りをもち、生きる力を与えてくれる学びだということを全力で伝えつづけていきたいと思う。

コラム④

彫刻「夜間中学生の像」「オモニの像」

二〇一三年一一月一〇日、近畿《きんき》夜間中学校生徒会連合会は堺《さかい》市立殿馬場《とのばば》夜間中学で恒例の学習会を開催した。各夜間中学のあゆみを報告することがテーマである。各夜間中学では、卒業生や開設時の教員から聞き取りをおこない、学習した内容を劇や映像などさまざまな方法で発表した。

　大阪の夜間中学は、一九六九年に公認された岸城《きしき》夜間中学（岸和田《きしわだ》市）、天王寺《てんのうじ》夜間中学をはじめとして天満《てんま》、殿馬場、八尾《やお》、長栄《ちょうえい》、文の里《ふみのさと》、守口《もりぐち》とあいついで開設四〇周年を迎えた。このあと、豊中《とよなか》（一九七五年）、昭和《しょうわ》（一九七六年）、東生野《ひがしいくの》（一九九七年）、太平寺《たいへいじ》（二〇〇一年）と続く。

　いま自分が学んでいる夜間中学がどのようにして誕生し、どんな歴史をもつ学校なのか、各夜間中学では授業やさまざまな機会をとらえ学習をおこなっているが、夜間中学生一人ひとりが十分知りえているかというと自信がない。この傾向は教職員も同じだ。一〇年もすると教職員も夜間中学生も入れ替わってしまっているという現状では、よほど意識的にやらないと、あゆみを伝えていくことはむずかしい。そんな思いから今回の学習会のテーマとなった。

　学習会の司会、進行は夜間中学生がおこない、教員は音響照明など裏方に徹した。各夜間中学の発表を聞き、学習をおこなった。ちょうど来阪中の髙野《たかの》雅夫《まさお》さんの出席もあった。

　文の里夜間中学の発表にあった「オモニの像」でぜひとも書いておきたいことがある。彫刻家の金城《きんじょう》実《みのる》さんが夜間中学の非常勤講師として勤めていたとき、美術の時間に夜間中学生と共同作品制作にとりくんだ。ひとつは「夜間中学生の像」（天王寺）、もうひとつが「オモニの像」（文の里）と、二つある。いまもその共同作品は、登校する夜間中学生を迎えるように校庭に建っている。その制作過程は金城さんが「教育史を逆照射するもの――「オモニの像」制作をめぐって――」（『解放教育』一九七五年三月号。『土の笑い――オキナワへ、オキナワから――』筑摩書房、一九八三年、所収）に書いている。少し引用する。

> 過去において、日本国の名において沖縄や朝鮮、アイヌをはじめとして他民族の生活様式、文化（言語をはじめ、料理、着物等々にいたるまで）を、いろいろな面で巧妙に同化、または抑圧して恥じることを知らなかった日本の教育――大きく言えば日本文化の浅薄なまやかしとその政治性！　現在も、この流れは少しも変わることなく生き続けています。このことを射程に入れないかぎり、かつて教育を受けられなかった人たち、部落、沖縄、在日

朝鮮人、障害者の集まる夜間中学生にとって、教育の問題、私に限って言えば芸術教育の問題も、その意味するところも明らかになってきません。

こんな思いをもって金城さんは、夜間中学生と集団制作を実践した。夜間中学生の作文を紹介している。

わたしはいちども　てをかけていません。けれども、いつのまにか　わたしの　くにのにんぎょう（オモニの像のこと）ができたことを　うれしくおもいました。いらう（ふれる）となみだが、うかびます。だれもいないとき、そっとさわってみました。

そして、日本の学校の校庭にこの共同作品の像を建てることの意味を金城さんは「差別教育の犠牲者である彼らの手によって制作された『オモニの像』を建てることは、差別教育に楔《くさび》を打ち込むことです。しかし、真にそれが楔の役割を果たすかどうかということは、ひとり夜間中学の教師だけの課題ではすまないものがあると私は思っています」と述べている。

夜間中学生が挑んだ「解放教育としての集団制作」の二つの像が「夜間中学の学びの意味」を問いつづけていることを忘れてはいけない。

学習会では司会者が「大先輩、突然ですが、夜間中学生にお話、お願いします」と髙野雅夫さんに発言を求めた。

髙野さんは「東京の夜間中学卒業生・髙野雅夫です。一九六四年三月一八日、二四歳で夜間中学を卒業した。二〇一四年の三月でちょうど五〇年になる。この半世紀、夜間中学の卒業生であることを最高の誇りとして生きてきた」「東北、北海道、四国、九州には夜間中学がない。自分たちの権利の保障だけでなく、仲間たちの生きる権利を保障させるため、命の続くかぎり挑戦していきます」と発言、夜間中学生にエールを送った。

近畿夜間中学校生徒会連合会の旗（天王寺夜間中学卒業生・飯野正春さん寄贈 1981年）

第5部　語る

座談会

夜間中学生の闘いに学び、いまに伝える

金夏子 大阪府東大阪市・布施夜間中学生／キム・ハジャ

金喜子 大阪市・天王寺夜間中学生／キム・フィジャ

箱谷暎子 大阪府岸和田市・岸城夜間中学卒業生／はこたに・えいこ

朴梧桐 大阪府堺市・殿馬場夜間中学生／パク・オドン

司会 **韓一茂** 大阪府東大阪市・長栄夜間中学教員／ハン・イルム

生い立ちと夜間中学に入学したきっかけ

司会 みなさんは、近畿《きんき》夜間中学校生徒会連合会の歴代の会長を務められた、いわば夜間中学生の代表ということで、きょうお集まりいただきました。まず、みなさんが夜間中学にきた理由、生い立ちも含めて話していただければと思います。

●中国人の女性から「夜間中学があるよ」と

金夏子 私はきょうだいも一〇人おって、お父さんは早くに亡くなって、家の仕事手伝いながら学校もろくに行ってません。それから結婚して子どももでき、大きな病気をして仕事をやめて、次に会社に行ったら、長栄《ちょうえい》夜間中学に通っている中国の女の人から「夜間中学があるよ」ということを教えてもらって、太平寺《たいへいじ》夜間中学に行くようになりました。入学していまで八年目です。

字は読むのは少しできたけど、書くことはぜんぜんできなかった。そこで自分の名前が、民族名で『金夏子キム・ハジャ』やということも教えてもらい、それからずっと『キム・ハジャ』として、いままでずっとやってきました。

ちょうど私が入って二年目に天王寺《てんのうじ》夜間中学の金喜子《キムフィジャ》さんと役員会か何かで出会いました。子ども同士が大阪

市生野《いくの》区の学校で同じ民族学級だったので、親同士として知り合いでした。会議の場で、喜子さんが「この人、連合生徒会の副会長にさして」って言うて、私は何が連合生徒会かもわからないのに、副会長になってしまいました。次の年から会長を二年して、いろんな役員会にも出て、いろんな人とも出会えたし、自分自身も自信がつきました。

いまでは病院行っても自分の名前は書けるし、どういう病名かもよう書かんかったけど、書けるようにもなりました。また大きなことは、私が入って三年目に、パリの、ユネスコ本部へ、まだまだ字を書けない人が世界にいっぱいいるから、「国連識字の一〇年」を延長してくれと言いに行ったのが、夜間中学に入って大きな出来事でした。それがいちばん夜間中学に入ってよかったことだし、いろんな人との出会いがいちばんよかったと思っています。

司会　ありがとうございました。それでは、喜子さん。

●事務室に行って「鉛筆貸してください」

金喜子　私は、孫の小学校入学のときについていって、偶然、掲示板で知りました。私は小さいとき、学校行ってないんで、いつかそういう場所があれば行きたいいう心はあったんです。自分がその掲示板で夜間中学を見つけたとき、ものすごく衝撃受けて、すぐ事務室へ行って「鉛筆貸してください」言って、掲示板の字をメモして、天王寺夜間中学校に電話したんです。電話したら「一回きてください」いうことで、小学校の入学式終わったら夜間中学校へ行きました。「なんできたんですか?」って言われて、「小さいとき、学校へ行ってないから、私も勉強したい」って言いました。そしたら「きてください」となった。

それまでは私は、小さいときに布施《ふせ》第一小学校へ入学したんですけど、母親がいなくなって、いじめにあってしまいました。父親が二歳の弟と私を置いて、母親を探しに行ってしまいました。最初は、お金は困ってなくて食べるものはいっぱいあったんやけど、母親探しに行くから落ち着かなくて、そんなんこんなんしてるうちに、二歳の弟を連れて学校に行くわけにもいきませんでした。そんなんで苦労してるうちに、家にお金もだんだんなくなっていき、しまいには浮浪者みたいになりました。

親戚の家に預けられたり、そのうち、かわいそうやいうことで施設にも預けられて、いま思ったら上六《うえろく》（大阪市天王寺区上本町《うえほんまち》六丁目）の施設やったんですよ。そこでまたいじめにあってしまって。気がきつかったんかね。小学校三年生ぐらいやったんかね、あまりにも苦しいから施設から飛び出しました。そしたら、親戚のおじさんが、かわいそうやから自分のアパート貸してあげるゆうて、そこに結婚するまでずーっとお世話になりました。そして自分が学校に行ってない分、弟に学校行かそうと思って、小学校の一〇歳ぐらいから布施のカバンつくっているところで働いて、弟の入学の手続きを、自分でよくしたなと思うぐらい。中学校も入れました。よく働きました。お父さんも戻ってきて、そのアパートで三人で暮らしました。自分は学校には行かず、ただただ弟を学校へ行かしてやりたいという母親心でした。

結婚しても、また苦労の始まり。東京へ行ったんですけど。娘ができてお産の手続きをするとき、また主人がいなくなって。出産届が、自分がまた字が書けなくて。葛飾《かつしか》区役所へ行って、山田さんという役所の人に、「二三代」って書いてもらって出しました。苦しい思いをしたから学校だけはいつも行きたいという思いはあった。弟も行かして、子どもも高校だけは出てほしいと、いままでがんばってきました。

夜間中学に入って、連合生徒会にも参加しました。いままでがんばってきて、夜間中学のおかげで、夜間中学の法律をつくる国会内の集会に三回も参加しました。国会議事堂の前で写真もとりましたし、学校へ行くだけで、視野が広がり、夢が広がることを体験しました。それまで字を書けって言われたら後ろのほうへ行って隠れていたのと大違い。字を書けって言われたら、友だち連れていっては書いてもらったりしていたのです。字を書くというのはほんとうにすばらしいし、学校っていうのは、だれにでも勧めてあげたい。

司会　ありがとうございました。昔のこと思いだしたら胸つまるのもよくわかります。次は箱谷さんお願いします。

●六年生から小さな織物工場で

箱谷暎子　私は小学校六年生までは行くことができました。それからあとは働かないと、父親は体も弱いし、働くのが嫌いな人でした。家に収入がないから、六年に上がるか上がらんうちに、小さい織物工場で働きました。一五歳を超えてから、ちょっと大きい社宅を持った織物工場になりました。親子四人、その社宅へ入れてもらって、二四歳のとき、結婚して、泉佐野《いずみさの》から岸和田《きしわだ》にきました。夜間中学あるいうことはぜんぜん知らんかったんやけど、岸和田へきて市の広報見て、はじめて知りました。しかし、子育てや仕事で、とても学校いうことは考えないことにしていました。

六九歳のとき、夫が亡くなり、市会議員の人に連れてきてもらい、夜間中学の門をたたきました。四月からいうことやけど、うれしかったです。私は、書けと言われたらあんまりですけど、読めと言われたらそこそこ読めました。数学もちょっとぐらいはできて、ほんまに楽しかったです、四年間は。

でも、その楽しいなかに、入学したときから連合生徒会の役員会に行くことになりました。見たり聞いたりしたこともない話に、「あっ、これは勉強になるな」と思って、毎年、連合生徒会のほうへ行かしてもらいました。六年目、連合生徒会の会長になったらと夏子さんや喜子さんが言ってくれて、こんな大役もらってもと思ったけれど、まあ、やってみて二年、無事終わらしてもらって、こんなふうに歴代会長経験者の四人組で二カ月に一回、食事会をするようにもなりました。家でいてたらできへんかった経験をさしてもらいました。

八年間、夜間中学へ行かしてもらい、この四月、高校へ入学しました。一〇代の人たちと、私から見たら孫の、もしくは孫以下の人たちと勉強しているけれど、別に余計なこと言わんと黙ってしてたら、やっぱり手貸してくれたり、卓球やバドミントンしようと言ってくれたり、私も運動好きやから「よっしゃ」言ってやってます。いままでは大人ばっかりのなかでやってきたけど、いまは子ども相手に楽しく、ほんまに楽しく、勉強はすっごいむつかしいけど、中学校で習ってないことばっかり出てきます。数学にしろ、英語にしろ、でも試験のときは頭真っ白やと言いもってでも、どうにかついていけるいうことは、やっぱり夜間中学を卒業させてもらったおかげかなと思って喜んでいます。

司会　それでは梧桐さん、お願いします。

●娘が夜間中学を勧めてくれた

朴梧桐　私はね、大阪の大正《たいしょう》区小林《こばやし》というところで生まれたんです。父も母も韓国からきたので、私は在日韓国人の二世です。大正区は海に近いところで、川もたくさんあって、船の上で暮らしている人も大勢いたと聞いています。あとから聞いた話なんですけど、姉が私をおぶって子守りしていたそうですが、船で暮らしている友だちのところに遊びに行ったらしいんです。そのとき、船に渡る板を踏み外して川に落ちたということです。姉もまだ小さかったんですな。すぐに近くにいる人が助けにきて、姉も私も助かったんですが、近くに人がいてなかったら、いまの私はいなかったということでしょうね。

それから、覚えていることは戦争です。大阪の空襲があって、夜に防空壕《ぼうくうごう》に逃げました。最初に逃げたところは人がいっぱいで入れなくて、いくつか目の防空壕にやっと入れたんですが、そこは水たまりがあって、ひざくらいまで水につかって空襲をやりすごしたんです。それは怖かったですわ。

やがて戦争が終わったんですが、それからが大変でした。仕事がないんですね。親は韓国に帰ることも考えたみたいですが、それもうまくいかなくて、それはそれは貧しい暮らしでしたが、日本で暮らしていくことになったんです。食べるものがないとき、市場で親が芋を拾ってくるんです。腐ったところは切ってほかして、腐っていないところを蒸して食べさせてくれるんです。親は、自分は食べないで食べさせてくれるんです。その記憶はいまも残っています。

四年生になったとき、給食代が持っていけなくなりました。毎日、持ってくるように言われるのがつらくて、学校に行かなくなりました。親に楽をさせたい。少しでも働いて親に渡したいと思ったので、いろんな仕事をしました。最初は、パチンコ屋さんで裏方の仕事をしたんです。いまみたいに自動になっていないパチンコ台の裏で、落ちてきた球を箱に受けて機械の上にあげる仕事でした。それからレンガのハツリ。レンガの壁を壊したあと、一つひとつのレンガについているセメントをはがして、また使えるようにするんです。鉄工所で働いたときは、皆勤賞をもらうために少し風邪《かぜ》気味でも仕事に行ったりしました。親を楽にさせたいという気持ちが強かったんです。

娘のころは、少しでも家に帰るのが遅くなったら母に怒られました。私を怒る母を父が止めました。あんまり怒ると、よっぽど悪い子みたいに思われる、自分の子どもをそんなに怒るもんやないと言って、かばってくれるんです。いまから考えると、二人とも子どものことを考えてくれてたんやと思います。

夜間中学校に行くのは娘が勧めてくれました。「お母ちゃん、家でぼおっとしてたらボケるで。学校に行ったら」と言うんです。車で通ったとき、学校の看板を見て場所を知っていたんです。
学校にくるようになって友だちができるし、いろんなことが変わりました。毎日出かけるのが楽しい。服なんかそんな持ってへんけど、それでも今日はどれを着ていこうかと考えるんです。近所の人が「奥さん、どこ行きはんの?」と尋ねるんです。「学校行くんです」と答えるんです。「あの世行ったらねえ、学校の先生をしようと思って勉強するんです」と言うようにしています。

夜間中学に入って変わった自分

司会　それでは次に、夜間中学に入ってよかった、変わった自分ということをお話しください。

●人前でもしゃべれるように

金夏子　夜間中学校のおかげで、いろんなところへ連れていってもらい、人前でしゃべれるようになったのはよかったなあと思っています。人の付き合いも学びました。もともと私、あんまり人と付き合いせえへんね。一日中、一人で家におるねん。付き合ってるゆうたらここだけや。せやから人前には出てなかったり、しゃべってなかった。いまは、にらまれるぐらいようしゃべるようになってきた。それと、いろんな人と会って「ハジャさん」って言われたりしたら、夜間中学校にきてるから、この人、私のこと、わかってくれてるんやわと、それもうれしかったりです。そして何より、字が覚えられたいうこともええしね。

司会　夏子さんは、夜間中学にきて自分が変わったなあと思っていますか?

金夏子　自分が変わったなあと思っています。それまでは、表にも出たことないし、字書かれへんから、生野区の人しかわかれへん。娘や夫には旅行とか連れてってもろたりしたけど、あんまり道もわからんしね。でも、夜間中学へ入って、いろんなとこ行って、いろんなもん見たり、聞いたり、いろんな集まりにも出たりしました。
去年ぐらいまでね、同じ東大阪《ひがしおおさか》市内の夜間中学やのに、長栄夜間中の場所、わからんで、いっつも迷子になってました。永和《えいわ》の駅の近くまで行って、交番所に入って道を聞いたこと、二回ほどあった。それぐらい、私はあんまり出かけない。それが夜間中学入って、こうしてみなさんと会えて、学校の行事で行っても、「ハイ電車に乗って」「ハイ降りて」と言われるままで、どこへ行っているのか、ぜんぜん気にもしてなかったからね。いま、やっとこさ、だれかに連れてってもらうんではなしに、この四人で天王寺で会うようになったから、一人で電車乗れるようになりました。やっぱり、そんだけ変わってきたいうことです。年いってきてから、かえって若いときよりもっとしっかりしてきたいうことです。

司会　もともと、しっかりしてはるとは思うけど。

金夏子　みな思うだけやねん。私、ほんまあほやねんから。

●「夜間中学は日本だけです。これはいいことです」

司会　文解《ムネ》（識字）交流で韓国に行き、ユネスコ（国際連合教育科学文化機関）へアピールするため、パリ行きやからね。世界を股にかけて活動や。お金あったら、飛行機乗ったら、どこでも行けんねんけど。パリのユネスコ本部は違うわな。

金夏子　お金とかの問題やないですわね。まず、そういうとこへ行かしてもらったということそのものが、夜間中学の値打ちです。また、行く目的がよかったと思います。まだまだ識字で悩んでる人が、私自身もそやったし、私の姉もそやったし、ユネスコの識字の責任者のイラパブルリさんに、みんなのメッセージを持って、国連識字の一〇年で終わらんと、あれ、二回目の一〇年でしてん。まだまだ世界には字を知らん人多いし、私みたいにやっと書けるようになった人もいる。「まだ続けてほしい。三回目の一〇年やって」と、これがいちばん日本の夜間中学から世界に訴えられたことかなと思います。それが私はよかったかなと思っています。連れてってもらって、「ハイ乗って」「ハイ降りて」やったけど、やっぱりそれを訴えられたいうことは夜間中学行ったからやと思います。イラパブルリさんは「こういう夜間中学みたいなのは日本だけです。これはいいことです」って、言うてくれはりました。国連の取り組みの延長を日本の夜間中学からユネスコにアピールできたこと、これは日本の夜間中学の大きな功績です。

●教育委員会に一人で訴え

金夏子　それと、私にとっていちばん大きかったんは、太平寺中学の統合で布施中学に移転*するときに、私はいままで、役所いうとこは自分で行って字を書くこともなかったけれど、そのとき、東大阪市の教育委員会の人に一対一で、私は一人で二時間、文句言ったことありますねん。また、役所に市民の苦情を受け付ける公聴課いうのあるのも、見たことも聞いたこともなかったけど、こういう場所もあんねんなとわかりました。韓国人やから選挙権もないでしょう。だから夜間中学に入って、こんなところもあるのかとだんだん見えてきました。それも大きなことでした。私は夜間中学で、いままで生きてきたなかで、とくにこの八年間でいろんなことを吸収してきたなと思っています。

＊二〇一六年に東大阪市立太平寺中学校と俊徳中学校の統合で俊徳中学校に移転して布施中学校になるとき、太平寺中学校の夜間学級だけ、この統合の話から外すという差別的な動きが住民の一部から出されて問題になり、太平寺夜間中学生徒会が行動した。

司会　教育長を怒り倒してたもんね。

金夏子　教育長やったか、だれやったか、そのときは何の怖さもなかった。もう必死やったから。布施の学校のまわりの町内会長やＰＴＡやら、みんな集まってる場にも行って、「なんでこれがあかんねん。学校同士の統合からなんで夜間学級だけ外すんや。いままで三年後には統合やと言ってきたやないか。なんで昼の生徒だけ連れていって、夜間の生徒はあかん言うねん」と言いました。校長はいまでも言いますよ、「あのときの夏子さん、こわかったわ」って。こわいとかそんなん違って、なんとかみんな一緒に行かないかんと思って、自分は必死やったんです。

　そんなことできたいうのも、夜間中学に入って勉強したからですわ。それまでは子育てと仕事しかできんかったのに。いろんな世間を見さしてもろたし、何も考えずにまっすぐやれば通じるねんということがよくわかりました。人前でそんなん言える。東大阪市の三ノ瀬《さんのせ》公園での国際交流フェスティバルで、マイク持って野外ステージの壇上から夜間中学をアピールもしたけど、そんなんとはぜんぜん違って、ただ必死でした。連合生徒会からも応援にきてもらったし、ほんまによかったです。私らが困っているときにみなさんが助けてくれるんや、これが連合生徒会やいうことがよくわかりました。

●いまは胸張って言える

司会　次は喜子さんですけど、天王寺でどんなんやったのか、話してくれますか？

金喜子　私の場合は、みんなが受け入れてくれたんかしらないけれど。天王寺はわりとみなガチャガチャすることなく、私の言うこと聞いてくれました。先生らもせやし、生徒らもそうでした。次の会長だれやって言うても、連合生徒会も役員会で毎月行くけれど、それも、また東京へだれだれ行って言うても、すんなり受け入れてくれる。それは感謝してますね。生徒が一人、やめる言ったときも、このときも私一人で校長先生とこへ談判しに行ったんですけど、生徒、一人でも多いほどいいし、生徒らもみなわかってくれていたし、結論はその生徒が引くという決着やったけど、天王寺ではみな私を受け入れてくれていました。私が急に倒れたけど、みんながカバーしてくれた。

箱谷さんが高校へ行ってんの見て、私もいま心動いている。

司会　今年で、喜子さんも、夏子さんも、梧桐さんも卒業やねんな。

金夏子　みな同期でね、また、ちょうどみな二年ずつ会長してるし。これ不思議やな。何かの縁やな思っている。

金喜子　私がみな合図してん。

金夏子　あんたが、またそういう力があんねん。人徳や。東京へ行くのでも。この人（喜子さん）は「あんた、こうしい」言って自分で決める。うちでは先生が決める。

金喜子　東京へ行って、二日目はどっか浅草《あさくさ》へ行って遊んで帰ってきいや、言う。

金夏子　東京はだれだれ行き。次の会長はだれだれがしい。そんなように、みなこの人が決める。

司会　生徒会やから、みな生徒が決めて当たり前なんやけどな。先生はアシスタントや。

金喜子　だけど、学校へ行っているおかげで、今度は箱谷さんを会長に推そうかって相談した。

金夏子　それは、だれが一生懸命してるか、いうのはわかるから。

金喜子　堺《さかい》・殿馬場《とのばば》の梧桐さんのときもそうやった。そんなつながりで、こうして学校離れたところでも一緒に食事しようかとやっている。集まれば素直になれる。かけひきなんかなしやんか。ほんまに素直な気持ちや。

金夏子　私は、入学して右も左もわからんときやったけどね。

金喜子　それでも最初から上手《じょうず》にやってた。引っ込み思案で人前でようしゃべらんかったいうけど、堂々たるもんやった。息子の学校で知ってたから、これは大丈夫やとわかってた。小学校を出てるもん。それで引っ張ったんや。常日ごろ息子の学校で見てきたもん。それでも、大阪城でビラ配りやったとき、「やめとこう」言うて隠れとった。

金夏子　入学してすぐの年やったな。何もわからんで、それでも見たら、喜子さんが一所懸命、車いすの大西さんを押してはった。よう見たら、息子の学校で見覚えある人やった。それで、「昔、子どもが東生野中学校行ってない？」って声かけて、それからや。

金喜子　そのときは学校行ってないなんて言うてないし。夜間中学校ってわかったからこないしてしゃべれるけど、「私、学校行ってません。字知りません」なんて言うどころか、顔隠さなあかんとこやった。

金夏子　私もみんなに言うねん。夜間中学校へ行っていること自体が、いろんな事情があって、いろんな苦労してる人や言うねん。

司会　みな、夜中へくるまでは「学校出てません」ってよう言わんかったん？

全員　よう言わなんだ。いまやったら言えるで。胸張って言える。それがいちばん大きな違いかもしれん。

●「お父さん、夜間行くで、夜間行くで」

箱谷　それでも、仕事でもさ、中学校出てなかったら、どっこも雇てくれへんという頭がずうっとあったから、ひとつの会社で雇てくれたとこにずうっといてて、そっから結婚して商売のほうしたから、学校出てなかっても働かしてくれるんやったら、やっぱりもっともっと働いてたと思うけど。雇てくれへんもんやばっかり思っていたから。

夜間中学も、住んでいた泉佐野にはなかったから、働いてる子が夜間中学行くって聞いたとき、岸和田はいいなとうらやましかった。隣の市の泉佐野からも行けるということ、ぜんぜん知らんかったから。それで、のちに岸和田へ引っ越してきて市の広報見たら「あっ、行けるんや、この年になっても」とわかった。「絶対、仕事やめたら、お父さん、夜間行くで、夜間行くで」って、みんなに言いふらした。夫が亡くなったとたん、さあ行かなと入学した。

八年間、夜間中学行ったおかげで、高校の手続きも、先生方に聞いて自分でみんなできた。中学校行ってなかったら高校いう考えもなかったけど、先生方が「高校へ行け」と後押ししてくれたおかげで高校へ行けた。それ

左より朴悟桐、箱谷暎子

が私がいちばん誇りに思ってます。小さい子らとソフトボールの大会やって、振って、走って楽しいです。
それも夜間中学出てなかったらでけへんだことやから、夜間中学行かしてもらって視野も広くなっていった。夜間中学行ってなかったら、このまま年老いてデイサービスへ行って、固まって終わっていたやろうと思う。ものの言い方ひとつでも、かっとなったとき、でもじっと引っ込んで話さしてもらったりしたら、やっぱり聞いてもらえる、慕われるという感じも勉強になったなと思てます。

金夏子　箱谷さんが偉いと思うのは、連合生徒会でも、学校からほかの人が出てこなくても、一人ででも連合生徒会の役員会も出てきたのは偉かったと思う。

箱谷　連合生徒会の会長と、校内の代表と一人二役でやった。責任感がなければ、こういうことはできへんかったと思う。しんどかっても、何でもドリンク飲みながらでも朝出たもんな。

●社会の仕組みを知ることができた

朴　私も連合生徒会の役員をして、いろいろな人と学校を超えて、つながりができた。社会の仕組みやこれまで知らなかったことも知ることができた。それまでできなかった、人の前で話すことができるようになった。

金夏子　以前の私たちには考えられんことや。

箱谷　しかし、府教委の先生は心がこもっていない。以前の府教委の先生との話し合い、最近の府教事をしてくれたけど、調べておくと言っても、それがどうなったのか、一向に返事がない。以前言ったことと同じことを言う。私たちをバカにしているのか。

●力を合わせんことには、大きなものには勝たれへん

左より金夏子、金喜子

朴　連合生徒会の活動で、私の学校（堺）では出ているパンと牛乳の補食が打ち切られた学校があると聞いた。私らは、子どものころの大変な不平等があって学校へ行くことができずに夜間中学生の私らがある。そして、その不平等をなんとか埋め合わせするために夜間中学があるはずや。にもかかわらず、その夜間中学で補食給食があるところとないところがあるという不平等がある。こんなおかしなことがあってはならないと、府教委の先生との話し合いで訴えた。何回も話し合って、かなりわかってもらえたと思ったけど、何にも変わりません。私らが直接会うことができる人らの力では、どうにもならんのかなあと思うこともありました。それでも繰り返し訴えるしかないとやっているうちに卒業になってしまうのが残念です。

でも、いま若い人もいろんな問題かかえて学校にきている。自分のかかえている問題をしっかり訴えて、みんなで力を合わせるようにしてほしいです。力を合わせんことには、大きなものには勝たれへん。それが私が学校に残る生徒に言いたいことです。

髙野雅夫（傍聴）　就学援助や補食給食がどんな経緯で始まったのか、引き継がれていない。「パンと牛乳要らない。コンビニへ行って買ったらいい」という意見が出てくると聞いた。

箱谷　これからの夜間中学は中国人中心に変わっていく。

髙野　今後、各地ではじめてできていく夜間中学はどのようになるのだろう。

金喜子　大阪のような、夜間中学生がつながった活動ができていく学校になるのやろうか？

朴　どうなるんやろう。オモニたちがおったから続いて

きた。その朝鮮人一世や高齢の日本人が少なくなると、夜間中学は変わっていく。先生たちも変わってきた。

全員　ややこしいことは避けて、うるさいことにはかかわらずという人が多くなってきた。生徒もいろんな国の人がおるし、先生も大変や。

金喜子　私は、生徒会のことは気兼ねせずに先生にも話している。

朴　私は校長先生にも直接話している。その校長さん、「昼も夜も忙しいねん」と言う。卒業式には出席したが、新入生迎えるときは、あいさつだけして帰ってしもた。

箱谷　先生も夜間中学のあゆみ、わかってないのんと違う？　そやから生徒のほうもわからない。定時制高校へ進学したが、めっちゃおもしろい。夜間中学の勉強とまったく違う。もっと早く行っておいたらと思う。先生も三〇代やのに、定時制高校のことよくわかっていて、いろいろ話しかけてくれる。同級生も「なんて呼んだらええのん?」「箱ちゃんて呼んで」。次に「どこに住んでるのん?」と話しかけてきて、「こんばんは」とあいさつしてくれる。ヤンキーの子のほうが思いやりがある。三〇代の先生に「みんなを和《なご》ましてくれてありがとう」と言われる。

金夏子　太平寺が布施に移転し、来年また東大阪市の夜間中学再編で移転するので、新しい学校の教室の数、特別教室は?と、いろいろ私たちの希望を教育委員会に伝えているのに、どうなっているのか一向に返事がない。生徒会が中心にとりくまないといけないと思うのに、現状ではわくわくするどころか、ストレスがたまる。

箱谷　夜間中学生同士がつながっていくことが大切ではないか。三大行事（新入生歓迎会・連合運動会・連合作品展）に出かけ、昼ごはん食べるとき、弁当持ってきてない人がいる。みんなの弁当持ち寄って輪をつくって食べたらええと思って声かけたら、先生が「そんなことせんでええ」と言った。

夜間中学に入学してよかったこと

司会　箱谷さんだけ高校へ行ってて、あとの三人はまだ夜間中学生やけど、夜間中学へ行って、こんなところがよかったいうの、話してください。

朴　学校にくるようになって、世の中のこともずいぶんわかってきました。昔こんなことがあったから、いまこうだとかね。ただ覚えるということはなかなかです。むずかしい。覚えたつもりでも忘れる。だけど、忘れへんこともある。毎日、家から学校にくるのにチンチン電車で大和川《やまとがわ》を渡ります。この大和川は人間が掘った川だということ。こんなことは、社会で習って毎日通るから忘れへん。

それから、理科で「月が水を運ぶ」ということを習いました。月に引力があって、海の水を引っ張るから潮が満ちたり引いたりするということです。理科で習ってもピンとこなかったんです。でもある日、大和川の土手を散歩していたとき、水が逆に流れているんです。ああ、これやと思いました。月の力ってすごいんやなと思いました。あのお月さんが海の水を引っ張って、それが川のほうにきてる。自然の大きさに比べたら私の苦労も小さなもんやと思いました。

潮の満ち引きといえば、私の母は韓国全羅南道《チョルラナムド》の珍島《チンド》の出身です。海のことはよう知っていました。私らの育ったんは大阪湾の近くですが、潮が引くのは何時ごろとか、指で数えて言うんです。貝を掘りに行くのに、浜の水が引いている時間を計算して言うてくれるんです。まったく学校に行けなかった母でした。韓国語も半分、日本語も半分しかわからん母でしたが、偉かったんやなあと思います。

箱谷　学校へ行ってよかったのは、行かれへんだところへも、東京も二回行かしてもらって、はじめは何も知らんかって、髙野雅夫《たかのまさお》さんがこないして、あないしてできたと教えてくれた先生があったから、「あっ、そやねんな、勝手にできた学校やないねんな」とわかりました。はじめからしまいまで何かにつけて話してくれた。あっ、そういうもんやねんな、連合生徒会にも行かしてもらい、話も聞かしてもらいました。自分自身の勉強がいちばん私は力になった。夜間中学の八年間、ほとんど休みなく勉強できたのも先生らのおかげやと思います。

●子どもが私を認めてくれた

金夏子　私は夜間中学に行って、子どもが私を認めてくれた。人前でそういうことできる親じゃないと思っていたけど、パリへ行きいの、新聞に出るの、テレビに出るの、私もいつも「学校へ行ってこういう子がいるね、こういう会話してるね」と話すから、子どもがお母ちゃんはこういうことができると認めてくれている。識字の冊子でも八年間分持ってきて見せたら、「お母ちゃんはできる、お母ちゃんはできる」と言って、それだけ認めてくれてるんやな思う。それはちょっとうれしかった。

司会　それは、お母ちゃんが変わったん違って、お母ちゃんのほんまの力を見たんやろな。

金夏子　文化祭がありいの、夜間中学祭りがありいの、国際交流フェスティバルがありいの、毎年やっていたら自分が誇らしくなってきた。それが夜間中学の力かな、それだけ夜間中学で上達したんやなと思う。

司会　みなさんに共通しているのは「しんどいことを楽しむ」やな。

●夜間中学つくろうと、全国回りたい

金喜子　連合生徒会の会議でも、先生出てるより私が出るほうが多いもん。東京へ行ったときは、髙野さんの行っていた荒川《あらかわ》九中夜間学級に行ったり、文解交流では韓国に行って、ものすごく歓迎してもらって、ものすごく感動して泣いたりした。いろんなところを先生と回ってみたいと思う。これも夜間中学のおかげや。夏休みにでも日本全国に夜間中学をつくろうと、いろんなとこ、回ってみたい。

箱谷　連合生徒会の会長やらしてもらったら、うちの岸《き》城《し》の先生だけ違って、ほかの学校の先生方が「箱谷さん」って、声かけてくれる。そんなんが、めっちゃうれしかった。救われた。やってきてよかったな、いう感じ。

金喜子　東京で、国会のなかの院内集会かに一人で行ったことあるけど、ほかの学校の先生方にいっぱい声かけてもらった。みんな応援してくれて、こんな場面で自分しゃべっていいのかなと思うときもあったけど、自信がついた。

金夏子　私、作文に書いたことある。キム・ハジャって呼ばれたら、自分が偉くなったような気がするって。

金喜子　私、三回も国会の議員会館へ行ってきたわ。それで自分の発表もしてきたし。いままでやったら、自分は何にもでけへん、言うて逃げてきた。偉そうに言うたらあかんゆうて。それが、先生らに褒めてもらえる、自分に自信もてる。「あっ、あの人、大丈夫や」と、その目は確かやね。

箱谷　「箱谷さん、そんなん心配せんでもええよ。わかれへんかったら、また助けるよ」言ってくれた。あの先生にも感謝や。会長にならしてもらってよかった思っているで、「なれ」言われたときに。

金夏子　小学校の前を通って学校へ行くんやけど、若い男の人に「夏子さん、いまから学校ですか」って言われ、

あの人だれや思たけど、小学校の先生やった。わっ、そこまでわかってもらえてるんやって、うれしかった。どこの場所へ行っても、自分が子どもになったように話して、わかってもらえた。いちばん最初の作文に、だんなとダンスホール行って知り合ったことを書いたことあった。小学校で子どもに「ダンスホールに行ってたんですか？」って聞かれたことあったで。わっ、この子、なんでそんなこと知ってるんや思たことあったで（笑い）。その作文、話に行ったとき、前もって先生が見せてたんと違う？　話終わったあと、「はいっ、質問ある人」って言うとき、聞かれたわ。びっくりしたわ、あのとき。

箱谷　私も、卒業したとき、岸和田の教育長さんがきてくれてても、わかれへんやん。最後に控え室に入ってきてくれて、「長いこと、ご苦労さんでした」って、「だれやろ」。知らん人が頭下げてくれて、あとで聞いたら教育長さんや。私も自慢やった。府庁へ行ったり、東京へ行ったり、いろんな経験さしてもらった。

金夏子　いろいろやったから、いろんな人から声かけられる。

箱谷　私は出たいほうやから、みんなと知り合って、府庁へ行ったり、しゃべったり、東京へ行って手あげたり、いろいろ経験さしてもらった。外へ行かなあかん。夏子さん、高校も行かなあかん。

金夏子　東大阪市教委に行ったとき、必死やったで。いまやったらようせんけどな。

箱谷　テレビの前でもしゃべってたやん。

司会　堂々たるしゃべり方やった。自分で見たやろ。われながらカッコよくなかった？

聞きたいねんけど、連合生徒会の会長やるっていうのは、しんどいやんか、重責やんか。いやっていうのんはなかった？

金夏子　なかった。

箱谷　最後のほうは、自分で考えてとかよう言われたけど、先生らがいっぱい助けてくれた。フォローしてくれた。いやとは思えへんかった。行くのもいやと思えへんかった。一カ月に一回、みんなに会える思て行った。ビラまきで、布施でやったか、こけて、血が止まらんかって。韓先生やったか、薬くれた。みんな寄ってくるし、恥ずかしかった。

金夏子　梧桐さんは、月がどうとかうまいこと言って、あいさつが上手やった。私は、書いたメモどおりしかようあいさつしなかった。終わってから、「夏子さん、声がよく通ってた」とかよく言われた。このおばちゃんはどこの学校の人かなと思ったりしたけど、そんなときはうれしかった。まともに会長としてやれたのかとは思っていたが、いややなあと思ったことはなかった。

司会　喜子さんは、どうでしたか?

金喜子　楽しかった。いろんな会合の場所に行くだけでも勉強になった。今度また、箱谷さんとこのだんじり祭り、行かなあかんで。

これからの夜間中学校

司会　次に、これからの夜間中学校ということで、みなさんにお聞きしたいねんけど。いま、ものすごく夜間中学校が変わったでしょう。天王寺も生徒がずいぶん少なくなって。天王寺は日本語のわからない生徒はいないんですよ。

●若い外国の生徒が増えている

金夏子　先生も、日本語のわからない中国の生徒向けのような、中国語のできる先生もいないしね。

金喜子　生徒が先生してるわ。若い生徒も増えてきてるし。

箱谷　うちら（岸和田）でも、私と同い年の生徒が卒業したら、ほとんど外国の生徒になるわ。私らみたいに、学校へ行ってなかったから青春取り戻して、いう人はあんまりな。

金喜子　せやけどな、うち、一人いてんねん。四〇年前からの私の友だちで、「夜間中学、楽しいで、楽しいで」ゆうてる。自分で布施中学校訪ねていって。

金夏子　あの人、うちが誘ても、いややゆうてたのにな。三年前に入学式のとき、統合前の、太平寺の前の中学校へ行ってんね。だあれもおれへんやん、工事のおっちゃんらに聞いて。そのあとも太平寺の小学校へも行って、小学校から電話かかってきたり。でも、「自分は学校がものすごく楽しい」ゆうてな。学校へきてよかったなって思てる。

司会　変わってきた夜間中学やけど、岸城のいま若い子らというのは、「学び直し」（形式卒業）の子?

箱谷　いや、外国からの子。言葉わからへん、中東などからの子らしいけど。

●夜間中学の大事なところ

司会　こないだ学校で、言葉のわからない人の相談会みたいなやってたけど。これ、ある意味、変わるのはしょうがない。でも、さっきの布施の人みたいな、夜間中学を必要としてる人もいるやん。そんな人たちのためにも夜間中学は残らなあかんとぼくは思うんやけど。みなさんが自分が経験した夜間中学、そしていま変わりつつある夜間中学。今後の夜間中学、変わらざるをえないところがあるにしても、みなさんが、ここは夜間中学の大事なところや、いうところは何かな。

金喜子　インターナショナルな夜間中学やな。勉強は大事やし、人付き合いもそうやし。そこからでもみな知識を得ていくのと違うか。だから夜間中学は必要なものやと思う。

箱谷　そら必要やけど、そういう外国の人に、連合生徒会へ出てきてくれますか、連合生徒会の役してくれますか言うても、こんなこと言ったらあかんけど、岸城でやったら、いま聞く話では、毎月違う人に無理やり押し付けて、という感じやて言うな。それでは長続きもせんかなあと思う。

金喜子　うちは若い子が、学び直しの子やけど、生徒会でも積極的にやってくれてる。あんだけ引っ込み思案の子が、読んでくれたりしてるから、「あんた、すごいうまいやんか」ゆうて。また、ピアノのすごいうまい子もいてて、「あんた、もっと活躍してえや」ゆうて、「はいはい」って、返事だけやねんけどね。素直に聞いてくれてる。私、連合生徒会で行くゆうたら、ついてきてくれるし。私、用事で行かれへんだときも行ってくれていて、また、その子らのお母さんも理解してくれていて、はじめは「こんな年寄りのなかで」思っていたやろうけど。お母さんまで楽しいゆうてね。遠足までついてきて、あべのハルカスのとこで「ここで待ってて、景色ええから見とって」言って。息子も「おばちゃん、ありがとう」ゆって。お母ちゃんも「私ら年一緒やから」ゆうて。

金夏子　日本語を学んだらという生徒が多くなっている。私らが入学したとき、オモニら、ハルモニらがようけおったやん。けんかしもってでも、勉強してはったわ。あんな人らの意気込みある人、おらんよ、いま。日本におって、いまからでも苦労してでも学びたいいうのと違う。いま日本にきているから収入をよくしたい、まわりとの付き合いを学びたいという感じ。ちょっと日本語覚えたら仕事かわっている。そんな学校や思う、これからは。

金喜子　うちらの時代は、自分が苦労した。それがない。

金夏子　先生らも、夜間中学どうのこうのじゃなくて、この学校のなかで生徒の数を集めやなあかんとだけ私には見える。私が入ったころに私が尻ついて歩いたオモニらとはぜんぜん違う。

箱谷　いま、先生も夜間中学のこと、わからへんの違う？　ただ異動できてるいう先生もおるで。教頭先生も、歴史いうてもわかれへんやん。

●連合生徒会に参加すれば変わる

金夏子　これからの夜間中学いうても、あんまりみな考えてへんで。私はこないだの天王寺のプレ五〇周年（同窓会主催）のときも、どんな話やろ思って行ったで。興味はあんねん。天王寺ってどんな同窓会してんのかなあ思って。うちらの同窓会とぜんぜん違うやん。

司会　天王寺の同窓会は、月に一回会議開いて、学校に言うこと聞いてもらうのはどうとか、いろいろ相談してやっている。

金喜子　大西さん先頭にな、和がある、そんで電話してくるもんな。やっぱり、力がある思うわ。先生いうより生徒同士がな。

箱谷　先生が情熱をもって生徒を引っ張っていってもらわんと、夜間中学は発展しないと思う。

司会　もちろん、そう。とくに岸城なんか外国人の先生いないから。連合生徒会の役員代表者会議でも、長栄は去年は中国の生徒、今年はネパールの生徒に行ってもらっている。運動いうこともわかっていってもらわんと。連合生徒会で会議行って話聞いて、とやっていくと、やっぱり変わるもんね。

金喜子　私らも出かけていって、情熱もっている先生の話聞いたりしたら、「あっ、なるほどな」と私ら自身も変わってくる。

箱谷　やっぱり、連合生徒会行ったら、いろいろわかってくる。先生もいろんなところが見えてくる。生徒のほうも肌でいろいろ感じるもん。

●悔しい思い

金夏子　私は、勉強は若いときにせなあかんなあと思うわ。休みの間にいまでも忘れていくやんか。

司会　けど、勉強はしてるから、忘れるのは減ってるやろ。

金夏子　字を覚えてるのは増えてるよ。でも、若かったらぜんぶ覚えられてたのに、なんでこの年まで勉強でけへんかったんかな思ったら、悔しい思うことあるで。若かったら、自分のでけへんだこと、みなしたるのにな思う。

司会　それは、夜間中学生みんなの思いやな。

箱谷　八年前の入学したときといまとでも、ぜんぜん違うやんか。

金喜子　このごろ星見るやん。あれ金星、木星、言うて。七月三一日、金星近づいてくる言うたら、やっぱり見るもんな、一生懸命。

金夏子　日食のとき、「これで見るんやで」ってメガネくれたこともある。

金喜子　「先生、いま軽井沢《かるいざわ》にきてるんやけど、いっぱい星ありすぎて、先生の言うてる星、あれへんわ」って電話入れたりする。

金夏子　ふだんしゃべる余裕ないのに、ここへきたら、山ほど私しゃべったで。だって、毎日だれもしゃべる人おれへんもん。ひとり、ぼおっとしてる。十日《とおか》分以上しゃべってるで。

司会　はい。尊敬する夏子さんの言葉もこたえるし。箱谷さんの話もこたえました。

箱谷　私らじゃなくて、先生自身が興味もっていってくれたらな。

司会　まえ、箱谷さんが言ってたでしょう、高校の先生は若い先生でも定時制高校のこと、よくわかってると。夜中の先生どうやろうって、どっかで言わはったことあるねん。それは、その先生だけの責任やない、ぼくら、ずっとかかわってるものの責任や思てます。

いろいろ、八年、九年、夜中にいてくれてた思いを言ってくれて、とくに連合生徒会の活動のなかでみなさんがどう自分を高め、お互いに磨き合って夜間中学生としての学びを深めていったのかという話は、とても得るところが多かったです。連合生徒会の会長をともに経験するなかで温めてきた仲間意識を数カ月に一度、大阪府内各地から天王寺に集まって確かめ合っているそうですが、このつながりをぜひ今後も続けられ、各夜間中学同窓会がつながり合って、活動していく取り組みに広がっていけると信じています。夜間中学での学びで得た力と行動で社会に発信するため、がんばりましょう。

きょうは、ほんとうにいろいろいい話をしていただいて、ありがとうございました。

（二〇一八年八月一九日、大阪府教育会館）

夜間中学教員座談会

五〇年をどう総括し、明日を展望するか

米田哲夫　元奈良県夜間中学連絡協議会代表／よねだ・てつお
白井善吾　夜間中学資料情報室／元大阪府守口市立守口夜間中学教員／しらい・ぜんご
由利元次郎　大阪府堺市立殿馬場夜間中学教員／ゆり・げんじろう
石打謹也　元兵庫県尼崎市立成良中学校琴城分校教員／いしうち・きんや
山﨑靖彦　大阪府豊中市立豊中夜間中学教員／やまざき・やすひこ
黒川優子　元大阪府東大阪市立布施夜間中学教員／くろかわ・ゆうこ
韓一茂　大阪府東大阪市立長栄夜間中学教員／ハン・イルム

夜間中学との出会い

韓　私のほうで司会をさせていただきます。最初に自己紹介も兼ねまして、各自の夜間中学との出会いからお話しいただけますか。

●橿原の自主夜中から

米田　奈良からきました米田です。出会いというのは約三十数年前になりますが、奈良県立高校の教員をしていました。高校の教員を中心にして、「在日朝鮮人教育を考える会」をつくりました。そこに在日の生徒たちや保護者が集まってきて、いろんな取り組みをしてました。ある会合のときに、橿原《かしはら》にお住まいの一人の在日のお母さんが「私は子どものときに体が弱くて学校に行けなかった」「いま、夜間中学に行きたいけれども、天理《てんり》や奈良には遠くて通えない。橿原にあったらなぁ」ということを言われました。私たちは非常に大事な提起だとうけとめ、橿原に夜間中学をつくろうという運動が起こりました。

そのときまで私はまったく夜間中学にはかかわっていなかった。知らなかった。橿原に住んでいまして、橿原のつくる会の会員でした一原《いちはら》さんという人と私と二人で「つくろうか」ということで、あっちこっち走り回りました。すでにあった春日《かすが》、天理の夜間中学を訪問しながら、いろんな人に教えてもらいながら、自主夜中を始めることになりました。それで四年間、自主夜中を展開しながら、橿原市教委に公立化を要求するということで、四年後に橿原市立畝傍《うねび》中学校夜間学級ができた。

自主夜中の四年間というのは、週二回だったですけど、非常に楽しかった。集まってきたスタッフの人たちや生徒さんやら、いろんな人の非常に楽しい場・空間でした。その思いを公立夜中に引き継いでいこうということが、その後の「橿原に夜間中学をつくり育てる会」の活動につながり、つい最近までその「育てる会」の活動を続けてきました。ここ数年、体を壊しまして第一線からひいてるんですけど、そういうのがきっかけです。

●「教師が義務教育未修了者をつくっている」

白井　ぼくが大学を卒業する一九六九年は、ちょうど天《てん》王《のう》寺《じ》夜間中学ができる年、大学紛争の時代でした。夜間中学の映画を髙野雅夫《たかのまさお》さんが学内で上映してるというのは、まぁ聞いとったんやろけど、それには参加していなかった。

夜間中学を知ってびっくりしたのが、一九七二年一月、第二一次の日教組教研です。山梨県甲府《こうふ》だったです。そこで、夜間中学生から「先生ら、報告聞いてたらきれいな話ばっかり、ええ話ばっかしで、先生らが義務教育未修了の人たちをつくってるという自覚があるのか」ということを問われた。それは大きなショックでした。

帰ってきて、吹田《すいた》に勤めていたんですけど、吹田のほうの夜間中学開設運動にかかわるようになったんです。しかし、開校はできずに、一九八三年、守口《もりぐち》の中学校に転勤し、一九八七年、守口の夜間中にくるということになりました。

●殿馬場夜中で衝撃を受けた

由利　学生のころに梶村秀樹《かじむらひでき》（朝鮮史学者）と出会いました。朝鮮近代史専攻ということですが、そのころ在日朝鮮人教育というのが、大阪ではふつふつと始まっていた。大阪市立長橋《ながはし》小学校とか高槻《たかつき》六中とか、その実践に非常に衝撃を受けました。夏休みに帰省して、長橋小分会と「日本の学校に在籍する朝鮮人児童・生徒の教育を考える会」が、大阪市と交渉する場所に参加する機会がありました。これを一生の仕事にしようと思いました。

自分の力量をどういうふうにそのために高めていくのかということは、ついていかなかった。赴任したところが、たまたま堺《さかい》でして、なかなかうまいこといかなかった。堺のグループのなかでも、堺の学校に在籍する在日韓国朝鮮人の児童生徒の教育を考えようというようなグループができまして、いろいろ行政とやりとりしていた。けっこうそのころ行政のなかでも、そういう問題をしっかり受け止めなあかんという人もいて、逆に「お前ら、そない言うてるけど、殿馬場《とのばば》中学校夜間学級におるオモニ、ハルモニたちのこと、わかってんのか」みたいなことを切り返されるような場面もありました。

ぼくが三〇代だったときに、夜間学級に行きたいなと言ったら、ある人に「お前、若いころに行くとこちゃうで」と止められた。「もっと退職考える歳になって行ったらええとこや」みたいな言い方をされました。だけど、三〇代のはじめに殿中に赴任することができました。すごく衝撃的でした。

当時、ハルモニたちが生徒のだいたい半分くらいでした。そのころ、殿馬場中は、中学校というかたちをきちっと守ろうと意識してるところでした。そのなかで、強制連行を体験していたハラボヂであるとか、ほんとうに本で読んだことが、生きた証人がここにおるということが、非常に衝撃でした。たとえば、小学校に行ったけど、いちばん最初に教えられたのが「正」という漢字。ひらがな、カタカナ教える前に、正しいという字を教えてる。なんで正しいという字を教えられたかというと、朝鮮語を一回しゃべったら一画、二回しゃべったら二画目を書く。五回しゃべったら廊下に立たすという、そのために「正」という字を教えられたというような話を聞きまして、ここにぼくのやる仕事があると考えて、たとえば、そのころ始まった堺の在日朝鮮人の集い、ハギハッキョなんかに生徒さんを連れていって発信してもらうとか、そういうことができたのが、自分なりに仕事の場ができたという感じがもてました。

●民族教育促進のなかで

韓　ぼくは在日の三世です。教員になって二校目の大阪市立平野北《ひらのきた》中学校というところにいたときから「民族教育促進協議会」という民族団体にかかわりました。そこではじめて夜間中学との接点があったのが菅南《かんなん》夜間中学の差別事件で、糾弾側にすわって夜中の話を聞くというのがいちばん最初の出会いです。あまりにも腹立って、教育委員会にもおそらく夜中の教員にも、怒鳴り散らした記憶があります。差別事件そのものもですが、当時の夜間中学の体質に対しても、そんなことでいいんだろうか、自分も行って何とかしたいという気持ちもありながら、なかなか夜間中学に勤めることはできませんでした。ずっと行きたいという思いで、一〇年後にたまたま天王寺夜中に転勤することができました。

●強制卒業者の闘いに応えて

石打　尼崎琴城《あまがさききんじょう》分校夜間中が一九七六年四月にでき、同じ年にぼくも尼崎の中学校社会科教師として赴任しました。職場にある市内の小中学校の電話帳のなかに城内《じょうない》中学校琴城分校と載っているから、「こんな大きな都会で分校って何だろう」と思った。ぼくは静岡県の山間部の複式学級も経験し、本校と分校はわかりますが、工業都市の尼崎でなぜ分校なのかなと思って、電話帳をはじめて見た覚えがあります。

しかし、その疑問はそれっきりになり、時間が過ぎて一九八六年三月、琴城分校の四人の卒業対象の生徒が「もっと勉強したい」「三年間では短すぎる」ということで、卒業式をボイコットするということに出合います。主役のいない卒業式ということで、マスコミに大きく取り上げられました。強制卒業された人たちを緊急避難的に、週一回でも学ぶ場をつくろうということで、尼崎自主夜間中の立ち上げに参加しました。全国の公立化を求める自主夜間中とは違って、公立のあとで自主夜間中ができるという異質の自主夜中でした。これがスタートになります。

●昼と夜の生徒が出会う場を

山崎　豊中《とよなか》四中夜間中の山崎です。一九七五年に四中夜間ができましたが、私自身、豊中で生活していたけれども、知らなかったし、「夜間中学校」ができたという意識がなかった。八一年に豊中の中学校に初任で勤めたときに、同和教育をはじめ、自分自身が知らないことやわかってないことに気づかされることがたくさんあるなかで、夜間中学のことも少し学ぶことはできました。

九〇年前後、当時は大阪府内全域的に、学校の状況がなかなか厳しくて、いわゆる「荒れ」という言葉で象徴されるような状況でした。当時勤めていた学校であらためて「人権・同和教育」をどうしていくのかということや、豊中での「進路保障」や「ともに生き、ともに学び、ともに育つ教育」をほんとうに子どもたちに向き合ってやっているのかというなかで、それぞれの「生き方」を考えていくことを中学生に問いかけていきながら、教職員も変わっていかなあかんということで、さまざまな人と中学生が出会う場を設けようという取り組みを始めました。そのようななかで、ぜひ夜間中学校で学んでいる生徒さんと昼の中学生とが出会うことで、生徒たちはもちろんやけど、教職員も学んでいこうというのが最初でした。

それ以降も、豊中市教職員組合の書記長や大阪府教職員組合の夜間中学校の担当としても、かかわりをもってきました。そして現在、四中夜間中学に勤めています。

●在日朝鮮人教育を進めるなかで

黒川　東大阪《ひがしおおさか》市の布施《ふせ》夜間中学を二〇一六年度で退職しました黒川です。私は鶴橋《つるはし》に生まれて、子どものときから朝鮮の人が近くにいるというなかで育ちました。そして、中学校の卒業の茶話会ではじめて民族学級の発表会を見て、ものすごく感動するという出会いがありました。大学のときは、いま一人芝居とかでいろんなところで活躍している趙博《チョウバク》さんが本名宣言したときにも、友人として居合わせていました。そういういろんな出会いとか、自分自身の生い立ちのなかでのかかわりというのがあるなかで、一九八〇年に東大阪市の教員になりました。

その後、東大阪市で在日朝鮮人教育の中心になっておられた先生との出会いがあったり、のちにヘイトスピーチの裁判を起こしたフリージャーナリスト李信恵《リシネ》さんが私のクラスにいたりというふうなかかわりというのもあって、在日朝鮮人教育が自分のなかで大きなものとなっていきました。民族学級の担当をずっとやってたんですけれども、「東大阪市在日外国人教育研究協議会」ができてしばらくして、私も事務局に入って、そのうち事務局長を何年かやりました。また、太平寺《たいへいじ》中の昼におりましたので、ハルモニの様子を見たり、朝鮮人生徒のサマースクール（ハギハッキョ）などのいろんな取り組みのなかでハルモニと接したり、そういうふうなことを通じて、いずれは夜間中学に行きたいなということをずっと思っていて、最終的に退職前の最後の八年間、夜間中学で勤務させてもらったというかたちです。

夜間中学での気づき

韓　それぞれの経験のなかで、とくに記憶に残っていること、教訓とすべきことをお話しいただけたらと思います。

●毎日、確実に学校にくる

石打　強制卒業事件で夜間中学を知って、週二回の自主夜間中に参加しました。自主夜中は、マンツーマンでした。下手な内容だったら、来週きてくれなくなるのではないかという気持ちが常にありました。

その後、琴城分校に赴任します。そこで何がびっくりしたかというと、毎日、確実に出席があるということです。昼の感覚からすれば当たり前ですけども、自主夜中の経験からすると、「すごいな」と感じました。このことが、はじめて公立の夜間中学の現場に立ったときの忘れられないことです。生徒さんの「こうやって自分の机をもらって、勉強したかった」という声を聞くと、公立で夜間中学を開くことの意味がすごくあるなと思いました。

でも、毎日、確実に学校にくるという驚きがだんだんと薄れていきます。くるのが当たり前という感覚にだんだん自分自身もなっていった。自主夜中での「来週きてくれるだろうか、この人は」という緊張感が、教え教えられるという学校体制のなかに、自分も同化していったと思います。昼から夜間中学に行かずに、ぼくは幸いなことに自主夜間中を経験して公立夜中に行ったので、学校に続けてこられることがすごく新鮮であり、落とし穴だったと思っています。

●自主夜中の生命線

米田　私、夜間中の教師をやったこと、一回もないです。定年退職まで奈良県の高校の教員で、教員であるあいだも「育てる会」にかかわってて、退職してからもずっとかかわってきました。あるいは吉野《よしの》・西和《せいわ》・宇陀《うだ》の自主夜中をつくったりし、宇陀の自主夜中のスタッフとして、去年の四月まで行ってました。私が公立夜中の教員として生徒さんとかかわったという経験は、まったくないんですね。

いま、奈良県で三つの自主夜間中が展開されてますが、金がなくなり、スタッフがいなくなり、生徒がいなくなり、場所がなくなり、どれひとつなくても自主夜中はダメなんです。なくなってしまうんですね。その緊張感というのは、常にあるわけです。行政から無償で場所を借りてるというのが、奈良県の三つの自主夜間中です。これも、行政とうまいことやらなあかんのですね。下手にケンカをして「もう、貸さん」とか言われたら終わりになる。あるときなんかは、吉野自主夜中でいろいろあって「貸さない」と言われまして、「どうしよう」とスタッフみんなが頭かかえたんです。つまり、特別扱いをしてくれてるんですよ。公民館を貸すのは、お金を払った団体に貸すわけですね。それを、無料で貸してた。「タダで貸さん」と言ってきたんで、「金、払ったらええんやろ。金、払おうよ」ということで、当時、奈良県の公立三夜中と吉野自主夜中の四つだったんですけど、公立三夜中からカンパをもらったり、あるいは夏休みになったら公立夜中の教員が自主夜中の応援にきてくれたりして、ピンチを半年ほどで乗り切ったということがありました。

生徒さんがいないということでいえば、宇陀で約三年間、生徒ゼロというのが続きました。スタッフにしたら奈良県の六つの夜間中学の一角を担っているんだと。奈良県東部が宇陀の守備範囲になるわけです。これを「なくすわけにはいかん」ということで、生徒さんこないので代表出勤で、とにかく一人ずつスタッフが必ず行って電気つけようと。きたら必ず勉強できるようにと。生徒さん三年間ゼロは、きつかったですけど、やってきました。いまは六人、生徒さんが常時きてるという、そんな状況です。

公立夜中もそうですけど、自主夜中はとりわけ、おもしろくなかったら、次回からはもうこない。交通費も出ないし、補食も出ないし、そういう保障は一切ない。「きて、おもしろい」「勉強になった」「きょうはエエ勉強した」と思って帰ってもらわんと、次きてくれへん。そういう緊張感というものは、常にありますよね。だいたい一対一で勉強するんですけど、一対一の信頼関係、人間関係、それをつくるのがいちばん大事なことやと思うんですね。そのことが、髙野さんの言葉でいうと「自主夜中の生命線」。それがなくなったら、ぜんぜんダメ。

去年、畝傍夜中であったんですけども、ある教師が、担当の生徒さんが教室で待っている、それでも職員室で雑談して一〇分も一五分も待たしている。そんなことは絶対あったらあかん。自主夜中では絶対あったらあかん話です。公立夜中でもあかんと思いますが、そんなことあったら、まわりが許しませんよ。そんなことあったら、そんなスタッフおったら、次、その人、絶対きませんかられ。自分が相手にされてへん、自分は歓迎されてないって生徒さんが思ったら、次から絶対きませんよ。そういう緊張感は、やっぱり常に自主夜中ではあるということですね。

●やっても、言わしてもアカンこと

韓　公立の夜中でも、昼の学校と違って、「夜間中学、行って身にならんわ」と思ったら、こないです。プラスの面で違う道に行くというのならいいですけど、がっかりして去られる、「私の学ぶとこじゃない」と思って去られるというのは、非常にぼくとしては悔しいし、そういう意味では、ぼくら公立の教員は、自主夜中のスタッフと違って給料もちゃんともらってますし、身分保障もされているので、よりいっそう強く思わないとあかんのとちがうかなと思います。

菅南夜中の差別事件のときに、当時の勤務実態の話なんか聞きながら、「なんやそれ、夜間中学は教師がサボるためにあるのか」って思ったのを鮮明に覚えています。天王寺夜中に赴任したときに、当時、市会議員からにらまれていて、「閉校しよう」という声に危機感を生徒もぼくらももっていました。そんななかで、本音ではないにせよ、「私が定年までこの学校があればいい。あとのことは知らん」と言い切った教師がいて、愕然《がくぜん》とした。それに対して、まわりは異を唱えない。「そういう人だからしょうがない」とみなあきらめてる。ぼくだけ激昂《げきこう》して大ゲンカしたんですけど。

「生徒が主役」「生徒のための学校や」とよく言われるのは、ともすれば、そう思ってない人も夜間中学にいるのだという受け取りをぼくはしました。その教師ともその後ずっと一緒に仕事をしてますから、それがすべて本音ではないと百歩譲って思いますけど、でも、その発言はやっぱり許せない。ぼくもそんなに仕事が好きな、マジメなタイプではないですけど、こんなことを言わしたらアカンというのは、いまだにもっています。やったらアカンのはもちろんですけど、言わしてもアカンと、いまでも思っています。

米田　「自分が定年までこの学校があればいい」って、昼の学校やったら許されるのかっていう話ですよ。昼でもアカンでしょ。生徒を大事にせなあかんというのは、夜でも昼でも一緒や。それが四〇人、五〇人という教師のなかで、そういうのが許されていて、当たり前になって幅をきかせて、なんか大きな顔してる。そういう人が夜へきたら、そうなるんやなと思いましたね。

夜間中学へこんな先生がきてほしいというのはあるけど、生徒さんは、基本的に先生を選べません。特別その意識が高いとか立派な業績があるとか、そんな先生にきてほしいとは思いませんが、せめて生徒さんと一緒に勉強するという気持ちをもった先生にきてほしいと思いますね。

由利　結局、教師としてやってはいけないこと、生徒を切り捨てるようなことはアカンことなんです。昼やったら、アカンことやったら、即、子どもの問題行動とか親のクレームとか、必ず出てきます。それはみんなわかってるから、やったらアカンと。夜間中は、相手が大人やから、即、問題行動にはつながらない、親のクレームもこない。そういうところにあぐらをかくという構造ができてしまいます。

韓　公立の夜間中学生って、クレームつけないで、辞めてしまいます。文句言わない。「もう、あの先生、イヤ」となったら、辞めてしまう。辞めたところで、昼の子やったら家庭訪問があり、「学校、こい」っていう働きかけが親からも教師からもありますが、夜間中学の場合、ほとんどない。

●公立夜間中学教員の立ち位置

白井　いまの話を聞きながら思うんですけど、夜間中学ができて、大阪の場合、五〇年。そのなかで、いろんな学びたい思いをもって夜間中学に行ってるんだけど、夜間中学での除籍者というのが、むちゃくちゃな数字あります。

初期のころは、それこそ先生たちは、昼の中学校と同じようにやったらええ、という頭があった。学校教育制度のなかに入って、「三年なんやから、とにかく卒業して」「中学校やから中学校の教科書で」というのが、初期の段階でした。それに対して、夜間中学生から反発が出てるんです。「私らは、こんな学びをしたいのではない」と。おそらく学校内で提起をしたんでしょう。けれども、受け入れる教師がおらないということで、「私らの学びの場をつくろうか」というのが初期の段階で、夜間中学に行きながら昼の時間帯に、あるいは土曜日や日曜日の時間帯に集まって、勉強の場を開いてるんですよ。

そういう押し返しも夜間中学生はやりながら、先ほど韓さんも言うたんやけど、こないということでなしに、「私が命をかけてきた夜間中学が、こんな扱いされてたまるかい」という衝突がいっぱいあって、結局、そういう思いを受け止めていった、あるいは受け止めていこうとした学校と、「何言うてんねん。制度に合わせ」というかたちで押し返して、「いっこも私らの言うこと聞いてくれへん」ということであきらめさせていった学校と、そういう流れがぼくはあると思います。夜間中学生は非常に控えめに言うけども、そこのところ、どんなふうに自分のものとして受け止めるのか。そして制度のなかにありながら、しかしその制度を突き破っていく、そういう五〇年だったのではないかなと思います。

いまはどうなのか非常に心配なんですけども、畝傍の話も出ましたし、自分が現役でおった時分にたしかに、何人かがんばれば、そういう先生たちも仲間に入って、そして全体としてレベルアップできるというふうには思いました。とっても残念な状況というのは、五〇年のなかにいっぱいありましたね。

黒川 その、先生と衝突があったっていうのは、何年ぐらいの話ですか。

白井 いや、常時あるでしょう。初期の段階でいうたら、夜間中学生が自主的につくりはじめた新聞「かえるつうしん」「ペンペン草」であるとか、須尭君の、形式卒業者の入学の話。制度内におったら「卒業証書もらってる人をまた入れてというわけにはいかん」という考え方になるが、それを突き崩していったのは、一八回全夜中研大会（第一八回全国夜間中学校研究大会、一九七一年）であり、八〇年のはじめぐらいでも全国で一五〇人ぐらいの形式卒業者の夜間中学生が学んでるんです。しかし、制度内のなかで、そんな人は入れるわけにはいかんということで断ってきた。にもかかわらず、二〇一五年七月の、形式卒業者も入学できるという文科省の通知でしょう。

だから初期の段階から、そういう夜間中学生の言ったことに衝撃を受けて教員が変わっていった歴史と、変わらずにすべてを夜間中学生のせいにして「あいつが悪い」としていった歴史と、二つのせめぎがあったとぼくは思います。

黒川 外国からくる生徒が非常に増えてきていて、日本語からまず学ばなければならないという生徒が増え、仕事をしてる生徒が圧倒的に増えてきてるなかで、仕事が忙しいからっていう理由で生徒がこなくなったときに、教師の側もなんか「しょうがないかな」と思ってしまう面があると思います。自分自身、自戒も含めて、そう思います。「夜間中学やし、大人だから、くる者は拒んだらあかんけど、去っていく生徒は仕方ない」という感覚が、やっぱり教職員のなかであることは事実だし、残念な面です。現場の先生方が常に自戒していなければいけないことかなって思います。

昼間でも結局、同じことですけどね。昼間だからやれた、夜だからやれないじゃないですね。昼間、自分のクラスに不登校の子がいたら、ほっておくことはできないのと同じだと思います。夜間中学で、毎日くるっていうことが、いろんな生活のなかでむずかしい生徒が多いなかで、「それでもやっぱり勉強しましょう」と、自分の授業の見直しもしながら励ましていくことが、教師に求められてると思います。ものすごく当たり前だけど、とてもむずかしい話ですが、そこらへんは、いまの先生方にぜひ厳しく考えていただきたいなと思うところですね。自分自身も甘かったという自戒を込めてですが。

●就学援助・補食給食の府補助継続の闘い

由利　緊張感をなくしてしまった公立夜間中の状況というのは、ともするとそれが日常になってしまうってことがあります。

先ほどぼくの三〇代の話をしましたが、五〇代になって、ふたたび夜間中に帰ってくる機会ができて、そこから再任用を含めて、トータルしたら実に二五年、殿馬場に勤めました。そのなかでいちばん緊張感をもった一年が二〇〇八年なんです。橋下《はしもと》知事が出てきて、補食給食と就学援助の補助をカットした。ここで、夜間中学はなんであって、自分たちの仕事の内実ってなんなのかをきちっと発信していかんとあかんということを、まわりも受け入れたというか、そういう一年だったといま思っています。私の人生のなかでも一〇代のある一年間というのがありますが、それに続く一年間が二〇〇八年だった。

当たり前に自分たちの仕事の中身、生徒の学びの中身を確かめて、それを発信する、行政に発信する、昼の学校に発信する。そういう緊張感っていうか、それは教師の仕事として当たり前のことだと思いますけど、それを日常にしていくっていうことは、むずかしいことなんかなっていう。逆に、そういう攻撃がきたときに、はじめてそれが受け入れられる一年間でした。

　変な話、しばらくは余韻でそれが続くわけなんです、「ああ、由利さんの言ってることも大事だ」といった感じで。でも、だんだんそれがまた日常に戻ってしまう。私の二五年のなかで、三〇代のときの学級減の問題であるとか、四項目（96頁参照）をめぐっての問題であるとか、いろいろあったわけです。上からの規制がきて、自分たちの仕事の場自体が危うくなってはじめて、自分たちの仕事ってなんなのかを確かめあって、発信していくっていうことが日常化する。自主夜中ほどの緊張感はなかったとしても、最低限、それは自分たちの仕事だという自覚がもてる職場にしていければと思いつつ、それができないまま、二五年が過ぎたというところです。

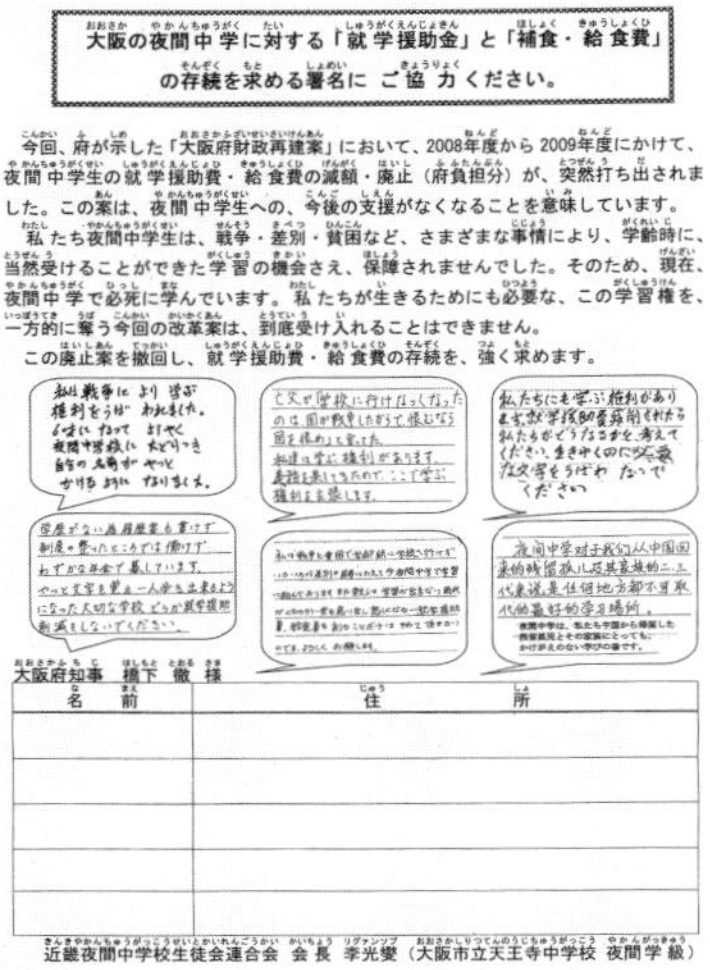
大阪《おおさか》の夜間中学《やかんちゅうがく》に対《たい》する「就学援助金《しゅうがくえんじょきん》」と「補食《ほしょく》・給食費《きゅうしょくひ》」の存続《そんぞく》を求《もと》める署名《しょめい》にご協力《きょうりょく》ください。

　今回《こんかい》、府《ふ》が示《しめ》した「大阪府財政再建案《おおさかふざいせいさいけんあん》」において、2008年度《ねんど》から2009年度《ねんど》にかけて、夜間中学生《やかんちゅうがくせい》の就学援助費《しゅうがくえんじょひ》・給食費《きゅうしょくひ》の減額《げんがく》・廃止《はいし》（府負担分《ふふたんぶん》）が、突然《とつぜん》打《う》ち出《だ》されました。この案《あん》は、夜間中学生《やかんちゅうがくせい》への、今後《こんご》の支援《しえん》がなくなることを意味《いみ》しています。

　私《わたし》たち夜間中学生《やかんちゅうがくせい》は、戦争《せんそう》・差別《さべつ》・貧困《ひんこん》など、さまざまな事情《じじょう》により、学齢時《がくれいじ》に、当然《とうぜん》受《う》けることができた学習《がくしゅう》の機会《きかい》さえ、保障《ほしょう》されませんでした。そのため、現在《げんざい》、夜間中学《やかんちゅうがく》で必死《ひっし》に学《まな》んでいます。私《わたし》たちが生《い》きるためにも必要《ひつよう》な、この学習権《がくしゅうけん》を、一方的《いっぽうてき》に奪《うば》う今回《こんかい》の改革案《かいかくあん》は、到底《とうてい》受《う》け入《い》れることはできません。

　この廃止案《はいしあん》を撤回《てっかい》し、就学援助費《しゅうがくえんじょひ》・給食費《きゅうしょくひ》の存続《そんぞく》を、強《つよ》く求《もと》めます。


夜間中学は、私たち中国から帰国した残留孤児とその家族にとっても、かけがえのない学びの場です。

大阪府知事《おおさかふちじ》　橋下《はしもと》 徹《とおる》 様《さま》

名前《なまえ》	住所《じゅうしょ》

近畿夜間中学校生徒会連合会《きんきやかんちゅうがっこうせいとかいれんごうかい》　会長《かいちょう》　李光燮《リグァンソプ》（大阪市立天王寺中学校《おおさかしりつてんのうじちゅうがっこう》 夜間学級《やかんがっきゅう》）

就学援助費と捕食給食費の減額・廃止の大阪府方針に対し、夜間中学生の想いを込め、全員で創りあげた署名用紙

韓　二〇〇八年の動きは、ぼくはものすごくうれしかったんです。

　それまで、そんな大きな動きじゃないけど、辞めていく生徒を何人も引き止めに家庭訪問に回ってきた。「あの先生の、あの言いぐさは、私、許されへん。もう辞める」。もうちょっとがんばって、せめて卒業しいやって言うけど、「いらん、辞める」。在日のハルモニもいましたし、日本の生徒もいました。でも、夜間中学生の多くが、それを言わない、学校にはぶつけない。黙って消えていく。家庭訪問して、「こんなん言うてるんですよ」って言っても、「辞めるという生徒は、しゃあない」「私は何か間違ったことやった?」という教師の反応。間違ったことやったのじゃなくて、それはちゃんと生徒に伝わってないよということを、ぼくは伝えたつもりだけど、結果的にはその生徒が辞めることを止めれなかった。ぼくは、何回も。

　でも、二〇〇八年、「先生たちがこう考えたから、こうしましょうね」という生徒会の提案に対して、はじめて「先生、それじゃアカンで」と生徒から提起された。

それも、怒られたんじゃなくて、守口の夜間中学生、一《いち》森《もり》さんがぼくらを諭してくれたんです。「私らはこう思うけど、アカンやろか。先生、お願いやから生徒会で話をする機会をつくってくれへんか」。あくまでも低姿勢に、そういう言い方をされました。でも、少なくとも教師のこうやろうということに対しダメ出ししたことを、ぼくはあのときはじめて見て、とってもうれしかったですね。

もうあと、やること決まってますから、「それはアカンで」っていうのを、どうしていくかだけです。腰がすわったら、非常にあの一年、二年というのは、ぼくは緊張よりも高揚感でがんばれたなと思います。ぼくはあのとき、「生徒が言うてるんですもん」と、ずっと言えましたからね。

●「学びの原点」が夜間中学だけにあっていいのか?

山﨑　豊中四中夜間はこじんまりした学校なんやけど、「そこまで何もみなさんの前で言わなくていいのに」と感じる教職員もいるような内容であったとしても、話をする生徒がほんとうに多いと思っています。語るだけじゃなくて、語り合えるというか、話すと、次にその話を聞いて、自分の人生、自分のことを話すことができている。そんなことがつながり、つながり、バトンタッチされてきている豊中四中夜間の四十数年間なんかなと思っています。ときには四中夜間のなかでも「あの先生のことは、許されない」ということもあるんだけども、一方で、なんでそれが許されないことかということを、自分の人生と重ね合わせて生徒が話をしてくれる。それでまた私たちも学ぶというようなこともあります。

夜間中学は「学びの原点」とよく言いますよね。私は、「学びの原点」が夜間中学だけにあっていいのかなと思うのです。「学びの原点」は、夜間中学だけじゃないと思います。夜間中学に「学びの原点」を求めれば求めるほど、いまの学校や教育のあり方がほんとうに問われていると感じます。大阪やったら夜間中学校は一一校しかないけれども、その一一校が発信することで、問いかけつづけられ、いまにいたってるのかなと思ってます。

●「先生、学校ってどんなところか知ってんの?」

山﨑　印象に残ってることとして、やっぱり「学校」というのはすごいなということです。夜間の生徒に「このメンバーでたとえば服部《はっとり》緑地で会ってたら、こんな話に毎日なるかな」と言ったら、「先生、そらならへんで。やっぱり学校やから」って言う。「学校」がもつ力っていうのは、意外と教職員のほうがしっかり考えきれてない。「先生、学校ってどんなところか知ってんの？」ということを、夜間の人たちから教えてもらうというか、忘れかけてることを思い出させてもらえるというか。そんなことがありました。

私ごとになりますが、強く記憶に残っていることのひとつは他界した父のことです。私が夜間中学校に五年ぐらい勤めたころ、父の体調がだいぶ悪くなってきていました。父は一九四五年で一六歳なので、中学校時代は戦中です。私に直接言わなかったけど、父は、他界するちょっと前、母に「自分は東京で夜間中学校に通っていた」ということを言ったそうです。母もそんなこと、父から聞いたことがなかったという話をしていました。

当時の夜間中学といまの夜間中学とは状況も違うだろうけど、父は、戦争中、家族のことやいろんな事情で昼間に仕事をして、ぜんぜん学ぶこともできないなかで、東京の夜間中学校に行ってたんだということを伝えた。それは母にだけにはじめて伝え、もうそれっきりにしてほしかったらしい。母は私に「こんなこと、ぽろっと言うとったで」と。私自身は、いつか父から直接その話を聞きたいなと思っていましたが、父は体調を崩して、そのまま他界してしまった。父がふとそんなことを母に伝えたということが、いま自分が夜間中学校に勤めていることと合わせて、心に残っています。

夜間中学校で生徒に対して、「家族の人と学校のことを話せへんの？」とか、私自身が聞くことがある。一方で、私自身が父から夜間中学校のことを聞き取れなかった。夜間中学校のことで私自身がものすごく重なったなと思っています。

●夜間中学がもっている場の力

韓　教育の原点が夜中にあっていいのかっていうのは、そのとおりとぼくも思いながら、でも、いま担当しているクラスに学び直しの生徒たちがたくさん入ってきてるんですね。ほとんどそうなってきたときに、去年四月に学校が始まって、四月の半ばから後半に「えっ！」っていうぐらい、生い立ちのことからネグレクトのこと、いじめのこと、「過去の話をそこまで言うてええんか。おれ聞いてええんか」っていう話が、ぼんぼん出てくるんですよ。

昼に勤めているときに「しんどさを出し合おうや」といろんな取り組みをしても、まぁ出てきませんわね、子どもたちからは、なかなか。それはよっぽど心開かないと、自分のしんどさって語ってくれない。しかし、夜間中学という箱のなかで、ぼくはなんの働きかけもなく、なんの動きもなく、信頼関係だって、会って二週間あまりですよ、生徒同士も。そんななかで語っていくのを見て、「あらら」って思ったんですよ。温かいというのはそのとおりやけど、なんかあるんやろなと思う。「なんであんな話したん」って聞いたら、「自分でもよくわかりません」と。だれかが言い出したから、それに応えて、応えて、どんどんエスカレートというか。それを見てて、やっぱ夜間中学しかありえないなと思う。

山﨑　時々、「○○先生、よくそこまで言葉を引き出しましたね」って言う人がいる。でも、それは違う。夜間中学校のなかで生徒たちがずっと受け継いできたものが、やっぱりあるからそういうことになる。もちろん、教職員が何もしてないという意味ではなく。○○先生だからということではないっていうところも、ものすごく感じた。昼も夜間も、教職員の力というよりは、生徒同士の関係性が大きく影響していると思う。

石打　記憶に残っていることでいうと、本名で呼ぶということがあります。昼の学校で本名を呼ぼうとすると、「そんなことして、うちの子、先生、一生面倒見てくれるのか」と言われたりして、前に進めなくて、しんどかった。琴城分校にきたころは、在日朝鮮人一世が多い時代でした。通名で呼んでいたなかで、本名で呼ぶべきだという議論が起こり、本名を呼ぶことを決めて進めていくと、昼と比べると、いとも簡単に壁を越えた感じがしました。それは山﨑先生が言われた「お互いがなんかある、夜間中学の力」ってあると思う。夜間中の学びのなかで、本名を呼ぶことも含め、生徒が異議申し立てをする力をつけることを、教師の目標にできるところに立つことが大切だと感じています。

●「夜間中学では勇気をもらった」

黒川　私の場合、一番は二〇一五年の太平寺夜中の移転問題です。それまでに私は、「近畿夜間中学校連絡協議会」とか「全国夜間中学校研究会」とかでいろんな仕事もしてきましたけど、生徒に突き動かされた、生徒の力に後押しされたなっていうのが、この移転問題のときでした。この一年は、自分でもよくがんばったと思ってるんですね。日々あまりにもしんどいなかで、心のどっかで『早くどないかならへんか、収束せえへんかな』とか、すごく弱気になるときがいっぱいあったんですけど、それを生徒自身が引っ張ってくれた。あれは生徒自身の権利の闘争やったと思います。

中国人で帰国者三世の生徒ですけども、仕事の関係で、なかなかビラまきとかに時間の問題で参加できない生徒でした。移転問題の終盤、「太平寺が一応、布施中学になるけれども、布施中学に行ったら教室がひとつしかない。太平寺小学校やったら三つ教室があるから、布施中学校夜間学級にはするけど、教室は太平寺小学校の校舎に行ってほしい」と委員会に脅しのようなことを言われた時期があって、それを教室で話したときに、その生徒はトコトコッと廊下に出ていって、「どうしたんかな。トイレかな」って思っていたら、廊下から教室のぞいて、「ぼくはこんな状態になってでもいいから、布施に行きたいです」と発言した。教育環境とか施設とか、どんなことが勉強できるとか、それ以前に、あの問題っていうのは、「なぜ自分たちだけが布施に行けないのか」というう、人権の根本的なところを問われる運動だったので、すごくその発言にハッとさせられたし、勇気づけられたし、何としても最後までがんばらなあかんと思えました。

その生徒が去年三月に卒業しました。卒業を機に、ちょっとご飯でも食べに行きましょうと行ったときに、彼は「夜間中学では知識ではなくて、勇気をもらった」と言ったんです。日本語が上手になったという面もあるけど、職場でいろんなことがあるときに、それに対してははっきりものが言えるようになった。「勇気」という言葉で彼は表したけども、人間が生きていくうえでのほんとうに根本的な力っていうものを夜間中学でもらったと彼は言いたかったんかなと思うんです。

それは、夜間中学の果たす役割にも関連すると思うのですけど、日本語から教えないといけない生徒であっても、夜間中学のもっているものというか、果たさなければいけない役割は一緒じゃないかなと思っている。じゃあ、どういう日本語を教えるのか、どういうふうに日本語を教えるのかを、常に考えていかないといけないのではないかと思っています。

「教育機会確保法」について

韓　三番目に「教育機会確保法」（義務教育の段階におけ

る普通教育に相当する教育の機会の確保等に関する法律。二〇一六年一二月公布）の見方について、それぞれの意見と討論ということでもっていければと思います。

●さらに運動を進められるものを手にした

黒川　法律ができたからといって、必ずしも進むということにはならないと思っています。けれども、現実、松《まつ》戸《ど》とか川口《かわぐち》で公立夜中ができることとか、太平寺中の移転問題以降、どっかの学校の大きな危機とかはなく、踏みとどまれてるのかなということをみると、うまく「教育機会確保法」を使っていくことによって、さらに運動を進めていくことができる、そういうものを手にしたことは事実ではないかなって思ってます。

●韓国の平生教育法の問題

韓　ずっと頭にあったのは、韓国の平生《ピョンセン》（生涯）教育法です。日本に先立って韓国では、生涯教育法という法律ができて、それまで法の裏づけがなかった文解《ムネ》教育の全国ネットワークを国が支援することになった。それとセットでいろんな縛りが文解教育にかかって、文解教育が大事にしてきたことが、やはり失われざるをえなかった。もちろん残ってはいますけど、残ったところは指定から外れて補助が下りないという縛られ方をした韓国の現状を見てたので、何よりまずぼくはそれが心配でした。

文科省がどんなふうに使うかなって思ったときに、一番の意図として見えたのは、不登校対策としての位置づけでした。昼の教育ででききれなかった部分を、夜中に丸投げするような使われ方をしたのでは、夜中は救われないし、ひどいことになるなという懸念を非常に強くもちました。

●危険性を自覚し、法を武器にする力量を

白井　この法律をつくろうと議論を始めたとき、近夜中協（近畿夜間中学校連絡協議会）のなかで激論をした。とりわけ奈良のほうから声が上がったのは、そんなふうになっていったときにプラス部分が潰れてしまう。そういう問題があるから法律化のステップを登るのはよくないという言い方を奈良の人たちがしました。しかし、それ以外の部分は、近夜中協、全夜中研（全国夜間中学校研究会）ができてきた過程のなかでも、これがないためにさまざまな人たちを学びから遠ざけていったというところで、法をつくるのは念願であると思うのです。しかし、

奈良が提起した「何でも飲まされてしまう」という部分がどう克服できるのか、現場の主体性が確保できているかということが重要だ。

たとえば松戸とか川口で公立夜間中学が発足するけれども、それを主体的に担っていく人たちが、行政じゃなしに、学習者に向き合って、それこそ法を武器にしてつくりあげていって広げていこうという展開になるのか。行政主導で行政の考える、昼とちっとも変わらない夜間中学になる危険性がありやなしやということです。

大阪で夜間中学ができたときに、「中学校ですから三年でしょう」という枠が突破できるのに、何年かかったか。そしてそれが突破するのに、どういうような作用が働いたのか。いまの各地の学校現場で現場が主体性をもちうるような力関係になってるのか。そのあたりを大きな話題にすべきだと思います。

われわれの弱さのところに行政が踏み込んできて、自分たちの夜間中学を押しつけてくることを排除するということを、われわれがやらないかん。そうしないと、いかようにも使われてしまう危険性をぼくは感じます。昼の学校で、どうもならん部分を夜間へ送り込む。外国からきた人たちも夜間中学でやってくださいと。そして、長い引きこもりの人たちも夜間中学でやってくださいと。そのなかで夜間中学でどうもなる人になるのか、という見極めをやらせよう。政府・教育再生実行会議は、そこを見とるのじゃないかなと、ぼくは非常に懸念しています。

だから、この法はアカンという言い方じゃなしに、われわれの力を溜《た》めて、これを武器にして、さらに展開をしていく法にせなあかんとぼくは思うのです。

●公立化の願いが叶うのはいいこと

米田　いま白井さん言われたように、奈良県夜間中学連絡協議会（「奈夜中協」）は、三つの公立夜中と三つの自主夜中が集まっているところですので、いろんな意見があったというのはたしかです。そのなかには、「すでに公立夜中がある奈良にとっては、各県にひとつずつという話は何のメリットもない。あれが全体に網を打つようにして縛りをかけてくることを警戒せなあかん」と、法律ができることに否定的な意見を言う人もいた。

最終的に「奈夜中協」としては、いままで、北海道の遠友塾《えんゆうじゅく》とか北九州とか、いろんなところと交流し、研究集会にきてもらって話をしたりして、公立化を求めながら自主夜中を営々と何十年も展開してきてる人たちの想いを知ってるから、法ができて、その人らの想いが叶《かな》うのは全面的にいいことやと。何の躊躇《ちゅうちょ》もなく、これはできなあかんということでつながっていきたいと思った。奈良で公立が三つあるとこでストップかけるなんて、とんでもない話だということで、奈良としてはまとまったとぼくは思ってます。

白井さんが言われた懸念、どのように使われるかということは、われわれがどう使っていくかということです。これはこっち側がどう運動のなかで超えていくかという問題であって、文科省側の問題ではない。それをもって、いままでの既得権がなくなってしまいかねないみたいなことで反対するのは、とんでもない話やとぼくは思ってるんですね。奈良で公立夜中がいちばん気にしてるのは在籍年数に縛りがかかること。たとえば三年とか六年とか縛りがかかってくることをいちばん気にしてたわけですけど、それは運動の側の問題ということで、即、それが市教委との関係で、法律ができたからそのとおりやるということにはならないと思っています。

ただ、全面的に法律に頼りきって、それでうまくいくだろうと思ってしまうのは、非常に危険だと思っています。これはやっぱり、いままでと同じように、育てる会、生徒会、職員が一緒になってもっと論議して、しっかり既得権を守っていくし、奈良でいえば既卒者の権利を保障していくし、地教委・市教委に迫っていくこともせなあかんし、全国の運動している人たちと結んでいかなあかんと思っています。

●懸念を突破するためにもがんばらないと

黒川　法律ができたあとで文科省が、教育課程は昼のようでなくて特別のものでいいというか、柔軟にしなさいという通知を出したりとか、これから夜間中学をつくろうと考えてる、たとえば宮城県仙台市などでも「年限は柔軟に考えたほうがいい」と報告書で出してたりということがあります。公立になるにあたって懸念するところはもちろんあるけども、それを突破するようなことをいままでがんばってきたし、これからもがんばらないけないと思います。

●為政者の都合で変わることを意識する

韓　法律の裏づけがあることがひとつ支えになりつつも、そのときの為政者の都合で法律ってどうとでも使われる危険があることは、意識しておかないと怖いなと思います。文科省の動きは、ぼくはええ動きやと思います。でも、これまたいつでも都合で変わるなっていうのは、これまでもあったことです。形式卒業の問題も、第一八回大会で認めたって、ぼくら突破できなかった。認可する大阪市教委や東大阪市教委に「形式卒業ダメです」と言われたら、何もできずに、生徒を何人もぼくら断ってきた。同じことをまた違うかたちでやられたら困るというのは、常に意識しています。

●経費負担のいわゆる「奈良方式」

米田　畝傍でいえば、畝傍には周辺の市町村から通ってくる生徒がたくさんいる。その生徒にかかる費用については、橿原市がいったん全額支払って、年度末に生徒が居住している市町村に請求するんです。市町村が協定を結んで支払うことになっている。でも、御所《ごせ》、大和高田《やまとたかだ》、葛城《かつらぎ》、桜井《さくらい》など、各市が制限を加えてきています。たとえば、在籍年数は六年とするとか四年とするとか。交通費は払うけど、補食費は自分で払ってくださいとか。三分の一以上出席しない場合は除籍にしますとか。さまざまな条件をつけてきている。

二〇一〇年、御所市の教育長を毎日新聞の記者がインタビューした。ぼくと教育長の談話を並列するかたちで載りました。教育長は「夜間中学の役割は、ほとんど終わっている。日本語教育ばかりで、中学教育ではなく、もはや学校ではない。本来、補助金を出すべきものではない」というようなことを言ってる。

当時、御所でそういうことをやって、大和高田市の教育長が「御所市ができるんやったら、うちもやろう」ということで、同じようなことを始めた。それが雪崩《なだれ》みたいに広がっていった。それは夜間中学をどう理解しているのかということだと思います。

今回、文科省が出しているさまざまな見解を見れば、文科省の考え方とどこかの教育長の考え方とは明らかに違うことがわかってくると思うんです。そういうことも含めて、いまぼくは第一線にいないのでなかなかできないけど、ひっくり返していきたい。その武器にはなるやろと思ってます。

●「教育機会確保法」が新たなスタート

山﨑　夜間中学校が、戦後もう必要のない学校だということで、国からつぶされようとしていた歴史があった。

一方、当初から全国の夜間中学校から法制化の要望はあったと思います。「教育機会確保法」は、フリースクールとの関係でいろいろと揺れ動く状況もあるけれども、少なくとも、文科省が公立の夜間中学の設置推進、条件整備をしていくことを明らかにして、実際に動いてることは、大きな力にしていかなければならないと思います。学校の条件整備をしっかりしてもらったらいいことだと思っています。夜間中学のあり方は、それこそ夜間中学の現場がつくっていくことだと思う。

夜間中学をどう受け止めなければならないのか、国や地方自治体の位置づけは、今回の法制化の動きのなかで見えてきたと思います。しかし、全夜中研で求めていたことからいったら、抜け落ちてることもあるし、まだまだこれがゴールじゃなくて、これが新たなスタートだと思ってます。

●国に条件整備を求めていく

白井　文科省は、夜間の就学援助という部分を、二年間、財務省に概算要求で出して蹴られている。就学援助・補食給食の問題は、解決させなあかん問題。奈良のほうの各居住市に負担させるという制度も、在籍年数を制限する力として作用したり、非常に財政が逼迫してる市では、夜間中学生の学びを値切っていくという作用をしています。ですから、国がいかにお金を出すかということを追求していく。たしかに、県立の学校であれば国の負担はないと言ってたのを、夜間中学に関しては県立であっても負担しますという条項を設けましたけれども、やはり国はもっとお金を出さないといかん。いろんな人たちに対応できるような夜間中学であるためには、現有勢力のなかでやれではいかん。多くの手立てをとって、条件整備をすることを国がやらないで、地方行政の義務ですよというだけではダメだということを押さえないといけない。

大阪でいうと、南河内《みなみかわち》はいまも自主夜中でがんばっている。大阪でこの法律を使って夜間中学をつくらなあかん場所がある。近くに夜間中学をつくるという課題が大阪に残っているということも、しっかり押さえておかなくてはいけない。

それから、フリースクールや不登校の子どもたちの問題をがんばってきた人たちを分断するようなかたちでこの法があることも押さえたい。押さえながら、夜間中学の部分を見、国が何を見ているのかを押さえて動かないとあかん。法律を否定するということでなく、それも入れて国のほうは施策を打ち出してきてるということを押さえないと、間違ったほうに走ってしまうと思います。

●すべてが公立化ではない

米田　吉野自主夜間中学がもう二十何年続いてるのですが、吉野郡大淀町《おおよどちょう》は人口二万人ぐらい。周辺に吉野町、下市町《しもいちちょう》があって、ぜんぶ足して四万人。そこで週二回、二十何年続いてきてる。毎回、十数人の生徒と同じ数のスタッフで、非常に家族的でいいとこです。

中心的にやってる北山さんに「公立化を要求する気はないのか」と言ったら、「すぐそこに大淀中学がある。二十何年間、目の前に自主夜中があるのに、大淀中の教師は一人も見にきたことがない。自分とこの生徒も勉強している。でも、一回も一人もきたことない。そんなところに公立化を要求して、どんな教師がそこにくるのか。そんな教師に任せられない」って言った。自主夜中は自主夜中でやりつづけたらいい。文科省も、自主夜中にも、縛りにならんような何らかの補助をしていただけたら。すべてが公立化ではないように思います。

●夜間中学の意見を国に伝えていく

山﨑　法制化にさまざまな課題があるなかで、この間の動きを見ていると、文科省は夜間中学で切り離して進めているような気がする。逆にいうと、近夜中協や全夜中研、連携してる自主夜中のみなさんの意見を国にしっかり伝えていくことが重要だと思う。いつの間にか国の都合に合わせて画一化していくような流れに方向転換されないようにしなければならないと感じています。

夜間中学の明日

韓　明日の夜間中学について、これからの夜間中学について聞かせてください。

●夜間中学の門戸をさらに広げていく

米田　ぼくが中学生のときに、出席簿に名前はあるけど三年間で一回も見たことのない子がいました。それは、校区の被差別部落の女の人でした。いまぼく七二ですけど、ぼくより一〇歳下でも、同じようなことがやっぱりあったんです。だから、高度経済成長と同和対策事業特別措置法の一定の成果があって、部落差別のために学校へ行けなかったという人がほとんどなくなっていくのは、どれくらい前からなんでしょう。六〇代以上の人で、差別のために学校へ行けなかった人はまだ相当いると思います。それが夜間中学へきてないだけのことで、在日の一世、二世の問題にしても、就学猶予・免除で行けなかった障害者にしたって、いると思います。

日本社会で学齢時に学校へ行けなかった人に門戸は開いておいて、さらに広げていく。そういうことを前提にしていえば、奈良での課題は、既卒者については、奈良市教委がようやく特定の人について認めることになった。一般的に「不登校の生徒、どうぞ」というようにはなってないと思う。天理と橿原は、まだ卒業証書を持ってる人はアカンということになっている。それをいま一生懸命運動して、取っ払うようにしてる。

市教委が心配してるのは、何千人単位でいる、いわゆる形式卒業の人らが、夜中へがさっときたらどうするのかということ。それは、当面ないですよね。こない。われわれがいちばんしたいと思っているのは、三〇、四〇ぐらいのときに「学校行ってたらよかった。勉強したいねん」と思って夜間中学にきて、調べたら卒業生名簿に名前があって、市教委が「ダメです」と断らざるをえなかった人たちについて、これまでは「聴講生できてください」とかあったけど、それが公明正大にきてもらえる状況をとりあえずつくりたいと思ってる。不登校の卒業した子がこっちで勉強したいと言ったら、それはもう大いに引き受けていかなあかんと思います。

そうなると、夜中のシステムが変わっていきますよね。たとえば、受験指導とかせんならん。何十年と識字みたいなことをやっていて、夜中の先生にそんなんできるのか、変わっていかなあかんと思います。

山﨑　高校受験を目的に入学してくる生徒を主体にした夜間中学校になるというのは、ちょっと違うことだと思う。進学ばかりに力点が置かれると、見失ってしまうことがありはしないか。なぜ夜間中学校にくるのかという現実を受け止めたうえで学んでいく、その先に受験があったり、次の進路が見えてくるというようなことがあるかもしれない。単なる受験指導ではなくて、「進路保障」をふまえた取り組み、その力量をもっておかなくてはいけない。

●本質を見失った夜間中学になるな

韓　うちの形式卒業者でいうと、発達障害か精神障害か、何らかの手帳を全員が持っている。いままで身体障害か車椅子の生徒さんはおられましたが、クラスの全員がというのははじめてのことで、いままでの夜間中学でたぶんあまりなかったことかもしれません。そこに対しては、責任もって対応せなあかんと思ってます。

今後、既卒も海外からの流入者も含めて、いままでにないパターンが増えていくだろうと思うが、ぼく自身が思う夜間中学っていうのは、二〇年、三〇年前、戦後の混乱期に学べなかった人に対して夜間中学が応えたように、いま学びを求めて、既卒者、外国人も含めて、きてる。そこにできるかぎり応えていける夜間中学じゃないと、それこそ本質を見失ってる夜間中学になりはしないだろうか。「高齢者のための、在日のためのカリキュラムはこれだ。あなたたちの課題はそれに合わせなさい」では、いままで夜間中学が大事にしてきたことを大事にできないだろうと思います。

いま、うちの生徒の半分はネパールの子で、学齢ではない一〇代、二〇代の若い子らです。制度の違いはありますが、本国での義務教育は終えている形式卒業ですね。生徒の状況をふまえ、市教委とも相談して対応してますが、夜間中学が彼らをもし締め出すとしたら、三〇年、四〇年のちには、ぼくらの親の世代の在日と同じような状況になるだろうというのが目に見えているので、それに応えるのも夜間中学の仕事だとぼくは思っています。

今年は特別支援学級の高等部を卒業した人が入学してきました。掛け算の七の段、八の段になるとつまるんです。漢字も書けないです。この子らに義務教育の勉強いらないなんて、だれも言えない。教育弱者を救うという意味では、いまから入ってくる生徒にも応えることが、夜間中学が大事にしてきたことを守っていくことになると思ってます。

●ほんとうに必要な人に夜間中学の存在を届けるには

山﨑　夜間中学校がほんとうに必要な人に夜間中学校の存在が届いているのか、悩みながらやっている現状です。夜間中学校にたどり着いた生徒は、差別を受け、人権を何らかのかたちでないがしろにされてきた人たちであり、さらに若年層を含めたら、貧困や虐待やいじめがあって、学校生活を振り返ったときに学校や教職員や教育に対する不信感みたいなものをもっている。学校や教育に対して強烈なマイナスイメージだとか人権侵害とか差別体験しか印象に残っていない人たちが、夜間中学校の存在を知ったとしても、入学・登校するまでの導きや面談など丁寧に対応していかないかぎりは、「夜間中学校がここにありますよ」というだけだったら、そうは簡単にいかない。ただ募集ビラをまけばいいわけではなく、ネット社会といっても、ネットに情報を流せばいいというのではない。夜間中学校に学んでいる生徒からの口コミが新たな出会いやきっかけになったという人が多いなかで、どうこれからにつなげていけばいいのか、いい答えが出ない。地道にやる以外ないかと思う。

韓　岡山の「つくる会」の実態がテレビを通じて流れた。これは効果があるかなと思う。ネットがこれだけ普及すると、去年、今年、入学してきた生徒はみなスマホを使いこなす。字は知らないですよ。ローマ字はわからないですよ。コンピューターでワードは入力できないけれど、スマホなら使える。スマホを通じて友達になったりしてる。ネットもひとつの道になるのかもしれないし、テレビは大きいと思います。

山﨑　ネパールの方の入学急増も、ネパールの方の母語での口コミで広がった可能性があります。学校としても地道に発信を続けていく工夫をしていかなくてはならないと思うし、夜間中学のことを、いろいろな場面でいろいろなところで取り上げてもらう機会を増やしていく。文字ではなく、映像を通して知ってもらうのも大切だと思います。

●不登校の学齢の子どもたちと夜間中学

韓　大胆な提案をしてもいいですか。学齢の子の問い合わせが「教育機会確保法」で増えている。前からあったんですけど、中一の女の子が「いじめで学校行けてないから、夜間中学に入れてくれないか」とか、「教育機会確保法」に伴って学齢でも行けるってインターネットで流れて、「川崎から大阪へ引っ越すから夜間中学に入れてくれないか」と問い合わせがきたりしている。

長栄中学の昼の生徒で、デビット君という一四歳のフィリピンからきた生徒が不登校気味になったと言って、その担任が「夜中のフィリピンの子と話をさせてほしい」と連れてきた。夜中の授業に入って、一七歳のフィリピンの女の子と一緒に授業を受けて、ほぐれた表情をして帰っていったんです。そういうやり方って、京都市に洛友中《らくゆう》ができたときに思ったんだけど、学校になじめないで、はじき出されそうになっている子が夜間中学でリフレッシュするというのはありなんじゃないかとぼくは思っている。

ただ、責任の所在でいえば、昼から切り離すのではなくて、夜間中学で聴講でも体験でもなんでもいいんですけど、勉強する。語学的にも多少対応ができるのやったら、それはその子にとってプラスであろうし、ただし、それは昼間の先生が丸投げではなく、昼がかかわったうえで、夜間中学がある種、フリースクールみたいなのはいいんじゃないかとぼくは思っている。夜中という空間やから、のびのびできたり、リフレッシュできたり、安《あん》堵《ど》できることがあるんじゃないかと。日本の子であっても、昼の学校からはじき出されそうになっている子の支えになってあげられたらいいんじゃないかなと思う。それをひとつのステップとして、交流でも体験でも、夜中ならすることができるのじゃないかと思うことがあります。

ずーっと学齢期の子どもの受け入れについて非常に否定的なことばかり聞いているのですが、その子のために役に立つんだったら、夜間中学だからこそ、ほっとできるんじゃないかと、クラスの様子を見ていて思ったりもするんです。

黒川　高知の朝倉《あさくら》自主夜中に見学に行きましたが、朝倉では学齢期の子がいっぱい自主夜中にきてるんですね。ほんとにしんどい子、外国人ということではなくて、日本人で生活が乱れてしまった子どもたちも入ってきてる。それを自主夜中でがんばって支援しておられるんですが、昼間とのかかわりを厳格にもっておられます。

私が何時間かいたなかでも、自主夜中でお世話になっている昼の生徒のことについて、校長がきたり、教頭がきたりして、進路の問題であったりとか、いろんな話や打ち合わせをされていました。また、自主夜中のほうから「いったいなんでこの子を不登校にしてしまったのか」と、すごく突きつけてはるんですね、昼間の先生に。昼間の先生にとってある意味しんどいことなんちがうかなと思いました。それに対して昼間の先生も、いままでやってきた教育実践の振り返りも含めて、でも、いまこの子に対してどうしたらいいか、ということを葛藤しながら答えている。このように、昼間に対して厳しく問いかけて、昼間の先生も何とか必死で答えようとする密接な関係をつくっているからいいんであって、そのような関係が絶対に必要だと思うし、そこをあいまいにしたらいけないと思う。

その子どもに対していったいだれがどう責任をもつのかということ。「夜間でできることがあればしたい」というのは、気持ちとしてはよくわかるし、自分もそういう気持ちがあった。たまたま昼の先生が熱心な先生で、一生懸命応えてくれて、しょっちゅう夜間にきてくれて、つながりをもてるような先生であったとしても、それが普遍的に、絶対これでいけるということにつながるには、いろんなハードルがあると思うので、学齢期の生徒の受け入れについては、よっぽどの論議が必要ではないかと思います。

韓 ぼく、いちばん最初に持った生徒、三年間、一度も顔見れなかったんです。家の仕事を手伝わされていて、ぼくが家庭訪問に行ったら隠されるんですよ。一回だけ後ろ姿だけ見ました。その子のことは、三〇年経ったけど、引っかかりつづけているんです。自分が受け持っている生徒がこないことのしんどさって、どの教師も経験してます。夜中に密接にかかわるのがしんどいのはわかってますけど、どっちがしんどいねんって、ぼくなんか思ってしまう。この子ほったらかすのと、ほったらかしはしませんよと努力するのと。でも、何とか手を尽くしても、なんともできないことはいっぱいある。

●国の思惑を十分認識しながら

山﨑 学齢期の児童・生徒が完全に学籍を移動して夜間中学に入学することは、課題の解消など、慎重に考えなあかんと思う。この間、制度上、国が夜間中学校入学OKやと発信してしまった状況もあり、それこそ、学齢期の子どもを切り離すための「受け皿」に夜間中学がなる可能性もある。それは夜間中学の存在を大きく誤解していることになる。現状は、夜間中学校が特例校*の指定を受ければ受け入れができますよと限定し、一定のブレーキをかけている。

＊文科省から「特例校」の指定を受けて、不登校児童生徒の実態に配慮した特別の教育課程を編成することが可能となった。全国に特例校は一二校（二〇一八年）ある。

韓 ぼくの場合、長栄の生徒だったから、それができたんですけど。そういう相談先としてあってもいいかなと思って。それを思ったきっかけは、朝倉なんです。朝倉に行って、やっていることを見て、こういうかたちでならと。いわゆる不登校生って、どこにも行き場がないわけでしょ、引きこもっている場合。それを夜中の空気なら救えることも。これも、一〇人に一人、一〇〇人に一人、五〇〇〇人おろうが、六〇〇〇人おろうが、全員夜間にくることはまあないでしょ。何十人に一人でも、夜中で救えるなら、救えたらいいなあと思って。

黒川　まず昼間に、外国人生徒の言語を話せる教師をきちんと派遣してもらうとか、そういうことをしっかり追求しないとあかんと思うんですよ。その子のためと考えるんやけど、じゃあ、学齢期のその子のことを考えたら、やっぱり昼できちんとやれるのがいちばんいいわけだから。そうなるためにどうするのか。夜間中学はあくまでも一時的なフォローであるわけやから。それをしっかり考えておかないと。夜間中学をある意味、利用したいというのが国にはあると思うんです。

韓　国が何をしたいかというと、とりあえず不登校の生徒に何らかの学びの場を与えたいということでしょ。夜中が責任をもって、学籍を移して、昼の子どもを夜間中学生として送り出しなさいということまで考えている。ぼくはそうじゃないだろうと思うんです。

由利　第三期教育振興基本計画（二〇一八年六月一五日閣議決定）なんかも「学齢」と書いている。

●ふるいにかけたいという国の思惑も

山﨑　子どもたちがSOS出したら、避難できるよう、避難する場所として何があるのかという……。それはどこの学校で学ぶかという問題ではなく、その子どもが人として自分らしく生きていくことが保障されているのかということです。ややもすると国は、いろんな場所をつくっているから、困ったらそっちへ行きなさいよと言っているようで、実はふるいにかけたいという思惑をもっている人がいるかもしれない危険性を常に意識しておかないといけない。

運動で築き上げてきた夜間中学校で大切にしてきたものを、しっかり忘れんともっておれば、そのふるいにかけようとする人の姿が見えてくるけれど、そうでなければ、表向きは子どもたちに「多様な学び」を保障するという善意に満ちているかのような教育行政に翻弄され、いつのまにかふるいにかけるための「多様な学び」となり、それを信じ込む人が出てくるかもわからない。そういう怖さがある。

●夜間中学の「売り」は、場の公開

白井　そういう押さえはしっかりしたうえで、言葉は悪いですが、夜間中学が教育全体のなかにもっている「売り」の部分を、みなさんどんなふうに考えておられますか。夜間中学というのは、文科省が考えている制度には収まりきらない人の存在や、その人たちが発している言葉が光のように輝いている部分を夜間中学のなかでいかに普遍化するかということで、苦労してきた五〇年やなかったかと思います。そういう点でぼくは、各学校が夜間中学の場を公開していて、昼の先生たちを含め、多くの子どもたちが夜間中学にきて、夜間中学生とのかかわりをオープンにもっているというのが売りのひとつとしてあるように思います。そんな場面に、たとえば昼の学校の先生たちがきて、自分たちにはない、夜間のような教育システムを考えたときに、じゃあそれを昼の学校でどんなふうに普遍化するかに苦労していけば、それこそ教育に揺さぶりをかけられるような存在として夜間中学は核になれるという想いをもつのですが、いかがですか。

韓 天王寺夜中にいたときに、毎年、三重県からバスを二台仕立てて放課後、生徒を連れてきて、体験学習を二時間して、補食の時間になったらバスで帰るというのを、三重県の三校がやっていたんです。きたときに必ず、「去年、やる気をなくしていた生徒が夜中にきて、自分の進路を獲得するためにがんばりだして、今年、高校に合格しました」という話を夜間中学生にしてくれるんです。夜間中学生はそれでものすごく喜ぶし、自信をもつ。それまで「私なんか字も知らんし、勉強してないし、わけわからんし」と、ずっと言ってたのが変わっていく。積極的に交流のときに出てくる姿を見ているから、同じ夜中生にももちろん返っていく。交流を始めた人権教育に熱心な先生に聞いたら、「私ら百回言うよりも、夜中生が一回言うと、生徒が変わるんや」と言いはるし、ぼくもそうだと思う。

さっきね、もちろん慎重にせないかんのは黒川先生の言うとおりで、学齢の子の受け入れはできないけれども、その子が何らかのかたちで夜中にくるのは、夜中にもメリットがあり、その子にもメリットがある。デメリットは、昼の先生しんどい。絶対しんどいと思うけど、仕事やから、してもらったらいいわけで。夜中の生徒にも、昼の生徒にもメリットのあることやったら、交流でもなんでもいいですけど、そういうかたちをもっと広げていけたらいいと思っています。

由利 松原《まつばら》六中の先生から話があって、こちらから事前に行って話をするという取り組みをやった。向こうもちょっと大がかりにＰＴＡにも動員をかけて、ＰＴＡの会長や保護者が何人もきて、ものすごい盛り上がったんですよ。松原って七校しかなくて、七校のなかで転勤するんです。「あの取り組み、よかった」ということが四校にまで広がった。七校のうち四校が、ぼくらに「きてくれ」となる。また、朴梧桐《パクオドン》さんみたいに上手に話ができる生徒が登場するようになって、それをもとにして、「大阪府人権教育研究協議会」や「大阪府在日外国人教育研究協議会」の発表を組んだりとか、あるいは早めにきている帰国の生徒と中国語で話をしたり。去年なんかは向こうの渡日の生徒が中国語で作文を用意して、交流のとき、発表するとか。

●自主夜間中学の営みに公立夜間中学が学ぶこと

米田　テーマとは外れるかもしれないんですけど、交流ということでは、「奈夜中協」で公立夜中に転勤してきた人や新任できた人に、研修といえば「夜間中学校ってこんなんや」と、古い教師がワーと言うわけですね。それが、もひとつわかれへん。それで、私が「自主夜中へ行け。自主夜中行って、一回見てこい」と提案したら、「そりゃ、ええなあ」ということになって。新任だけじゃなく、公立夜中の教師でも、自主夜中に行ったことがない人がようけおるわけですよ。この機会に自主夜中に受け入れてもらって、「単にそばで立って見るんやのうて、スタッフとして入るというかたちで行け」と、何年か前からやっているんですね。

行った人は非常に刺激を受けるし、自主夜中の側からしたら、生徒さんが「あの先生、今度いつからきてくれるん」と。「一回だけや、一回だけや」ゆうねんけど、人気があってね。教え方、うまいんやろうね、先生やから。わかりやすいらしくて「今度またきてもろて」という話があって。

自主夜中の空気を知るって、公立夜中の教師にとっては大事なことやと。給料もろてじゃなくて、昼間仕事やって、夕方駆けつけて、教材ガアーとつくってきはるわけですから。自主夜中を見ることって非常に大事なことやと思いますね。

白井　米田さんの話に触発されていうんだけれど、一九九〇年、国際識字年で自主夜中を公立化する運動が盛り上がったときに、近夜中協が、公立夜中の先生に空きの日をつくってもらって、自主夜中に交代で行きましょうって呼びかけて、それが三年間ほど続いたんです。近夜中協の増設推進委員会のメンバーが交代で、南河内の自主夜中に、一年に一回あるかないかの頻度で、四～五回行きました。「この日は自主夜中にかかわって、そちらで勤務をしてますよ」ということで、自分たちの教材を持っていって、また、向こうの教材もらってきて研修するというシステムとして、近夜中協に設けてたんです。
　自主夜中がもっている公立にない部分を、公立がしっかり学ぶ姿勢をもつことです。生徒が集まれへんかったときにどんな手立てをとって、きょう一緒に勉強してる人が次につながるように、細い細い線をつないでいって、二〇年も三〇年も運営してはる自主夜中のその部分は、完全に公立にはないところです。

●日本語指導が大きなテーマになってくる

黒川　日本語指導のあり方も、これからの大きなテーマだと思うんです。日本語指導が必要な生徒はこれからもどんどん増えるし、じゃあどうするのか、夜間中学でしかやれない日本語指導って何かとか、そういうことを論議していくべきじゃないか。

石打　生徒会活動への参加にも直結することだと思います。

黒川　母語が日本語の人に漢字を教えるのも、生活に密着した漢字から教えていくじゃないですか。教科書に従った画数順ではなく、生活に必要な漢字をやらなあかん。そういう意識は日本語を教えるなかにもたぶんあると思う。ただ、適切な教材ってないから、どうしても『みんなの日本語』使ってみようかとかなるけど、そうじゃなくて、夜間中学として日本語をどうするのか、もっといえば「同化」ではない日本語指導って何なのかとか、真剣に議論していく時期とちがうかなと考えています。

●夜間中学は多文化の宝の山

米田　日本語教室っていっぱいある。免許とか資格を持った、ハウツーにたけた先生が上手に教えはるのでしょう。夜間中学は、教員免許は持ってるけど、そんな資格を持っている人はほとんどいてないわけで。たとえばブラジルの人がいるとすれば、なんでブラジルの人が日本にきてて、なんでここで勉強してるのかという話を、その人もそうだし、まわりの人、日本人もいるし、障害者もいてて、そんないろんな人にわかってもらうことを、畝傍でもかつてやってはって、「へえー、日本人でもこんな苦労した人いるんやな」と、在日のハルモニが言ったり、そういうことができるのが夜間中学。夜間中学は多文化の宝の山というか、新渡日の人が増えれば増えるほど、豊かな文化の山になっていく。そういう文化をわかりあって、認めあうということが夜中でできる。日本語教室ではできへんかもわからんけど、夜間中学で本来やるべきことなんだと思います。

由利　生徒の生活だとか、もってる文化的な背景、民族的な背景にかかわるなかで出てくる実践の中身ですね。

米田　吉野自主夜中では、年に一回、『清流』という文集をつくるんです。長い時間かかって、書くより消すほうが多いくらいの時間かけてつくるんです。できたものを毎時間、最後に一〇分か一五分使って発表してもらうわけです。やっぱり、しんどい話を書いてくれはるわけですよ。みんなしんとして、「そやったんか」。いつも楽しい、ワーッとうどん食べたりして、冗談言うてるけど、みんなそれぞれにそういうのもってて、自分だけとちがうんやと、わかりあえるというか、自主夜中でもそんなことやっています。大事なことやと思います。

韓　天王寺夜間中学開校五〇年を前に、「夜間中学の明日」を考える多くの問題点と課題が明らかになりました。一〇年が一年に圧縮された変化が起こっているのが夜間中学をめぐる現在の動きです。「夜間中学のあゆみとこだわり」を大切に進めていかなければならないと想いを新たにしました。長い時間、ありがとうございました。

（二〇一八年八月二〇日、大阪府教育会館）

コラム⑤

夜間中学が高校教科書に登場

夜間中学について高校教科書『日本史A』（東京書籍）は二ページにわたって扱っている。二〇一三年四月から使用が始まった。この教科書でどんな高校の授業が展開されるのか、興味深い。

二〇一二年九月、夜間中学の廊下にこのページを拡大コピーして掲示した。「東京にいる高校生の孫に知らせました。さっそく教科書を探したそうですが、載っていないと言ってきました」と夜間中学生が言ってきた。「来年四月から使われる教科書に載るんです」と答えたが、「そうですか」と不満顔であった。

交流のため訪れた高校生に、この掲示物の前で「来年四月からこの教科書で勉強してください」と話している夜間中学生の姿があった。

教科書には、毎日新聞の山成孝治《やまなりこうじ》記者の署名記事、守口《もりぐち》夜間中学の校舎の遠景の写真、学習している写真とともに、共同作品「わたしはやかんちゅうがくせい」の構成詩が掲載されている。

わたしはやかんちゅうがくせい

夕方になったらいそいそよういします
むすめに「ほんまにすきやねんなあ」いわれもって
むすこに「えらいふしぎやなあ」いわれもって
うきうきわくわく学校へきます
「学校いってんねん」しっている人にせんでんします

よみかきでけへんことどれだけくろうだったか
いきがとまるほどかなしいことがあった
はぎしりするほどくやしいこともあった
心のなかには雨の日がおおかった

いまは小さい空に日がさしたように
一文字おぼえるたびにせかいがひろがります
みちをあるいているとき　はりがみをみたとき
テレビみてるとき　でんしゃやバスのるとき
びょういんにいったとき　やくしょへいったとき
しごとするとき　しょめいかくとき
エンピツもつのがたのしい
わすれてきくのもまたたのしい

学校きてるときはわたしだけのじかん
いまとむかしの二ばいぶんのじかん
とりもどしていってだんだん
わたしはわかくなっていくようです

よむことかくことしることはわたしのかつりょく
雨がふってもかぜがつようても学校へきます
きょうもかいた文字が
ないてますわろうてますおこってます

さて、教科書の記述を一部紹介すると

現在、日本には多数の在日外国人の人たちがいる。彼らが日本にやって来た背景には、さまざまな歴史がある。また、彼らが日本人や他の外国の人たちと、たがいの文化・言葉・歴史などを学び交流する国際理解の場は、時代とともに変化している。ここでは、夜間中学を事例に、在日外国人の歴史と交流の歴史について調べてみよう。

この前書きのあと、「夜間中学を知っていますか？」「在日外国人と人権」「夜間中学と在日外国人の歴史」「夜間中学生の詩を読んでみよう」の小見出しがある。最後の小見出しの内容を紹介する。

――上の夜間中学生の詩を読んでみよう。ひらがなと簡単な漢字で書かれたこの詩には、長い間日本語の読み書きができなかった在日韓国・朝鮮人の女性の思いが書かれている。夜間中学は、さまざまな国籍、年代の人たちが読み書きや勉強をする場であり、彼ら同士や教師が、おたがいの異なる文化や歴史、言葉を学ぶ場でもある。単なる知識の習得ではなく、学びあいを通じて人間性が回復される場、それが夜間中学である。日本人も海外に行けば外国人である。グローバル化の時代を生きるためには、歴史を振り返り、日本の近現代における在日外国人の歴史と交流の実際を知ることが大事である。そこから異文化を相互に理解し、多文化が共生する道も開けてくるだろう。夜間中学はそのことを教えてくれる貴重な場である。

この記述は私たちも共感できる。夜間中学がいま存在することの意味をあらためて再確認している。この記述の対極にあるのが、橋下《はしもと》大阪市長（当時）の日本軍「慰安婦」や在沖米軍に関する風俗業発言だ。この人が公職にいて政党代表であることに驚く。

ある夜間中学生は「わたしたちと話し合いを避け、就学援助、補食給食を打ち切った知事の時とおんなじ。（よりそう）心はあるのか？　大阪に住む者として恥ずかしい」と語っている。

この共同作品（構成詩）を作成した一九九七年当時の夜間中学生が多く通っている守口市成人基礎学習講座「あけぼの教室」を訪ね、教科書に載っていることを話すと、「わたしもこの詩の、『ないてますわろうてますおこってます』のところがとくに好きなんです」「夜間中学があることの意味が伝わり、夜間中学がふえるといいですね」と、感慨深く語っていた。

コラム⑥ 「タネの思想」と「コヤシの思想」

本書では多くの執筆者が「タネの思想」「コヤシの思想」という語彙《ごい》を用いている。この主張は、髙野雅夫《たかのまさお》が夜間中学をめぐる思索の果てにたどり着いたものだ。彼は、自ら編集した著書『자립《チャリップ》（自立）』をかつてあった全国の夜間中学、一校一校に届けながら、沖縄へ行き、八カ月滞在した（一九七五年七月〜一九七六年三月）。「人間にとってなぜ文字とコトバが必要なのか？」「夜間中学は、俺たちにとってなんなんだ？」「武器になる文字とコトバは？」——。その答えを求めて髙野はさまよった。そして、行きついた答えが敗者復活戦の法則（「タネの思想」から「コヤシの思想」へ）であった。髙野は著書で次のように述べ、発想の転換を訴えている。

荒れた大地に、腐敗した大地に、いくら立派な〝種〟を蒔《ま》いてもダメですよ。この〝種〟がダメなら次々、アメリカ、ヨーロッパと。いくら〝種〟を変えても、大地そのものがダメだから新しい芽が出るはずがないでしょう。

大地を豊かにする〝肥やし〟が求められている時代なのに、誰も〝肥やし〟になろうとはしない。

なぜそうならないのか？

それは、意識するしないにかかわりなく、すべての人たちに「種の思想」があるからですよ。「種の思想」は権威主義であり、教条主義であり、能力主義です。

マルクス・レーニン・毛沢東が、個に集約された「種の思想」の最高だと思ったのです。だから、それらの思想を受け継ぎ、学ぶことを考えた時、それを乗り越えるためには、「肥やしの思想」しかないと思ったのです。

そう思った時、世の中を視る心が、歴史を学ぶ基準が全く変わってきたんですよ。

劣等感こそが最大の武器であり、マイナスこそが最高の財産であり、敗者こそが歴史のペースメーカーであり、敗者の歴史に学び受け継ぐことこそが、荒れた大地を、腐敗した大地を豊かにし、人類の未来を切り拓いていく、創り出していく「肥やしの思想」だと思ったのです。

それを本当に教えてくれたのは、東京・荒川九中の古部美江子《ふるべみえこ》であり、大阪・天王寺中学の須尭《すぎょう》信行《のぶゆき》など、若き夜間中学生たちです。

（『水平社宣言と私』解放出版社、四六頁）

第6部　夜間中学の明日に

明日の夜間中学に

編集委員会

「夜間中学、教育現場の変化の最先端をいく」

夜間中学に勤めるようになったころ、夜間中学現場では、「夜間中学は社会の縮図」「教育現場の変化の最先端をいく」ということが、関係者のあいだでよく語られていた。勤務した夜間中学では、一九八〇年代後半、登校拒否をし、卒業証書の受け取りを拒否し、学齢を超えて夜間中学に入学してくる一五～一六歳の子どもが在籍の一割に届く実態があった。学齢時在籍した一人ひとりの在籍校を訪問、話し込みをおこなったが、家庭環境はもちろん、在籍実態も学校は十分に把握していないことがわかり、あぜんとした経験がある。進路保障の研究会で報告すると、昼の学校現場を告発しているだけとしか受け取られず、夜間中学側の真意が理解してもらえなかった。ほどなく、いま「不登校」と呼ばれている子どもたちの存在が社会で盛んに取り上げられるようになった。

中国残留孤児や残留邦人の家族の夜間中学入学が途絶えなかったのもこの時期だ。大阪府教育委員会から入学の依頼を受け、対応したこともある。これは、日本と中国との卒業時期の違いから、中学三年在籍で帰国しても、「学齢を超えているから昼の中学校へは編入できません」という教育委員会の判断で、夜間中学編入学の紹介を受けたのだが、このようなケースも途絶えることはなかった。その判断をした教育委員会を、夜間中学生でもある両親と訪問、「別の市では、同様の条件でも昼の中学校で受け入れている事例がある。子どもたちの将来を考え、再考するように」と話し込んだ。

理解の低い教育委員会担当者の「学齢を超えた外国籍の人たちにまで日本の義務教育を保障しなければならな

い義務はない」との見解を聞いたときは、その見識を疑い、厳しく訂正を求め、話し合いをおこなった。

中国引き揚げ帰国者の、夜間中学での学びと通学条件を確保するため、職場を訪問、経営者と話し合いをおこなった。生活習慣の違いから生じた地域住民とのトラブル解決のため、団地の集会所で話し合いをもったり、夜間中学に毎日通学できない人たちのため、学習会を企画することもあった。国立循環器病センターに入院した夜間中学生の手術に立ち会い、執刀医の日本語を中国語に別の夜間中学生が通訳し、手術の成功に寄与したこともあった。こんな取り組みも夜間中学教員の任務の一端である。

近畿夜間中学校生徒会連合会総会で、残留孤児の夜間中学生が意見発表をおこなった。夜間中学に通いながら、大切な生徒会活動に十二分にかかわることができていない中国引き揚げ者の心苦しさを語り、日本と中国の卒業時期の違いから、昼の中学に編入学が認められず、仕方なく、生活のために働きはじめた子どもたちの実態を発表した。これを聞いた一人の在日朝鮮人がマイクを持った。「この国は五〇年、六〇年前、私たちにやったこととまったく同じことをいまもやっている。私らが訴えたことを教育委員会が受け止めていたら、こんなことは起きないのに、怒りがこみ上げてくる。同じ夜間中学生同士、力を合わせてとりくんでいきましょう」と応じた。

夜間中学で積み上げた中国引き揚げ帰国者の取り組みのケーススタディーは、少し遅れて在籍が増えていった昼の学校の取り組みに活《い》かされていった。

戦後、南米に移民していった人たちが七〇年代、日本に戻ってくる時期があった。故郷には直接帰らず、夜間中学のある大阪にとどまり、日本での生活をスタート、働きながら義務教育を受けるため、夜間中学への入学者が増加した。

七〇年代後半以降、ベトナム難民、インドシナ難民が夜間中学にも入学した時期でもある。雇用促進事業団の住宅団地が近くにある夜間中学は在籍が多くなった。

天王寺《てんのうじ》夜間中学が開校した一九六九年六月、八九人の夜間中学生が入学式に参加した。朝鮮半島出身者は五人。それ以外はすべて日本国籍で、一〇~三〇代が八〇%を占めていた。「夜間中学のあゆみ」で記述したように、朝鮮出身の夜間中学生がNHKテレビ番組に出演し、夜間中学で学ぶ喜びを語った。小学校を卒業していなくても、外国籍であっても、夜間中学に入学できることが知られるようになり、多数の朝鮮人が入学した。このように、夜間中学は社会の縮図であり、教育現場の変化の少し前をいっているということが確認できる。

増えつづける新渡日外国人

もっとも新しい統計で現在の夜間中学生の国籍別在籍実態（横浜を除く全国三〇校。二〇一七年九月現在）は、日本三一三人（一七・一％）、在日朝鮮人六三人（三・五％）、引き揚げ者（主に中国）一八一人（九・九％）、難民三人（〇・二％）、移民一人（〇・一％）、外国人一二六五人（六九・三％）の合計一八二六人。日本の三一三人のうち、六九人は日本国籍を取得した人たちである。

時代とともにこの割合は変化している。七〇年代に入ると在日朝鮮人の割合が、そして七〇年代後半から八〇年代に入ると中国からの引き揚げ者の割合が多くなる。八〇年代後半から九〇年代は不登校で一五歳を超えた人たちの割合が多くなった。ここで外国人と書いた人たちは新渡日の外国人である。夜間中学で学ぶ人たちの七〇％は新渡日の外国人だ。この割合は増えつづけている。

「新渡日の外国人」というのは、旧植民地出身者である朝鮮人や中国から引き揚げてきた残留日本人の後続世代など、旧来の在日外国人に対する言葉である。八〇年代後半以降、東南アジアや南米から渡日者が増加し、現在二三〇万人を超えている。

なぜそうなってきたか、要因はいろいろある。発展途上国から先進工業国へ、国境をこえた労働者の移動という国際的な現象の一環と考えられる。また、急速に進行する日本の少子高齢化と労働者不足を外国人労働者で補うという経済界の要請が考えられる。

経団連は二〇〇四年四月、「外国人受け入れ問題に関する提言」を発表した。「戦後の日本は、労働力の同質性、均質性を力に経済大国となったが、少子化・高齢化の進展に直面し、専ら労働力の〝マス〟の力に頼って経済を発展させることはもはや困難になっている」として「外国人受け入れ関連の施策を一元化するために『外国

日本の将来推計人口

単位（万人）	2010年	2060年	2110年
生産年齢（15～64歳）人口	8,170（63.8%）	4,415（50.9%）	2,126（49.6%）
高齢者（65歳以上）人口	2,945（23.0%）	3,460（39.9%）	1,770（41.3%）
14歳以下人口	1,112（13.2%）	791（9.1%）	390（9.1%）
人口	12,806	8,674	4,286

出所：国立社会保障・人口問題研究所

人庁』（仮称）、あるいは『多文化共生庁』（仮称）の創設に向けた検討」を始めることを提言している。

これを受け、政府は外国人労働者を「研修・技能実習制度」に組み込み、外国人の「単純労働者」を低賃金で供給する道を開いた。つまり「国策」として少子高齢化による労働力人口の減少を補うため、新渡日外国人を充てる方針を打ち出した。

いま、在留外国人は二五六万人（二〇一七年一二月一日）。内訳は、中国（七三万人）、韓国・朝鮮（四八万人）、ベトナム（二六万人）、フィリピン（二六万人）、ブラジル（一九万人）と続いている。

この動向は夜間中学の在籍実態にも反映している。新渡日外国人の占める割合が七〇％。さらに増えていくと考えられる。

夜間中学の「法制化」

私たちは一貫して夜間中学を学校教育法に位置づける立法化を求めてきている。自主夜間中学を運営しながら、公立夜間中学の開設を迫っていったとき、立ちはだかったのは、「社会教育で」という国の夜間中学観だ。

それは、上田卓三《うえだたくみ》議員の夜間中学問題についての質問に対する諸沢正道《もろさわまさみち》・初等中等教育局長と海部俊樹《かいふとしき》・文部大臣の答弁に見ることができる（一九七七年四月一四日、衆議院内閣委員会）。ここで諸沢局長は「夜間中学に相当する教育というものは、あるいは義務教育を終わらなかった方の教育というものは、夜間中学に限らずにやはり社会教育その他の面でいろいろ配慮していくべきことでありまして、夜間中学だけがこれに当たるんだということではない方が、むしろいろいろな機会を設けて行う方が適当ではなかろうか」と述べている。このように、国は一貫して「学校教育ではなく社会教育で」というのが夜間中学観であった。

国が夜間中学に論及するようになったのは、日弁連の意見書（二〇〇六年）提出や「学校教育環境整備法案」（二〇〇九年）の提出の動きを受け、教育再生実行会議が五次提言（二〇一四年七月）で「国は、……義務教育未修了者の就学機会の確保に重要な役割を果たしているいわゆる夜間中学について、その設置を促進する」と提言してからである。国は、それまで一貫して「法にない学校」「社会教育で」と言って夜間中学冷遇視を決め込んだ姿勢には微塵《みじん》もふれず、夜間中学開設を言い、二〇一六年一二月に公布した教育機会確保法を根拠に地方自治体に夜間中学開設の義務を課した。国のこの豹変《ひょうへん》の背景に新渡日外国人の存在があり、夜間中学の「法制化」の背景には、少子高齢化社会の進行による労働力不足を外国人労働者によって補うという経団連の意向を受けた「国策」がある。

労働力不足で国が目をつけたところがもうひとつある。形式卒業者の存在である。二〇一五年一一月、文部科学省が大阪で開いた「義務教育修了者が中学校夜間学級への再入学を希望した場合の対応に関する考え方の説明会」で、形式卒業者の夜間中学入学を認めてこなかった方針を変更するにいたった理由を、文科省教育制度改革室の武藤久慶・室長補佐は次のように説明した。

ひとつは「中学三年生の不登校生徒のうち指導要領上出席とされた人数」の推計だ。二〇年間で一〇万五五一一人（年平均五二七六人）にも上ること。二点目に、二〇一〇年に内閣府がおこなった「ひきこもりに関する実態調査」でひきこもり状態の若者が六九・六万人であること。三点目に、総務省の「労働力調査」で一五歳から三四歳人口に占める若年無業者の割合が二・二％（二〇一三年）で、二〇〇二年以降、一・九％〜二・三％で推移している（二〇一〇年国勢調査結果の人口に当てはめると、六二万九〇〇〇人になる）こと。四点目に、文科省の夜間中学実態調査で自主夜間中学、識字学級で学ぶ学習者の九・三％が義務教育未修了状態の人たちであること。そして、人口減少、少子化が進むなか、これらの人たちがいまの状態を脱し、社会的活動に参画されることが重要だ。また、新渡日の外国籍の人が日本で「活躍してもらう」ためだ。このように述べた。

夜間中学卒業生・髙野雅夫《たかのまさお》は、憲法で規定された義務教育保障を求める権利の実現を掲げ、夜間中学の廃止反対と夜間中学増設運動を実践してきた。形式卒業者も事実上、義務教育未修了者であるとして夜間中学再入学を求めてきたのも、髙野雅夫や当事者の古部美江子《ふるべみえこ》、須《す》尭信行《ぎょうのぶゆき》ら形式卒業生たちであった。一八回全夜中研大会で文部省・中島課長補佐の「学習したい人には学習の機会を与えるべきではないか」との回答を得たにもかかわらず、その後、回答を反故《ほご》にしてしまった。

国や文科省、教育委員会もこの願いに向き合おうともしてこなかった。それが、いま急に形式卒業者の夜間中学の入学を認めると言いだしたのだ。「過《あやま》ちては改むるに憚《はばか》ること勿《なか》れ」ではあるが、これまでいかほど入学希望者を断ってきたのだろう。そのことに想いを致したことがあるのだろうか。

先に述べたように、七〇年代後半から八〇年代にかけ、結婚や就労目的の韓国人、南米の日系人、ベトナム難民、中国残留孤児・婦人とその家族など、さまざまな新渡日者が夜間中学の学びを求めてきた。それに対し、夜間中学現場では「未就学者や未修了の人たちのための義務教育の完全保障の場」である夜間中学がそれらの新渡日者を受け入れていいものかとためらいを感じながら、「本来は夜間中学が引き受けるべきでないのだが、ほかに学ぶ場所がないのだから、緊急避難として入学を認める」と解釈して受け入れていった。

夜間中学の存在意義の根源にかかわる問題は解決していない。新渡日者の夜間中学だと思える多数の外国人生徒が在籍する状況下、疑問やためらいや課題はかすんでしまっている。このことに一顧だにせず、夜間中学の「法制化」は歓迎され、文科省の英断だと語る関係者もいる。

夜間中学に学ぶ新渡日生徒の日常

新渡日者は、出身国での能力、技術を活かすことができる職業に就いている人は圧倒的に少ない。単純労働の製造業やサービス業などの職種に従事せざるをえない状況に置かれている。それも非正規雇用の就労で低賃金、身分が不安定である。雇用保険、労災保険、そして健康保険には未加入で、雇用主の都合でいつでも雇用を解消されてしまう。それに抗議や賠償を求める方法もわからず、泣き寝入りしてしまったという夜間中学生は多い。

生活習慣や文化の違いが原因の「文化摩擦」が職場、地域社会、夜間中学でも現れる。出産、育児、子どもの教育をめぐる戸惑いや、国民健康保険制度が理解できないまま未加入状態となり、多額の医療費を払うことになったり、医療機関にかかることができない状態の夜間中学生が多い。

文化の違い、言葉の問題から、近所づきあいもむずかしく、疎外感を味わい、生活習慣の違いからトラブルが生ずることになる。夜間中学でそのことが話題になり、学習内容にそのことを取り上げることもある。住民組織を訪れ、新渡日の夜間中学生の立場から、地域の理解を得る取り組みも重要だ。

子どもが大きくなり、子どもが通う学校で生ずる問題点もそのまま放置することはできない。夜間中学の教員が知ることになった問題点を、子どもが通う学校に出向いて提起し、その解決にむけた手立てを考え出す話し合いも重要だ。とくに親子間で母語を通しての会話が成り立たず、子どもが「日本人化」していることへの親としての複雑な思いと家族が崩壊している状況は看過できない。「自文化」を大切にする取り組みについても、子どもが通う学校で話し込みをおこなっている。

すべてを夜間中学で対応できていない。当事者でなければわからないストレスを抱え込みながら、格闘しながら、新渡日の夜間中学生は夜間中学で学んでいる。夜間中学は学びを提供するだけでは責任を果したことにはならない。

新渡日生徒たちの学び

新渡日の外国人生徒たちは、一日でもはやく日本語をおぼえたい、それも読み書きは後回しにしてでも、相手の言っていることがわかるように、片言でも返事ができるようになりたいという切羽詰まった思いで夜間中学に入学してくる。教員もこの期待に応えるべく、学習の組み立てを考え、生活に出てくる言葉や漢字、「生活日本語」での日本語の学習に力点を置く。夜間中学生も日本語が身につき、夜間中学の学習に喜びを感じる。その喜びを学ぶ意欲に変え、疲れたからだで、職場から夜間中学に通う。教員のほうも学習者の学ぶ意欲に応える教材づくりに力を注ぎ、充実感をおぼえる。

しかし、ある程度日本語が身につくと、休みがちになってしまう。夜間中学より仕事を優先せざるをえない日常生活の状態だ。長期の欠席状態になり、夜間中学から除籍となってしまうケースが多い。一方、長期の欠席状態から、ある日、登校してくることがある。勤めていた会社が倒産になったとか、やめさせられたとか、次の仕事が見つかるまで、少しでも学んでおきたいと登校をはじめる。

そうではない夜間中学生も多い。毎日登校できない仲間の代わりはできないが、生徒会活動には必ず参加し、その活動の内容を仲間に伝え、学校につなぎ止めておく努力をする夜間中学生も生まれてきている。

「教育機会確保法」が施行されるまでは、「夜間中学は日本語学校ではありません」「日本語だけを勉強される方は入学できません」と入学を断ってきたのが教育委員会や入学受付窓口の担当者の姿勢であった。

しかし、労働力不足を新渡日の外国人で賄おうというのが国の考えだ。法の施行後、夜間中学が「日本語学校」化していくとしても、国は問題視しないであろう。それがねらいなのだ。その結果、獲得した文字と言葉で社会活動をするような深い学びや夜間中学生の生徒会活動が弱体化していくなら、もっけの幸いと考えているのではないかと見てしまう。

夜間中学での新渡日外国人生徒の学びを一言でいえば、「外国人労働者としての自覚をもって、社会参加をするちからをつける」ものだと考えている。

多様な雇用形態のほとんど底辺に近いところで働かざるをえない新渡日の外国人生徒たちが、新自由主義や市場原理主義が渦巻く今日の日本社会で、格差社会の一方の極、それももっとも悲惨な極に落とし込められないために、働く者の自覚をもって、労働者としての権利を主張し行動できる力を獲得するようにしておかねばと考える。

そういった社会的立場の自覚とともに、不条理な状況から脱するすべを知らなければならない。そんな学習も夜間中学の学びの大きな柱にすることが問われている。

夜間中学の学びのもうひとつの柱は、「自文化」を失わないように、「アイデンティティ」の尊重である。母国の文化や素養を身につけたまま暮らすことができる社会へと日本社会の変革を促す学びを夜間中学の学びとして創造するために、カリキュラムの編成と教材づくり、そしてそれにもとづいた教育活動を実践していくことが必要ではないだろうか。

新渡日の外国人生徒たちの夜間中学

このように、新渡日の外国人生徒は、さまざまな悩みと問題をかかえながら、日本で生活をはじめた人たちである。それらの悩みを打ち明けるもっとも身近な日本人は、夜間中学の教員であろう。教員は聞いただけで終わりではない。生徒たちに共通の項目があれば、教室で話し合い、授業を組み立て、問題の所在を明らかにすることを一方で試みながら、解決の方法を探るため、さまざまなところで行動することが必要だ。先に少し書いたように、夜間中学の教員の活動は教室のなかに収まらない。

教員の力だけでは解決できないケースは、解決の筋道を示してくれるところに夜間中学生をつないでいくことが必要だ。学校外の協力者のネットワークづくりが求められる。

生活保護を扱うケースワーカー、職業安定所（ハローワーク）、労働基準監督署、医療機関、公共住宅関連部署、就学援助担当部署、教育委員会、入国管理事務所など、労働、医療、保育、教育、福祉の行政機関と連携をとり、夜間中学生の立場に立って解決の方途を探ることが必要だ。

八〇年代末、ある夜間中学では生徒から「子どもが小さく、遠方から通学しているため、夜九時に学校を出ても、家に着くのは一〇時、一一時。子どもをそれまで待たすわけにはいかない。夜の時間帯は通学できない。昼の時間帯に教えてほしい」という要望が出てきた。教師集団で話して、昼の時間帯に授業をおこなったことがある。夜間中学だからといって「夜間」にこだわらなくてもよい。高齢者には「昼間」の時間帯の夜間中学であってもよい。まず実践をして、教育行政に働きかけ、学習環境と条件を整備させる、そんな取り組みが必要ではないか。

地域の集会所に出向き、夜間中学に毎日通学できない夜間中学生の学びの場を設けたこともある。地域住民の行事に新渡日の外国人が参加し、交流の機会をもつ取り組みにつなげていった。地域住民もその学習会に参加し、中国語を学ぶ機会に発展していった。

新渡日外国人が学ぶ夜間中学に、夜間中学生の子どもが通う学校の先生たちにきてもらい、夜間中学の授業に一対一で参加していただいたことがある。先生たちが家庭訪問をしても会えないことが多く、夜間中学の教室がお互いの理解を深める場となった。

さらに拡げて、夜間中学に親子で登校して、子どもが親である夜間中学生に日本語を教える。夜間中学生が子どもたちに母語を教える。そんな取り組みが展開できないだろうか。

多くの夜間中学では、学校公開をおこなっている。夜間中学に昼の学校からやってきて、子どもたちが夜間中学の授業を体験する。日本語以外の言葉が行き交い、やってきた子どもたちは疎外感を体験する。そんな体験をしたあと、「言葉が理解できず、疎外感を毎時間味わっている友だちはいないだろうか?」を考える展開であった。このような学びを夜間中学生の力を借りておこなうのだ。

発展して、夜間中学生が子どもたちが学んでいる学校にでかけていって、交流をする。夜間中学生も、やってきた子どもたちからさまざまなことを学ぶことができる。

修業年限について

最後に夜間中学の修業年限について述べておく。「義務教育の中学なんだから、修業年限は三年だ」というのが夜間中学設置の教育行政担当者の〝常識〟かもしれない。果たしてそうだろうか。かつて、この常識によって、卒業生が出席しない卒業式をおこない、強制卒業をさせた夜間中学があった。卒業認定権者は学校長である。教育委員会といえどもその権限はない。

夜間中学生の学びは、一五歳までの子どもたちにおこなっている学齢義務教育とは内容も実態も異なる。学歴も生活歴も一人ひとり異なるのだ。新渡日外国人生徒もそうである。これらの夜間中学生を十把《じっぱ》ひとからげに、修業年限を一律にして、年限がくれば卒業というやり方は、夜間中学生の実態を無視したものであり、学びの保障を考えると、まったく現実的でないといわなければならない。

生徒一人ひとりに修業年限があってもよい。一律の修業年限で、生徒を無理やり卒業させてしまうことがあってはならない。もしそのようなことがあれば、夜間中学で形式卒業生をつくることになる。それは、夜間中学の自己否定にほかならない。

形式卒業者が学ぶ夜間中学で、一人ひとりの不登校の原因を究明し、その問題点を明確にして、教育全体の課題として発信していく。形式卒業者に学ぶ夜間中学として機能しながら、新渡日の夜間中学生の課題に向き合い、当たり前の学校文化を創造していく、そして教育全体に発信していく、そんな役割が明日の夜間中学には求められている。

インタビュー
東アジアの識字運動と日本の夜間中学

萬稀　元韓国文解成人基礎教育協議会代表／マンフィ
聞き手　編集委員会　通訳　金香都子　長栄夜間中学教員

編集委員会　二〇一九年六月、天王寺《てんのうじ》夜間中学の開設が実現してから満五〇年を迎えます。五〇年を前に、日本の関西からアジアへ、そして世界へとの構想のもと、二〇一七年一〇月、萬稀さんにも韓国からお越しいただき、大阪人権博物館で夜間中学生展をおこないました。二〇一八年一一月は、東アジアへということで萬稀さんをお迎えして、カンボジアで実践された識字活動を学ぶ学習会。そして二〇一九年は、国連が第三次の国連識字の一〇年をとりくむように、マララ・ユスフザイさんと夜間中学生が国連で訴える。そんな構想を描いています。

二〇一八年一一月一一日、東大阪《ひがしおおさか》市立布施《ふせ》夜間中学に韓国から、萬稀さん、高尚哲《コサンチョル》さんをお迎えして、カンボジアの識字活動の様子をお話しいただきました。ありがとうございました。報告を聞いて、各夜間中学で学習を深め、さらに感想や質問が寄せられると思います。

お二人にはじめて会ったという夜間中学生がほとんどだったと思います。学習会でも、萬稀さんを「韓国の髙野《たかの》雅夫《まさお》」だと紹介していましたが、髙野さんとはじめて会われたのはいつですか?

●髙野雅夫さんとの出会いは?

萬稀　髙野さんがソウル大学に語学留学された一九九八年です。ソウル市内の奉天洞《ポンチョンドン》のオモニハッキョ（識字学級）にも髙野さんは通われていました。オモニハッキョから紹介されたと言って、安養《アニャン》市民大学（識字教室）を訪ねてこられました。そのときがはじめてです。その後、文解《ムネ》教室の学習者の全国集会、指導者の交流集会にも参加され、何度もお会いし、話をしてきました。

カンボジアの識字活動学習会。左より萬稀・高尚哲・
通訳の金香都子（2018.11.11 東大阪市立布施夜間中学）

編集　髙野さんは「出会う必然があったんだ」と言い、萬稀さんは「運命的な出会いだ」と言われましたが、文解教育の道に進まれたきっかけは？

●文解教育の道に進むきっかけは？

萬稀　大学時代は有機化学の勉強をしていました。また、学生運動にも参加し、民主化運動をとりくんでいました。そこで文字の読み書きができない一人のオモニに出会いました。一九歳のときです。このオモニと向きあうなかで、識字問題の重要性に気づきました。そして学生運動では解決できないことを知ったことが大きな転機でした。大学院に入り、黄宗建《ファンジュンゴン》教授（元韓国成人識字基礎教育学会会長）の指導を受け、この道に入りました。

編集　髙野さんからその安養市民大学を立ち上げられる当時のことを聞きました。生まれて間もない子どもを背負い、開校を知らせるビラを街頭に貼って歩いたと。また、黄宗建教授は『『識字』に関する日韓合同セミナー』（一九九一年）で金信一《キムシンイル》教授（ソウル大学）と守口《もりぐち》夜間中学の現場にお越しになりました。夜間中学生のオモニたちと気軽に日本語で話されていました。そして「年齢に関係なく、いくつになっても学習権を保障する制度をもっているのは、世界でも日本の夜間中学だけです」と話されました。私たちが安養市民大学を訪れた二〇〇二年、市民大学に黄宗建教授がお越しになって、一一年ぶりに再会することができました。髙野さんの印象は？

●髙野雅夫さんの印象は？

萬稀　武器（文字とコトバ）をもち、識字運動の闘士だと思いました。その実践も、私たちの何歩も前を進まれ、私たちの先生だと思いました。韓日交流をとおして、人間世界に「人の世に熱あれ、人間に光あれ」と求めた水平社宣言と日本の識字運動を学び、私たちも戦闘的に（？）韓国文解運動をしてきました。

●夜間中学が文解教育に学んだこと

編集　私たち日本の夜間中学生も、帰国した髙野さんの「韓国の識字学級で学んでいる人たちと交流しませんか」という呼びかけに応えて、安養市民大学を訪問しました。二〇〇二年夏です。両国合わせて、韓国訪問六次、日本訪問四次と、相互訪問をとりくみ、交流を重ねてきました。交流をとおして私たちは多くのことを学びました。

①「奪い返した文字とコトバでみなさんはどのような社会活動をされていますか？」という衝撃的な問いかけをいただいた。②学習者が次の学習者の指導者になる、意識して、その実践をしておられる。③社会活動と学びをつなげた文解教育の実践。④その学習者の多くは、日本の侵略戦争が影響している実態。⑤橋下《はしもと》知事に対し、就学援助・補食給食の闘いを実践した私たちは、交流した韓国の仲間に「胸を張って報告ができる」と述べたように、夜間中学生徒会の活動に日韓識字文解交流は革命的転換をもたらした。そして、文解教育のいう「文字を理解するにとどまらず、文字を知らぬがゆえに知りえなかった文化を理解し、文化的に疎外された状態から、自らを解放する」、これこそ、夜間中学の学びではないだろうかと思っています。二〇〇二年から関西だけでなく、東京、広島の夜間中学現場や自主夜間中学、全国夜間中学校研究大会で全体講演もおこなっていただきました。

　韓国は日本より早く、二〇〇八年、平生《ピョンセン》教育法（生涯教育法・識字法）を成立させられました。動きが速かった印象をもっています。

萬稀　そうです。盧武鉉《ノムヒョン》大統領のとき、ソウル大学の金信一教授が韓国の教育人的資源部長官（日本では文部大臣）に就任されたときです。平生教育法をとおして文解教育の法的支援の根拠を生み出し、多様な文解教育支援体制と事業をとおし、多くの文解教育の指導者の養成が進みました。

第49回全夜中研大会で「韓国の文解教育運動」を報告する萬稀さん（2003年12月）

編集　髙野さんも何度か萬稀さんと一緒に韓国内の文解教育現場を回り、学習会に参加してきたと聞いています。

萬稀　全国の文解教育現場を回り、文解教室の指導の専門家を育てるため、養成の手助けをする事業、学習者用の教科書を作成することをおこなってきました。二〇一〇年、共にしてきた現場から一歩引いて、活動の場を韓国忠清北道《チュンチョンブクト》の報恩《ポウン》に移し、文解教育運動の役割を担う新しいリーダーたちの養成を委任され、韓国文解教育の現場を離れました。

●カンボジアの訪問

編集　カンボジアを訪問されたのはそのころですか。

萬稀　はい、二〇一〇年です。チョンキルジャ教授（前全国文解成人基礎教育協議会副会長・梨花《イファ》女子大学校）が識字状況視察のため、カンボジアを訪問することになっていたのですが、病み上がりのため、私に同行を求められ、一緒に行くことになりました。識字現場を回り、非常に劣悪な現場を知り、ほんの少しでも手助けする気持ちでかかわってみようと思いました。

●「二〇〇八 文解・夜間中学 学習者交流会宣言」

編集　夜間中学生への講演のなかでも「日本の夜間中学生や先生との約束もあり」とおっしゃっていましたが、二〇〇八年、ソウル市内のマリスタ教育館で泊まり込みでおこなった交流で採択した「日韓 文解・夜間中学 学習者交流会宣言」にもとづく行動だという意味もあったのですね。

萬稀　その約束を果たそうという気持ちもありました。

編集　交流会宣言では「……私たち韓日 文解・夜間中学 学習者交流参加者は、文解・識字問題は、文解・識字活動を必要としている私たちだけの問題ではなく、むしろ、その周りにいる人たちのあり方、社会全体のあり方が問われているということをあらためて確認した。韓日両国政府が国連の呼びかけに応えるとともに、両国内に住む、学びを求める人たちへの文解・識字活動をおこない、数多くのアジアの国々の文解・識字学習支援のため、積極的に以下のとりくみを行うよう強く求める。①文解・識字・基礎教育支援法の制定、②『国連識字の一〇年の行動計画』の策定、③文解・識字活動を行っている組織への支援」とまとめました。

萬稀　〝韓国と日本を超えて、第三世界へ文解運動を拡張させよう〟という約束です。素朴でささやかな手助けができるだろうと考えていましたが、予想と違いカンボジアでの生活は、教師ではない学習者、文解者ではなく非文解者として体験し、新しい自分を振り返っています。少しずつ学びながら教えていますが、いまだ私は〝文字とことば〟、文化を学んでいる学習者です。

編集　先日の夜間中学生への講演で、カンボジアで取り組みを始められたときの萬稀さんの鮮烈な体験をお話しされていましたね。

萬稀　カンボジアに行ったばかりのころ、私は外にでかけるときは、クメール語で自分の住所を書いた紙をいつも持っていくようにしていました。あるとき、タクシーオートバイに乗って、運転手にその紙を見せ、行き先を頼んだ。ところが、その運転手は文字が読めなかった。三時間かかっても家には送り届けてもらえなかった。運転手は、あっちへ行ったり、ぐるぐる回って、最後は怒って、途中でおろし、お金だけ受け取って行ってしまった。雨のなか置き去りにされた私は、歩いて帰ることになった。途中、犬が通り過ぎていった。どこに行くのかと思ったら、犬は自分の家にすっと入っていった。犬でも家に帰ることができるのに、自分は何時間も街をさまよっていた。「文字が読めない、書けない、言葉が話せない」ということはこういうことなんだ。韓国の識字教室に通ってきていた学習者の気持ちがそのとき、はじめてわかりました。

●「教育機会確保法」

編集 高野さんも同じようなことを言っています。自分を救ってくれた朝鮮人のハラボジ（おじいさん）の故郷を訪れたい。夜間中学生のオモニたちは、日本語が読めない、書けない、話せない状態で苦しみながら日本で生きてきた。自分も韓国でそのような場に身をおいて非識字状態を体験するために、韓国へ行ったんだと。

お聞きになっていると思いますが、日本では二〇一六年一二月、「教育機会確保法」が成立しました。

萬稀 ええ、聞いております。以前から、夜間中学の先生は、学校教育法のなかに夜間中学を位置づける法律が必要だとおっしゃっていました。

編集 日本政府はこれまで、一貫して夜間中学を冷遇視してきました。七〇年たって、正反対に方針変更した。しかし、法制化をしなさいと国に言いつづけてきた私たちは、この動きをもろ手をあげて賛成することはできない。それは「官制の夜間中学」が進められていく危険性を感じるからです。夜間中学が「最低一県に一校を」と地方行政に設置の義務を負わし、国主導の夜間中学開設の動きが鳴り物入りで進行しているからで、それを単に義務教育未修了者に学びが提供できる場ができることとして、評価することはできないと考えています。

●国の方針変更の理由は？

萬稀 どうして夜間中学に対する方針変更をしたんですか？

編集 少子高齢化が進み、労働者が減る。労働力不足を外国人労働者に頼らざるをえない。いま、臨時国会で大きな争点になっています。働き手がほしい。日本人に限らず、外国人労働者も含め（納税者として生活させるために、）そのための教育の場として、夜間中学を活用するという国の意図が背景にある。国は二年前に手を打っていた、というわけです。そのために、形式卒業者の夜間中学入学を認め、教育の中身も、中学校の教科書を使わなくてもよい、柔軟に考えていけばよいと、私たちが言ってきたことを認める通達を国は出してきました。学齢の不登校生も夜間中学に入学できるとしたことも大きな問題です。不登校生を集団から切り離して、夜間中学でやってくださいというやり方では解決になりません。不登校やフリースクールのことも「教育機会確保法」のなかで扱い、さまざまな問題をもった「法」だといわざるをえません。韓国の平生教育法の議論を聞いていましたから、よく似た流れだと思いました。

●韓国の「平生教育法」は

萬稀　平生教育法は何度か改訂されましたが、「文解教育」が「文字解読教育」へと縮小・歪曲《わいきょく》している部分は変わっていません。

編集　文解教育現場も、国の補助があるところとそうでないところ、義務教育卒業認定資格を出せる現場とそうでないところというように、分断されてしまったとお聞きしています。

　私たちはいま、夜間中学にとって「最大の危機」だと受け止めています。いまこそ、「官制」に頼ることなく、学習者自らが要求運動をおこない、夜間中学開設を実現していく取り組みが重要だと考えています。

　二〇一一年からカンボジアの識字現場に入り、どんな取り組みをされていますか。

●カンボジアの識字活動

萬稀　学習会で映像を見ていただきながら報告しましたように、七〇％の人が非識字者です。私も、クメール語を学びながら、カンボジアの非識字者にクメール語を教える。五カ所の識字現場を見ていただきましたが、プノンペンから二時間離れた学校は、カンボジアと韓国梨花女子大学校の共同プロジェクトとして建物を建て、〝一〇〇年後のカンボジアの夢〟として識字の指導者を育てる目的で事業をおこなっています。私もそこで英語、韓国語の先生をしています。ここでは幼稚園から高校生まで学んでいます。夜は青少年のための夜学の学校になります。学校の職員も非識字者が多く、学んでいます。

　カンボジアで二カ月活動し、韓国・報恩で四カ月活動、そしてカンボジアに二カ月というかたちで動いてきました。

編集　萬稀さんのお子さん、高マウム*さんも学習会にカンボジアから駆けつけていただきました。マウムさんはどんな活動をされていますか？

萬稀　大学で社会福祉、平生教育、児童教育を学び、梨花女子大学校の大学院で学びながら、政府開発援助としてプノンペン大学と梨花女子大学校の共同プロジェクトのリーダーとして活動しています。

編集　安養市民大学立ち上げのとき、お母さんの背中から、募集活動をしていた母・萬稀さんの姿を目に焼き付け、いまのマウムさんに成長されたんですね。夏は四〇℃を超えると聞いています。健康に留意して活躍ください。長時間ありがとうございました。

（二〇一八年一一月一四日、大阪市内でインタビュー）

＊高マウムさんの名「マウム」は、日本語に訳すと「心」の意味で、漢字表記はない。日本の名前にもある、ひらがな表記の名。

萬稀　ソウル生まれ。梨花女子大学校卒、明知大大学院修了。（元）安養「市民大学」（文解教室）校長、（元）韓国文解成人基礎教育協議会代表。

文解教育と夜間中学
カンボジアの小さな村からの発信

萬稀　元韓国文解成人基礎教育協議会代表／マンフィ

●文解教育とは何か

世の中では、必ず「価値」あることについて話すときにそれを光と塩に喩《たと》えます。日本の夜間中学は、非文解《ムネ》（識字）学習者の人生に塩と同じ役割をしています。塩で私たちは食べ物の味をつけます。また、食の材料の倉庫である海から生まれ、腐敗を防止し、身体内では新陳代謝を行い、消化と吸収を助けて老廃物を排出、新たな細胞の生成を促進します。

十年あまり、さまざまな出会いを通じて日本の夜間中学校生と心から交流してきました。記憶に鮮やかなのは「学校に通うことが生《い》き甲斐《がい》です」という学習者のことばです。学校に通えず、生きる意味を見いだせなかったといいます。文字を習うことができず、涙とため息をつき、これまで生きてきたというすさまじい告白です。ですから夜間中学は、必死に学びたい非文解学習者の思いを実現するため、塩の役割をはたすのです。羞恥《しゅうち》心、罪悪感、恐れから解放し、自らの尊厳性、自由、希望で新しい生命を獲得するのです。

文解教育は、単純に知識を授ける機能的な授業ではありません。教育の内容（知識）に対する絶え間ない自己省察が伴うのです。自己反省を通じて、新たな人生を獲得する基礎になるのが文解（知識）教育であり、私はその意味と価値を、「私は夜間中学で文字とコトバだけでない、『人間の誇りと権利』を取り戻すための闘争を習った」（『武器になる文字とコトバを』）という夜間中学活動家・髙野雅夫《たかのまさお》さんの叫びと、

「한《ハン》：一文字、一文字・글《グル》：文章を習って・알《イル》：毎日新しい人生」

という韓国文解学習者が発表した「ハングルの日」の三行詩のなかに思い起こします。

●理想と現実の二匹のウサギを捕まえる

日本の夜間中学運動は韓国文解教育に光を灯《とも》しました。韓国の文解教育は、二〇〇二年から始まった日本の夜間中学との交流を通じてはじめて、韓国文解教育の過去と現在、そして未来を「公教育の観点」から見直すことができました。韓国文解教育は「夜学」という自発的な民間運動から出発して、長く公教育外の領域で進められてきました。

私たちは、「文解学習権は人権」というスローガンで文解教育関連団体を全国的に組織しました。ユネスコの「万人のための文解教育（Education for All）」のメッセージや大韓民国憲法に明示された関連条項から国民の文解学習権保障をめざしましたが、国の法律制定、政策提案などには及びませんでした。〇八年の平生《ピョンセン》教育法（生涯教育法）では、「文解教育」を文字の読み書きに矮小《わいしょう》化した「文字解読教育」条項としたのです。そのときに出会った日本の夜間中学は、長い期間、義務教育制度に位置づけられ、正規の教師によって安定的、持続的に運営されていました。

夜間中学運動の歴史を導いてきた「人間宣言」の精神は、教育プログラムと学習者たちの活動を通して生きてきましたし、その点で自主夜間中学はとても近い「同志」でした。「教育平等と教育正義」に向かう、下からの民間教育運動である韓国文解教育運動は、日本の夜間中学との交流を通して、理想と現実の二匹のウサギを捕まえる夢を実現できるという確信をもてるようになりました。

現在、改正・補完されている文解教育は、数多くの文解教育機関と施設で教育が進み、学歴認定および文解教育士の養成などの新しい試みを進めています。一方、日本の夜間中学は、二〇一六年一二月七日に「教育機会確保法」が成立しましたが、学齢超過者、学齢者のみならず、不登校の学生、フリースクール、外国人労働者、結婚で移住した女性などの広範囲な学習について議論が必要ですが、前述した夜間中学の歴史と精神を生かした教育活動がはたして可能なのか、困難が予想されているようで、残念です。

夜間中学運動を率いてこられた方々のことを考えます。太陽のように熱い情熱と高い志をもった方々です。過去五〇年あまり、夜間中学運動を進めてきた数多くの学習者らと教師たちに尊敬と感謝を伝えます。

●カンボジアで向き合う文解教育

二〇〇八年韓日文解交流では、「韓日文解学習者共同宣言文」を採択し、韓国と日本の文解学習者の連帯を通じて、アジアとアフリカの数多くの第三世界の「文解学習権」保障のための支援と連帯を進めることを宣言しました。

カンボジアの小さなムラの識字教室。幼児といっしょに成人も学んでいる。左端は萬稀

宣言が実現されるように、夜間中学生の方たちと教師たちは、韓日交流とさまざまな努力をされました。私も、宣言にうたわれたアジアでの文解教育運動を実現するために何をすればいいかを考えているとき、偶然にカンボジアを訪問することになり、そこで、戦争と貧困で学習の機会をもつことができなかった多くのカンボジア国民を見て、その日の約束を守るときがきたことを悟りました。

「文字解読は進歩を成し遂げるために基本的なことだ。そして民主社会設立のために、国家の意思決定に意識的、批判的に参加する。読み書きを習うことで現実を知るようになり、歴史の野次馬《やじうま》でなく主人公になることができる」。ある教育者のことばを再確認して、がんばります。

民主社会設立のための小さい取り組みが続けられているカンボジアで、小さな村に文解の太陽がふたたび昇るように、カンボジア文解教育のための「肥やし」なることを願っています。

（訳・川瀬俊治　一部要約）

コラム⑦
夜間中学憲章（私たちのめざす夜間中学）

「読みたい。書きたい。学校へ行きたい」という人たちの声から奈良県の夜間中学は生まれました。勉強をする場をつくろうと多くの人が集まり自主夜間中学は生まれ、やがて夜間中学の必要性を行政も認めて、公立の夜間中学ができました。差別や戦争や貧しさのために学校へ行くことができず、文字の読み書きができないために悔しい思いをさせられてきた人々が夜間中学で文字を取り戻し、しんどさをはねかえして自分自身を取り戻しています。私たちはこんな夜間中学が、もっとつくられ、夜間中学を必要とする人がいなくなるまで続いてほしいと思います。

今、夜間中学にかかわることができた私たちは、夜間中学へのこのような思いを、自分自身に問い返すために、また、より多くの人々や、後から来る人々に伝えるために、夜間中学憲章を作ります。

1．夜間中学は学校で勉強できなかった人が学校教育を取り戻すところです。学校で勉強できなかった人には、奪われたその全てを学校で取り戻す権利があります。

学校へ行けなかった全ての人には、保障されなかった「義務教育」を取り戻す権利があります。夜間中学は、これらの人々の奪われた権利を完全に保障します。

2．夜間中学では文字の読み書きから勉強できます。文字の読み書きができるようになると、生活が変わり、人が変わります。夜間中学は学ぶことを共に励ましあい、喜びあう学校です。

今日の日本に「夜間小学校」はありません。夜間中学は、奪われた文字とことばを取り戻すことができるただ一つの学校であり、小学校から中学校までの義務教育の全てを保障します。

3．夜間中学は、かつて日本がアジア諸国にしかけた戦争のために、学校で勉強できなかった在日外国人を生徒として積極的に受け入れます。

夜間中学には、かつての植民地支配と侵略戦争の犠牲となった在日するアジアの人々が多く在籍しています。日本政府が未《いま》だにしていない戦後補償のひとつとして、夜間中学はこれらの人々を積極的に受け入れます。

4．夜間中学は、生徒一人ひとりが持ついろいろな文化をあるがままに認め大切にします。そのさまざまな文化を学び、その違いを認めあうことは夜間中学教育の大切な柱の一つです。

夜間中学には、さまざまな国籍・民族・人種・性別・年齢の違う生徒や病気や「障害」を持つ生徒・被差別部落出身の生徒などのさまざまな人々が学んでいます。この生徒が持つそれぞれに違った文化は、夜間中学の教育内容を豊かにしています。夜間中学は、生徒が持ついろいろな文化をあるがままに認め、分かりあいともに学びあうことを大切にします。

5．夜間中学の教育内容は、生徒・職員・夜間中学をつくり育てる会など夜間中学にかかわっている多くの人々が協力し、一緒に考えていきます。

夜間中学では、生徒が生きる力を高めるための勉強をします。そのため、勉強する内容は、生徒の生きざまや思いを大切にし、職員やつくり育てる会といっしょに工夫していきます。

6．夜間中学は、地域の人々に開かれ、地域の人々に支えられて成り立つ学校です。

夜間中学は、一定の年齢に達した人が入学してくる中学校ではありません。地域で夜間中学で勉強したい人が入学します。夜間中学の多くの生徒には、保護者はいません。つくり育てる会は、地域と学校を繋《つな》ぎ、生徒の「保護者」としての役割も果たします。

7．夜間中学は、学校で勉強できなかった人がいつでも、誰でも、どこからでも勉強できる学校です。

「義務教育」ですからお金はいりません。私たちは、夜間中学が日本中にできることを望みます。しかし、多くの人は、通えるところに夜間中学がありません。私たちは、勉強したい人が誰でも通えるところに夜間中学ができるようになることを望みます。

8．夜間中学は昼の学校の生徒を受け入れません。私たちは、誰もが昼の中学校できちんと勉強できるようになることを求めます。

昼の小・中学生の教育は、昼の学校で完全に保障されなければなりません。私たちは、誰にも昼の学校教育が完全に保障されて、夜間中学がいらなくなる日が来ることを願っています。

9．私たちは、夜間中学を必要とする人がいなくなる世の中を望みます。そのために夜間中学を生み出してきたどんな差別も、どんな戦争も許しません。

夜間中学の生徒の多くは、差別や戦争・貧困・病気などによって勉強する権利を奪われてきました。これから夜間中学で勉強しなければならない人をつくりださないためにも、差別・戦争・貧困のない世の中をつくるために努力します。

10．夜間中学では、生徒一人ひとりに十分な教育条件を整えなければなりません。私たちは、行政にそのことを求めます。

夜間中学には入学し、通い、勉強することそれ自体が困難な生徒が多く在籍しています。私たちは全ての生徒が生き生きと学ぶことができるよう、夜間中学に充実した教育条件が整備されることを教育行政に求めます。

一九九六年五月一八日

奈良県夜間中学連絡協議会

第7部　証言

自分を読む

稲富 進　元大阪市立天王寺夜間中学教員／いなとみ・すすむ

わたしは夜間中学に転勤して一五年間、オモニたちとのかかわりで社会科教員として覚醒したように思う。というのは、それまでのわたしの知識は書物を通して得ていたものであり、その知識を子どもに教える方法を授業の基本においてきた。

夜間中学に転勤して、オモニ・ハルモニが夜間中学の日常で語った生活史を通し、わたしが学んだ日朝の歴史は、活字で学んだ知識とはちがって、わたし自身の生活史と重なりあって血肉を揺さぶり、読んできた書物とも交差し、わたし自身の覚醒を促した。

オモニ・ハルモニの生活史を通し、朝鮮植民地支配の歴史をわが血肉としたその体験は「人間を教材にする」ことの大切さを教えてくれた。

大阪市立難波《なんば》中学校で部落の子どもを長期欠席に追いやりながら、「部落問題の本質」に無知でいたわたし、金信子《キムシンジャ》に告発を受けるまで、在日朝鮮人問題に無知でいたわたし。夜間中学は、こうしたわたしを形づくってきた公教育の内容や方法をとらえかえす契機になった。

最近の学生諸君は小学校以来ずっと、外から与えられた知識で頭と心がいっぱいになっていて、自分の姿や価値を見失っているように思える。けれども、自分の人生を丁寧に読みなおしていけば、これまでの経験や思いのなかに自分を自分たらしめた宝が数々秘められているはずだ。それはこれから自分をより豊かな自分にしていく宝になるものだとわたしは思う。

「自分を読む」には、まわりの人びととの人生から学ぶことが大事になる。わたしは夜間中学に学ぶオモニ・ハルモニの人生に学んだ。植民地支配のため渡日を余儀なくされ、「在日」への抑圧・差別に向き合いながら生き、子育てをしてきた人生に驚愕《きょうがく》し、その生き方に心を揺さぶられた。その出会いのなかで、ラッパを吹き、手旗信号を振って得々としていた少年時代を振りかえり、そのわたしを育てた父や母の思い、それに連なる父祖の地（徳之島《とくのしま》）に生きる人びとの思いや生き方を深く考えることができたように思う。この体験を学生たちに伝えたかった。

隠すことからの解放

本を読むことは学問に欠かすことはできない。その際「自分を読む」ことと本を読むことが交差することが読書の原点だと考える。読書の原点を探しあててほしい。学生諸君にこう求め、授業も「自分を読む」ことを重んじる組み立てに努めた。

「親の人生を読みなおす」「子どもの背後にある親の姿を見る」を「自分を読む」ための重要な方法に位置づけたのは、自分を自分たらしめるものを見ていくために欠かせないからであるが、それは同時に親たちが生きてきた時代についての確かな歴史認識や現実認識をもつことにつながるからだ。

「隠すことからの解放」をあげたのは、これも夜間中学での体験からである。夜間中学に移った当初、高齢のオモニ・ハルモニたちがどうしていま「学び」を求めるのか、その動機や思いを知りたかった。オモニ・ハルモニたちは「文字が読めなくて自動販売機で切符が買えず、不便だった」こと、「役所で証明書をもらうのに苦労した」ことなど、日常生活の不便を語ることがあったが、なぜ渡日することになったか、渡日してからの悲惨な生活の日々、ばかにされ差別され、悔しい思いに耐えながら生きてきた日本社会・日本人への恨みつらみを語り出すのはずっとあとのことだった。学びの日常のなかでわたしとオモニたちの絆《きずな》もしだいに太くなったとは思った。時には会話に冗談が飛びだすようにもなってきたが、それでもオモニ・ハルモニたちは過去の思い、自らの生活は語りはしなかった。

いつだったか、それぞれのふるさとの話題が出たときだ。わたしは故郷・徳之島を語った。台風で米がとれず、さつまいももなくて、蘇鉄《そてつ》の実や茎を食べたという叔母の思い出、琉球《りゅうきゅう》や薩摩《さつま》の支配で米や砂糖を搾取された島の歴史、方言で内地の人にばかにされ、親に方言を使うことを禁じられた子どものころの思い出、高校時代に夜店のいか焼きの屋台をひいて苦学したことなど、わたしの生きてきた道について語ったことがあった。

これをきっかけにオモニ・ハルモニたちの重い口が開きはじめたように思う。わたしとオモニ・ハルモニたちとのあいだに一筋のつながりができたと思うのは、わたしの早合点だろうか。わたしがわたし自身を、そして徳之島のことを語りはじめて、オモニ・ハルモニたちもはじめて「わたし」を語るようになった。島に生きる人びとの耐えに耐えて生きた、たくましさを共感的に受けとめる何かがあったのだろうと思っている。

金任生《キムインセン》オモニは、渡日後、最初に覚えた日本語が「バカヤロウ」だった話、夫探しで日本にきてからの苦渋に満ちた生活の遍歴をポツポツと語りはじめた。

教師はよく子どもたちに「他者とつながる」ことの重要性を説く。一人ひとりがかかえている辛《つら》い、触れたくない問題はさまざま異なっているが、それを隠したままわかりあい、手をつなぐことはできないと思う。

難波中時代、長欠になってわたしの前から姿を消した杉本一郎君、私立高校の入試差別を告発した金信子さんともほんとうにはつながっていなかったのだと思う。教師が一人の人間としてどのような問題や痛みをかかえて生きてきたかを明らかにしたときにはじめて、在日朝鮮人の子どもや部落の子ども、「障害」をもつ子ども、学習の遅れなどさまざまな問題に悩みや痛みを感じている子どもも自らの問題、痛みを明かしてくれると考える。そこではじめて人間的つながりが成立する。教師が「教師という面」をかぶったまま生徒に対すれば、生徒もまた生徒の面をかぶって、教師に内面を明かすことは決してない。「自分を隠すことからの解放」は、人間が人間として「自立し連帯する」基本的条件である。

どの立場の子どもの声に耳を傾けるか

いまひとつ、「子どもの視点から学校を見なおす」ことを「自分を読む」方法のひとつに掲げたのは、四〇年の教師生活で出会った被差別の子どもたちの悩みや痛みを察し共感する感受性を育てること、もうひとつは被差別の視座から世界を見ていくことの重要性を悟ったからである。

学校の問題がいまその改革にむけてさかんに議論されているが、教える側（教師）の視線から見るより、教えられる側（子ども）の視線から学校の現実を見るほうが、学校教育の問題点を浮きあがらせてくるように思う。学校は学力の高い、いわゆる優等生を大事にするところだ。勉強ができて、行いのいい生徒が大事にされ喜ばれるところだ。そのような優等生の目から見ても、その子なりに不満をもっているから学校や教師の問題点は浮かびあがっていく。けれども、それらをより鮮明に浮かびあがらせるには、底辺に押しこめられている生徒、はみだしている生徒――いわば学校に適応できない生徒――の語りから見ていくことが必要になってくる。

わたしには現在の学校は、勉強のできない子、学校の秩序からはみだす子には冷たい仕打ちをする仕組みがあるように思えてならない。教師はどの立場の生徒の声に耳を傾けるか、これが教師に問われる最初の問題だと思っている。大阪市立城陽《じょうよう》中学校のとき、「促進学級」を担任した体験を通して語った。

「教師として生きた自分」を語る

「自分を読む」ことをテーマとした大学での講義は、その教材は「教師として生きた自分」を語ること、そのなかで出会った子どもとわたしのつながりを語り、そして教師集団を語り、現実の学校の仕組みを語り、学生がくぐった学校を検証することにつながり、理解が深まったと思う。

自らが受験教育体制のなかに組み込まれ、くぐった学校の仕組みや教師の姿が普通と考えてきた学生たちにとって、わたしの講義はある種のカルチャーショックだったようだ。これを受け、討論のなかでは疑問や反発、葛藤が噴出した。学びの深まりの出発点だと考えている。

（大学の「教育実習」の講義より）

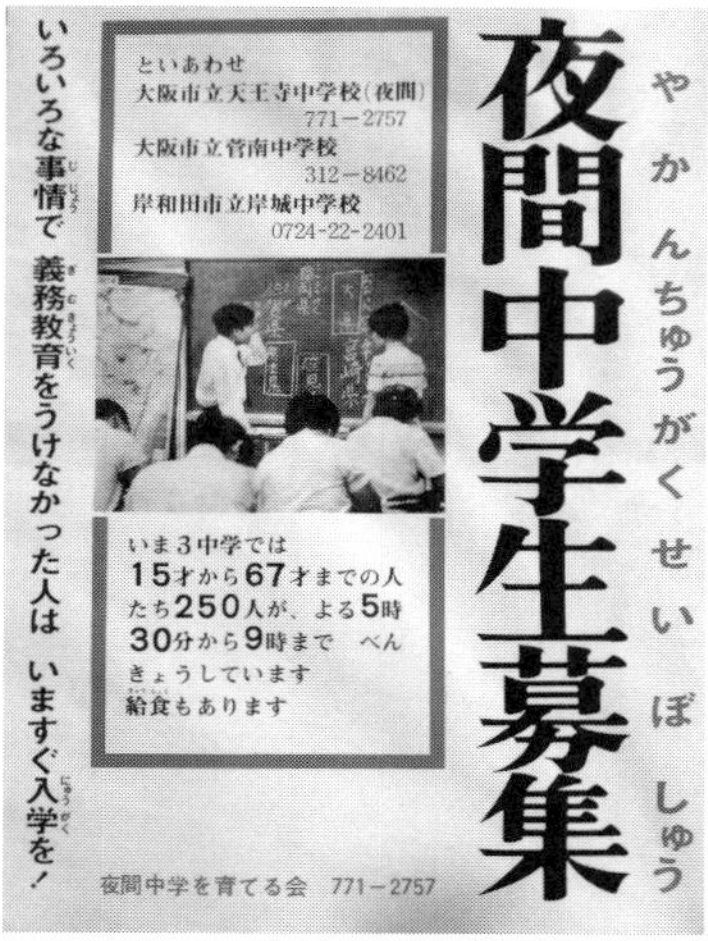

夜間中学生募集ポスター
（夜間中学を育てる会制作 1970年）

夜間中学生が教えてくれたこと、学んだこと

金城 実　彫刻家／元大阪市立天王寺・文の里夜間中学教員／きんじょう・みのる

私の名前は金城実。自己紹介するとき「金城実」と書いたら、生徒が「先生、朝鮮人か?」「なんでや?」と聞き返すと、「朝鮮語で『キムソンシル』と言いますよ」と、よく言われたことがあります。

「恨之碑」

今年(二〇一八年)の四月二日、三日、韓国済州道《チェジュド》に行ってきました。夜間中学には済州道出身の生徒が多くて、懐かしく思いました。私の教えた生徒たちはこんな遠いところからきたのかなあと、あらためて思いました。

きょうはその話はしませんが、一九四八年四月三日に「四・三事件」というのがあって、その事件を通じて、たくさんの人が日本に渡ってきている歴史があります。その済州道の島民の税金でもって私は招待されました。ものすごい大きな縁があるんです。

私は、韓国と沖縄に「恨之碑《ハンのひ》」をつくっています。沖縄の阿嘉島《あかじま》というところで戦争中、朝鮮人の青年がポケットのなかに稲穂を持っていたというだけで、銃殺された事件がありました。あまり知られていないけれど、朝鮮から軍夫として連れてこられた人たちの一人でした。軍夫のなかで、沖縄戦から逃れて生き残って、ようやく韓国の慶尚北道《キョンサンプクト》に帰った人がいます。その人が沖縄にこられ、「沖縄の戦争のことについて、沖縄の人は沖縄戦のことで精いっぱいかもしれないけれど、われわれのように、軍夫として、慰安婦として沖縄に送られていった朝鮮人たちの歴史もぜひ忘れないでほしい」ということで、私のところに「恨之碑」をつくってくれという話がありました。

かなり大きいものです。青年の像が高さ二・八メート

夜間中学教員の証言

ルほどあります。青年の後ろから、お母さんが息子の青年の足を引っ張っている。日本兵が鉄砲を持って青年を処刑場に連れていくという生々しい彫刻なんですが、ほんとうに母親がいたわけでなく、母の思いを造形化したものです。それが韓国の英陽《ヨンヤン》郡と沖縄に建っています。

そんなこともあって、済州島の美術館から招待を受けました。そこにもベトナム、中国、台湾という、日本が起こし、多くの人が巻き込まれて被害を受けた戦争を表現した芸術家が招待されていました。日本からは沖縄の人間、二人が招待され、行ってきました（「四・三事件」から七〇年になる四月三日に「四・三　七〇周年記念式典」がおこなわれた）。文在寅《ムンジェイン》大統領も演説されていました。そういうことで、「夜間中学にも済州道からこられた教え子たちがおったな」ということをあらためて思い返していたところです。

夜間中学とのかかわり

さっそくですが、私がなぜ夜間中学とのかかわりをもつようになったのかから話します。実は私は、夜間中学の先生になること、いやだったんですよ、差別と偏見をもっていましたから。六〇も過ぎた人たちが字知らんとか、そこに学校の先生が行ってどないするんやとかが本音でした。実は私の後輩が行くはずでしたが、後輩は差別的な感覚をもっていて、「あんな学校、おれは行きたくない。先輩行かへんか」と言うから、「ああ、おれが行くわ。いくらくれるの？」「一〇万円」。給料一〇万円くれるのに乗ったんですけど、しんどかったですよ。

なぜしんどかったかというと、最初に当たったのが高橋栄一という重度の脳性麻痺の青年で、年は私より上でした。彼のことばが聞き取れないから、授業ができません。しかし、私は彼に対して差別的な感覚をもってるから、無視しとったんですよ。授業が終わって、彼は私を追っかけてきて、抗議しました。指と指のあいだに鉛筆をはさんで、力をこめて、鉛筆を折って天井にぶち込むというようなことがありました。これはやっておられへんなあと、授業でストレスがたまり、胃潰瘍になり血を吐くことになったのです。これが夜間中学との始まりでした。

学校の先生たちも、「天王寺《てんのうじ》中学」と書いているけれど「夜間中学」と書かん先生がおるということで、自ら夜間中学を差別しとるんじゃないかというそんな雰囲気でした。

ここに一人だけ当時の五期生がおりますけど、いまから四四年前のことです。高野雅夫《たかのまさお》さんも、東京からきては教育委員会に押しかけていったりしていました。

私が天王寺夜間中学に勤めはじめたのは一九七一年です。夜間中学生との共同作品である「夜間中学生の像」の除幕を伝える朝日新聞の記事は一九七四年二月二七日と書いてありますね。沖縄海洋博の一年前。この彫刻をつくったのは、ちょうど私が天王寺夜間中学に勤めて三年目、最後の年でした。

そのあとに大阪市立文《ふみ》の里《さと》夜間中学に移ります。そのころは行政との闘いがありました。文の里中学は、昼間の学生が通る門と夜間中学生が通る門を分けていました。夜間中学生が通る門は一人がやっと通れるだけ開けていて、昼間の学校の門は閉めていました。それで高橋さんが門で頭をぶつけて大問題になりました。

教育委員会の担当者は「間借りだ。夜間中学じゃなくて、夜間学級だ」と説明しました。「間借りだろうが何だろうが、門を大きく開かないで、けが人を出すような行政ってなんじゃ」と言うて、もめました。あのころは私も若かったですから、教育委員会の担当者をけっとばして問題になったことがありました。

いまはどうなっているのかわかりませんが、当時の行政は、夜間中学があることに対して必ずしも積極的に喜んで勉強してもらおうという感じでなくて、どういう人たちが小学校、中学校を卒業できなかったのかという歴史的な背景についても温かく見ていたような気がしませんでした。

「オモニの像」

私は一九七五年、文の里夜間中学で「オモニの像」の彫刻をつくったあとは、夜間中学をやめて、西宮《にしのみや》市立西宮西高等学校定時制に移ります。私は大阪に三五年間おりましたが、二六年間ずっと、近畿《きんき》大学付属高等学校、天王寺夜間中学、文の里夜間中学、西宮西高等学校定時制というように、点々と渡っていきました。いまでいうアルバイトの教師です。

そのあいだに、きょうも住吉《すみよし》（大阪市）のお母さんたちがお見えですが、部落解放運動のなかで「解放へのオガリ」というでっかい彫刻をつくりました。なぜ住吉で「解放へのオガリ」をつくったかというと、夜間中学と関係があるんです。

天王寺夜間中学の彫刻をつくったときには朝日新聞に記事は載るんですが、イベントとしてはそんなに大きなイベントじゃありませんでした。文の里夜間中学で「オモニの像」を建立したときは、どこに建てるかでもめました。校長先生は、昼間の校長でもあれば夜間中学の校長でもあって、昼間のPTAからつつかれるのを恐れて、彫刻をできるだけ外に出さないようにという考え方をもっていました。ところが、夜間中学の生徒会は、昼の中学生にも見てもらうため、玄関前の中庭に彫刻を出すと

オモニの像（1975年 文の里夜間中学）

決めました。当時、夜間中学の生徒会長は建築会社の社長さんで、かなり力をもっていました。「ややこしいこと言うんやったら、抜き打ちに建てよう」ということで、材料とか仕事の段取りを徹底的に打ち合わせて、ある日曜日、七、八人の建築の仕事をやっている夜間中学生が集まって、「オモニの像」を一気に建ててしまいました。
さあ、除幕式を迎えました。くす玉をつくり、生徒会は準備に全力でとりくみました。生徒会長の権限は大きかったですよ。学校を一歩出たら、生徒は大先輩ですからね。いまはどうなっているか知りませんけど、権限は先生に渡したらあかん、生徒会が握らないとだめです。運動会も学芸会も、決めるのは生徒会、そういう雰囲気でしたね、当時は。
いまでも忘れられません、雪が降っていました。夜間中学生はわくわくしているけれど、先生たちは暗い顔をしてる。昼間の生徒のお父さん、お母さんがきたら、えらい騒動になるんじゃないかと思っていたからです。私だけ、「おもしろい。むしろ、昼間のPTAが事を起こしてくれたほうがいいな」と思って待っていました。ところが、肝心の夜間の生徒がほとんどいません、とくに年いった韓国のおばちゃんたちが。どこに行ったんやと

思っていたら、体育館でわあわあ言うてます。チマチョゴリに着替えて、チャングをたたいていると思ったら、アリランを歌いながら、彫刻の周辺をぐるぐる回りはじめました。彫刻の前には日本酒の一升瓶やマッコリを供えていました。私が夜間中学生たちと一緒に彫刻をつくることでやりたかったのは、誇りを奪い返すということです。彫刻をつくるなかで、なんで中学を卒業できなかったんや、どうして貧しかったんやという夜間中学生の思いと重なり合ったんです。

私には、小学校六年しか出ていないおばさんがいます。ほんとうはいとこだけど、おばさんと呼んでいました。おばさんの親父は小さな渡し船を持っとったんだけど、台風でぶっ壊されたので、いち早くサバニ（琉球《りゅうきゅう》列島で古くから使われていた漁船）を手に入れるために、七人家族の長女だったおばさんを、小学校六年でやめさせて、糸満《いとまん》の漁師町に売り飛ばしたんです、三年分の給金を前借りして。私は、南米のペルーから金を送ってもらって、高校、大学まで出たけれど、母方の姉さんの長女は糸満に売られた。それを見ていた私は悲しくてね。

おばさんは、三年間の年季を終えても島に帰らずに、コザの米軍街に行きました。当時はベトナム戦争のころで、ベトナム帰りの兵隊たちをとっかえひっかえしながら生き延びていきました。そして、ベトナム帰りの兵隊と結婚して、アメリカに渡りました。もう彼女は八五歳ですが、いまから二年前、「おい、実。私の命はもうあまり長くないから、アメリカで生きている私の姿を見ろ」と交通費を送ってくれたので、ひと月ほど行ってきました。彼女は墓もつくって、ちゃんと生活していました。

最初、夜間中学生を差別していた私が、夜間中学にこれらる人たちの背負ってきたものを見てくると、私のおばさんとダブッてきました。だから、部落解放運動の現場に行って、「解放へのオガリ」をつくったりするようになったんです。金城実が被差別部落とか障害者とかと付き合って生きていくようになったのは、人生の必然的出逢いでもありました。

いま私は沖縄に帰っていますが、いまになって、「おれはすばらしい勉強をさしてもらったな。おれを導いてくれた先生は、夜間中学生とか解放運動とか障害者とか、のけ者にされて底辺に追いこまれた人たちだったなあ」と思っています。

誇りをもって生きる

先ほど久しぶりに、天王寺夜間中学にある共同作品「夜間中学生の像」を見てきました。小さな傷みが出てきていましたが、修理はそんなにかかりません。除幕式のときは校内の木魂《こだま》の森に建てられましたが、いまはまるで砂漠のなか、檻《おり》に入れられているようで残念です。

「大阪の夜間中学50年を振りかえる」集会。左より金城実、髙野雅夫（天王寺夜間中学 2018.6.3）

文の里夜間中学の共同作品「オモニの像」も裏門にひっそりと建っています。以前のように学校の正面に移してもらえたら、夜間中学開設五〇年の取り組みの一環として実現していただけたらと思っています。

私も八〇歳になりました。沖縄におると、「沖縄の人間はほんとに日本人かな」と思うときがあります。辺野《への》古《こ》での闘いに行っています。私も、機動隊に手を引っ張られて、ごぼうぬきにされます。それだけじゃなくて、道の真ん中につくった檻のなかに放り込まれるんです。最初は傷ついてたけど、このごろは楽しくってね、入れられたら踊りまくっています。

沖縄に帰って、またあんなところで生きなければならないかという思いもありますが、笑い顔をしながら、おれは沖縄人であることに誇りをもって生きていきます。みなさんも、夜間中学を出た同志として誇りをもって生きたらよろしい。私の話は以上です。

（二〇一八年六月、大阪市立天王寺夜間中学でおこなわれたプレ五〇年での講演をまとめた）

夜間中学と私

岩井好子　麦豆教室主宰／元大阪市立天王寺中学校夜間学級教員／いわい・よしこ

夜間中学教員の証言

第一八回全国夜間中学校研究大会

みなさん、こんにちは。今回（二〇〇五年）は第五一回の全夜中研大会やけど、いまから三一年前に一八回大会があったんです。生徒が暴れたとか、演壇を占拠したとか、あれはマスコミが書いたことです。校長先生のマイクをとったんですけど、発表させてくれなかったからです。

校長先生が「学校見学があるのであかん」と言ったので、そしたら生徒たちが「ぼくらのしゃべるとこ、どこにあんねん」と言ったんです。いま発表してくださった方々は、みんな「ありがとうございます、学校が好きや、先生はやさしい」と言ってはったんやけど、一八回大会のときはそんな人たちばかりではなかった。一八回大会は天王寺《てんのうじ》夜間中学ができて二年目に、天王寺の講堂であったんです。そこには、大阪府下の定時制、通信制、教職員組合をはじめ、夜間中学以外の先生方もきて、講堂がいっぱいになったんですよ。そこに私らかて、そのときに生徒の思いは「先生ありがとうございました」とだけしか思ってなかったんですね。

学校にきてひとつでも言葉を覚えたら、美しいという言葉を覚えたら、薔薇《ばら》という字を覚えたら。さっき福田さんのNHKテレビやないけど、地図見てて、「小西さん、海にはまってるで」、「海へはまってへん」、福田さんのときはテレビ用の話で、教室のなかでは「この線から向こう側は大阪湾、こっち側は陸やん」そしたら「陸てなんでんねん。私、陸て知らんわ」と言いはんねん。そして隣の男の子が「おばちゃん、家たってんのん陸やん、歩いてきたんも陸やん」と言うたら、「いや、歩いてきたん道やん、家たってんのん土地やん、土地とか道とか言うてもろたらわかるけど、陸地て知らんわ」、みんながほんだら「陸上自衛隊て知らんか、陸上競技知らんか」、「私、陸軍やったら知ってるわ、陸軍ゆうたら陸で戦争するんや、海で戦争すんのん……」という話が一時間かかってしまいました。

だから私らが学校で勉強するときね、生徒たちが何を知らんのかを、先生がよう知らんわけ。もう、この生徒が小学校行ってないと言うてもね、先生は授業するときむずかしい言葉使ってしまうんですね。いっぺん言うたら、教えたこともわからんもんが、覚えてへんもんが悪いとだいたい思てしまうんですね。

夜間中学を育てる会『キケ人や』

そういうことで大阪では、夜間中学できてから、びっくりしてしまうんです。教師そのものが。ほんとうは昼においてもやらなあかんのですけどね。だけどびっくりしたんです。そないゆうてたら、天王寺ができて、一年たったら三年生が卒業していったんです。そしたら、卒業生の倉橋健三《くらはしけんぞう》さんが入ってきて、「先生、ぼくらの働いているところでは学校の卒業証書がないのん、いっぱいおんねん、こんな学校知らせなあかんわ」と言うて、「夜間中学を育てる会」いう会をつくったんです。そして一年間ビラまいたんです。「髙野くんはひとりでやってるけど、私らはみんなでやろか」でやったんです。そして一年たっていろいろあって、よし、この「育てる会」の記録を残そうということで、生徒に作文書いてもうて、あのときは岸城《きしき》、天王寺がでけて、菅南《かんなん》がでけて、三校の先生、卒業生、在校生が集まって、「育てる会」を年間会費一〇〇円でね、ぎょうさんの人でやろかということで、ビラをつくって一年間やった。そうしたら、そのときの事務局長やっていた河野先生が、どこへ行ってもみんながわかる生徒の作文を出そうと。

須尭《すぎょう》くんかて「オレ、めがねが買われへんから、字見えへん」言うてんけど、「ていねいに書け、だれにでもわかるように書け」また一年ぐらいかかって、聞き取りの本をつくったんです。河野先生は、これから天王寺夜間に堺《さかい》からも、八尾《やお》からも、東大阪《ひがしおおさか》からもきてたから、よし東大阪につくろう、八尾でつくろう、堺でつくろう、あのとき、髙野くん見てて「オレは髙野のことはでけへんけど、オレのことやったらでけるわ」と言うてね、みんなが動き出したんです。だから、一八回大会というのは、そのエネルギーですね。

一八回大会の次の年度には、東大阪にできてるし、八尾にも、堺にもできてるし、あのときはすごかったですよ。その次の年度には、守口《もりぐち》ができてるし、文の里《ふみさと》も、もう東京に、横浜に、広島に遅れること、二〇年にして。大阪からみんなそんな働くとこあれへん、中学校出てなかったら。大阪の総評は、どない言うたと思いはります？「字も知らんと何して働いてまんねん、字いらん仕事というたら、何がありまんねん？」これを聞いて、生徒さんカンカンにおこりましたよ。

一九六九年にできたんが、天王寺ですね。そしたら、始め先生四名、講師の先生がきてくれてやったんですけど。生徒八九名（四学級）で始めたんです。NHKが取り上げるでしょ。そしたら、ドッと生徒が入ってくるんです。大阪は人間が多いんで、一〇〇名以上になるんですね。九月になったら先生が八名に増え、学級数も増えました。どの人がどこの組か、あのころよくわからなかったですね。

私ら朝鮮人でも、夜間中学入れますか？

生徒は、なんしか勉強したい、それから看護婦とか調理師とかの免許証を取ろうとか、最低、中学校の卒業証書と学力がいんねんね。私らそんなんもわからへん。なんしろ、自分の授業一生懸命してたらええと。えらいことになりました。そうしていま、韓国の人たちがみんな言うてくれましたけど、当時、「先生、私ら朝鮮人でも夜間中学へ入れますか？」とたずねにきたんです。

この会場（大阪市立労働会館）の近く、森の宮《もりのみや》の北のほうには、砲兵工廠《こうしょう》があり、大阪大空襲（一九四五年三月～八月、敗戦前日まで）で徹底的に空襲を受けて、一面焼け野原になったんです。この環状線から外側に家庭訪問行ったんですけど、オモニが裏通りの路地を入っていったところに家があるんですね。家に入っていったら、子どもに「あんた外へ行っとり」と言って、よそのうちへやっといって、「先生、入ってください」という状況でした。だから桃谷《ももだに》の東側の飲み屋街にはたくさんの在日の人たちがおられます。

それから、さっき映った、NHKテレビに出てた高オモニは東成《ひがしなり》でしょ。鶴橋《つるはし》、御幸森《みゆきもり》のコリアタウン、天王寺、このへんにもたくさんでした。かつては、夜間中学といえども、在日のオモニたちは入ってこなかった。そのとき、髙野くんではないけれど、倉橋健三くんが「こんな学校つくれるよう運動しよう」と、東大阪にも、八尾にもつくろう、と言ってビラをつくって学校だけでなく、そのときは学校が少なく、街頭でもビラまきしました。そして、夜間中学校がいっぱいできてきた。「日韓基本条約」（一九六五年）が締結をされます。そうすると、国に帰らなあかんので、朝鮮籍やったら韓国籍にせなならん、いろいろそういう問題もやっぱりあったんですね。だけど、そのとき「民団」「総連」へ行かんと手続きをやってもらわれへんのです。外国人登録の手続きでは自分の名前は書けんねんけど、書類のどこに何書いたらええかわからへんのです。

まあ、そういうことで、大阪の在日のオモニたちがたくさん夜間中学に入ってきたんです。びっくりしました。あの人たち、喜んでね。日本人が学校へ行けなくて苦労した以上に、オモニたちは苦労してます。

修学旅行で広島へ行ったときのことです。ある生徒さんが「先生、私ね、義理の弟が戦争中、広島へ行ったまま帰ってけえへんねん。義弟が『姉さん、徴用で広島へ行ってきます』と言うて帰ってけえへんねん。爆弾で死んだんか、行き倒れたんか、わかれへんねん。広島でお参りすんねん」。広島の「韓国・朝鮮人被爆祈念碑」の広場の前で、そこを動かへんねんね。碑の裏側に書いてある文をじっと見てんねん。「資料館へは行けへんの？」て聞いたら「行けへん、ここにいてんねん」。そして、そこで掃除してね、千羽づるおってね。

そしたら、趙命是《チョミョンシ》さんがね、「先生、うちの亭主、二度も原爆におうとりまんねん」「どこで？」「長崎でおうて、また広島であいましてん」「広島が先やで」「いや長崎が先です」「長崎でおうて、また広島に連れてこられて」「いや原爆です」。そう言うんやったら「趙さんの原爆はそうしとき」。いったん原爆や言うたらね、放射能ないで言うてもね……。「広島でおうてんやったら原爆手帳持ってるか？」「そんなもん、持ってへん」「証明する人が二人いんねんて」「だれが証明してくれまんねん」「徴用で連れてこられたのに」と。

連れてこられたとき、一六歳。釜山《プサン》出身で苦労してね、連れてこられた。手なんて真っ黒、ゴツゴツした手で一生懸命勉強していたことを思い出します。

うどん学校

奈良に夜間中学つくるときに教育委員会は「大阪、東京、横浜みたいな新幹線停車駅のある都市で夜間中学できても、奈良にはでけません」というふうに言うて、なんぼがんばっても大阪にでけへんのに、奈良にでけへん。そんなときに私ら、生徒が仕事場から「うどん学校」へくるのに交通費がいるやろ、うどん代がいるやろ、そのカンパを毎週土曜日、近鉄奈良駅で、土曜日になったら生徒の玄時玉《ヒョンシオク》さんが布施《ふせ》から奈良にきてくれんねん。「先生、奈良へ一人できたわ。東出口でたら先生おったわ」と、毎週、一年六カ月カンパ活動をうったわけ。そしたらね、韓国のオモニたちは絶対に泣きません。けど、その泣かないオモニたちがね、韓国、朝鮮のことを思い出して、胸張って生きてきたん思い出して、その玄時玉さんが大声出して泣くんですよ。何で泣いてんのか、て聞いたら「日本にきて苦労しましてん。夫は私が三八歳のとき、死にましてん。夕方なったら熱出まんねん。トンプク買《こ》うてきまんねん。それ飲んだら熱ひきまんねん。そして、学校へきます」。「学校がでけた。先生がでけた。友だちがでけた。どんなにうれしいかわからん」。

『オモニの歌』

それに自分のお母さんが、日本の戦争のあと、済州島《チェジュド》動乱で家族七人が殺されたんですね。「私らのこと韓国の歴史にはのってない」だから、日本の歴史のなかに沖縄がなかなかのってないのと同じように、韓国、朝鮮の歴史のなかに済州島のことあんまりのってない。その本（『オモニの歌』筑摩書房）のなかにいとも簡単に書いたけど、一年ぐらいかけて東京や大阪の先生のとこ行ってね、やっと出版でけてん。

済州島の動乱で民族同士が殺し合いをやって、お父さんも兄さんも、弟も妹も姉さんもみんな殺される。死んだらそこへ放ったらかし。お母さんが死体をかかえて帰ってきて一人ずつ埋めていったんです。その手で眼をさわってからか、泣きすぎたんか、眼が見えなくなったんか知らんけど。せっかく、日韓会談が締結されてね。テレビ買うてお母さんのとこへ持ってきても、お母さん眼が見えんかった。奈良の「うどん学校」一年六カ月もかかったから、その帰り道、毎週土曜日、布施まで送っていって、玄時玉さんのこと書いた本なんです。これは文庫本、単行本で八刷までいきました。

私らにも、学校の教職員にも、生徒の心のなかは、なかなかわからないんです。だから、一般の人たちは、福田さんはテレビでやってくれ、山田洋次《やまだようじ》監督は映画でやってくれ、いろんな人たちが書いて言うて、そしてこんなことがあったらあかんねん、知らしていかなあかんねん、と思ってできたのがこの本です。オモニのために。私は印税も放棄している。

朝鮮語で、韓国で本になったんです。『オモニドウレ』。

「うどん学校」校歌楽譜（岩井好子自筆）

でもやっぱり、韓国でも在日の人々に対する予断と偏見、そんなんいっぱいあるからね。だから、やっぱりいろんな形で知らしていく、自分の国で知らしていく、いろんな形があると思いますから。今日はいろんなこと話をしました。

「麦豆教室」

そしていま、私、「麦豆《むぎまめ》教室」をやっています。韓国、朝鮮では、農村の子どもたちの勉強は村の長老のおうちでやってたんですね。そのときのお礼は麦ひとつまみでも、豆一合でも、ドブロクでも何でもよかったんです。そのことにちなんで「麦豆教室」と呼ぶことにしました。お金かからなくて。そして、天王寺やいろんな夜間中学校を卒業した生徒が勉強していますねん。でも勉強になってへん。いま、専門の先生がおれへん。だからいろんな夜間中学へ行ったら、専門の先生がいっぱいいてる。こんな病気やったら「早よ医者行き。私らは医療行為がでけへんから、医者へ行き。教室休んでいいよ」と言うんですが、でもくるんですね。木曜日、今日やね、五時からくるんです。私は、日本人として、この人たちの教育保障を最後まで見届けようとやっています。

玄時玉さんが「うちの主人、夜になったら熱出まんねん。薬局でノーシン買うてきて飲ましてから奈良に行きますねん」。この言葉は、私は忘れられません。だから、玄時玉さんが奈良に夜間中学がでけへんとき「なあ先生、ほんとう言うたら学校くるまでほんと字知らんかってん。ウソちゃうよ。人にカッコ悪うて言われへん。そやから、奈良の人たちのことを、他人事と思われへんね」。そう言って、布施から奈良にきて、応援してくれるんです。

だから、ひとつの学校ができるのんは簡単にでけへんのです。髙野くん一人ででけたんちがうんです。布施、東大阪、八尾へ行った生徒たちが、育てる会の本を持って、命がけでやってきたんです。感動したからね。東大阪の長栄《ちょうえい》でつくらなあかん、小学校、中学校でも地元でなかったからね。

奈良に夜間中学をつくる運動したんですが、川崎《かわさき》の西《にし》中原《なかはら》中学の開設運動していた真野《しんの》（節雄）くん、壇上《だんじょう》（啓治）くんとかが、奈良に応援にきてくれて、私は川崎へ一度も行ったことないんです。彼らは川崎から東名、名阪国道を通って奈良にくるんです、寝袋持って。毎週土曜日に駅前で立ってくれるんです。命がけでやってくれたんです。

いま、「麦豆教室」でソウルへ行こうと言ったけど、私、もう年をとってフラフラやねんね。一八回大会のとき、四三歳でした。若い先生は元気やから生徒に学んで、何を大切にせなあかんか。「一人ひとりの生徒が言ってくれた言葉を大切に」が、いまも忘れられません。最後に、今日の明日の大会を有意義な二日間となりますことを祈りまして終わりにします。


（第五一回全国夜間中学校研究大会記録誌より）

「夜間中学いろは」のコトバ

平井由貴子　元大阪府守口市立守口夜間中学・東大阪市立長栄夜間中学教員／ひらい・ゆきこ

私の教員生活は夜間中学二校を勤め終えて、一〇年あまり経《た》った。このたび大阪の夜間中学が開校して記念すべき五〇年を迎えるにあたって、「今浦島」の私が語る言葉など持ち合わせていない。けれども、四〇年近い教員生活のほぼ半分を夜間中学に勤務させてもらったことは、人生に豊かな信念とでもいうべきものを遺《のこ》してくれた。そのことへの感謝だけでも書かなければと思ってペンを執っている。

私らとケンカできんと……

鮮明に思い起こすのは、はじめて夜間中学生の前に立った日々のこと。あるとき、どんな場面だったか記憶は飛んでいるが、在日一世の生徒が「先生、私らとけんかできんとあきませんで！」と言ったのだ。雷に打たれたように教壇の私は、なぜかその言葉が理解できた。日本人教師である私への「恨《ハン》と愛情」とがないまぜになったエールとして、その後の夜間中学教員としての私を支えつづけてくれた。

「国語」という教科の呼び方への疑問をはじめ、「文盲」などの差別語など、いままで当たり前に使ってきたさまざまな言葉を見直し、夜間中学生の人生というふるいにかける作業が必要だった。その意味で、近畿《きんき》夜間中学校連絡協議会のなかの「にほんご作成委員会」での濃密な討論も、「夜間中学校での学び」とはどうあるべきかを考える貴重な鍛錬の場だった。こうして在日一世の強烈な、しかしありがたい洗礼を受けて以降、生徒のコトバを、できるだけ記憶にとどめるようにしたし、日々の日記や自分史を書くことを課題としたのはもちろんのことであった。生徒は「書きたいことはいっぱいあるけど、思うように書かれへん」と弱音を吐きながらも、ひとたび相手に伝わることの喜びを味わったら、とどまるところをしらない。「守口《もりぐち》夜間中学いろは」は授業中や日記につぶやかれたコトバを拾い集めて生まれた。私にとっては、「けんかできんとあかん」への当時の精いっぱいの答えのひとつだった。

髙野雅夫《たかのまさお》さんの「いろは」の真似《まね》をしたのである。二つの「いろは」の底流に共通しているのは、「怒り」ではないか？　髙野さんの怒りが直接的なのに対して、生徒のは間接的で戸惑いがある。怒りを意識的なものに変えるための学びが、夜間中学の大切な課題であることに気づかされた。

教室で向き合う生徒と教員がともに、どこに帰結するべきかを探し求めて学び合っていたのだと思う。

「いろは」のつぶやきに込めた喜怒哀楽をテーマ別に読み解いてみる。

〈運動〉

(い)ちまいの　ビラのおかげで　入学できた
(せ)いとかいちょう　ちからいっぱい　うったえる
(せ)いとかい　やくいんさん　ごくろうさん

夜間中学の誕生が「お上」のお達しではなく、髙野雅夫さんの運動によるものだった事実を忘れることなく、「学びは運動」「運動は学び」を合言葉に、生徒会を軸に、さまざまな要求や増設運動を展開した。「私もいつになれば、みなさんの前に立って、ひとことでもいいからしゃべることができるでしょうか」。大阪府教育委員会（府教委）との話し合いに臨んで、日記にこう書いた生徒。

生徒募集も、行政に頼らない自前のビラ配り。夜間中学への「就学通知」といえるビラだ。「駅前で配っていると、お巡りさんが『ここで配ったらあかん』と言うので『これ読んでください。私、夜間中学生です』と必死に言ったら、ちゃんと読んでくれて特別に配るのを許可してくれました」とうれしげに報告してくれた生徒がいた。

昼の中学校を拒否して卒業証書を受け取らず、夜間中学に入学した若い生徒が、やっと居場所と思い定めた学校でもあった。二人、偶然同じ時期に入学した年があって、みんなに推されて生徒会長と副会長になり、生徒会活動を牽引《けんいん》した。その活動はなにより「自分探し」の過程となって、登校拒否をしていたとは思えないほどに自己主張をする青年に変貌して卒業していった。

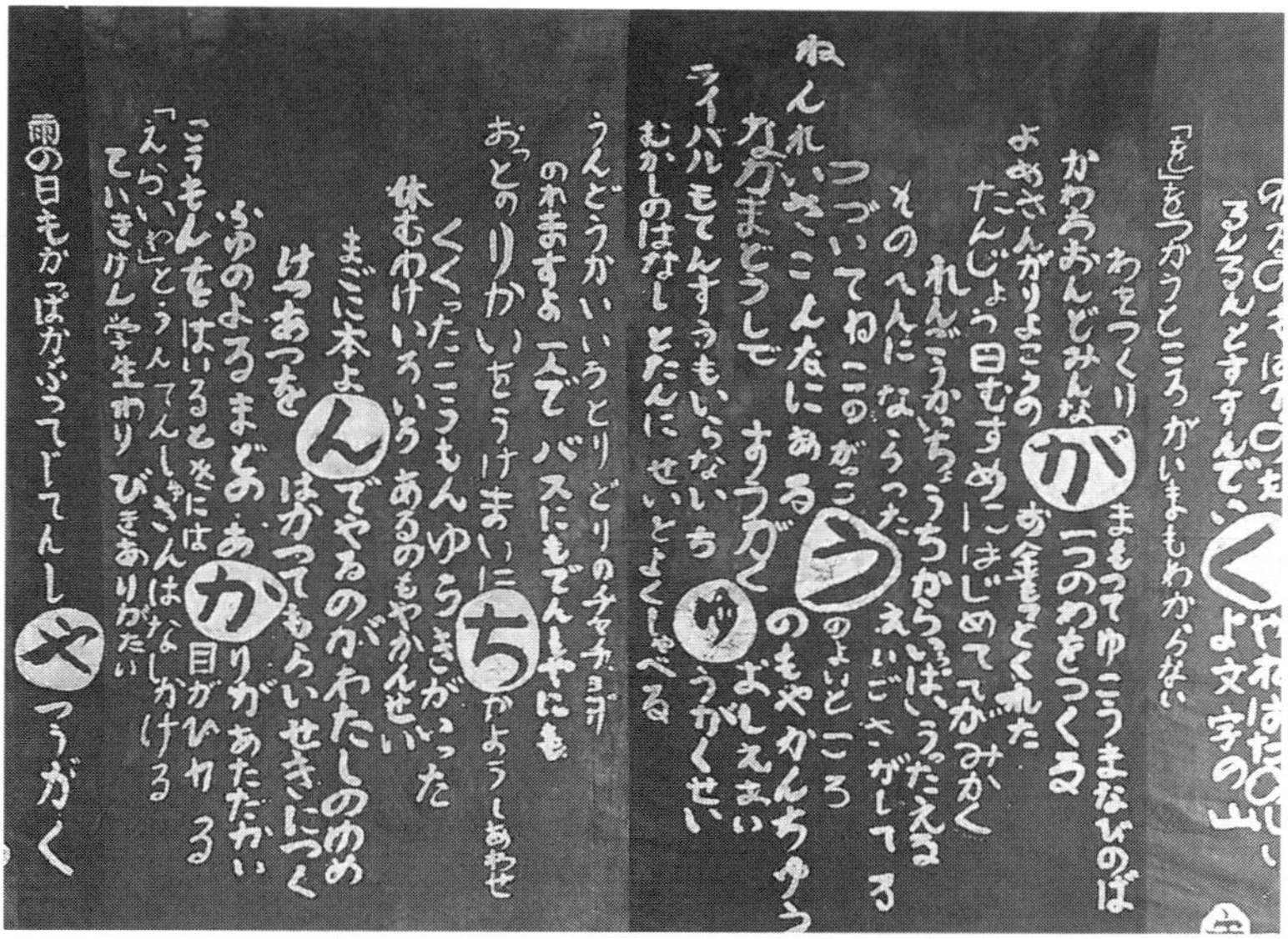

夜間中学共同作品「夜間中学いろは」(1993年度共同作品。縦2.5m×横6m。布にロウを落とし、藍で染め上げた)

〈学び〉

(と)しとっても　学ぶ心は　せいしゅんや
(ラ)イバルも　てんすうも　いらないちゅうがくせい
(こ)うもんを　はいるときには　目がひかる
(目)のなかに　ならった文字が　とびこんでくる
(も)う一まい　わかるまでほしい　もう一まい

学歴偏重社会の弊害が、いじめを生むような昼の学校と何という違い。「奪われた権利、いつ奪い返す？　いまでしょ！」と、勉強の楽しさが伝わってくる。

「いろは」の言葉を筆で大書→白布に写す→文字の部分にろうをおく→藍に染める。この工程をクラスごとでとりくんでいるときのこと。ろうをおいた白布を、緑色した染液に浸《つ》けたあと、引き上げると、空気にふれて、みるみる布は鮮やかな藍色に変化する。「いやァ、不思議なこと！　こんなん見るのはじめてや。学校って値打ちありますなァ」。しみじみ、感に堪えないように言った生徒の表情と声が、いまでも浮かぶ。

筆で文字を書いてもらおうと決めたのは、「うどん学校」の故岩井好子《いわいよしこ》さんが生野《いくの》に開いていた「麦豆《むぎまめ》教室」におじゃましたとき、壁一面に貼られていたオモニたちの文字を見た感動が心に残っていたから。それぞれの「コヒャン（故郷）」を漢字とハングルで、紙からはみ出さんばかりに筆で書いた文字。故郷に対して単なる懐かしさだけではない、悔しさや恨といった感情が込められていて見る者に迫ってくるようだった。こんな文字を、いつか書いてもらおう！ と心に決め、それがここで実現できたのであった。

〈歴史〉

（む）かしのはなし　とたんに　せいとよくしゃべる
（さ）くぶんを　かきながら　なみだがおちる

憧れだった学校で獲得した文字と言葉を、何に使うのか？ 歴史に翻弄され、辛苦の人生を送らざるをえなかった自分史をつづることを、どの夜間中学でも課題としている。心の痛みを伴うもっとも大変な作業である。

中国残留孤児の女性が、長い呻吟《しんぎん》のすえ、子どものころ中国人に買われて生きのびた半生を語ってくれた。しかし作文にまとめて発表する直前になって「先生、やっぱりやめます」との申し出。話し終えたときの、まるで憑《つ》きものが落ちたような表情が消えている。驚いて理由を尋ねたところ、中国人の夫と娘や息子夫妻と幼い孫たち一族と帰国していた彼女は、自分の過去をさらけ出すことが、彼らに何らかの影響を及ぼすのではないかと恐れたのだということがわかった。自分史を語ることによって過去を整理する「解放感」と背中合わせの「猜疑《さいぎ》心」。戦争によって人生を曲げられて、死ぬまでつきまとう傷を負った人は、彼女だけではなかっただろうと思い知らされた。たった一語の短いつぶやきに、ひと晩やふた晩では語り尽くせない物語があり、それを吐き出させてくれる機会を待っていることもまた、肝に銘じた。せっかくの作文は、娘さんにもチェックしてもらって、だれにも影響を及ぼさないよう、細心の注意をしたうえ、日の目を見た。このことがなければ、娘さんも自分のルーツを具体的に知ることはなかったろう。

沖縄出身の女性もまた戦争の犠牲者として、悲惨な経験を書いた。沖縄戦終結後二年のあいだに、両親・妹・おじ・おばの七人が、乏しい食糧事情による飢えと病気によって、つぎつぎとむごたらしく命を落とした。「戦争さえなかったら死ぬこともなかった。戦争がにくい」

残された幼い彼女は、親戚に預けられ学校に通ったのだが、「中耳炎のため耳から膿《うみ》が流れ出て、聞こえにくくなっていた私は小学校一、二年生のときの担任に、『くさい』と言って、後ろの席に追いやられました。その先生の名前は今でも忘れません」。こんな差別が続き、勉強についていけなくなり、学校へ行かなくなった。「学校で先生たちの話を聞くのが楽しいです」と書き残して、障害のある息子と生きるために、仕事をしなければならず、九年を待たず卒業していった。

「朝六時のニュースで、北海道の、ある小学校六年生にアンケートすると、『天皇には戦争責任がない』と半数以上が答えたといいましたけど、そんなばかな答え《(マヽ)》はまちがいと思います」「世界中の犠牲者のうらみつらみ憎しみから許されませんでしょう」

これは在日一世の生徒が日記に書いてきた一節である。「南北統一を願って、国の祖先たちが血の涙を流して命をかけていても三八度線は消えていない。どこのどいつが三八度線のカギをにぎっているのか」「歴史の勉強して、心に思っていることを日記に書けるのも夜間中学校のおかげです」

日本人教師に、遠慮なくこんな本音をぶつけてくれるなんて、教師冥利に尽きる瞬間である。

〈解放〉

Ⓤんどうかい　いろとりどりの　チマチョゴリ
「Ⓔらいわ」と　うんてんしゅさん　はなしかける
Ⓚゅうしょくのパンに　キムチを　はさんでたべる
Ⓔんりょなく　本名でよぶ　友だちどうし

「私は二度も自殺をはかり、さいわい発見が早かったのでたすかり、いまはよかったと思っています。これを書いているうちにいろんなことが思い出されて、なみだがとまりません」

「作文を書くうち昔を思い出して、涙が出て書きつづけられない」。どの生徒もそう言う。その涙は、苦しい、辛《つら》い、悲しい、悔しい過去を洗い流すものだったのではないか。作文に吐き出すことで、苦労が消えるわけではないけれど、大きな歴史の流れに呑《の》みこまれた自身の姿を俯瞰《ふかん》することができる。「親のせいだと親をうらんでいたけど、そうじゃなかった。勉強してわかった。これからはこの年で学校行ってることを、まわりに自慢します」

二〇一四年度の『高校日本史A』（東京書籍）に掲載された構成詩「わたしはやかんちゅうがくせい」は、一九九七年の藍染め作品である。この詩の主題は「誇り高く主張する夜間中学生」。文字を奪われて、うつむいて歩んだ人生に、文字を奪い返すことで光を当て、大きな歴史の流れのなかに自分を置いて、ねぎらい、評価し、自信をとりもどす、さらにそこにとどまらず、私のような人を二度とつくらない社会にしたい、そう宣言する夜間中学生像を描きたかった。詩を構成するにあたって生徒のコトバにはまったく不自由しなかった。日ごろ耳にする言葉の宝庫はいっぱいで、どのコトバを採るか迷うほどだったから。

いそいそ、うきうき、わくわく校門をくぐり、「きょうもかいた字がないてますわろうてますおこってます」という夜間中学生の思いを、若い高校生は、さてどこまで理解してくれるだろうか？　楽しみだ。

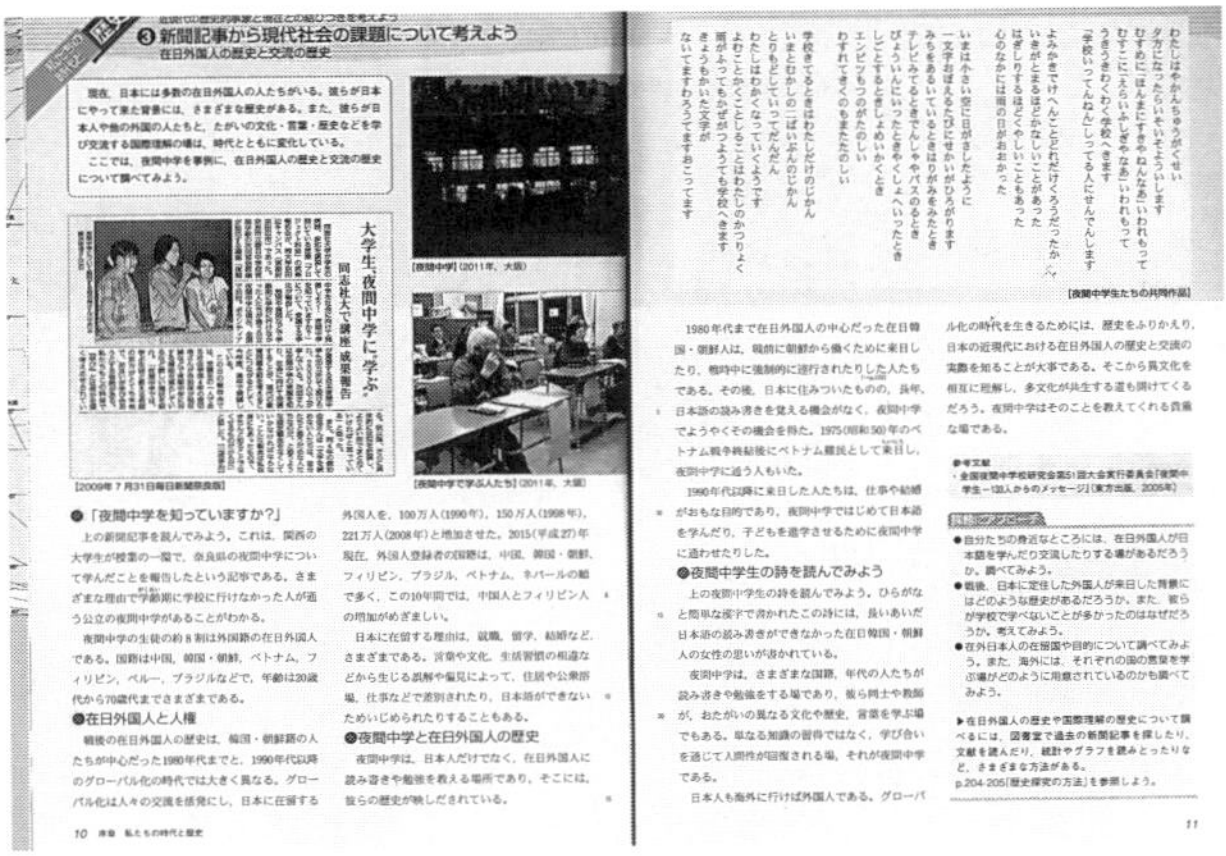

❸新聞記事から現代社会の課題について考えよう
在日外国人の歴史と交流の歴史

現在、日本には多数の在日外国人の人たちがいる。彼らが日本にやって来た背景には、さまざまな歴史がある。また、彼らが日本人や他の外国の人たちと、たがいの文化・言葉・歴史などを学び交流する国際理解の場は、時代とともに変化している。
ここでは、夜間中学を事例に、在日外国人の歴史と交流の歴史について調べてみよう。

大学生、夜間中学に学ぶ。
同志社大で講座 成果報告

【2009年7月31日毎日新聞奈良版】

【夜間中学】（2011年、大阪）

【夜間中学で学ぶ人たち】（2011年、大阪）

わたしはやかんちゅうがくせい
夕方になったらいそいそようしします
むすめに「ほんまにすきやねんなあ」いわれもって
むすこに「えらいふしぎやなあ」いわれもって
うきうきわくわく学校へきます
「学校いってんねん」しってる人にせんでんします
よみかきでけへんことどれだけくろうだったか
いきがとまるほどかなしいことがあった
はぎしりするほどくやしいこともあった
心のなかには雨の日がおおかった
いまは小さい空に日がさしたように
一文字おぼえるたびにせかいがひろがります
みちをあるいているときはりがみをみたとき
テレビみてるときでんしゃやバスのるとき
びょういんにいったときやくしょへいったとき
しごとするときしょめいかくとき
エンピツもつのがたのしい
わすれてきくのもまたたのしい
学校きてるときはわたしだけのじかん
いまとむかしの二ばいぶんのじかん
とりもどしていってだんだん
わたしはわかくなっていくようです
よむことかくことしることはわたしのかつりょく
雨がふってもかぜがつようても学校へきます
きょうもかいた文字が
ないてますわろうてますおこってます

【夜間中学生たちの共同作品】

●「夜間中学を知っていますか？」
上の新聞記事を読んでみよう。これは、関西の大学生が授業の一環で、奈良県の夜間中学について学んだことを報告したという記事である。さまざまな理由で学齢期《がくれい》に学校に行けなかった人が通う公立の夜間中学があることがわかる。
夜間中学の生徒の約８割は外国籍の在日外国人である。国籍は中国、韓国・朝鮮、ベトナム、フィリピン、ペルー、ブラジルなどで、年齢は20歳代から70歳代までさまざまである。

●在日外国人と人権
戦後の在日外国人の歴史は、韓国・朝鮮籍の人たちが中心だった1980年代までと、1990年代以降のグローバル化の時代では大きく異なる。グローバル化は人々の交流を活発にし、日本に在留する外国人を、100万人（1990年）、150万人（1998年）、221万人（2008年）と増加させた。2015（平成27）年現在、外国人登録者の国籍は、中国、韓国・朝鮮、フィリピン、ブラジル、ベトナム、ネパールの順で多く、この10年間では、中国人とフィリピン人の増加がめざましい。
日本に在留する理由は、就職、留学、結婚など、さまざまである。言葉や文化、生活習慣の相違などから生じる誤解や偏見によって、住居や公衆浴場、仕事などで差別されたり、日本語ができないためいじめられたりすることもある。

●夜間中学と在日外国人の歴史
夜間中学は、日本人だけでなく、在日外国人に読み書きや勉強を教える場所であり、そこには、彼らの歴史が映しだされている。
1980年代まで在日外国人の中心だった在日韓国・朝鮮人は、戦前に朝鮮から働くために来日したり、戦時中に強制的に連行されたりした人たちである。その後、日本に住みついたものの、長年、日本語の読み書きを覚える機会がなく、夜間中学でようやくその機会を得た。1975（昭和50）年のベトナム戦争終結後にベトナム難民として来日し、夜間中学に通う人もいた。
1990年代以降に来日した人たちは、仕事や結婚がおもな目的であり、夜間中学ではじめて日本語を学んだり、子どもを進学させるために夜間中学に通わせたりした。

●夜間中学生の詩を読んでみよう
上の夜間中学生の詩を読んでみよう。ひらがなと簡単な漢字で書かれたこの詩には、長いあいだ日本語の読み書きができなかった在日韓国・朝鮮人の女性の思いが書かれている。
夜間中学は、さまざまな国籍、年代の人たちが読み書きや勉強をする場であり、彼ら同士や教師が、おたがいの異なる文化や歴史、言葉を学ぶ場でもある。単なる知識の習得ではなく、学び合いを通じて人間性が回復される場、それが夜間中学である。
日本人も海外に行けば外国人である。グローバル化の時代を生きるためには、歴史をふりかえり、日本の近現代における在日外国人の歴史と交流の実際を知ることが大事である。そこから異文化を相互に理解し、多文化が共生する道も開けてくるだろう。夜間中学はそのことを教えてくれる貴重な場である。

参考文献
・全国夜間中学校研究会第51回大会実行委員会『夜間中学生－133人からのメッセージ』（東方出版、2005年）

●自分たちの身近なところには、在日外国人が日本語を学んだり交流したりする場があるだろうか。調べてみよう。
●戦後、日本に定住した外国人が来日した背景にはどのような歴史があるだろうか。また、彼らが学校で学べないことが多かったのはなぜだろうか。考えてみよう。
●在外日本人の在留国や目的について調べてみよう。また、海外には、それぞれの国の言葉を学ぶ場がどのように用意されているのかも調べてみよう。

▶在日外国人の歴史や国際理解の歴史について調べるには、図書室で過去の新聞記事を探したり、文献を読んだり、統計やグラフを読みとったりなど、さまざまな方法がある。
p.204-205「歴史探究の方法」を参照しよう。

10　序章　私たちの時代と歴史　　11

近畿夜間中学生のとりくみが教科書に掲載
（『高校日本史Ａ』東京書籍）

〈喜び〉

(と)しとっても　学ぶ心は　せいしゅんや
(た)んじょう日　むすめにはじめて　てがみかく
(の)れますよ　一人で　バスにもでんしゃにも
(お)っとのりかいうけ　まいにちかよう　しあわせ
(目)の中に　ならった文字が　とびこんでくる

学びの喜びは四六句すべてに共通している。「先生がたら、私の書いた字よめるでしょうかね。自分自身喜びながら書いてるが、人が見たら声をだしてわらうだろうな。まっいいや、わらわしとけ」……この度胸とユーモアにはタジタジ。

これまでの人生の辛酸のひとつひとつが、霧が晴れるように見えてくる実感は、年をとってからだからこそ深く、広く、鋭くなるようだ。「くやしさ」を「あきらめ」に封じ込めてきたこれまでの自分に別れを告げ、新しい自分の誕生に立ち合う喜び。だれがなんと言おうと構うものか。

そうして変革した生徒のエネルギーが、夜間中学校増設運動や独立校化運動や補助金カット反対運動などをはじめとする行政への働きかけに向かったのは必然といえるだろう。

「『表現をする』ということは単に何かを書いたり描いたり作ったりすることではありません。『社会を変える方法』を手にするということです」(京都精華大准教授・山田創平《やまだそうへい》)

髙野雅夫さんの「武器となる文字とコトバ」とは、まさにこのこと。

さらに、東大阪《ひがしおおさか》の夜間中学では、昼の学校の教科名でいう「国語」は「表現」となっていることは、特筆すべきことだ。他の教科も、「歴史」「現代社会」「民族と文化」「生活」など、夜間中学の学力とは何か、を柱とした先鋭的なカリキュラムになっている。

この稿のはじめに紹介した、在日一世のオモニからの「私らとケンカできんとあかん」という挑戦をいまだに問い返し、答えを探している私にとっては、「武器となる文字とコトバ」がいまのところ最高の答えでありつづけている。

夜間中学生の学びは「社会を変えてきたエネルギー」だった。これからも「社会を変えるエネルギー」であってほしい。時代の変化に伴って、制度や生徒の層がどう変わろうとここだけは譲らないでほしい。それが、これまでに出会ってきた生徒のあの顔この顔を思い浮かべて、いまも色褪《あ》せない「夜間中学いろは」のコトバを読み直してみた理由である。

夜間中学開設から五〇年

足立龍枝
元大阪府守口市立守口夜間中学教員／あだち・たつえ

はじめて目にした夜間中学校

一九六九年、教師になって一〇年、はじめて目にする「夜間中学校」。当時の大阪教職員組合（大教組）教育研究集会「民族教育」分科会が天王寺《てんのうじ》中学でおこなわれた。解放教育の流れで関心はあったので吹田《すいた》から参加したように思う。狭い部屋に二〇人ぐらいの参加者。夜間中学設立にいたった報告があり、続いて、ＮＨＫ「こんにちは奥さん」のビデオが映し出された。

ビデオは社会科で地図の学習風景だった。アナウンサーの質問のなかになぜ日本に住んでいるのか、故郷はどこ?などの質問もあったように思う。大阪には済州島《チェジュド》の人が多いことなど、知らないことをはじめて知り、なぜか、テレビを見ているあいだじゅう涙が止まらなかった思い出がある。

子どものころ、隣組で住んでいた散髪屋の張田（張）さん夫妻、古本屋の金田さん、高山製麺所、同じクラスには朴大順《パクテスン》さんという女の子がいた。吹田の朝鮮人集住地域の新町《しんちょう》の横を通って通学していた。庶民的な街で日々空襲が激しくなっていく時代だったので、必死に生きていたころだったのだろう。強制家屋疎開でいまは跡形もない。

ビデオを見ていて、ひとりひとりが渡日せざるをえなかった朝鮮の実情が気になってきたし、テレビで出会った生徒さん（オモニたち）の教室での様子が想像しきれなくなり、詳しく知りたいと思った。

分科会が終わって、一人残り、授業を参観させてもらった。教室はテレビでは気が付かなかったが、若者（形式卒業者だったと思う）も多く、授業を受けていた。

専任教員は少なく、昼間の教員が応援していた。若者は素早い動きで、先生の助手のように掛け図をかけるのを手伝っていた。先生は夕方、青年部との懇親会がありまして……と、薄いピンク顔だったように思い出す。和やかな授業が印象に残っている。

授業が終わり、その先生と天王寺駅まで話しながら歩いた。来年（一九七〇年）、菅南《かんなん》に夜間中学ができる予定ですので、吹田から近いし、行かれたら？と。

二日目は、研究会と関係なく独りまた参観に行った。その後「よーし、いつか」と思っていたけれど、いろいろな事情もあり、以後二三年間、長い準備期間・充電期間を経ることになった。

守口夜中の一泊旅行

解放教育の広がりとともに、在日朝鮮人教育・障害児教育・もろもろの取り組みがおこなわれたところだった。在日朝鮮人教育の全国組織も結成され、事務局のお手伝いをしたことも、大きな収穫になった。朝鮮人・中国人強制連行・強制労働に関する研究会や大会に、とにかく知識を得たくて全国へ出かけた。真相究明研究会は韓日でおこなわれるので、韓国へ行く機会もあった。

夜間中学生自らが、なぜ自分はここにいるのか、なぜ、この年になって勉強しているのか、解明しなければならない。二三年間の課題になっていった。

天王寺夜間中学が開校され、四年後に守口《もりぐち》夜間中学が開校された。さらに時が流れ、二三年目・一九九二年に吹田市から守口夜間中学へ転勤することになった。

待機中の二三年間のなかで、強制連行・労働を考える会でおこなわれたフィールドワークは、とくに勤務校で大いに生かされることになった。守口夜間中学では、修学旅行とは少し違った全員参加の一泊旅行を毎年おこなっている。

思い出す目的地として①丹後《たんご》半島方面では、◎丹波《たんば》マンガン記念館の見学が新鮮だった。私財をなげうってマンガン鉱山を買い取り、坑内見学コースをつくり整備した李貞鎬《リジョンホ》さんは、じん肺で入院されていたが、在日一・二世の夜間中学生が見学にきてくれるということで、入院中のところ、生徒に会いにきてくださった。病院に帰られるときに見送る生徒さんのやさしい顔を思い出す。◎引揚記念館、そこから見える浮島丸《うきしままる》慰霊碑周辺。説明してくださった岩田さんは去年亡くなられるまで、事件の起こった八月二四日の追悼記事のある新聞を必ず送ってくださるという交流が続いていた。◎丹後ちりめん工場では、紡績工場で働いた経験のある生徒さんは生き生きとした顔で、機械の説明をしてくれた。

②岐阜県瑞浪《みずなみ》方面では、◎瑞浪地下軍需工場見学、◎強制連行・労働中国人の碑を見ることができ、中国帰国生徒と為山喜一郎《ためやまきいちろう》先生の顔を思い出す。

③姫路《ひめじ》方面では、◎仁豊野《にぶの》地下工場で、地元の人や調査された姫路朝鮮初中級学校の校長先生たちが、地下壕《ごう》付近の草刈りや道路の整備をしてくださっていた。

④鞆《とも》の浦《うら》方面へは、◎朝鮮通信使再現行列イベントに合わせておこなった。友好の歴史もあったことがわかり、楽しい旅行だった。

東一紡績と日韓識字文解交流

高《たか》野《の》さんの橋渡しで日韓識字文解交流が実現した。韓国では文解《ムネ》教育という。植民地時代や朝鮮戦争を経て一九七〇年代までの韓国は、働け・働け、輸出をして外貨を稼ぐためには労働条件も何も関係のない時代だった。

日本でも知られているのは、若者・全泰壱《チョンテイル》の焼身自殺（一九七〇年一一月）だった。大阪でも劇団が取り上げ、公演された。

同じころ、仁川《インチョン》東一《トンイル》紡績（元東洋紡）での糞尿《ふんにょう》事件、そんな記録フィルム見ていて、「アレーッ、会ったことのある女性が写っている」。彼女は、韓国安養《アニャン》市民大学（文解教育）で学習していた金《キム》さん、小学校を卒業して工場で働き、御用組合の男性から「学歴がない」「女のくせに」と差別されていた若い女性労働者の一人。本が読みたい、友だちと会話がしたい、工場のなかでサークルをつくり、勉強を続けていた。服を買うよりも本を買ったほうがうれしかったという女性労働者の会話がある。その後、安養市民大学で勉強を続けたのだろうか。

「女性を労働組合の代表にして、職場を変えよう」「男性中心の御用組合から立ち上がろう」。一九七二年、韓国史上はじめての女性支部長を選出した。組合員たちは強くなった。しかし、彼女たちを待ち受けていたのは、会社のみならず、政府・労働組合一丸となっての弾圧だった。暴力をふるわれ「糞尿事件」が起こるのである。その後、一二四人が職場を解雇され、闘いは激しさを増していく。

糞尿事件から三〇年以上が過ぎた二〇〇五年、五〇歳代になった彼女たちは、巨大な東一紡績の社屋の前に立ち、デモをおこない、いまなお復職闘争、「解雇を取り消せ」という運動は続けられている。

同窓会

「娘や孫たちがいそいそ出かけていく、同窓会というものに行ってみたいんや」。夜間中学生の願いのひとつだ。

守口夜間中学では毎年四月に総会がおこなわれている。できるだけ参加したいと思っている。生徒会、連合生徒会の動静がよくわかるからである。そして勤めていたときの生徒さんに会えるからである。二期生の新井さんが大活躍。前半の総会も先生の手助けなしに進められている。年々うらやましいほどのすごい成長だと思う。「先生、今度いつ帰るの？」「そうやねエ、五月ごろの予定やけど～」。「帰るの？」というのは、生徒さんが故郷・韓国へ帰るという意味、私にとっては「行くの？」という意味、こんな会話ができる同窓会がうれしい。

二〇一一年に橋下《はしもと》知事が出した就学援助制度打ち切り、補食給食もなくなるという事態に、生徒会は教育委員会に夜間中学で学んだ文字とコトバで訴えていくことを続けている。補食給食も生徒のアイデアと活動によって、夜間中学の灯を消さないようにがんばっている生徒会。

来年五〇周年を迎える夜間中学、油断のできない夜間中学だが、必要としている人たちが安心してたどり着けるよう、これからもかかわっていきたいと思う。

西大門刑務所跡慰霊碑前で（ソウル 2002.7.27）

夜間中学生と向き合ってきて

吉村和晃　天理の夜間中学（天理市立北中学校夜間学級）教員／よしむら・かずあき

私はこの八月で五八歳になった。気がつけば教員生活もあとわずかである。夜間中学での教員生活の終わりを迎えるにあたって、夜間中学に永らく身を置いた者として、これから勤務する教員のために少しでも参考になればと、いままでつくりためた自主教材を精選し、教材集をまとめるといったことを数年前から始めている。

「教育機会確保法」ができたのは喜ばしいことだが、「何か一段落した、もう運動は必要なくなったかのような空気が流れている」と感じている。私は親しい同僚と語り合い、いままでの奈良県の夜間中学が置かれてきた状況を振り返るのだが、「これまでずっと夜間中学がなくなってしまう危機感をいだいてきた。それはいまも変わらない」という認識で一致している。

法のない時代、夜間中学生の願いに応え、学びを大切にしたいと考える教員たちは、自主的に研修し、夜間中学生の学ぶ権利を値切ろうとする動きに対し、「つくり育てる会」とともに抗《あらが》ってきた。ところが、近年、そうした姿勢が確実に弱まってきていると実感している。

時の流れによって、いままで夜間中学で学び、夜間中学を支えてきた世代、とくに在日朝鮮人一世はいなくなろうとしている。いや、他の夜間中学ではずいぶん前から姿を見かけなくなってしまった。被差別部落出身の夜間中学生にしてもそうである。確実に学習者の姿が変わろうとしている。法ができたことは全国の自主夜間中学や夜間中学設立運動に大きな希望を与えたが、公立化するにあたって過去に奈良県の夜間中学が経験した「生みの苦しみ」のようなことがあちこちで起きてきている。既卒者をはじめいままで受け入れを認めてこなかった人たちに対象を広げたことで、授業内容や授業の進め方《かた》などが今後大きく変わっていくであろうことは想像に難くない。しかしながら、いままで学習者に寄り添い、学びを創り上げてきた姿勢まで変えてしまっていいのであろうか。そうした先行きに対する不安が頭をよぎる。

夜間中学だけで教員生活を送ることを決意し、幸運にもそれができた教員は、私と私の先輩のおそらく二人だけではないだろうか。ずいぶん長い前置きになったが、天理《てんり》の夜間中学、そして春日《かすが》夜間中学（春日中学校夜間学級）で勤務した経験をここにまとめたい。

私の「出会い直し」

私は大学を出てすぐの一九八四年四月、天理の夜間中学に講師としてやってきた。それまで天理市民でありながら、夜間中学運動が存在し公立化を実現させたことなど、まったく知らなかった。着任した日、どんな学習者がどんな学習をしているか説明を受けたあと、全体の場であいさつをする前に教室へ行くよう指示された。常勤教員がわずか三人の教室では一人でも多く教員を必要としていたのだ。

それまでに教えた経験といえば教育実習のみ。実習先の高校の教頭からの誘いもあったが、いままで耳にしたことのなかった「夜間中学」という名称が自分に足りない何かを与えてくれるのではないかという予感がして、お世話になることにした。はじめて出会う大人の中学生。中学とはいっても学習するのは小学校の内容。夜間中学生は「先生、先生」と立ててくれる。経験のない若造が浮かれ気分で夜間中学生と向き合いはじめたのである。

はじめて出会う夜間中学生のなかには在日朝鮮人もいた。その人たちに出会って、過去の苦い経験を思い出した。大学に入って間もなくのころ、アルバイト先で在日であることを打ち明けてくれた先輩がいた。きっと勇気を奮って話してくれたのだろう。しかし、別の場所で「おまえ仲良くしてるようやけど、あいつ朝鮮人やで」と見下すような口調で「つきあうな」といいたげな別の先輩の差別発言に対し、なかまはずれにされるのが怖くて何も指摘できず看過してしまった心痛い経験があったのだ。

私は夜間中学生との出会いを「一文字一文字刻み込む姿に頭を打ちました」というような内容でのちに全国夜間中学校研究大会や全国在日朝鮮人教育研究大会で報告しているが、うそである。できることなら訂正したいとさえ想う。当時は夜間中学生の置かれてきた生い立ちや日々の暮らしに思いを寄せることなど、できていなかった。

私は幼少期、

「あそこは怖いとこやで」

「あの朝鮮さんな、川の砂利、ダンプで運んで大儲《おおもう》けしやはったんや」

というような、周囲の大人たちのことばを耳にし、育ってきた。それがいつしか差別意識として刷り込まれていってしまう。同和教育を受けた世代であるが、先にふれたように私自身が差別に加担していたのである。幼いころ耳にした差別発言はいまもしっかり耳に残っている。ほんとうに恐ろしいことである。

そういう意味で夜間中学に身を置くことは、いま思えば「出会い直し」のチャンスであったわけであるが、当時は浮ついた気分で日々を送っていた。ある事件が起こるまでは。

私は一人の被差別部落出身の女性を担任していた。彼女は原付バイクの免許を取りたいと願い、毎日テキストや模試に向かい、努力をしていた。運転免許試験の問題はいわゆる「引っかけ」があり、正解かどうか判断に迷う。学習経験が乏しい彼女は正否の判断がむずかしく、合格点にはなかなか届きそうになかった。交差点や自動車の模型を手作りして、交通規則が理解できるように工夫して二人三脚で学習した結果、ある日、うれしそうな顔で職員室に飛び込んできた彼女の姿を見ることができた。その喜びも記憶に新しいうちに彼女に「先生、ほんまはわたしのこと、差別してんねんやろ」と言わせてしまった。ほんとうの信頼関係にはいたっていなかったのである。

その彼女が突然、自死したのである。原因が交遊関係のもつれとあとで聞いたが、自分のほんとうにしんどいこと、差別されてきた悔しい経験など、ついに耳にすることはできなかった。この痛ましい出来事を経験したことで、学習者にどういうふうに接したらいいのか、どう向き合えばいいのかを真剣に考えるようになった。人一人の命を失うという悲しいできごとを通してだったが。

一九八〇年代の半ばごろから部落問題、在日朝鮮人問題、沖縄やアイヌ、「障碍者《しょうがい》」問題など、さまざまな人権問題を克服していこうという動きがそれまで以上に高まってきたと思う。天理の夜間中学は公立化して日も浅く、その存在が認知されていないことから市内の先生たちとも交流がほとんどなく、学習しようと思ったら自ら積極的に出かけていって学ぼうとしないと井の中の蛙《かわず》のような状態になってしまうので、さまざまな集会や研究会に足を延ばしたと記憶している。

当時、本名で呼んでほしいという人を除き、在日朝鮮人の生徒さんを「通名」で呼んでいたが、大阪の本名で学ぶ夜間中学生や若者たちと出会って、本名で呼び名乗ることの大切さに気づいたのもこのころ。一九八五年からは天理の夜間中学でも本名で呼び名乗る取り組みを始めた。単に文字の読み書きだけでなく、「女は字知らなくてもいい」などと言われてきた学習者が、何が自分の教育を奪ったのかを見抜き、社会のありようと自分自身を結び付けて考えていくことが大切だということも被差別部落の識字運動から学ばせてもらった。また、近畿《きんき》夜間中学校連絡協議会の教材作成委員会に参加したことなどの経験が、私にとっては自分の人生のうえで大きな糧になっていったと思う。

学習者に「寄り添う」

時間は一気に飛ぶが、二〇〇二年、韓国京畿道《キョンギド》の安《ア》養《ニャン》市民大学校長（当時）の萬稀《マンフィ》さんが髙野雅夫《たかのまさお》さんとともに天理の夜間中学を訪問されてから、韓国の文解《ムネ》教育との交流が始まった。「文解」とは文字を理解するという意味だが、その取り組みは日本の識字運動が大切にしてきたことと共通する。さらに新鮮な驚きだったのは、交流のなかで「学生指導者」の存在を知ったことである。一から한글《ハングル》を学びはじめた学生が「学んだ分だけ後輩たちに教える」というもので、「ともに学ぶ」という実践がそこにはあった。また、学生たちは文解指導者や支援者とともにボランティア活動を通じて社会と積極的にかかわっている。運営的には日本の自主夜間中学に近い当時の文解教育だが、学ぶことで自立を促し、なかまとつながっていく前向きな姿勢に学ぶことはたくさんあると確信した。

私はそれまで幾度か朝鮮語習得にチャレンジしたことがあったが、すべて挫折していた。しかし、交流のなかで相手の考えを聞き、自分の考えを理解してほしいと思っても、通訳を介してではすごくもどかしさを感じるのだった。そして、かつて植民地時代にこの人たちの言語や文化を奪おうとしたのは、私たちだったのだ、この言語を習得しお互いを尊重しなければならないと心から思うようになり、遅ればせながら、ようやく勉強を始めたのである。思い返せば、あのときがんばっておいたおかげで、春日夜間中学へ転勤したとき受け持った中国の朝鮮族の青年や、天理に戻ってから受け持っている生徒さんの学習に少しでも役立つことができたのではないかと思っている。

二〇〇七年四月、奈良市春日夜間中学に着任した年、中国残留孤児やその二世世代の人たちと学習することになった。天理でも中国人の生徒は受け持ってはいたが、その人たちは学校での学習経験があったので対応しやすかった。日中戦争、太平洋戦争、そして文化大革命をくぐってきた人たちは中国語の読み書きができず、一カ月ぐらいは立ち往生したと思う。彼・彼女らが少しでも日本語を習得し話すことのできるわかりやすい教材を必死になってつくったことをいま思い出す。

これまでさまざまな学習者と出会ってきたが、どんな学習者を目の前にしても「寄り添う」姿勢を決して忘れてはならないと思う。冒頭でふれたが、学習者に「寄り添う」というより、「すり寄る」姿勢の教員が以前より増えてきていると実感している。一方で、これから受け入れ対応しなければならない学習者はますます多様化していくはずだ。夜間中学はいままで大切にしてきた実践を軸にこれからの夜間中学生と向き合う必要があると思う。

「夜間中学憲章」のこと

奈良県の夜間中学には一九九六年五月一八日、奈良県夜間中学連絡協議会で創り、私たちがめざす夜間中学として指標にしてきた「夜間中学憲章」(413頁参照)が存在する。しかしながら「教育機会確保法」とはそぐわない部分がある(夜間中学憲章8項)。「夜間中学憲章」を今後どのように扱うのか、今年度の奈良県夜間中学連絡協議会の総会で提案し、七月二八日の全体学習会で検討した。その結果、吉野《よしの》・西和《せいわ》・宇陀《うだ》の自主夜間中学の開校前(吉野に夜間中学をつくる会の結成は同年九月二三日、他の自主夜中は後年)に誕生した憲章は現在の夜間中学の実態を網羅できていないことも考慮し、改編や加筆をせず、奈良県の夜間中学運動の歴史を表すものとして残していくという結論にいたった。「夜間中学憲章」はこれまでも法的拘束力をもつものでもないし、強制力をもつものではなかったが、そのなかに込められた思想や精神は今後とも大切にしていきたいし、これから夜間中学にかかわる人たちに受け継いでいってほしいと願っている。

1969 年 3 月現在　**夜間中学無残**　――全国 92 校から 19 校に！――

都府県	番号	学校名	所在地
東京	○1	足立四中・二部	足立区梅島
	○2	双葉中　〃	葛飾区お花茶屋
	○3	曳舟中　〃	墨田区文花
	○4	糀谷中　〃	大田区西糀谷
	○5	新星中　〃	世田谷区太子堂
	○6	荒川九中　〃	荒川区東尾久
	○7	八王子五中　〃	八王子市明神町
	8	立川三中　〃	立川市
神奈川	9	港中	横浜市中区山下町
	10	浜中	〃　磯子区杉田町
	11	戸塚中	〃　戸塚区戸塚町
	12	保土ケ谷中	〃　保土ケ谷区
	13	大綱中	〃
	14	金沢中	〃　金沢区
	○15	鶴見中	〃　鶴見区鶴見
	○16	平楽中	〃　南区平楽
	○17	浦島丘中	〃　神奈川区
	○18	蒔田中	〃　南区花ノ木町
	○19	西中	〃　西区西戸部町
	20	川中島中	川崎市藤崎町
	21	塚越中	〃　塚越
愛知	22	東港中	名古屋市港区港楽町
	△23	天神山中	〃　西区
三重	24	宗広中	上野市丸の内
京都	25	修学院中	京都市左京区一乗寺
	26	洛東中	〃　東山区六波羅
	27	弥栄中	〃　〃　祇園町
	28	山科中	〃　〃　山科車野
	△29	藤ノ森中	〃　伏見区深草
	30	烏丸中	〃　上京区相国寺
	31	嘉楽中	〃　〃　今出川通
	32	北野中	〃　中京区西京
	33	朱雀中	〃　〃　壬生中川
	○34	皆山中	〃　下京区間町
	35	九条中	〃　南区西九条南
	36	陶化中	〃　〃　東九条
	37	高野中	〃　左京区高野
	38	近衛中	〃　右京区吉田
	39	西院中	〃　〃　西院
	○40	郁文中	〃　下京区大宮通
	41	男山中	綴喜郡八幡町
	42	泉ケ丘中	〃　井手町
大阪	43	布施４中	布施市大平寺
	44	大浜中	堺市大浜南
	45	豊中１中補習教室	豊中市曽根
	46	生野２夕間学級	大阪市生野区勝山
	47	玉津中　〃	大阪市東成区玉津
	○48	岸城中	岸和田市野田町
兵庫	49	駒ケ林中	神戸市長田区若松町
	50	須佐野中	〃　兵庫区須佐野
	51	布引中	〃　葺合区小野柄通
	52	玉津中	〃　垂水区玉津町
	53	太田中	〃　須磨区大黒町
	55	住吉中	〃　東灘区住吉町
	56	鷹取中	〃　須磨区青葉町
	○57	丸山中西野分校	〃　長田区三番町
	58	花園中	〃　灘区長峰台
	59	城内中	尼崎市西長州
	60	昭和中	〃　三反田
	61	明倫中	〃　蓬川町
	62	小田南中	〃　長州中通
	63	大庄東中	〃　菜切山町
	64	大社中芦原分校	西宮市神祇官町
	65	南中　特殊学級	伊丹市平松町
	66	山陽中	姫路市延末橋詰
	67	東光中	〃　国府町
	68	灘中	〃　白浜町
	69	洲浜中	洲本市塩屋
	70	由良中	〃　由良町南
奈良	71	東市中	奈良市古市町
	72	若草中	〃　法蓮町
	73	鴨公村中	高市郡鴨公村
	74	安堵中	生駒郡安堵村
和歌山	75	御坊中薗地区夜間学	日高郡御坊町
		〃　島地区夜間学級	〃　〃
	76	切目中	〃　切目村
	77	日置中坂本地区夜間学級	西牟婁郡
	78	城南中	新宮市新宮
	79	緑ケ丘中	〃　緑ケ丘
	80	西向中	東牟婁郡西向町
	81	本宮村中	〃　本宮村
	82	野上中	海草郡中野上村
	83	安原中	〃　安原村
広島	○84	観音中	広島市南観音町
	○85	二葉中	〃　尾長町
	○86	豊浜中	豊田郡豊浜村
福岡	87	東光中	福岡市西里粕
	88	企救中	小倉市北方
	89	松原中	大牟田市大正町
	90	歴木中	〃　歴木
	91	宇美中促進教室	粕屋郡宇美町
	92	山田南中	山田市山田
高知	93	？？中	高知市

○印が現在開設中の夜間中学－19 校
△印が今年３月末廃止になった夜間中学－２校
無印が今までに廃止された夜間中学－71 校

1969年時点の全国的な夜間中学の減少状況を示す全国夜間中学校一覧

母が〝奪い返した〟もの

今西富幸　ジャーナリスト／元産経新聞記者／いまにし・とみゆき

特別展「夜間中学生　学ぶたびくやしく・学ぶたびうれしく」が開かれている大阪人権博物館（大阪市浪速《なにわ》区）を訪れたのは、二〇一七年一二月一六日。いまにも雨が落ちてきそうな曇天だった。すでに一〇月中旬から始まっていたのに年の瀬の雑事にかまけ、なかなか見学できずに日を送るうち、結局、最終日になってしまったのである。なんとか間に合ったと胸をなで下ろし、会場の特別展示室に足を運ぶと、懐かしい顔が目に飛び込んでくる。来場者と立ち話をする髙野雅夫《たかのまさお》さんだった。

「あらっ」

顔を見合わせ、互いに頓狂な声を漏らしたのだったか。思えば、一二年夏、大阪・守口《もりぐち》市立第三中学夜間学級で開かれた「髙野雅夫と語る連続講座」に参加して以来、五年ぶりの再会だった。

このとき連続講座に誘ってくださったのは、同校の夜間学級で長年教鞭《きょうべん》を執った白井善吾《しらいぜんご》さんである。一九六九年、大阪市立天王寺《てんのうじ》中学に夜間部が開設され、大阪で夜間中学が広がる源流となったが、それから約半世紀。増設に道を開いた髙野さんにいまの率直な疑問をぶつけ、夜間中学の生命線をあぶり出そうというのである。その年もひときわ暑い夏だった。週一回、近畿《きんき》一円の夜間中学の教員に大学院生らも加わり、額に汗をにじませながら議論を重ねていったのを覚えている。

髙野さんは私に何を求めたか

じつは私自身、この講座に参加したのにはもうひとつ理由があった。ここはとても重要なので少々遠回りになるけれど、個人的な事情ながら説明しておきたい。

話は〇二年にさかのぼる。当時、産経新聞大阪本社の文化部の記者だった私は「『こやしの思想』を語る　高野雅夫との対話」という連載を企画した。東京・荒川《あらかわ》区の髙野さんの自宅に押しかけ、三日間、髙野さん、次男

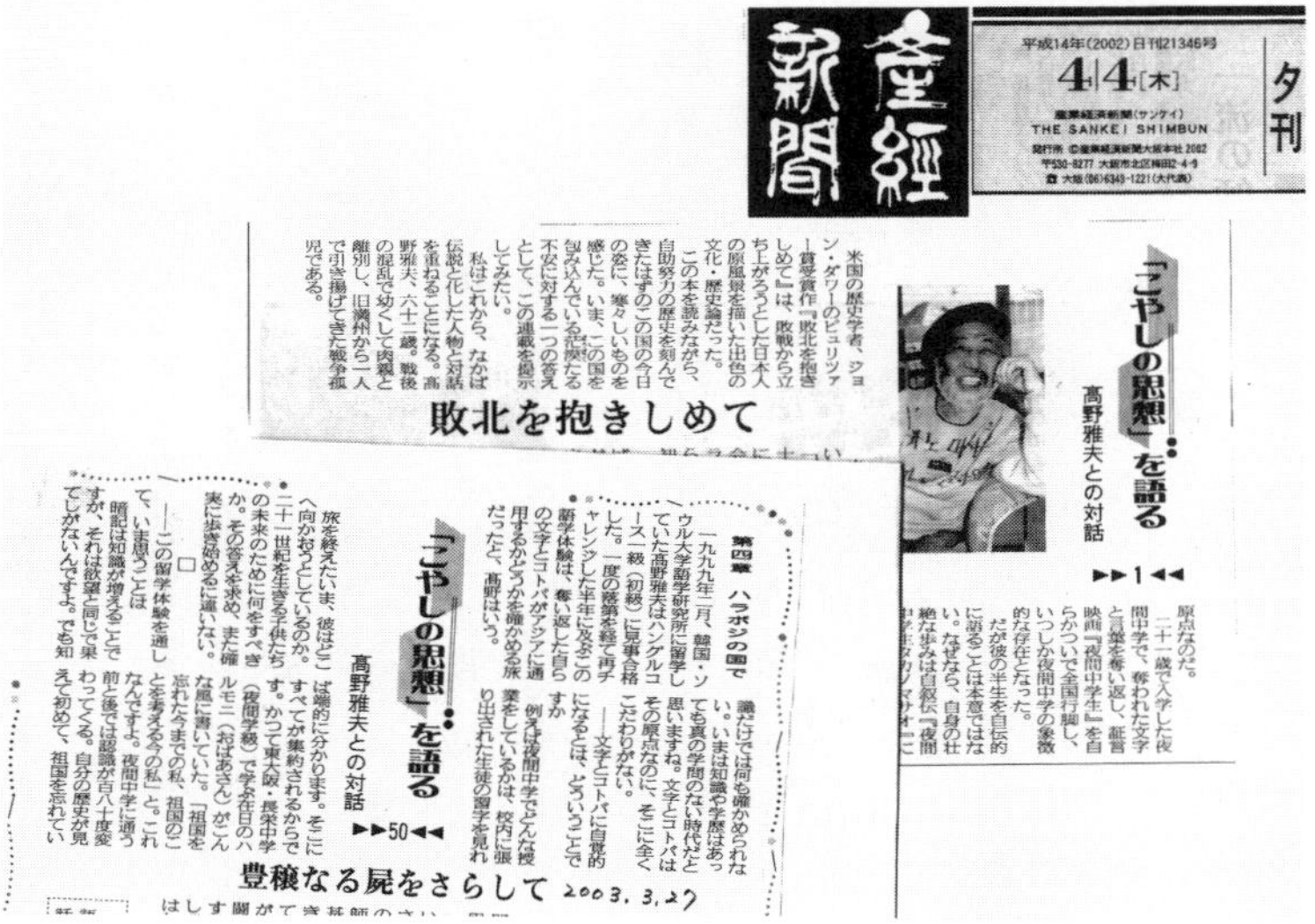

筆者が産経新聞夕刊に連載した「『こやしの思想』を語る」（2002.4.4 ～ 2003.3.27）

の大さんと寝食を共にしながらインタビューを試みたのである。録音テープは二〇時間以上にも及んだ。

連載は一回八〇〇字。その年の四月から始まり、週一回、約一年間五〇回にわたり大阪本社版の夕刊に掲載された。連載が終わると私自身、今度は書籍化への思いが募り、大幅な加筆・改稿をおこなったうえで髙野さんに何度もお目通し願ったが、出版にむけた肝心の〝ゴーサイン〟をもらえないまま、時間だけが過ぎていったのである。

「今西さんの本心が見えてこない」

修正を加えた原稿を見てもらうたび、髙野さんから返された言葉である。連載時、たしかに私は一人のインタビュアーにすぎなかった。しかし「対話」と銘打つなら、筆者の命をさらす覚悟で自分の思いを吐露しなければ出版する価値はない。たぶん髙野さんはそう言いたかったのだろう。取材者ではなく、対等な人間として私に突きつけられた命題だった。

つまり、この時点で出版化の話は完全に宙に浮いてしまうのだが、それから一〇年の時を経て思わぬ機会がめぐってくる。これが先の連続講座である。髙野さんも約二カ月間、大阪の常宿で寝泊まりして参加するのだと白

井さんから聞かされ、並々ならぬ決意を感じた。ならばこの間の時代の変化を髙野さん自身、どう読み取ったのか。連載の書籍化を前提に、ぜひ聞いてみたいと思った。私はすでに〇五年に産経を退社していたが、今度はフリーランスの立場で向き合ってみたいという思いもあった。こうして髙野さんへの取材がふたたび実現することになり、連続講座が始まる前の約二時間、毎回余分な時間を取ってもらい、じっくり話をうかがうことができたのである。

　そんなことを思い出しながら、特別展を見学した。会場には一九六六年に出された行政管理庁による夜間中学早期廃止勧告に対し、髙野さんが東京・荒川区立第九中学二部の生徒にカメラを向けたドキュメンタリー証言映画『夜間中学生』の制作で使われた通称「デンスケ」という録音機や、増設を訴えて全国行脚したころ、髙野さんが母校に送りつづけた「わらじ通信」など、伝説の品々と並んで、守口市立第三中学夜間学級の生徒が書いた「恨《はん》」という共同作品が壁一面に飾られていた。

なまえを　かけないひとが　いると
しろい目で　みられた
字が　かけないから
わかいものに　わらわれる
しやくしょで　びょういんで　しごとばで
字を　かくだけで　手がふるえ
いくども　はじを　かいてきた

学校が　なくなり　家が　なくなり
学ぶことが　できなかった
戦争が　わたしのすべてを　うばった
勉強することより
食べるために　はたらいた
ええこと　一つも　なかった
あの憎い戦争が
わたしの　青春を　うばってしまった

見る者に有無を言わせぬ圧倒的な文字。「書く」という生易しい行為では語れない、文字どおり〝奪い返された〟コトバ。切れば血がたぎるような命が刻み込まれている。

　ひるがえっていま思うのは、奇妙な例えになるが、私の体内にも「夜間中学」という存在が抗《あらが》いがたくパズルの破片のように収まっているということだ。あのとき、髙野さんが私に求めつづけたものが何であったか。いまこの原稿を書きながら考えている。

夜間中学を追いつづけて

一八年に及んだ新聞記者時代、私が書いた記事はスクラップブック二五冊分に上る。最初の赴任地、岡山総局での二年間の〝トロッコ〟（記者になる前の半人前時代はこう呼ばれていた）修業を経て、大阪本社社会部勤務となった。大阪市内のサツ（警察署）回りを担当し、記者四年目に配属された遊軍で、私は幸運にも自分のライフワークとなるいくつかの取材先と出合うことになる。そのひとつが夜間中学だった。ちなみに遊軍とは、特定の記者クラブに所属せず、自由自在に取材ができる持ち場のことである。

スクラップブックをくると、最初に登場するのが一九九一年二月、夕刊社会面の連載企画「追跡」で六回にわたって取り上げた「夜間中学」である。奈良県橿原《かしはら》市の自主夜間中学の記事から始まり、二回目は守口市立第三中学夜間学級の在日一世のオモニを取り上げている。その後、夜間中学の取材では何度も協力をお願いすることになる白井さんとの最初の出会いでもあった。さらに四回目では大阪・天王寺の識字学校「麦豆《むぎまめ》教室」でいまは亡き岩井好子《いわいよしこ》さんに取材している。解放出版社の編集者、川瀬俊治《かわせしゅんじ》さんに同行いただき、このとき、彼の口からはじめて髙野雅夫さんの存在を知らされたのだと思う。さっそく当時、東京・港《みなと》区にあった髙野さんの事務所を訪ね、五回目の記事にした。

それからたとえ取材の持ち場が代わっても、私は継続的に夜間中学を追いつづけた。なかでも忘れられないのが九二年六月、朝刊社会面で取り上げた「夜間中学あふれる熱意」という記事だ。

東大阪《ひがしおおさか》市立長栄《ちょうえい》中学夜間学級の在籍者が全国最多の四〇〇人を突破し、昼間の中学を上回る〝逆転現象〟が起きていることを報じた。最初の一報も白井さんからもたらされた。当時の記事には教室の机がすべて生徒で埋まった写真も掲載されている。共用する運動場の使用時間が重なり、昼間の中学のクラブ活動が十分におこなえないなど、双方の学校運営にも支障が出ているため、学校側は分離増設を求める要望書を市教委に提出した。この結果、翌九三年、太平寺《たいへいじ》分教室が開設される。こうした動きが加速し、九七年には未就学者が大阪府内で最多とされた大阪市生野《いくの》区に二一年ぶりとなる公立の夜間中学が新設されることになった。

この間、髙野さんは守口市立第三中学夜間学級を何度も訪れ、オモニらを前に講演している。そこでいつも耳にしたのが「自分の名前を奪い返すことは自らが生きてきた歴史を奪い返すこと」という言葉だった。夜間中学の生徒が〝奪い返す〟ものの実体が何であるのか。正直に打ち明ければ、当時の私は夜間中学を取材しながら、まだ十分に理解していたとはいえない。

髙野さんのこの言葉はしかし、それから数年後、名状しがたい実感を伴って私のなかで立ち上がってくる。きっかけは両親が守口市立第三中学夜間学級に通いはじめたことだった。あのころ、とにかく取材に忙殺されていた私は両親とも顔を合わす機会が少なく、二人がいつの間にか中学生になったことを妹からはじめて知らされたのである。

夜間中学生となった両親

ともに昭和一〇年代生まれで戦争末期に幼少時代を過ごした。貧困のなかで父は小学校高学年まで、母も中学途中までしか通えなかったと聞いている。その後は丁稚《でっち》奉公から父が一代で立ち上げた生花店を夫婦で切り盛りしながら、働き詰めの人生だった。朝は早く、水回りで手が荒れるきつい仕事である。父は家業を継いでほしいと願ったが、私は自分の道を選んだ。その店を親戚に譲ったのは七〇代になってから。ようやく自分の時間をもてるようになり、父は海釣り、母は書道とささやかな自分の趣味を楽しめるようになったある日、すでに他家に嫁いだ妹が夜間中学生募集のチラシを持ち帰り、両親に勧めたのだ。

それでも最初は校門の前まできていながら入る勇気がなく、二人で何度も学校の周囲をぐるぐる回っていたらしい。実際、いまも鮮明に覚えている父の後ろ姿がある。幼いころ「本がほしい」と言えば、躊躇《ちゅうちょ》なくお金をくれる父だったが、書店で一緒に買った本を見せにいくと、書名もろくに見ずにすごすご店の外に出ていってしまうのだ。いま思えば、それが文字に対する恐れだったのだろう。そこに書かれているものに関し、私から何か聞かれることが心底怖かったのだと思う。

二人は八年間ほとんど休みなく、夜間中学に通いつづけた。ともに七〇代の中学生である。通学定期券を購入する際、窓口では何度も身分を確認されたそうだ。とくに母親は〇二年、日韓識字文解交流の一環で髙野さんと一緒に韓国・安養《アニャン》市民大学の訪問ツアーに参加し、文《ム》解《ネ》教育を主導する萬稀《マンフィ》さんとも交流している。在学期間の後半は生徒会長を務め、就学援助の継続を求める集会で何度も意見発表をおこなった。署名を街頭で求め、夜間中学生募集のチラシを配る二人の姿は新聞写真に登場し、ＴＢＳのドキュメンタリー番組の長期密着取材も受けた。

家族とは、近くにいながら、意外に遠い存在なのだろう。父と母が学校から持ち帰ってくる冊子やチラシの文章を読むたびに私は新しい発見をし、二人が生きた歴史をつぶさに知ることができた。なにより仕事一筋に生きてきた両親の価値観が大きく変化しはじめたことにも気づかされた。だれかのために汗を流すという発想と無縁だった二人が、まだ見ぬ未就学者のために学びの場を求めて奔走する。社会と交わるその姿は私にとってもじつに新鮮だった。

一九六二年に自営業の夫と結婚しました。これも軌道に乗るまでは苦労の連続でした。商売していると、毎日のように読んだり　書いたりすることがあります。読めない時は、隣のおじさんに教えてもらい、書けない時は書いてもらったりして、何度も顔から火の出る思いをしました。

長男が三年生の頃、ある日、「お母さん、この字なんて読むの」って尋ねられたのです。「何でお母さんこれ教えてくれへんの、なんでやのん」と問いただされて、「実はお母さんは戦争のせいで、学校に行けなかった」ということを子どもに話したんです。そしたら、「お母さんほんなら、僕、明日学校に行って学校の先生に聞くわ」と。そして、学校へ行って聞いてきて、「お母さん、これはこうやで」と私に教えてくれるんです。それからというもの、毎日、夕ご飯が済んだら「今日は学校で習うてきたから、お母さん教えたる」と言って、ノートとエンピツ持ってきて、夕飯の後片付けしているのに、後ろで待ってるんです。

ひょっと見たら、すうすうと、ノートとエンピツ持って寝てるんです。その寝てる顔を見たら、子どもに不憫《ふびん》な思いをさせてると思って……。二人の子どものために、子どもだけにはこんな苦労をさせたくないと、自分自身に鞭《むち》打ち三九年間働き続けました。
そして今、七〇歳近くになって文字を取り戻したい思いで、この守口夜間学級で学んでいますが、この年齢で学んでもなかなか頭に入りません。義務教育さえ受けていればこんな苦労はなかった、と何度も思います。

「戦後六〇年を過ぎて」という母の文章である。自分にこんな逸話があったのかと驚いたが、なにより母の文章の力に目をみはった。じつはこのころ、私が産経で連載していた「『こやしの思想』を語る　髙野雅夫との対話」の記事コピーが守口市立第三中学夜間学級で毎回、授業のテキストとして配られていることを知った。取材者としてこれほどありがたいことはない。
それにしても、私が夜間中学の記事を書き、両親がそこで学ぶ。偶然というだけでは語れない不思議な結びつきをいま、身をもって感じている。ただ残念ながら、この連載は私の力不足もあっていまも本になっておらず、原稿の束は私の手元に残されている。いつか日の目を見ればと願っている。

＊

ここからは後日談である。夜間中学を卒業後、母は地元の公立高校の定時制に進学した。余談ながらここはサクラ散り、私が一五の春に泣いた学校である。これにも奇縁を感じるが、在学中、母はそれこそスポンジが水が吸収するように学びを血肉にしていった。日本赤十字社が主催する中高生対象の俳句コンテストに学校が授業でつくった生徒の作品を応募したところ、母の作品が大阪で最優秀賞を受けたのである。父と妹家族、私も一緒に授賞式に出席させてもらうと、若い中高生に交じって七〇代の母が賞状を受け取り、周囲をざわつかせた。その俳句を掲げておく。

せせらぎの音につつしむふきのとう

なぜ「恨」でなければならないのか。〝奪い返す〟ことによって、母は身をもってそれを知らしめたのである。

夜間中学増設運動がいま直面していること

「最低一県に一校の夜間中学開設を」に挑む

川瀬俊治　ジャーナリスト／元奈良新聞記者／元解放出版社／かわせ・しゅんじ

「最低一県に一校の夜間中学開設を」と指示し、すべての自治体に開校「義務」を課した法律が二〇一六年一二月一四日に公布された。「義務教育の段階における普通教育に相当する教育の機会の確保等に関する法律」（以下、「教育機会確保法」）だ。夜間中学増設運動は一貫して夜間中学ゼロの自治体での開校を訴えてきただけに「画期的」な法律といえるが、それでは半世紀以上の歴史をもつ夜間中学増設運動はどうなるのか。いま、きわめて重要な岐路にある夜間中学増設運動の課題を、戦後の歩みをたどることで素描してみたい。

夕間学級から始まる

夜間中学増設運動は「教育機会確保法」制定まで四つの軌跡をたどってきた。以下、順次述べる。

一期目は、一九四七年一〇月に大阪市生野《いくの》区の生野第二中学（現・勝山《かつやま》中学）に産声をあげた夕間学級だ。家計を助けて登校できない子どもたちのために、夜間の学級を開設した。行政の補助を受けて開設したのではなく、不就学の子どもの教育をなんとか保障したいとする教師の熱意が背景にある。

新学制、小・中学校の九年の義務制が開始されたのが一九四七年四月である。その制度の不備が早くも表れた。それが夕間学級の誕生だった。しかし、行政（大阪市）は「二重の義務教育制度になる」と認めず、廃止に追い込まれた。三年間の開設期間だった。

この夕間学級は、戦後登場したはじめての夜間中学であり、増設運動の原点というべきものだ。

二期目は、一九四九年二月に神戸《こうべ》市駒ヶ林《こまがばやし》中学に「夜間不就学対策学級」が生まれて以降の夜間中学増設をさす。一九五四年には全国で八九校の夜間中学を数えるまでになる。長欠・不就学児童生徒が多かった。八九校の生徒数は五〇〇〇人を数えた。

しかし、一九五〇年代後半から夜間中学は減少傾向をたどる。素早く?対応したのが、一九五五年に文部・厚生・労働の三省（当時）が出した共同通達だ。これはのちに夜間中学の命運を左右する一九六六年一一月の「夜間中学早期廃止勧告」につながる。

文部省は一九五二年から長欠・不就学児童生徒の実態調査を始め、五五年の共同通達で三〇万人を超える長欠・不就学児童生徒の実態を紹介しながら、五〇〇〇人が学ぶ夜間中学のことは一切ふれなかった。先に指摘した義務教育の二重性を是認することはできなかったとも読めるが、夜間中学の必然性を黙殺した、きわめて政治性の強い文書である。

一方、一九六〇年の国勢調査では未就学者は一四〇万人を記録している。三〇万人と一四〇万人の開きは何に起因するのか。三〇万人は当時の学齢時の長欠・不就学児童生徒の数であり、一四〇万人は一五歳以上の全人口に占める数字である。当時、一五歳以上の未就学者が一四〇万人もいたのである。

歴史メッセージ「教育は空気だ」「武器になる文字とコトバを」

一九六六年に行政管理庁の「夜間中学早期廃止勧告」（以下、「早期廃止勧告」）が登場する。この「早期廃止勧告」に対する反対運動が三期目の夜間中学増設運動となる。

戦争孤児である髙野《たかの》雅夫《まさお》さんは、一七歳のときに餓死寸前で「バタ屋」のおじいさんから文字を習い、二一歳で東京都荒川《あらかわ》九中夜間学級に入学、卒業後、早期廃止勧告反対の全国行脚を展開した。「教育は空気だ。夜間中学を奪うことは空気を奪うことだ」と、教育保障だけでなく、義務教育を受ける権利をも昇華した表現で人々に訴えた。彼の訴えは、一九六九年六月の大阪市立天王寺《てんのうじ》中学夜間学級誕生として結実したが、言葉が状況を変えたきわめて稀《まれ》な歴史的メッセージである。「武器になる文字とコトバを」という文章も非識字者が何をめざすかを表した時代を射抜く普遍性をもつ。

以降、「教育は空気だ」「武器になる文字とコトバを」というメッセージを超える文言が、夜間中学生、教師から発せられたことはない。天王寺夜間中学開校を画期として、大阪市内、府内で計一二校の夜間中学が開校していった（補注＝昭和《しょうわ》夜間中学［東生野《ひがしいくの》開校と同時に文《ふみ》の里《さと》に統廃合］、太平寺《たいへいじ》夜間中学を加え一二校になる）。

日教組は夜間中学を好ましくないとする見解を堅持していたが、「早期廃止勧告」以降、夜間中学増設に舵《かじ》を切る。日教組・槇枝《まきえだ》委員長が一九七一年一〇月二五日に天王寺夜間中学を見学し、夜間中学を教育法に位置づける運動を展開すると表明した。これは日教組の夜間中学に対するはじめての態度表明であった。

この一〇・二五の槇枝発言に呼応して日教組国民教育運動部に大阪教職員組合（大教組）が同じ一〇月に提出した「夜間中学の件」では、一九七二年度からの東大《ひがしおお》阪《さか》市立長栄《ちょうえい》中学夜間学級の開校について以下のように記述している。

「四七年度（昭和四七年度のこと＝引用者補注）より長栄中学に夜間学級が開設されることになった。義務教育を保障されなかった人達の学ぶ権利を保障しようという〝夜中を育てる会〟のたゆまぬ努力の成果だといえよう。（中略）教組としては単に形式のための設置で終わらせることなく、内実ともに充実し真にその役割を果たし得るものにするために、主体的に取りくむべきであろう。東大阪の場合、天中その他の先例があるので、問題点を把握しやすく、従って、最初から充実したものを作る可能性がある。」

文書に「天中その他の先例がある」とある。いかに天王寺夜間中学が模範となったかを示す表現である。それだけ一九六九年六月の天王寺夜間中学開校は画期的であったのだ。

「一体夜間中学は誰のためにあるのだ」

髙野雅夫さんの夜間中学増設運動は夜間中学の命運を決めた。しかし、彼に対する批判もあった。「髙野雅夫さんは天才だ」という表現である。彼は講演のなかでこれを否定してきたが、実はこの「天才」という表現は二つの否定的意味を隠していた。ひとつは、「髙野雅夫さんは天才だ」（「髙野雅夫さんだから夜間中学の増設ができた」という言辞もあった）から夜間中学増設運動を展開できたとみて、彼を別格におくことだ。つまり、夜間中学生にはそんな力がないという意味が裏に隠されている。「天才」の言葉の裏に、夜間中学生の可能性の否定を読み取るのは深読みではないだろう。

もうひとつは、「天才」と規定することで、髙野さんを夜間中学全体の枠組みから外すことだ。生涯、夜間中学を学びの原点として追求してきた彼の排除は、次々と開校していった夜間中学、あるいは既存の夜間中学にすでに宿っていたのである。

しかし、髙野さんは決して「天才」ではなく、夜間中学生は同じように教育制度の矛盾を告発する鋭い言葉を刻み、言葉との出会いを見事に表現していたのである。

私も含めて学校の教科書の漢字や計算に追われ過ぎてほんとうのことを考えられない人間になっていることを私は許せない。一体夜間中学は誰のためにあるのだ。今日ここに集まったみんなはどんなふうにして夜間中学を知り、入学したのかを考えたことはなかったのか。「知っていて何もしないのは二重の差別」という髙野さんの叫びをまともに答える先生や生徒はこの夜間中学に一人もいない。夜間中学のことを何ひとつ知らなかった私に、「夜間中学校に差別はない」「夜間中学の生徒会は生徒が主役だ」ともっともらしい面をして喋《しゃべ》った塚原先生、髙野さんをはじめ、先生生徒の皆さん、一人一人はっきり答えて欲しい。

昭和四六年二月六日　一年　古部美江子　二〇歳

（一九七〇年二月一〇日に東京都荒川九中夜間学級生徒会に撒いたビラから。髙野雅夫『夜間中学生　タカノマサオ—武器になる文字とコトバを』から転載）

帰るまで消されんように
「字を手で握ってくる」
ボールペンで消されんように又かきますねン
私、バラの字……どんな字かしらと思うねンけど
なかなか、バラという字
どこにも書いていない
それが新聞見たら、ひょこと書いてましてン

（福田ゆき　三九歳「薔薇」／『キケ人や夜間中学育てる会の記録』収録の作文から）

自主夜間中学を運営し、公立化を迫る

四期目の夜間中学増設運動は、国の経済が高度経済成長から減速、低成長へと移る一九七〇年代後半から起きる。

一九七五年一一月、大阪府教育委員会は一九七六年度から他府県に住む夜間中学入学希望者に入学を認めない方針を打ち出した。財政難が主たる理由である。これに抗して夜間中学増設運動が起きるのだが、これまでの運動とは決定的に質を異にした。市民運動が自主夜間中学を運営し、その活動を通じて公立の夜間中学増設に迫るという新たな夜間中学増設運動を生み出したのだ。その先駆的取り組みが奈良県で生まれた。

奈良県内の夜間中学は一九五〇年代に六校開校していたが、一九六一年に安堵《あんど》夜間中学（奈良県生駒《いこま》郡安堵村）が閉校となり、すべての夜間中学が姿を消した。大阪府教育委員会が一九七五年に他府県からの入学を認めない方針を出した時点で、奈良県内から一八人が大阪の夜間中学に通っていたのは、奈良県内の夜間中学の閉校で学ぶことができなかったからだ。現に二人が一九七六年度からの入学を希望したのだが、この人たちに夜間中学の教師たちは「大阪府教育委員会が方針を撤回するまで待ってほしい」などと言えただろうか。そこで「奈良に夜間中学を」という運動が奈良市在住者から起きるのだ。

天王寺夜間中学教員で奈良市在住の岩井好子《いわいよしこ》さんが夜間中学増設運動に声をあげ、以降、運動を牽引《けんいん》する。一九七六年一月二八日に「奈良に夜間中学を」と書いたビラを国鉄奈良駅前でまき、奈良の運動がスタートを切った。それから七カ月後に近鉄西大寺《さいだいじ》駅近くの私立正強《せいきょう》高校に自主夜間中学を開校、約一年半の運営をへて一九七八年四月に公立化（奈良市立春日《かすが》中学夜間学級）を果たすのである。自主夜間中学は、給食にうどんが出されたことから「うどん学校」の愛称で呼ばれた。

自主夜間中学「うどん学校」から公立化までの詳細な報告は拙著（『夜間中学設立運動——奈良からの報告』たいまつ社）を参照していただきたいが、「うどん学校」時代から公立化時代をへても、一貫して立ちはだかった壁がある。それは「学齢期は昼間で完全保障する。学齢が過ぎれば成人教育で」というものだ。行政はこの社会教育路線に固執した。交渉の過程で奈良市教育委員会は夜間中学を学校教育として位置づけて公立化を決めたが、この方針に反対したのが奈良県教育委員会だった。「学齢期を超えた人たちだから社会教育ではないか」と社会教育路線の「牙城」を崩さなかった。

最終的にこの社会教育路線を打ち破り公立化を勝ち取るが、以降、社会教育路線が姿を消したのではなかった。

自主夜間中学「うどん学校」開校への批判

「うどん学校」公立化以後も、各地の市民運動は東京・江東《こうとう》、埼玉・川口《かわぐち》、千葉・松戸《まつど》、京都・宇治《うじ》などで自主夜間中学を運営していたが、「社会教育で」とする行政の対応に公立化が阻まれてもきた。

こうしたなか、神奈川県川崎《かわさき》市、奈良県天理《てんり》市、橿原《かしはら》市、大阪市東生野の自主夜間中学は公立化を勝ち取ったのだが、奈良での自主夜間中学運動にしぼって述べると、天理の運動は自主夜間中学の二年半を経て一九八一年に天理市立福住《ふくすみ》中学校夜間学級（現・天理北中学校夜間学級）として、橿原の運動は一九八七年から四年間の自主夜間中学運営を経て一九九一年に橿原市立畝傍《うねび》中学校夜間学級として、それぞれ公立化を果たした。天理では一二回に及ぶ対天理市交渉を重ね、橿原では教育委員会との交渉を重ねていたが、いずれも「社会教育で」との拒絶はなかった。「うどん学校」で社会教育路線を打ち破った成果はきわめて大きかった。

ただ、橿原市長は「橿原には義務教育未修了者、不就学者はいない」「現在、春日夜間中学に通う生徒で橿原在住者には通学援助金を支給しており、行政の責任は果たしている」とする見解を示していた。義務教育未修了者、不就学者の実態への理解が希薄だった。

四期目の運動の始発である「うどん学校」開校に関して批判があったことは事実だ。奈良で自主夜間中学運動を始めたのはいいが、大阪教職員組合（大教組）が大阪府教育委員会の閉め出し方針を撤回させる運動にとりくむのが先決だという批判だ。

では、大教組は運動方針としてどのような打開策を打ち出したのか。具体的に動いたのか。この点について当時の夜間中学関係者に聞いたが、撤回させる運動をしたという明確な返事は得られなかった（一九八九年一一月以前は大阪教職員組合（大教組）、この月に日教組から全教が脱退して以降は「大阪府教職員組合」（大阪教組）と表記）。

もし大教組が硬直化していて、岩井好子さんの行動を認めない方針を示したら（岩井好子さんは大教組の活動家でもあった）、奈良の運動は生まれなかっただろう。大教組はそういう意味では硬直化していなかったともいえるが、大教組が大阪府教育委員会の方針撤回にとりくんだという記録は見つけられなかった。大阪府教育委員会の方針は以降、継続している。批判は空を切ったのである。

ただ、大阪府教育委員会が方針を変えなくとも、個々の夜間中学で入学を可能にした例はあるが、そのことは取り組みの成果とはいえない。なぜなら大阪府教育委員会の方針が何ひとつ変わっていないからだ。

大都市から地方都市へ
自主夜間中学が次々と誕生

首都圏、京阪神と大都市中心に開校したのがこれまでの夜間中学だった。ところが、それらの自治体が財政難から他府県居住者の入学を認めなくなったことが契機となり、夜間中学ゼロ地域で自主夜間中学運動が起きるという結果を生んだ。札幌、埼玉、千葉、高知、北九州、沖縄など、現在では三五カ所を数える。

ただ、四期目の夜間中学増設運動は、髙野雅夫さんを代表とするような生徒が運動を牽引した三期目とは様相が異なる。一九七一年度に大教組で報告された「一九七〇年度経過報告　運動の総括」の「夜間中学」の項目には、こうある。

「運動の経過の中で、生徒が運動の組織者として立ちあがってきている。第一回卒業生（天王寺夜間中学＝引用者補注）の倉橋健三氏等一八名が中心となって関係中学校教職員、生徒の雇用主、婦人団体、弁護士など三〇〇余人が結集して、九月二八日に『夜間中学を育てる会』を発足させた。」

この報告からわかるように、三期目は生徒（OB、OG）が運動を切り開いた。四期目は、それとは対照的に岩井好子さんら教師が運動の中心になった。夜間中学を卒業したOB、OGが夜間中学に求める教育内容や授業、教師に対する注文、行政への要望などは具体的で、現存する夜間中学を変えたいとする思いは何よりも熱い。だからこうもいえる。三期目の夜間中学増設運動があったから四期目が起きたのである。

学齢期生徒の入学をどう考えるか

ここまで戦後の夜間中学増設運動の軌跡を見てきたのは、国が「最低一県に一校の夜間中学開設を」と打ち出した現在の局面の課題を解決するためのヒントになる歴史的成果があるからだ。

「教育機会確保法」の問題点は本書「はじめに」で書かれているので繰り返さないが、以下の点を指摘したい。まず、「教育機会確保法」では学齢期生徒の入学を認めたことをどう見るかである。不登校児童・生徒の問題（たとえば、いじめによる不登校）について、昼間ではストレスになるから夜間中学に通うことで解決を見いだすというねらいもある。しかし、それでは中学教育の完全保障を放棄することになるのではないか。

奈良県夜間中学連絡協議会は、一九九六年五月一八日に同協議会が公表した「夜間中学憲章」と、今回の「教育機会確保法」の条文を対比した文章を発表している。これによれば、憲章は第八項目で「夜間中学は昼の学校の生徒を受け入れません。私たちは、誰もが昼の中学校できちんと勉強できるようになることを求めます」とし、続けて「昼の小・中学生の教育は、昼の学校で完全に保障されなければなりません。私たちは、誰にも昼の学校教育が完全に保障されて、夜間中学がいらなくなる日が来ることを願っています」と結んでいる。この憲章の文言が「教育機会確保法」が施行されたことで変わるものではない。憲章は夜間中学が担う精神、思想を明記したものなのだ。ただ、法律的実効性はない。だから、憲章の精神があっても、学齢期の入学希望者が門戸をたたけば無視などできない（学齢期の生徒の入学を認めている夜間中学はすでに存在する）。

それぞれの夜間中学は、当該教育委員会と法律の運用を詰めておかねばならないだろう。将来起きる問題に対して教育委員会と協議を重ねてきたという夜間中学はあるだろうか。教員間の個人的な会話では「どう対応するか」と話題には出るが、具体的な対応は個々異なるから、「夜間中学は昼の学校の生徒を受け入れません」という原則論を超える学齢期生徒への対応の原則を打ち出すことは難問である。

「学齢期生徒を受け入れたはいいが、夜間中学を中退ということになればどうなるのか。不登校になればどうなるのか」。現場の教師から聞いたことだ。教育の総合力が試されるのである。総合力とは、結論からいえば人間力にほかならないが、しかし個人に負わされる問題ではないだろう。父母、教育委員会、夜間中学スタッフで向き合わねばならないだろう。ただ、義務教育未修了者、不就学者の教育保障をさらに強化することは当然、行政に求めることもできる。

夜間中学での学齢期生徒の受け入れについては、「教育機会確保法案」の審議の過程で国会でも問われている。「教育機会確保法」第三条（基本理念）の四はこう規定している。

「義務教育の段階における普通教育に相当する教育を十分に受けていない者の意思を十分に尊重しつつ、その年齢又は国籍その他の置かれている事情にかかわりなく、その能力に応じた教育を受ける機会が確保されるようにする（以下略）」

この「年齢」をどう解釈するかである。学齢期生徒が入るのか、入らないのか。二〇一六年一一月一八日の衆議院文部科学委員会で、馳《はせ》委員の質問に対して文部科学省官僚が答弁している。国会の質疑を以下、紹介する。

馳委員　夜間中学校には、いわゆる学齢期の生徒は含まれるのかどうか。実は、形式卒業生が含まれるということは昨年通知で出していただいておりますが、この法案にもかかわります不登校の児童生徒の現状を考えれば、夜間中学校においても学齢期の児童生徒も対象にしてもよいのではないか（以下略）

藤原政府参考人　お答え申し上げます。いじめ等の理由によって在籍する中学校へ通学することが困難な状況にあるなどの事情がある場合につきましては、多様な教育機会を確保する観点から、夜間中学において、本人の希望を尊重した上での学齢生徒の受け入れは当然可能と考えております。

初期の天王寺夜間中学の歴史を受け継ぐ

三期目、四期目の夜間中学増設運動は、卒業生（OB、OG）、教師が担った。このときにどんなことが夜間中学で起きていたのか。三期目の運動で天王寺夜間中学が誕生したが、運動に参加した伊ヶ崎淑彦さん（大阪市立小路《しょうじ》小学校教諭。当時）は、岩井好子編『うどん学校』（盛書房）収録の座談会のなかで以下のように発言している。

「初期の天王寺夜間中学には免許状をもたない先生、ボランティアの兄ちゃん、姉ちゃん先生が無償で教育活動を手伝ってくれていましたね。生徒の側からみると、教え屋先生より気やすくしゃべれる先生というイメージで楽しい雰囲気でしたね。公立化されても、奈良では失ってほしくないとおもいますね。」

現在、伊ヶ崎さんが望んだような公立夜間中学が存在するだろうか。管理が強化され、民間の私たちが教室に入ることなど、とても想像できない。ボランティアの活躍が強調される現在、なぜ夜間中学では無理なのか。決してそうではないだろう。夜間中学教育の充実のため、生徒（OB、OG）を中心とする民間のボランティアを募ることは必要だろう。「学校型教育制度」を乗り越えるカギは、すでに初期の天王寺夜間中学時代に見いだされていたのである。

自主夜間中学「うどん学校」を受け継ぐ運動

政府は二〇一九年四月から外国人労働者の受け入れを拡大するため、「出入国管理法」改正法を二〇一八年一一月の臨時国会で強行的に成立させた。この外国人労働者受け入れ拡大とリンクしているのが、今回の「教育機会確保法」制定であることは明白である。「教育機会確保法」のねらいのひとつは、外国人労働者が日本語を学ぶ場を夜間中学に肩代わりさせることだといえる。

五年間で三四万五〇〇〇人と見込まれる外国人労働者の教育は、政府、行政によって社会教育の場で保障されなければならないのが原則である。しかし、現実に外国人労働者が日本語を学ぶために夜間中学の門戸をたたいた場合はどうするのか。拒否などできるだろうか。つまり、夜間中学は社会教育をも担うように改編されてきているのである。しかし夜間中学には、新渡日の生徒と向き合ってきた歴史、蓄積した在日朝鮮人教育の営みがある。教員や行政、ボランティアスタッフは議論を重ねて、問題点を明確にしなければならない（定住・永住化推進の取り組み）。

生徒や教師が切り開いた三期目、四期目の夜間中学増設運動は、いずれも行政に働きかけることで開校を勝ち取ったのだが、公立化実現は結果であり、重要なのは、公立化の運動の過程で人びと（運動に参加する人、行政担当者、取材するメディア）が多くのことを学んだことだ。運動により義務教育未修了者、不就学者の姿を知り、学んだ。招来すべき社会の具体像を思い描く運動にもなった。その運動が弱まる、姿を消すという懸念をいだく。官制に甘んじると、運動が背後に退く。これが最大の危惧なのだが、政府が「最低一県に一校の夜間中学開設を」と自治体に義務化しているということは、夜間中学増設運動が、この条件を生かしながら、自主夜間中学を運営しつつ公立化を求めた四期目の運動の精神を受け継ぎ、夜間中学の開校を迫ることもできるということだ。そうすれば、「うどん学校」時代のように社会教育路線の壁に苦闘することもないのである。

最後に問わねばならないことがある。夜間中学とは私にとって何なのか。取材対象なのか。否。研究対象なのか。否。それでは何なのか。

＊

私の卒業した中学には夜間中学が開校していた。それが、どうして奈良の自主夜間中学「うどん学校」開校に出会うまで気にもとめなかったのか。しかし私は、義務教育を終え、高校、そして十分な学力をそなえて大学まで進み、新聞社に就職したわけではない。「受験戦争」に立ち向かう学力はなく、それらが複合的に心身に影響を及ぼしたのか、いまでは病名がある「パニック障害」の症状に悩まされていた。本書のなかでもたびたび指摘される「学校型教育制度」にはついていけなかったのだ。

しかし、「学校型教育制度」に落ちこぼれたものが、抗議の声をあげることなど、なかなかできるわけがない。「自分がダメや」と納得するからだ。「学校型教育制度」は自己責任を暗黙のうちに認めさせるシステムでもある。声をあげること、つまり発言する、行動することの真反対が、沈黙すること、沈黙を強いられることである。しかし、だれでも沈黙のままではおれない。沈黙の殻を破らなければ生きてはいけない。

殻を破る方法は、極論すれば二つの道をたどる。一方は社会のルールを逸脱する、もうひとつは刻苦勉励する。私は二つとも経験した。しかし、いくら刻苦勉励しても、沈黙を強いる世界は横たわっているのである。権力者の前で押し黙る人たち、高学歴の人たちの前でたじろぐ人たち（この二つは私と重なる）。あげればきりがない。

自主夜間中学「うどん学校」の授業では、沈黙の殻を破った（あるいは破ろうとする）人たちに出会った。「学校型教育制度」から排除されたからこそ「学校型教育制度」を乗り越える場を夜間中学に求めていた。「夜間中学はあってはならないが、なくてはならない学校」といわれるが、「学校型教育制度」を軸にして考えると、めざすべき姿が鮮明になるのではないか。

夜間中学は、私に自分が体験した学校生活を常に重ね合わせることを強いてきた。「夜間中学とは私にとって何なのか」。それは、私を問い返す存在でもあるのだ。新たな法律が施行された時代に入っても変わることはない。

人生が変わる。人生を変える。

西村秀樹　ジャーナリスト／にしむら・ひでき

出会い

夜間中学との出会いは長栄《ちょうえい》夜間中学だった。

鶴橋《つるはし》駅でJR環状線から近鉄に乗り換え、わずか二駅、布施《ふせ》駅で降りた。しばらく近鉄の高架沿いに生駒山《いこまやま》方面に歩き、線路の北側の住宅地を抜けると、めざす中学はその一画にあった。東大阪《ひがしおおさか》市立長栄夜間中学。校門に達し西の方角を振り返ると、電柱に数多くの電線が絡み合い、その複数の強い黒い線の向こうに、オレンジ色の大きな太陽が沈むのが見えた。

職員室を訪ね案内を乞い、テレビカメラパーソンといっしょに体育館に誘導され、体育館の二階にあがり、全体を見渡す。全校集会だという。目前の光景に正直びっくりした。その人数、およそ三〇〇人だろうか。クラスごとに一列に並んだ夜間中学生。ほとんどが高齢の女性、オモニという言葉よりハルモニという表現が似合う年代だった。メインは五〇から六〇歳代だろうか。

わたしはひょんなことから大阪のテレビ局に就職、ニュースを担当していた。長栄夜間中学では、今後の夜間中学の運営をめぐって夜間中学生と行政（東大阪市教育委員会および東大阪市役所）とが対立していると耳にし、さっそく取材に訪れた次第。

この対立は、長栄夜間中学の生徒数増の解決策としての長栄夜間中学太平寺《たいへいじ》分教室の分離開設（一九九三年四月）に端を発し、のちに太平寺分教室の独立を求める夜間中学生たちの行政への座り込み行動へと発展するが、その数年間の闘いをずっと追いかけることになった。

ジャーナリストの証言

康友子さん

はじめて長栄夜中を訪れた夜、康友子《カンウジャ》さんを知った。たしか林二郎先生か、西尾禎章《にしおよしあき》先生の紹介だったと思う。当時、友子さんは夜間中学生の生徒会長だった。ちょっといい人紹介するからと言われ、全体集会の横での立ち話が最初の出会いであった。それから長くお世話になる。

なぜ長栄夜間中学に多くの在日朝鮮人の夜間中学生、それも女性が多いかといえば、在日のオモニたちの子育てや孫の育てが一段落し、こんどは子どもたちや孫からオモニ、学校へ行ったらと勧められた結果。また日本を含め東アジア全体がそうなのだが、男尊女卑の風潮があって、朝鮮社会では貧しいながらも男だけはなんとか学校に親は行かせた。民族差別と男女差別、二つの差別の結果、夜間中学生には在日朝鮮人の、それも女性が多い。

読者のみなさんご存じのとおり、夜間中学に通う生徒ひとりひとりに、どうして夜間中学に通うのか、どうしてその年齢になるまで昼間の中学校に通えなかったのか、インタビューするとなると、きっとそこにはひとりひとりの物語があって、しかもそのほとんどは胸張って他人に自慢できる類《たぐ》いの話ではない。こっそりしまっておきたい貧乏物語なのだ。

そうした多くの困難をかかえた長栄夜間中学の生徒のなかで、いま何がおきているのか、その現状把握と根本原因を探る困難さ、さらに夜間中学生はどう対処するのがいいのか、対処策をめぐって夜間中学生の間で意見はひとつにまとまっているわけではない。そのバラバラな意見をどうやってまとめるのか、数多い意見をひとつにまとめ、その意見を人前できちんとしゃべり、行政当局と対峙《たいじ》することができる夜間中学生はそうそういない。康友子さんは数少ない例外だった。人として尊敬できる女性だった。

それは学力というか「知識」があるとかという問題ではなく、苦労して生きていくうちにおのずと身につけた生活の「知恵」というものだろうか。

夜間中学で教える教師たちは献身的であり、並の苦労で夜間中学生たちを預かっているわけではなかろうが、そうした苦労をよく知っている教師たちが頼りにする一群の夜間中学生たちが、東大阪の行政と対峙する多くの夜間中学生たちをリードして、時に教師たちの意見や方針と食い違ったり、時に方針をまとめたりして、いっしょに闘っていた。その一日一日の動きや過程を、放送局に勤めるジャーナリストとしてだまって観察し、世間にお伝えするしか、わたしにできる道はなかった。

康友子さんにインタビューを申し込んだ。放送局に勤めて二〇年近くニュース番組を担当してきたわたしとしては、すぐにインタビューに応じていただけるものだと楽観していた。しかし、返事はそうではない。待ってという。

しばらく経《た》ってから友子さんから返事があり、インタビューはようやく実現した。テレビ局のインタビューだから、なぜ夜間中学に通うようになったのか、友子さんの人生を語ってもらうことをこちらは希望しているのだが、それは同時に、直接触れないものの、どうして昼間の中学に通うことができなかったのかを聞き出すことになる。だから生活者たる康友子さんはいろいろとさしさわりを予想したのだろう。和歌山の実家をひさしぶりに訪ね、こんどテレビで自分の人生の苦労話をしゃべるけれども、それは苦労して育てた実母を悲しませるものではなく、在日のオモニやハルモニが数多く通学する長栄夜間中学の現状と問題点をより世間にわかってもらいたくて、テレビ局のインタビューに応じるのだから、お母さんぜひわかってほしいと、母娘で話し合った末、了解を得たと、あとで知る。

友子さんが了解を得るため実母を訪れた話は、友子さんから直接知らされたのではなく、別の人からそれとなくそっと知らされた。それを知ったとき、恥ずかしさでいっぱいになり、われしらず顔が真っ赤になったことを覚えている。

艱難辛苦《かんなんしんく》のなかを苦労して苦労して育った夜間中学生の心のひだを知らないまま、夜間中学を世間に伝えようとした自分のつたなさを思い知った瞬間だった。

筑紫哲也

長栄夜間中学の生徒数の増加にともなう困難の解決策として、長栄夜間中学のお隣、太平寺中学に長栄夜間中学の分教室を分離して設置したことに対し、「なぜ太平寺夜間中学としての独立した分離開設にはならないのか」と、夜間中学生たちが行政の建物の前に座り込んで抗議したりすることになる経過は、はじめ、関西だけのローカルニュースで放送していたが、やがて、ＴＢＳの夜のニュース「筑紫哲也《ちくしてつや》ニュース23」で全国にむけて報道した。

そのとき、わたしが深く尊敬するジャーナリストの先輩・筑紫哲也が長栄夜間中学生の闘いに強く感動したと、TBSの記者からあとで伝え聞いた。

夕方、電柱に絡み合う数多くの電線越しに沈むオレンジ色の大きな太陽、そして体育館に勢ぞろいし長い長い行列をつくる全校集会、その夜間中学生のほとんどがハルモニという表現が似合う高齢の在日コリアンであること、そうした一つひとつが筑紫哲也の琴線に触れたようだ。

髙野雅夫さん

東大阪で取材をすすめるうち、近畿《きんき》夜間中学校生徒会連合会の集会など折に触れ、髙野雅夫《たかのまさお》さんを見知る。友人の編集者・川瀬俊治《かわせしゅんじ》さんが髙野雅夫さんの本を担当し、世に出た時期にあたる（『夜間中学生タカノマサオ　武器になる文字とコトバを』解放出版社、一九九三年一二月刊）。

この本はすでに読んでいたから、髙野さんがどういう人生を歩んだかはだいたい承知しているつもりだったが、目の前に現れたひげづらのおじさんはそれまで想像したような大男ではなかった。威圧感もなかった。しかし背中が輝いていた。スゴイ生き方だと身体中から伝わってきた。

TBSが当時から二四年前に制作したドキュメンタリー作品「浮浪児マサの復讐《ふくしゅう》」（一九六九年）を守口《もりぐち》三中の白井善吾《しらいぜんご》先生に見せてもらったが、その作品を見たときの衝撃もよく記憶している。主人公・髙野雅夫の生き方・闘い方に圧倒された、としか語る言葉は頭に浮かばなかった。

髙野雅夫さんのことは、この本で他の筆者が言及するであろうから、髙野さんにはあまり触れないように節度を保とうと念じながらも、夜間中学を書くとき、髙野さんに言及しないわけにはいかない。

わたしは雑誌『現代の理論』に「シリーズ抗《あらが》う人」という連載記事を書くため、髙野さんの自宅に近い東京・錦糸町《きんしちょう》のホテルで長いインタビューをしたことを、きのうのことのように想い出す。

髙野さんの人生を簡単にスケッチする。アジア太平洋戦争敗戦後、旧満州《まんしゅう》から博多《はかた》に引き揚げたこと、博多で殺人事件に巻き込まれそうになって東京に逃げ出したこと、上野《うえの》駅前で浮浪児生活を送るうち廃品回収業のおじさんからカルタで「あいうえお」と文字を教えてもらったこと、荒川《あらかわ》九中の夜間中学に入学し苦労の末に卒業したこと、日本政府（行政管理庁）の夜間中学早期廃止勧告、それに抗って全国行脚したこと、大阪の心斎橋《しんさいばし》筋商店街で道行く人から早期廃止反対署名を集め、大阪市教育委員会、教職員組合へ働きかけたこと、関西テレビのワイドショーに出演し、中学を卒業していない人びとによびかけたところ、同じ境遇の八九人が名乗り出たこと、これをきっかけに大阪・天王寺《てんのうじ》夜間中学が誕生したことなど、読者の多くがご存じであろう。夜間中学が人生を変えたその人だ。その人が夜間中学を変えた。

髙野さんにインタビューしたなかでわたしが好きな話は、部落解放を訴えた「水平社宣言」との出会いだ。教職員組合の招きで岡山を訪れた際、世界的にも早い時期に発された人権宣言であるこの宣言を知る。「吾々《われわれ》がエタである事を誇り得る時が来た」に衝撃を受けた、だから「夜間中学生であることを誇り得る時が来た」と髙野さんの頭のなかで続く。敗者復活戦という言葉も心を揺さぶる。

髙野雅夫さんには折に触れ、天王寺夜間中学の同窓会などの集まりに連れていってもらった。たまに激しい糾弾の言葉や厳しい表情を見せることもある髙野さんだが、天王寺夜中の同窓生たちと昔話をするときの表情といったら、そりゃもう好々爺《こうこうや》。「気の置けない」という好意的な友だちとの関係を表す言葉があるが、まったくそのとおりで、気の置けない仲間との心の底から打ち解けた表情がチャーミングだ。

来年（二〇一九年）、天王寺夜中開設からちょうど五〇年の節目を迎える。

金城 実さん

最近、沖縄通いをしている。その折、沖縄在住の彫刻家・金城実《きんじょうみのる》さんに接する機会がある。沖縄訪問の直接のきっかけは、作家やジャーナリストでつくる日本ペンクラブという団体でひょんなことから理事という仕事についたことだ（わたしはおっちょこちょいなタチで、わたしの人生の節目はひょんなことから外部から訪れる）。この団体は一九三五年に誕生した。「当時の日本は、満州事変後に国際連盟を脱退して、国際的に孤立に向かう状況に置かれていました。それを憂う動きがリベラルな文学者や外交官の間にあり、文豪島崎藤村を初代会長として日本ペン倶楽部が創立」とペンクラブの案内に書いてある。そのペンクラブが毎年「平和のつどい」というイベントを開催しており、その平和委員会メンバーのわたしは、沖縄でのイベント開催を担った。

金城実さんは、沖縄出身、京都の外国語大学を卒業したころは、アイデンティティが揺れ動いていたという。その金城さんが生きていく方針を固めるのは、天王寺にほど近い大阪市立文《ふみ》の里《さと》夜間中学での教師経験だった。はじめは英語を教え、やがて自分の好きな美術を教えはじめる。夜間中学には、被差別部落の出身者、在日朝鮮人の夜間中学生たちが多く通っていて、金城さんはそこで魂の触れあいをする。金城実さんがいまのような彫刻家として多くの差別と向き合う作品を制作するきっかけは、文の里夜間中学で多くの差別された側の夜間中学生からいろいろなことを教えられたことだと、金城さんはいう。

そうなのだ、教えるということは教えられることなのだし、教えられるということは教えることなのだ（そういえば、ロシア革命の指導者レーニンの教育論にそうした記述があると学生時代、教えられた。もうひとつレーニンの言葉で記憶しているのは、教科書はおもしろくないとダメだという。ニュースやドキュメンタリーはおもしろくつくらないとダメだと、民間放送のディレクターはレーニンからお尻をたたかれていたことを思い出す）。

最近、大阪の住吉《すみよし》の被差別部落で開かれた「辺野古《へのこ》はいま」という講演会に参加したが、その住吉解放会館の壁には、かつて金城実さんが渾身《こんしん》の思いを込めて制作した彫刻「解放へのオガリ」がかかっていた。高さ一二・三メートル、幅七メートル、重さ三トンの巨大なレリーフ。オガリとは地元住吉の言葉で「叫び」を意味する。右手を高くかかげて子どもたちを守る女性の像は茶色の解放会館の壁に映え、住吉部落のシンボルとして特徴的だったから、南海高野《こうや》線の住吉東駅付近を電車で通過するときなどに、ご覧になったり記憶している方も多いかもしれない。

識字学級に通う住吉の被差別部落の人びとや在日朝鮮人のオモニといっしょに粘土をこね、つくりあげた巨大な作品だ。力強い。

その金城実さん最大の彫刻作品「解放のオガリ」は、橋下徹《はしもととおる》・大阪市長の時代、解放会館そのものが同和行政見直しという名目、耐震性という理由で閉館の憂き目にあうなかで、三つに解体され、金城実さんが現在住まいする沖縄県読谷村《よみたんそん》に運ばれた。輸送費八〇〇万円のカンパ募集活動がいまも続く。

二〇一八年五月二〇日、沖縄・宜野湾《ぎのわん》市の沖縄コンベンションセンターで、日本ペンクラブが平和のつどいを開催したところ、幸い八〇〇人もの聴衆に恵まれた。聴衆は浅田次郎《あさだじろう》、吉岡忍《よしおかしのぶ》、落合恵子《おちあいけいこ》といった作家の平和にかける思いに耳を傾けたが、そのメインの前日、バスをしたて、辺野古新基地建設現場とチビチリガマの訪問を計画した。

沖縄では構造的沖縄差別が語られる。沖縄県の面積は日本全土のわずか〇・六パーセントしかないにもかかわらず、日本国内のアメリカ軍基地の実に七〇パーセントが沖縄県に所在する。金城実さんが住む読谷村近隣にはアメリカ空軍極東最大の基地、嘉手納《かでな》基地がある。世界一危険な飛行場とありがたくない形容詞がつく、アメリカ海兵隊の普天間《ふてんま》基地もあり、同じく海兵隊の北部演習場では最近、東村高江《ひがしそんたかえ》に新たにヘリパッドが完成した。そして日本政府は普天間基地の替わりに、新たに名護《なご》市に辺野古新基地を建設途中だ。

辺野古では連日、新基地建設に反対する多くの市民が土砂の搬入路に座り込む。わたしたち日本ペンクラブのメンバーはその抗議活動へ連帯を表明したあと、金城実さんが案内してくれる予定のチビチリガマに向かった。沖縄戦で住民八〇人余が集団強制死を強いられた祈りの場所だ。しかし携帯電話に出た金城実さんは、お昼から韓国の記者が訪ねてきたという理由で、すでにすっかり酔っ払っていて、チビチリガマには姿を見せなかった。金城実さんらしい立ち振る舞いだと、日本ペンクラブのメンバーはだれも怒らなかった（苦笑）。

長栄夜中の康友子さんや髙野雅夫さんの例を出すまでもなく、夜間中学の卒業生、在校生に話を訊《き》くと、苦労の上にも苦労を重ねた人生をみなさん歩んでいる。子どもは親を選べない。貧乏は自己決定したわけではない。にもかかわらず、貧乏の結果は自分が負うしかない。

かつてテレビ局でニュースやドキュメンタリー番組づくりを担当してきたわたしは、いま、大学で人権を教えている。部落差別、朝鮮人差別、沖縄差別。人権が尊重される世の中になってきたと想う反面、ヘイトスピーチが跋扈《ばっこ》し、知的障害者一九人が虐殺される二一世紀の日本。髙野雅夫さんや康友子さんをはじめ夜間中学生、そして多くの夜間中学の献身的な教師の人生に接することで、わたしの人生が変わった。

文字をおぼえて夕焼けが美しい

福田雅子　元ＮＨＫ解説委員／ふくだ・まさこ

いまご紹介を受けながら、私は当時のことをほんとうに懐かしく思い起こしています。ＮＨＫ大阪放送局にも解説委員を置くようになりましたのが私の定年の三年前でございました。少し前に東京には女性の解説委員が生まれておりましたが、みんな専門職としてやっておりますので、私は定年間際のところで、やはり大阪に置くというような制度ができまして、番組制作をするディレクターと兼務のかたちで仕事をさせていただきました。

そうしたご縁で全国放送はずっと定年後もしていたのですけれども、夕方の四時から六時までのラジオ第一放送「関西ラジオワイド」のなかで八分間、放送をしております。

それと（財）世界人権問題研究センターというのは京都市と京都府で（文部省が認可していますが）できました。いまは国際人権であるとか、部落問題とその歴史を研究するグループ、それから在日外国人の人権、私は女性の人権（男性も一緒なので何とかいい名称にしたいのですが）、広く障害者の方の人権だとかも担当する研究をしております。

髙野雅夫さんとの出会い

私の紹介で夜間中学、そして髙野雅夫《たかのまさお》さんの話もありましたが、何かもう少し細かい資料があったかと思いましたら、『タカノマサオとは何か』（みずのわ出版）の本のなかでジャーナリストが三人、朝日、毎日新聞の人と私と、取材のなかからのお話を書いております。そのなかでいま懐かしいと思いましたので、少しだけ申し上げます。

私はそのとき、道頓堀《どうとんぼり》にかかる戎橋《えびすばし》の袂《たもと》にいたんで

1968年、心斎橋で髙野がまいていた、大阪に夜間中学の開設を訴えるビラ

す。取材を終え、タクシーを待っていたとき、髭《ひげ》のなかに精悍《せいかん》な眼が光る男性がビラを配っていました。背中には〝教育は空気だ。空気を奪うな〟というゼッケンが張り付いていました。一九六八年の秋でした。「何をしているのですか」と問いかけた私に、この人は答えました。「義務教育を受けた人は夕日という字が書けるだろう。夕日を見てほんとうに美しいと思えるのは、その人が夕日という字を識《し》っているからだ」と。私はそのころも共働きで、六歳の息子と保育園から帰るときも、いつも夕焼け小焼けの歌を歌ったりしていましたし、幼児だって夕焼けがきれいなことは知っていると、腑《ふ》に落ちない感じでございました。

　私はこの話は大切だなと思ったら、割にそうしたことを実現してしまうほうなんですけれども、何と夜間中学の問題で放送に出ていただきます前に、「子どもをのばすもの」というテレビ番組の最終週に「未来に残すメッセージ」というコーナーがございました。そこで当時、同志社大学の総長でした住谷悦治《すみやえつじ》さん、それから、原水爆禁止世界大会に日本代表として出られました婦人民主クラブ代表の藤田寿さん、そしてもう一人と思っていたところに髙野さんというすごいいいメンバーで、三人に出演していただきました。髙野さんは緊張気味でした。ゼッケンをつけてすごい髭を伸ばしてあのときも入ってこられたので、実は化粧室のメイクの人も「福田さん、この人にどんなメイクをするんですか」と言いますから、「いや、もうそのままでいいから」って、当時はテカテカと光るものはちょっとたたいて粉を振る程度だったんですけれども、髙野さんにはじめてああいう姿でスタジオに出ていただいたのでした。

「わたしたちは夜間中学生」の反響

天王寺中学校夜間学級の入学式が行われましたのは、一九六九年の六月五日でした。八九人の生徒が出席されました。そうして、テレビのニュースにも伝えまして報道できたんですけれども、燎原《りょうげん》の火のようにというかたちで、どんどんどんどんこの放送の最中にも、たくさんの入学の希望者ですとか、それから「教育を受けていない、義務教育を受けていない人が日本にこんなにいらっしゃることは驚きだ」とか、衝撃を受けたという手紙、NHKの放送局長にも「そうしたことにみなさん、尽力してほしい」というようなお手紙さえいただきました。そうして実はほんとうに驚きますことに、次にまた夜間中学ができるわけです。このなかでですね、菅南《かんなん》中学校に夜間学級をスタートさせております。もともとそういう構想もあったのでしょうけれども、まさに燎原の火のようにということでした。

ここで、私たちが大変だったんですけれども、夜間中学に入る方が増えてきまして、名古屋の方なんかは、プラスチックのカナダライと衣服だけ持っておいでになりました。釜ヶ崎《かまがさき》のいろんなところのドヤ街も探したんですけれど、いっぱいになりまして、実はちょうど私は子どもを出産しましたときだったので（それまでの夜間中学への取材などはお腹《なか》が大きい間にしておりまして）、その人は私の家で、私は何にもなしにお泊めするのは失礼だと思いましたので、二人目の子どももなんですけれども、「じゃあ、お風呂に入れるのを手伝ってください」とお願いしまして、お風呂に入る世話をしてもらいました。この方はやがて名古屋に夜間中学ができて、名古屋へお帰りになって、あるとき出会いましたら「ちゃんと学校、卒業したよ」って言ってくださいました。

こうした取材のところで次々と人が出入りして、ドヤ街のほうもいっぱいでしたから、髙野雅夫さんが泊まるところもなくて、それでうちはそのころ団地に住んでたんですけど、「うちでもいいよ」とかって言ってたら、NHKの同僚の男性たちが「福田さん、それはやめたほうがいいよ」って言って、それはなんか、「いろんな仕事した人をぜんぶ泊めていったら、やっぱり家族がちょっとビックリするんじゃない?」とかって、また別のところに泊めていただいたようなことでした。

こうしたなかで「こんにちは 奥さん―わたしたちは

夜間中学生―」の番組のあとも天王寺中学校に入り、ずっと一年間を追いかけ、ラジオドキュメンタリー「二五年目の教室」を完成することができました。これは、時間があれば最後のところで少しだけ聞いていただきます。

髙野さんの自宅での出会い

こうしたことのなかで、髙野さんに出演を頼もうと思って、東京の荒川《あらかわ》の自宅を訪ねました。これまで、髙野雅夫さんのことは知られているんですけれども、そのお連れ合いのことってあまり語られていないので、少しだけお話しします。

アパートのドアを開けました。東京の荒川の自宅です。公営住宅だったと思います。部屋に入りますと、友達がおおぜい、テーブルに大皿にもったお惣菜《そうざい》がいっぱいつくられていまして、実はそれをつくられたのが髙野さんのお連れ合いでした。献立は糸こんにゃくと肉、もやしのような野菜を炒《いた》めたものとか、にっころがしのようなお芋のおかず、すごくじょうずなお料理でした。この人は、夜間中学を髙野さんが卒業するころ、急性盲腸炎で入院したときに出会った看護婦さん、いまでいう看護師さんだったんです。

この方のすばらしいのは、「もう私の子育てはこれで終わったから、次はあなたの仕事よ」っと、生ちゃんと大ちゃんとを髙野さんに引き渡す、そうした物語もありました。すごくさわやかなお連れ合いさんだと思いました。

その後、生ちゃんと大ちゃんはときどきＮＨＫにもきて、装甲車みたいな黒い車で夜間中学の宣伝をしてまわられた髙野さんですけれども、食堂に行って一緒にごはんを食べたり、サンドイッチを食べたりしてました。後輩なんかは「福田さんの、あれはお連れ合いですか？」とかって言ってましたけれども、「いや、友達」って言ってました。

ただ、ひとつだけ言いますと、髙野さんに私が言ったのは、「あなたは夜間中学の運動をしているけども、こうして子どもさんを連れ回してて、子どもさんはどのように義務教育を受けるの？」「それはやっぱり、ちょっとおかしいんじゃないの？」というようなことを、割にはっきり言いました。その後、何回かお会いしていましたけれど、その後、お一人は詩を書いたりすることをなさったり、気管支がちょっと弱かったお子さんが一人いらっしゃいました。ともかく、きっと元気に成長してらっしゃるんじゃないかなと思っています。

それでは、さっそくですけれども、ビデオの「こんにちは 奥さん―わたしたちは夜間中学生―」を少し観ていただきます。

テレビ「こんにちは 奥さん」

この「こんにちは 奥さん」という番組は生放送だったんです。のちになって、大阪府の教育委員会が一六ミリの映画フィルムにして残しておられることを知り、ビデオに落としてもらったもので、たいへん大事な映像になりました。一時間近い生放送で、そのあと花菱《はなびし》アチャコさんの「お風呂とわたし」という話題は、二〇分弱ぐらいの時間を差し上げる番組だったんです。それが何と一〇分弱しか話せなかったんです。

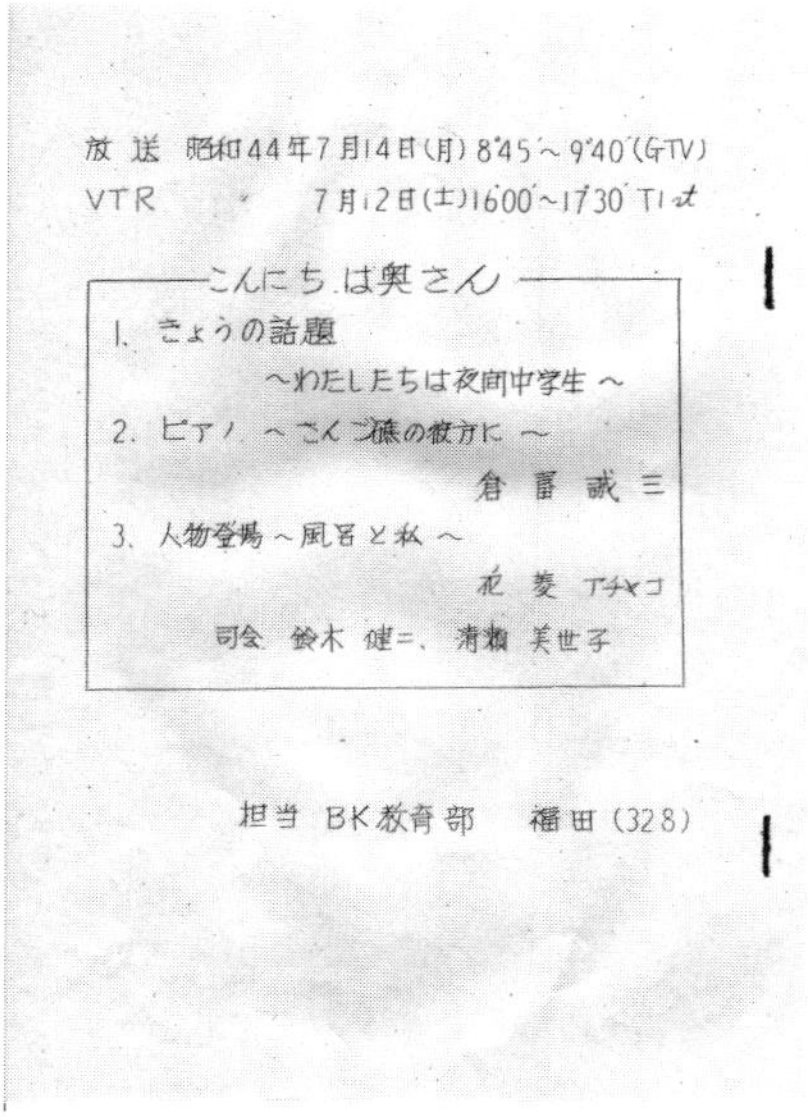
放送 昭和44年7月14日(月) 8:45～9:40 (GTV)
VTR 〃 7月12日(土) 16:00～17:30 T1st

こんにちは奥さん
1. きょうの話題 ～わたしたちは夜間中学生～
2. ピアノ ～さんご礁の彼方に～ 倉冨誠三
3. 人物登場～風呂と私～ 花菱アチャコ
司会 鈴木健二、清瀬美世子

担当 BK教育部 福田(328)

NHK「こんにちは奥さん『わたしたちは夜間中学生』」放送台本表紙

もう、このなんか勢いていうか、とくに鈴《すず》木《き》健《けん》二《じ》アナウンサーは、「うんうん、うんうん」って言って出演者の話を聞きながら、だいたい「次、この人がいけるか」とか「もうこの人、短かったら短く切り上げよう」というようなことを考えながら、生放送をすすめていけた人なんですけれども、私がシートに書いて渡していた出演者のプロフィールを念入りに読んで、インタビューをしました。最後に鈴木アナがインタビューを打ち切ろうとしたとき、一人のオモニが「みんな、学校においで」と言って、マイクの前で叫ばれたのです。

ラジオドキュメンタリー「二五年目の教室」

ラジオドキュメンタリー「二五年目の教室」の一部を聞いていただきます。これは天王寺の夜間学級で、義務教育を中断されたり、貧困などのために学校へ通えなかった——このときの年齢の平均は三六歳でした——一八歳から七〇歳の人が学んでらっしゃいました。はじめて学校の机に向かって、ひらがなが書けない青年もいらっしゃいました。そうした生徒さんの方々の学びを、一年間かかって取材をいたしました。

私はこのころ、二人目の子どもを出産いたしました。この夜間中学の方々はそうしたことについてもほんとうにやさしくて、子どもの安全とか健やかな成長をということを願われたご高齢の方々は、「あっちの方角を向いて拝んだら安産できる」とか、もういろんなことを言ってくださったりして、そうしてまたこの番組で中心になって出演してくださった方は、広島で原爆が投下されたときに小学三年生で、学校は途絶えていました。この方がどこに行きたいかっていうと、故郷の学校をもう一度訪ねたいという希望でした。地図を広げながら「いつか行くんだ、いつか行くんだ」とおっしゃっていた、そうしたことを中心に少し聞いていただきたいと思います。ラジオでございますので、音声でご紹介いただきます。

（略）

ほんとうに一年間、通いつづけましたし、あと、「どうして雨が降るのか知ってる?」とか、それからこの方はずっとビンを洗って、ラムネのビンだとかを洗って働いていた方でした。やはりお名前もそのまま使ってはいけない方もありましたし、しかしそうした、ほんとうに、「なぜ雨が降るの?」と話された若い女性、そして、「自分の顔が笑ってる」っておっしゃったお母さんも、ほんとうにたくさんの夜間中学の方々とお会いすることができました。そして今日、またそうした学校の歴史をさらに豊かにしていらっしゃる先生方の前で、夜間中学のひとつの大阪での歴史をご報告することができまして、たいへんうれしゅうございました。ありがとうございました。

（二〇〇五年の第五一回全国夜間中学校研究大会講演より、夜間中学に関する部分を抜粋して編集。講演全体は大会記録誌に収録）

夜間中学で学んだこと

山成孝治　毎日新聞／やまなり・こうじ

私は、夜間中学で学びたいと願う人々に、実際に寄り添った経験がない。新聞記者という立場で、後ろのほうからみなさんの活動を見つめていた者でしかない。それでも、もし「三〇年近い新聞記者生活で、あなたは何を書いてきたのですか?」と問われれば、「夜間中学で学ぶ生徒さんや支えている人たちのことです」と答えることになるだろう。

「元号」が「昭和」から「平成」に替わった一九八九年四月、私は毎日新聞の記者になった。当時は、のちに「バブル」と呼ばれるような〝好景気〟がこの国を覆っていたので、私のような者でも物書きの端くれに立つことが許された。高校の教員になりたいと思っていたが、能力が足りずに不合格になったので、一年留年したのちに新聞記者になったというのは、拾ってもらったというほかない。

夜間中学との出合い

一九九四年四月、奈良県橿原《かしはら》市にある奈良支局橿原駐在に異動するまで、夜間中学は私にとって、髙野雅夫《たかのまさお》さんが書かれた『夜間中学生タカノマサオ　武器になる文字とコトバを』（一九九三年、解放出版社）のような二次元の世界にしかなかった。ところが、毎日夕方におばちゃん、おじちゃん、おばあちゃんらが集まってきて、わいわいやっている学校が、自転車を一五分こげばいつでも行ける場所に現れたのだ。橿原市立畝傍《うねび》中学校夜間学級。ゆかりある人が「畝傍夜中《うねびやちゅう》」と呼ぶ学校は、新聞記者になったから出合えた、かけがえのないところになった。

以降、時間があれば出入りさせてもらい、そのつど、気づいたこと、疑問に思ったこと、間違っていると感じたことを記事にしてきた。たとえば、九七年五～六月には、奈良の地域面に設けられた「新教育の森・なら」というシリーズで、「灯のもとで」という連載を六本書いた。夜間中学の取材を始めたばかりで、物知らずの初心者だったにもかかわらず、「貧乏や差別されたかわいそうな人たちが、年をとってからがんばって通っている学校」という世間のイメージに反発して、「生徒と先生との間で『教え、教えられる』という往復の営みが続く夜間中学。その今を追い、『教育とは何か』を考える」と大げさな表現を取り込んだり、奈良県立高校の教諭でありながら、公立夜中の支援や自主夜中の運営を支えてきた米田哲夫《よねだてつお》さんから聞いた「おもろい、と思うやつがきたらええんや。人に頼まれたからくるような〝不純な動機〟のやつは長続きせえへん」というような教師像を紹介したりして、ささやかな抵抗を試みた。いまから思えば、恥ずかしい「突っ張り」ではあったが、いま、読み直してみても、大きく間違ったものではなかったように思う。

その後も、心の底に明確にあったのは、「かわいそうな人たちの学校」ではなく、「通いたい人、通うべき人、通わねばならない人が通う普通の学校だ」ということだった。奈良市立春日《かすが》中学校夜間学級教諭の次田哲治《つぎたてつじ》さんが、母校の同志社大学が開設する「プロジェクト科目」という授業を一年にわたって担当することになったときは、髙野さんを招いて、夜間中学の存在意義を考える授業を取材した。この髙野さんと次田さんの取り組みを中心にした記事は全国共通の教育面に掲載できたので、どれだけの読者に読んでいただいたかはわからないが、一定程度、読者の目が届くところに思いを記すことができた。

御所市教育長にインタビュー

ただ、私のそんなささやかな取り組みがあっても、夜間中学の変質はやはり進んでいた。もう一〇年近く前の話になったが、奈良県御所《こせ》市がこれまで公費負担してきた夜間中学の生徒の給食費（補食費）などを生徒の自己負担にしたという話を聞いた。「これは大きな問題だ」と感じたので、教育長の上田貞夫さんに取材を申し込んだ。上田さんは奈良県では進学校とされる県立奈良高校長や県教委の要職を歴任し、御所市の教育長に転身した〝奈良県教育界のスター〟だった。はじめて会った上田さんがそのとき、語ったのは、次のような言葉だった。「昼に中学校に通っている子どもが給食代や修学旅行代を自己負担しているのだから、大人が払うのは当然ではないか。外国から来日された方には、日本語を勉強しに来る人もいる。夜間中学は日本語を教える場所ではない。（そういった意味で）夜間中学の役割はほとんど終わっている」。事実誤認や偏見にもとづく理解しかしていないことは明らかだったが、もっとも驚いたのは、こういう誤った認識をベースにした人物が地方の教育行政のトップに立っている、という事実だった。この問題では、私なりに懸命に取材し、記事も書いたが、「勝利」を得るところまでは行けなかった。

「教育機会確保法」の制定で

ところが、その後、世の中は劇的に変わった。これまで「法的根拠のない学校」として、廃止の対象にされてきた夜間中学に「法のお墨付き」を与えよう、という動きが始まったのだ。国会には超党派の「夜間中学等義務教育拡充議員連盟」まで誕生し、議員立法で「義務教育の段階における普通教育に相当する教育の機会の確保等に関する法律」という長い名前の法律が二〇一六年に制定された。

この法律は、第四章に「夜間その他特別な時間において授業を行う学校における就学の機会の提供等」というタイトルを掲げ、第一四条では、「学齢期を経過した者」「であって学校における就学の機会が提供されなかったもののうちにその機会の提供を希望する者が多く存在することを踏まえ、夜間その他特別な時間において授業を行う学校における就学の機会の提供その他の必要な措置を講ずるものとする」と定めた。つまり、学校で学ぶ機会が提供されなかった人がいて、提供の機会を希望する人が多く存在するのだから、夜間など特別な時間に授業をする学校での就学の機会を提供しなければならない、と宣言したのだ。はじめて、夜間中学の必要性が明記された法律だった。

この法律は「教育機会確保法」という略称で呼ばれ、実際のところは、不登校の児童・生徒の受け皿として夜間中学を利用しようという側面をもっていた。あまり大きな声にはならなかったが、批判する意見もあった。私自身、いまも、もろ手をあげて歓迎する気分にはなれずにいる。それでも、「夜間中学を各都道府県に最低一校」という文部科学省が掲げる目標は「絵に描いた餅」ではなく、いま、実際に実現をめざした取り組みが進んでいる。

文科省の役人でトップの地位である事務次官まで上り詰めながら、途中で退任した前川喜平《まえかわきへい》さんが畝傍夜中を訪問し、生徒さんたちと語り合う姿を拝見し、夜間中学を増設する必要性を訴える講演を聞いたこともある。取材で最初に感じたのは、いろいろな評価はあるけれど、前川さんは前川さんなりに夜間中学の存在意義を理解し、増やしていく必要があると感じている、ということだった。しかも、前川さんはユーモアのある、多くの人の心にわかりやすく伝えることができる人でもあった。あれだけの地位を得た人だから、一筋縄にはいかない可能性はあるが、それでも、夜間中学を増やすという一点をもって、ぜひ活発に活動を続けてほしいと願っている。

さらに、文科省は二〇一八年度、「夜間中学の設置推進・充実事業」と題する取り組みを始めている。一八年一月二五日に発表した「事業の趣旨」には、夜間中学は「義務教育未修了の学齢経過者や本国において義務教育を修了していない外国人」の「就学機会の確保に重要な役割を果たし」、「不登校等により実質的に十分な教育を受けられないまま中学校を卒業した者の受入れという役割も期待される」が、「全国で八都府県二五市区に三一校の設置に止まって」おり、「本事業により、新たな夜間中学の設置を促進するとともに、既存の夜間中学における多様な生徒の受入れ拡大を図る」、としている。八月一日には第二次公募も始まっている。ここから見ても、近い将来、夜間中学の数や、通う夜間中学生の数が増加するのはほぼ確実な状況になっている。

もっといい夜間中学はきっとつくれる

私がかかわってきたわずか二十数年の間でも、夜間中学はこのように、社会のなかで激流にもまれながら時代を過ごしてきた。

すでに書いたように、現状では、夜間中学はかつてのように、存続することに力を注ぐ必要はなくなっている。それどころか、もっと身近な場所に夜間中学がさらに増えていく時代がくる可能性だってある。

けれど、「それはよかった」とほんとうに言えるのだろうか。少なくとも、髙野さんや米田さん、次田さん、それに本書の編集の実務を担っている白井《しらい》善吾《ぜんご》さんが、いまある夜間中学を少しでもよくし、もっといい夜間中学をさらに増やしていこうととりくんできた理想像とはかけ離れた姿であることは間違いない。このことは、最低限、肝に銘じておかなければならない。もっといい夜間中学はきっと、もっとつくれるはずだからだ。

新聞記者を〝卒業〟するまで、あと六年ほどしかなくなった。それでも、最後まで、あがきつづけて夜間中学の取材を続けたい。そして〝卒業〟後には、夜間中学で裏方として、どこかで支える活動に加わることを誓って、本稿を閉じたい。

（二〇一八年八月一三日）

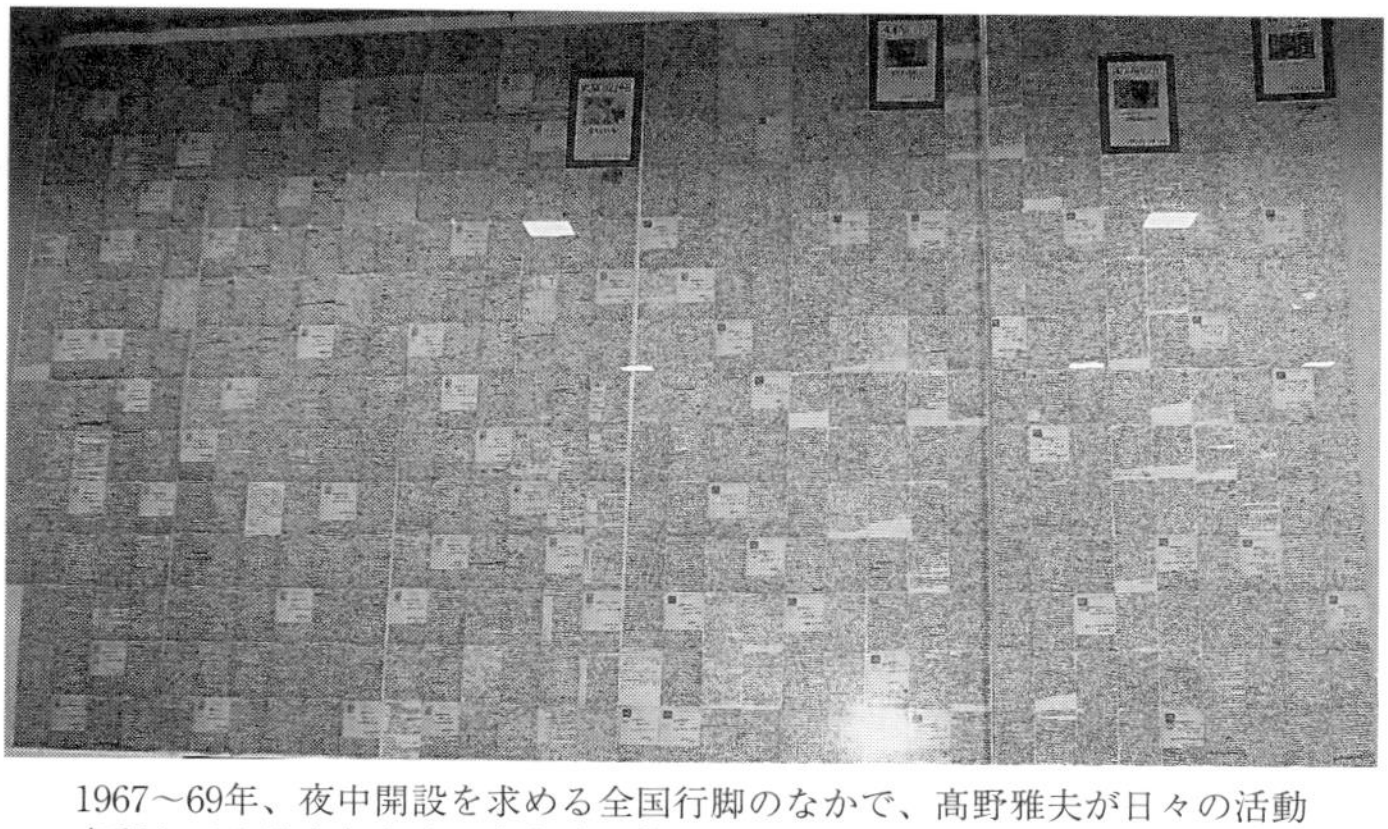

1967～69年、夜中開設を求める全国行脚のなかで、高野雅夫が日々の活動を記して１日も欠かすことなく母校に送りつづけた461枚の「わらじ通信」

コラム⑧

「わらじ通信」に込められた想いを共有して

行政管理庁の「夜間中学早期廃止勧告」に対し、憲法に明記された学習権の保障を求め、夜間中学開設運動の行動に立ち上がった高野《たかの》雅夫《まさお》は、母校・東京荒川《あらかわ》九中夜間中学の卒業生、在校生、教員集団とで証言映画「夜間中学生」の制作にとりかかった。

夜間中学で学ぶ姿と労働現場と生活を一六ミリカメラで追い、映像と音声で記録した。早期廃止勧告がいかに夜間中学生の実態を無視したものであるか、事実で世論に訴え、夜間中学を必要とする人たちに、夜間中学開設要求の闘いに立ち上がるよう打って出るねらいであった。早期廃止勧告を逆手に夜間中学開設運動を展開していくのだ。

一九六七年九月五日、高野はできあがった映画を担いで、夜間中学開設運動の全国行脚に出発した。青森、北海道、五四日。岡山、七二日。京都、一〇六日。大阪、二一四日。

あわせて四四六日、一日もかけることなく、「わらじ通信」と題して官製はがきにその日の行動と思索を記録し、母校・荒川九中あてに投函《とうかん》した。号外や、何枚にもわたって書いているものもあるので、四六一通のはがきが郵送された。一枚のはがき表裏にぎっしりと書かれた文字は、どれも二〇〇〇字を超える。なかには四〇〇〇字を超える「わらじ通信」もある。

その日の出来事をその日のうちに書き上げ、投函する。手元にもその記録を残しておくため、はがきと同じ文面で、ノートにもう一度、書き留めたという。いまでいえば、コピーをとっておいてというべきであろうが、高野はもう一度、ノートに書き留めている。駅のベンチを机代わりに書き上げた手紙も何通かある。怒りをバネにとはいえ、この集中した精神力はただただ驚きだ。

母校に届いた「わらじ通信」は在校生に紹介され、行く先々での闘いの様子が在校生に伝えられた。後日、そのはがきは高野に返された。夜間中学電話帳『자립（チャリップ）』に収録されているので内容を知ることができる。二〇一七年、大阪人権博物館第七二回特別展「夜間中学生展」でその四六一通を展示した。

五〇年後のいま、この四六一通の「わらじ通信」に込められた想いを共有し、夜間中学開設運動の闘いに立ち上がっていきたい。

資料

「発信……夜間中学」

（「日教組教育新聞」1996年4月30日号～9月24日号まで計13回連載された）

1996年4月30日（火曜日）（定価 年1500円 週刊毎週火曜発行）日　教　組　教　育　新　聞

発信……夜間中学

第一回

昼間部の子どもたちの卒業式があった日の夜、特別教室で夜間中学の卒業式が行われた。今年は九人の卒業生である。卒業生が並ぶ背後には、三ヵ月がかりで完成した共同作品が掲げてある。戦後五〇年にあたって、夜間中学生自らの主張をあつめて、再構成した詩を自筆の文字にろうを落とし、藍で染めて作った作品である。

完成した作品を在校生の前に披露する

運動から生まれた制度

五十年目の遺言

戦後五十年目のゆいごん

みんな兵隊にとられた
日の丸・君が代におくられて
そのまま二度と帰ってはこなかった
朝鮮語は使ったらいかん
教育勅語を言いわたされた
北と南にひきさかれ
親兄弟の生死もわからない
日本へ帰りたい
残留孤児の夫は言い続けた
いまなお戦争をひきずる毎日
城北公園のきじゅうそうしゃ
人がばたばたと死んでいった
生きのこったわたしは人殺し以外なんでもやった
食べるため　生きるため
学校に行けずに五十年
夜間中学でとりもどしたい
勉強を返せ、返せうばった文字と青春
子供のころをもう一度返せ
戦争は悪魔
ぜったいいやや
戦争と差別
いちばんいやや
一代でおわりにしたい
恨をはらさんまま死なれへん
どこかの国で続く戦争
いまだに来ない平和
核、オキナワ、「慰安婦」……
わたしたちにできること
わたしたちに言えること
夜間中学でのこす五十年目のゆいごん

本来、義務教育は十五歳までに修了しておかなければならない。

しかしながら、現実には、学齢時に義務教育を受けることのできなかった人たちが百何十万人もいるのである。そして学齢を過ぎ、義務教育の完全保障を求めて、たどり着いた夜間中学で、発したコトバが「五十年目の遺言」である。

普通「夜間中学」といっているが、正式には「中学校夜間学級」「中学校二部」であり、中学校に併設された一つの学級という位置づけである。夜間中学は八都府県二十五市区町村に三十四校を数えるしかない。

しかし、この夜間中学にしかないものがある。それは、義務教育を受ける権利を復権し、義務教育の完全保障を実現するために、市民の教育運動により設けられた教育システムで、後に国も認め、制度化されたという経緯である。「先ず制度ありき」ではなく、「先ず運動」で生まれ、維持されている。こんな経緯をもった教育制度は夜間中学だけだといわれている。

札幌から北九州まで、日教組に結集する仲間も参加して、夜間中学増設の教育運動がとりくまれている。これら公立・自主の夜間中学の現場から、熱い想いを十数回にわたりお伝えしたい。

白井　善吾
（夜間中学全国交流集会〈準備会〉事務局　大阪・守口市教組守口夜間中分会）

1996年5月14日（火曜日）（定価 年1500円 週刊毎週火曜発行） 日教組教育新聞

発信……夜間中学

第二回

一字一字、文字と教育を取り戻す78歳の生徒さん。自分の教室、自分の机と椅子で……

国には教育保障の義務

社会教育でなく学校で

人間となるために

「この時代に学校へ行ってない人なんていないでしょう。ましてや字の読み書きのできない人なんていないでしょう」とよく耳にする。しかし、学校基本統計や国勢調査をもとに算出すると、いわゆる「義務」教育未修了者は、全国に少なくとも百七十五万人（一九九〇年）存在する。三百万人という推計もある。実にこの日本列島に暮らす人々の三十人に一人ということになる。

しかし、この人たちは決して目立たない。「学校へ行ってない、字を知らない」ということを決して人に知られまいとひっそりとして暮らしているからである。「基本的人権」という言葉も、またそれを侵害され続けてきたという事実も知らないまま……。

学校へ行けなかった、字を知らない、ということは、単に生活上の不便さを作り出しているだけではない。それ以上に「私はダメなのだ」と人間としての値打ちまでも自他共に否定することへとつながる。今後掲載されるであろう夜間中学生の作文をお読みになれば、具体的に教育の意味、字を知ることの意味を再認識していただけるだろう。

では、この人々の教育はだれが保障すべきなのだろう。国は「学齢を超えた人達の義務教育保障は国の責務ではなぜいけないのか。この問いの最も形式的な答えは、保障されてこなかったのが学校教育なのだから、学校で保障すべきだ、社会教育などによる値切りは許されないというものである。実質的な答えは、「学校」は社会教育で置き換えることのできない価値を持つということである。

い。受けなかった本人や家庭の問題である」という。そんなばかげた話はない。教育の非私事性を持ちだすまでもなく、また憲法や教育基本法の解釈を云々するまでもなく、この三百万人から教育を遠ざけてきたのは「国」ではなかったのか。

差別の現実を放置し、差別的な教師や制度を温存して被差別部落の人々を学校から遠ざけてきたのはだれか。三十五年にわたる植民地政策によって在日朝鮮韓国の人々から教育を奪ってきたのはだれか。「就学免除」という権利と義務の主体を取り違えた言葉によって「障害」を持つ人々から教育を奪ってきたのはだれか。……人々は「人間となるために」固有の教育を受ける権利を有する。そして国は、その教育を保障する責務を負うのである。

では、その教育保障は、なぜ「学校教育」でなくてはならないのか。「社会教育」では

ある生徒さんは、「子どもの授業参観に行くのが一番かないませんでした。ほかのお母さんたちは『あの先生は私の恩師やねん』とか『あの人は私と同級生でな……』とか言って学生時代のことを笑い声をたてながら話されます。私は、話が私のとこに回ってこんように皆から離れて固うなってひとりで立ってました」。また、ある生徒さんは「ここ（夜間中学）に来て、初めていばる人ばっかしやないのが分かりました」と書く。「学校」がみんなの共有すべき不可欠の「文化」となっていること、また、「学校」が現実社会の利害を離れた平等で持続的な人間関係を取り結ぶ可能性を持ち、そのことが遅れて教育を取り戻す人々にとって不可欠なのだということを、語ってくれているように思う。

このような教育保障の場として存在している学校が夜間中学なのである。そして、その責務は急を要する。「先生、あと十年早かったらなぁ。勉強はじめるのが」と生徒さんはいう。我が校にも八十歳を超えようとする生徒さんがいる。しかし、夜間中学の門をくぐり、出ていった人たちは、まだ全国でも一万人を越えないだろう。

梅田 幸二
（日教組奈良市春日中夜間学級分会）

〈おわびと訂正〉

五月十四日付本紙の「発信・夜間中学 第二回」の記事中、第三段・最後から四行目の「……務教育保障は国の責務ではな……」は、第五段・一行目の「……い。受けなかった本人や家庭……」に続きます。その間の、「……なぜいけないのか。……」から「……持つということである。」までは、第五段・最後から六行目の「…らないのか。『社会教育』では…」の後に入ります。おわびして訂正します。

1996年5月21日（火曜日）（定価 年1500円 週刊毎週火曜発行） 日教組教育新聞

発信……夜間中学

第三回

夜間中学をつくる男・髙野雅夫の足跡

タッタ一人の立ち上がりから

夜間中学があるということ、それが何か当たり前なことのようにみなされている今、それがとんでもない前代未聞な努力の結晶なのだということが忘れられている。

一九五五年、八十四校五千二百八名を数えた夜間中学校も、経済成長が進む中、減少傾向をたどり、六六年には二十七校四百七十二名にまで減少。その六六年十一月二十九日、行政管理庁は、文部省に対し夜間中学校の廃止を勧告、減少傾向に拍車をかけ、六八年には二十一校四百十六名（うち東京七校二百三十五名）を数えるのみになった。

このような、夜間中学がいつ消滅してもおかしくない状況の中、タッタ一人「俺たちの命である夜間中学校をつぶすな!」と異議申し立てに立ち上がった人間がいた。荒川九中卒業生・高野雅夫さんである。

数えの二十二歳の時生まれて初めて机に座り、初めて自分の名前が書けた。その感動が、全ての人に教育を受ける権利を保障する憲法、教育基本法があることを知った時、怒りへ変わったという。さらに、同級生たちの本当の姿に触れた時、世の中の不幸をオレ一人で背負っていると思うのは大きな間違いで、もっと過酷な現実を強いられている人たちがいることに気づいたという。そして、自分だけ卒業したらいいと考え、そういう仲間たちに何もしなかったら、差別したことになると思ったという。

そんな想いを深く抱き始めていた時に、廃止勧告が出た。高野さんは、夜間中学の存在意義を広く知ってもらうための、歴史の生き証人としての証言記録映画「夜間中学生」を、荒川九中の生徒・卒業生・教師たちの協力のもと自主制作、その十六ミリを担いで、六七年九月五日から、全国行脚の旅に出、廃止反対を訴える。しかし、廃校が相次ぐ中、守りの運動ではダメだと思い至り、一転、大阪・釜が崎に拠点を据え、夜間中学設置の運動を展開。六九年六月五日大阪天王寺中学に増設運動による初めての夜間中学設立を実現。「日本中に差別に泣く仲間が一人でもいる限り俺はまたテクテクと歩き続けます」との言葉を残し、大阪を去り東京に。そして、江戸川区に夜間中学を設置する運動と、日本語学級を開設する運動を展開、七一年四月小松川二中に夜間中学開設。そして、七一年六月に、足立四中、曳舟中、小松川二中の夜間三校と葛西小学校に日本で初めての日本語学級開設を実現、等々……。この超人的活動の結果、息の根を止められかけていた夜間中学校は、息を吹き返し、一九九五年には、三十四校三千七十三名を数えるに至った。

「文字とコトバを奪われることは、空気を奪われるのと同じだ」と叫び続け、学校づくりをしてきた髙野さん。その髙野さんが「〈モノをよこせ〉運動では、差別の形はなくせても、その根っこは断てない。ひとつの要求が実現すると次にエスカレートするだけで、なぜそれが必要だったか、法律からも断ち切られた自分たちが、なぜそこにいるのか、という絶え間ない疑問のぶつけ合いが消えてしまうからだ」と語り、自ら光を放つような本当の自立こそが夜間中学生の課題なのだ、と語る言葉は重い。

西沢 進（東京教組・八王子市第五中学校夜間学級分会）

一九六九年、大阪で公立夜間中学設置運動中の髙野さん（右）

1996年5月28日（火曜日）（定価 年1500円 週刊毎週火曜発行）　日教組教育新聞

発信……夜間中学

第四回

夜間中学に通う人たちはそれぞれの時代の社会的状況のなかで、貧困や差別、あるいはさまざまな理由で学校教育から疎外されてきた人たちである。年齢は一〇代から八〇代まで、女性が圧倒的に多い。今回から第八回まで、夜間中学で学んでいる人たちについて報告する。

日朝近代史に重なる人生　日記に綴るハルモニたち

夜間中学で学ぶ人々①

夜間中学で学ぶ在日朝鮮人の生徒さんは、ハルモニ（おばあさん）が多い。

入学してから、なかなか字が覚えられないから学校をやめようかと悩んでいた高《コ》さんは、次のような日記を書いた。「ぎんこうへ行きました。かよい（通帳）をだしたら、かかりの人に『名前を書いて下さい』といわれました。でも『よう書きません』といいました。そしたら、『きそくだから、自分で書かなあきません』といわれました。しかたがないので書いていたら、あせがいっぱいながれました。かかりの人が、『それでよろしいですやん』と、ゆうてくれました。生まれてはじめてぎんこうで名前が書けたので、うれしかったです」。この喜びが自信につながり、高さんは、日記に自分の思いをたくさん綴ってくるようになった。そして、戦前の紡績工場の思い出を書き、多くの人の前でその作文を読んでくれるまでに変わっていった。

また授業の中で、日本と朝鮮の近代の歴史を学習して、張《チャン》さんは、自分のいとこの兄さんがだまされて九州の炭鉱に連れて来られ、苛酷な労働をさせられ、命からがら脱走した話や、父の弟が関東大震災のとき捕まえられ、倉庫の壁に穴を開けて脱出し、九死に一生を得た話を書いた。その最後には、こう書いてある。

「私は、やかん中学校へ来て、べんきょうしてから、このれきしを思いだしました。私は、このれきしをかくとき、ほんとに体のぜんしんがふるえました。こんなことが、二どとあってはいきません。……孫のじだいは、朝鮮人とか日本人とかそのさべつをないように、私はねがってます」

ハルモニたちやその家族の人生は、日本と朝鮮の歴史の証明でもある。取り戻した文字で、自分の生きて来た道を書き、それを社会に訴え、社会を変えて行く力にすることも夜間中学での大切な学びの一つである。

張さんはまた、市の教育委員会との交渉に際して、次のような日記を書いた。

「いつも生とさんのさんかがすくないから、このたびは、私がきらわれるもん（者）にならなければいけないと思ってさそいました。生とさんたちみんなが市役所行くのはきらいというんで私がいいました。私もきらいだ。きらいいみをしっているか。文字がしらないからなんだよ。私はそう思う。学校がかいさんされてもいいかい。学校がかいさんされたら、先生たちは行くところはいくらでもある。私たちのうしのうた（失った）文字をさがしに行くところがないんだよ。それでもいいかいといってさそいましたが、きてくれてよかったと思いました」

運動でつくりあげた夜間中学は、運動で守っていかねばならないことを、張さんはほかのハルモニたちに訴えた。これも夜間中学のめざす大切な学びである。張さんが「きらわれるもん」でなくなり、ハルモニ一人一人が「自分が夜間中学をつくりあげていくんだ」という意識がもてるようにすること、それが私たちの今後の大きな課題である。

（生徒さんの名前は仮名）

福西　由紀子
（奈良教組・天理中学校夜間学級分会）

皺《しわ》深き手に鉛筆を握って

夜間中学生内訳

1994．9（全国夜間中学校研究会）

		人　数	%
日本	青・中・高年	664人	21.9%
日本	若年・登校拒否	101人	3.4%
在日	韓国・朝鮮	1,323人	43.7%
引揚	主に中国より	564人	18.6%
移　民		53人	1.7%
難民	主に、ベトナム・カンボジア	61人	2.0%
その他の外国人		261人	8.6%
合　計		3,027人	100%

発信……夜間中学

第五回

私も「大地の子」です　中国引揚帰国者の親子

夜間中学で学ぶ人々②

中国の食文化交流で“水餃子”（すいぎょうざ）作りをする夜間中学生

中国引揚帰国者である十六歳の田君の昼の中学校への編入手続のため、教育委員会を訪れた今年三月のことである。

私と通訳をかって出てくれた夜間中学生の張さんを市役所玄関で笑顔で迎えたあと、田君父子は私たちと一緒に四階に上がるためエレベーターに乗った。鉄製の扉が閉まり動きだすと、先に立って入った田君の顔は笑みが消え硬い表情に変わっている。「これはエレベーターか?」と中国語で尋ね、そうだと答えると目を大きく見開いて、生まれて初めて乗ったと答えた。黒龍江省の農村から引揚げてきた父親は、七人兄弟の末のこの子だけは日本の教育を受けさせてやりたいと通訳の張さんに伝え、この日の教育委員会訪問となった。

中国で家族総出で農業に従事していた田君の家での仕事は、母にかわって食事の準備をすることであった。そして、学校も休みがちであった田君は中学在学中の今年二月帰国した。

学校・教育委員会は、本人の勉学の意志が強いのを確かめ、年齢超過にもかかわらず二年生の編入学が実現した。

三月に夜間中学を卒業した張さんは、夜間中学で獲得した日本語を使って引揚帰国者の役に立ちたいと希望し、田君の日本語指導の通訳として四月から昼の中学に通っている。田君が先ず獲得したコトバは、親指を立てて話す「OK」と両手で×《バツ》のジェスチャーで話す「ダメ」、そして「ありがとうございます」の三つである。

最近の中国義務教育の状況を伝える報道によると、小学校入学者二千五百万人のうち、千二百八十四万人（五一%）が「失学」つまり中退している（一九九五年九月三日・朝日新聞）。中国引揚者が文革時代も含め、日本に関係する人として教育を受けることから疎外されてきたことは、夜間中学で学ぶ彼らの教育実態を見れば容易に想像できる。

やっと帰国が実現しても、日本語が十分に保障されることなく、経済的自立を厳しく求められ、就労していく。その就労先も、中国で経験があり、希望する職種であることはまれで、身分が不安定で労働条件が劣悪な職にしか就けないという状況である。こんな状態で、引揚帰国の親たちは、学齢期の自分の子ども教育まではとても行き届かないというのが現状である。

「私も大地の子です」、「先生の前にいるのが陸一心です」、「先生、ドラマを見た日本の人は、私たちのことを少しはわかってくれたでしょうか」。NHKドラマ「大地の子」が放送された時、彼らが書いた作文の言葉である。

先に紹介した田君は、級友・担任・学校あげての暖かい支えの中で、少しずつ自分の居場所を見つけだしている。そして夜は両親と共に夜間中学の学習に参加している。

今、全国の夜間中学で学ぶことができている中国引揚帰国者は六百四十四人である。これは引揚帰国者全体の何%であろうか。引揚帰国者の親と子を夜間中学が繋（つな）ぐ、そんなとりくみが、夜間中学があればできるのである。教育の面における戦後補償として、教育弱者を再び作らないための実効あるとりくみをお願いしたい。

白井　善吾
（夜間中学全国交流集会〈準備会〉事務局／大阪・守口市教組守口夜間中分会）

1996年6月18日（火曜日）（定価 年1500円 週刊毎週火曜発行） 日教組教育新聞

発信……夜間中学

第六回

車いすの〝れたあ・ちゃれんじゃあ〟

夜間中学で学ぶ人々③

本校（奈良県橿原市立畝傍中学校）には、今日までの教育の中で「就学猶予・免除」や形式卒業という形で学校教育から切り捨てられてきた「障害」者が、「反差別・共生」の場を求めて、多く在籍しています。

私たちは、地域に根ざした学校をめざして、毎週金曜日をオープン・スクールとしています。本校の前身である橿原自主夜間中学からの「橿原に夜間中学をつくり育てる会」と教職員・生徒が、「学校とは」「教育とは」を共に考え、「生徒さんが主人公」「生徒さんにとっての学校」を大切にしています。また、「育てる会」は、県や市との行政交渉や毎月延べ約百二十人の通学介助者、子どもの保育、健康相談（看護婦さん）などを担ってくれています。

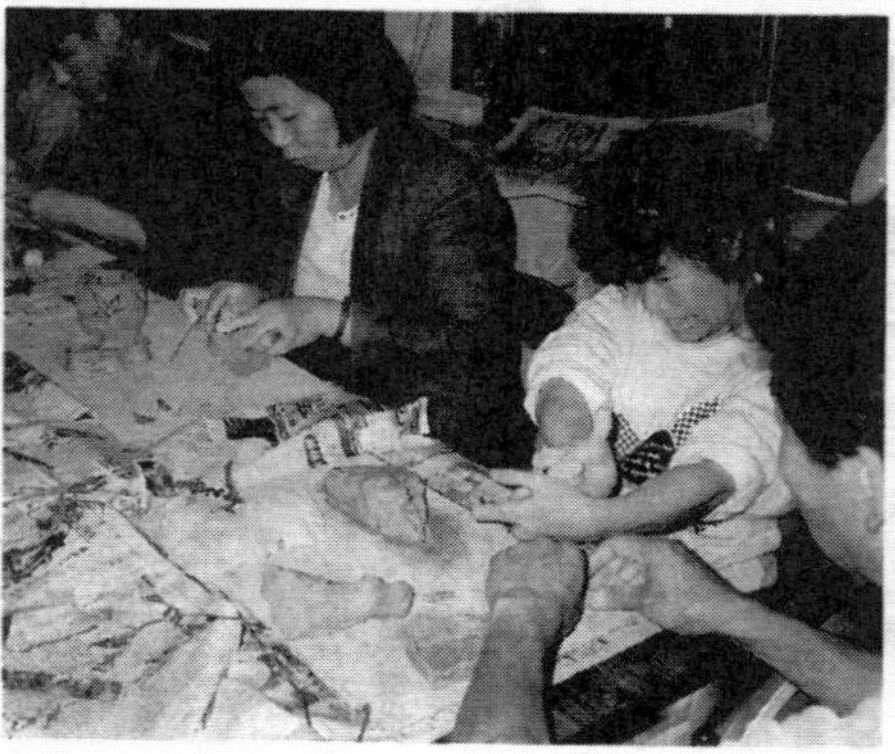

美術の学習で焼物制作中の大西さん（右から二人目）

四人の車いす通学の生徒さんの一人が、大西久子さんです。大西さんは、生まれたときの脳性マヒにより重度の肢体「障害」と言語「障害」を合わせ持っています。

彼女が七歳のとき、T整肢園に半日入園したが、座れない、しゃべれないという理由で、入園を拒否された。十一歳のとき、「訪問教育」さえもテストで「失格」。以後、「就学免除」という形で、本人いわく「家でいもむしのように、ころがっていた」生活が続く。

二十二歳のとき、脳性マヒ者のグループ「青い芝の会」と出会う。「生まれて初めて、自分で車いすに乗って外へ出て、自分で買い物をした。その頃、初めて文字板を知り、介護者から少しずつ平仮名を習い始めた」。一番好きなことば『と・も・だ・ち』と押せるようになったのは、二十八歳のときだった。

二十六歳のとき、父が亡くなり、自立を決意。そして、三十二歳で家から自立し、毎日の介護者を心配しながらアパートで暮らすようになった。

三十三歳のとき、結婚。その年、橿原自主夜間中学が開校。すぐに学びに行く。文字板でもっと話ができるようになりたい・本を自分で読めるようになりたい・いろんな人と出会いたい、そして、何よりも「学校」というところへ行ってみたかった。

この後、二人の子どもを相次いで出産。公立化後も、育児や保育所の送り迎え、食事などの家事を、多数の介護者と共にこなしながら夜間中学に通い続けています。

大西さんの夜間中学での学習は、車イスのまま机に向かい、文字板で通学介助者や教員と会話することから始まります。そして、トーキングエイド（押さえた文字が表示され、音声を発する）を使って、漢字の読みの学習をしています。この機器を使って、自力で電話をかけられるようにもなりました。昨年、長男が小学校に入学し、学校からの通信を自分で読みたい、子どもの学習の相談相手になりたいと必死です。

私たちは、彼女から「学校とは」について多く学びました。それが故に、教育行政が彼女の就学年限についてどう言って来ようが、今、私たちは、奪われた彼女の教育を保障しなければならないと思います。

吉川 弘
（奈良教組・橿原市教組畝傍夜間中分会）

発信……夜間中学

第七回

重い重い卒業証書を手にし、別れの歌を心一杯唄う

夜間中学で学ぶ人々 ④

私の声が聞こえますか

～不登校を生きた少年・少女の世界から～

耳を澄ましていると、心に届いてくる声がある。詩の形をとって声を発しているのもある。夜間中学に来て発声したそのいくつかの響きにライトを当ててみよう。

「茨の道」（K・M君）〈最初の分かれ道、一番大事な分かれ道、右は平らな普通の道、左は棘のある茨の道、普通の人など大抵右を選ぶのに、俺は左の道を選んだ。理由なんかありゃしない、ただ左の道を選んでしまったから。もう後は振り向かない、ただ茨の道を進むだけ。（後略）〉

「夢を持ちたい」（T・M君）〈夢を持ちたい、到底かなわない様な夢を。僕はそれに向かって努力したいんだ。失敗しても、挫折しても、忘れさせる様な……自分には出来ない大きな夢がほしい。努力したいんだ。〉

この詩には彼はこんなコメントを残している。「この詩は、五中に入学してから、初めて書いた詩だった。僕は、イバラの道を望んでいるのかもしれない。真実の夢を求めるために……。今までも、これからも、ずっと……いつか、その日が来ることを信じて………。」

この二つの詩は、本人にとって不登校という事が、何か自分らしい道を見いだすための「トゲのある」道である事、そして、それでもその道を歩み抜くことに自分をかけてきた事、そういう自覚と心情がリアルに表現されている。不登校をマイナスの問題としてのみ位置付けてしまう事が、実は、何かとんでもない勘違いをしているのかもしれないという事を語りかけているようで考えさせられる。

「無題」（Y・Sさん）〈作ったレールの上をあたしらに歩かせるのを正しいと思っているのが大人なら、レールから脱線しても歩かされるんじゃなく自分で歩いてゆくガキでありたい。〉

この詩は、本来教育が志しているはずの「自分が自分の人生の主人公となりうる様な生き方」へと向かう精神が現実に出会わざるを得ない苦さ・痛さ、それでも自分の足で歩きたいという精神の衝動が、脈打って響いてくる。脱線や道草の余地を残した大らかなレールを敷いていく事が、これからの時代を切り開く若い世代の声に応えていく事ではないかと考えさせられる。

三つの詩が垣間見せてくれるもの、それは、教えようとするあまり、シャットアウトしてしまいかねない心の声。そこに未来へ開かれた希望の響きが波打っているのかもしれない。

西沢 進
（東京教組・八王子市立第五中学校夜間学級分会）

発信……夜間中学

第八回

殿馬場夜間中のシンボルであるふくろうを描いた共同作品「とのばばの灯」が毎日、登校する生徒を迎える

夜間中学で学ぶ人々⑤

「勉強どころでなかった」ひっそりと年を重ねて

大阪・堺市立殿馬場中学校夜間学級は、堺市の中心街の南海電車堺東駅から歩いていけるところにある。在籍数百四十人の夜間中学だ。

在日朝鮮人、中国からの帰国者とその家族、南米へ移民として渡った人々、アジアからの結婚渡日者、など様々な国籍の生徒さんが在籍する中、もっとも多いのは日本国籍（いわゆる帰化した人も含む）の人々で百四十人中六十七人在籍している。

これらの人々が「義務教育」から疎外された理由はさまざまだ。

この四月に入学されたHさんは一九三四年大分生まれの六十二歳。彼女が九歳の時、父が中国へ出兵し、すぐに戦死。残された家族は母親と五人の子どもたち。母親と姉が働き、彼女は下の子どもの子守り。

「小学校三年ぐらいまでしかまともに学校へは行かれませんでした」「勤労奉仕などもあり、たまに学校へ行っても背中に小さい弟を背負って勉強どころではありませんでした」

十五歳で織物会社に勤めた彼女は、とうとうまともに学校教育を受けられず今日に至る。

「近所に夜間中学校へ行っている方がおられ、知りました。初めて聞いた時は、本当かな、そんな学校あるのかな、と思いました」

それまで勤めていた会社を定年退職になり、一段落した彼女は、今年になって夜間中学校の門をたたく。

「会社に勤めている時、休むのに有休届の書類を出さなければならない時は、本当につらい思いをしました。みんな適当に書けばいいよ、と言ってくれましたが、字をまともに書けない私は、一日中悩みました」

今こう語る彼女の表情は明るい。家族の理解と励ましに、毎日午後五時三十分から九時まで勉強に励む彼女は、六十二歳の中学生。

「今、ちょっとだけ昼間ゲートボールやっています。家族にはもちろん夜間中学校へ行っていることは言っていますが、友だちには、ごく親しい口の固い人だけにしか言っていません」

義務教育を受けていないことが普通でない、マイナスイメージでとらえられるのが普通の今の世の中。義務教育を受けていないことが、個人の責任にされてしまいかねない世間の目。入学しようと決心しても、学校の周りを何回も何回も廻ってやっと門をくぐった多くの夜間中学生。

「親しい友だちに学校のことを話すと、そんな学校があるんやったら、私も行きたいと言ってましたよ」

戦後五十年以上経った今日。義務教育を奪われた人々は、そのことを口には出せず、ひっそりと年を重ねている。大阪府下では、一九九〇年の国勢調査でも、小学校すら卒業していない人が一万五千人以上確認されている。

高野 和幸
（日教組堺・殿馬場中学校夜間学級分会）

仲間と学ぶ喜びを確かめあう夜間中学校新入生歓迎会
＝1996・5・19　大阪・天王寺中学校

発信……夜間中学

第九回

チマ・チョゴリ事件に抗議

生徒募集のビラ配り

夜中生は行動する

阪神間で唯一の夜間中学校である尼崎市立城内中学校琴城分校は、神戸の西野分校同様地震により校舎がつぶされた。高校を間借りしての授業が続いている。全国の公立・自主夜間中学生による被災校の仲間の心の痛みを分かち合う励ましに、生徒さんは連帯感を高めた。

一昨年、琴城夜間中生徒会は相次ぐ朝鮮学校生への暴力事件に対し、尼崎・西宮・伊丹・宝塚の各市教委を訪ねた。

「十三歳で日本に来たとき、服そうが朝鮮人だというので、あっちこっちから石が飛んできた。とても学校へいくことはできませんでした。くやしくて泣きました。兄が近くのレコード屋の前に立って、歌を聴きながら言葉を覚えなさいと、毎日のように連れて行ってくれた。しかし、文字はまったくわかりませんでした。今度は孫たちが同じめにあっている。先生方、しっかり歴史を教えて下さい」。

切られたチマ・チョゴリ事件と、自分たちの過去が今また重なることへの抗議と怒りが語られる。

「私たちも人間として世の中のことを知り、もっと視野を広げたい。それには、学校教育が必要である。過去、私たちは自ら教育をこばんだのではない。私たちは、子どもの時に受ける教育を今ここで受けたいと願うものです」と夜間中学増設運動に、自主夜中と共に連合生徒会は歩んできた。

近畿の夜間中各校の生徒会が集まり連合生徒会を組織し、新入生歓迎会・運動会・作品展などにとりくむ。何百人もの仲間を目の当たりにする新入生は「みんな夜間中学生ですか！」と感激し勇気づけられる。

行事以外に、自分たちの学校はどうあるべきか、学びを権利として自覚し行動にどう展開できるかについて、お互いに学習・交流を重ねている。そのための定例会議を各校を会場にしながら毎月一回行っている。

「私はこの歳になって、マイクで文章を読んだり、ビラを配ったりするなんて本当に考えたこともなかった。最近は、ビラを配るときのことを思い、何かのビラも道で配られたら受け取るようにこころがけている」。

毎年二月末の日曜、大阪駅や天王寺駅で近畿十八校の夜間中学を載せた生徒募集ビラを各校共同して配る統一募集活動の日としてとりくんでいる。

いわゆる「義務教育未修了者」は、学校基本統計や国勢調査をもとに算出して全国に少なくとも百七十五万人存在している。私たちは、全国各地での自主夜間中運動の展開を願っている。そして、昼の学校における「反差別・共生」をめざす実践があってこそ、夜中生の語りも可能となる。

夜中生は行動する。今琴城分校生徒会は、奈良県選出の奥野誠亮（元法相）の「日本軍慰安婦」問題への妄言に対し、抗議と議員辞職の声をあげ、生徒さん一人ひとりが署名を届ける運動を始めている。

石打　謹也（兵庫県尼崎市立城内中学校琴城分校）

1996年8月6日（火曜日）　（定価　年1500円 週刊毎週火曜発行）　日教組教育新聞

発信……夜間中学

第十回

「さあ！　チャンゴに合わせて踊りましょう」
自主夜中行事・秋の遠足＝奈良公園

増設運動①

増え続ける自主夜中生
公立化へ自ら署名運動

毎週金曜日の夜、生野区民センターで開かれている生野・東成自主夜間中学は、九二年三月の開設から五年目に入った。

大阪市教委は昨年九月に「九七年四月に生野区内H中学に公立夜間中学を開校する」と明示した。これ自体は組合の粘り強いたたかいの成果であったと思う。

大阪教組・市教組が戦後の教育補償の観点から夜間中学増設運動を始めたのは、九一年の国際識字年を契機にしてだった。「生野・東成に夜間中学校をつくる会」が結成され、自主夜中開設に至った。

当初は公立夜中増設の展望は全くなかったが、生野区・東成区から大勢の方々が他の地域の夜間中学に通っている実態から、「地元に夜間中学を！」という願いや思いだけが運動を進めていた。

在日朝鮮人多住地域（生野区では人口十五万四千の四分の一に当たる約四万）である生野・東成の公立小・中学校には、三世・四世の子どもたちが多く通っている。日本人自身のためにも在日朝鮮人教育が大切な課題であり、また多くの学校で民族学級・クラブのとりくみが行われている。

一方、保護者である在日二世・三世の人たちは貧困と差別の中で学校生活の体験もなく、学校からの配布文書も読めず、提出書類も子ども自身が書いてくる実態もある。

自主夜中では九三年に生徒会を結成し、生徒自らが集会・交流会・市教委への陳情などに参加し、それぞれに思いを述べる機会を得た。社会に目を向け、足を踏み出す第一歩であった。

日常生活はしていても、文字を知らないために情報が得られず、交通機関も充分に利用できない生活の中から、少しでも文字を知り、人前で語れるようになり「人権獲得」へ一歩を踏み出した。

九三年秋に、増設署名運動を展開した。大阪府下の多くの組織の協力を得てのものだったが、何よりも生徒さん自身が署名用紙を持って、近隣から多くの署名を集めた。自分の思いを行動に移す初めての社会的体験であった。市教委は九三年九月、「生野区内に夜間中学が必要である」という認識を示した。

九四年二月には映画「学校」を上映する地域集会を開催し、約二百人を結集した。

その間大阪教組・市教組として府教委・市教委と協議を継続し、開設に向けてのとりくみを展開した。

当初数人だった自主夜中の教室も回を追うごとに増えつづけ、登録人数が百を超すのに日数は要さなかった。九六年四月現在、登録人数は二百八十人を超し、今年になっても毎回入学希望者がある。

生徒さんの多くは高齢の在日朝鮮人で、結婚来日で在日数年の方、中国の方、まれにはフィリピン人、日系ブラジル人、数人の日本人が日本語の読み書きを学んでいる。

本人や家族の病気などで通学困難になったり、帰国したり、またさらに勉強するため他の夜中に入学したりして、常時出席者は約八十人である。

スタッフは市教組東部支部組合員を中心に、高校教員、大学生、民間のボランティアと輪が広がっている。

現在、H中学の校舎改築工事も進んでおり、克服すべき多くの課題はあるが、来年四月の公立夜中開校を目指して準備を進めている。

八島　雅夫
（大阪市教組東部支部支部長）

発信……夜間中学

第十一回

「一日も早い公立夜中の開設を、多くの仲間が待っているんです！」
教育委員会に訴える自主夜間中学生の皆さん

増設運動②

「毎日通える公立夜中を」市教委へ申し入れ

大阪市の北に隣接する吹田に自主夜間中学校を開設して、間もなく四年目を迎える。

現在、大阪には十校の公立夜間中学校があるが、吹田市がある三島地域と南河内地域には存在しない。そのため、この両地域から遠く離れた公立夜間中学校まで通学せざるを得ない中学生が多数いる。

そこで大阪教組は、この未設置の地域に早急な開設を求める運動をすすめ、府教委に夜間中学校の適正配置の必要性を認めさせた。

増設運動の盛り上がりの中、南河内自主夜間中学校（一九九一年二月十五日）、吹田自主夜間中学校（一九九三年十月一日）はスタートした。

毎週金曜日、夜六時半から八時まで、吹田市民会館（現在は吹田第二小学校）の三つの部屋は、椅子と椅子の間を通るのにも苦労するほど多数の夜間中学生とスタッフ（指導者）でいっぱいになる。

当初の予想と違い、さまざまな理由で義務教育を受けられなかった人、「障害」をもつ若者、中国からの引揚・帰国の人、ブラジル・韓国をはじめとするいろいろな国からの渡日者、在日朝鮮人、不登校の若者たちなど、本当にいろんな夜間中学生が共に学びあうことになった。

学習内容もさまざまである。初めて鉛筆を握り、震える手で、自分の名前を一字一字丁寧に書いている七十二歳の女性。「四十年ぶりの復学です」と黄ばんだ数学の教科書を片手にとりくんでいる人、共同作業所での販売ができるようにと、お金の計算練習をしている人、手に麻痺の障害が残ったため、ワープロのキーを一つ一つゆっくり押さえながら手紙を書いている人、どの顔もとても真剣だ。一時間半という時間が、あっという間に過ぎていく。

スタッフも、教職員だけでなく、市の広報やビラで見た人、テレビニュースで知ったという市民スタッフも多数参加している。

昨年七月、公立夜間中学校の開設及び識字教室や日本語教室などの学びの場づくりを要望した要求書を、吹田自主夜間中学校・吹田市教職員組合の連名で吹田市教育委員会へ提出した。夜間中学生も参加し、熱い想いをぶつけた。しかし、その回答は「識字学級的な施策の充実は検討をすすめていくが、公立夜間中学校の府への認可申請は未だ行う段階には至らず」というものであった。

学校という所は、学習の場であると同時に、さまざまな営みの中で人と人とがつながり、生きる力をつけていく場でもある。今、夜間中学校に通う人たちや義務教育未修了の人たちは、そのような場が奪われてきた人たちなのである。とても週に数回の自主夜間中学校やよみかき教室で補償しえるものではない。

今春、「もう待てない」と二人の生徒さんが公立夜間中学校へ入学された。遠距離を通学されている。今後も大阪教組に結集して、公立化実現を目指し、とりくみをすすめたい。

「先生、やっぱり公立の夜間中学校はええわぁ。毎日学校に行ける！」

村上 美智子
（大阪・吹田市・岸部第一小分会）

発信……夜間中学

第十二回

大宮駅前での署名活動＝4・21　埼玉県大宮市

増設運動③

市民が主体の京都・関東　長期化の中 続く試行錯誤

前回と前々回に報告のあった大阪の四つの地域の他で、「自主夜間中学」を開設しながら増設運動を続けているところは、京都の「京都山城に夜間中学をつくる会」、東京の「江東区に夜間中学・日本語学級をつくる市民の会」、千葉県の「松戸市に夜間中学校をつくる市民の会」、そして私たちの「埼玉に夜間中学を作る会」（以下「京都」・「江東」・「松戸」・「埼玉」という）がある。

大阪における夜間中学増設運動が、教員や教職員組合が中心となってとりくまれているのに比べて、他の地域は会社員や学生、アルバイター、女性といった市民が主体となり、そこに教員も加わって運動が行われているのが実態といって良いであろう。

公立夜間中学の設立運動とひと口に言っても、到達目標は同じでも、地域的な特性や置かれた実態、運動に関わる人たちの考え方などによって特徴が出てくる。

その如実なのが自主夜間中学の教室の風景である。「京都」や「江東」では、在日韓国・朝鮮人のオモニ（お母さん）が多く学び、「松戸」は不登校問題を反映して比較的若い生徒が中心である。そして「埼玉」は、さまざまな世代の日本人生徒に混じって、南アメリカのブラジル・ボリビア・ペルーといった国から来ている日系人が通ってきているといった具合にである。

ところが、この四つの地域に共通した傾向がある。それは、設立運動そのものがどんどん長期化していることである。「京都」が十八年目、「江東」が十五年目、「松戸」が十三年目、そして、「埼玉」が十一年目に入っているにも関わらず、残念ながら開設の展望は見えてきていない。

「埼玉」ではこれまでの運動の中で、色々なことを試みてきた。県や川口市教委との交渉、署名活動、駅頭宣伝、ビラ配り、「周年集会」、他の増設運動との連携といったことなどである。三年前からとりくんできている一万人署名は、今や二万六千人を越している。

現在は、埼玉から東京都内の公立夜間中学まで通った生徒の在住する十六の市と一つの町に、「夜間中学入学希望者」の調査を実施して欲しいという『要望書』を提出し、回答が返ってきつつある。

しかしその内容は、「調査対象者の把握などが困難」とか「プライバシー保護の観点」などを理由に、調査は難しいとしているのが大半である。

今、埼玉では、この回答を受けて、今後の運動をどう組んでいくかを試行錯誤しているところである。

関東では今、「江東」と「松戸」と「埼玉」が、共同で文部省交渉を行う準備を始めている。運動は長期化し、行政の厚い壁を打ち砕く確かな術は見いだせていないが、夜間中学を必要としている人たちがいる限り、私たちの各地での運動はさらに続く。

野川　義秋
（埼玉に夜間中学を作る会代表）

1996年9月24日（火曜日）（定価 年1500円 週刊毎週火曜発行）　日教組教育新聞

発信 夜間中学…… 最終回

あってはならぬが なくてはならぬ 奪われた人権取り戻す場

夜間中学の明日

「あってはならない学校」だが「なくてはならない学校」が夜間中学であると言われるが、その重みは今も生きている。戦前戦後を通じての教育制度から何らかの社会のひずみではじき出された人たちの単なる「学び」の場だけではなく、「人権」獲得の場の一つとしての役割を担っているのが夜間中学だからである。

前回まで三回にわたって各地での「自主夜間中学」のとりくみが報告されたが、それ以外に、兵庫の「尼崎自主夜間中学」が十年目を、北海道の「札幌遠友塾自主夜間中学」が七年目を、福岡・北九州の「青春学校」が三年目を迎えていて、それぞれに地道なとりくみが展開されていることを付け加えておこう。それぞれのとりくみの主体は教組と市民に大別されるが、夜間中学増設運動はまさに教育運動であるからして、教組運動として強力なとりくみを展開していただきたい。

現在なお、このように多くの「自主夜間中学」が開設されていることは、それ以上に夜間中学を必要としている人たちがいることを如実に示している。

従って、一日も早く必要なところに必要な夜間中学を開設し、夜間中学を必要とする人たちの皆無化を図るべきである。同時に、「いじめ」「不登校」等の問題で昼間の義務制からはじき出され、夜間中学を新たに必要とする人たちを生み出さない教育制度・内容・活動を構築すべきである。そして、「本来あってはならない学校だった」と過去形で言える時が「夜間中学の明日」である。

夜間中学は、「人権」の一つとしての義務教育を受ける権利を奪われた人たちが、その完全保障を求めて「学ぶ」場であり、奪われた「人権」を取り戻す場である。単に「日本語」修得を目的とした人たちを安易に受け入れる場であってはならない。それは、夜間中学教育運動・増設運動と同時に、識字運動として日本語学級・日本語学校なるものを公的に制度化させていかなければならないということである。そうしないと夜間中学教育が多くの矛盾を抱え込むことになるからである。

私の母も夜間中学卒業生である。六十歳で夜間中学生となり、生き生きと学校に通った。「学び」を通して、例えば、それまでに国内を旅行しても、それはその場所に行ったというだけの感覚でしかなかったものが、日本全体のどこか、どのくらい遠い旅先なのかなどということが、実感として感じられるという。

そんな母が七十五歳になった今、「学校へ行く時期に学校へ行けなかったのが改めて悔しい」と言う。それは、夜間中学で学んだことを年とともにどんどん忘れていくからである。若いころに学んでいれば学んだことを長く使えただろうし、年取って忘れてもそんなに惜しいとは思わないだろうというのである。

年取って「学ぶ」喜びを知ったが、それだけに年のせいで忘れていく早さを惜しむ度合いも強いのだろう。

そういう意味で、「夜間中学の明日」はない。「今日」が常に「明日」である。

矢野　俊三（大阪市教組中央支部支部長・大阪市教組夜間中学対策委員会委員長）

夜間中学増設の願いを短冊に書いて。
400人が参加した近畿夜間中学連合生徒会の増設決起集会

「原点から問う　夜間中学の今――髙野雅夫さんにきく」

（「日教組教育新聞」１９９６年10月15日号〜10月29日号まで計3回連載された）

日教組教育新聞　1996年10月15日（火曜日）（定価 年1500円　週刊毎週火曜発行）

原点から問う　夜間中学の今　髙野雅夫さんにきく　㊤

夜間中学のことをまったく知らない読者に向け、その全体像を伝えようとする試みとして始まった連載「発信・夜間中学」が、先月終了した。すべて教える側によって書かれた同連載を補う意味で、学ぶ側からも夜間中学に光を当ててみることにし、連載にも登場した夜間中学卒業生の髙野雅夫さんに話を聞いた。

「中国東北部（旧満州）引き揚げの戦争孤児で、五歳頃から敗戦後の闇市で野良犬のように飢えをしのいできた」という生い立ちを持ち、卒業後は増設運動の先頭に立ち、今も現場を見守りつづけている髙野さんにとって、夜間中学とは何か、それはどうあるべきなのかを語ってもらった。

〈聞き手・構成＝西沢　進（東京教組・八王子市立第五中学校夜間学級分会）〉

「昼間」以上に問われる教師の哲学

我が母校、そして俺の原点

卒業して三十二年、俺自身を支えつづけてきた三つの原点、それは第一に「夜間中学校は本音を出す道場だ」、第二に「陰口をたたくのは人間として最低だ」、第三に「夜間中学に来た仲間はたとえ人殺しになっても仲間なんだ」。

卒業した俺がなぜ増設運動をやり始めたかというのは、その三つが命なんです。その原点はどんな時代になっても不変だと思っているわけです。そうじゃなかったら、「お金になりさえすればいい・楽しければいい・自分さえよければいい」という今の世の中の価値観と同じになってしまう。

ここで本音を出さなかったら、どこで出すんだ

夜間中学に来るまで、本音を出せば差別されこそすれ、いい思いをしたことは全然ないわけです。だから夜間中学にたどり着いても最初は全然本音を出さないわけですね。信じてないんだから、大人とかいろいろ世の中を含めて。俺自身だって二十年間くらいやはり言えなくて生きてきたわけでしょう、ちょっとしゃべったら殴られたりして。

母校荒川九中でそうじゃないんだと言われて、「そうだ」と思ったときの感動というか衝撃というか、ここは俺たちの味方なんだという、それはすごく大きかったですよね。

武器になる文字と言葉を

夜間中学で奪い返すべきもの、それは、知識としての文字と言葉ではなくて、名前と顔を隠して生きてきて差別を受けても泣き寝入りしかできなかった人間が、自分の考えをきちんと言えるようになる自己主張するための文字と言葉なんです。そういう考え方が今の夜間中学にあるのかなあ。

昼間の学校以上に教師のほうの思想とか哲学が問われるんです。たとえば七十年間、八十年間、自分の名前も住所も書けないで生きてきた在日のハルモニ（おばあさん）が初めて名前と住所を書けたときに、これで死んでも思い残すことはないというふうになりますね。それだけならものすごく感動的な場面ですよね。だけど「これで思い残すことはない」と言った瞬間に、八十年間思いつづけた恨みの歴史とか、「ハン」の歴史とかを全部スポイルされる。代償に奪われていく危険性がものすごくあるわけですね。よく考えたら、いま保育園に行っている子どもだって書けるんですね。

たった一枚のはがきを書くのになぜ八十年間もかかったんだということが、「先生ありがとうございました」と頭を下げたとたんに吹っ飛んじゃうんだもの。こんな馬鹿なことってありますか。

本インタビュー記事、および連載「発信・夜間中学」へのご感想・ご意見をお寄せ下さい。
あて先＝〒101東京都千代田区一ッ橋2－6－2　日本教育会館　日教組情宣部

1996年10月22日（火曜日）（定価 年1500円 週刊毎週火曜発行） 日教組教育新聞

原点から問う夜間中学の今 ㊥ 髙野雅夫さんにきく

生徒の力を信じてほしい

教師がどうして先に決めてしまうのか

夜間中学は外にアピールしなければつぶされてしまう。だからマスコミの取材にどう応じるかは死活的なんです。

当時も写真に撮られたら嫌だという生徒がいましたよ。そしたら他の生徒が「なぜ嫌なんだ。俺たちは別に泥棒しているわけじゃないし、何で嫌なんだ」と、授業なんかやめて討論会になっちゃう。

昔は職員室に「泥棒さん以外はご自由に」という貼り紙を出してあった。

でも今はまったく正反対でしょう。まず教師のほうが「写されて困る生徒は隅っこのほうに座って」とか「よその教室に行って」とか、ひどいのになると後ろ姿さえ撮れないとTVディレクターが嘆いているわけです。

教師も生徒も含めて、プライバシーとか人権を守るとかいうきれいごとで、道場にならない、ぶつかり稽古をしない。確かにいろいろな事情によって、顔を写されたら職場で困るとかあるわけで、だからみんながみんなそうしろということではなくて、いろいろ議論した結果「やはり顔は無理だ」とか、そういう過程が夜間中学の命だと思っているんですよ。どうして教師が先に写す写さないを決めてしまうのか。それが生徒の主体性を奪っているんだと思うんです。

生徒と一緒にどうするかもっと議論すべきだ。そして僕は生徒が最後に判定すべきだと思っているんですよ。もっと生徒を信頼してほしいと言いたいんです。夜間中学生の力をもっと信じてほしいですよ。教師が生徒を信じられないから、夜間中学生も自分たちが力がないように思っているんですよ。

民主主義が主権在民であるように、夜間中学の主権は生徒にあると思っているんです。だからいくら取材が来ても、「私は教師なんだから、実際の主人公は生徒なんだから生徒に聞いてくれ」とか、そういう形でどんなことでも対応できると思うんですよ。生徒が主役・主権者だというのがあるのかどうか、疑問ですね。

発言の場の保障を

僕は夜間中学こそ開かれた教育の場でなくてはだめだと思っているんです。その意味で民主主義の原点だと思うんです。民主主義の原点は人権と対話だと思うので、それに関していちばん開かれた場でなければいけないのに、それがだんだん閉じられてきている。常に少数側に立ちつづけてきた夜間中学が、生徒の主張する機会を保障しなくなってきている。

正しいか間違いかはその次の次元だと思うんですよ。発言の場をなぜ保障しないのかということです。なかには生徒会をつくらせない学校もあるんですからね。信じられますか。

もう一度夜間中学の原点は何なのか、もちろん俺自身も含めて問うべきだ。それを抜きにして増設しても「仏作って魂入れず」になる。

〈聞き手・構成＝西沢 進（東京教組・八王子市立第五中学校夜間学級分会）〉

日教組教育新聞 （定価 年1500円／週刊毎週火曜発行） 1996年10月29日（火曜日）

原点から問う 夜間中学の今 ㊦

高野雅夫さんにきく

美談にあぐらをかくなかれ

批判されることは光栄だ

今の夜間中学の教師たちは、生徒の声を聞こうと思っていないんじゃないですか。昼間の教師はいろいろ世論も含めて全部世の中にさらされるでしょう。ところが夜間中学はさらされないから、聞かないで済むわけですよ。美談の上にあぐらをかいて満足している。文句を言うのがけしからんと言わんばかりだもの。

まず批判されることは光栄だと、これは夜昼問わず教師にいちばん言いたいですね。批判されることを光栄だと思えるか思えないか。本当に見捨てたら批判なんかしないから。批判される間は、まだまだ自分も生徒から見捨てられてないんだ、可能性があるから生徒は文句を言ってくるんだというふうに。

仲間のことを忘れていないか

今夜間中学で学んでいる人たちを見ていると、かつて自分がいた闇の中の多くの仲間のことを忘れているのではないかと強く感じるんですよ。仲間の歴史がまったく受け継がれてない。日本人に共通する最大の欠点は歴史認識が浅いことだ。わずかに関西で生徒たちが必死にビラまきをやったりして、かろうじて受け継がれている。その関西でさえだんだん難しくなっている状況はあるんですよ。

大阪に夜間中学を切りひらいた小林晃（注＝いないとされた大阪で、初めて未修了であることを名のり出た）、八木秀夫・神部博之（注＝天王寺夜中卒業後、夜間中学増設に献身）の顔が俺からなくなったときには、俺は死ぬと思うよ。死ぬというのは物理的に死ぬことではなくて、生ける屍になるということね。俺の意識の中からその顔が消えていくと生きられないんですよ。魂がなくなっちゃう。

まだ闇の中にいる、まだ夜間中学にたどり着かない人間とか、卒業してもまた世の中からバサッと落とされた人間に思いがあるんですね。それを今の夜間中学は忘れていませんかと、やさしい言葉で言えばそういうことを言いたいんですけどね。

仲間の思いに支えられて

小林晃とか八木秀夫とか神部博之とか、どんなに悔しい思いで死んでいったのか。だから生きている間はどんなに白い目で見られようと、孤立しようと何しようと、あいつらの分まで、生き残った俺としては生きていかなければいけないと思っているんです。

だから逆に言うと、どんなことでもその人に言える。本人に面と向かって言える。自分のことを考えたら言いたくないですよ。嫌われるとわかってることを言うんだもの。自分を支えているものがあるから言えるんですよ。

言いたくないですよ、これを言ったら嫌われるとわかっているんだから。それでも言い続けられるのは、多くの仲間の屍の上にかろうじて夜間中学があることを忘れてはいけないと思うからなんです。

〈聞き手・構成＝西沢 進（東京教組・八王子市立第五中学校夜間学級分会）〉

2014	横浜の夜間中学、蒔田中1校に統合。 超党派の夜間中学等義務教育拡充議員連盟発足（57名参加）。 下村文科大臣、衆議院文部科学委員会で「各都道府県に1校以上の夜間中学が必要」と答弁。 教育再生実行会議で「夜間中学の設置を促進する」提言を決める。 文科省担当者、大阪府堺市立殿馬場夜間中学を訪問。 「超党派議員連盟」11名、大阪府守口夜間中学を訪問。 全夜中研、議連と共催で院内シンポジウム開催。 「子どもの貧困対策」政府大綱に「夜間中学設置促進」を盛り込む。 文科省、来年度概算要求で夜間中学予算をそれまでの360万から4400万に増額し提出。 文科省、夜間中学の全国調査を実施する。文科省、足立四中を視察。 仙台に仙台自主夜間中学が開校。
2015	東京・中野で「夜間中学映画祭」開催。 文科省、夜間中学の全国調査結果を公表。 「夜間中学、どの県にも学びの灯を」社説で主張（13新聞社）。 フリースクール・夜間中学超党派議連合同総会を憲政会館で開催、そこで「義務教育の段階における普通教育の多様な機会の確保に関する法律案（仮称）」（略＝多様な教育機会確保法）を提案。 東大阪市教委、これまでの方針である太平寺夜間中学の布施中学への移転を変更し、長栄夜間中学に統合すると発表。夜間中学生徒会、従来どおり布施中学への移転を求めて取り組みに立ち上がる。 「議員連盟」、川口自主夜間中学を訪問。 文科省、「形だけの卒業者」夜間中学再入学できると発表。 文科省、来年度概算要求で夜間中学予算を9300万に増額して提出。 文科大臣、「川口自主夜間中学30周年」集会に参加。 文科省主催で「既卒者の夜間中学入学について」説明会開催（関東・関西）。 政府インターネットテレビで「いまからでも、まなぼう！公立中学校の夜間学級」動画を配信。
2016	「政府広報オンライン」なるほど‼ニッポン情報局で「夜間中学について知ろう」（18分19秒）をラジオ放送。 衆議院委員会で文科省藤原初中局長、「夜間中学において、本人の希望を尊重した上での学齢生徒の受け入れは当然可能」と答弁（11/18）。 「義務教育の段階における普通教育に相当する教育の機会の確保等に関する法律」官報に掲載、公布（12/14）。
2017	文科省、3月公示の新中学校学習指導要領で「学齢を経過した者への配慮」を記述。特別な教育課程を編成できるよう、「学校教育法施行規則の一部を改正する省令等の施行について」を発表（3/31）。教育機会確保基本指針を策定（3/31）。夜間中学の広報ポスターを作成。「夜間中学等の設置・充実に向けた取組の推進について（依頼）」を発出（4/21）。 川口市、松戸市、2019年に公立夜間中学を開設すると発表。 大阪人権博物館特別展「夜間中学生」開催（10/18 ～ 12/16）。
2018	前川喜平（前文科省事務次官）、夜間中学について講演を精力的に行う。 文科省、「夜間中学の設置・充実に向けて（手引）」を再度改訂。 2019年4月開校の川口市立芝西中学陽春分校、松戸市立第一中学みらい分校、夜間中学説明会、募集受付を始める。

2008	大阪・橋下知事、就学援助と補食給食の府補助を08年度10％減、09年度以降ゼロとする方針を打ち出す。その継続を求め、取り組みを開始。 旭川自主夜間中学開校。
2009	学齢を超えた生徒が学ぶ夜間中学に就学援助制度を求める取り組みが展開。 民主党、議員立法で「学校教育環境整備法案」を提出。参議院は通過するが、衆議院解散により廃案となる。 天王寺夜間中学開設40年を迎える。 函館自主夜間中学・釧路自主夜間中学開校。
2010	奈良・御所市教育長、「夜間中学の役割、終わっている」と発言。近畿夜間中学校生徒会連合会、抗議行動。 横浜市、５校の夜間中学に教科書配る。 北九州市教委、城南中学校正門に「城南中学校『夜間学級』」の看板を設置。 千葉市中学校夜間学級設置検討委員会報告書「中学校夜間学級設置に関する検討のまとめ」を発表。このなかで「夜間学級は設置しない」と明記。 守口夜間中学、『学ぶたびくやしく 学ぶたびうれしく』を出版。 「一日も早く千葉市に公立夜間中学校開校を」研修交流会（主催：全夜中研・すべての人に義務教育を専門委員会）開催。 「神奈川・横浜の夜間中学を考える会」を結成（横浜市市民活動センター）。 韓国識字文解教室「プルン市民連帯」、守口夜間中学を訪問。
2011	福島県・福島駅前自主夜間中学開校。 大阪の夜間中学卒業生主催「とことん髙野さんと話そう」開催。 近畿夜間中学校生徒会、就学援助の継続を求め、大阪府庁で行動を続ける（～3月末）。綛山副知事に署名手交（総数5万6021筆）。 日韓識字文解交流、韓国済州道で行う。夜間中学から11団体30人参加。 第30回夜間中学増設運動全国交流集会、伊豆長岡で開催。 2011日韓識字文解交流報告集『学びの熱き想いは国境を越えて』を自費出版。
2012	都教委、日本語学級設置要項に夜間学級を加え、在籍期間を原則1年間とする変更を行う。JICA［成人識字研修］が行われ、５カ国から守口夜間中学訪問。 横浜市教育委員会、「夜間中学専任化」すると報道（「神奈川新聞」）。 横浜市・つるみえんぴつの会発足。 義務教育等学習機会充実に向けた「国会院内集会」を開催。171人、国会議員など40人参加。主催：全夜中研。 衆議院文部科学委員会で夜間中学について池坊保子議員（公明）質問。 国連識字の10年最終年の集い「関西から世界へ！学びは生きる力」開催（大阪市生野区民センター）。 「識字への思いをユネスコへ」派遣団、パリ・ユネスコ本部へ。
2013	夜間中学の記述が教科書に登場（高校日本史A）。 義務教育等学習機会充実の議員立法に関する超党派参加・国会院内シンポジウム開催。主催：全夜中研。 横浜市教育委員会、夜間中学の統廃合決定。 神奈川県・あつぎえんぴつの会発足。 衆議院議員10名、文科省関係者９名、東京・足立四中視察訪問。 大阪市教委、天王寺夜間中学の校舎耐震問題で天王寺夜間中学を閉鎖する意向を表明。
2014	大阪市教委、天王寺夜間中学の校舎、耐震数値は国の基準を満たしていた、当面は存続すると謝罪。

1997	大阪府守口市で「守口市成人基礎学習講座・あけぼの教室」が開校。大阪市内では「あべのベルタ」で読み書き教室が開校。 福岡市東区の市教育会館を会場にして読み書き教室を開設。 広島市夜間学級連絡協議会が再発足し、活動を再開する。 兵庫県川西市で川西・川辺自主夜間中学校が川西市立桜ヶ丘小学校で開校。
1998	北九州市で「よみかき教室・城野」が開校。 奈良県王寺町で「西和自主夜間中学」が開校。 文部省、小中学校生、不登校1万4000人増え10万5000人になったと発表。 北九州に夜間中学を実現する会発足。
1999	「夜間中学設置を要求する北九州連絡会議」（北九州市教組・市同教・部落解放同盟北九州地区協議会・北九州在日朝鮮人教育を考える会）が発足。 不登校で30日以上学校を休んだ小中学生が前年を2万2000人上回り12万8000人になり、過去最多を記録と文部省発表。 近夜中協主催「大阪の夜間中学再建30年―歩みの総括と課題―」パネラー：髙野雅夫・内山一雄・野口克海。
2000	夜間中学設置を要求する北九州連絡会議、北九州市議会に「公立夜間中学の設置等について」の陳情書提出。 横浜・平楽中夜間学級閉校、「夜間中学キャンペーン・横浜」を結成し、横浜の夜間中学を守る運動が始まる。
2001	北九州市教委、自主夜間中学生を昼の公立中学に編入学し、3月16日までの学習を認め、卒業認定を行う。 横浜市平楽中は募集をやめ、新たに仲尾台中学で募集を始める。 東大阪・太平寺分教室、独立校化成る。35番目の太平寺夜間中学校開校。 文部科学省、不登校生、小学2万6000人（1.2％増）、中学10万8000人（3.6％増）、最多の13万4000人と発表。
2002	第48回全夜中研大会で人権救済申立書、「全国各地への公立夜間中学校増設を求める」特別アピール採択。 日韓識字文解交流が始まり、夜間中学生ら40人が韓国安養市民大学を訪問。
2003	日本弁護士連合会に対して人権救済申立書提出。 ドキュメンタリー映画「こんばんは」完成。 世界で1億2300万人の子どもが学校に通えていないとユニセフ報告。 全夜中研、ユネスコ事務局長に意見書送付。ユネスコ事務局長より返書。 国連識字の10年が始まる（2012年まで）。
2004	都教委、財政難を理由に夜間中学日本語学級定数削減を行う。学校の統廃合により東京新星中、三宿中に校名変更。 沖縄に自主夜間中学「珊瑚舎スコーレ」開校。 守口夜間中学、『不思議な力 夜間中学』を出版。
2005	『夜間中学生―133人からのメッセージ―』を出版。
2006	髙野雅夫、全国夜間中学校研究会に対し、17項目の公開質問を提出。 日本弁護士連合会、「学齢期に修学することのできなかった人々の教育を受ける権利の保障に関する意見書」を国に提出。 京都市教育委員会、「不登校生徒と義務教育を修了できなかった高齢者が共に学べる新しい中学校」を郁文夜間中学と同じ建物に2007年開設すると発表。
2007	沖縄県教育庁、自主夜間中学「珊瑚舎スコーレ夜間中学校」で学んだ7人に中学校の「卒業」を認定。

1986	「麦豆教室」が発足。 夜間中学増設運動全国交流集会、『ザ・夜間中学―文字を返せ、170万人の叫び―』を出版。全夜中研大会初の土・日開催を意義あるものにするため、一日目の夜、「夜間中学の集い」が開かれる。
1987	東京の夜間中学２校に、初めて嘱託の養護教員が配置される。 栃木市で栃木自主夜間中学開設。 奈良県橿原市で「橿原に夜間中学をつくる会」が活動を開始し、「橿原自主夜間中学」が開校する。
1988	東京・中野に「中野自主夜間中学校」開校（会場・中野区南中野地域センター）。 関東の夜間中学関係者、「夜間中学ネットワーク」を結成。活動を開始する。
1989	近畿夜間中学校生徒会連合会、大阪府教育委員会との対話集会を行う。 1990年からの国際識字年の取り組みの企画が進む。 関西芸術座、夜間中学をテーマにした「もう一つの教室」を上演。
1990	国際識字年の取り組みが始まる。夜間中学も積極的にこの取り組みに参加し、共同の取り組みが各地で大きく進み、夜間中学増設の気運が盛り上がった。 札幌遠友塾結成、100名を超える受講希望者。 「生涯学習の振興のための施策の推進体制等の整備に関する法律」公布。 大阪府教育委員会作成のテレビ番組「現代に生きる―夜間学級は私の夢―」が放送。
1991	労働組合「連合大阪」、夜間中学校の授業参観。大阪府南河内自主夜間中学校開校。 近夜中・生徒会連合第14回連合作品展で髙野雅夫さん講演。 橿原自主夜間中学公立化実現のため「つくる会」から「つくり育てる会」の発会式。奈良県橿原市立畝傍中学校に夜間学級開設。 日教組人権教育指針ヒアリングで夜間中学校より報告。 近夜中協が加盟した識字年中央実行委員会、外務省・文部省などと交渉。 部落解放府民共闘会議の対府交渉で大阪府教委、「夜間中学校は在日朝鮮人に対する教育面での戦後補償という観点からも重要だ」と夜間中学校に対する認識を表明。
1992	東大阪市教育委員会、大阪府教育委員会へ「夜間中学校の新設要望書」を提出。 近畿夜間中学校増設推進決起集会（近夜中協大阪部会主催、大阪教組後援）。 日韓識字フォーラムに参加の日本・韓国の教育学者、夜間中学を参観、「同胞の年配者が生き生きと学んでいる姿に感銘を受けた」「夜間中学校の教育システムは世界で唯一日本だけだ」と述べる。生野東成自主夜間中学校開校。 部落解放同盟豊中支部、支部文化祭で夜間中学を扱った「落ちこぼれの神様」を上演。 生涯学習審議会答申「今後の社会の動向に対応した生涯学習の振興方策について」。
1993	東大阪市教委、夜間中学校で生徒数が全国一の長栄夜間中学校に太平寺分教室開設。 吹田に夜間中学を作る会発足、まず自主夜間中学の開校にむけて活動を開始する（～2009年３月）。 夜間中学を扱った映画「学校」（山田洋次監督）が完成、各地で上映され好評を博す。
1994	長栄夜間中学校で在日朝鮮人の人たちのための自主学級「うりそだん」が開校。 北九州市で青春学校開校。「関東夜間中学連合会」正式に発足。 「天王寺開校25周年・髙野雅夫さん人権賞を祝う会」を開催（菅南中）。
1995	阪神淡路地震で西野分校・琴城分校の校舎も全壊し移転を余儀なくされる。
1996	北九州大学内に学びの場・夜間学級「学び舎」が開校、取り組みを開始する。 奈良県・吉野自主夜間中学校準備会を開き、10/4より活動を開始する。 文部省、学校基本調査速報で、不登校の小中学生、最多の8万2000人と発表。
1997	大阪市立東生野中学に夜間中学校開設（同時に大阪市立昭和中学校夜間学級が文の里中学校夜間学級に統合され廃校となった）。

1974	衆議院予算委員会で奥野文部大臣、「学齢超過者は社会教育的見地で考えていく」と答弁。都教委、「義務教育未修了者の就学対策について」を文書で発表。 世田谷区立新星中学校夜間部に「日本語学級」。 第1回近夜中連合運動会開催（10/20、天王寺）。以後、今日まで毎年行われている。
1975	広島・豊浜中夜間学級休校となる。 豊中市立第四中学校に夜間学級開設。 近畿夜間中学校生徒会連合会が結成総会を開く（10/26）。
1976	神戸市立兵庫中学校・北分校、尼崎市立城内中学校・琴城分校として夜間学級開設。 奈良に夜間中学をつくり育てる会が発足。夜間中学増設運動の一環として自主夜間中学校（うどん学校）始まる。 川崎市でも「自主夜間中学校」の取り組み始まる。 大阪市立昭和中学校に夜間学級開設（年度の途中のために天王寺・文の里から希望する夜間中学生が転校し、学習が始まる）。
1977	文部省諸沢初中局長、衆議院内閣委員会で「（義務教育未修了者について）夜間中学に限らずに、やはり社会教育その他の面で配慮していくべき」と答弁。 映画「うどん学校」完成。 千葉県市川市で「市川・教育を考える会」を結成。
1978	第1回近畿夜間中学校連合作品展を開催（2/25）。 奈良市立春日中学校に夜間学級開設。 都教委、小松川二中日本語学級の学級増を来年度から行うと回答。 京都・山城に夜間中学をつくる会発足、12/4から自主夜間中学の学習を開始。
1979	千葉県松戸市で、松戸・教育を考える会結成、活動を開始する。 劇団文化座「ある夜間中学の記録」を上演。
1980	小松川第二中学夜間部に、全国初の「夜間部専用校舎」完成。
1981	奈良県天理市立福住中学校に夜間学級開設。 大阪の夜間学級で主事が廃止され、教頭が配置される。 厚生省、中国残留日本人孤児の肉親探しのための「第1回訪日調査」を開始、以後、毎年実施。
1982	川崎市立西中原中学校に夜間学級開設。千葉県市川市立大州中学校に夜間学級開設。 江東区で「自主夜間中学校」の取り組み始まる。 「第1回夜間中学増設運動全国交流集会」浜松で開催。
1983	「松戸市に夜間中学校をつくる市民の会」が発足。8月3日から「松戸自主夜間中学校」を始める。 第1回近畿夜間中学校新入生歓迎会を開催（5/1）。 厚生省の外郭団体として「中国残留孤児援護基金」設立。
1984	中国残留孤児援護基金が、埼玉県所沢市に「中国帰国孤児定着促進センター」を開所。 夜間中学校教員・太田知恵子さん著作の『雨ふりお月さん』（夜間中学で学ぶ中国引揚帰国者の姿を描いた作品）がドラマ化され、NHKから放送される。
1985	参議院で中曽根総理大臣名による「義務教育未修了者に対する対策と夜間中学校の充実・拡大に関する答弁書」が出る。 埼玉に夜間中学を作る会結成、活動を開始する。尼崎夜間中学を育てる会結成。 第4回夜間中学増設運動全国交流集会で3項目にわたる「夜間中学の増設・夜間中学生の立場に立った学校運営を求める」などのアピールを発表。 法政大学内で「自主夜間中学」開校。「川口自主夜間中学」開校。
1986	『東京都夜間中学校研究会25周年記念資料』発行。

1962	京都二部研究会と都夜中研が共同で「全国夜間中学生調査」を実施。
1963	参議院文教委員会で、荒木文部大臣「夜間中学をなくする努力をする」と答弁。このため、夜間中学廃止に拍車がかかる。
1964	文部省、都道府県に養護学校設置を義務づける。 都夜中研『東京都夜間中学校14年の歩み』を発行。
1965	同和対策審議会、答申を佐藤首相に提出。「日韓条約」発効。
1966	中国で文化大革命始まる。 行政管理庁、文部省に対し「少年労働者に関する行政監察結果に基づく勧告（夜間中学早期廃止勧告）」を出す。
1967	荒川九中夜間部開設10周年を記念して、記録映画「夜間中学生」を製作。 文部省、身体に障害のある人たちからの強い訴えを認め、就学猶予・免除者に対する「中学校卒業程度認定試験」を始める。 荒川九中夜間部卒業生・髙野雅夫、記録映画をかついで「夜間中学廃止反対、設立要求」の全国行脚を開始。 『東京都夜間中学生の生活記録―あかし―』発行。
1968	文部省天城初中局長、衆議院予算委員会で「学齢児は昼間の中学校へ、学齢超過者は成人講座へ」と答弁。 京都市立郁文中学校に夜間部開設。 髙野雅夫、大阪に入り、夜間中学設立運動を開始（10/11 ～）。
1969	髙野雅夫らの運動が実り、岸城夜間中学公認と大阪市立天王寺中学校に「夜間部」開校（6/5）。 「同和対策事業特別措置法」公布。 NHKテレビ、朝の番組「こんにちは奥さん」で「わたしたちは夜間中学生」を放送、7人の夜間中学生と髙野雅夫が出演、熱っぽく語る。
1970	髙野雅夫ら東京都江戸川区文教委員会に「江戸川区内に夜間中学校設置等に関する陳情」を提出。 大阪市立菅南中学校に夜間学級開校。 大阪・天王寺の夜間中学卒業生が中心となって、「夜間中学を育てる会」を結成。 都教委、『夜間中学生・教師の意識と実態―働きながら学ぶ青少年に関する世論調査―』を発行。
1971	衆議院文教委員会で坂田文部大臣、宮地初中局長が答弁（質問者・木島喜兵衛議員）。 江戸川区立小松川第二中学校に「夜間部」開設。 NHK・福田雅子さんが中心となり、天王寺夜間中学の一年間の長期取材で制作した「25年目の教室」が放送される（ラジオ第一放送）。 近畿夜間中学校連絡協議会を結成（天王寺中。京都・神戸・岸和田・大阪の5校が加盟）。夜間中学を育てる会、冊子『夜間中学を育てる会記録・キケ人や』を発行し、増設運動の武器として広く活用。 第18回全夜中研大会、大阪市天王寺・菅南夜間中学校で開催（11/26 ～ 27）。
1972	東大阪市立長栄中、八尾市立八尾中、堺市立殿馬場中学校に夜間学級開設。 大阪市、就学援助の支給要綱を決める。 日中両国首相、共同声明に調印、国交樹立。
1973	大阪市立文の里中学、守口市立第三中学校に夜間学級開設。 名古屋市で財団法人による社会教育「夜間中学」が始まる。 豊中市進路保障委員会が3500人の署名と共に夜間中学設置を教育委員会に申し入れ。 近畿夜間中学校生徒会連合会が結成準備会を開き、活動を開始する（12/23）。

夜間中学校関連年表

年	出来事
1947	「教育基本法」「学校教育法」制定。 大阪市立生野第二中学校（現・勝山中学校）で「夕間学級」を始める。
1948	横浜の子安漁業組合で「舵子（かじっこ）夜学」を始める。
1949	神戸市立駒ケ林中学校で「夜間学級」を始める。 大阪市立玉津中学校に「夜間学級」開設。 この年、総理府が全国の長欠生徒の調査を実施、72万5000人と発表（ただし、この数字には東京、高知、沖縄が含まれていない）。
1950	奈良市立若草、神戸市立丸山、須佐野、布引中学のほか、京都市に12校、横浜市に10校など、全国に26校の夜間中学が開設される。
1951	東京都教委、足立区立第四中学校に「夜間部」設置許可。 広島県豊浜村、福岡市などにも夜間学級開設。 この年から文部省「長欠児童・生徒の全国調査」を始める（1951 ～ 58）。
1952	立川市立第三中学校に「夜間部」／岸和田市立岸城中学校に「夜間部」／広島県豊浜町立豊浜中学校に「夜間部」／八王子市立第五中学校に「夜間部」開設。
1953	広島市立観音中学校に「夜間部」／葛飾区立双葉中学校に「夜間部」／広島市立二葉中学校に「夜間部」／墨田区立曳舟中学校に「夜間部」開設。 ILOの外国代表団、足立四中夜間部を訪問。 大田区立糀谷中学校「夜間部」、羽田中学校内の仮教室で開設。 川崎、和歌山、広島などにも夜間学級開設。 労働省婦人少年局が「夜間中学校に学びながら働く年少者━労働生活の実態調査」を実施。 文部省も「夜間に授業を行う学級をもつ中学校に関する調査」を実施。
1954	世田谷区立新星中学校に「夜間部」開設。 「第１回全国中学校夜間部教育研究協議会」開催（京都）。
1955	「第２回全国中学校夜間部教育研究協議会」に松村文部大臣が出席（足立四中）。 文部・厚生・労働省の三省事務次官通達「義務教育諸学校における不就学及び長期欠席児童対策について」。 全国的に夜間部設置がピークに達する。《学校数89・生徒数5208》
1956	この年、神奈川、和歌山、奈良、兵庫などで夜間中学の廃止が相次ぐ。《学校数67・生徒数3350》 映画「夜間中学」製作は日本大学芸術学部実習、完成、配給は大映。
1957	荒川区立第九中学校に「夜間部」開設。 京都、大阪、奈良、兵庫などで夜間中学の廃止が相次ぐ。
1958	全国で勤評反対の運動が広がる。 文部省、この年で長欠生の全国調査を打ち切る。
1959	東京の６校の夜間部で完全給食が実施される。 長欠児童生徒援護会発足。
1960	「東京都夜間中学校研究協議会」設立総会。 「長欠児童生徒援護会」法人化される。
1961	文部省内藤初中局長、全夜中代表との会合で「夜間中学は時代に逆行しており、学校教育法、労働基準法違反だ」と述べる。 在籍生徒２名を残し、立川第三中学校夜間部、廃止となる。

西和自主夜間中学
奈良県玉寺町　地域交流センター フリールーム
　火曜・木曜　18:00 ～ 21:00
　TEL 0745-74-5827　090-3284-3576　FAX 0745-74-5827

宇陀に夜間中学をつくる会
出口康夫　〒633-0204 奈良県宇陀市榛原区福地761
　宇陀市立榛原中学校内（担当 井上）
　宇陀市総合センター2階　月曜　18:30 ～ 21:00
　TEL 0745-82-1175　FAX 0745-82-1176

丹波・篠山よみかきの会
TEL 0795-78-0171　pyokori@taupe.plala.or.jp
　中野ふれあい交流センター　金曜 19:00 ～ 21:00
　事務局　〒669-2734 兵庫県篠山市宮田240 篠山市人権・同和教育研究協議会
　TEL 079-593-1260

識字教室「ひまわりの会」
〒657-0011 神戸市灘区鶴甲1-2-1　神戸大学学務部学生支援課気付
　神戸大学学生震災救援隊　ひまわり担当
　水曜 13:00 ～ 15:00　土曜 10:00 ～ 12:00　TEL/FAX 078-881-4755

朝倉夜間中学校
山下 實　〒780-8082 高知市若草南町23-56
　高知朝倉夜間中学校（朝倉第二小学校北側）
　月曜～金曜　18:00 ～ 21:00　TEL 088-840-2296（山下）

穴生・中学校「夜間学級」(青春学校)
①北九州市立穴生小学校（図書室）〒806-0049 八幡西区穴生1-13-1
②北九州市立穴生（あのお）市民センター 〒806-0047 八幡西区鷹の巣3-3-1
　①月・火・水・金　②木　19:00 ～ 21:00　TEL 090-9495-9611（児玉）

千代中学校夜間学級「よみかき教室」
福岡県福岡市立千代中学校　〒812-0044 福岡市博多区千代4-17-47
　水曜 18:30 ～ 20:30　金曜 19:00 ～ 20:30
　TEL 090-1875-0031（事務局 河東　17:00 ～）

城南中学校「夜間学級」
川村公子　〒803-0841 北九州市小倉北区清水4-1-30-402
①北九州市立城南中学校　〒802-0801 北九州市小倉南区富士見3-3-1
②城野市民センター　〒802-0801 北九州市小倉南区富士見3-1-3
　①月～木　②金　19:00 ～ 21:01　TEL 080-3185-7958

珊瑚舎スコーレ夜間中学校
星野人史　〒900-0022 沖縄県那覇市樋川1-28-1 3F
　sango@nirai.ne.jp　http://www.sangosya.com
　NPO法人 珊瑚舎スコーレ　〒900-0022 那覇市樋川1-28-1 3F
　月曜～金曜　18:00 ～ 21:00　TEL 098-836-9011　FAX 098-836-9070

仙台自主夜間中学
仙台市市民活動サポートセンター　〒980-0811 仙台市青葉区一番町4-1-3
　第1・第3水曜　昼間部 14:00 ～ 16:30　夜間部 18:00 ～ 20:30
　金曜　仙台市生涯学習センター　〒983-0852 仙台市宮城野区榴岡4-1-8
　　TEL 090-7562-3227（中澤）　FAX 022-278-6003

特定非営利活動法人 松戸市に夜間中学校をつくる市民の会
松戸自主夜間中学校　榎本博次　〒271-0092 松戸市松戸1879-24　ほくとビル5F
松戸市勤労会館　〒271-0077 千葉県松戸市根本8-11　TEL 047-365-9666
　火曜 18:00 ～ 21:00　金曜 15:00 ～ 21:00
　TEL 047-703-1232　FAX 047-711-8836　Mobile 090-3103-1006（榎本）

柏自主夜間中学
〈木〉千葉県柏市教育福祉会館内　2階和室 他　18:00 ～ 20:45
〈土〉あいネット分室　14:00 ～ 17:00　TEL 090-9247-3691（越山）

我孫子自主夜間中学「あびこプラス・ワン」
相澤裕寿　〒270-1114 千葉県我孫子市新木野3-11-3　aizy9242@yahoo.co.jp
　（火曜）我孫子けやきプラザ10階　市民活動ステーション　18:00 ～ 20:00
　（金曜）社会福祉法人つくばね会 はるか（北口）　TEL 090-4240-1975（相澤）

埼玉に夜間中学を作る会
野川義秋（作る会）　〒332-000 川口市朝日2-1-18-419　小松司方
　火曜　かわぐち市民パートナーステーション　18:30 ～ 20:30
　　TEL 080-3380-2713（野川）
　金曜　川口市栄町公民館　18:30 ～ 20:30

江東区に夜間中学をつくる会
http://koutoujisyuyatyu.edoblog.net/　matu4@jca.apc.org
〒035-0043 東京都江東区塩浜2-5-20　塩浜福祉プラザ2階　TEL 03-3647-3901
　火曜・水曜 18:30 ～ 20:30　TEL/FAX 03-5606-4577　TEL 080-5379-8926

えんぴつの会
〒131-0033 東京都墨田区向島2-17-11　向島言問会館3F
　TEL 070-6445-0575（見城）

つるみえんぴつの会
国際交流ラウンジ　〒230-0062 横浜市鶴見区豊岡町26-18（瀬下自転車店の2階）
　水曜 18:45 ～ 20:45　金曜 19:00 ～ 21:00　TEL 045-571-1775（長嶋）

あつぎえんぴつの会
アミューあつぎ　〒243-0018 神奈川県厚木市中町1丁目8-11
　第2・第4木曜　12:00 ～ 15:00　TEL 090-2238-0837（岩井）

岩橋（いわせ）夜間学校
岩橋児童館　〒640-8301 和歌山市岩橋1329-5
　第2・4火曜　19:30 ～ 21:00　TEL 090-8231-7388（吉本）

南河内（はびきの）自主夜間中学校
大阪府羽曳野市恵我之荘集会所　〒583-0886 羽曳野市恵我之荘5-1-3
　金曜 18:30 ～ 20:30　TEL/FAX 072-939-5116

吉野自主夜間中学
辻本節子　吉野に夜間中学をつくる会（北山健方）
　大淀町中央公民館　月曜・金曜　18:00 ～ 21:00　TEL/FAX 0747-25-2661（北山）

大阪府 東大阪市立布施中学校夜間学級
〒577-0844　大阪府東大阪市太平寺2-1-39　TEL 06-6722-6850

大阪府 東大阪市立長栄中学校夜間学級
〒577-0055　大阪府東大阪市長栄寺12-30　TEL 06-6783-0766

大阪府 守口市立さつき学園夜間学級
〒570-0055　大阪府守口市春日町13-20　TEL 06-6991-0637

大阪府 八尾市立八尾中学校夜間学級
〒581-0837　大阪府八尾市緑ケ丘1-17　TEL 0729-98-9551

神戸市立兵庫中学校北分校
〒652-0812　神戸市兵庫区永沢町4-3-18　TEL 078-577-4390

神戸市立丸山中学校西野分校
〒654-0022　神戸市須磨区大黒町5-1-1　太田中学校内　TEL 074-736-2521

兵庫県 尼崎市立成良中学校琴城分校
〒660-0825　兵庫県尼崎市南城内10番地　TEL 06-6482-5438

奈良県 奈良市立春日中学校夜間学級
〒630-8325　奈良県奈良市西木辻町67　TEL 0724-62-2629

奈良県 橿原市立畝傍中学校夜間学級
〒634-0061　奈良県橿原市大久保町156　TEL 0744-24-9460

奈良県 天理市立北中学校夜間学級
〒632-0034　奈良県天理市丹波市町169-1　TEL 0743-63-5793

広島県 広島市立観音中学校夜間学級
〒733-0031　広島市南区観音3-4-6　TEL 082-292-7707

広島県 広島市立二葉中学校夜間学級
〒732-0052　広島市東区光町2-15-8　TEL 082-262-0396

自主夜間中学・運動体 一覧

札幌遠友塾自主夜間中学
札幌市立向陵中学校　〒064-0824 札幌市中央区北四条西28丁目
水曜 18:00 ～ 20:40　TEL/FAX 011-562-0122　遠藤千恵子

函館遠友塾
今西隆人　函館市総合福祉センター「あいよる21」　〒040-0063 函館市若松町33-6
水曜 17:20 ～ 19:10　TEL 050-7580-2439（今西）

釧路自主夜間中学「くるかい」
釧路市総合福祉センター　〒085-0011 釧路市旭町12-3
火曜　第1部 17:15 ～ 18:45　第2部 19:00 ～ 20:30
事務局長 佐藤康弘　yas2135@cap.ocn.ne.jp　TEL 090-9751-4194

福島駅前自主夜間中学
アクティブシニアセンター A·O·Z（アオウゼ）
〒960-8051 福島市曽根田町1-8　MAXふくしま4F
月2回　18:00 ～ 20:00　TEL 090-2025-5287

公立夜間中学校 一覧

東京都 足立区立第四中学校夜間学級
〒121-0816　東京都足立区梅島1-2-33　TEL 03-3887-1466（夜間学級直通）

東京都 荒川区立第九中学校夜間学級
〒116-0012　東京都荒川区東尾久2-23-5　TEL 03-3892-4177　FAX 03-3819-6818

東京都 江戸川区立小松川第二中学校夜間学級
〒132-0035　東京都江戸川区平井3-20-1　TEL 03-3684-0745　FAX 03-3684-1656

東京都 大田区立糀谷中学校夜間学級
〒144-0034　東京都大田区西糀谷3-6-23　TEL 03-3741-4340（夜間専用）

東京都 葛飾区立双葉中学校夜間学級
〒124-0003　東京都葛飾区お花茶屋1-10-1　TEL 03-3602-7979（夜間専用）

東京都 墨田区立文花中学校夜間学級
〒131-0044　東京都墨田区文花1-22-7　TEL 03-3617-1562　FAX 03-3617-7920

東京都 世田谷区立三宿中学校夜間学級
〒154-0004　東京都世田谷区太子堂1-3-43　TEL 03-3424-5255

東京都 八王子市立第五中学校夜間学級
〒192-0046　東京都八王子市明神町4-19-1　TEL 0426-42-1635　FAX 0426-46-6473

千葉県 市川市立大洲中学校夜間学級
〒272-0032　千葉県市川市大洲4-21-5　TEL 047-377-6883

横浜市立蒔田中学校夜間学級
〒232-0018　横浜市南区花ノ本町2-45　TEL 045-711-2231　FAX 045-713-9743

川崎市立西中原中学校夜間学級
〒211-0041　川崎市中原区下小田2-17-1　TEL 044-788-0031

京都市立洛友中学校夜間学級
〒600-8383　京都市下京区大宮通綾小路下る綾大宮町51-2
TEL 75-821-2196　FAX 075-821-2197

大阪市立文の里中学校夜間学級
〒545-0003　大阪市阿倍野区美章園1-5-52　TEL 06-6621-0790

大阪市立東生野中学校夜間学級
〒544-0001　大阪市生野区新今里7-9-25　TEL 06-6752-2889

大阪市立天満中学校夜間学級
〒530-0026　大阪市北区神山町12-9　TEL 06-6312-8462

大阪市立天王寺中学校夜間学級
〒543-0053　大阪市天王寺区北河堀町6-20　TEL 06-6771-2757

大阪府 岸和田市立岸城中学校夜間学級
〒596-0076　大阪府岸和田市野田町2-19-19　TEL 0724-38-6553

堺市立殿馬場中学校夜間学級
〒590-0944　堺市櫛屋町東3-2-1　TEL 0722-21-0755

大阪府 豊中市立第四中学校夜間学級
〒561-0852　大阪府豊中市服部本町4-5-7　TEL 06-6863-6744

あとがき

天王寺《てんのうじ》夜間中学校開設五〇周年まで五年ほどだと髙野《たかの》雅夫《まさお》から気づかされたのは、二〇一五年夏ごろだったか。二〇一七年二月の大阪市内天満《てんま》の区民ホールで髙野は、近畿《きんき》夜間中学校連合作品展に集まった仲間たちに、五〇周年を機に、「一人の子ども、一人の教師、一冊の本、一本のペンがあれば世界は変わる」と宣言した折からのノーベル平和賞受賞者のマララ・ユスフザイさんを日本に呼ぼうと壇上から呼びかけた。

二〇一四年一一月ごろ、髙野は、五〇年前の全国行脚にかかわる、のべ六〇箱を超える資料を守口《もりぐち》夜間中学あてに送りはじめた。「はじめに」でも述べたように、段ボール箱の封を開け、とりあえずの整理作業を、東大《ひがしおお》阪《さか》市の長栄《ちょうえい》夜間中学の「うりそだん」の教室ではじめたのは、二〇一六年の春。同年秋に第六八回全国人権・同和教育研究熊本大会が大阪で開かれた際、分科会会場・大阪市立文《ふみ》の里《さと》中学校を借りて、全国から参集した教職員にむけた夜間中学シンポジウムを開催。二〇一七年秋、橋下《はしもと》市長から補助金打ち切りの攻撃にさらされる大阪人権博物館（リバティおおさか）での特別展「夜間中学生」、そしてこの記念出版と、足かけ四年のあいだにいろいろな取り組みを重ねてきた。できなかったのは、高知だけで終わっている五〇年後の全国行脚。それでも、夜間中学で学んだ二人のハルモニを含む七人の卒業生が、高知市の一〇〇人ほどの教職員に思いを届けた。

一六年末の「教育機会確保法」の成立を機に夜間中学開設の動きが全国各地であるなかで、関西での夜間中学の取り組みの一端をまとめた本書を参考に、つくるべき夜間中学の内容を考えてもらおうというのが、編集にかかわったものの一致した気持ちである。編集をめぐり激論の末、頓挫《とんざ》寸前までいった危機をなんとか乗り越えることができたのも、五〇周年の取り組みのために大阪に新たに居をかまえた髙野雅夫の叱咤《しった》激励のおかげである。

高野は、編集作業を終えようとしている二〇一八年一〇月現在も、彼の進めた五〇年前の夜間中学廃止反対・夜間中学設立運動の資料の再整理を手がけていただいている、神戸学院大学の水本浩典《みずもとひろのり》教授とゼミの学生たちのもとへ週に一回のペースで通っている。高野の七七歳までの人生をかけた「武器になる文字とコトバ」への熱い思いをうけた関西夜間中学の五〇年の歩みの記録の一端が、全国のいまある夜間中学と、一九年春以降、千葉で、埼玉で、高知での夜間中学の開設や、さらには、九州や北海道で模索されている開設の動きのなかで、めざすべき夜間中学の中身づくりに必ず役立つことを信じている。

　出版を快く引き受けていただいた解放出版社、なかでも、編集を担当していただいた小橋一司さんには、私たちの原稿を詳細に読み込み、大変なご苦労をおかけすることになってしまった。また、近畿夜間中学校生徒会連合会の学習会のため訪日中にインタビューに応じていただいた萬稀《マンフィ》さん（元韓国文解成人基礎教育協議会代表）、日教組教育新聞からの「発信夜間中学」の転載を許可いただいた日教組、そして何よりも編集に協力いただいた夜間中学生や多くの卒業生、原稿を執筆いただいた現・元教員やジャーナリストのみなさんに心から感謝し、編集のまとめとする。

二〇一八年一〇月

『生きる 闘う 学ぶ』編集委員会

敗者復活戦の法則

タネの思想（内ー外ー内）から、コヤシの思想（外ー内ー外）へ

世界も日本も、二一世紀は二〇世紀の延長ではなく、まったく違う次元であることの歴史認識が欠落したまま、負（マイナス）の遺産を何ひとつ解決することなく、二〇世紀の幻想——バブル——蜃気楼を追求し、地球は荒れ果て——人類は自滅の未来へひた走る。

その象徴を朝日新聞の天声人語「最初は点だった動きが線になり、面になることがある。そのとき、時代は変わる」（二〇一八年四月二〇日）に見ることができる。これこそが、タネの思想（内ー外ー内）の、基準——限界——末路を証明している。二一世紀の必然は、点ー線ー面ではなく、点ー線ー球の発想であり、荒れ果てた地球を再生するコヤシの思想（外ー内ー外）、プラスの共有から——マイナスの共有へ、フィルターから——サイクルへ、しかない。

宇宙ー地球ー人類を基準に、個も、組織も、民族も、国家も、外ー内ー外のコヤシの思想を貫徹しないかぎり、地球は荒れ果てて、人類は必ず自滅する（例外はない）。

夜間中学も例外ではない。「夜間中学」の主役は「夜間中学生ひとり一人だ」。その生命線を握っているのは「教師たち一人ひとりだ」。それを支えつづけるのがサポーターである。自主夜中＝創り育てる会（奈良方式）の一人ひとりだ。ひいては、国・文部科学省ー地方自治体ー世論である。この基準と原則は、歴史の必然であり、歴史に学ばないものは必ず自滅する（例外はない）。

二〇一八年一〇月一一日

東京・荒川九中夜間卒業生　髙野雅夫

『生きる 闘う 学ぶ』編集委員会
石打謹也　元兵庫県尼崎市立成良中学校琴城分校教員／いしうち・きんや
白井善吾　夜間中学資料情報室／元大阪府守口市立守口夜間中学教員／しらい・ぜんご
髙野雅夫　東京都荒川区立第九中学校二部卒業生／たかの・まさお
平野和美　元大阪府八尾市立八尾夜間中学教員／ひらの・かずみ
林　二郎　元大阪府東大阪市立長栄夜間中学・太平寺夜間中学教員／はやし・じろう
韓　一　茂　大阪府東大阪市立長栄夜間中学教員／ハン・イルム

生きる 闘う 学ぶ　関西夜間中学運動50年

2019年３月25日　初版第１刷発行
2019年４月15日　初版第２刷発行

編者　『生きる 闘う 学ぶ』編集委員会

発行　株式会社 解放出版社
大阪市港区波除4-1-37 ＨＲＣビル３階 〒552-0001
電話 06-6581-8542　FAX 06-6581-8552
東京事務所
東京都文京区本郷1-28-36　鳳明ビル102Ａ 〒113-0033
電話 03-5213-4771　FAX 03-5213-4777
郵便振替 00900-4-75417　HP http://www.kaihou-s.com/

印刷　太洋社

ISBN978-4-7592-2168-8　NDC376.3　517P　21cm
定価はカバーに表示しています。落丁・乱丁はお取り換えいたします。